J 중앙일보 주최

세계사능력검정시험 운영처 **공식 지정 교재**

세계사
능력검정시험

이만적 편저

세계사
능력검정시험
기출문제
독점
전면 수록!!

▶ 동영상 강의 무료 제공

도서
출판 지금

머리말

최근 역사의식에 대한 전 국민적 관심이 고조되고 있는 가운데 몇 가지 역사 교육에 대한 의미 있는 변화가 이루어지고 있다. 그중 주목할 만한 성과는 정부가 2017학년도 수학능력시험부터 한국사를 필수 과목으로 지정하였다는 점이다. 그러나 한편으로는 역사 교육이 곧 한국사 교육으로 등치되어 인식되고 있는 것은 유감스럽다.

세계사 과목은 그 범위의 방대함과 교수 인력의 부족 등으로 말미암아 중등 교육 과정에서 철저히 외면되고 있다. 그러나 대학에 진학한 학생들이 인문학, 사회 과학을 포함한 전반적인 강좌 수강에서 세계사는 필수적인 배경지식으로 요구된다. 또한, 중·고등학교와 대학교 교육 과정을 떠나 우리와 접하고 있는 지구촌의 여러 문화권에 대한 이해는 세계 시민(kosmopolites)으로서 갖춰야 할 필수적인 교양이라 할 수 있다.

한국사와 동아시아사를 포괄하는 세계사 교육의 필요성은 세계화 시대를 선도해 나가야 할 우리나라에서 더욱 중요하다. 이러한 이유로 중앙일보는 세계사에 대한 관심의 증대와 역량을 강화하고자 세계사능력검정시험을 시행하기로 하였다.

    세계사의 학습이란 단순히 박제된 과거의 사실만을 익히는 것에 그치지 않는다. 가령 십자군 전쟁을 단지 셀주크 튀르크에게 정복된 예루살렘 탈환으로만 본다면 이 운동은 실패하였다. 하지만 유럽의 팽창 운동으로 본다면 십자군 전쟁은 성공하였다. 예루살렘은 탈환하지 못했지만, 십자군 전쟁으로 지중해 무역이 활발해져 서유럽은 중세에서 근대로 이행하는 토대가 마련되었기 때문이다. 1980년대 반도체 산업이 적자가 누적되었을 때 삼성의 창업주인 호암 이병철 회장은 장기적인 미래를 설계하며 오히려 반도체 산업에 더 투자하여 오늘날의 삼성 반도체 사업을 이루어냈다. 이는 생전에 유독 세계사 공부를 강조한 이병철 회장이 세계사를 통해 장기적인 안목을 가질 수 있었기 때문이 아니었겠는가?

    모쪼록 이 교재가 전 세계를 무대로 활약할 모든 이들이 균형감 있는 역사관을 갖추고 글로벌 인재로 발전하는 데 작은 도움이나마 되길 바란다.

이만적

INFOMATION

세계사능력검정시험 안내

세계사능력검정시험이란?

지금은 글로벌 시대입니다. 자국의 역사는 당연히 가장 중요합니다. 하지만 자국의 역사에만 집착하면 균형감이 떨어져 글로벌 시대에서 뒤처질 수밖에 없습니다. 전 세계를 우리의 시장으로 만들기 위해서는 전 세계의 역사를 알아야 합니다. 하지만 현재 대부분 사람들은 기술적인 영어 교육에만 힘쓰고 있습니다. 이래서는 전 세계를 우리 시장으로 만들 수 없습니다. 이에 중앙일보는 균형감 있는 역사관을 통한 세계인 양성을 목표로 세계사능력검정시험을 주최합니다.

세계사능력검정시험의 목적

1. 세계사에 관한 관심을 확산·심화시키는 계기 마련
2. 균형 잡힌 역사의식 고취
3. 고차원적 사고력과 문제 해결 능력 육성
4. 역사 교육의 올바른 방향 제시

세계사능력검정시험의 출제 유형

세계사능력검정시험의 문항은 한국사능력검정시험과 마찬가지로 역사 교육의 목표 준거에 따라 다음의 여섯 가지 유형으로 구분됩니다.

1. 역사 지식의 이해

역사 탐구에 필요한 기본적인 지식을 갖고 있는가를 묻는 영역입니다. 역사적 사실·개념·원리 등의 이해 정도를 측정합니다.

2. 연대기 파악

역사의 연속성과 변화 및 발전을 이해하고 있는지를 묻는 영역입니다. 역사 사건이나 상황을 시대순으로 정확하게 이해하고 인과 관계를 파악할 수 있는가를 측정합니다.

3. 역사 상황 및 쟁점의 인식

제시된 자료에서 해결해야 할 구체적 역사 상황과 핵심적인 논쟁점, 주장 등을 찾을 수 있는가를 묻는 영역입니다. 문헌 자료, 도표, 사진 등의 형태로 주어진 자료에서 해결해야 할 과제를 포착하거나 변별해내는 능력이 있는지를 측정합니다.

4. 역사 자료의 분석 및 해석

자료에 나타난 정보를 해석하여 그 의미를 파악할 수 있는가를 묻는 영역입니다. 정보의 분석을 바탕으로 자료의 시대적 배경과 사회적 의미를 해석할 수 있는가를 측정합니다.

5. 역사 탐구의 설계 및 수행

제시된 문제의 성격과 목적을 고려하여 절차와 방법에 따라 역사 탐구를 설계하고 수행할 수 있는 능력이 있는가를 묻는 영역입니다.

6. 결론의 도출 및 평가

주어진 자료의 타당성을 판별하고, 여러 자료를 종합하여 결론을 도출할 수 있는가를 묻는 영역입니다.

응시 대상

- 세계사에 관심 있는 대한민국 국민(외국인도 가능)
- 세계사 학습자
- 상급 학교 진학 희망자
- 기업체 취업 및 해외 유학 희망자

평가 등급 및 내용

고급·중급·초급 시험을 따로 보는 한국사능력검정시험과 달리 세계사능력검정시험은 한 문제지로 응시하여 성적별로 고급·중급·초급 합격이 결정됩니다.

구분	평가 등급		평가 내용	문항 수	시험시간
고급	1급	90점 이상	세계사 심화 과정으로 차원 높은 역사 지식, 통합적 이해력 및 분석력을 바탕으로 시대의 구조를 파악하고, 현재의 문제를 창의적으로 해결할 수 있는 능력 평가	50문항	80분
	2급	80점 이상			
중급	3급	70점 이상	세계사 기초 심화 과정으로 세계사에 대한 기본적인 이해를 바탕으로 세계사의 흐름을 대략 이해할 수 있는 능력과 전반적인 이해를 바탕으로 세계사의 개념과 전개 과정을 체계적으로 파악할 수 있는 능력 평가		
	4급	60점 이상			
초급	5급	50점 이상	세계사 입문 과정으로 세계사에 대한 흥미와 관심이 있으면 누구나 이해할 수 있는 기초적인 역사 상식을 평가		
	6급	40점 이상			

※ 세계사능력검정시험과 관련된 자세한 내용은 http://www.historyexam.net에서 확인할 수 있습니다.

차례

PART 1 선사 시대와 문명의 발생
- 01 역사와 인간 — 10
- 02 문명의 발생과 국가의 형성 — 13

PART 2 서양사
- 01 그리스와 로마 제국의 발전 — 26
- 02 유럽의 형성과 발전 — 32
- 03 르네상스와 신항로의 개척 — 41
- 04 절대 왕정의 성립과 발전 — 46
- 05 시민 혁명 — 49
- 06 자유주의와 민족주의의 확산 — 53
- 07 미국과 러시아·라틴 아메리카의 발전 — 57
- 08 산업 혁명과 자본주의의 발달 — 60
- 09 제국주의의 침략 — 62
- 10 제1차 세계 대전과 러시아 혁명 — 66
- 11 제1차 세계 대전 이후의 세계 — 69
- 12 제2차 세계 대전(1939~1945) — 71
- 13 냉전 체제의 형성과 완화 — 75

PART 3 중국사
- 01 중국 최초의 통일 제국 – 진(秦)과 한(漢) — 112
- 02 동아시아 세계의 형성과 발전 — 116
- 03 송의 발전 — 121
- 04 북방 유목 민족의 성장과 몽골 제국의 발전 — 124
- 05 명·청 제국의 발전 — 128
- 06 중국의 개항과 근대 국가 수립 운동 — 132

PART 4 **일본사**
- 01 일본의 성립과 발전 — 160
- 02 일본의 무사 정권 — 162
- 03 일본의 근대화와 동아시아 침략 — 165

PART 5 **동남아시아사**
- 01 동남아시아 국가의 형성과 발전 — 178
- 02 동남아시아의 근대 국가 수립 — 182

PART 6 **인도사**
- 01 인도의 통일 제국 — 192
- 02 굽타 왕조와 힌두 문화의 발전 — 195
- 03 이슬람 세력의 침입 — 197
- 04 인도의 민족 운동 — 199

PART 7 **서아시아 · 아프리카사**
- 01 페르시아 제국의 발전 — 208
- 02 이슬람 세계의 형성과 발전 — 211
- 03 이슬람 세계의 확대 — 214
- 04 서아시아와 아프리카의 민족 운동 — 217

부록
- 주요 왕조 계보 — 232
- 세계사능력검정시험 문제지(제1~6회) — 236
- 세계사능력검정시험 정답 및 해설(제1~6회) — 316

PART 1

선사 시대와 문명의 발생

01 역사와 인간

02 문명의 발생과 국가의 형성

- ✚ ▣ 빨간색 글씨 심화 과정은 이만적 교수님의 무료 강의를 들어야 이해하기 쉬워요!
- ✚ ▣ 빨간색 글씨 심화 과정은 고급 수준의 내용이며, 중급까지 원하시는 분은 보시지 않아도 됩니다.

CHAPTER 01 역사와 인간

1 역사의 의미와 학습 목적

(1) 역사의 의미
① **사실로서의 역사** : 과거에 일어났던 사실 → 객관적 의미
② **기록으로서의 역사** : 과거 사실에 대한 기록 → 역사가의 사상·의견 반영, 주관적 의미

(2) 역사 연구
① **역사 연구 방법** : 기록, 유물, 유적 등 → 사료*를 수집·종합·분석
② **역사가의 역할** : 다양한 사료를 수집·비판·해석·재구성 → 공정하고 균형 있는 자세로 역사 연구

(3) 역사 학습의 목적
① **현재 이해** : 삶의 지혜와 교훈을 얻음. 세계의 문화와 역사를 이해
② **미래 파악** : 역사적 사고력과 판단력을 기름.

(4) 한국사의 발전
한국사의 정체성 이해, 세계화 시대 속에서 개방적 자세를 가지고 한국사와 세계사 이해

✚ 역사의 의미
- 사실로서의 역사(랑케) : 역사가는 자신을 숨기고 사실로 하여금 말하게 하라(역사가의 해석 ×, 과거의 모든 사건을 의미).
- 기록으로서의 역사(E. H. Carr) : 역사는 과거와 현재의 끊임없는 대화(역사가의 해석 ○, 역사가가 선택하여 기록한 것만을 의미).

*사료
과거 사람들이 남긴 기록, 생활하면서 만든 유물·유적 등으로 역사 연구에 필요한 것들

2 인류의 진화

오스트랄로피테쿠스 아파렌시스	약 390만 년 전 출현, 아프리카 거주, 직립 보행, 간단한 도구 사용

⇩

호모 에렉투스	• 약 180만 년 전 출현, 도구·불 이용, 간단한 언어 사용, 집단 사냥 • 베이징인, 자와인, 하이델베르크인

⇩

호모 네안데르탈렌시스	약 40만 년 전 출현, 여러 종류의 뗀석기 사용, 시체 매장 풍습

⇩

호모 사피엔스*	• 약 20만 년 전 출현, 현생 인류, 동굴 벽화 등 예술품 제작 • 크로마뇽인

*사피엔스
화석인과 구별하여 현 인류라는 의미. 호모 사피엔스는 '슬기로운 사람'이라는 뜻

▲ 원숭이

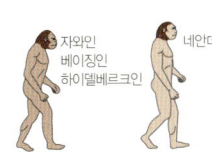
오스트랄로피테쿠스 아파렌시스   호모 에렉투스 (자와인, 베이징인, 하이델베르크인)

호모 네안데르탈렌시스 (네안데르탈인)

호모 사피엔스 (크로마뇽인)

▲ 인류의 진화

▲ 현재 인류

3 구석기 시대와 신석기 시대

(1) 구석기 시대
① **도구** : 뗀석기, 뼈로 만든 도구 사용, 사냥 도구(찍개, 주먹 도끼, 슴베찌르개* 등), 조리 도구(긁개, 밀개)

② **생활 모습**
  ㉠ 사냥, 물고기 잡이, 채집 생활, 불 사용
  ㉡ 무리지어 이동 생활 → 동굴·바위그늘이나 강가의 막집*에서 생활
  ㉢ 평등 사회 : 공평하게 분배, 공동 소비

③ **예술** : 시체 매장, 동굴 벽화, 조각품과 그림. → 다산, 사냥 성공, 풍요 기원의 주술적 의미

④ **유물·유적**
  ㉠ 빌렌도르프의 비너스(오스트리아) : 다산 기원
  ㉡ 라스코·알타미라 동굴 벽화 : 매머드, 들소 등을 그림. → 사냥의 성공과 풍요 기원

▲ 빌렌도르프의 비너스(오스트리아)

▲ 알타미라 동굴 벽화(에스파냐 산티야나)

⊕ 구석기, 신석기, 청동기
- 구석기 : 뗀석기, 이동 생활, 평등 사회, 모계 사회
- 신석기 : 간석기, 농경과 목축 → 정착 생활, 평등 사회, 모계 사회
- 청동기 : 계급(사유 재산 → 잉여 생산물), 전쟁 활발(가부장제), 국가(문자 사용 : 선사 시대 → 역사 시대)

주의 우리나라는 철기 시대부터 역사 시대이다.

*슴베찌르개
끝이 뾰족하게 만들어 찌르거나 가르는 데 사용된 찌르개로, 잔손질을 해서 만든 슴베를 자루와 결합하여 창으로 사용하기도 하였다.

▲ 슴베찌르개 복원도

*막집
사전적으로는 임시로 간단하게 지은 집을 뜻하지만, 역사적으로는 구석기 시대에 나뭇가지, 동물 뼈 등과 가죽 등을 이용하여 만든 집을 말한다.

(2) 신석기 시대

① **시작** : 약 1만 년 전 빙하기가 끝나고 기후가 따뜻해짐. → 몸집이 큰 동물은 사라지고, 작고 날쌘 동물이 많아짐. → 환경 변화에 적응하기 위해 새로운 도구 개발

② **특징** : 농경과 목축 시작(신석기 혁명), 간석기*와 토기 사용, 정착 생활 → 원시 신앙 발생(애니미즘, 샤머니즘, 토테미즘, 영혼 숭배 및 조상 숭배)

*간석기
돌의 전면 또는 필요한 부분을 갈아 만든 석기로 신석기 시대와 청동기 시대에 사용되었다.

▲ 간석기(돌낫)

▲ 토기

▲ 애니미즘

▲ 샤머니즘

▲ 토테미즘

CHAPTER 02 문명의 발생과 국가의 형성

1 문명의 발생

(1) 청동기 시대의 성립
① **도시의 성장** : 농업 기술 발달 → 잉여 생산물과 인구 증가 → 촌락이 도시로 성장, 사유 재산 발생 → 사회의 계층화
② **국가의 형성과 문명의 발생** : 청동제 무기를 사용한 정복 활동 → 빈부 격차와 계급 발생 → 지배 계급의 등장, 통치와 교역에 필요한 문자 발명, 큰 강 유역에서 대규모 관개 사업* 추진 → 강력한 권력 등장 → 문명과 국가 발생

(2) 세계 4대 문명
① **4대 문명의 탄생** : 티그리스 강·유프라테스 강 유역의 메소포타미아* 지역(B.C. 3500년경), 이집트 나일 강 유역, 인도의 인더스 강 유역, 중국의 황허 강 유역
② **4대 문명 발상지의 공통점** : 큰 강 유역에서 관개 농업과 교통 수단 발달, 청동기와 문자 사용, 도시 성립, 계급 발생 등

*관개 사업
작물 재배를 위해 저수지나 보 등을 설치하여 농경지에 물을 공급하는 일

*메소포타미아(Mesopotamia)
메소(meso)는 '사이', 포탐(potam)은 '강'을 뜻하는 것으로 메소포타미아는 티그리스 강과 유프라테스 강 사이에 있는 비옥한 초승달 모양의 평야(현재의 이라크 지역)를 말한다.

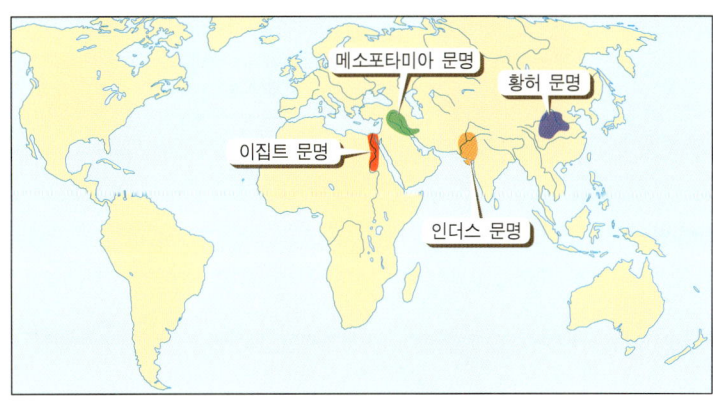
▲ 세계 4대 문명

2 메소포타미아 문명

(1) 최초의 도시 문명
① 기원전 3500년경 수메르인이 메소포타미아 지역에 정착하여 도시 국가 건설 → 개방적 지형으로 현세적 삶 중시
② **신권 정치** : 왕을 신의 대리자로 간주, 지구라트(신전) 건설
③ **문명** : 쐐기 문자*, 60진법, 태음력, 점성술·역법·수학·농학 발전
  ● **태음력** : 달의 움직임을 기준으로 날짜를 계산하는 역법

*쐐기 문자
수메르인들은 갈대로 만든 가는 펜으로 점토판에 글자를 새겼는데, 그 모양이 쐐기처럼 생겨서 쐐기 문자라 하였다.

▲ 쐐기 문자(설형 문자)

심화 쐐기 문자의 의미

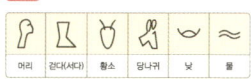

▲ 지구라트(우르) | 메소포타미아 지역의 신전

▲ 바벨탑 | 창세기에 나오는 바벨탑은 지구라트를 표현했을 가능성이 높다.

⊕ 아카드 제국(메소포타미아 지역을 최초로 통일) → 우르 왕조(우르남무 왕이 전 세계 최고의 법전인 우르남무 법전 편찬) → 바빌로니아 왕국(메소포타미아 지역을 재통일)

(2) 바빌로니아 왕국⊕ : 수메르인의 문명 쇠퇴 → 아무르인에 의해 바빌론을 중심으로 바빌로니아 왕국 성립(B.C. 1800년경) → 함무라비 왕(B.C. 1792~B.C. 1750) 때 메소포타미아 전 지역 통일(전성기, 함무라비 법전 편찬) → 히타이트에 멸망(B.C. 1530년경)

◀ 함무라비 법전 | 태양신이 권력의 상징인 지팡이를 함무라비에게 건네주는 모습이 새겨져 있고, 아래쪽에는 함무라비가 제정한 282개조의 규정이 설형 문자로 기록되어 있다.

▶ **함무라비 법전**
제1조 남을 사형에 처해야 한다고 고발한 자가 증거를 제시하지 못하면 사형에 처한다.
제195조 아들이 아버지를 때리면 아들의 두 손을 자른다.
제196조 자유인의 눈을 뺀 자는 그 눈을 뺀다. → 동해(同害) 복수법
제198조 귀족이 평민의 눈이나 다리를 상하게 하면 은화 1미나를 바쳐야 한다.
제229조 부실하게 지은 집이 무너져서 집 주인이 죽으면 건축가를 사형에 처한다.

■ **길가메시 서사시**
우르크의 왕이자 영웅인 길가메시는 친구의 죽음을 보고 충격을 받은 뒤, 영생을 찾아 광야를 헤매다가 우연히 만난 보잘 것 없는 여인의 충고를 받는다. "내 동생으로 인해 나는 죽음이 두려워졌다. 그 때문에 광야를 헤매며 편히 쉬지 못하게 된 것이다." "…… 길가메시여, 당신은 생명을 찾을 수 없을 것입니다. 신들이 인간을 만들 때 인간에게 죽음도 함께 붙여주었습니다."

3 이집트 문명

(1) 통일 왕국 성립 : 나일 강의 잦은 범람으로 비옥한 땅에 농업 발달, 폐쇄적 지형 → 이민족의 침입을 거의 받지 않음. → 오랫동안 통일 국가 유지

(2) 정치와 문화

① **신권 정치** : 파라오라고 불린 왕이 태양신의 아들로 숭배 받음.
② **종교** : 내세적 세계관 발달, 다신교, 영혼 불멸 사상 → 피라미드 건축, 미라 제작, '사자(死者)의 서(書)'*
  ● **피라미드** : 죽은 파라오를 위해 만든 거대한 무덤

▲ 나일 강의 범람

❶ 사후 세계의 왕인 오시리스
❷ 오시리스의 아들인 호투스
❸ 재판을 받는 죽은 사람
❹ 서기관 토트
❺ 죽은 사람의 의사인 아누비스

▲ **사자(死者)의 서(書)** | 죽은 사람이 사후 세계에서 편히 지낼 수 있도록 기원하는 주문을 파피루스 두루마리에 적은 것

③ **문명** : 상형 문자, 10진법, 태양력 사용, 천문학과 의학 발달, 기하학 · 측량술 · 토목 기술 발달

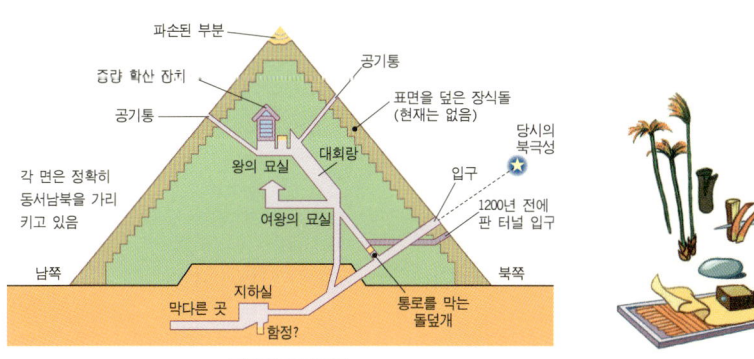

▲ 피라미드의 구조   ▲ 파피루스

▲ 스핑크스   ▲ 미라

Chapter 02 문명의 발생과 국가의 형성 **015**

■ **메소포타미아 문명과 이집트 문명의 비교**

구분	메소포타미아 문명	이집트 문명
공통점	전제적 신권 정치, 실용적 과학 기술 발전, 관개 농업의 발달	
지형 조건	개방적	폐쇄적
정치	왕조 흥망 거듭(이민족 침입 잦음)	통일 국가 유지(이민족 침입 적음)
문화	복잡	단순
세계관	현세적	내세적
산업	상업	농업
문자	쐐기(설형) 문자	상형 문자
역법	태음력	태양력
진법	60진법	10진법
발달 분야	천문학, 수학, 농학	천문학, 기하학, 측량술, 외과 의학
기타	함무라비 법전	피라미드, 미라, 사자의 서
왕	위대한 인간에 불과	태양신 '라'의 아들
건축	거대한 왕묘 ×, 신전(지구라트)	거대한 왕묘(피라미드)

4 페니키아와 헤브라이

(1) 히타이트 : 기원전 18세기경 소아시아에 왕국 건설 → 철제 무기와 전차를 이용하여 주변 지역 정복 → 철기 문화를 오리엔트에 전파

▲ 히타이트의 전차

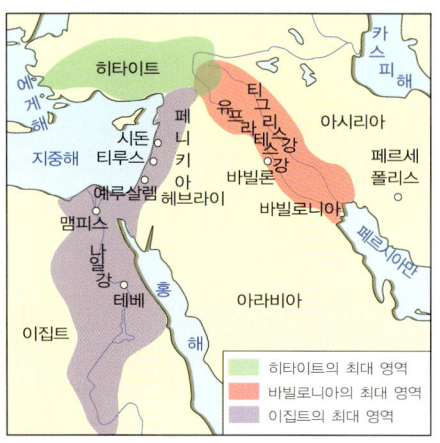
▲ 소아시아 지역의 국가들

┌ '붉은 자주'라는 뜻
(2) 페니키아

① **성립** : 기원전 1200년경 페니키아인이 지중해 동부 연안 장악 → 해상 활동 전개, 카르타고* 등 식민 도시 건설

② **문화** : 오리엔트 문화를 지중해에 전파, 페니키아 문자(알파벳의 기원) 사용

*카르타고(Carthago)
'새로운 도시'라는 뜻의 카르타고는 지중해 통상의 요충지로 해상 무역의 중심지가 되었고, 이후 로마의 라이벌이 될 정도로 발전하였다.

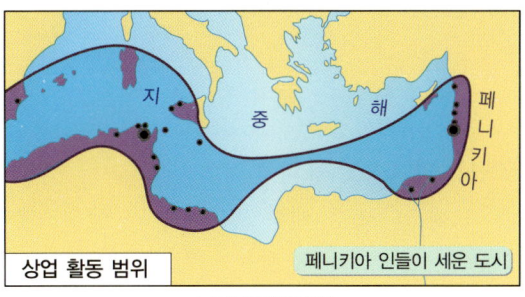
▲ 페니키아의 영역

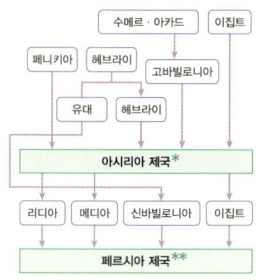

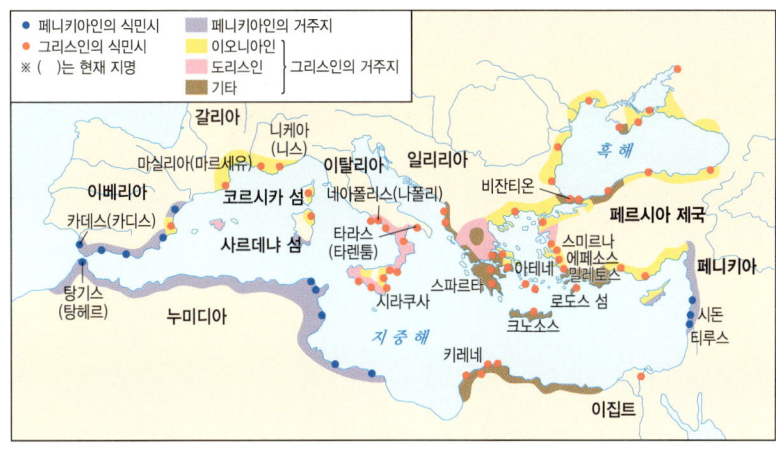

(3) 헤브라이

① **성립** : 기원전 1000년경 팔레스타인 지역에서 이스라엘 왕국 건설 → 기원전 10세기 솔로몬 왕 때 전성기 → 솔로몬 왕 사후 이스라엘과 유대로 분열 (아시리아에게 멸망 / 신바빌로니아에게 멸망)

② **종교** : 여호와를 유일신으로 믿는 유대교 성립, 『구약 성서』 남김.
- **유대교** : 유대교의 유일신 사상은 크리스트교와 이슬람교의 성립에 영향을 끼쳤다.

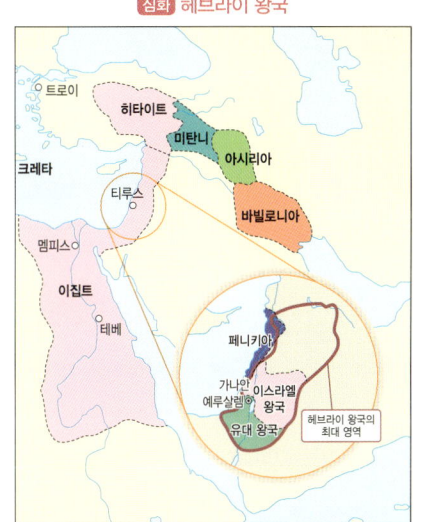

5 인도 문명

(1) 인더스 문명
① **성립** : 기원전 2500년경 인더스 강 유역에 건설
② **도시 문명** : 하라파 · 모헨조다로 등 계획 도시 건설 → 급수 · 배수 시설, 공중목욕탕까지 갖춤.
③ **문화** : 상형 문자 사용, 청동기 · 채색 토기 제작, 저울 · 인장 사용

▲ 모헨조다로 유적지의 공중목욕탕

▲ 모헨조다로의 하수도

▲ 고대 인도의 인장(모헨조다로)

(2) 아리아인의 이동
① **이동** : 기원전 1500년경 아리아인이 인더스 강 상류로 이동, 원주민 정복 → 기원전 1000년경 갠지스 강 유역으로 진출, 철제 무기와 농기구를 바탕으로 도시 국가 건설 ─ 드라비다 족
② **종교** : 브라만교✛ 성립, 경전 베다(Veda)*
③ **카스트제**✛ : 아리아인이 원주민을 지배하기 위해 만든 신분 제도 → 브라만 · 크샤트리아 · 바이샤 · 수드라로 구분 ─ 드라비다 족

✛ 브라만교와 불교의 공통점
업, 윤회 사상

*베다(Veda)
'지식' 또는 '종교적 지식'을 뜻하는 말이다. 아리아인의 관습과 생활을 적어 놓은 것으로, 브라만교의 경전이 되었다.

✛ 카스트제(바르나제)는 신라의 골품 제도와 유사하다.

▲ 아리아인의 이동

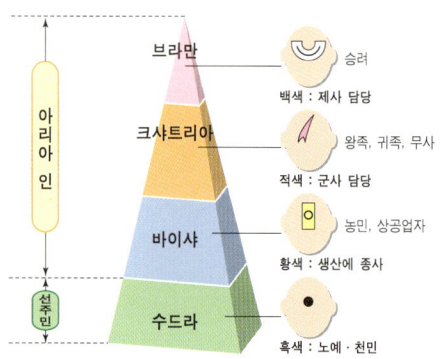
▲ 인도의 카스트 제도

6 중국 문명

(1) 황허 문명: 기원전 2000년경, 청동기 사용, 초기 국가 성립

(2) 상(商)⊕ : 신권 정치(제정일치*), 갑골문(한자의 기원), 달력 제작(제사·농경에 이용), 순장* 풍습

(3) 주(周): 상의 서쪽에서 성장 → 기원전 11세기경 상 정복 → 양쯔 강 이남까지 장악, 봉건제* 실시, 기원전 8세기경 유목 민족의 침입으로 수도 옮김(호경 → 낙읍). → 이후 분열
　　　　　　　　　　　　　　　　└ 견융족

⊕ 마지막 유적지가 은허이기에 은 왕조라고도 불린다.

*제정일치
제사와 정치가 일치하는 것으로, 왕이 정치 지도자와 제사장을 겸하는 정치 형태

*순장
한 집단의 지배층 계급에 속하는 인물이 사망하였을 때 그 사람의 뒤를 따라 강제적, 혹은 자발적으로 죽은 사람을 함께 묻는 장례법

*봉건제
왕이 수도 일대를 다스리고 나머지 지역은 왕족이나 공신을 제후로 삼아 다스리게 하는 통치 방식. 주의 봉건제는 왕실과 제후가 혈연관계로 맺어진 것이 특징이다.

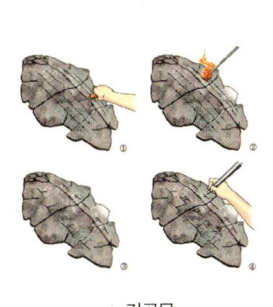
▲ 갑골문

▲ 상나라 왕릉

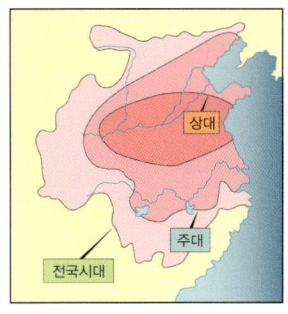
▲ 중국의 영역 확대

7 아메리카 문명

기원전 3만 년 전 베링 해협을 건너온 아시아인이 인디언 형성 → 아즈텍(아스테카)·마야·잉카 문명

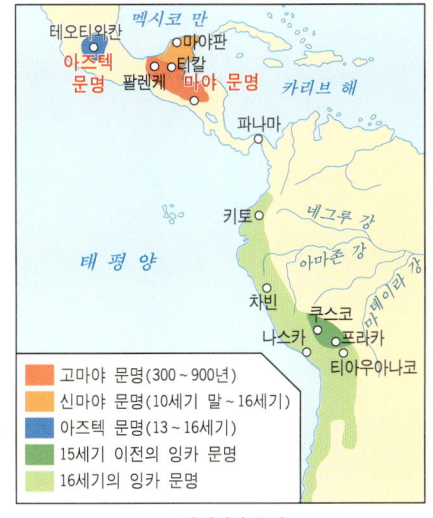
▲ 아메리카 문명

PART 1 선사 시대와 문명의 발생

예상 문제 풀어보기

01 다음은 역사 인식에 관해서 어떤 학자의 주장이다. 이 역사학자의 주장과 가장 관련 깊은 서술은?

> - 역사가는 자신의 생각으로 자신의 사실을 만든다.
> - 역사가는 사실의 천한 노예도 아니요, 억압된 주인도 아니다.
> - 역사란 역사가와 사실 사이 상호 작용의 부단한 과정이며, 과거 사회와 현재 사회와의 끊임없는 대화이다.

① 중국 상 왕조의 수도 은허에서는 많은 유적들과 청동기·옥기·도기 등 풍부한 유물과 갑골문이 발견되었다.
② 아메리카의 잉카 제국은 전국적인 도로망을 구축하여 물자와 정보가 원활하게 유통되도록 하였는데, 이를 통해 당시 잉카 제국이 강력한 왕을 중심으로 권력 체제를 형성하였음을 알 수 있다.
③ 메소포타미아 지방의 수메르인들은 쐐기 문자와 태음력을 사용하였고, 60진법에 의한 계산법도 창안하였다.
④ 오리엔트의 주민들이 대개 다신교를 믿은 것과 달리 헤브라이인들은 유일신인 여호와를 믿었다.
⑤ 공자를 계승한 맹자는 성선설과 의를 강조하며 왕도 정치의 이상을 주장하였고 순자는 성악설을 신봉하였다.

출제의도 역사 인식의 방법 이해
해설 역사 인식의 방법은 크게 랑케(Ranke)와 카(E. H. Carr)의 역사 인식 이론으로 나눌 수 있다. 랑케는 역사가의 주관이 개입되지 않고 오직 역사적 사실들만 서술해야 한다고 하였으며, 카는 역사가와 역사적 사실은 서로 필요하며 평등의 관계라고 보았다. 제시된 자료는 카의 역사 인식의 특징을 서술해 놓은 것이다.
② 역사가의 주관이 개입된 역사 인식이다.
오답풀이 ①③④⑤ 과거에 있었던 사실을 그대로 나열하고 있기 때문에 랑케의 역사 인식에 해당한다.

답 ②

02 다음 자료의 도구를 사용한 선사 시대 인류에 대한 설명으로 옳은 것은? [2011학년도 6월 평가원 응용]

① 움집을 짓고 정착 생활을 시작하였다.
② 농경과 목축 생활을 시작하였다.
③ 점토판을 이용하여 문자를 기록하였다.
④ 토기를 만들어 식량을 보관하였다.
⑤ 이동 생활을 하였으며 불과 언어를 사용하였다.

출제의도 구석기 시대의 특징 파악하기
해설 제시된 자료는 구석기 시대의 뗀석기이다. 구석기 시대에는 자연 상태의 돌을 깨뜨려 만든 뗀석기를 사용하였다. 이 시대의 인류는 이동 생활을 하였기 때문에 일정한 주거지는 없었으며, 짐승의 가죽으로 의복을 만들어 입고 불을 사용하였다. 또한, 언어를 사용하여 의사소통을 하며 수렵 생활을 하였다.
오답풀이 ①② 신석기 시대부터 농경과 목축을 시작하여 정착 생활이 가능해졌다.
③ 청동기 시대의 메소포타미아 문명에 해당하는 내용이다. 메소포타미아 지역의 주민들은 그림 문자를 개량하여 만든 쐐기 문자를 점토판에 기록하였다.
④ 토기는 신석기 시대부터 제작되었다. 농경 생활이 시작된 신석기 시대에는 음식물을 익혀 먹고 식량을 보관하기 위하여 점토를 구워 만든 토기를 사용하였다.

답 ⑤

03 다음 유물이 만들어진 시기의 상황으로 옳은 것은?

[2012학년도 수능]

허난 성 안양의 유적지에서 대량으로 발견되었다. 국가의 큰 행사 등에 앞서 신의 뜻을 알아보기 위한 것으로, 거북 껍질이나 짐승 뼈에 구멍을 뚫어 불에 굽고, 여기에 나타난 균열을 통해 신의 뜻을 읽었다. 제사의 날짜, 제물의 종류와 수, 날씨, 전쟁 등의 내용이 담겨 있다.

① 평준법과 균수법이 실시되었다.
② 제정일치의 신정 정치 사회였다.
③ 화폐, 문자, 도량형을 통일하였다.
④ 종이를 만드는 기술이 발명되었다.
⑤ 구품중정제에 의해 관료를 선발하였다.

출제의도 중국의 상 왕조 이해하기

해설 상 왕조는 국가의 중요한 일을 결정할 때 왕이 정인(貞人, 점치는 사람)의 도움을 받아 점복을 행하였는데, 이때 거북의 등껍질이나 짐승 뼈에 점치는 내용을 기록하였다. 다만, 해석하는 과정에서 왕의 의지가 들어갔기 때문에 사실상 국왕이 신의 힘을 빌려 나라를 다스렸다고 할 수 있다. 즉, 상은 국왕이 정치와 제사를 장악한 제정일치 사회였다고 할 수 있다.

오답풀이 ① 평준법과 균수법은 전한 무제 때 실시된 정책이다. 당시에는 흉노 토벌 등 대규모 원정이 잦았기 때문에 국가 경제가 어려워 통제 경제 정책이 추진되었다.
③ 춘추·전국 시대를 통일한 진 제국은 중앙 집권 체제를 확립하였으며, 화폐, 문자, 도량형을 통일하였다. 이때 반량전이 발행되었다.
④ 종이는 후한 때 채륜이 발명하였으며, 당나라 때 이슬람 세계에 전파되었다.
⑤ 구품중정제는 각 주의 중정관으로 하여금 자기 지역 인재의 능력을 9등급으로 평가하여 추천하도록 한 제도로, 위·진·남북조 시기에 실시되었다. 문벌 귀족 사회의 형성에 영향을 끼쳤다.

답 ②

04 (가)에 대한 설명으로 옳은 것을 〈보기〉에서 고른 것은?

[2014학년도 9월 평가원 응용]

주(周) 왕조에 있었던 왕과 제후 사이의 제도적인 관계를 ⃞(가)⃞(이)라고 합니다.

┌ 보기 ┐
ㄱ. 진(秦)이 중국을 통일한 뒤 계승 발전시켰다.
ㄴ. 왕과 제후들은 종법적 원리로 연결되어 있었다.
ㄷ. 왕은 능력 있는 신하들을 지방 행정 관료로 임명하였다.
ㄹ. 한 고조는 이 제도와 군현제를 혼합하여 군국제를 실시하였다.

① ㄱ, ㄴ   ② ㄱ, ㄷ   ③ ㄴ, ㄷ
④ ㄴ, ㄹ   ⑤ ㄷ, ㄹ

출제의도 주의 봉건제 이해하기

해설 주는 중앙은 왕이 직접 통치하고 나머지 지역은 제후들에게 분봉(왕이 땅을 나누어주며 제후로 봉하던 일)하여 통치하는 봉건제를 실시하였다. 즉, 왕이 제후에게 토지와 백성을 하사하는 대신 군역과 공납의 의무를 부과한 것이다.
ㄴ. 주의 봉건제는 주로 왕의 형제나 친척을 제후로 임명하였기 때문에 왕을 정점으로 하여 왕조 전체를 한 계통의 혈연 조직으로 포섭할 수 있었다. 그래서 주의 왕과 제후들은 종법적 원리로 연결되어 있었다.
ㄹ. 한 고조는 주나라의 봉건제와 진시황제가 실시한 군현제를 혼합하여 군국 제도를 실시하였다.

오답풀이 ㄱ. 주의 봉건제는 결국 춘추·전국 시대의 정치적 혼란을 초래하였다. 이에 전국 시대를 통일한 진은 전국에 군현제를 시행하여 강력한 중앙 집권 체제를 확립하였다.
ㄷ. 군현제에 대한 설명이다. 군현제는 주의 봉건제와는 달리 왕이 각 지방에 관리를 파견하여 통치하는 제도이다. 이때 관리는 임기가 정해져 있었으며, 급료를 받았다.

답 ④

05 다음 선생님의 질문에 대한 대답으로 옳은 것은?

[2010년 3월 교육청 응용]

이 유적은 벽돌로 만들어진 계획 도시로서 도로, 하수도, 목욕탕 등을 갖추고 있죠. 이 유적을 남긴 사람들에 대하여 발표해 주세요.

① 미라와 '사자의 서'를 만들었습니다.
② 점토판에 쐐기 문자로 기록을 남겼습니다.
③ 오리엔트 세계에 철기 문화를 전해주었습니다.
④ 유일신 여호와를 믿는 종교를 성립시켰습니다.
⑤ 청동기 시대 인도의 인더스 강에서 형성된 문명입니다.

출제의도 인더스 문명의 내용 파악하기

해설 모헨조다로는 벽돌로 건설된 인더스 문명의 대표적인 도시이다. 이 도시는 반듯한 도로를 지닌 계획 도시였으며, 가옥이나 도로까지 배수 시설이 잘 갖추어져 있었다. 도로 양편에는 주택, 목욕탕, 창고, 시장 등이 질서 있게 들어서 있었으며, 당시 주민들은 농경 생활을 했기 때문에 이곳에서 곡물 저장소와 곡식 낱알이 발견되기도 하였다. 주민들은 청동기와 상형 문자를 만들어 사용하였고, 밀을 주식으로 하면서 양고기와 돼지고기, 물고기 등을 먹었으며, 당시 인더스 강 유역에서는 상업이 발달하여 상인들은 이란 및 메소포타미아 지역과 교역하였다.
⑤ 이집트의 나일 강, 메소포타미아의 유프라테스·티그리스 강, 중국의 황허 강, 인도의 인더스 강에서 청동기 시기에 문명이 탄생하였다.

오답풀이 ① 이집트 문명에 대한 설명이다. 고대 이집트인들은 영혼 불멸과 사후의 세계를 믿었기 때문에 죽은 사람을 미라로 만들고 '사자의 서'를 함께 매장하였다.
② 메소포타미아 문명과 관련된 내용이다. 메소포타미아의 민족들은 그림 문자를 개량하여 쐐기 문자를 만들어 사용하였다.
③ 히타이트에 대한 설명이다. 히타이트는 최초로 철제 무기를 사용하여 오리엔트 지역을 정복하였고, 오리엔트 세계에 철기 문화를 전해 주었다.
④ 헤브라이에 관한 내용이다. 헤브라이인들은 유일신 여호와를 믿는 유대교를 성립시켰으며, 이는 크리스트교와 이슬람교의 성립에 큰 영향을 주었다.

답 ⑤

06 (가), (나) 유적을 남긴 고대 문명에 대한 옳은 설명을 〈보기〉에서 고른 것은?

[2013년 3월 교육청]

(가) (나)

┃보기┃
ㄱ. (가) - 파라오가 신정 정치를 펼쳤다.
ㄴ. (가) - 쐐기 문자를 사용해 점토판에 기록을 남겼다.
ㄷ. (나) - 개방적 지형으로 인해 이민족의 침입이 잦았다.
ㄹ. (나) - 태양력을 이용해 강의 범람 시기를 예측하였다.

① ㄱ, ㄴ ② ㄱ, ㄷ ③ ㄴ, ㄷ
④ ㄴ, ㄹ ⑤ ㄷ, ㄹ

출제의도 메소포타미아 문명과 이집트 문명의 특징 이해하기

해설 제시된 자료 (가)는 메소포타미아 문명의 지구라트, (나)는 이집트 문명의 피라미드와 스핑크스이다.
ㄴ. 메소포타미아의 수메르인들은 그림 문자를 개량해 만든 쐐기 문자를 사용하였다. 이들은 갈대의 뾰족한 끝을 이용해 점토판에 쐐기 문자를 새겨 넣었다.
ㄹ. 고대 이집트인들은 지구가 한 바퀴 도는 1년을 30일의 12개월로 구분하고, 남은 5일을 축제일로 삼아 1년을 365일로 하는 태양력을 사용하였다. 그리고 이를 이용해 강의 범람 시기를 예측하였다.

오답풀이 ㄱ. 이집트 문명에 대한 설명이다. 메소포타미아 문명에서도 신정 정치가 시행되었으나, 파라오라고 불린 전제 군주가 신정 정치를 펼친 것은 이집트 문명이다.
ㄷ. 메소포타미아 문명에 대한 설명이다. 이집트는 폐쇄적인 지형으로 인해 이민족의 침입을 거의 받지 않아 오랫동안 통일 왕국을 유지하였다. 반면 메소포타미아 문명은 개방적인 지리 조건으로 인해 이민족의 침략이 잦아 정치적 변동이 심하였다.

답 ④

MEMO

PART 2

서양사

- **01** 그리스와 로마 제국의 발전
- **02** 유럽의 형성과 발전
- **03** 르네상스와 신항로의 개척
- **04** 절대 왕정의 성립과 발전
- **05** 시민 혁명
- **06** 자유주의와 민족주의의 확산
- **07** 미국과 러시아 · 라틴 아메리카의 발전
- **08** 산업 혁명과 자본주의의 발달
- **09** 제국주의의 침략
- **10** 제1차 세계 대전과 러시아 혁명
- **11** 제1차 세계 대전 이후의 세계
- **12** 제2차 세계 대전(1939~1945)
- **13** 냉전 체제의 형성과 완화

- ✚ ■ 빨간색 글씨 심화 과정은 이만적 교수님의 무료 강의를 들어야 이해하기 쉬워요!
- ✚ ■ 빨간색 글씨 심화 과정은 고급 수준의 내용이며, 중급까지 원하시는 분은 보시지 않아도 됩니다.

CHAPTER 01 그리스와 로마 제국의 발전

1 그리스 – 서양 문명의 기틀 마련

(1) 에게 문명* : 해양 청동기 문명

① **크레타(미노스) 문명** : 크레타 섬(크노소스 궁전)에서 발생, 밝고 생동감 넘치는 문화 → 자연재해로 멸망

② **미케네 문명** : 그리스 본토 미케네에서 발생, 상무적 성격의 문화, 트로이 정복 → 도리아인에 의해 멸망(기원전 12세기경)

　　┌ 미케네 문명은 트로이 문명 정복
　　└ 철기를 앞세워 정복 전쟁을 벌였음.

***에게 문명**
에게 해를 중심으로 한 크레타·미케네·트로이 문명을 가리킨다. 오리엔트 문명의 영향을 받아 그리스에 영향을 주었다.

(2) 폴리스의 형성과 발전

① **폴리스의 형성 배경** : 산악 지역, 복잡한 해안선 → 통일 국가를 이루지 못하고 기원전 8세기부터 도시 국가인 폴리스 건설

② **폴리스의 구조** : 아크로폴리스(중심부, 언덕에 신전이 있음), 아고라(광장)로 구성

③ **특징** : 강한 동족 의식, 4년마다 올림피아 제전 개최 → 유대감을 다짐.

◀ 고대 그리스 세계

(3) 아테네의 민주 정치 : 왕정 → 귀족정 → 금권정(솔론) → 참주정 → 민주정

① **평민의 지위 향상** : 해상 활동을 통한 상공업 발전 → 부유한 평민들의 전쟁 참여 → 평민들의 지위 상승으로 참정권 요구가 거세짐.

② **민주 정치 발전 과정**

　㉠ **솔론*** : 재산 정도에 따라 일부 평민의 정치 참여 허용 → 페이시스트라토스의 참주 정치

　㉡ **클레이스테네스** : 독재자(참주)의 출현을 막기 위해 **도편 추방제*** 실시 → 민주주의의 기틀 마련
　　　+행정 지역구 개편, 500인 평의회

　㉢ **페리클레스** : 민회 중심의 직접 민주주의 정착
　　　델로스 동맹과 노예제가 기반

● **페리클레스** : 장군과 같은 특수직을 제외하고 추첨을 통해 관리를 선발, 공무 수당을 지급하는 제도 마련

***솔론**
솔론은 모든 시민을 경제력에 따라 4등급으로 나누고, 서로 다른 병과를 부과하였다. 가장 부유한 상위 두개의 등급은 기마 중장보병, 세 번째 등급은 말이 없는 일반 중장보병, 네 번째 등급인 무산자들은 함대의 노를 젓는 노잡이로 배치하였다.

***도편 추방제**
독재자(참주)가 될 가능성이 높은 사람의 이름을 도자기 파편에 적어 일정 수 이상 표를 얻은 사람을 국외로 10년간 추방하는 제도

③ **아테네 민주 정치의 특징** : 직접 민주 정치, 제한적 민주 정치(여성·노예·거류 외국인은 참정권을 부여하지 않음➕)

➕외국인은 로마 시대(만민법)부터, 여성은 제1차 세계 대전 이후부터 참정권이 부여되었다.

▲ 그리스 중장 보병(호플리테스)

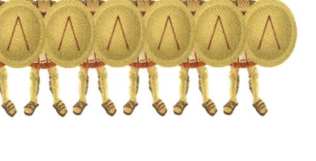
▲ 그리스 갤리선의 구조

▲ 폴리스의 구조

▲ 페리클레스

(4) 스파르타

① **성립** : 펠로폰네소스 반도에 도리아인들이 이주하여 건설
② **특징**
  ㉠ 소수의 시민(도리아인)이 다수의 피정복민 지배 → 반란을 막기 위해 시민들에게 군사 훈련 실시
  ㉡ 농업 중심, 2명의 국왕과 소수의 귀족이 정치적 실권 장악, 국가 중대사는 민회에서 결정

■ **아테네와 스파르타의 비교**

구분	아테네	스파르타
종족	이오니아인	도리아인
위치	해안	내륙
산업	해상 무역	농업 위주
군대	해군 위주	육군 위주
정치	직접 민주 정치	군국주의적 민주정
성향	자유, 개방	보수, 폐쇄
동맹	델로스 동맹	펠로폰네소스 동맹
노예	개인 소유	국가 소유, 시민보다 다수

심화 아테네와 스파르타

아테네의 사회 구성 (B.C. 5세기 중엽)
- 시민 13.6%
- 시민의 가족 40.9%
- 노예 36.5%
- 외국인(가족 포함) 9.0%
- 31.55만 명

스파르타의 사회 구성 (B.C. 5세기 중엽)
- 시민과 가족 2.5만 명
- 페리오이코이(반자유인) 12.5만 명
- 헬로트(노예) 25만 명
- 지배

*델로스 동맹
아테네를 중심으로 모인 폴리스들이 전쟁에 대비하여 기금을 모았는데, 기금을 보관하는 금고가 델로스 섬에 있었기 때문에 이름이 붙여졌다.

*펠로폰네소스 전쟁
아테네를 중심으로 한 델로스 동맹과 스파르타를 중심으로 한 펠로폰네소스 동맹 간 전쟁으로, 스파르타가 위치한 반도의 이름을 따서 붙인 이름이다

*소피스트
웅변술이나 문장술을 가르쳤던 철학자 집단, 진리의 상대성 강조

▲ 아테나 여신상

▲ 라파엘로의 '아테네 학당' 중 플라톤(좌)과 아리스토텔레스(우)

*헬레니즘 시대
기원전 334년 알렉산드로스의 동방 원정에서 기원전 30년 로마가 이집트를 병합까지의 300년간을 말한다.

✚ 대표적인 스토아 학자
로마의 황제인 마르쿠스 아우렐리우스(5현제 중의 한 명)

(5) 페르시아 전쟁과 펠로폰네소스 전쟁
① **페르시아 전쟁(B.C. 492~B.C. 448)** : 아케메네스 왕조 페르시아가 그리스 식민 도시 압박 → 세 차례의 그리스-페르시아 전쟁 발발 → 아테네와 스파르타를 중심으로 단결한 그리스의 승리 ─ 마라톤 전투, 살라미스 해전
② **그리스의 번영** : 아테네가 델로스 동맹*의 맹주로 성장, 페리클레스의 지도 아래 민주 정치 발전
③ **펠로폰네소스 전쟁(B.C. 431~B.C. 404)*** : 아테네 중심의 델로스 동맹 vs 스파르타 중심의 펠로폰네소스 동맹 → 스파르타의 승리, 폴리스의 쇠퇴
④ **그리스 세계의 쇠퇴** : 기원전 4세기 중엽 마케도니아에게 정복당함.

(6) 그리스 문화 : 인간 중심적, 조화와 균형 강조
① **종교** : 그리스 신화 → 신을 인간과 같은 모습과 감정을 지닌 것으로 여김.
② **문학** : 호메로스의 『일리아드』, 『오디세이아』 ─ 트로이 전쟁 내용 서술
③ **건축, 조각** : 조화와 균형 강조 → 파르테논 신전, 아테나 여신상
④ **철학** : 소피스트*(진리의 상대성 강조), 소크라테스(진리의 절대성 주장), 플라톤(이상 국가 주장), 아리스토텔레스(학문을 체계적으로 정리) 등
⑤ **역사** : 헤로도토스(페르시아 전쟁을 다룬 『역사』), 투키디데스(펠로폰네소스 전쟁을 다룬 『역사』)
⑥ **의학 · 수학** : 히포크라테스(의학), 피타고라스(수학)

2 헬레니즘 세계

(1) 헬레니즘 세계의 형성
① **알렉산드로스의 동방 원정** : 그리스와 페르시아 정복, 이집트에서 인도에 이르는 대제국 건설 → 헬레니즘* 세계 형성(기원전 4세기)
② **알렉산드로스의 동서 융합 정책** : 알렉산드리아 건설, 그리스어를 공용어로 삼음, 동방의 군주정 도입, 페르시아인을 관리로 등용, 그리스인과 페르시아인의 결혼 장려
③ **멸망** : 알렉산드로스가 죽은 후 분열 → 로마에 정복당함(1세기 후반).
　● **알렉산드로스 제국의 분열** : 마케도니아, 이집트, 시리아로 나뉘었다.

(2) 헬레니즘 문화 : 그리스 문화+오리엔트 문화, 세계 시민주의 · 개인주의적 경향 ─ cf) 키레네 학파(육체적 쾌락주의)
① **철학** : 스토아 학파(금욕 강조)✚, 에피쿠로스 학파(정신적 쾌락 추구)
② **과학** : 자연 과학 발달 → 유클리드(기하학), 아르키메데스(부력의 원리 발견), 에라토스테네스(지구의 둘레 계산), 아리스타르코스(태양 중심설) 등
③ **미술** : 사실적이고 현실적인 미 추구 → 라오콘 군상, 밀로의 비너스상 등 → 인도의 간다라 미술 발달에 영향을 끼침.

▲ 알렉산드로스의 원정

*알렉산드로스(B.C. 356~B.C. 323)

폼페이에서 출토된 이소스 전투 모자이크화의 일부

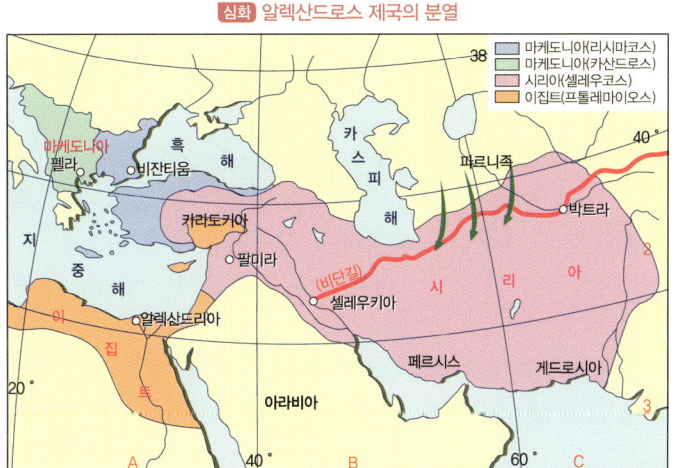

심화 알렉산드로스 제국의 분열

▲ 라오콘 군상(바티칸 미술관)

▲ 밀로의 비너스상 (루브르 박물관)

▲ 헬레니즘 문화의 전파

Chapter 01 그리스와 로마 제국의 발전

3 로마 제국

(1) 로마의 발전

① **공화정**[*]**의 성립과 발전**
  ㉠ 성립 : 도시 국가(기원전 8세기 중엽)로 출발 → 왕정 → 공화정(기원전 6세기 말)
  ㉡ 발전
    ⓐ 초기 : 귀족이 원로원*과 집정관* 독점
    ⓑ 평민권 신장 : 평민회 창설, 호민관* 선출, 12표법* 제정, 리키니우스법(집정관 1명을 평민에서 선출), 호르텐시우스법(평민이 형식상 귀족과 동등한 권리 획득) ─원로원의 동의가 없어도 평민회의 의결이 국법
    ⓒ 대외 팽창 : 기원전 3세기 무렵 이탈리아 반도 통일
    ⓓ 포에니 전쟁의 승리 🗺map : 로마-카르타고의 전쟁에서 로마가 승리 → 로마가 지중해의 패권 차지 → 마케도니아와 그리스 정복, 소아시아 지역까지 세력 확대 (지중해 연안 지배)
    ⓔ 포에니 전쟁의 영향 : 대농장(라티푼디움*)의 유행, 자영농의 몰락, 군사력 약화
  ㉢ 공화정의 위기 ─옥타비아누스가 안토니우스와 클레오파트라 연합군을 격파
    ⓐ 그라쿠스 형제의 개혁 : 자영농 육성 시도(대토지 소유 제한, 농민에게 토지 분배) → 귀족들의 반발로 실패
    ⓑ 군인 정치가 등장 : 1차 삼두 정치* → 카이사르의 독재 → 2차 삼두 정치 → 악티움 해전 이후 옥타비아누스가 지배권 장악

② **제정 수립** : 옥타비아누스('아우구스투스'─'존엄한 자'라는 뜻, '프린켑스'─'제1시민'이라는 뜻 칭호)가 제정 수립 → 이후 약 200여 년간 '로마의 평화' 시대 ─네로 황제 이후 5현제가 통치

---

*공화정
왕 없이 복수의 주권자들이 통치하는 정치 체제

■ **로마의 공화정**
왕정(2명의 집정관), 귀족정(원로원), 민주정(민회)의 성격이 모두 있다.

*원로원
귀족들로 구성된 집단으로, 집정관 감독과 정책 자문 및 의결 기능을 가졌다. 임기는 종신이었다.

▲ 원로원의 모습

*집정관
원로원의 추천으로 2명을 선출하였는데, 로마의 행정·군사 업무를 맡았다. 독재 방지를 위해 임기는 1년으로 제한되었다.

*호민관
평민들의 권익을 보호하는 직책으로, 평민회에서 선출하였다. 귀족들의 결정에 거부권을 행사할 수 있었다.

*12표법
기원전 5세기에 귀족과 평민이 대립하는 과정에서 만들어진 로마 최초의 성문법으로 귀족의 자의적인 법 해석을 막았다.

*라티푼디움
전쟁 포로였던 노예의 노동력을 이용하여 대규모 농장 경영 체제를 구축한 대토지 소유제

■ **로마 시대 노예 반란**
검투사인 스파르타쿠스의 반란(기원전 73년, 공화정 시기)

*삼두 정치
로마 공화정 말기 3명에 의한 공동 통치 제도로, 1차 삼두 정치는 카이사르, 폼페이우스, 크라수스, 2차 삼두 정치는 안토니우스, 옥타비아누스, 레피두스가 이끌었다.

▲ 로마 군단병의 모습

▲ 로마의 영역

(2) 로마의 쇠퇴와 중흥의 노력

① **로마의 쇠퇴** : 군인 황제 등장, 이민족의 잦은 침입과 속주의 반란, 콜로나투스* 등장
② **중흥 노력**
  ㉠ 디오클레티아누스 황제 : 전제 군주제 확립, 제국의 4분할 통치
  ㉡ 콘스탄티누스 대제 : 비잔티움(콘스탄티노폴리스)으로 천도, 크리스트교 공인(밀라노 칙령) → 중흥 노력
  　　　　　　　　　　　　　이후 테오도시우스 황제 때 기독교가 로마 국교로 인정
③ **멸망** : 동·서로마로 분열(395) → 게르만 족에 의해 서로마 멸망✚(476)

(3) 로마 문화 : 실용적인 문화 발달
그리스는 조화와 균형(파르테논 신전), 헬레니즘은 사실적이고 현실적(격정과 관능 표현), 로마는 실용적이고 검소가 특징임.

① **건축** : 콜로세움, 아피아 가도, 수도교 등 → 토목·건축 기술 등의 발달
② **법률** : 12표법 → 시민법(로마 시민에게 적용) → 만민법(외국인에게 적용) →『유스티니아누스 법전』(로마법 대전)
③ **역사** : 리비우스(『로마사』), 카이사르(『갈리아 전기』), 타키투스(『게르마니아』)
④ **스토아 학파 발달** : 키케로, 마르크스 아우렐리우스 황제

(4) 크리스트교 : 로마 제국 초기 예수가 등장 → 예수 사후 제자들에 의해 제국에 전파

① **박해** : 황제 숭배를 거부하여 박해를 받음. → 여성과 하층민으로 전파
② **발전** : 밀라노 칙령(콘스탄티누스 대제, 313)으로 공인 → 니케아 공의회(삼위일체설 채택) → 국교화(테오도시우스 황제, 4세기 말)
　　아타나시우스파(삼위일체 주장, 예수는 신성과 인성 모두 있음)와 아리우스파(삼위일체 부정, 예수는 인성만 있음)가 대립했는데, 니케아 공의회 때 아타나시우스파가 인정되어 아리우스파는 게르만 족에게 포교함.

> **심화** 로마사 정리

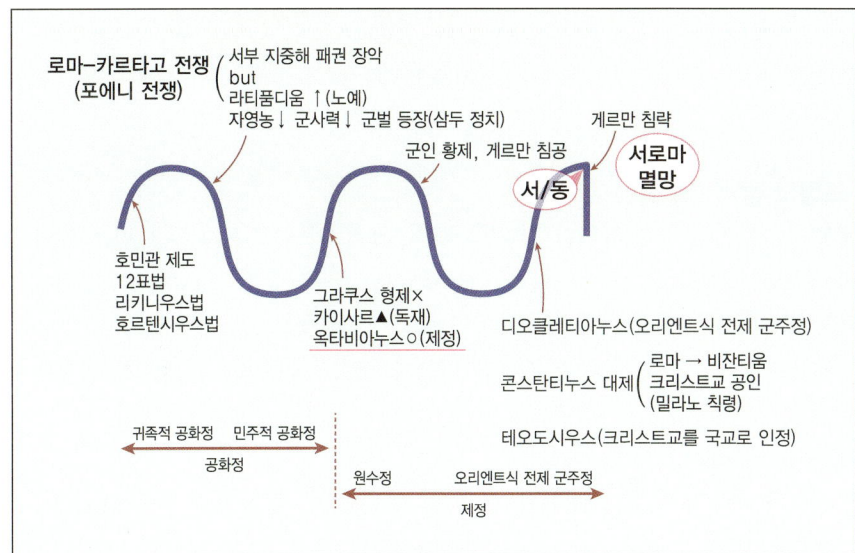

---

* **콜로나투스**
로마의 정복 전쟁이 끝나면서 노예 공급이 중단되자, 라티푼디움 대신 콜로누스(부자유 소작인)에게 토지를 경작하게 하는 콜로나투스가 등장하였다.

■ **생산력의 주체**

고대	중세	근대
노예	농노:자영농의 성격(자신의 가옥과 토지 소유 가능)과 노예의 성격(거주 이전의 자유가 없음) 모두 갖고 있음. 농노의 시초가 콜로나투스	자영농

✚ 서로마는 476년 게르만 용병 대장 오도아케르에게 멸망하지만, 동로마는 1453년에 오스만 제국에게 멸망(476년부터 1543년까지가 중세)하였다.

▲ 로마 수도교

▲ 아피아 가도

▲ 콜로세움

▲ 콜로세움의 구조

CHAPTER 02 유럽의 형성과 발전

1 서유럽 봉건 사회의 형성

(1) 게르만 족의 이동

① **게르만 족** : 발트 해 연안에서 농경과 목축, 수렵 생활 → 일부가 로마로 이동하여 소작인이나 군인으로 생활

② **게르만 족의 이동** : 훈 족*의 동부 유럽 공격(4세기 후반) → 게르만 족이 대규모로 로마 영토로 이동 → 서로마 제국 곳곳에 정착 및 국가 건설(게르만 왕국) → 서로마 제국 멸망(476)

*훈 족
중앙아시아의 초원 지대에 살던 튀르크 족 계통의 유목 민족

▲ 게르만 족

▲ 게르만 족의 이동

(2) 프랑크 왕국의 발전

대다수 게르만 족은 아리우스파를 믿었으나 프랑크 왕국은 로마 시민이 믿는 아타나시우스파를 믿었음.

① **배경** : 짧은 이동 거리(갈리아 지방에 정착), 크리스트교로 개종(클로비스)하여 교황의 지지를 받음.

② **카롤루스 마르텔** : 이슬람 세력(우마이야 왕조) 격퇴(투르·푸아티에 전투, 732)

③ **피핀** : 카롤루스 왕조 개창, 랑고바르드 족(롬바르드 족) 격퇴 후 영토를 교황에게 바침(교황령의 시초).

④ **카롤루스 대제(8세기 후반, 전성기)**
  ㉠ 서로마 제국의 영토 대부분 획득, 크리스트교 전파, 학문 연구 후원(카롤링거 르네상스)
  ㉡ 로마 교황으로부터 서로마 황제의 관을 받음(800). → 게르만 전통·로마 문화·크리스트교가 융합된 서유럽 문화의 기틀 마련

✚ 프랑크 왕국의 왕조
메로비우스 왕조(클로비스가 개창), 카롤루스 왕조(카롤루스 마르텔의 아들 피핀이 개창)

✚ 로마 교황과 피핀의 제휴
비잔티움 제국의 황제가 성상 숭배 금지령(726)을 내려 기독교는 비잔티움 제국의 그리스 정교와 서유럽의 가톨릭으로 분화되었다. 비잔티움 제국과 갈라진 로마 교황은 피핀의 힘이 필요했다. 참고로 비잔티움 제국은 황제가 교회 권력까지 갖는 황제 교황주의였다.

▲ 프랑크 왕국의 발전

▲ 카롤루스 상

⑤ **쇠퇴** : 카롤루스 대제 사후 내분 → 베르됭(846)·메르센 조약(870)으로 서·중·동 프랑크로 분열(오늘날 프랑스·이탈리아·독일의 기원이 됨)

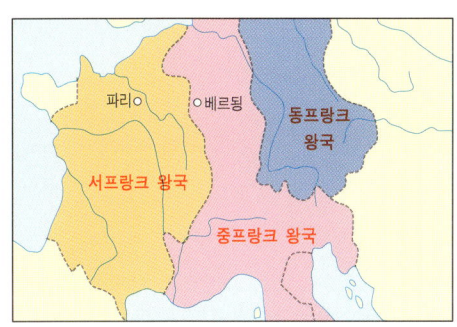

▲ 베르됭 조약

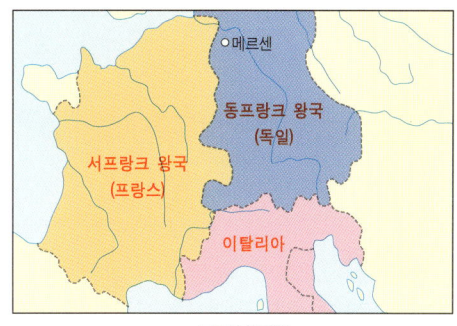

▲ 메르센 조약

⑥ **노르만 족의 이동** : 9세기 말부터 유럽으로 이동 → 노르망디 공국(프랑스 북부), 노르만 왕조(영국), 시칠리아 왕국(이탈리아), 노브고로드 공국·키예프 공국(러시아) 등 건설

▲ 노르만 족(바이킹)

▲ 노르만 족의 이동

✚ 게르만 족의 이동으로 중세가 시작되고, 노르만 족의 이동으로 봉건제가 성립하였다.

*쌍무적 계약 관계
주군이 봉신을 보호하지 않거나 봉신이 의무를 다하지 않으면 주종 관계는 깨질 수 있다.

*장원
중세 농업 중심의 경제 공동체로 영주의 성, 교회, 촌락, 공공시설물 등으로 구성되었다. 토지는 영주 직영지와 농민 보유지로 구분되고, 이는 삼포제 농법으로 경작되었다.

*삼포제
서유럽은 과거에 빙하 지대였기 때문에 토지가 척박하였다. 이에 춘경지·추경지·휴경지로 나누어 돌려가면서 농사를 짓는 삼포제를 실시하였다.

▲ 서유럽 빙하

(3) 봉건제의 성립✚

① **봉건제** : 프랑크 왕국의 분열 이후 이민족의 침입(노르만 족, 이슬람 세력 ─우마이야 왕조 등) 등으로 인한 사회 혼란 → 토지를 매개로 주군과 봉신 간 쌍무적 계약 관계*(주종 관계) 형성 → 지방 분권적 봉건 사회

② **장원제**
  ㉠ 장원* : 자급자족을 하는 농촌 공동체, 영주의 성, 교회, 촌락, 공공시설물, 경작지(삼포제* 시행)로 구성 → 영주가 독자적으로 운영
  ㉡ 농노 : 영주에 예속된 비자유민, 집과 토지 소유 가능, 가정을 이룸, 거주 이전의 자유 없음, 각종 세금 부담(토지세, 시설 이용료 등)

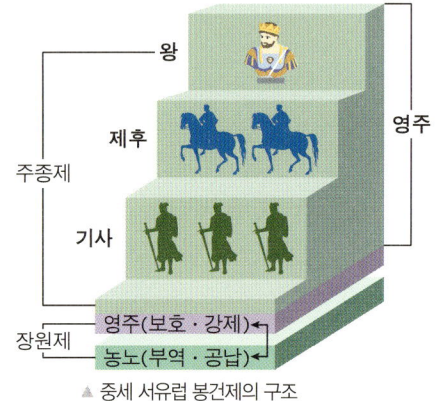
▲ 중세 서유럽 봉건제의 구조

▲ 삼포제

■ **종사 제도와 은대지 제도**
- 종사 제도 : 종사(從士; 자유민의 미성년 자제들 중 뽑힌 자)는 주인에게서 옷과 노예, 가축을 받았다. 성년이 되면 주인과의 관계가 끝나지만 유력자는 자신의 명성을 과시하려고 많은 종사를 거느렸다. 이 종사 제도는 중세 봉건제의 주종 제도에 영향을 끼쳤다.
- 은대지 제도 : 베네피키움은 은혜, 특전 등의 의미로, 고대 로마에서는 3세기 이후 황제가 국경 지대를 방비한 게르만인에게 내려준 토지를 베네피키아라고 불렀다. 이 은대지 제도가 중세 봉건제의 장원제에 영향을 끼쳤다.

(4) 봉건 국가의 발전

① **서프랑크(프랑스)** : 10세기 말 카롤루스 왕조의 혈통이 끊김. → 카페 왕조 개창 → 왕권 미약
② **동프랑크(독일)** : 오토 1세가 마자르 족과 슬라브 족 격퇴, ─지금의 헝가리 주민 이탈리아 내란 진압 → 서로마 황제로 대관(962) → 신성 로마 제국*의 기원
③ **노르망디 공국(잉글랜드)** : 윌리엄이 노르만 왕조 개창 → 강력한 왕권에 입각한 봉건제 수립, 전국적인 토지 조사를 실시하여 『둠즈데이 북』(토지 대장) 작성

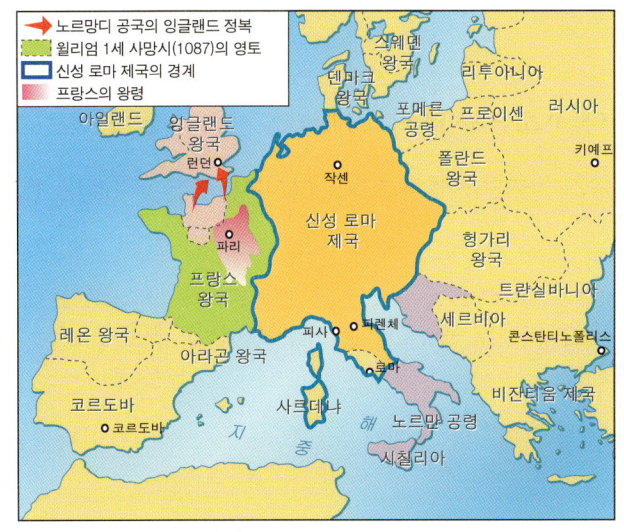
▲ 11세기경의 유럽

*신성 로마 제국
오토 1세가 서로마 황제로 대관한 때로부터 프란츠 2세가 제위를 물러난 1806년까지를 말한다. 실제로 신성 로마 제국의 호칭이 쓰이기 시작한 것은 15세기이며, 그 이전에는 제국 혹은 로마 제국이라 불렸다.

✚ 영국 연방(United Kingdom of Great Britain and Northern Ireland)의 형성
게르만 족의 일파인 앵글로·색슨 족과 이후 노르만족이 잉글랜드를 점령하여 원주민인 켈트인(갈리아인)은 북쪽과 서쪽으로 이동하여 스코틀랜드, 웨일스, 아일랜드를 구성하였다. 현재 영국은 잉글랜드, 웨일스, 스코틀랜드, 북아일랜드로 구성되어 있으며 영국의 국기인 유니온 잭은 잉글랜드, 스코틀랜드, 북아일랜드 기가 합쳐진 것이다.

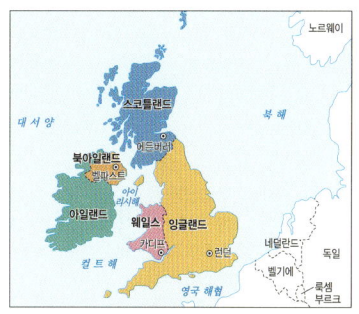

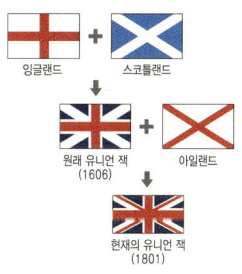

2 크리스트교 중심의 유럽 문화

(1) 동서 교회의 분열
① **계기** : 크리스트교의 성상 숭배 문제(비잔티움 제국의 황제 레오 3세의 성상 파괴령, 726)
② **분열** : 로마를 중심으로 한 가톨릭교회와 콘스탄티노폴리스를 중심으로 한 그리스 정교회로 분열(1054)

(2) 로마 가톨릭교회의 발전
① **교회의 성장 및 세속화** : 프랑크 왕국과 신성 로마 제국 등과 제휴 → 서유럽에서 교세 확장, 기증과 개간을 통해 많은 토지 소유 → 교회의 세속화
② **수도원 개혁 운동** : 교회의 부패와 타락 → 수도원 중심의 교회 개혁 운동(클뤼니 수도원 등)
③ **카노사의 굴욕**
  ㉠ 배경 : 교황 그레고리우스 7세의 개혁(성직 매매 금지, 성직자 임명권 확보 등)
  ㉡ 전개 : 성직자 서임권을 둘러싸고 신성 로마 제국 황제 하인리히 4세와 대립 → 교황의 황제 파문* → 황제의 굴복(카노사의 굴욕, 1077) → 교황권 강화[보름스 협약(1122)을 통해 교황이 서임권 차지]
  ㉢ 교황권의 전성기 : 13세기 초 교황 인노켄티우스 3세 → '교황은 해, 황제는 달'에 비유
  영국의 존 왕을 파문하고, 프랑스의 필리프 2세를 굴복시킴.

▲ 카노사의 굴욕 | 하인리히 4세가 카노사 성주인 백작 부인과 클뤼니 수도원장에게 교황과의 화해를 주선해 달라고 부탁하는 모습

*교황의 황제 파문
파문은 신도의 자격을 빼앗고 종교계에서 쫓아내는 것으로, 교황이 하인리히 4세의 파문과 폐위를 선언하자 신성 로마 제국 내 제후와 주교들도 지지를 철회하였다.

(3) 크리스트교 중심의 중세 문화

① **신학** : 신학이 모든 학문의 중심, '철학은 신학의 시녀' ─ 교부 철학(아우구스티누스)
② **철학** : 스콜라 철학 발달 → 토마스 아퀴나스의 『신학대전』(신앙과 이성의 조화 강조) ─ 아리스토텔레스의 영향을 받음.
③ **교육** : 교회나 수도원 중심으로 학문 발달 → 12세기 대학 발달
④ **건축** : 고딕 양식 발달 → 높이 솟은 첨탑, 높고 둥근 천장, 색유리창(스테인드글라스)
   예 쾰른 대성당, 샤르트르 대성당 등
   ● **스테인드글라스** : 주로 성경이나 성인들의 이야기가 표현되어 있어 글을 모르는 사람들에게 성서의 내용을 알려주는 역할을 하였다.
⑤ **문학** : 기사도 문학 발달, 기사들의 영웅담("롤랑의 노래", "아서 왕 이야기", "니벨룽겐의 노래" 등)✚

✚라틴어(로마 언어)가 아니라 각각 프랑스어, 영어, 독일어로 저술하였다.

▲ 쾰른 대성당 내부 모습

▲ 샤르트르 대성당(고딕 양식)

▲ 스테인드글라스(샤르트르 대성당)

3 비잔티움 제국의 번영

(1) 비잔티움 제국의 성장과 발전

① **존속** : 서로마 제국 멸망 후에도 천 년 가까이 존속
② **정치** : 황제가 정치·군사·종교적 권한을 가짐(황제 교황주의*), 관료 체제 확립 → 황제 중심의 중앙 집권 체제 이룩
③ **경제** : 수도인 콘스탄티노폴리스(비잔티움)를 중심으로 상공업·무역 발달 → 동서 무역의 중심지
④ **유스티니아누스 대제(6세기 전반, 전성기)** : 옛 로마 제국의 영토 대부분 회복, 『유스티니아누스 법전』 편찬, 성 소피아 성당 건축
⑤ **군관구제*와 둔전병제* 실시** : 외침에 대비하기 위함.
⑥ **쇠퇴** : 대토지 소유 증가, 군사력 약화, 이슬람 세력 등 이민족의 침입 → 오스만 제국에게 멸망(1453) ─ 사산 왕조 페르시아, 셀주크 튀르크, 슬라브 족 등

*황제 교황주의
정치적 지배자인 황제가 절대적 권위를 가지며 교회의 수장을 겸하였다.

*군관구제
제국을 31개의 군관구로 나누고 황제가 직접 임명한 사령관에게 군사·행정·사법권을 부여하였다.

*둔전병제
농민에게 군역에 종사하는 대가로 토지를 주고, 군역에 계속 종사한다는 조건으로 상속권 부여 → 자영농 육성과 국방력 강화에 기여하였다.

(2) 비잔티움 제국의 문화

① **특징** : 그리스 정교+로마의 전통+그리스와 헬레니즘 문화 결합
② **고대 그리스의 사상과 학문 보존** : 그리스어가 공용어, 그리스 고전 수집 및 연구
③ **비잔티움 양식** : 정사각형의 벽 위에 거대한 돔을 세우고 화려한 모자이크 벽화로 장식 ❹ 성 소피아 성당
④ **영향**
　㉠ 그리스·로마 고전 문화의 연구·보존 : 서유럽에 전파 → 이탈리아의 르네상스에 영향
　㉡ 동유럽 문화 형성 : 슬라브 족에게 전파 → 러시아의 기원인 키예프 공국이 적극 수용 → 이후 러시아가 비잔티움 제국의 계승자임을 자처

▲ 유스티니아누스 황제와 수행자들(547년경, 모자이크화, 산비탈레 성당)

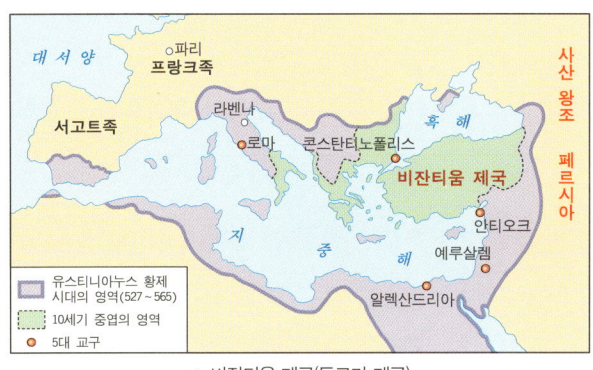
▲ 비잔티움 제국(동로마 제국)

▲ 성 소피아 성당

■ **서유럽과 비잔티움 제국 비교**

구분	서유럽	비잔티움 제국
정치	• 세속 권력과 교황권의 이원 구조 • 봉건제에 의한 지방 분권제	• 동방적 전제 군주제(황제 교황주의) • 중앙 집권적 관료제와 군관구제
경제	• 장원 중심의 자급자족 경제 • 농노제	• 국가 통제에 의한 상공업 발달 • 자영 농민, 둔전병제
종교	• 가톨릭 • 게르만 족 교화	• 그리스 정교 • 슬라브 족 교화
문화	• 라틴어 공용 • 고딕 양식(스테인드글라스) • 스콜라 철학	• 그리스어 공용 • 성 소피아 성당(모자이크) • 그리스·로마+동방 문화
의의	크리스트교+게르만 → 서유럽 문화권 형성	고전 문화 보존, 계승 → 서유럽에 전파(이탈리아 르네상스에 영향)+동유럽 문화권 형성

4 십자군 전쟁과 유럽의 변화

(1) 십자군 전쟁(1096~1270)

① **배경**: 셀주크 튀르크❶의 예루살렘 점령, 비잔티움 제국 위협 → 비잔티움 제국 황제가 교황 우르바누스 2세에게 도움 요청

- ◉ **예루살렘**: 크리스트교 성지이면서 이슬람교 성지

② **경과**: 200여 년간 여러 차례 원정❷ → 성지 탈환 실패

③ **영향**
  ㉠ 교황권 약화, 제후와 기사 세력 약화 → 왕권 강화
  ㉡ 지중해 무역 활발, 도시 발전, 서유럽 문화 발달(비잔티움 문화와 이슬람 문화 유입)

❶ *cf*) 오스만 제국(오스만 튀르크)은 비잔티움 제국 정복(1453)

❷ 1차 원정만 예루살렘 정복, 4차 원정은 콘스탄티노폴리스를 점령하여 라틴 제국 건설

▲ 십자군의 콘스탄티노폴리스 함락(들라크루아, 루브르 박물관)

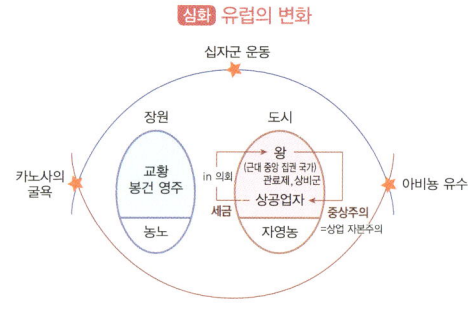
심화 유럽의 변화
파란색은 교황의 권력, 빨간색은 왕의 권력을 나타낸다.

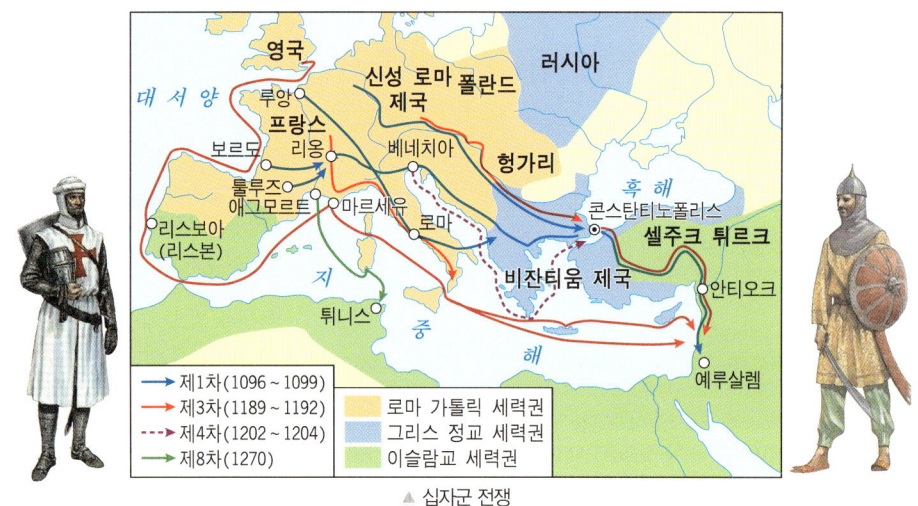
▲ 십자군 전쟁

(2) 도시의 발달과 장원의 해체

① **도시의 발달**
  ㉠ 배경: 농업 생산력 증대(삼포제, 심경법), 활발한 동방 무역 → 상공업 도시의 발달
    ◉ **심경법**: 땅을 깊이 가는 것으로, 주로 소나 말을 이용해 밭을 가는 방법
  ㉡ 도시 동맹: 북독일 지역 도시들이 한자 동맹*을 맺어 무역 주도
  ㉢ 도시의 성장: 특허장이나 자치권 획득 → 영주의 지배에서 벗어남.
  ㉣ 길드*의 성행: 수공업자와 상인들의 동업 조합인 길드를 직종별로 조직, 위계질서 중시, 독점권 확보 → 자유로운 상업 활동 규제
    ─ 이후 18세기 시민 혁명으로 길드가 해체되어 자본주의 발전

*한자 동맹
뤼베크, 함부르크 등 북독일의 도시 동맹. '한자'는 도시 상인들의 조합이라는 뜻이다.

*길드
중세 도시의 동업 조합으로, 도시의 자유와 자치권 획득에 앞장섰고 나중에는 도시 행정까지 장악하였다.

▲ 중세 유럽의 상업과 교통로 | 이탈리아의 도시 동맹과 독일의 도시 동맹(한자 동맹)

(3) 장원의 해체
① **화폐 사용 확대** : 상공업의 발달로 화폐 사용 증가 → 화폐로 지대 지불(지대의 금납화)✚
② **흑사병*의 유행** : 유럽 인구 감소 → 노동력 부족 → 농민의 지위 상승(임금 상승)
③ **농노 해방** : 영주들이 돈을 받고 농노를 풀어줌, 자영농 증가 → 장원 점차 해체
④ **농민 반란** : 영주의 봉건적 부담 강요 → 자크리의 난(프랑스), 와트 타일러의 난(영국) 등 농민 반란 → 장원제의 붕괴 촉진

(4) 교황권의 쇠퇴 : 십자군 전쟁의 실패 → 교황의 권위 쇠퇴
① **아비뇽 유수(1309~1377)** : 교회와 성직자 과세 문제로 교황과 프랑스 왕이 대립(─필리프 4세) → 교황의 굴복, 교황청이 로마에서 아비뇽으로 옮겨짐.
② **교회의 대분열(1378~1417)** : 로마와 아비뇽에서 교황이 각각 선출됨. → 교회의 권위 추락 → 위클리프(영국)와 후스(보헤미아, 지금의 체코) 등이 교회의 세속화 비판 및 성서에 기초한 신앙 강조 ─이후 종교 개혁에 영향
③ **콘스탄츠 공의회** : 위클리프를 이단으로 규정 및 후스 처형, 새로운 단일 교황 선출

✚ **상업 혁명과 가격 혁명**
노동(부역)지대와 현물 지대가 화폐 지대로 바뀐 상태에서 상업 혁명(아메리카에서 은 유입)이 일어나 가격 혁명(화폐 가치↓, 현물 가치↑)이 발생하자 영주는 몰락하고 농민과 상인은 성장하게 되었다.

*흑사병
페스트균에 의해 발생하는 전염병. 주로 쥐나 벼룩을 통해 감염되며, 피부 조직의 출혈로 시체가 검게 보이기 때문에 흑사병으로 불렸다. 14세기 흑사병의 유행으로 유럽 인구가 크게 줄었다.

▲ 마그나 카르타에 서명하고 있는 존 왕

▲ 장미 전쟁

➕1신분(성직자), 2신분(봉건 귀족), 3신분(평민)

(5) 중앙 집권 국가의 출현

① **왕권 강화** : 교황권 쇠퇴, 장원 붕괴, 영주의 세력 약화, 화약과 대포의 사용으로 기사 계급 몰락 → 왕권 강화(관료제와 상비군이 뒷받침)

② **중앙 집권적 통일 국가 출현**

㉠ 영국 : 13세기 존 왕의 세금 과다 부과 → 귀족들의 반발 → 존 왕이 귀족의 권리를 인정한 대헌장(마그나 카르타) 승인 → 시몽 드 몽포르가 귀족·성직자·시민 대표 소집(영국 의회의 시초) → 에드워드 1세 때 모범 의회 소집 → 백년 전쟁(1337~1453)과 장미 전쟁(1455~1485) 후 귀족 세력 약화 → 튜더 왕조 개창, 중앙 집권 체제의 토대 마련

- **백년 전쟁** : 프랑스 내 영국령을 둘러싼 영국과 프랑스 간의 전쟁. 왕위 계승권 문제(카페 왕조에서 발루아 왕조로 바뀌면서 영국 왕이 왕위 계승권 주장), 플랑드르 지역(모직물 산업 중심지, 북프랑스, 벨기에, 네덜란드에 걸친 지역)에 대한 지배권 문제
- **장미 전쟁** : 왕위 계승 문제를 둘러싼 영국 내 귀족 간의 전쟁

㉡ 프랑스 : 12세기 말 필리프 2세(영국 존 왕과 싸워 프랑스 내 영국령 대부분 획득) → 14세기 초 필리프 4세(삼부회➕ 소집, 아비뇽 유수) → 백년 전쟁(잔 다르크의 활약으로 승리) → 중앙 집권적 국가로 발전할 수 있는 토대 마련

▲ 백년 전쟁(1337~1453)

▲ 샤를 7세 대관식의 잔 다르크(도미니크 앵그르, 루브르 박물관)

㉢ 독일 : 봉건 제후의 세력 강성, 신성 로마 제국의 황제는 상징적 존재 → 13세기 대공위 시대(황제가 없음) → 14세기 황금 문서(7명의 선제후가 황제 선출)

㉣ 이탈리아 : 교황령, 베네치아, 피렌체 등의 도시 국가로 분리 → 통일 국가를 이루지 못함. 아라곤의 일부였던 카탈루냐(바르셀로나 중심)은 2017년 분리 독립 투표 강행

㉤ 에스파냐 : 이슬람 세력 축출 → 아라곤과 카스티야 등 강력한 왕국 등장 → 15세기 후반 에스파냐 왕국 성립(이슬람 최후의 근거지인 그라나다 정복) → 통일 국가 완성

㉥ 포르투갈 : 12세기 카스티야로부터 독립 → 15세기 후반 통일 국가로 성장

▲ 에스파냐

CHAPTER 03 르네상스와 신항로의 개척

1 르네상스

(1) 르네상스*
① **의미** : 14~16세기 고대 그리스·로마의 인간 중심적인 문화 부활, 인문주의(르네상스의 근본정신)를 바탕으로 인간의 개성과 능력 존중
② **전파** : 이탈리아 지역에서 처음 시작되어 점차 북유럽으로 전파

▲ 르네상스의 전파

*르네상스
'재생', '부활'을 뜻하는 프랑스어로, 그리스·로마의 문화를 부흥시켜 개인의 해방과 자유를 강조하는 인간 중심의 문화(인문주의)를 탄생시킨 문화 운동이다.

(2) 이탈리아 르네상스 ⓜap
① **배경** : 지중해 무역으로 상공업과 도시 발달, 유력 가문(예 메디치 가문)의 후원
② **인문주의자** : 페트라르카(서정시), 보카치오(『데카메론』), 마키아벨리(『군주론』)
③ **미술 발달** : 레오나르도 다빈치·미켈란젤로·라파엘로 등의 그림과 조각(인간과 자연의 아름다움을 사실적으로 표현)
④ **건축** : 르네상스 양식 발달 예 성 베드로 성당

▲ 다비드상(미켈란젤로, 피렌체 아카데미아 미술관)

▲ 모나리자(레오나르도 다빈치, 루브르 박물관)

▲ 최후의 만찬(레오나르도 다빈치, 국립 르네상스 미술관)

▲ 성 베드로 성당(르네상스 양식)

(3) 알프스 이북(북유럽)의 르네상스
① **성격** : 사회 개혁적 성격, 부패한 교회 세력과 현실 비판 ─ 이후 종교 개혁에 영향
② **작품** : 에라스뮈스의 『우신예찬』, 토머스 모어의 『유토피아』, 세르반테스의 『돈키호테』, 셰익스피어의 『햄릿』과 『리어왕』 등

(4) 과학과 기술의 발달

① **화약·나침반 개량** : 중국에서 전래되어 개량 → 화약(봉건 기사 몰락에 영향), 나침반(원거리 항해 가능 → 신항로 개척에 영향)
② **활판 인쇄술 발명** : 구텐베르크⊕ → 새로운 지식과 사상 보급에 기여 → 르네상스와 종교 개혁 확산
③ **지동설 주장** : 코페르니쿠스, 갈릴레이

> ⊕구텐베르크는 1455년 금속 활자 발명, 최초의 금속 활자는 고려의 『상정고금예문』(1234, 고종), 최고의 금속 활자는 『직지심체요절』(1377, 우왕)

2 종교 개혁

(1) 루터의 종교 개혁(독일)

① **전개** : 면벌부* 판매 비판, '95개조 반박문' 발표 → 인쇄술의 발달로 독일 전역에 전파, 제후와 농민들의 지지 ─ 대립 구도 : 신성 로마 제국 황제(카를 5세)+교황 vs 루터+제후+농민
② **주장** : 인간의 구원은 오직 신앙에 의해서만 가능, 신앙의 근거는 성서(성서 지상주의)
③ **결과** : 아우크스부르크 화의(1555)⊕ → 루터파를 신교로 공식 인정

(2) 칼뱅의 종교 개혁(스위스)

① **예정설 주장** : 인간의 구원은 신에 의해 결정되어 있음, 근면·절제·금욕적인 생활 주장
② **전파** : 상공 시민 계층의 큰 호응 → 프랑스(위그노), 스코틀랜드(장로교), 잉글랜드(청교도), 네덜란드(고이센) 등으로 전파

> *면벌부
> 가톨릭교회가 신자에게 고해성사 이후에도 남아 있는 벌의 일부 혹은 전체를 사면해 주었음을 증명하는 문서로, 로마 교황 레오 10세가 성 베드로 성당 개축 재원 마련을 위해 판매하였다.

> ■ 농민 전쟁(1524)
> 농민들은 영주들의 지배로부터 벗어나기 위해 농민 전쟁(1524)을 일으키지만, 루터는 지상에서의 신분 질서를 인정하며 농민을 외면하였다.

> ⊕아우크스부르크 회의
> 슈말칼텐 전쟁(1546~1547) 결과로 맺어졌으며, 루터파만 인정되고 개인의 종교 선택권은 인정되지 않고 제후와 자유 도시만 인정되었다.

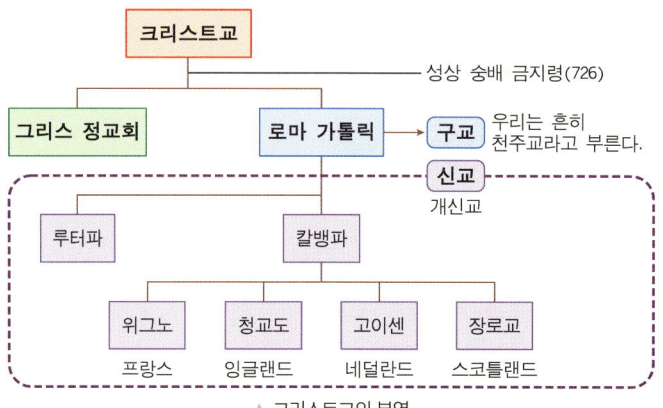

▲ 크리스트교의 분열

심화 **카를 5세(신성 로마 제국)[= 카를로스 1세(에스파냐 왕국)]의 영토**
카를 5세(카를로스 1세)는 할아버지, 할머니, 외할아버지, 외할머니에게 다음과 같은 영토를 상속받았다

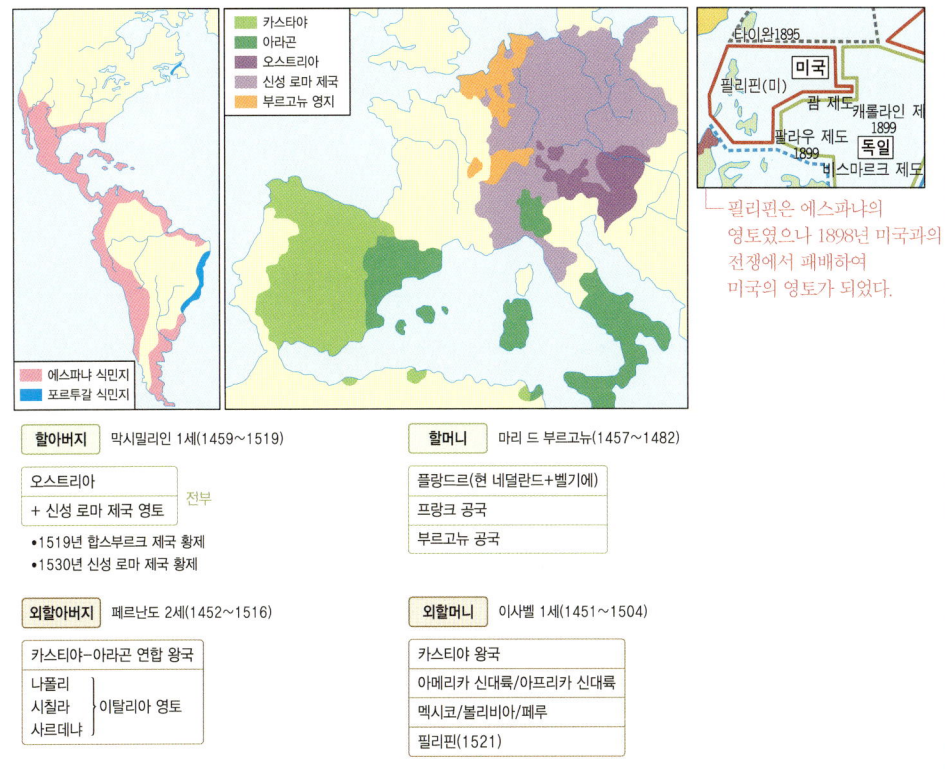

└ 필리핀은 에스파냐의
  영토였으나 1898년 미국과의
  전쟁에서 패배하여
  미국의 영토가 되었다.

할아버지	막시밀리안 1세(1459~1519)
오스트리아 + 신성 로마 제국 영토	전부
• 1519년 합스부르크 제국 황제 • 1530년 신성 로마 제국 황제	

할머니	마리 드 부르고뉴(1457~1482)
플랑드르(현 네덜란드+벨기에)	
프랑크 공국	
부르고뉴 공국	

외할아버지	페르난도 2세(1452~1516)
카스티야-아라곤 연합 왕국	
나폴리 시칠리아 | 이탈리아 영토 사르데냐	

외할머니	이사벨 1세(1451~1504)
카스티야 왕국	
아메리카 신대륙/아프리카 신대륙	
멕시코/볼리비아/페루	
필리핀(1521)	

심화 **17세기 중엽의 유럽**

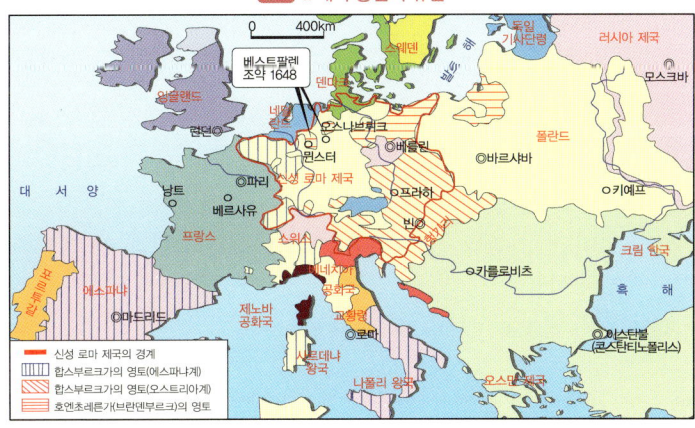

(3) 영국의 종교 개혁

① **수장법**: 헨리 8세가 국왕이 교회의 수장임을 선언 → 영국 교회를 교황으로부터 독립시킴.
② **영국 국교회 성립**: 엘리자베스 1세 때 성립, 신교 중 로마 가톨릭교의 성격이 가장 강함.
  └ 개신교의 교리+가톨릭의 의식
  └ 헨리 8세는 수장법 선포(1534),
    엘리자베스 1세는 통일법 발표(1559)

✚ 예수회와 조선의 만남
마테오 리치의 곤여만국전도가 선조 때 전래되었으며 아담 샬의 시헌력이 김육의 주장으로 효종 때 채택되었다.

*30년 전쟁
처음에는 가톨릭과 신교의 갈등에서 시작되었으나, 각국의 이해관계가 얽히면서 국제 전쟁으로 확대되었다.

(4) 가톨릭교회의 대응
① **트리엔트 공의회** : 교황의 권위와 가톨릭교의 교리 재확인, 교회 내부의 결속 강화
② **예수회**✚ : 에스파냐의 로욜라가 조직, 아시아·아프리카·아메리카 대륙에서 포교 활동 전개

(5) 30년 전쟁*
구교와 신교의 충돌 → 베스트팔렌 조약(1648) 체결 → 개인의 종교 선택의 자유 허용

■ 유럽 각국의 종교 전쟁

구분	종교 전쟁	타협	결과
독일	슈말칼텐 전쟁(1546~1547) : 신성 로마 제국 황제(카를 5세)+교황 vs 루터+제후+농민	아우크스부르크 화의 (1555)	루터파 공인, 제후와 자유 도시만 종교 선택권이 있고 개인은 없음.
프랑스	위그노 전쟁(1562~1598) : 가톨릭 vs 칼뱅파(위그노파)	앙리 4세의 낭트 칙령(1598, 앙리 4세부터 프랑스는 부르봉 왕조 이후 루이 14세가 낭트 칙령 폐지 cf) 프랑스 왕조 : 카페 왕조→발루아 왕조→부르봉 왕조	위그노에게 신앙의 자유 부여
네덜란드	독립 전쟁(1568~1581) : 가톨릭 vs 칼뱅파(고이센파)		에스파냐로부터 네덜란드 독립
독일	30년 전쟁(1618~1648)✚ : 가톨릭 vs 루터파	베스트팔렌 조약(1648)	개인의 신앙 자유 인정(칼뱅파 인정), 스위스와 네덜란드 독립 인정

✚ 30년 전쟁 대립 구도
개신교(덴마크+스웨덴)+가톨릭(프랑스) vs 가톨릭(에스파냐와 오스트리아의 합스부르크가)

3 신항로 개척

(1) 배경
향신료·비단 등 동방 물품의 수요 증가, 장거리 항해 가능(항해술·조선술의 발달, 나침반의 사용)

● **동방** : 유럽을 기준으로 동쪽인 서아시아 지역을 말한다.

(2) 주도
에스파냐(서쪽 항로 개척)와 포르투갈(동쪽 항로 개척) → 국가의 주도로 적극 지원

(3) 탐험가
① **콜럼버스** : 대서양 횡단, 서인도 제도 도착(1492) ─ 이 지역이 신대륙임을 알게 된 인물은 아메리고 베스푸치
② **바스쿠 다 가마** : 아프리카의 희망봉을 돌아 인도 도착(1498) → 새로운 인도 항로 개척
③ **마젤란** : 아메리카 대륙을 돌아 최초로 세계 일주 성공(1522) → 지구 구형설 입증
─ 희망봉을 처음 발견한 인물은 바르톨로메우 디아스(1488)

■ 아스테카의 피라미드
이집트의 피라미드는 왕의 무덤이었지만, 아스테카의 피라미드는 무덤이 아니라 신에게 사람을 바치는 제단이었다. 2만여 명의 사람이 바쳐지도 했다. 아스테카는 주변의 부족을 정복하여 그들을 포로로 잡아 이 제단에서 인신공양을 했다.

▲ 아스테카의 피드미드

(4) 결과

① **무역 중심지의 이동** : 지중해에서 대서양으로 이동
② **삼각 무역* 발달** : 유럽 – 아메리카 – 아프리카를 잇는 무역 형태
③ **경제 변화**⊕ : 가격 혁명*(아메리카 대륙에서 막대한 양의 금·은이 들어와 물가 상승), 상업 혁명(상공업과 금융업 크게 발전)
④ **새로운 작물 전래** : 담배, 감자, 옥수수 등 —— 조선은 임진왜란 이후 전래

*삼각 무역

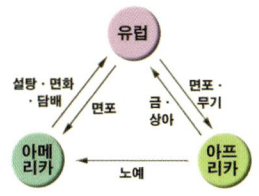

⊕ 이미 서유럽은 노동(부역) 지대와 현물 지대가 화폐 지대로 바뀌었는데, 상업 혁명(아메리카에서 은 유입)이 일어나 가격 혁명(화폐 가치↓, 현물 가치↑)이 발생하자 영주는 몰락하고, 농민과 상인은 성장하게 되었다.

*가격 혁명
신항로 개척 이후 남아메리카에서 금과 은의 대규모 유입과 인구 증가가 주요 요인이 되어 유럽에서 물가가 급등한 현상

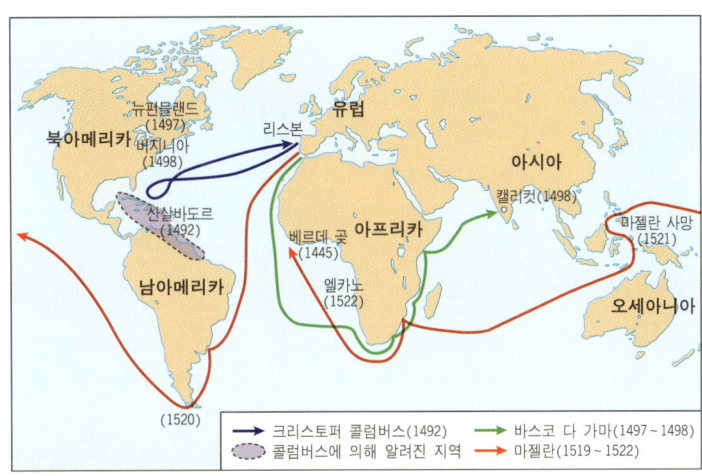

▲ 신항로 개척

4 아메리카와 아프리카의 변화

(1) 아메리카의 변화 : 아스테카(코르테스)·잉카(피사로) 문명 정복 → 에스파냐의 식민지 건설 → 광산 개발(예 포토시 광산)과 플랜테이션 경영을 통해 원주민의 노동력 착취, 원주민 수 감소

(2) 아프리카의 변화 : 신항로 개척 이후 유럽인의 노예 무역 번성 → 아프리카 인구 감소, 남녀 성비율의 불균형, 부족 간 갈등 심화

▲ 아메리카 문명

■ **잉카의 마추픽추**
마추픽추('늙은 봉우리'란 뜻)는 잉카 제국의 수도였다.

▲ 잉카의 마추픽추

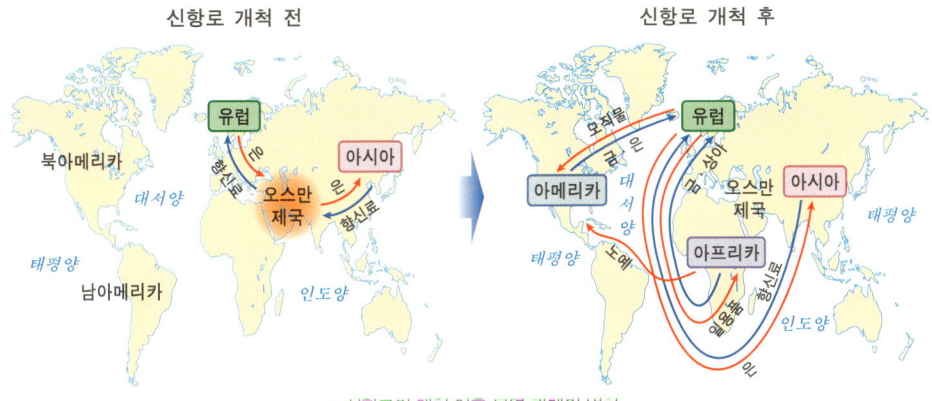

▲ 신항로의 개척 이후 무역 관계의 변화

CHAPTER 04 절대 왕정의 성립과 발전

*관료제
전문 능력을 갖추고 행정 업무를 권장하는 관리를 둔 제도로, 왕권 강화에 기여하였다.

*상비군
전쟁과 같은 비상사태에 대비하기 위해 평상시에 조직을 편성·유지하는 군대

*중상주의

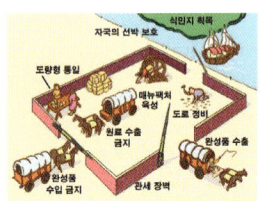

상공업을 중시하고 국가의 보호 아래 국산품의 수출을 장려하여 국부의 증대를 꾀하려는 경제 정책

*왕권신수설
왕권은 신이 부여한 것이므로 국민은 절대적으로 왕에게 복종해야 한다는 정치사상

▲ 무적함대

✚ 마키아벨리의 『군주론』을 비판하고 도덕 군주의 모습 제시

*7년 전쟁
슐레지엔의 영유권을 둘러싼 전쟁

| 영국·프로이센 |
| vs |
| 오스트리아·러시아 프랑스·에스파냐 |
| ↓ |
| 영국과 프로이센 승리 |

1 절대 왕정의 성립

(1) 등장: 16~18세기 유럽에서 나타난 강력한 왕권 중심의 중앙 집권적 정치 형태

(2) 절대 왕정의 구조
① 관료제*, 상비군*
② 중상주의* 정책
③ 왕권신수설*
④ 상공 시민 계층의 지원
  ● 시민 계층은 관료제와 상비군의 재정을 마련하였고, 왕은 시민 계급의 자유로운 경제 활동을 지원하였다.

▲ 절대 왕정

2 각국의 절대 왕정

(1) 서유럽의 절대 왕정
① **에스파냐**: 펠리페 2세 때 가장 먼저 절대 왕정 확립 → 거대한 식민지 제국 건설, 레판토 해전에서 오스만 제국 격파(무적함대)
② **영국**: 엘리자베스 1세 때 전성기 → 무적함대 격파, 북아메리카에 식민지 건설, 동인도 회사 설립
③ **프랑스**: 루이 14세 때 절정 → 강력한 중상주의 정책(콜베르 등용), 베르사유 궁전 완성, '짐은 곧 국가'·'태양왕' 자처, 낭트 칙령(앙리 4세가 발표, 위그노 인정) 폐지 ─ 칼뱅파의 위그노 상인이 빠져 나가 경제가 타격을 받음.
  ● **베르사유 궁전**: 화려한 바로크 양식으로 절대 왕정의 상징물이다.

(2) 동유럽의 절대 왕정: 상공 시민층 성장 미약, 농노제 기반 ─ 제2의 농노제(재판 농노제)
① **프로이센**: 프리드리히 2세(『반마키아벨리론』✚ 저술) → 계몽 군주 자처('국가 제일의 공복'), 국내 산업 육성, 슐레지엔 지방 확보(7년 전쟁*)
② **오스트리아**: 마리아 테레지아 → 국내 산업 육성, 교육 제도 개혁, 요제프 2세 → 계몽 전제 군주 자처(큰 성과 ×)
③ **러시아**: 표트르 대제 → 서유럽의 문화·제도 수용, 발트 해 확보, 새로운 수도 상트페테르부르크 건설, 청(강희제)와 네르친스크 조약 체결, 예카테리나 2세 → 흑해와 알래스카 진출, 프로이센·오스트리아와 폴란드 분할 ─ 스웨덴과의 북방 전쟁에서 승리하여 획득

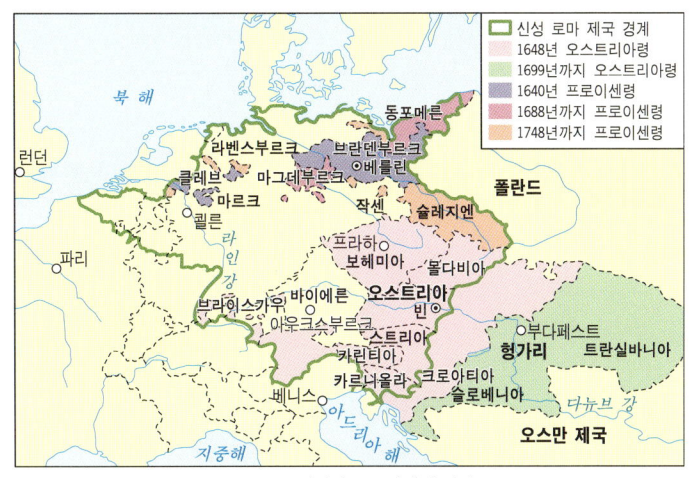

▲ 오스트리아와 프로이센의 성장

▲ 표트르 대제

3 17~18세기 유럽의 문화

(1) 과학 혁명 : 만유인력의 법칙(뉴턴), 화학(라부아지에), 식물학(린네)

(2) 건축 : 바로크 양식(17세기 예 베르사유 궁전), 로코코 양식(18세기 예 상수시 궁전)

▲ 베르사유 궁전*

▲ 상수시 궁전*

*베르사유 궁전
화려하고 웅장, 루이 14세가 건설(17세기)

*상수시 궁전
우아하고 세련, 프리드리히 대제가 건설(18세기)

(3) 음악 : 바로크 음악(바흐, 헨델) → 고전 음악(베토벤)

(4) 철학

① **경험론** : 베이컨(귀납법 옹호), 로크

② **합리론** : 데카르트(연역법 주장)

③ **관념론** : 칸트(『순수 이성 비판』)

(5) 사회 계약설 ✚ : 개인의 합의나 계약을 통해 국가와 사회가 출현하였다는 주장

홉스	자연 상태를 '만인에 대한 만인의 전쟁'으로 파악 → 혼란 상태를 벗어나기 위해 지배자에게 자유를 맡김. → 절대 군주제 옹호
로크	자연 상태를 완벽한 자유와 평화의 상태로 파악 → 유지를 위해 자유의 일부를 지배자에게 맡김 → 입헌 군주제 옹호, 저항권 주장(정부가 기본권을 지켜 주지 못할 때 정부 교체)
루소	사회 계약을 통한 일반 의지의 형성과 인민 주권의 원리 제시 ― 직접 민주주의와 공화정 주장

▲ 홉스의 『리바이어던』

✚ 시민 혁명의 이론적 토대. 조선의 정약용이 저술한 『탕론』과 『원목』에도 사회 계약설 사상이 나타난다.

*계몽사상
계몽과 교육으로 이전의 잘못된 관습과 제도를 바꾸려는 사상으로, 이성과 진보를 중시하였다. 18세기 시민 혁명에 영향을 끼쳤다.

(6) 계몽사상*

① **특징** : 인간의 이성 중시, 이성에 어긋나는 불합리한 제도의 개혁 주장
② **전파** : 프랑스 중심 → 다른 나라로 전파
③ **사상가** : 몽테스키외(3권 분립), 볼테르(언론의 자유), 루소(국민 주권설) → 미국의 독립 혁명, 프랑스 혁명에 큰 영향

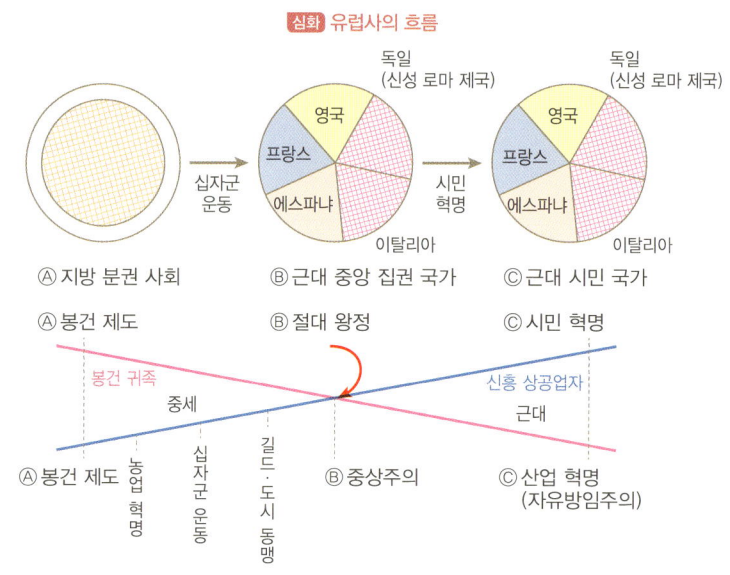

심화 유럽사의 흐름

■ 에스파냐 왕위 계승 전쟁

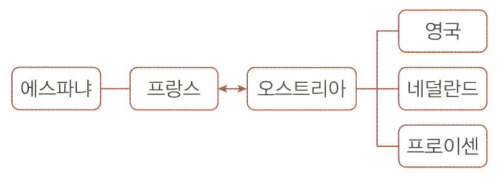

▲ 에스파냐 왕위 계승 전쟁

1700년 에스파냐 카를로스 2세가 루이 14세의 손자 펠리페 5세에게 제위를 물려주어 프랑스와 에스파냐가 통합된 대제국이 되자, 유럽의 세력 균형의 파괴를 피하려는 국가들, 즉 오스트리아, 영국, 네덜란드, 프로이센 등이 동맹을 맺고 프랑스와 전쟁을 하게 되었다. 유럽 동맹군이 프랑스를 패배시켜 위트레흐트 조약(펠리페 5세의 에스파냐 왕은 인정, 그러나 프랑스 왕은 안 됨)으로 전쟁은 종식되었다.

■ 오스트리아 왕위 계승 전쟁과 7년 전쟁

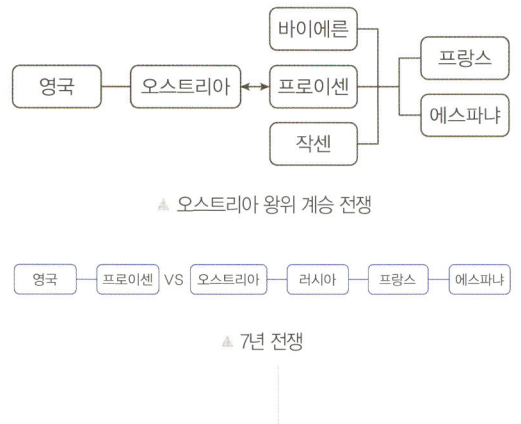

▲ 오스트리아 왕위 계승 전쟁

▲ 7년 전쟁

오스트리아의 마리아 테레지아가 제위를 계승하자 프로이센의 프리드리히 대제가 이를 문제 삼으며 오스트리아 왕위 계승 전쟁을 일으켰다. 실제 이유는 제위 계승 문제보다 슐레지엔을 얻기 위함이었다. 프로이센은 이 전쟁에서 승리하여 슐레지엔을 차지하였다. 이후 오스트리아의 마리아 테레지아가 프로이센으로부터 슐레지엔을 탈환하기 위해 7년 전쟁을 일으켰다. 7년 전쟁 당시 프로이센은 영국으로부터 군자금의 원조를 받아, 오스트리아, 러시아, 프랑스, 스웨덴 및 독일의 다른 대부분의 나라들을 적으로 맞아 싸웠다. 결국 러시아의 도움으로 프로이센이 승리하여 슐레지엔 지역을 확보하였다. 이후 아메리카와 인도(플라시 전투)에서 영국과 프랑스 간의 식민지 쟁탈전이 수반되었는데, 영국이 최후의 승리를 거두었다.

CHAPTER 05 시민 혁명

1 영국의 입헌 군주제 확립

(1) 영국 사회의 변화
① **농촌** : 16~17세기 장원제의 붕괴 → 자영 농민층과 젠트리(신흥 지주층) 형성 → '인클로저 운동'을 주도하며 젠트리의 부 축적
  - **젠트리** : 귀족과 자영농 사이의 지주층
② **도시** : 상공업 발달 → 상인, 제조업자, 법률가, 의사 등 시민 계급의 성장
③ **젠트리와 시민 계급** : 청교도가 다수 차지, 유력한 사회 계층으로 성장 → 의회(하원)에서 다수 차지

(2) 청교도 혁명(1642)
① **원인** : 스튜어트 왕조⊕인 제임스 1세와 찰스 1세의 전제 정치 → 의회의 전통 무시, 부당한 세금 징수, 청교도* 탄압
② **경과** : 의회의 권리 청원 제출 → 찰스 1세의 권리 청원 승인(1628) → 의회 해산 → 찰스 1세의 의회 재소집 → 국왕의 과세 요구 거부 → 왕당파와 의회파의 대립(1642) → 크롬웰의 의회군 승리 → 찰스 1세 처형, 공화정 수립(크롬웰, 1649)
  - **권리 청원** : 의회의 승인 없이 함부로 과세할 수 없다고 규정
③ **크롬웰의 독재 정치** : 항해법* 제정(→ 해상 무역 발전, 네덜란드의 중계 무역에 타격), 의회 해산, 청교도 윤리에 입각한 금욕적인 독재 정치 → 국민의 불만 → 크롬웰 사후 왕정 복고(찰스 2세 즉위)
④ **찰스 2세의 정치**
  ㉠ 배경 : 가톨릭교도 우대, 전제 정치 시도
  ㉡ 의회의 대응 : 심사법(비국교도의 공직 취임 금지), 인신 보호법(자의적인 인신 구속 금지) 제정

(3) 명예혁명(1688)
  - **명예혁명** : 피를 흘리지 않고 혁명이 이루어져 붙은 이름
① **원인** : 찰스 2세와 제임스 2세의 전제 정치 강화, 가톨릭교회 부활 ─ 청교도 혁명의 원인은 영국 국교회 강요
② **경과** : 의회의 제임스 2세 폐위 → 메리 2세와 윌리엄 3세를 공동 왕으로 추대(1688) → 권리 장전 승인(1689) → 입헌 군주제* 토대 마련
③ **18세기 초** : 의회의 다수당이 내각을 구성하여 행정을 책임지는 내각 책임제 확립
  - **내각** : 국가의 행정권을 담당하는 최고 합의 기관

■ 영국의 종교
장로교(스코틀랜드, 칼뱅파), 청교도(칼뱅파), 영국 국교회(헨리 8세와 엘리자베스 1세), 가톨릭

⊕ 영국 왕조
장미 전쟁 이후 튜더 왕조 → 스튜어트 왕조 → 앤 여왕이 죽고 하노버 공 조지 1세부터 하노버(원저) 왕조(1714)

***청교도**
영국 국교회에 대한 반발로 발생한 영국의 칼뱅파 신교도

***항해법**
영국과 영국의 식민지에 상품을 운반하는 선박은 영국이나 상품 생산국의 선박으로만 수송할 것을 규정한 법

***입헌 군주제**
입헌 군주제는 군주(왕)가 헌법에서 정한 제한된 권력을 가지고 통치하는 정치 체제이다. 영국은 의회의 다수당이 내각을 구성하여 행정을 책임지는 내각 책임제를 확립하여 군주의 권한은 형식적이며 실질적으로는 내각에 정치적 권한과 책임이 있다.

✚ **권리 청원**
현재 소집된 의회의 성직자, 귀족, 평민은 지극히 높으신 국왕 폐하께 다음과 같이 간청합니다.
제1조 …… 전술한 법령과 이 이 나라의 선한 법률에 의하여 폐하의 신민은 의회에서 만장일치로 부과되는 것이 아니면 어떠한 조세, 공세, 어용금 기타의 이와 유사한 부과금을 갹출할 것을 강제당하지 아니할 자유를 향유한다.

✚ **권리 장전**
제1조 국왕이 의회의 동의 없이 왕권에 의해 법의 효력을 정지하거나 법 집행을 정지시키는 권한은 위법이다.
제4조 국왕이 의회의 승인 없이 대권을 빙자하여 의회가 이미 승인하였거나 향후에 승인할 내용과 달리 기간을 연장하거나 편법을 써서 돈을 거두어들이는 행위는 위법이다.

*대륙 회의
미국 혁명 기간 13개 식민지의 대표들이 필라델피아에 모여 조직한 대표자 회의

*삼권 분립
국가 권력을 입법, 사법, 행정으로 나누어 서로 견제와 균형을 유지함으로써 권력의 집중과 남용을 방지하려는 통치 원리

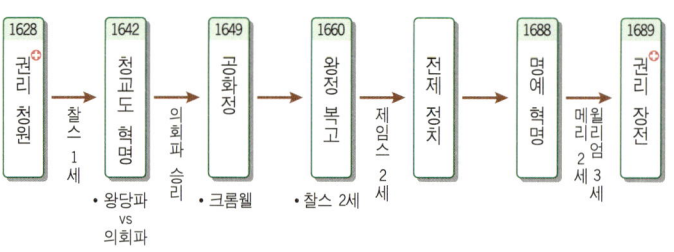
▲ 영국 혁명의 전개 과정

2 미국 독립 혁명과 민주 공화국 수립

(1) 배경
① **영국의 북아메리카 식민지 건설** : 17세기부터 영국인들이 신앙의 자유와 경제적 이유로 북아메리카 동부로 이주 → 18세기 초 13개 식민지 건설, 식민지 의회 구성(자치)
② **영국의 식민지 정책 변화** : 7년 전쟁으로 재정 악화 → 중상주의 정책 강화(식민지에 인지세, 차세 등 부과) → 식민지 주민의 반발("대표 없는 곳에 과세할 수 없다.") → 차세를 제외한 세금 폐지
└ +설탕법, 통화법, 인지법

(2) 독립 전쟁
① **발단** : 보스턴 차 사건(1773)
  ● **보스턴 차 사건** : 차세에 반대하는 식민지인들이 영국 상선을 습격한 사건
② **경과** : 영국 정부의 탄압 → 대륙 회의* 개최 → 영국군과 식민지 민병대의 충돌 → 독립 선언서 발표(1776, 천부 인권·주권 재민·저항권) → 프랑스·에스파냐 등의 지원, 독립군의 영국군 격파 → 독립 승인(파리 조약, 1783)
  └ 요크타운 전투   └ 로크의 사회 계약설

(3) 민주 공화국의 탄생
① **연방 헌법 제정(1787)** : 국민 주권, 삼권 분립*, 각 주의 자치 허용, 통합적인 연방 정부 설립 규정
② **아메리카 합중국 수립(1788)** : 조지 워싱턴을 초대 대통령에 선출 → 최초의 민주 공화국 수립
  ● **합중국** : 둘 이상의 국가나 자치 정부를 가진 주가 내부적으로 독자성을 유지하면서 단일 국가를 이룬 형태
③ **미국 혁명의 의의** : 독립 혁명이자 민주주의 이념을 실현한 시민 혁명
④ **미국 혁명의 영향** : 프랑스 혁명, 라틴 아메리카의 독립에 영향

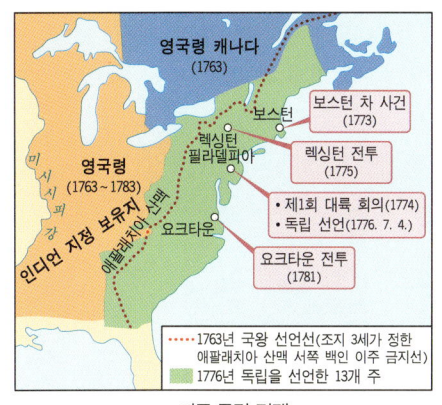
▲ 미국 독립 전쟁

▲ 보스턴 차 사건

▲ 워싱턴(좌)과 프랑스의 라파예트(우)

3 프랑스 혁명

(1) 배경
① **구제도의 모순**
  ㉠ 제1신분(성직자), 제2신분(귀족) : 많은 토지 소유, 면세, 권력 독점
  ㉡ 제3신분(평민) : 국민 대다수, 각종 세금 부담, 정치 · 사회적 권리 제한
② **시민 계급(부르주아지)의 성장** : 상공업 발달로 성장, 계몽사상과 미국 혁명의 영향 → 구제도 타파, 자유롭고 평등한 사회 건설 추구
③ **국가 재정 악화** : 궁정의 사치, 계속된 전쟁으로 재정 위기

(2) 프랑스 혁명의 전개
① **삼부회* 소집(1789)** : 재정 위기를 극복하기 위해 소집 → 삼부회의 신분별 표결 방식에 대한 제3의 신분의 불만 → 국민 의회 결성, 헌법 제정 요구(테니스코트의 서약)   ─ 7년 전쟁과 미국 독립 혁명 지원으로 재정이 악화되어 프랑스 대혁명 발생
  ● **테니스코트의 서약** : 새로운 헌법이 제정될 때까지 해산하지 않겠다는 선언
② **바스티유 감옥*(당시 구제도의 상징) 습격** : 국왕의 국민 의회 탄압 → 파리 시민의 바스티유 감옥 습격 → 혁명의 전국 확산   ─ 앙시앙 레짐
③ **국민 의회의 활동** : 봉건제 폐지 선언, '인간과 시민의 권리 선언(인권 선언)' 발표 → 입헌 군주제를 규정한 헌법 제정, 입법 의회 구성
④ **국민 공회의 활동**
  ㉠ 배경 : 오스트리아 · 프로이센 등이 프랑스 압박 → 입법 의회의 선전 포고 → 혁명 전쟁 발발 → 물가 상승, 식량 부족 → 파리 민중의 왕궁 습격 → 왕권 정지
  ㉡ 국민 공회 구성 : 과격파인 자코뱅파 주도 → 공화정 선포(제1공화정)✚, 루이 16세 처형
  ㉢ 반프랑스 동맹 결성 : 루이 16세의 처형에 놀란 영국, 오스트리아 등의 연합 공격 → 급진파 지도자인 로베스피에르의 정권 장악

▲ 구제도의 모순

*삼부회
성직자, 귀족, 평민 대표로 구성된 신분제 의회

*바스티유 감옥
전제 정치의 상징이었던 정치범 수용소

■ 국민 의회와 국민 공회 비교 구분

구분	국민 의회	국민 공회
주도 세력	상층 시민 (지롱드파)	하층 시민 (상퀼로트, 자코뱅파)
정치	입헌 군주제	공화정
선거권	제한 선거	보통 선거
봉건적 의무	유상 폐지	무상 폐지
재산권	적극 보장 ○	적극 보장 ×

✚봉건적 공납의 무상 폐지(국민 의회는 유상 폐지), 토지 분배, 징병제, 최고 가격제, 공화정 등 새로운 헌법을 제정하였으나 실시 유보

■ 상퀼로트

상퀼로트는 퀼로트(귀족의 반바지)를 입지 않은 민중을 의미하며, 이들은 프랑스 혁명을 과격하게 이끌었다. 전형적인 상퀼로트 복장은 긴 바지와 짧은 코트, 자유를 상징하는 빨간 모자와 나막신이었다.

*나폴레옹 법전
법 앞에서의 평등, 사유 재산의 인정, 신앙의 자유, 계약의 자유 등 프랑스 혁명의 성과 반영

*대륙 봉쇄령
나폴레옹이 영국과 유럽 국가들의 통상을 막고, 영국 배가 유럽에 못 들어오도록 한 법령이다. 영국에 타격을 주기 위해 실시하였으나 영국에 의존하던 유럽 국가들에게 피해를 주었다.

*'1808년 5월 3일'(고야, 프라도 미술관)

프랑스군이 저항하는 에스파냐인들을 마드리드 프린시페 피오산에서 학살하는 모습을 고야가 그린 그림이다. 에스파냐의 거센 저항으로 나폴레옹은 40만 명의 군대를 에스파냐에 상주시켜야만 했기에 러시아 원정에 60만 명의 군대만을 이끌고 갈 수 밖에 없었다.

ㄹ 로베스피에르(자코뱅파)의 공포 정치 : 헌법 제정(농민의 봉건적 부담 폐지, 보통 선거), 공포 정치(공화정에 반대하는 사람 처형) → 국민의 불만 증가 → 테르미도르 반동 → 로베스피에르 처형
— 지롱드의 온건파

ㅁ 총재 정부 수립 : 5명의 총재로 구성 → 나폴레옹이 쿠데타로 정권 장악

▲ 바스티유 감옥 습격

▲ 루이 16세의 처형

(3) 나폴레옹의 집권

① **통령 정부 수립(1799)** : 반프랑스 동맹 격파, 내정 개혁(국민 교육 제도 도입, 중앙 집권적 행정 제도 마련), 『나폴레옹 법전』* 편찬

② **황제 즉위 (1804)** : 국민 투표를 통해 황제 즉위 → 제1제정
— 아우스터리츠 전투 이후 해체

③ **나폴레옹의 유럽 정복** : 영국을 제외한 대부분의 유럽 정복(신성 로마 제국 해체) → 대륙 봉쇄령* 선포(1806) → 러시아의 위반 → 러시아 원정 단행(실패) → 영국 중심의 동맹군에 패배 → 엘바 섬 유배 → 탈출 100일 천하(워털루 전투에서 패배) → 세인트헬레나 섬 유배
— 영국은 이미 1760년대 산업 혁명 시작

④ **의의** : 정복 전쟁 과정에서 유럽 전역에 프랑스 혁명 정신 전파, 자유주의와 민족주의 운동 촉진
— 자유, 평등, 박애

— 영국 넬슨에게 트라팔가르 해전에서 패배하자 선포

▲ 아우스터리츠 전투(1805) | 나폴레옹이 오스트리아·러시아 연합군을 격파하여 유럽 패권의 기반을 다졌다.

▲ 나폴레옹 시대의 유럽

CHAPTER 06 자유주의와 민족주의의 확산

1 빈 체제의 성립

(1) 빈 회의(1814~1815) : 나폴레옹 몰락 후 전후 처리, 오스트리아의 재상 메테르니히 주도 → 빈 체제 성립(복고주의 체제)

- 빈 회의 : 영국, 러시아, 오스트리아, 프로이센의 4개국이 주도하였다.

▲ 빈 회의 결과 각국이 얻은 영토

(2) 내용
① 각국 영토와 지배권이 프랑스 혁명 이전으로 회귀
② 신성 동맹과 4국 동맹(영국, 러시아, 오스트리아, 프로이센) → 자유주의*·민족주의* 운동 탄압
　└ 러시아, 오스트리아, 프로이센

(3) 빈 체제에 대한 저항

독일	학생 조합(부르셴샤프트)가 자유주의와 민족주의 운동 주도	오스트리아의 간섭과 정부의 탄압으로 실패
이탈리아	카르보나리당이 혁명 운동 전개	
그리스	독립 전쟁 → 오스만 제국으로부터 독립(1829)	
라틴 아메리카	독립(미국과 영국의 지원으로 성공)	
에스파냐	리에고의 반란(실패)	
러시아	데카브리스트의 난(1825), 청년 장교들이 자유주의와 입헌 군주제 요구(실패)	

*자유주의
인간이 그 무엇에도 구속되지 않고 자신의 행복과 안전을 확보하기 위해 자유로이 판단하고 행동할 수 있어야 한다는 사상

*민족주의
다른 민족의 지배에서 벗어나 같은 민족이 하나의 통일 국가를 이루어야 한다는 사상

2 자유주의의 확산

(1) 프랑스

① **7월 혁명*과 2월 혁명**

구분	7월 혁명(1830)	2월 혁명(1848)
원인	부르봉 왕조(샤를 10세)의 전제 정치	노동자·중소 시민의 선거권 확대 요구
경과	시민 혁명 → 샤를 10세 추방, 루이 필리프를 시민의 왕으로 추대	시민 혁명 → 루이 필리프 축출
결과	7월 왕정 수립 (입헌 군주제)	공화정 수립(제2공화정) → 루이 나폴레옹을 대통령으로 선출
영향	• 네덜란드로부터 벨기에 독립 관세 동맹 • 이탈리아와 독일의 자유주의 운동 전개 → 실패 이탈리아 카르보나리당 실패, 청년 이탈리아당 결성(마치니)	• 오스트리아 3월 혁명 → 메테르니히 추방 (빈 체제 붕괴) 청년 이탈리아당 통일 운동 실패 • 자유주의와 민족주의 확산 → 독일과 이탈리아에서 통일 국가 수립 운동 전개

프랑크푸르트 회의(1848, 오스트리아를 통일 대상에서 포함하는 대독일주의와 그렇지 않은 소독일주의 대립 → 합의 실패)

② **프랑스 정치의 변화**
　㉠ 제2제정 수립 : 루이 나폴레옹이 황제로 즉위(1852) → 프로이센과의 전쟁에서 패배 후 몰락 크림 전쟁, 인도차이나 반도 진출, 애로우 전쟁, 멕시코 원정(실패)
　㉡ 제3공화정 수립 : 프로이센과의 전쟁 후 파리 코뮌(자치 정부) 수립 → 프로이센의 지원을 받은 프랑스 임시 정부가 진압 → 제3공화정 수립 세계 최초의 사회주의 정부

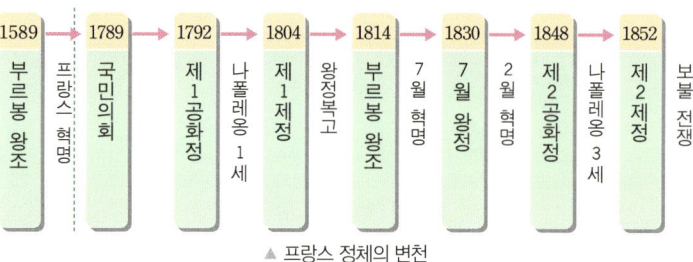

▲ 프랑스 정체의 변천

(2) 영국 : 점진적 개혁을 통한 자유주의 발전

① **종교 차별 폐지** : 심사법 폐지(비국교도에게 관직 개방), 가톨릭 해방법 제정(가톨릭교도에 대한 차별 폐지, 시민권 부여)

② **제1차 선거법 개정(1832)** : 도시 상공업층까지 선거권 확대(노동자 제외), 부패 선거구 폐지

③ **차티스트 운동(1838~1848)** : 제1차 선거법 개정 내용에 반발 → 노동자들의 선거권 요구, 인민 헌장 발표(보통 선거, 비밀 투표) → 실패, 이후 점진적으로 선거권 확대

④ **빅토리아 시대(19세기 후반)** : 곡물법*과 항해법 폐지 → 자유주의 경제 체제 확립

+ 의회 정치 발달 : 국왕을 옹호하던 토리당은 보수당으로 발전, 의회를 존중하던 휘그당은 자유당으로 발전

---

*'민중을 이끄는 자유의 여신'(들라크루아, 루브르 박물관)

프랑스 7월 혁명을 소재로 한 그림으로, 왼쪽에 모자를 쓰고 총을 든 사람이 들라크루아 자신이다.

*곡물법
국내 지주를 보호하기 위해 곡물에 고액의 관세를 부과한 법

3 민족주의의 확산

(1) 이탈리아의 통일 : 사르데냐 중심

① **통일 전 이탈리아의 상황** : 크고 작은 왕국·공국·교황령 등으로 분열, 오스트리아의 간섭을 받음.

② **통일 운동 전개** : 2월 혁명으로 오스트리아가 약해지자, 사르데냐를 중심으로 통일 운동 전개

　㉠ 카보우르 : 사르데냐의 재상, 프랑스의 지원을 받아 오스트리아와의 전쟁에서 승리 → 중북부 이탈리아 통합(1860) ─ 나폴레옹 3세

　㉡ 가리발디 : 청년 이탈리아당 출신, 시칠리아와 나폴리를 점령하여 사르데냐 왕에게 바침. → 이탈리아 왕국 설립(1861) ─ 비토리오 에마누엘레 2세가 최초의 왕

③ **통일 완성** : 베네치아와 교황령을 통합하여 통일 완성(1870)

(2) 독일의 통일 : 프로이센 중심

① **관세 동맹(1834)** : 프로이센을 중심으로 관세 동맹 결성 → 경제적 통일

　◉ **관세 동맹** : 독일 연방 내에서 거래되는 상품에 관세를 부과하지 않기로 하였다.

② **비스마르크의 철혈 정책*** : 프로이센의 수상, 강력한 군비 확장 정책

③ **독일 통일** : 프로이센의 오스트리아 격파, 북독일 연방 결성 → 프랑스와의 전쟁에서 승리 → 프로이센의 왕 빌헬름 1세가 독일 제국 황제로 즉위(독일 제국 수립, 1871)

─ 이때 이탈리아는 베네치아 획득
─ 이때 이탈리아는 교황령 획득
─ 오스트리아는 마자르 족의 자치를 인정하여 오스트리아·헝가리 이중 제국 성립(1867)

*철혈 정책
'철'은 군비, '혈'은 국민의 희생을 뜻하는 것으로, 세금에 의해 군비를 증강하는 정책

▲ 이탈리아의 통일

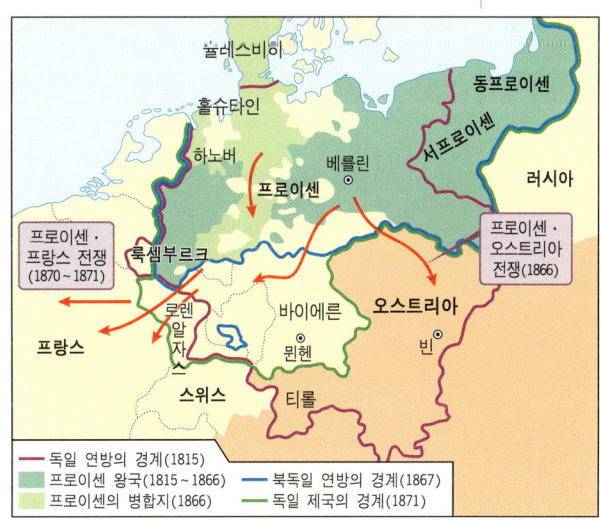

▲ 독일의 통일

4 19세기 유럽의 문화

(1) 자연 과학의 발달

① **물리학** : 퀴리 부부의 라듐 발견, 뢴트겐의 X선 발견(화학과 의학의 발달에 기여)

② **생물학**
　㉠ 다윈의 진화론 : 『종의 기원』 → 사회 진화론에 영향
　㉡ 멘델의 유전 법칙

③ **세균학** : 파스퇴르와 코흐 → 질병의 예방과 치료에 기여

④ **물리학·화학** : 뢴트겐의 X선 발견, 퀴리 부처의 라듐 발견

⑤ **기타** : 벨의 유선 전화 발명, 에디슨의 전구 발명 등

(2) 사상의 변화

① **공리주의** : 영국의 벤담('최대 다수의 최대 행복', 양적 공리주의)과 밀(질적 공리주의)

② **자유방임주의** : 애덤 스미스의 자유주의 경제 이론을 리카도와 맬서스 등이 계승하여 고전 경제학 완성 ─ 『국부론』에서 '보이지 않는 손'(개인의 이기심) 강조

③ **관념론** : 칸트에 의해 시작 → 피히테를 거쳐 헤겔이 완성

④ **실증주의** : 콩트(사회학이라는 새로운 학문 분야 개척)

(3) 예술의 발전 : 19세기 초반 낭만주의* 유행 → 19세기 후반 사실주의·자연주의* 등장

19세기 초반	• 낭만주의 유행 : 개인의 감정 중시 • 문학 : 바이런, 하이네, 푸시킨 • 회화 : 들라크루아 • 음악 : 슈베르트, 슈만, 쇼팽 등
19세기 후반	• 사실주의와 자연주의 유행 : 낭만주의에 대한 반발에서 등장 • 문학 : 디킨스, 위고, 에밀 졸라, 도스토옙스키, 톨스토이 • 회화 : 사실주의(쿠르베), 자연주의(밀레), 인상주의(모네, 르누아르, 세잔, 고흐) • 음악 : 스메타나, 차이콥스키, 베르디

*낭만주의
계몽사상에 대한 비판으로 인간의 감정과 상상력을 중시하는 문예 경향

*사실주의·자연주의
자연 과학의 발달에 영향을 받아 현실을 있는 그대로 묘사하려는 문예 경향

▲ 장 프랑수아 밀레, '이삭 줍는 사람들'

▲ 외젠 들라크루아, '파샤와 비회교도의 싸움'

CHAPTER 07 미국과 러시아 · 라틴 아메리카의 발전

1 미국의 발전

(1) 미국의 성장
① **영토 확장** : 독립 이후 서부 개척으로 태평양 연안까지 영토 확장
② **인구 급증** : 1840년대 중반 이후 이민 열풍 → 인구 급증
- 캘리포니아에서 금광이 발견되어 이민이 증가하였다.

③ **산업 발달** : 산업 혁명 시작 → 운하와 철도 건설, 주식회사 형태의 대기업 등장, 제조업 성장 → 공업 국가로 발전
④ **폐단** : 아메리카 원주민의 희생, 남부와 북부의 대립
- 인디언 이주법에 따라 인디언 특별 보호 구역으로 강제 이주되었다.

(2) 남북 전쟁(1861~1865)
① **배경** : 남부와 북부의 사회 · 경제 구조의 차이 → 대립
  ㉠ 북부 : 자유로운 노동력을 이용한 상공업 발달 → 보호 무역 주장
  ㉡ 남부 : 노예 노동을 이용한 대농장 발달(면화 생산) → 자유 무역 주장

구분	산업	무역	정치	노예제
북부	상공업 발달	보호 무역	연방주의	반대
남부	대농장 경영	자유 무역	분권주의	찬성

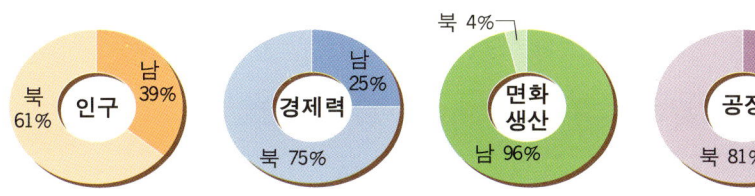
▲ 남북의 경제

② **경과** : 링컨의 대통령 당선(노예제 확대 반대, 연방제 유지 주장) → 남부 7개 주 연방 탈퇴, 남부 연합 결성 → 남북 전쟁 발발(1861) → 초기 남부 우세 → 링컨의 노예 해방 선언(1863) → 북부 승리(게티즈버그 전투에서 승리)
③ **결과** : 노예제 폐지, 국가적 단합, 1840년대부터 시작된 미국의 산업 혁명이 본격화

(3) 미국의 산업 발달 : 남북 전쟁 후 혼란 수습, 국가적 단합 노력
① **산업 발달** : 보호 무역 정책, 이민 노동력 풍부, 대륙 횡단 철도 부설(1869), 철강 · 기계 산업 발달 → 19세기 말 최대 공업국으로 성장
② **폐단** : 대기업의 횡포 · 독점, 빈부 격차 심화, 인종 차별

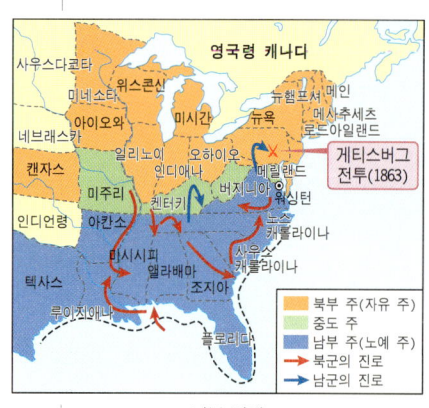
▲ 남북 전쟁

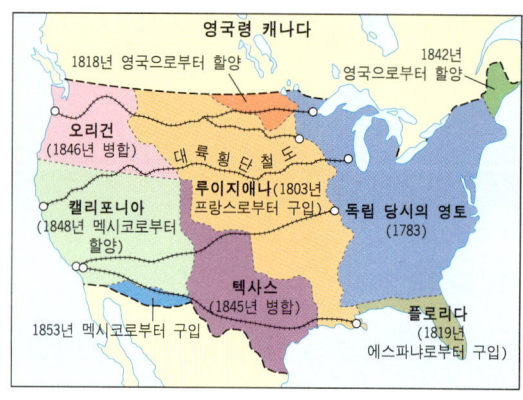
▲ 미국의 발전

■ 러시아
노브고로트 왕국(862), 키에프 공국(882) → 킵차크한국의 지배 → 이반 3세(1478년 독립, 모스크바 대공국) → 이반 4세(이반 뇌제)

*남하(南下) 정책
북쪽에 위치한 러시아가 부동항을 얻기 위해 남쪽으로 영토를 확장하고자 하였던 정책

*크림 전쟁
그리스 정교도를 보호한다는 구실로 러시아와 오스만 제국 사이에 일어난 전쟁으로, 영국과 프랑스의 개입으로 국제전 양상을 띠었다.

2 러시아의 근대화

(1) 19세기 러시아의 상황 ─ 로마노프 왕조

① **낙후된 사회**: 농노제 유지, '차르(황제)'의 전제 정치
② **데카브리스트의 난(1825)**: 자유주의의 영향을 받은 일부 청년 귀족 장교가 차르 정부 타도, 농노제 폐지 등을 요구하며 반란 → 실패

(2) 니콜라이 1세의 남하 정책*: 부동항(얼지 않는 항구)을 확보하기 위해 흑해 방면으로 남하 정책 추진 → 오스만 제국과의 크림 전쟁*(영국, 프랑스의 개입으로 패배)

(3) 알렉산드로 2세의 개혁: 크림 전쟁 패배로 러시아의 후진성 절감 → 농노 해방령 발표(1861), 지방 의회 구성, 군사 제도 개혁 등 → 효과 없음. ─ 나폴레옹 3세

(4) 계몽 활동: 지식인들이 브나로드 운동('민중 속으로')을 전개하여 농민 계몽에 힘씀.

(5) 전제 정치의 강화: 알렉산드르 2세 암살 이후 전제 정치 강화, 자유주의 운동 탄압

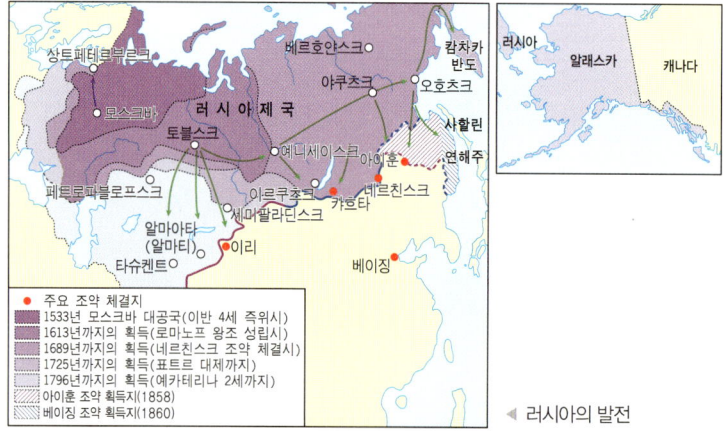
◀ 러시아의 발전

3 라틴 아메리카의 독립

(1) 라틴 아메리카 각국의 독립
① **독립 이전의 상황** : 16세기 이후 에스파냐와 포르투갈의 식민 지배
② **독립운동의 배경**
  ㉠ 미국의 독립과 프랑스 혁명의 자극, 계몽사상의 영향
  ㉡ 나폴레옹 전쟁으로 식민지에 대한 에스파냐 본국의 지배력 약화
  ㉢ 영국과 미국의 지원 : 영국의 독립 지지(새로운 상품 시장 개척 목적), 미국의 먼로 선언* 발표(유럽의 아메리카 대륙 간섭 배제)

(2) 독립운동 전개 : 크리오요*가 중심이 되어 독립운동 전개

① **아이티** : 에스파냐, 프랑스의 식민지 → 흑인 노예들이 투생 루베르튀르를 중심으로 봉기 → 아이티 공화국 건설(1804)
  라틴 아메리카에서 최초의 독립 국가

② **볼리바르** : 베네수엘라, 콜롬비아, 볼리비아 등의 독립에 기여 → '해방자'라는 별명을 얻음.
  ◉ **볼리바르** : 크리오요 출신으로 볼리비아는 그의 이름을 딴 것

③ **산마르틴** : 아르헨티나, 칠레 등의 독립에 기여

④ **멕시코** : 독립 투쟁(이달고 신부의 민중 봉기 등)으로 에스파냐로부터 독립, 공화정 수립(1821)

⑤ **브라질** : 포르투갈로부터 독립(1822) → 헌법 제정, 의회 구성

*먼로 선언
1823년 미국 대통령 먼로가 발표한 것으로, 아메리카 대륙에 대한 유럽의 간섭이나 식민지 건설을 허용하지 않겠다는 선언

*크리오요
에스파냐의 식민 지배 동안 라틴 아메리카에 정착하거나 이곳에서 태어난 에스파냐인

▲ 라틴 아메리카의 독립

(3) 독립 이후 라틴 아메리카의 변화
① **정치적 혼란** : 사회·인종적 갈등(크리오요와 원주민의 격차), 전쟁, 독재자와 군부의 정치 다툼으로 사회 혼란 가중
  ◉ 크리오요가 권력을 장악하고 대지주가 되었다.
② **민족의식 성장** : 19세기 말 유럽식 정치 이념 수용(정당 정치 등장), 민족의식의 성장으로 원주민 문명 부각 움직임 대두
③ **경제 기반 약화** : 식료품과 원료를 미국과 유럽에 수출, 공업 제품과 자본 수입 → 1차 산업 위주의 발달

CHAPTER 08 산업 혁명과 자본주의의 발달

■ 문화적 근대의 시작(14세기 르네상스), 정치·경제적 근대의 시작(시민 혁명, 산업 혁명)

■ 순서 주의
영국의 명예혁명(1688) → 영국의 산업 혁명(1760년대) → 프랑스 혁명(1789) → 프랑스 산업 혁명(1830년대, 7월 왕정)

*인클로저 운동
미개간지와 공유지에 울타리를 쳐서 사유지로 만드는 운동이다. 1차는 양 사육지 확대, 2차는 경작지의 확대와 농업 경영의 합리화를 목표로 하였다.

1 산업 혁명

(1) 배경 : 기계의 발명과 기술 혁신으로 인한 공업 생산력의 급증(대규모의 공장제 기계 공업 발달)과 경제·사회적 대변화

(2) 영국의 산업 혁명 : 18세기 후반 영국에서 산업 혁명 시작
① 명예혁명 이후 정치적 안정 → 자유로운 경제 활동 보장
② 일찍부터 모직물 공업 발달
③ 식민지 경쟁 승리로 넓은 해외 시장 확보 → 자본 축적
④ 석탄과 철 등 지하자원 풍부
⑤ 인클로저 운동*으로 토지를 잃은 농민들의 도시 이동 → 노동력 제공

▲ 인클로저(enclosure) 운동

▲ 제임스 와트의 증기 기관

(3) 산업 혁명의 전개
① **면직물 공업에서 시작** : 면직물의 수요 급증 → 대량 생산을 위한 기계 발명(존 케이의 '나는 북(flying shuttle)'* 발명, 방적기*와 방직기*의 발명)
② **제임스 와트의 증기 기관 개량** : 수력을 대신하여 증기 기관이 기계의 동력원이 됨. → 산업 혁명 촉진, 제철 및 기계 공업 발달, 공장제 기계 공업*의 급속한 발달
③ **교통·통신 발달** : 시장 확대, 세계 교역량 증가 → 산업 발달 가속화
  ㉠ 교통 기관 : 영국 스티븐슨의 증기 기관차, 미국 풀턴의 증기선 발명
  ㉡ 통신 기관 : 미국 모스의 유선 전신, 미국 벨의 전화기, 이탈리아 마르코니의 무선 전신 발명
④ **확산** : 19세기 전반 벨기에, 프랑스 → 19세기 중반 미국, 독일 → 19세기 후반 러시아, 일본 → 제2차 산업 혁명(화학·전기 등)

> 독일·러시아·일본은 국가 주도의 산업 혁명, 영국·벨기에·프랑스·미국은 민간 주도의 산업 혁명

*나는 북
씨실을 넣은 북을 자동으로 왕복시켜 베를 짜는 기계

*방적기
면화나 양모 등에서 실을 뽑아내는 기계

*방직기
실로 옷감을 짜는 기계

*공장제 기계 공업
기계와 다수의 임금 노동자를 고용하여 작업하는 대규모 공업

2 산업 혁명으로 인한 변화

(1) 자본주의* 체제의 확립
① **생산 방식의 변화** : 소규모의 가내 수공업 → 대규모의 공장제 기계 공업 발달, 대량 제품 생산·유통
  - **가내 수공업** : 집 안에서 작은 규모로 이루어지는 수공업
② **도시화 진행** : 농촌 사람들이 일자리를 찾아 공장 지대와 대도시로 이동 → 도시의 인구 급증, 도시화
③ **자본주의 경제 체제 확립** : 산업 자본가와 임금 노동자의 생산 관계, 생산과 소비가 시장에 의해 결정
④ **사회의 변화** : 농업 사회 → 산업 사회, 물질 생활의 풍요, 교통과 통신의 발달로 물자의 이동 빈번, 교류 확대
⑤ **자유방임주의** : 정부의 간섭 없이 시장에서 생산자가 자유롭게 이윤을 추구해야 한다는 사상으로 애덤 스미스가 주장

> *자본주의
> 기계와 원료 등 생산 시설을 갖춘 산업 자본가가 이윤 획득을 목적으로 노동자를 고용하여 상품을 생산·판매하는 경제 체제

(2) 사회 문제의 발생
① **산업 자본가와 노동자의 대립** : 빈부 격차 심화
  ㉠ 산업 자본가 : 경제력을 바탕으로 풍요로운 생활, 선거권 획득 → 점차 사회의 주도권을 장악
  ㉡ 노동자 : 낮은 임금, 긴 노동 시간, 질병·사고에 쉽게 노출
  ㉢ 노동자의 저항 : 근로 조건 개선을 위해 노동조합 결성, 기계 파괴 운동(러다이트 운동*) 전개
② **도시 문제** : 주택·화장실 부족, 상하수도 시설 마비 → 전염병 유행

> *러다이트 운동
> 19세기 초 영국에서 기계의 등장으로 일자리를 빼앗긴 노동자들이 기계를 파괴한 운동

(3) 사회주의 사상의 등장
① **배경** : 산업 혁명 이후 여러 사회 문제 확산
② **중심인물** : 오언(협동촌), 마르크스 등
  - **오언** : 공동 생산과 공동 소비를 통한 이상적 사회 건설(공상적 사회주의)
  - **마르크스** : 노동자들의 혁명을 통한 사유 재산 제도 타파(과학적 사회주의)
③ **내용** : 자본주의 체제의 모순 비판, 사유 재산 제도 부정, 계급 투쟁 주장 → 평등 사회 건설

CHAPTER 09 제국주의의 침략

1 제국주의의 등장

(1) 제국주의의 성립
① **제국주의** : 선진 자본주의 국가들이 약소국을 침략하여 정치·경제적으로 지배하는 대외 팽창 정책
② **등장 배경** : 19세기 후반 유럽, 미국 등에서 자본주의의 고도 발전* → 원료 공급지와 상품 판매 시장, 잉여 자본의 투자처 필요성 증가 → 아시아와 아프리카 등지에 식민지* 건설
　　└ 산업 자본주의가 독점 자본주의로 발전
③ **정책**
　㉠ 식민지에 자본을 투자하여 공장 건설
　㉡ 원주민의 값싼 노동력과 원료를 이용하여 만든 상품을 전 세계에 판매

(2) 사상적 기반
① **인종주의** : 생물학적 특징에 따라 민족의 우열을 나누는 사상 → 서구의 발전된 문화와 종교를 식민지인들에게 전달해야 한다고 주장
② **스펜서의 사회 진화론*** : 다윈의 진화론을 인간 사회에 적용 → 힘이 센 국가나 민족이 다른 국가나 민족을 지배하는 것을 합리화

2 제국주의 열강*의 경쟁

(1) 제국주의 열강의 경쟁 심화
① 교통과 통신의 발달 → 제국주의 열강의 식민지 획득 경쟁 치열
② **경쟁의 변화** : 네덜란드, 영국, 프랑스가 주도적으로 팽창 정책 추진 → 독일✚, 이탈리아, 미국 등이 식민지 확보 가담 → 충돌 발생

(2) 제국주의 열강의 대외 팽창 정책
① **영국** : 이집트의 카이로(Cairo), 남아프리카의 케이프타운(Capetwon), 인도의 콜카타(Calcutta)를 연결하는 3C 정책 추진 → 프랑스의 횡단 정책, 독일의 3B 정책과 충돌
② **독일** : 베를린(Berlin), 비잔티움(Byzantium), 바그다드(Baghdad)를 연결하는 3B 정책 추진 → 영국의 3C 정책, 러시아의 남하 정책과 충돌

▲ 독일과 영국의 충돌

---

*자본주의의 발전
소수 거대 기업과 큰 은행들이 경제 전반을 지배하였다.

*식민지
다른 나라에 정치·경제적으로 예속되어 국가로서의 주권을 상실한 나라

*사회 진화론
제국주의의 사상적 기반으로, 우월한 사회나 국가가 열등한 사회나 국가를 지배하는 것은 당연하다는 논리 → 우리나라의 1900년대 애국 계몽 운동(교육과 산업 강조)도 사회 진화론 기반 (예 보안회, 헌정 연구회, 대한 자강회, 대한 협회, 신민회)

*열강
18세기 이후 근대 국가들 중 정치·군사·경제적으로 다른 나라에 영향을 끼친 국가

✚독일 황제 빌헬름 2세는 고립주의를 추구하던 재상 비스마르크를 해임하고 팽창 정책 추구

③ **20세기 초의 상황** : 아시아, 아프리카 등 세계 대부분 지역이 제국주의 열강의 지배에 들어감. → 제국주의 열강 사이의 국제적 긴장감 고조

3 제국주의 열강의 침략

(1) 제국주의 열강의 아프리카 침략
① **아프리카의 식민지화**
  ㉠ 19세기 중엽 이전 : 서구 열강의 아프리카 대륙 해안 일부 지배 → 아프리카 내륙은 유럽인에게 미개척지로 남아 있었음.
  ㉡ 탐험가의 활약 : 리빙스턴(영국), 스탠리(미국) 등 탐험가들의 활약으로 아프리카 내륙의 상황을 알게 됨. → 산업 발전에 필요한 광물, 금, 은 등 아프리카의 중요성 인식 → 제국주의 열강의 아프리카 침략 본격화
  ㉢ 베를린 회의*(1884~1885) : 제국주의 열강이 독일의 베를린에 모여 아프리카 분할 원칙 합의
  ㉣ 아프리카의 식민지화 : 1900년 무렵 라이베리아와 에티오피아를 제외한 아프리카 전 지역이 열강의 식민지화 → 제국주의 국가의 이해관계에 따라 경계선 설정

② **열강의 아프리카 분할**
  ㉠ 영국
    ⓐ 수에즈 운하를 장악하고 이집트를 보호국화함.
    ⓑ 남아프리카 연방 조직 : 남아프리카의 케이프타운 식민지화, 네덜란드계 백인의 남아프리카 식민지 획득✚
    ⓒ 종단 정책* : 이집트 카이로(북)와 남아프리카 케이프타운을 연결하려는 정책
  ㉡ 프랑스의 횡단 정책* : 서쪽의 알제리와 동쪽의 마다가스카르 섬을 연결하려는 정책
  ㉢ 기타
    ⓐ 독일 : 비스마르크 지휘하에 남서아프리카·동아프리카·카메룬·토고 등으로 진출
    ⓑ 이탈리아 : 에리트레아, 리비아 점령
    ⓒ 벨기에 : 콩고 차지(광대한 고무 생산지)
    ⓓ 포르투갈 : 앙골라, 모잠비크 점령

③ **열강의 충돌**
  ㉠ 파쇼다 사건(1898) : 영국의 종단 정책과 프랑스의 횡단 정책의 충돌 → 전쟁 직전까지 갔으나 양국의 타협으로 사건 해결

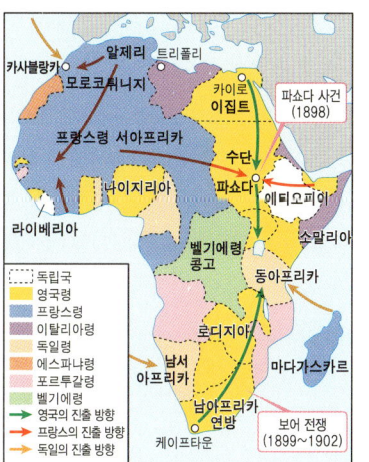

▲ 아프리카의 분할

*베를린 회의
벨기에의 콩고 사유지 선언에 반발하여 열린 회의로, 아프리카의 어느 지역이든 먼저 점령하여 지배하는 나라가 그 지역을 차지한다는 원칙이 세워졌다.

✚보어 전쟁에서 승리하여 트란스발, 오렌지 공화국 점령

*종단 정책
영국의 아프리카 분할 정책. 이집트의 카이로에서 남아프리카의 케이프타운까지 아프리카를 세로로 연결하려는 정책

*횡단 정책
프랑스의 아프리카 분할 정책. 알제리를 거점으로 하여 마다가스카르까지 아프리카를 가로로 연결하려는 정책

ⓒ 모로코 사건(1905~1906, 1911) : 모로코를 둘러싼 프랑스와 독일 간의 두 차례 대립
　　　→ 프랑스가 모로코 지배

(2) 제국주의 열강의 아시아·태평양 침략

① 열강의 아시아 분할

㉠ 영국
　ⓐ 인도 : 플라시 전투(1757)에서 벵골·프랑스 연합군에 승리 → 벵골 지역 통치, 동인도 회사를 통한 간접 지배 → 19세기 후반에 인도 제국 수립(영국 여왕이 파견한 총독이 인도 직접 지배)
　ⓑ 말레이 연방 수립 : 19세기 초 싱가포르 점령 → 동남아시아에서 세력 확장 → 말레이 반도와 보르네오 섬 북부 차지 → 말레이 연방 수립(1895)
　ⓒ 미얀마를 인도에 병합 → 인도를 중심으로 아프가니스탄과 네팔까지 세력 확장

㉡ 프랑스 : 17세기 초부터 동남아시아에 진출 → 베트남 점령➕ → 베트남, 캄보디아, 라오스 일대에 프랑스령 인도차이나 연방 수립(1887)

➕ 프랑스가 청·프 전쟁(1884)에서 승리하여 차지하였다.

㉢ 네덜란드 : 동인도 회사 설립 → 인도네시아 자와 섬 점령 → 자와·수마트라·보르네오를 합쳐 네덜란드령 동인도 건설(1904)

㉣ 미국 : 19세기 말 에스파냐와 전쟁에서 승리하여 필리핀 차지

㉤ 러시아 : 연해주 획득, 중앙아시아 점령 → 영국이 아프가니스탄을 보호국화하여 러시아의 팽창 견제

② 아시아의 상황

㉠ 중국 : 유럽 제국주의 열강의 경쟁적 침투 → 아편 전쟁 이후 중국의 이권 침탈, 본격적 내정 간섭

㉡ 동남아시아 : 타이➕를 제외한 대부분이 열강의 식민지화

➕ 타이는 영국과 프랑스 사이의 완충국으로서 독립을 유지하였다.

㉢ 일본 : 뒤늦게 제국주의 국가에 합세
　청·일 전쟁에서 승리하여 시모노세키 조약으로 랴오둥 반도와 타이완을 획득하였으나, 삼국 간섭(러, 프, 독)으로 랴오둥 반도는 청에게 반환. 청·일 전쟁 승리로 일본은 산업 혁명 시작

▲ 열강의 아시아 점령

▲ 열강의 중국 침략

③ **열강의 태평양 분할** : 20세기 초 대부분의 지역이 제국주의 열강의 식민지화
  ㉠ 영국 : 18세기 후반 이후 오스트레일리아와 뉴질랜드 지배(이주민을 보내 지배)
  ㉡ 독일 : 마셜 제도, 캐롤라인 제도 등 차지
  ㉢ 미국 : 에스파냐와의 전쟁(미·서 전쟁)에서 승리한 이후 쿠바를 보호국화하고 하와이와 괌 병합, 사모아를 두고 영국·독일과 대립, 파나마 운하 장악

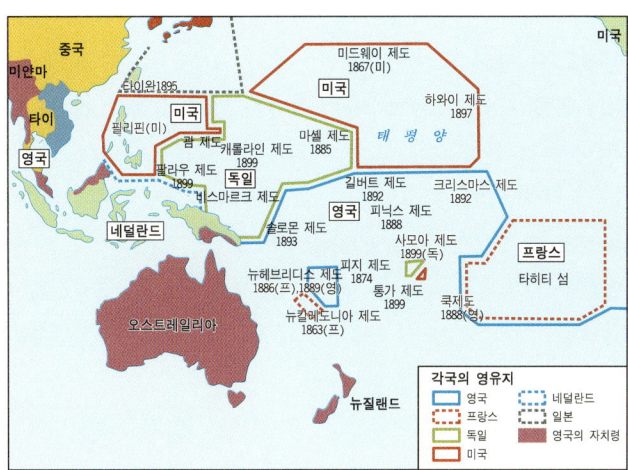

▲ 열강의 태평양의 분할

CHAPTER 10 제1차 세계 대전과 러시아 혁명

1 제1차 세계 대전(1914~1918)

(1) 제1차 세계 대전의 배경

① **제국주의 열강의 대립**: 19세기 후반 이후 식민지 확보 경쟁 치열 → 제국주의 열강이 이해관계에 따라 동맹 결성

㉠ 3국 동맹과 3국 협상의 대립

구분	국가	목적
3국 동맹(1882)	독일, 오스트리아·헝가리, 이탈리아	프랑스 고립
3국 협상(1907)	프랑스, 러시아, 영국	독일의 팽창 견제

㉡ 영국의 3C 정책과 독일의 3B 정책의 대립

② **발칸 반도**

㉠ 다양한 민족, 종교의 대립: 오스만 제국으로부터 발칸 반도 독립 → 범게르만주의*와 범슬라브주의*의 대립

㉡ 오스트리아·헝가리가 보스니아와 헤르체고비나 합병 → 범슬라브주의를 내세우던 세르비아와 대립 → 발칸 전쟁* 발발

(2) 제1차 세계 대전의 발발

① **사라예보 사건(1914. 6. 28.)**: 보스니아의 수도 사라예보를 방문한 오스트리아·헝가리 황태자 부부가 세르비아 청년에게 암살당함. → 오스트리아·헝가리가 세르비아에 선전 포고

▲ 사라예보 사건 기록화

② **전쟁의 전개**

㉠ 세계 대전으로 확대: 러시아가 세르비아를 지원, 독일이 오스트리아 편에 서서 러시아와 프랑스에 선전 포고 → 동맹국(불가리아, 오스만 제국 가담)과 연합국(이탈리아, 일본, 중국 가담)의 참여

㉡ 독일군의 진격: 독일의 프랑스 공격 및 러시아로의 진격 → 초기 독일이 유리 → 영국과 프랑스의 완강한 반격으로 장기전화

㉢ 미국의 참전: 영국이 해상에서 독일 봉쇄 → 독일의 무제한 잠수함 작전* → 중립국 선박 공격으로 미국 상선이 피해를 입음. → 미국의 참전(1917) → 연합국 우세

③ **전쟁의 종결**: 11월 혁명(1917)의 영향으로 러시아의 전선 이탈 → 독일의 서부 전선 총공세 실패 → 불가리아, 오스만 제국 등 동맹국 항복 → 오스트리아 항복 → 독일 혁명 발생(공화국 수립), 연합국에 항복(1918)

■ **비스마르크의 삼제 동맹(19세기 말)**
독일, 오스트리아·헝가리 이중제국, 러시아

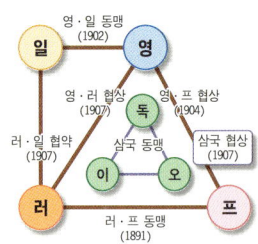

▲ 20세기 초 국제 관계

***범게르만주의(독일, 오스트리아·헝가리 중심)**
독일을 중심으로 전 게르만 족의 단결을 통해 세력을 확대하려는 움직임

***범슬라브주의(러시아, 세르비아 중심)**
러시아를 중심으로 전 슬라브 족의 통일을 목표로 한 움직임

*__발칸(Balkan) 전쟁(1912~1913)__
발칸 반도는 유럽 열강의 이해관계가 얽혀 '유럽의 화약고'라 불린다. 오스만 제국이 이탈리아와의 전쟁에서 패하자 그리스·불가리아·세르비아·몬테네그로 등 4국이 오스만 제국과 싸워 승리(1차, 1912), 이후 다시 전승국끼리 전쟁을 벌였다(2차, 1913).

▲ 발칸 전쟁

*__무제한 잠수함 작전__
특정 해역의 교통을 금지하고, 그 해역을 통과하는 선박은 적국, 중립국을 가리지 않고 잠수함으로 공격하는 전술

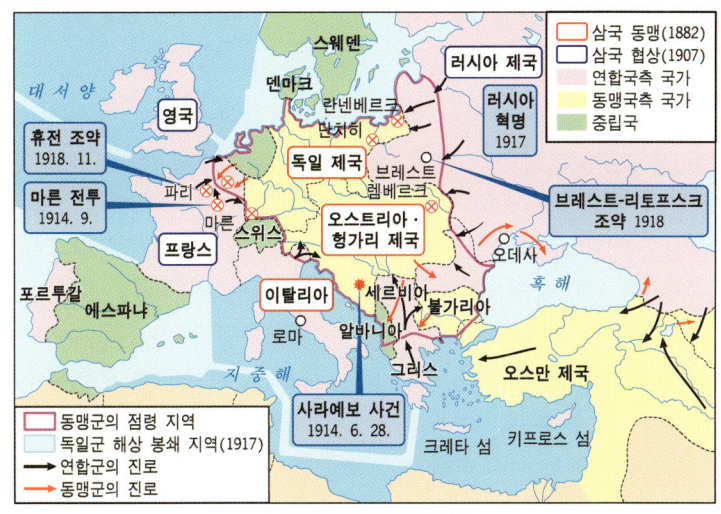

▲ 제1차 세계 대전 중의 유럽

(3) 전쟁의 특징

① **총력전** : 전쟁터나 전쟁 물자 생산에 막대한 인적·물적 자원 투입 → 전·후방을 가리지 않고 모든 국민이 전쟁에 동원
② **참호전** : 참호를 파고 전투 전개 → 전쟁의 장기화
  ◉ **참호** : 전투에서 몸을 숨기면서 적과 싸우기 위해 방어선을 따라 판 구덩이
③ **신무기 개발** : 전투기, 탱크, 잠수함, 독가스 등의 등장
④ **엄청난 인적·물적 자원의 피해**
⑤ **국제 사회 변화** : 유럽 쇠퇴, 미국·일본 등이 새로운 강대국으로 등장

▲ 제1차 세계 대전

▲ 탱크와 참호전

2 러시아의 사회주의 혁명

(1) 러시아 혁명의 배경

① **러시아 사회의 후진성** : 전제 정치의 지속, 공업 지역과 농업 지역 간에 불균형 심화
② **사회주의 이념의 확산**
  ㉠ 노동자 계급의 성장 : 19세기 후반 산업화 진행 → 노동자 계급 성장
  ㉡ 사회주의의 확산 : 지식인과 학생 사이에 사회주의 확산 → 낙후된 정치와 사회 개혁 요구, 러시아 사회 민주 노동당 결성(레닌, 1898)
  ㉢ 피의 일요일 사건(1905) : 노동자들이 개혁을 요구하며 평화적인 시위 전개 → 정부의 무력 진압으로 1천여 명이 사망 → 피의 일요일 사건 직후 러·일 전쟁(1904~1905) 종결
③ **정부의 개혁 추진** : 언론과 집회의 자유 허용, 의회(두마) 설치, 토지 개혁 진행 → 큰 성과를 거두지 못함.

(2) 러시아 혁명(1917)

① 3월 혁명
- ⊙ 배경 : 제1차 세계 대전의 장기화, 거듭된 패전 → 국민의 불만 고조, 소비에트와 대립
- ⊙ 1917년 3월 노동자들이 식량 배급, 전쟁 중지, 전제 정치 타도를 요구하며 대규모 파업과 봉기 전개 → 전쟁에 지친 군인들도 참여
- ⊙ 노동자와 군인들이 소비에트* 조직 → 황제 니콜라이 2세가 물러나고 임시 정부 수립(로마노프 왕조 붕괴), 자유주의적 개혁 실시 ─ 케렌스키

② 11월 혁명
- ⊙ 배경 : 임시 정부의 전쟁 지속, 개혁 미흡 → 국민의 불만 고조, 소비에트와 대립
- ⊙ 레닌을 중심으로 한 볼셰비키*가 무장봉기를 일으킴. → 노동자·농민·국민의 대표로 구성된 소비에트 정부 수립

(3) 사회주의 국가의 수립

① 레닌의 정책
- ⊙ 공산화 정책 : 독일과 단독 강화* 조약 체결(브레스트리토프스크 조약, 1918)로 전쟁에서 이탈, 공산당 일당 독재 선언, 토지와 산업(공장·은행·철도 등)의 국유화 → 혁명파와 반혁명파의 내전으로 인한 사회 혼란과 경제난 심화
- ⊙ 신경제 정책(NEP) : 자본주의 경제 방식의 일부 도입 → 소규모 기업 활동 인정, 현물세만 바치면 남은 생산물의 자유로운 판매 허용 등
- ⊙ 소비에트 사회주의 공화국 연방(소련) 수립(1922) : 내전 승리✚ → 주변 소비에트 정부를 흡수하여 수립(최초의 사회주의 국가, 러시아 등 15개의 소비에트 공화국으로 구성)

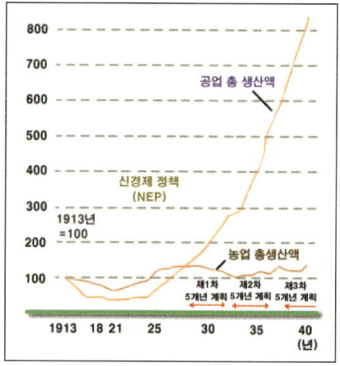

▲ 신경제 정책(NEP)

② 스탈린의 등장 : 농업의 집단화, 중공업 중심의 경제 개발 5개년 계획 추진, 독재 정치 구축(반대파의 가혹한 탄압·숙청)

③ 사회주의의 확산 : 코민테른*의 결성(1919) → 식민지의 노동 운동과 반제국주의 운동 지원 → 유럽 각국에서 사회주의 계열 정당의 우위, 한국·중국·베트남 등에 사회주의 확산

▲ 레닌(1870~1924)　　▲ 스탈린(1879~1953)

---

*소비에트
러시아의 노동자·농민·병사들의 민주적인 자치 기구. 러시아어로 '대표자 회의'를 뜻한다.

*볼셰비키
다수파라는 뜻으로, 레닌이 이끈 러시아 사회 민주 노동당의 한 분파, 폭력적 혁명 방법 주장

*강화
전쟁을 벌이던 나라끼리 전쟁을 그만두고 평화로운 상태가 됨을 의미한다.

✚러시아 내전
혁명군인 적군과 러시아 황제를 지지하는 백군과의 내전이다. 이때 일본은 백군을 지원하기 위해 시베리아로 출병(1918~1922)했으며, 우리나라의 독립군인 대한독립 군단은 적군을 지원하려 소련 자유시로 이동하였다가 자유시 참변을 당하였다.

*코민테른
러시아 혁명 이후 레닌의 주도하에 각국의 공산당 조직들이 모스크바에 모여 결성한 국제 공산당 기구(세계 각국 공산당 결성과 사회주의 확산 지원을 목표로 함)

CHAPTER 11 제1차 세계 대전 이후의 세계

1 베르사유 체제의 성립

(1) 파리 강화 회의(1919)
① 개최 : 제1차 세계 대전 이후 전후 문제 처리를 위해 개최 ― 우리나라의 김규식(신한청년당 대표, 대한민국 임시 정부의 외무총장)도 참가
② 내용 : 윌슨의 14개조 평화 원칙(민족 자결주의 제창)❶ → 실제로는 승전국(전쟁에서 승리한 나라)의 이해관계에 따라 결정
- 민족 자결주의 : 각 민족이 스스로 국가를 구성할 수 있어야 한다는 원칙

(2) 베르사유 체제의 성립(1919. 6.)
① 베르사유 조약
  ㉠ 독일과 연합국 사이의 조약 → 보복적 성격 ― 독일이 배상금을 제대로 못갚자 프랑스가 독일 서부 루르 지방을 점령, 이후 도즈안과 영안으로 배상금 축소
  ㉡ 독일 : 모든 해외 식민지와 알자스·로렌 상실, 막대한 배상금 지불, 군사력 감축, 영토 축소  ― 폴란드 회랑 지대 상실 ― 프로이센-프랑스 전쟁 때 독일이 획득하였던 지역
  ㉢ 중국은 산둥 문제 처리에 반대하여 조인하지 않았고, 미국도 상원에서 비준 거부
② 이후 다른 패전국들과 조약(베르사유 조약과 비슷한 성격) 체결 → 베르사유 체제 성립

심화 제1차 세계 대전 이후의 유럽

(3) 국제 연맹의 창설과 평화를 위한 노력
① 국제 연맹의 창설(1920) : 세계 평화를 위해 창설 → 국제 분쟁의 평화적 해결, 침략 전쟁 방지, 군비 축소를 임무로 함.
② 한계 : 미국의 불참, 독일과 소련 제외, 침략 행위를 막을 수 있는 군사적 제재 수단이 없음.❶

❶ 윌슨의 민족 자결주의는 패전국의 식민지에만 적용되었다. 일본은 승전국이기에 우리나라에는 적용되지 않았으나 레닌의 식민지 해방 선언과 함께 1919년 3·1 운동에 영향을 주었다.

■ 생제르맹 조약
오스트리아·헝가리 이중 제국 해체

■ 세르브 조약
오스만 제국 해체(현재의 터키 영토로 축소)

❶ 제2차 세계 대전 이후 조직된 국제 연합은 미국과 소련이 참여했으며 유엔군이라는 군사적 제재 수단을 갖추었다.

(4) 평화를 위한 노력

① **워싱턴 회의(1921)** : 중국의 주권 존중과 영토 보존 약속, 열강 간의 해군력 축소 합의
② **기타** : 로카르노 조약(유럽 주요 국가들의 평화로운 국제 문제 해결 약속, 1925), 부전 조약*(켈로그-브리앙 조약, 전쟁을 하지 않기로 약속, 1928), 각국의 군비 축소 회담

*부전(不戰) 조약
전쟁을 외교 수단으로 사용하지 않겠다는 전쟁 포기에 관한 조약

2 민주주의의 확산

(1) 신생 독립국 : 민족 자결주의 원칙에 따라 패전국의 식민지였던 폴란드, 체코슬로바키아, 유고슬라비아 등 독립 → 대부분 민주주의 채택

(2) 민주 공화국 수립 : 독일(바이마르 공화국➕), 오스트리아, 오스만 제국(터키 공화국) 등

➕민주적 헌법 제정(주권 재민, 남녀 보통 선거, 사회 보장 제도)
cf) 최초의 복지 정책은 비스마르크

(3) 선거권 확대 : 남녀평등의 보통 선거 확립 → 유럽의 민주주의 발전
- **보통 선거** : 재산, 신분, 성별, 교육 정도의 제한 없이 성년에 도달한 누구에게나 선거권이 주어지는 선거

(4) 여성의 권리 신장 : 제1차 세계 대전 중 여성들의 활발한 사회·경제 활동 → 사회적 영향력 증대, 참정권* 획득

*참정권
정치에 참여할 수 있는 권리, 대의 민주주의에서는 투표권을 의미

▲ 제1차 세계 대전 때 여성의 사회적 참여가 증가하여 여성의 참정권이 확대되었다.

3 미국과 일본의 성장

(1) 미국
① 전쟁 과정과 전후 베르사유 체제 수립 과정에서 주도적 역할 담당
② 경제 기반이 파괴된 유럽에 상품 수출 → 막대한 이익
③ 전후 세계 질서 주도

(2) 일본 : 제1차 세계 대전의 승전국 → 중국➕과 태평양에서의 독일 이권 차지, 국제적 영향력 확대(파리 강화 회의에 승전국으로 참여)

➕중국의 독일 이권을 일본에 넘기라는 일본의 21개조 요구로, 이후 이를 반대하는 5·4 운동(1919)이 전개되었다.

4 아시아·아프리카의 반제국주의 운동 ♀map

동아시아	3·1 운동(우리나라), 5·4 운동과 제1차 국·공 합작(중국) 등 전개
인도	간디의 인도 국민 회의(비폭력·불복종 운동), 네루의 민족 운동
동남아시아	호찌민(베트남), 수카르노(인도네시아) 등이 독립운동 전개
서아시아	오스만 제국의 무스타파 케말이 터키 공화국 수립 → 근대화 정책 실시
아프리카	와프드당 중심의 반영(反英) 운동 전개(이집트), 범아프리카 회의 개최 등

CHAPTER 12 제2차 세계 대전(1939~1945)

1 전체주의와 대공황의 시기

(1) 대공황* 발생: 제1차 세계 대전 이후 미국의 경제 호황(세계 경제를 주도) → 과잉 생산과 주식 투자 과열, 구매력 감소 → 미국 주식 시장의 주가 폭락(1929) → 기업·은행 파산, 실업자 급증 → 세계 확산, 대공황 발생

(2) 대공황 극복 노력

① **미국**: 루스벨트 대통령의 뉴딜 정책 추진(국가가 경제에 적극 개입) → 생산량 조절, 테네시 강 유역 개발 공사 등 대규모 공공사업으로 실업자 구제, 노동자의 권리 보장, 사회 보장 제도 강화 등

② **영국➕과 프랑스**: 본국과 식민지를 하나의 시장으로 묶는 배타적인 블록 경제 형성 → 과잉 생산 상품을 식민지에 판매, 외국 상품에 높은 관세 부과

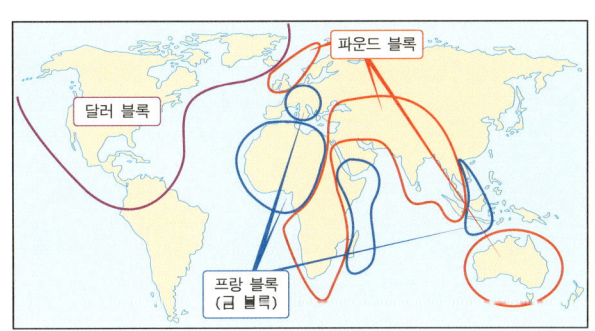

▲ 각국의 블록 경제 형성

(3) 전체주의의 등장

① **배경**: 독일, 이탈리아, 일본 등 식민지가 적고 국내 시장이 작은 나라 → 대공황으로 인한 경제 혼란 가중

② **전체주의**: 무솔리니가 처음 사용한 국가 지상주의를 의미하는 용어(파시즘*) → 국가와 민족의 이익을 최고 가치로 여기고 이를 위해 국민이 희생해야 한다는 정치사상

③ **전체주의 국가**

　㉠ **이탈리아**: 대공황 이전 무솔리니의 파시스트당이 무장 시위(로마로 진군)로 정권 장악(1922) → 일당 독재 체제 수립, 전체주의 표방 ─바이마르 공화국을 무너뜨리고 일당 독재 체제 수립

　㉡ **독일**: 히틀러의 나치당이 일당 독재 체제 수립(1933) → 게르만 우월주의(유대인 등 학살), 게슈타포(비밀 경찰)를 이용한 국민 감시

　㉢ **일본**: 군부가 권력을 잡은 후 군국주의* 강화 → 대외 침략

　㉣ **에스파냐**: 프랑코가 공화 정부를 무너뜨리고 파시스트 정권 수립(1939) ↔ 반파시즘 운동(인민 전선) 실패

***대공황**
과잉 생산과 수요 감소로 인한 주가 폭락, 기업 파산, 실업자 증가 등으로 경제 활동이 혼란에 빠지는 상태를 경제 공황이라 하는데 1920년대 말에 일어난 경제 공황을 대공황이라 한다.

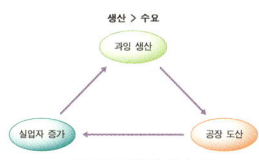

▲ 경제 공황의 악순환

➕식민지 국가들과 영국 국가 연방 결성(1931)

***파시즘**
제1차 세계 대전 후 이탈리아의 무솔리니 정권에서 비롯된 전체주의. 일당 독재 체제로 정치적 반대자를 가혹하게 탄압하는 등 국수주의적 특징을 보인다.

▲ 무솔리니(좌)와 히틀러(우)

***군국주의**
군사적인 대외 팽창을 중시하여 이와 관련된 각종 정책이나 제도를 국민 생활보다 우선시하는 것

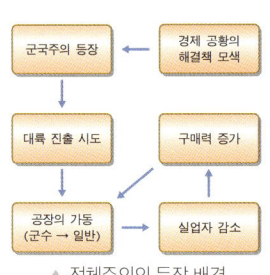

▲ 전체주의의 등장 배경

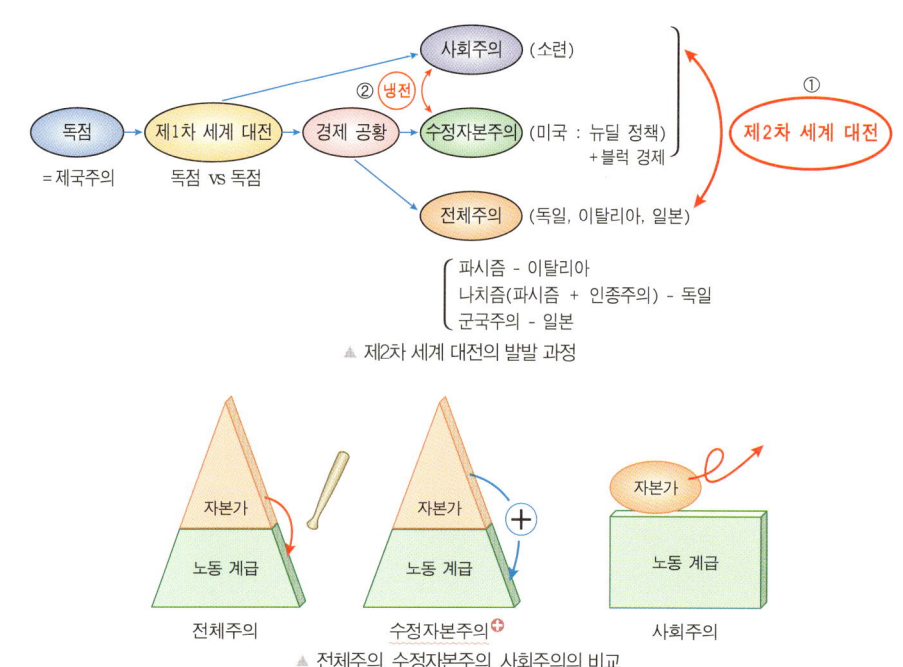

▲ 제2차 세계 대전의 발발 과정

파시즘 - 이탈리아
나치즘(파시즘 + 인종주의) - 독일
군국주의 - 일본

▲ 전체주의, 수정자본주의, 사회주의의 비교

➕ **수정 자본주의**
자본주의에 사회주의 요소를 혼합한 혼합 경제, 큰 정부, 복지 국가

➕ **만주 사변의 배경**
- 만보산 사건(1931) : 만주 만보산 지역에서 일본의 술책으로 한국인 농민과 중국인 농민 사이에 수로(水路) 문제로 일어난 유혈 사태
- 류타오후 사건(류타오거우 사건, 1931) : 만철 폭파 사건, 일본의 자작극

→ 만보산 사건과 만주 사변으로 중국과 우리나라의 관계가 악화되지만, 윤봉길 의거(1932)로 관계가 개선되어 중국 국민당이 대한민국 임시 정부의 한국광복군 창설을 지원하게 되었다.

＊**루거우차오 사건(노구교 사건)**
1937년 7월 7일 밤에 루거우차오에서 중국군의 발포로 인하여 일본군에 행방불명자가 생겼다는 구실로 일본군이 주력 부대를 출동시켜 루거우차오를 점령한 사건

(4) 대외 침략

① **일본** : 만주 사변➕(1931)으로 만주 점령 후 괴뢰 정권인 만주국 수립(1932) → 루거우차오 사건＊을 구실로 중·일 전쟁을 일으킴(1937).

② **이탈리아** : 에티오피아를 침략하여 합병(1935) → 국제 연맹 탈퇴

③ **독일** : 베르사유 조약 파기 선언, 국제 연맹 탈퇴 → 비무장 지대인 라인란트 침공(1936) → 오스트리아 병합(1938), 체코슬로바키아 점령(1939)

④ **에스파냐** : 인민 전선 정부와 프랑코 군부 사이의 내란 발생(1936) → 영국과 프랑스는 중립(개인 자격으로 인민 전선 정부 지원), 독일과 이탈리아의 동맹 형성 및 군부 지원

⑤ **추축국 형성** : 독일, 이탈리아, 일본의 3국 방공 협정 체결(1937) → 추축국 형성 → 베를린(독일) - 로마(이탈리아) - 도쿄(일본)

◉ **추축(樞軸)** : 정치나 권력의 중심이라는 의미

◀ **게르니카(피카소)** | 에스파냐 총선거에서 인민 전선 정부가 수립되자 프랑코 장군이 이끄는 파시스트 세력이 반란을 일으켰다. 독일과 이탈리아는 프랑코군을 도우며 에스파냐의 전통 도시인 게르니카를 무차별 폭격하였다.

심화 독일의 침략

➕ **뮌헨 협정(1938)**
독일이 체코슬로바키아의 수데텐 지방을 요구하여 영국 등에게 인정받았고 이후 체코슬로바키아를 점령하였다.

2 제2차 세계 대전➕의 발발

(1) 제2차 세계 대전의 시작과 확산

① **발발** : 독일의 폴란드 영토 요구 → 영국, 프랑스가 폴란드와 상호 원조 조약 체결 → 독일과 소련의 불가침 조약* 체결(1939. 8.) → 독일의 폴란드 침략 → 영국과 프랑스의 선전 포고

② **전개** : 독일의 벨기에, 네덜란드, 프랑스 파리 등 점령(프랑스 드골 정부의 영국 망명, 독일에 대한 레지스탕스* 운동 전개) → 독일의 영국 공습 → 영국의 저항으로 장기화 → 식량과 석유를 확보하기 위해서 독일의 소련 기습 공격(독·소 불가침 조약 파기, 1941) → 실패
└ 프랑스에 히틀러에 협조하는 비시 괴뢰 정부 수립

③ **미국의 참전** : 일본의 동남아시아 침략 → 미국의 경제 봉쇄 → 일본의 하와이 진주만 기습 공격 → 미국의 참전(태평양 전쟁, 1941. 12.)
└ 이때 대한민국 임시 정부도 대일, 대독 선전 포고

➕ 제1차 세계 대전은 삼국 협상과 삼국 동맹 간의 전쟁이며, 제2차 세계 대전은 연합군과 추축국 간의 전쟁이다.

*불가침 조약
서로 침략하지 않을 것을 약속한 조약

*레지스탕스
'저항'을 뜻하는 프랑스어. 제2차 세계 대전 중 독일에 점령된 프랑스, 덴마크, 노르웨이, 네덜란드, 벨기에 등에서 비합법적으로 전개된 독일에 대한 저항 운동

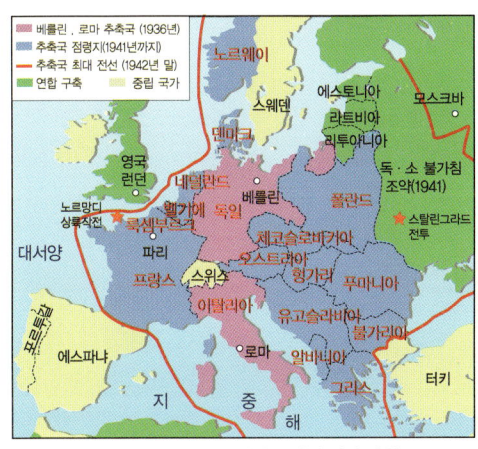
▲ 제2차 세계 대전 당시 유럽의 전개 상황

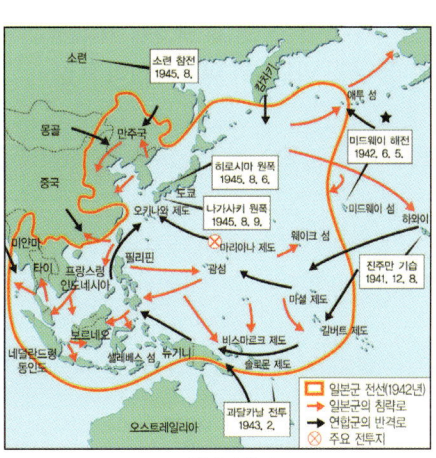
▲ 일본의 침략

Chapter 12 제2차 세계 대전(1939~1945) **073**

(2) 전쟁의 종결

① **연합국의 우세** : 미국이 미드웨이 해전에서 일본 격파(1942) → 소련이 스탈린그라드 전투에서 독일 격파(1943) → 아프리카에서 독일군 격퇴, 이탈리아 진격(무솔리니 정권 붕괴, 1943)

② **종결** : 미 · 영 연합군의 노르망디 상륙 작전, 프랑스 해방(1944) → 독일 항복(1945. 5.) → 일본의 히로시마와 나가사키에 원자 폭탄 투하 → 일본 항복(1945. 8.)✛

> ✛한국광복군의 국내 진입 작전 실시 전에 항복

(3) 제2차 세계 대전의 결과와 전후 처리

① **제2차 세계 대전의 특징**
  ㉠ 대규모 인적 · 물적 자원 동원 : 제1차 세계 대전보다 3배의 희생자 발생, 민간인 희생자 증가, 대량 살상 무기(원자 폭탄 등) 사용
  ㉡ 대량 학살과 인권 유린 : 독일의 유대인 대학살(홀로코스트), 일본의 난징 대학살 등

② **전후 처리**
  ㉠ 전후 처리 논의 : 대서양 회담(전후 평화 원칙이 담긴 대서양 헌장 발표✛, 1941. 8.), 카이로 회담*, 얄타 회담*, 포츠담 회담*
    ◉ **대서양 헌장** : 새로운 국제 평화 기구 성립에 합의
  ㉡ 전쟁 범죄자 재판 : 독일의 뉘른베르크, 일본의 도쿄에서 진행
  ㉢ 독일 : 미국, 영국, 프랑스, 소련에 의해 분할 점령 → 동 · 서 분단 → 서부 독일에는 민주 정권인 독일 연방 공화국(서독), 동부 독일에는 공산 정권인 독일 민주 공화국(동독) 성립
  ㉣ 일본 : 미군정의 관리 → 주권 회복(샌프란시스코 회의, 1951)

③ **국제 연합(UN) 결성(1945)**
  ㉠ 결성 : 연합국을 중심으로 51개국 참여(미국과 소련의 참여)
  ㉡ 목표 : 국제 평화의 확립과 유지, 국제 협력의 증진
  ㉢ 구성 : 안전 보장 이사회(미국, 영국, 프랑스, 중국✛, 소련 - 상임 이사국) 아래 여러 전문 기구
  ㉣ 특징 : 국제 분쟁 해결을 위한 군사력 동원(유엔군)

④ **아시아 · 아프리카 여러 나라의 독립**

인도	인도(힌두교 국가)와 파키스탄(이슬람교 국가)으로 분리 독립(1947) → 동파키스탄 지역이 방글라데시로 독립(1971), 스리랑카 독립(1972)
동남아시아	• 베트남 : 베트남 민주 공화국 수립 → 프랑스의 간섭을 물리침(1954.) → 제네바 협정으로 남북 분단 • 인도네시아 : 네덜란드로부터 독립(1950)
서아시아	유대인이 이스라엘 건국(1948) → 중동 전쟁 발발
아프리카	이집트의 나세르가 공화정 수립(1952), 1960년에 17개국 독립

✛미국의 루즈벨트와 영국의 처칠이 발표하였다. 영토 확대 반대, 군비 축소 등을 내용으로 하여, 1945년 샌프란시스코 회의 때 국제 연합의 헌장으로 채택되었다.

*카이로 회담(1943)
한국의 독립과 전후 일본 영토의 처리 문제 등을 결정한 국제 회담. 미국의 루즈벨트 대통령, 영국의 처칠 수상, 중화민국의 장제스 총통이 참석

*얄타 회담(1945. 2.)
미국, 영국, 소련의 대표가 모여 소련의 대일전 참전 논의 및 전후 독일의 영토 분할 결정

*포츠담 회담(1945. 7.)
미국, 영국, 중국의 대표가 모여 카이로 선언의 이행 재확인(이후 소련의 참가)

✛이때 중국은 현재 타이완이었다. 닉슨 독트린(1969) 이후 지금의 중국으로 바뀌었다.

CHAPTER 13 냉전 체제의 형성과 완화

1 냉전 체제의 형성

(1) 배경: 제2차 세계 대전 후 동유럽의 공산 정권 수립, 서유럽의 공산당 성장 → 미국의 트루먼 독트린* 발표(공산주의 세력 확대 저지)

(2) 냉전* 체제: 자본주의 진영과 공산주의 진영이 직접적인 무력 사용은 없지만 정치·외교·이념·군사적으로 대립하는 체제

(3) 냉전 체제의 특징

구분	자본주의 진영	공산주의 진영
주도 국가	미국	소련
경제 협력	마셜 플랜*(서유럽에 대한 경제 원조)	코메콘*(공산 국가 간의 경제 협력)
군사 동맹	북대서양 조약 기구(NATO)	바르샤바 조약 기구(WTO)
주요 사건	미국 : 소련의 쿠바 미사일 설치 저지	소련 : 베를린 봉쇄

*트루먼 독트린(1947)
미국 대통령인 트루먼이 공산주의 세력의 확대를 막겠다고 한 선언(소련이 그리스와 터키를 공산화시키려 하자 발표한 대소 강경책)

*냉전(cold war)
무기를 사용하지 않은 전쟁. 무기를 사용하는 열전(hot war)에 빗댄 말

*마셜 플랜
미국이 공산주의 세력의 확대를 저지하고 경제적 영향력을 행사하기 위해 제2차 세계 대전 이후 서유럽 국가에 행한 대외 원조 계획(유럽 부흥 계획)

*코메콘(동유럽 경제 상호 원조 회의)
마셜 플랜에 대항하기 위해 소련을 중심으로 결성된 동유럽 공산권의 경제 협력 기구

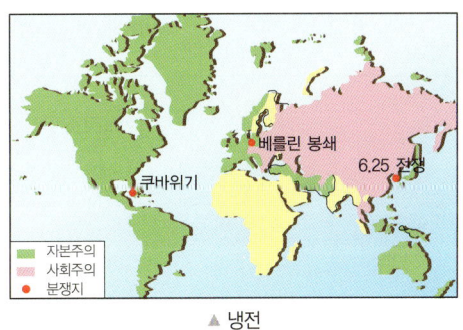
▲ 냉전

(4) 독일: 독일 연방 공화국(서독, 자본주의)과 독일 민주 공화국(동독, 공산주의) 분리 → 베를린 장벽 설치(1961)

▲ 독일의 분할

▲ 냉전

심화 냉전 ~ 탈냉전 진행

냉전	데탕트	신냉전	탈냉전
트루먼 독트린(1947)	닉슨 독트린(1969)	1980년대	고르바초프의 개혁(1990년대)
	1972년 7·4 남북 공동 성명 (박정희, 김일성)		노태우의 북방 외교(사회주의 국가와 수교)

2 냉전 체제의 완화

(1) 제3세계*의 등장

① **배경**: 제2차 세계 대전 이후 독립한 아시아·아프리카 국가들이 반식민주의와 평화 공존, 비동맹 중립 노선 주장

② **발전**
  ㉠ 평화 5원칙*(1954) → 반둥 회의(1955)에 29개국 대표가 모여 평화 10원칙 발표 (반식민주의, 비동맹주의, 평화 공존 등 주장)
  ㉡ 비동맹국 회의(1961): 비동맹국의 결속, 반제국주의·반식민주의·민족 자결의 정신 천명, 3년마다 개최
  ● **비동맹국 회의**: 이집트의 나세르, 유고슬라비아의 티토, 인도의 네루 등이 주도하여 성립하였다.

③ **의의**: 냉전 완화, 다극화에 기여 → 빈곤, 정치 불안 등으로 어려움을 겪음.

*제3세계
대부분 식민 지배를 경험하였으며, 자본주의 진영이나 공산주의 진영 어디에도 가담하지 않은 개발 도상국을 이르는 말

*평화 5원칙
1954년 인도의 네루와 중국의 저우언라이가 발표한 것으로 영토 주권의 상호 존중, 상호 불가침, 내정 불간섭, 호혜 평등, 평화 공존을 내용으로 하였다.

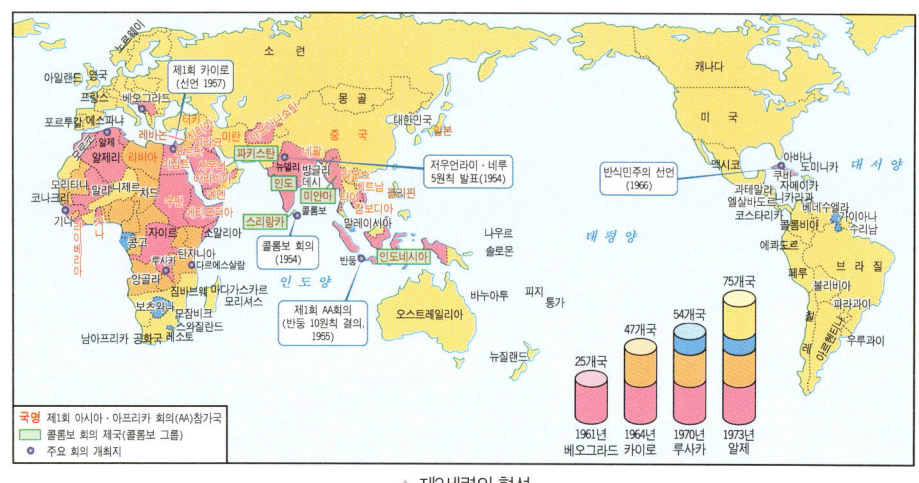

▲ 제3세력의 형성

(2) 다극화 체제로의 변화

● **다극화 체제**: 이념보다 자국의 이익을 중요시하였다.

① **배경**: 1960년대 이후 미국과 소련⊕의 장악력 약화, 중국과 소련의 갈등, 제3세계의 등장, 유럽 통합 운동 등

② **동유럽**: 1950년대 후반부터 반소 자유화 운동 전개
  ● **반소 자유화 운동**: 폴란드·체코슬로바키아⊕·헝가리 등 참여, 유고슬라비아(티토의 독자 노선)

⊕ 흐루시초프의 스탈린 비판, 평화 공존 주장

⊕ 프라하의 봄(반소 운동, 1968)

③ **미국** : 닉슨 독트린⊕(1969) → 미국과 중국의 정식 외교 관계 체결, 소련과 전략 무기 제한 협정

⊕이후 중국의 유엔 가입(1971), 닉슨의 중국 방문(1972), 미국의 베트남 철수(1973)

3 변화하는 세계

(1) 소련의 해체

① **고르바초프의 개혁** : 사회주의 계획 경제의 비효율성, 생산성 저하 → 개혁(페레스트로이카)·개방(글라스노스트) 정책(시장 경제 원리 도입, 민주화 추진, 동유럽에 대한 불간섭)
   - **고르바초프** : 1985년 소련 공산당 서기장에 취임

② **소련의 붕괴** : 소련 해체, 동유럽 사회주의 정권 붕괴 → 냉전 체제 종식
   ㉠ 소련 내 공화국의 독립 움직임 → 공산당 해체 후 러시아 중심의 독립 국가 연합(CIS) 결성(1991, 러시아 공화국 대통령인 옐친 주도), 소련 해체
   ㉡ 동유럽 민주화 혁명 : 동유럽의 민주화 운동 확산⊕ → 헝가리와 폴란드 등의 사회주의 정권 붕괴, 독일 통일(1990) → 자본주의 체제 도입

▲ 고르바초프

⊕폴란드의 바웬사, 체코슬로바키아의 하벨

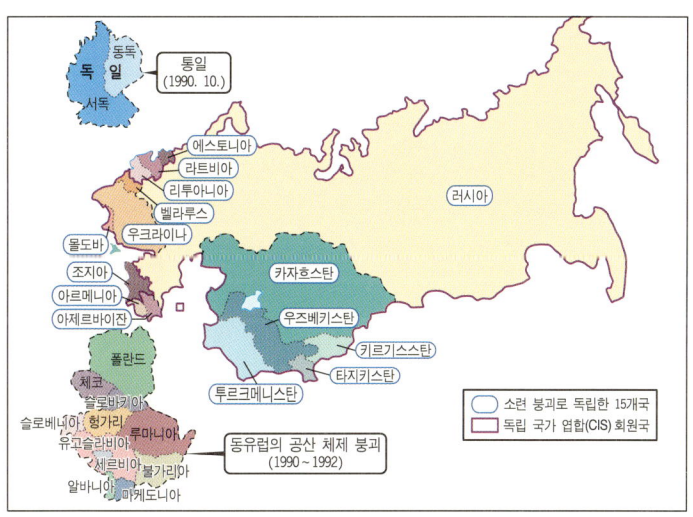
▲ 현대 세계의 전개

▲ 베를린 장벽 붕괴

▲ 레닌 동상 철거

*유럽 연합(EU)
유럽 27개국의 연합체로, 단일 통화인 유로화 사용, 공동 방위 체제 구축

✚마스트리흐트 조약
경제·화폐 동맹과 공동 외교·안보 정책 등에 합의

*북미 자유 무역 협정(NAFTA)
미국, 캐나다, 멕시코 3국이 관세와 무역 장벽을 폐지하고 자유 무역권을 형성한 협정

(2) 세계화

① **유럽 연합***
  ㉠ 유럽 경제 공동체(EEC, 1958) → 유럽 공동체(EC, 1967)
  ㉡ 마스트리흐트 조약✚ : 유럽 연합(EU)탄생(1993), 유로화 사용

② **세계 자유 무역 체제의 확대** : 사회주의권 붕괴 → 자유 무역 확대
  ㉠ 내용 : 무역과 관세에 관한 일반 협정(GATT) → 세계 무역 기구(WTO) 출범, 자유 무역 체제 강화, 자유 무역 협정(FTA) 체결
  ㉡ 지역별 경제 협력체 구성 : 유럽 연합(EU), 아시아·태평양 경제 협력체(APEC), 북미 자유 무역 협정(NAFTA)* 등

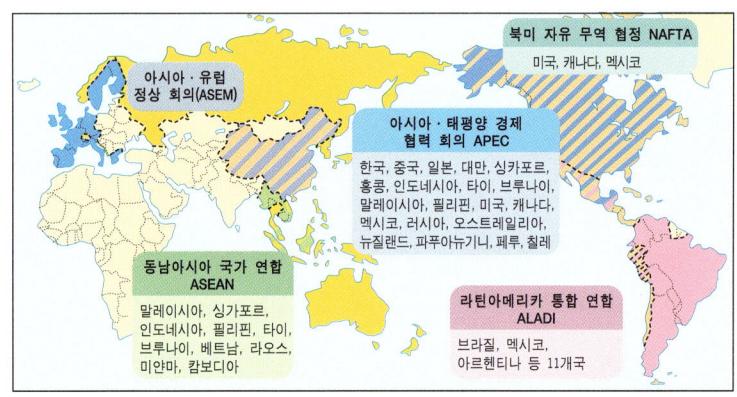

▲ 세계의 경제 블록화 | 소련의 해체 이후, 세계는 자본과 기술을 바탕으로 치열한 무역 경쟁을 벌이고 있으며, 적자생존의 자본주의 경제 원리에 따라 지역별로 새로운 국제 경제 질서가 형성되었다.

2016년 6월 23일, 영국은 국민 투표를 통해 유럽 연합 탈퇴 결정(브렉시트)

▲ 유럽 연합(EU)

▲ 유고슬라비아 연방의 해체

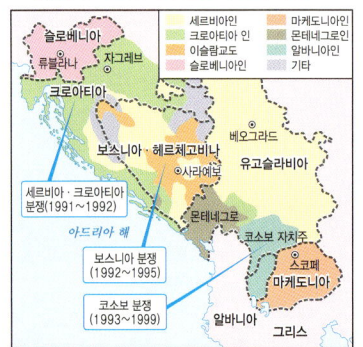

심화 유고슬라비아 연방의 민족과 종교

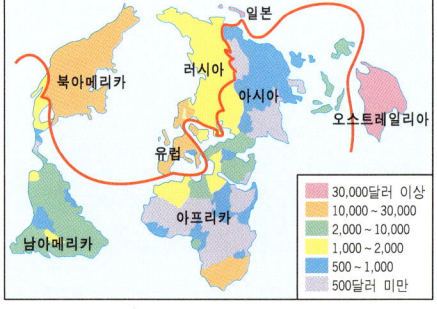

▲ 북반구와 남반구 간의 경제 격차 문제

심화 제국주의에 대항하는 각지의 민족 운동

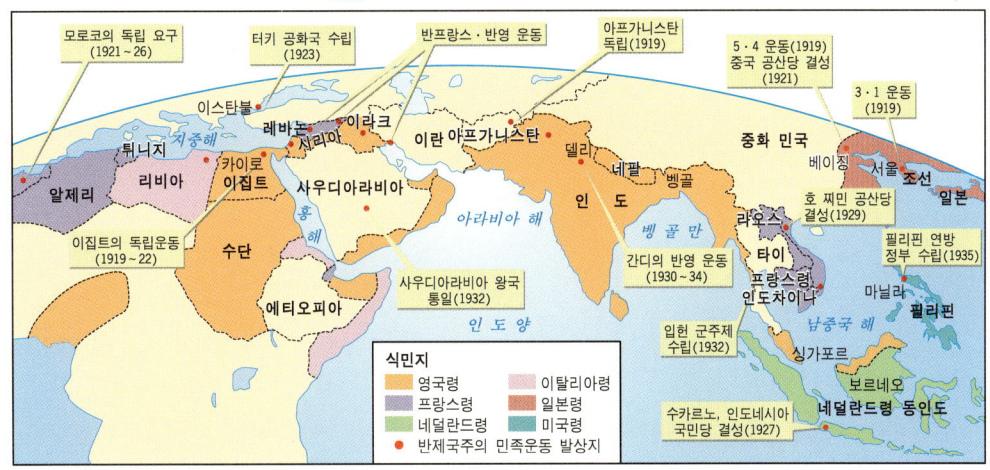

심화 아시아와 아프리카의 독립

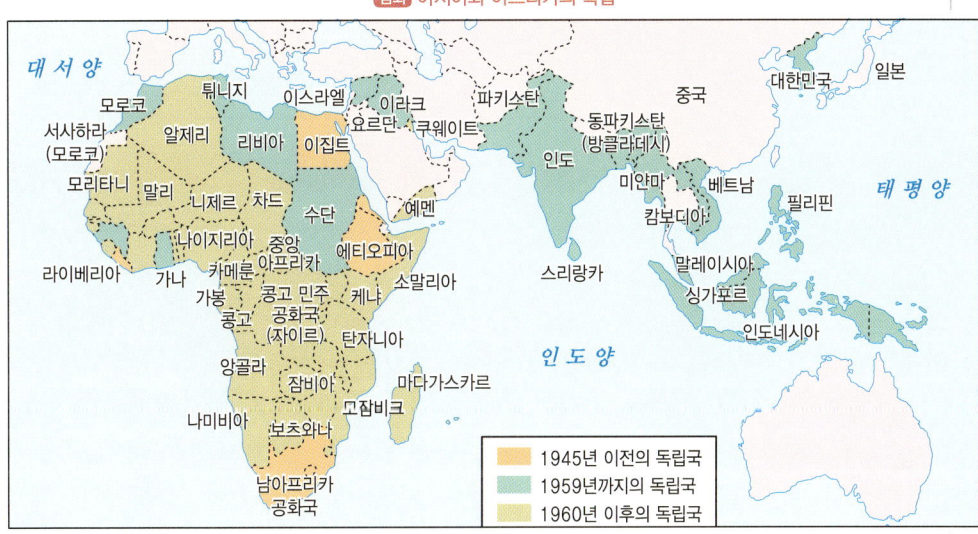

심화 카리브 해 지역

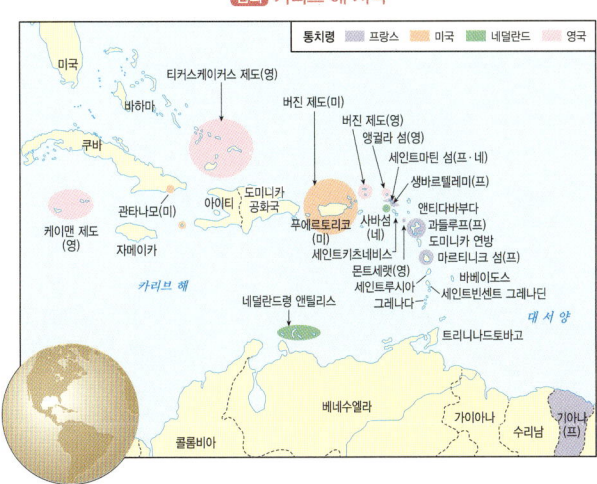

여전히 식민 상태인 카리브 해 지역

심화 지도로 고급 완성하기

PART 2 서양사

로마-카르타고 전쟁(포에니 전쟁)

십자군이 건설한 국가들

이탈리아의 르네상스

종교 개혁기의 유럽

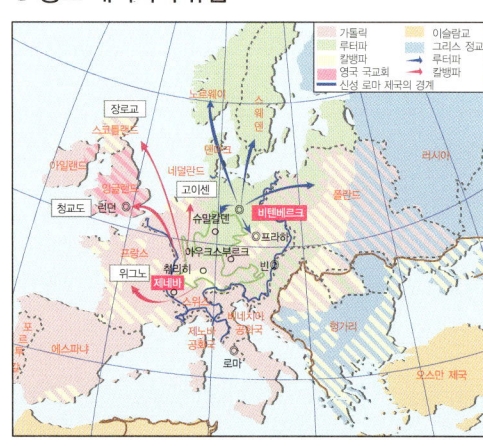

7년 전쟁 당시 아메리카

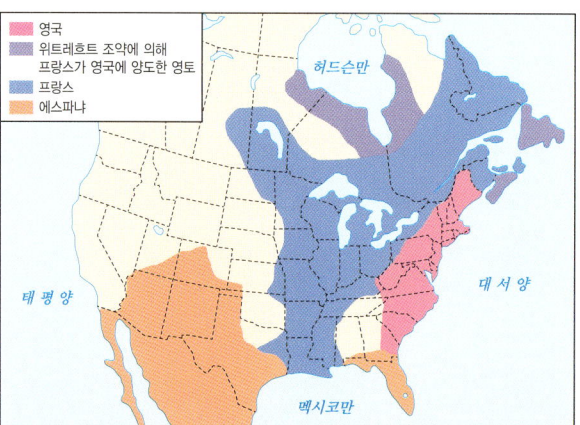

동부 유럽

⬇ 발트 3국

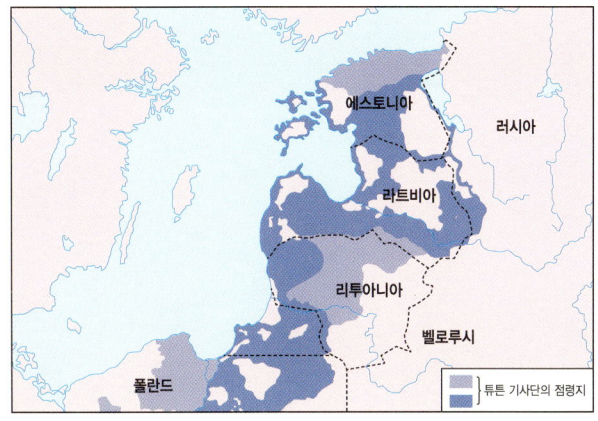

- **역사** : 발트 해 연안은 튜튼 기사단이 개척하였다. → 폴란드의 지배를 받았다. → 일부는 프로이센의 영토가 되었고 일부는 스웨덴의 영토가 되었다. → 러시아의 표트르 대제가 북방 전쟁에서 승리하여 러시아의 영토가 되었다. → 제1차 세계 대전 이후 독립하였다가 소련 연방에 편입되었다.
- **민족·언어·종교** : 민족·언어로는 에스토니아가 핀란드와 가깝고, 라트비아는 리투아니아와 가깝다. 에스토니아와 라트비아는 개신교, 리투아니아는 가톨릭이다.

⬇ 볼레스와프 1세 당시 폴란드

키예프에 입성하고 있는 볼레스와프 1세(재위 992~1025년)와 볼레스와프 1세 당시 그의 영토

⬇ 폴란드·리투아니아 공국(1569~1795)

⬇ 폴란드의 분할

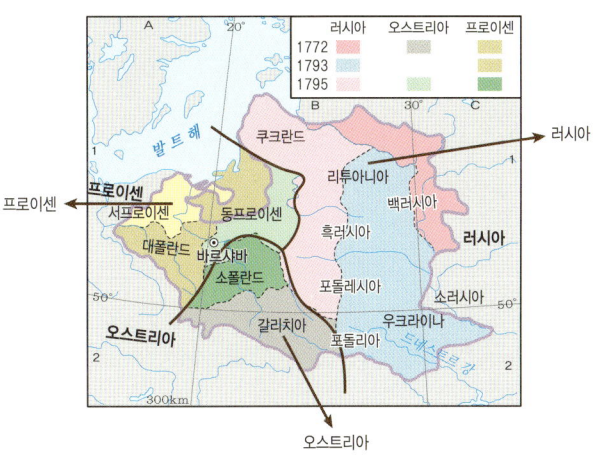

⬇ 9세기 모라비아 왕국의 최대 전성기 당시 영토

체코슬로바키아의 전성기인 모라비아 왕국의 영토(9세기경)

북부 유럽

- **덴마크** : 노르망디 공 윌리엄 1세가 영국을 침입하기 이전 크누드 대왕 때인 1016년 영국을 지배했던 적이 있다. 이후 덴마크는 마르그레테 여왕이 노르웨이의 왕자이자 스웨덴 왕위 계승자와 결혼하여 1397년 칼마르 동맹에 의해 덴마크, 노르웨이, 스웨덴의 왕국을 정식으로 통합하였다.
- **스웨덴** : 구스타브 바사는 덴마크에 저항하여 독립운동을 전개함으로써 1526년 독립하고, 이후 북방의 사자 '구스타프 2세'는 30년 전쟁에도 참여하였다.
- **노르웨이** : 스웨덴과 다르게 노르웨이는 계속 덴마크의 지배를 받았다. 이후 노르웨이는 1814년 나폴레옹과 싸운 스웨덴의 지배를 받다가 1905년 국민 투표에 의해 독립하였다.
- **아이슬란드** : '얼음의 땅'이란 뜻으로 870년부터 바이킹들이 살기 시작하였다. 1262년부터 노르웨이 영토가 되는데, 덴마크가 노르웨이를 지배하면서 덴마크에 귀속되었다. 1944년 독립하였다.

◐ 크누드 대왕의 영토

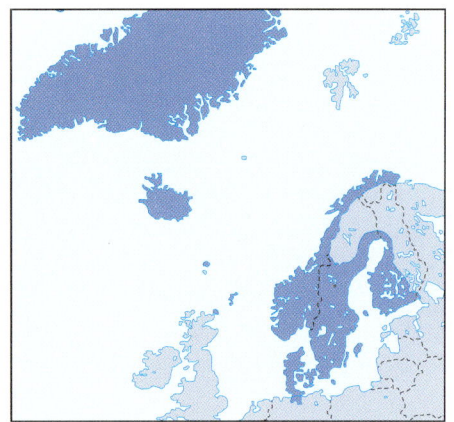

◐ 칼마르 동맹의 영토 현황

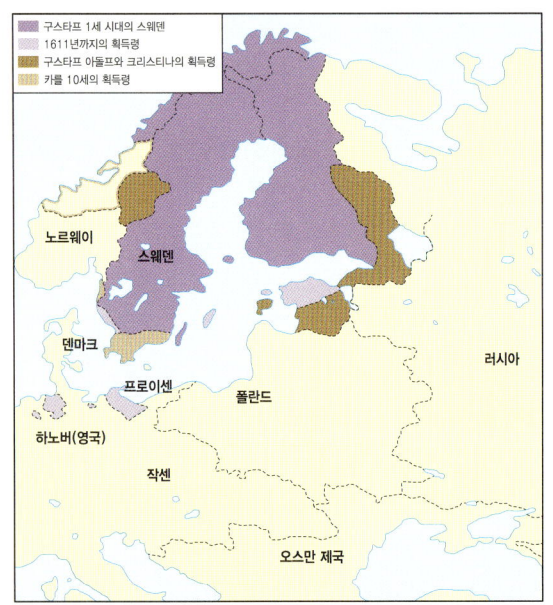

◐ 스웨덴의 영토 확장

남부 유럽

로마 정복 전의 트라키아와 다키아

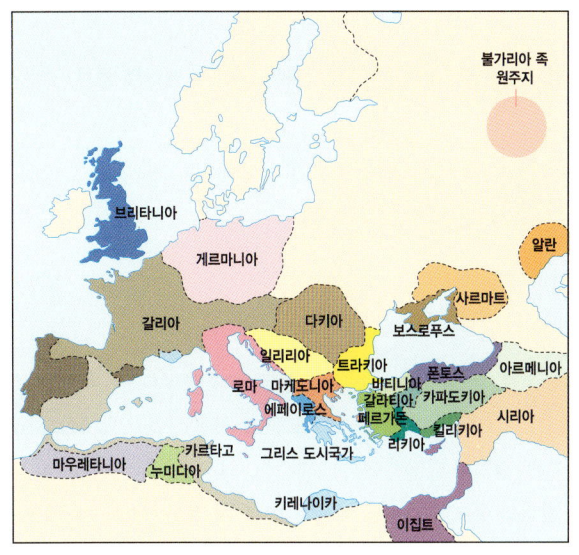

불가리아 전성기 때의 영토

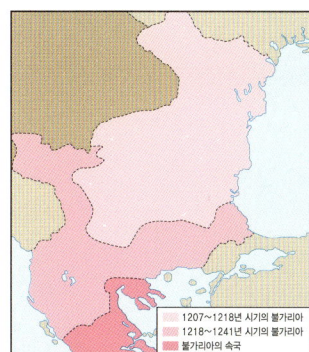

러시아의 알렉산드르 2세는 억압받는 슬라브 족의 옹호자가 되어 1877년 오스만 제국에 전쟁을 선포했다. 러시아군은 초기에는 패배했지만 결국 승리를 거두었다. 러시아의 승리로 얻은 주요한 대가로 오스만 제국에게서 영토를 빼앗았지만 유럽 열강의 간섭으로 크게 줄었다. 하지만 이때 알렉산드르 2세의 도움으로 불가리아가 오스만 제국에게 독립했다. 불가리아는 아직도 알렉산드르 2세를 '건국의 아버지'로 예우하고, 수도 소피아 한복판에 동상을 세워 그를 기리고 있다.

전성기 때의 세르비아 제국(14세기경)

루마니아

1856년 왈라키아와 몰다비아가 통합되어 루마니아가 되었다. 왈라키아의 유명한 인물은 우리에게 드라큘라로 유명한 블라드 체페슈이다. 노란색 영토는 제1차 세계 대전 이후 오스트리아로부터 얻은 영토이다. 루마니아와 러시아 사이에 있는 몰도바 공화국은 주민이 루마니아인과 러시아인으로 이루어져 독립 공화국이 되었다.

제1차 발칸 전쟁

제2차 발칸 전쟁

PART 2 서양사

예상 문제 풀어보기

01 다음 가상 연극 포스터에 나오는 전쟁의 결과로 옳은 것은?

[2014년 3월 교육청 응용]

① 스파르타가 그리스 세계의 패권을 차지하였다.
② 독재자의 출현을 막는 도편 추방제가 실시되었다.
③ 페리클레스에 의해 아테네의 민주주의가 발전하였다.
④ 아테네와 스파르타가 함께 페르시아를 물리쳤다.
⑤ 그리스 세계의 통합을 위하여 올림피아 제전이 시작되었다.

출제의도 펠로폰네소스 전쟁의 결과 파악하기

해설 그리스인들은 페르시아 전쟁에서 아테네, 스파르타를 중심으로 힘을 합쳐 페르시아의 침공을 물리쳤는데, 이 전쟁 이후 아테네는 델로스 동맹의 맹주가 되었다. 이후 아테네가 델로스 동맹의 수입을 바탕으로 황금시대를 누리는 것에 불만을 품는 폴리스들이 나타나게 되었는데, 그중에서도 강력한 군사력을 지녔던 스파르타가 중심이 되어 반(反) 아테네 동맹인 펠로폰네소스 동맹이 결성되었다. 결국 두 세력의 대립으로 펠로폰네소스 전쟁(B.C. 431~B.C. 404)이 일어났고, 전쟁은 스파르타의 승리로 끝이 났다.

오답풀이 ② 기원전 6세기 말에 정권을 잡은 클레이스테네스가 독재자의 출현을 방지하기 위해 도편 추방제를 실시하였다.
③ 페르시아 전쟁 직후 페리클레스에 의해 아테네의 민주정이 전성기를 이루었다.
④ 페르시아 전쟁 이후에 펠로폰네소스 전쟁이 발생하였다.
⑤ 올림피아 제전은 기원전 776년경에 시작되어 4년마다 개최된 제전 경기로, 폴리스들의 동족 의식 형성에 중요한 역할을 하였다.

답 ①

02 밑줄 친 '대제국'이 성립되어 나타난 결과로 옳은 것은?

[2011학년도 수능 응용]

① 민주 정치가 발달하면서 소피스트가 나타났다.
② 제국의 수도와 지방을 잇는 '왕의 길'이 건설되었다.
③ 제국의 원활한 통치를 위하여 크리스트교를 공인하였다.
④ 서유럽에서 주종 제도와 봉건 제도가 성립되었다.
⑤ 인도에서 불교 미술인 간다라 미술이 만들어졌다.

출제의도 헬레니즘 문화의 특징 파악하기

해설 그리스를 정복한 필리포스 2세를 이어 왕이 된 알렉산드로스 대왕은 기원전 334년에 동방 원정을 추진하여 페르시아를 복속하고 인도의 인더스 강까지 진출하였다. 알렉산드로스는 정복한 지역에 도시를 건설하고 그리스인들을 이주시켰으며, 그리스인과 페르시아인의 혼인을 장려하는 등 동서 융합 정책을 추진하였다. 이로 인해 그리스 문화가 오리엔트 지역에 전파되었는데, 이 과정에서 개인주의적이면서도 세계 시민주의적인 경향을 띤 헬레니즘 문화가 성립되었다.
⑤ 헬레니즘 문화는 인도에도 전해져 간다라 미술의 탄생에 영향을 주었다.

오답풀이 ① 그리스 아테네에 해당한다. 소피스트들은 인간을 진리의 척도로 삼는 등 진리의 상대성을 강조하였다.
② 아케메네스 왕조 페르시아의 다리우스 1세 때 수도인 수사에서 사르디스에 이르는 왕의 길을 건설하였다.
③ 로마 제국 시기인 313년에 콘스탄티누스 황제가 밀라노 칙령을 통해 크리스트교를 공인하였다.
④ 중세 서유럽의 특징이다.

답 ⑤

03 다음 조각품에 나타난 미술 양식이 성행한 시기의 문화에 대한 설명으로 가장 적절한 것은? [2011학년도 6월 평가원]

① 아라베스크 문양으로 장식한 사원이 많이 건립되었다.
② 기사들의 모험과 사랑을 소재로 한 문학이 발달하였다.
③ 개인주의적이면서 세계 시민주의적인 경향이 나타났다.
④ 첨탑과 스테인드글라스를 이용한 건축 양식이 발달하였다.
⑤ 인간 이성에 의해 사회가 진보할 수 있다는 사상이 유행하였다.

출제의도 헬레니즘 문화의 특징 파악하기

해설 제시된 자료는 밀로의 비너스, 시장의 늙은 여인, 라오콘 군상으로 모두 헬레니즘 미술의 특징이 잘 나타나 있다. 마케도니아의 왕 알렉산드로스는 기원전 334년 동방 원정을 추진하여 불과 10년 만에 유럽, 아시아, 아프리카에 이르는 대제국을 건설하였다. 그리고 원정 과정에서 정복한 지역에 도시(알렉산드리아)를 건설해 그리스인을 이주시키는 한편, 오리엔트의 전제 군주제를 받아들여 강력한 군주권을 행사하였다. 그러나 알렉산드로스는 정복지의 전통과 관습을 존중하는 모습을 보였으며, 그리스인과 페르시아인의 결혼을 장려하는 등 동서 사회의 융합을 시도하였다. 그 결과 그리스어를 비롯한 그리스 문화가 알렉산드로스가 정복한 제국 전역에 널리 퍼졌으며, 이는 헬레니즘 문화의 탄생으로 이어졌다.
③ 헬레니즘 문화는 그리스 문화의 바탕에 점령 지역의 고유문화를 접목시킨 문화이기 때문에 (그리스) 폴리스의 배타적인 성격이 사라지게 되었다. 그래서 폴리스를 잃은 그리스인들 사이에서는 개인주의가 만연하였고, 한편으로는 인간이 개별 국가의 시민이 아니라 세계의 시민이라고 인식하는 세계 시민주의적 경향이 나타나게 되었다.

오답풀이 ① 이슬람 문화와 관련된 내용이다. 이슬람교는 우상 숭배를 금지하였기 때문에 이슬람의 사원은 뒤얽힌 식물 모양과 추상적인 선이 특징인 아라베스크 문양으로 장식되어 있다.
② 중세 문학에 대한 설명이다. 중세 시대에는 봉건 기사들의 생활상과 기사도 정신을 반영한 문학이 유행하였는데, 초기 게르만 영웅들의 모험을 담은 영웅 서사시, 무훈과 충성을 읊은 기사도 이야기, 낭만적 사랑을 노래한 서정시 등이 있었다.
④ 중세의 고딕 양식에 대한 설명이다. 12세기 중엽에 등장한 고딕 양식은 13세기 중엽에 절정을 이루었는데, 원색의 유리 조각으로 채워진 스테인드글라스, 아치와 하늘 높이 솟은 뾰족탑 등 수직적 효과를 강조한 것이 특징이다.
⑤ 18세기 유럽에서 유행한 계몽사상에 대한 내용이다. 계몽사상은 교회의 권위에 바탕을 둔 구시대의 정신적 권위 및 제도에 반대하여 나타난 혁신적인 사상으로, 신에 대한 의존이 아닌 인간의 이성에 의해 사회의 진보와 개선이 가능하다고 보았다.

답 ③

04 (가), (나) 인물에 대한 설명으로 옳은 것은? [2016학년도 수능]

- (가) 이/가 갈리아에서 루카에 왔을 때 많은 사람들이 만나러 갔는데, 그중에는 폼페이우스와 크라수스도 있었다. 세 사람은 비밀 회담을 통해 나라 전체의 운영을 자신들의 손에 넣기로 결정하였다.
- (나) 은/는 악티움에서 이집트의 클레오파트라와 결탁한 안토니우스의 군대를 물리쳤다. 그는 로마로 귀환한 후 스스로를 프린켑스라 칭하면서 사실상의 제정을 수립하였다.

① (가) - 호민관 제도를 만들었다.
② (가) - 12표법 제정을 주도하였다.
③ (나) - 아우구스투스라는 칭호를 받았다.
④ (나) - 스파르타쿠스의 난을 진압하였다.
⑤ (가), (나) - 포에니 전쟁에서 활약하였다.

출제의도 로마의 정치 발전

해설 (가)는 카이사르이다. 기원전 1세기 때 로마는 갈리아·이집트 등지로 팽창을 거듭하였으나, 군인 정치가들의 등장으로 내전이 전개되었다. 이러한 혼란 속에서 폼페이우스, 크라수스, 카이사르는 손을 잡고 삼두 정치를 행하였다. 기원전 53년 크라수스가 전사하자 폼페이우스와 카이사르 사이에서 내전이 발생하였는데, 이 대결에서 승리한 카이사르가 독재 정치를 하다가 공화정파 귀족들에게 암살되었다.
(나)는 옥타비아누스이다. 카이사르 사후 안토니우스와 레피두스, 옥타비아누스가 다시 제2차 삼두 정치를 전개하였다. 그러나 이들 역시 권력 투쟁을 벌여 옥타비아누스가 최후 승리자가 되었다. 내전에서 승리한 옥타비아누스는 스스로를 프린켑스로 자처하고, 원로원은 그에게 '아우구스투스(존엄자)'라는 칭호를 주었는데, 이때부터 로마는 공화정의 명목을 유지하면서 실질적인 제정(帝政)을 시작하였다(B.C. 27).

오답풀이 ①② 호민관 제도와 12표법은 로마의 평민권 신장과 관련 있는 내용이다. 로마는 기원전 494년에 호민관을 설치하여 평민의 권익을 옹호하였고, 기원전 450년경에는 로마 최초의 성문법인 12표법을 제정하여 귀족의 횡포를 방지하였다.
④ 스파르타쿠스의 난은 기원전 73년 검투사 양성소의 검투 노예였던 스파르타쿠스가 자유를 목표로 봉기한 사건으로, 크라수스와 폼페이우스에 의해 진압되었다. 이를 계기로 사병을 거느린 군인 정치가들이 권력을 장악하고 삼두 정치를 시행하였다.
⑤ 로마는 기원전 3세기에 이탈리아 반도를 통일하였다. 이후 로마는 지중해로 세력을 확장하려 하였는데, 이는 아프리카 북쪽 해안에 있는 카르타고와의 마찰을 불러일으켜 포에니 전쟁(B.C. 264~B.C. 146)이 일어났다. 세 차례에 걸쳐 발생한 이 전쟁에서 로마는 스키피오의 활약으로 카르타고를 섬멸하였으며, 서지중해의 패권을 장악하였다.

답 ③

05 (가)~(라)에서 다룰 내용으로 옳은 것을 <보기>에서 고른 것은?

[2011년 10월 교육청 응용]

로마 제국의 흥망
〈차례〉
1. 공화정의 발전 ·············· (가)
2. 포에니 전쟁 이후 공화정의 변동 ····· (나)
3. 아우구스투스와 5현제 시대 ·········· (다)
4. 제국의 멸망 ··················· (라)

보기
ㄱ. (가) - 12표법 제정
ㄴ. (나) - 그라쿠스 형제의 개혁
ㄷ. (다) - 콘스탄티노폴리스 천도
ㄹ. (라) - 삼두 정치의 전개

① ㄱ, ㄴ　② ㄱ, ㄷ　③ ㄴ, ㄷ
④ ㄴ, ㄹ　⑤ ㄷ, ㄹ

출제의도 로마의 발전 과정

해설 (가) 로마는 기원전 6세기 말경에 에트루리아 출신의 왕을 몰아내고 공화정을 수립하였다. 공화정 초기에는 귀족이 원로원을 구성하고, 여기에서 선출된 2명의 집정관이 국정을 장악하였다. 그러다가 평민들이 중장 보병으로 군대의 주역이 되면서 점차 정치 참여를 요구하게 되었다. 즉, 기원전 494년 성산 사건을 계기로 호민관 제도가 시행되었으며, 기원전 450년경에 12표법이 제정되어 귀족들의 자의적인 법 집행을 막을 수 있게 되었다. 기원전 367년에는 리키니우스법이 제정되어 2명의 집정관 중 1명을 평민 중에서 선출할 수 있게 되었으며, 기원전 287년 호르텐시우스법이 제정되어 평민회의 결의가 법률로 인정받게 되었다. 이로 인해 평민들은 형식상 귀족들과 동등한 권리를 가지게 되었다.
(나) 기원전 3세기 전반에 이탈리아 반도를 통일한 로마는 지중해의 해상권을 놓고 북아프리카의 카르타고와 3차례에 걸친 포에니 전쟁을 벌였다. 결국 전쟁에서 승리한 로마는 서지중해의 패권을 장악하였고, 이후 로마는 계속 세력을 확대하여 오리엔트 지역까지 진출하였다. 이러한 팽창으로 유력자들은 라티푼디움이라는 대농장을 소유하게 되었고 식민지에서 들여온 노예를 이용하여 부를 축적하였다. 반면 군대의 주역이었던 자영 농민층은 몰락하여 빈민이 되었다. 이로 인해 로마 공화정은 혼란에 빠지게 되었고, 그라쿠스 형제가 이를 개혁하고자 하였으나 유력자들의 반발로 실패하였다.
(다) 그라쿠스 형제의 개혁이 실패한 이후 로마는 군인 정치가들에 의해 두 차례에 걸쳐 삼두 정치가 이루어졌다. 하지만 결국 옥타비아누스가 안토니우스를 제압하고 로마의 지배권을 장악하게 되었다. 옥타비아누스는 원로원으로부터 아우구스투스라는 칭호를 받았는데, 군대 지휘권과 중요 관직을 독점하여 사실상 황제와 같은 권력을 행사하였다. 이때부터를 제정 시대라고 한다. 이후 1세기 말부터 5현제가 잇달아 나오면서 로마는 평화와 번영을 누리게 된다.
(라) 2세기 말부터 로마 제국은 쇠퇴하게 시작하는데, 마르쿠스 아우렐리우스 황제 이후 군대가 정치에 노골적으로 개입하는 군인 황제 시대가 반세기 동안 지속된다. 이 혼란을 틈타 게르만 족, 사산 왕조 페르시아 등의 침입이 이어졌고, 속주에서는 반란이 빈번히 일어났다. 결국 제국은 동·서로 분열(395)되었으며, 476년 서로마 제국이 게르만 족에 의해 멸망하였다.

오답풀이 ㄷ. 4세기 콘스탄티누스 황제 때 천도하였다.
ㄹ. 삼두 정치는 기원전 1세기 공화정 말기에 이루어졌다.

답 ①

06 (가), (나) 사이의 시기에 있었던 사실로 옳은 것은?

[2015년 3월 교육청 응용]

(가) 나 클로비스가 가톨릭으로 개종하는 것은 프랑크 왕국을 위해서야.

(나) 위대한 카롤루스여! 그대에게 서로마 제국 황제의 관을 주노라.

① 밀라노 칙령이 선포되었다.
② 카노사의 굴욕이 일어났다.
③ 비잔티움 제국이 멸망하였다.
④ 베스트팔렌 조약이 체결되었다.
⑤ 투르·푸아티에 전투가 벌어졌다.

출제의도 프랑크 왕국의 발전 과정

해설 (가) 5세기 말 메로빙거 왕조를 개창한 클로비스는 영토를 갈리아 중부까지 넓히고, 가톨릭으로 개종하여 로마 교회의 지지를 얻었다. 그러나 7세기경부터 내분으로 말미암아 왕권이 약화되어 실권이 궁재에게 넘어갔으며, 8세기 초에 궁재 카롤루스 마르텔이 피레네 산맥을 넘어 침입한 이슬람군을 격퇴하면서(투르·푸아티에 전투, 732) 왕국을 수호하였다. 그의 아들 피핀은 교황과 제휴하여 왕위에 올라 카롤루스 왕조를 세웠으며(751), 북이탈리아의 롬바르드 왕국을 공격하고 그 영지의 일부를 교황에게 기증하여 로마 교회와의 유대를 더욱 긴밀히 하였다.
(나) 프랑크 왕국의 전성기는 피핀의 아들 카롤루스 대제가 완성하였다. 그는 꾸준한 정복 사업을 통하여 중부 유럽 일대를 통일하고 새로운 교회를 세워 크리스트교의 전파에 힘썼다. 이에 교황은 그에게 서로마 황제의 관을 주었다(800). 카롤루스 대제는 군사 제도와 통치 체제를 정비하는 등 내정에 힘을 기울이는 한편, 학교를 세우고 문예를 장려하는 등 이른바 카롤루스 르네상스(카롤링거 르네상스)를 일으켰다.

오답풀이 ① 로마의 황제 콘스탄티누스 대제는 313년 밀라노 칙령으로 크리스트교를 공인하였다.
② 교황 그레고리우스 7세는 황제에게서 성직자 서임권을 뺏으려고 하였다. 이로 인해 신성 로마 제국의 황제 하인리히 4세와 서임권 투쟁을 벌였는데, 결국 그레고리우스 7세가 하인리히 4세를 파문해 하인리히 4세가 카노사에서 교황에게 사죄하였다(카노사의 굴욕, 1077).
③ 비잔티움 제국은 1453년 오스만 제국의 공격으로 멸망하였다.
④ 독일에서 신성 로마 제국을 중심으로 구교와 신교의 충돌로 시작된 30년 전쟁은 유럽의 주요 왕가들이 가담함으로써 국제 전쟁으로 확대되었다. 이 전쟁을 종결짓기 위해 1648년에 베스트팔렌 조약이 체결되었으며, 이 조약을 통해 신앙의 자유가 허용되었다.

답 ⑤

07 선생님의 질문에 대한 학생의 발표 내용으로 옳은 것은?
[2011년 10월 교육청 응용]

① 갑 – 교황으로부터 로마 제국 황제의 관을 수여받았어요.
② 을 – 교황과 맞서기 위해 삼부회를 소집했어요.
③ 병 – 레판토 해전에서 오스만 제국을 격파했어요.
④ 정 – 비잔티움 제국을 계승한 나라라고 자처했어요.
⑤ 무 – 권리 장전을 마련하여 입헌 정치의 기틀을 확립했어요.

출제의도 신성 로마 제국의 정치 상황 파악하기
해설 카롤루스 대제 사후 프랑크 왕국은 베르됭과 메르센 조약에 의해 동프랑크, 서프랑크, 중프랑크로 분열되었으며, 10세기 초 동프랑크에서는 카롤링거 혈통이 단절되었다. 이에 제후들이 선거를 통해 왕을 선출하였다. 또한, 오토 1세도 이러한 과정을 거쳐 왕이 되었다.
① 오토 1세는 왕령의 일부를 주교나 수도원장 등 교회령으로 헌납하고 교회 세력을 자신의 지지 기반으로 만들어 왕권을 강화하려 하였다. 또한, 마자르 족의 침입을 막아내고, 교황을 도와 이탈리아의 반란을 진압해 주기도 하였다. 이로 인해 오토 1세는 교황으로부터 로마 제국 황제의 관을 수여받았는데, 이것이 신성 로마 제국의 기원이 되었다(962).
오답풀이 ② 14세기 초에 프랑스의 필리프 4세가 삼부회를 소집하여 지지를 확인한 후 교황 보니파키우스 8세를 공격하여 굴복시켰다. 이를 계기로 교황청이 아비뇽으로 옮겨지는 사건이 일어나는데, 이 사건을 아비뇽 유수(1309~1377)라고 한다.
③ 에스파냐의 무적함대가 레판토 해전(1571)에서 오스만 제국을 격파하였다.
④ 신성 로마 제국은 서로마 제국을 계승하였다. 비잔티움 제국의 계승을 자처한 나라는 러시아 지역에서 형성된 모스크바 대공국이다. 몽골 족을 몰아내고 러시아 동북부를 통일한 모스크바 대공국의 이반 3세는 스스로를 '차르(황제)'라 일컬으면서 비잔티움 제국의 계승자임을 자처하였다.
⑤ 권리 장전은 영국의 명예혁명(1688) 때 의회가 제출한 것이다.

답 ①

08 (가) 인물에 대한 설명으로 옳은 것은? [2014년 6월 평가원 응용]

(가)의 전투 장면

① 게르만 족 출신으로 서로마 제국을 멸망시켰다.
② 대헌장(마그나 카르타)을 승인하였다.
③ 투르·푸아티에 전투에서 이슬람군을 격퇴하였다.
④ 노르만 족으로서 영국에서 노르만 왕조를 개창하였다.
⑤ 영국과 프랑스의 백년 전쟁을 프랑스의 승리로 이끌었다.

출제의도 노르망디 공국 윌리엄의 업적 파악하기
해설 노르망디 공작이었던 윌리엄 1세는 노르망디 공국을 서프랑크 왕국과 대등할 정도로 발전시켰으며, 11세기 중반에는 도버 해협을 건너 잉글랜드를 침략하여 헤이스팅스 전투에서 잉글랜드 왕에게 크게 승리하였다. 그 결과 윌리엄 1세는 잉글랜드를 점령해 국왕이 되었으며, 노르만 왕조는 잉글랜드의 왕조가 되었다.
오답풀이 ① 게르만 용병 대장 오도아케르는 서로마 제국을 멸망시켰다.
② 교황과의 대결에서 패하고 프랑스와의 전쟁에서도 패한 영국의 존 왕은 1215년 귀족들의 요구에 굴복하여 대헌장(마그나 카르타)을 승인하였다.
③ 732년 메로빙거 왕조의 궁재 카롤루스 마르텔이 투르·푸아티에 전투에서 이슬람군을 물리치면서 프랑크 왕국을 수호하였다.
⑤ 영국과 프랑스의 백년 전쟁 초반에는 영국이 유리하였으나, 잔 다르크의 활약으로 프랑스가 승리하였다.

답 ④

09 밑줄 친 '교황'에 대한 설명으로 옳은 것?

[2016학년도 9월 평가원 응용]

카노사 성의 주인이신 마틸다여! 무릎을 꿇고 간청하는 하인리히 4세가 교황을 만날 수 있도록 도와주십시오.

① 아비뇽에 교황청을 두었다.
② 성상 숭배 금지령을 발표하였다.
③ 신성 로마 제국의 황제를 파문하였다.
④ 서임권을 모두 황제에게 박탈당하였다.
⑤ 예루살렘 탈환을 위해 십자군 전쟁을 호소하였다.

출제의도 카노사의 굴욕

해설 11세기 말 클뤼니 수도원 출신 교황 그레고리우스 7세는 세속 군주가 성직자를 서임하는 것에 반대하였다. 모든 신앙과 교리 문제에 대한 최종 결정권은 교황에게 있다고 생각한 그는 성직자뿐만 아니라 세속 군주마저도 교황의 감독하에 있다고 주장하였다. 이러한 주장을 펼친 교황은 신성 로마 제국의 황제 하인리히 4세와 충돌하였다. 이 과정에서 하인리히 4세가 파문을 면하기 위해 카노사의 굴욕을 당하면서 교황에게 굴복하였다(카노사의 굴욕, 1077).

오답풀이 ① 십자군 전쟁의 실패로 교황의 권위는 떨어진 반면 왕권은 강화되었다. 이에 프랑스 국왕이 교황을 굴복시키고 교황청을 아비뇽으로 옮겼다(아비뇽 유수, 1309~1377).
② 726년 비잔티움 제국의 레오 3세가 그리스도와 성인들의 상을 만들어 숭배하는 행위를 금지하는 성상 숭배 금지령을 내렸다.
④ 황제와 교회의 서임권 투쟁은 카노사의 굴욕 이후에도 계속되었으나, 보름스 협약(1122)을 통하여 교황이 서임권을 차지하였다.
⑤ 11세기 후반 셀주크 튀르크가 비잔티움 제국을 위협하자 비잔티움 황제는 로마 교황 우르바누스 2세에게 도움을 청하였다. 이에 교황 우르바누스 2세는 클레르몽 공의회(1095)에서 십자군 전쟁을 호소하였다.

답 ③

10 다음 대화의 건축 양식이 적용된 문화유산으로 옳은 것은?

[2013년 3월 교육청]

 이 양식은 빛과 밝음을 중시해. 또 천국을 향한 중세 유럽 인들의 소망을 나타내고 있지.

 그래서 창문과 스테인드글라스를 통해 성스러운 분위기를 조성하고, 높은 첨탑과 천장으로 경쾌한 수직감을 표현한 거구나.

①
②
③
④
⑤

출제의도 고딕 건축 양식의 특징 이해하기

해설 고딕 양식은 높은 첨탑과 내부의 스테인드글라스를 특징으로 하며, 빛과 밝음을 중시한다. 즉, 높은 첨탑과 천장은 경쾌한 수직감을 표현하고, 창문과 스테인드글라스는 성스러운 분위기를 조성한다. 이는 천국을 향한 중세 유럽인들의 소망을 잘 나타내는 건축 양식이다.
③ 대표적인 고딕 양식 건축물인 (프랑스) 샤르트르 대성당이다.

오답풀이 ① 인도·이슬람 양식의 대표적인 건축물인 타지마할이다. 타지마할은 무굴 제국의 황제 샤자한이 왕비 뭄타즈 마할을 위해 지은 대리석 무덤이다.
② 그리스 파르테논 신전의 모습이다. 파르테논 신전은 아테네의 수호신인 아테나를 위해 기원전 5세기에 지어진 대리석 건축물이다.
④ 로마네스크 양식으로 유명한 피사 대성당이다. 로마네스크 양식은 원형의 아치와 돌로 만든 천장, 두꺼운 석벽 등이 특징이다.
⑤ 이슬람 사원인 모스크(셰이크로트폴라 모스크)이다. 모스크는 평화를 상징하는 둥근 지붕(돔)과 첨탑이 특징이다.

답 ③

11 다음 문화유산을 남긴 나라에 대한 설명으로 옳은 것은?

[2013학년도 9월 평가원 응용]

① 교황이 황제를 파면하여 교황의 권위가 강화되었다.
② 효율적인 통치를 위해 '왕의 길'을 건설하였다.
③ 쌍무적 계약 관계에 기반한 주종제가 발달하였다.
④ 유스티니아누스 대제 시기에『로마법 대전』이 편찬되었다.
⑤ 인두세와 토지세를 내면 피정복민에게 신앙의 자유를 주었다.

출제의도 비잔티움 제국 이해하기
해설 제시된 자료는 비잔티움 제국의 문화유산인 성 소피아 성당과 산 비탈레 바실리카(성 비탈레 성당)의 모자이크화이다. 로마 제국이 동·서로 분열된 뒤 서로마 제국이 게르만 족의 침략으로 멸망했음에도, 동로마 제국인 비잔티움 제국은 이후 콘스탄티노폴리스를 수도로 하고 약 1000여 년간 존속하였다.
④ 비잔티움 제국은 6세기 유스티니아누스 황제 때 크게 번영하였다. 유스티니아누스 황제는 옛 로마 제국의 영토 대부분을 되찾았으며, 과거 로마의 법을 정리하여『유스티니아누스 법전』(로마법 대전)을 완성하였다. 또한, 이때 재건축한 돔형 지붕과 화려한 모자이크를 가진 성 소피아 성당은 비잔티움 양식을 대표하는 건축물로 평가받고 있으며, 산 비탈레 바실리카(성 비탈레 성당)는 비잔티움 제국의 수도 바깥 지역에 세워진 건축물이지만, 비잔티움 양식을 가장 충실히 반영한 모자이크화가 있는 것으로 유명하다. 참고로, 제시된 모자이크화의 중앙에 왕관을 쓰고 있는 사람이 유스티니아누스 황제이다.
오답풀이 ① 비잔티움 제국은 황제가 교회의 우두머리를 겸하는 황제 교황주의를 따랐다.
② 아케메네스 왕조 페르시아에 대한 설명이다.
③ 중세 서유럽의 봉건제에 대한 설명이다.
⑤ 이슬람 제국의 통치 체제에 대한 설명이다.

답 ④

12 다음 대화에 대한 탐구 활동으로 가장 적절한 것은?

[2014학년도 수능 응용]

① 로욜라가 예수회를 설립한 배경을 검토한다.
② 피핀이 교황에게 토지를 기증한 목적을 살펴본다.
③ 트리엔트 공의회에서 결정된 사항에 대해 알아본다.
④ 콘스탄티노폴리스가 십자군 기사들에게 정복된 원인을 살펴본다.
⑤ 콘스탄티누스 대제가 밀라노 칙령을 선포한 이유를 살펴본다.

출제의도 제1차 십자군 전쟁 이해하기
해설 11세기 후반 셀주크 튀르크의 세력 확대에 위협을 느낀 비잔티움 제국의 황제는 로마 교황인 우르바누스 2세에게 도움을 요청하였고, 교황은 성지 회복을 위한 전쟁을 선포하였다. 이에 따라 프랑스, 독일, 이탈리아의 기사들을 중심으로 제1차 십자군이 결성되어 1099년에 예루살렘을 탈환하고 예루살렘 왕국을 건설하는 데 성공하였다. 그 후로도 200여 년 동안 일곱 차례에 걸쳐 십자군 전쟁이 계속되었다. 그러나 점차 초기의 종교적 열정이 사라지고 세속적 목적이 개입되면서 제후와 상인들의 이해관계에 따라 전쟁의 양상이 결정되었다.
오답풀이 ① 16세기 신교 확산에 따른 가톨릭교의 위기를 극복하기 위해 에스파냐의 로욜라는 예수회를 설립해 아시아, 아프리카, 아메리카 등지에서 선교 활동을 하였다.
② 피핀은 메로빙거 왕조를 무너뜨리고 카롤링거 왕조를 세운 인물로, 로마 교황이 새로운 왕조를 개창하는 데 지원해준 보답으로 이탈리아 중부의 라벤나 지역을 롬바르드 족에게 빼앗아 교황에게 기증하였다.
③ 트리엔트 공의회는 1545~1563년에 로마 가톨릭 교회에서 개최한 것으로, 종교 개혁으로 흐트러진 교리들을 분명하게 규정함으로써 교황의 권위와 교리를 재확인하였다.
⑤ 콘스탄티누스 대제가 밀라노 칙령으로 크리스트교를 공인한 시기는 로마 제정 때이다.

답 ④

13 밑줄 친 '전염병'이 당시 유럽 사회에 끼친 영향으로 가장 적절한 것은?

[2012학년도 수능]

<죽음의 춤>

위 그림은 이 전염병이 중세 유럽 사회의 모든 신분을 강타하였음을 잘 보여 준다. 이 전염병은 14세기 중엽에 창궐하여 교역로를 따라 확산되었고, 유럽 인구의 약 3분의 1을 희생시켰다.

① 교황권이 강화되었다.
② 가격 혁명이 일어났다.
③ 라티푼디움 경영이 확대되었다.
④ 노동력 부족으로 농민의 임금이 상승하였다.
⑤ 장원제를 기반으로 하는 봉건제가 성립되었다.

출제의도 중세 유럽 사회의 변화 파악하기
해설 흑사병은 페스트균에 의해 전염되는 병으로, 쥐와 같은 설치류에 의해 확산되었을 것으로 파악된다. 1347년 킵차크 부대에 의해 아시아 내륙의 흑사병이 유럽에 전파되어 유럽 인구의 약 1/3이 희생되었다.
④ 흑사병의 유행으로 인한 인구 감소는 노동력 부족으로 이어졌으며, 이로 인해 봉건 영주들은 농민들의 처우를 개선해 줄 수밖에 없었다. 그리하여 농민들의 지위는 향상되어 농노의 신분에서 벗어나는 농민들이 늘어났고, 임금이 상승하여 자영 농민으로 성장하는 사람도 나타났다.
오답풀이 ① 서임권 투쟁을 벌였던 11~13세기경에 교황권이 전성기를 맞았는데, 1077년에는 신성 로마 제국의 황제 하인리히 4세를 굴복시킨 카노사의 굴욕 사건이 일어났으며, 13세기에는 영국의 존 왕이 교황 인노켄티우스 3세에게 굴복하기도 하였다. 그러나 14세기에는 십자군 전쟁의 실패로 교황의 권위가 약화되었다.
② 15세기 신항로 개척 후 신대륙으로부터 많은 금, 은이 유입되면서 유럽 여러 나라에서 물가가 급격히 오르는 가격 혁명이 일어났다.
③ 로마에서 포에니 전쟁(B.C. 264~B.C. 146) 이후에 라티푼디움 경영이 확대되었다.
⑤ 9~10세기에 노르만 족, 마자르 족, 이슬람 세력 등에 의한 혼란 상황을 극복하는 과정에서 봉건제가 성립되었다.

답 ④

14 교사의 질문에 대한 학생의 대답으로 옳은 것은?

[2011년 3월 교육청 응용]

① 라티푼디움이 확산되었습니다.
② 농노의 지위가 향상되었습니다.
③ 이앙법과 견종법이 확산되었습니다.
④ 프랑크 왕국이 3개로 갈라졌습니다.
⑤ 노르만 족의 침입이 활발하게 이루어졌습니다.

출제의도 중세 유럽 사회의 변화 파악하기
해설 장원은 봉건제와 더불어 중세 유럽을 특징짓는 요소 중 하나이다. 장원제는 중세 유럽 영주의 토지와 농노로 구성된 자급자족적인 경제 체제로 봉건제의 경제적 측면을 장원제라 할 수 있는데, 따라서 장원의 해체는 곧 중세 사회의 해체를 의미한다.
② 장원제는 12세기부터 붕괴하기 시작하였는데, 도시와 상공업의 발달에 따른 화폐 경제의 발달로 각종 세금의 금납화가 이루어지면서 농노의 지위가 향상되어 농노들은 장원의 영주에서 점차 벗어나게 되었다. 특히 14세기 중엽에 흑사병의 창궐로 많은 사람들이 죽었는데, 이로 인한 노동력 부족으로 영주들은 농민의 처우를 개선해줄 수밖에 없게 되었고, 이에 따라 농노 신분에서 벗어나는 농민들이 늘어났다.
오답풀이 ① 라티푼디움은 포에니 전쟁(B.C. 264~B.C. 146) 이후 공화정 시기의 로마에서 확산되었다. 로마의 유력자들은 정복지에서 들여온 노예를 이용하여 라티푼디움을 경작하였다.
③ 이앙법과 견종법의 확산은 조선 후기의 상황이다. 유럽은 중세에 심경법의 확산으로 농업 생산력의 증대가 이루어졌다.
④ 프랑크가 베르됭 조약과 메르센 조약으로 분열된 시기는 중세 전반기이다.
⑤ 노르만 족의 침입으로 봉건제와 장원제가 형성된 시기는 중세 전반기이다.

답 ②

15 (가)에 들어갈 내용으로 옳지 않은 것은? [2010년 3월 교육청]

○○○ 전쟁 이후 서유럽 사회의 변화
1. 정치·종교
  - 교황권의 쇠퇴
  - 국왕권의 강화
  - 신분제 의회의 성립
  - 상비군과 관료제 마련
2. 사회·경제
  - 자치 도시의 증가
  - 자크리의 난, 와트 타일러의 난 발생
  - (가)

① 길드의 성행
② 지대의 금납화
③ 삼포제의 출현
④ 원거리 무역 발달
⑤ 농노의 지위 향상

출제의도 중세 유럽 사회의 변화 파악하기

해설 십자군 전쟁은 유럽과 이슬람 세계의 역사 및 문화에 지대한 영향을 미치게 되었다. 무엇보다 십자군 원정의 실패 이후 사람들의 신앙심이 약화되면서 교황과 교회의 권위가 크게 실추되었다. 절대적인 권력을 가졌던 교황권의 약화로 기독교적·중세적 통합성이 약해지자 서유럽은 점차 빠르게 분화되기 시작하였다. 특히 중세 유럽의 정치·경제·사회·문화적 기반인 봉건 사회가 해체의 조짐을 보이기 시작하였다. 한편, 십자군 전쟁으로 인해 서유럽과 동방의 교역이 활성화되어 상업이 발달하면서(④) 그 영향으로 도시가 성장하고 자치 도시가 늘어나게 되었다. 그리고 상업의 발달과 함께 시민층이 대두되자 국왕은 신분제 의회를 구성한 후 시민의 경제적 협력을 얻어 왕권 강화에 활용하였다. 그러던 중 14세기 중엽에 창궐한 흑사병으로 인해 인구가 감소하자 노동력이 부족해져 임금이 상승되었는데, 이는 농노의 신분 상승으로 이어졌다(⑤). 특히 흑사병은 대토지를 소유하고 있던 귀족과 교회를 약화시킴으로써 상대적으로 왕권을 강화시켰다. 이 같은 상황에 위기감을 느낀 귀족들은 자신들의 기득권을 유지하기 위해 농민들의 토지를 몰수하거나 과세를 높였고, 농민들이 도시로 이주하는 것을 금지하는 법령을 만들기도 하였다. 이에 농민들은 무장봉기로 저항하였는데, 프랑스의 자크리의 난(1358)이나 영국의 와트 타일러의 난(1381)이 대표적이다. 이러한 농민의 봉기는 중세의 붕괴를 의미하는 것으로, 이후 서유럽은 강력한 왕권을 중심으로 절대주의 국가를 형성하였다. 그리고 절대 왕정 시기 각국의 국왕은 시민의 지지를 받으며 왕권신수설과 상비군, 관료제를 바탕으로 절대 권력을 확립하고 중상주의 정책을 추진하였다.
① 귀족들이 자신의 영역을 통과하는 상인들에게 통행세와 관세를 부과하자 도시의 시민들은 그들의 공동적인 이익을 보호하기 위해 길드라는 조직을 만들어 귀족에게 대항하였다. 그리고 길드는 귀족들의 세력을 견제하려는 국왕과 제휴하였는데, 이는 봉건 사회의 해체를 가져왔다.
② 중세 후기 상품 화폐 경제의 성장으로 각종 세금의 금납화가 이루어졌다. 그 결과 농노들은 주종 관계가 아닌 계약 관계로 신분이 변화되었다.
③ 삼포제는 농경지를 휴경지, 춘경지, 추경지로 나누어 경작하는 중세의 대표적인 농작법으로, 11세기에 서유럽에 확산되었다.

답 ③

16 이 전쟁의 원인으로 적절하지 않은 것은? [2016학년도 수능 응용]

프랑스 왕위 계승 문제로 영국과 프랑스 사이에 전쟁이 일어났다. 전쟁 초기 프랑스에서는 흑사병이 발생하여 사람들의 삶이 황폐해졌고, 게다가 국왕이 영국군에 포로로 잡히면서 전세는 프랑스에 불리하게 진행되었다. 그러나 이 전쟁의 후반기에 등장한 잔 다르크의 활약으로 결국 프랑스는 영국을 물리칠 수 있었다.

① 프랑스 왕위 계승 문제
② 프랑스 내 영국령 문제
③ 플랑드르 모직물 공업에 대한 지배권
④ 유럽 왕족들 간의 복잡한 혼인 관계
⑤ 개신교와 가톨릭의 대립

출제의도 백년 전쟁(1337~1453)

해설 백년 전쟁은 프랑스 왕위 계승 문제, 프랑스 내의 영국령 문제와 플랑드르 모직물 공업에 대한 지배권을 둘러싸고 일어난 일종의 이권 다툼이었다. 특히 프랑스 왕위 계승 문제는 유럽 왕가 간의 복잡한 혼인 관계 때문이었다. 처음에는 두 왕가의 이해관계 충돌이었으나, 양국의 군사적 충돌 과정에서 민족의식이 싹트게 되어 점차 국가에 대한 애국심을 고무하는 전쟁으로 변모해 갔다. 특히 전쟁 후반기에 나타난 잔 다르크는 땅에 떨어진 프랑스군의 사기를 고취하여 전세를 역전시켰다.
⑤ 16세기 종교 개혁은 백년 전쟁 이후의 일이다.

답 ⑤

17 지도의 (가), (나) 지역에 대한 학생들의 대화로 옳은 내용을 〈보기〉에서 고른 것은? [2011년 3월 교육청]

▲ 14~16세기 서유럽

■ 보기 ■
ㄱ. (가)에서는 에라스뮈스가 인문주의자로 활동하였어.
ㄴ. (나)는 르네상스가 처음 시작된 지역이야.
ㄷ. (나)에서는 종교적인 대립으로 30년 전쟁이 일어났어.
ㄹ. (가), (나) 지역 모두 신항로 개척과 함께 크게 번영하였지.

① ㄱ, ㄴ ② ㄱ, ㄷ ③ ㄴ, ㄷ
④ ㄴ, ㄹ ⑤ ㄷ, ㄹ

출제의도 이탈리아와 북유럽의 르네상스 알아보기

해설 (가)는 북유럽 르네상스의 중심 지역, (나)는 이탈리아 르네상스의 중심 지역이다. 14세기경에 이탈리아 지역에서 처음 시작된 르네상스는 점차 북유럽으로 전파되었다. 이탈리아 르네상스는 미술 분야에서 특히 발전했는데, 레오나르도 다빈치, 미켈란젤로, 라파엘로 등이 대표적이다. 또한, 서정시를 노래한 페트라르카, 『데카메론』을 쓴 보카치오, 『군주론』을 저술한 마키아벨리 등도 유명하다. 북유럽에서는 현실 사회와 교회를 비판하는 사회 개혁의 경향이 강했는데, 교회의 허식과 성직자의 타락을 비판한 『우신예찬』을 쓴 에라스뮈스, 『유토피아』를 저술한 토마스 모어가 유명하다. 미술에서는 유화 기법을 개발한 반 에이크 형제, '농민의 춤'을 그린 브뤼헐 등이 있다.

오답풀이 ㄷ. 30년 전쟁(1618~1648)은 독일에서 발생하였다.
ㄹ. 신항로 개척 이후 이탈리아의 도시들은 쇠퇴하고, 대서양 연안 도시들이 발달하였다.

답 ①

18 (가)~(다) 신교 분파에 대한 설명으로 적절한 것은? [2012학년도 9월 평가원 응용]

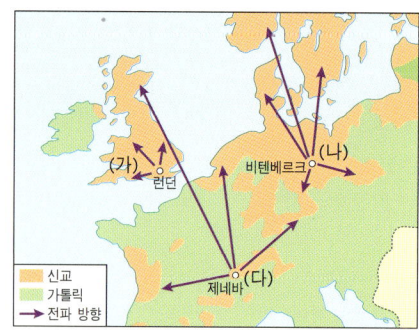

① (가)는 종교 개혁을 계기로 아시아에 선교 활동을 강화하였다.
② (나)의 헨리 8세는 자국의 교회를 교황으로부터 독립시켰다.
③ (가)와 (다) 사이의 분쟁은 베스트팔렌 조약으로 종결되었다.
④ (나), (다)는 초기 크리스트교에 지대한 관심을 가지고 성서(지상)주의를 지향하였다.
⑤ (가), (나), (다) 중 가톨릭적 요소가 가장 많은 것은 (나)이다.

출제의도 종교 개혁의 전개와 특징 파악하기

해설 (가) 영국에서 일어난 종교 개혁으로 형성된 신교 종파는 영국 국교회이다. 이혼 문제로 교황과 불화하였던 헨리 8세는 교회의 수장이 왕임을 선포하고 교황으로부터 독립하였으며, 그 뒤를 이어 왕이 된 엘리자베스 1세는 가톨릭교의 의식과 신교의 교리를 혼합하여 영국 국교회를 확립하였다.
(나) 독일의 비텐베르크에서 시작된 신교 종파는 루터파이다. 비텐베르크 대학의 신학 교수였던 루터는 교황청의 면벌부 판매에 반발하여 발표한 95개조의 반박문을 통해 인간은 오직 신앙과 신의 은총에 의해서만 구제되며, 신앙의 근거는 성경이라고 주장하여 교황과 교회의 권위를 부정하였다. 루터는 독일의 많은 제후와 자유 도시로부터 지지를 받았으며, 1555년 아우크스부르크 회의를 통해 루터파 교회가 공인되었다.
(다) 스위스 제네바에서 나타난 신교 종파는 칼뱅파이다. 칼뱅은 성경에 나와 있지 않은 일체의 교리와 의식을 배격하였으며, 인간의 구원은 신에 의해 미리 정해져 있다는 예정설을 주장하고, 검소한 생활과 직업에 충실할 것을 강조하였다. 이러한 주장은 상공업에 종사하는 중산 시민층의 환영을 받아 자본주의 발전의 사상적 기반이 되었다.

오답풀이 ① 가톨릭 내부의 자체 개혁으로 형성된 예수회가 아시아를 비롯한 여러 지역에서 선교 활동을 전개하였다.
② 영국 국교회에 해당한다.
③ 신교와 구교 세력의 충돌로 시작된 30년 전쟁이 베스트팔렌 조약의 체결(1648)로 종결되었다.
⑤ 가톨릭적 요소가 가장 많은 것은 영국 국교회이다.

답 ④

19 밑줄 친 '이 정책'의 내용으로 옳은 것을 〈보기〉에서 고른 것은?
[2015학년도 9월 평가원 응용]

> 근대 초기 유럽에서는 중앙 집권적인 절대 왕정이 출현하였다. 절대 군주는 군주권의 정당성을 주장하기 위하여 왕권신수설을 내세우는 한편, 국가의 부를 증대하기 위하여 이 정책을 실시하였다.

보기
ㄱ. 수입을 억제하고 수출을 장려하여 국내 산업을 보호하였다.
ㄴ. 해외 식민지를 개척하여 시장과 원료 공급지를 확보하였다.
ㄷ. 경제 분야에 대한 규제를 완화하고 자유 무역 체제를 확립하였다.
ㄹ. 국가가 피폐해진 노동자를 위해 복지 정책을 실시하였다.

① ㄱ, ㄴ   ② ㄱ, ㄷ   ③ ㄴ, ㄷ
④ ㄴ, ㄹ   ⑤ ㄷ, ㄹ

출제의도 중상주의 경제 정책
해설 16~18세기에 유럽 각국에서는 중앙 집권적인 통치가 강화되면서 절대 왕정 시기를 맞이하였다. 이 시기에는 신항로 개척 등으로 유럽 세계가 팽창하면서 아메리카 대륙으로부터 많은 양의 금·은과 옥수수, 감자, 담배 등이 유입되면서 유럽 경제는 크게 발전하였다.
ㄱ. 절대 왕정은 국가의 부를 늘리기 위해 경제 활동 전반에 걸쳐 간섭과 통제를 강화하고 국내 산업을 보호·육성하는 중상주의 정책을 추진하였다. 특히 금·은 등 귀금속의 보유를 국부의 원천으로 생각하고 이를 최대한 많이 확보하기 위해 수입을 억제하고 수출을 늘리는 정책을 추진하였다. 그래서 관세를 높게 설정하여 수입을 억제하였으며, 자국의 산업을 적극적으로 보호·육성하여 수출을 장려하였다.
ㄴ. 절대 왕정은 해외 시장 확대와 원료 공급지 확보를 위해 해외 식민지 개척에도 적극적으로 나섰다.
오답풀이 ㄷ. 자유방임주의 경제 정책에 해당한다. 18세기에 중상주의를 비판하면서 자유방임주의 경제학이 등장하였는데, 특히 애덤 스미스는 '눈에 보이지 않는 손'에 의해 조절되는 개인의 자유로운 경제 활동을 주장하였다.
ㄹ. 복지 국가는 1929년 세계 대공황 이후에 등장하였다.

답 ①

20 다음 항해의 영향에 대한 학생들의 추론으로 적절한 것을 〈보기〉에서 고른 것은?
[2013년 10월 교육청]

드디어 인도로 가는 서쪽 항로를 발견하였으니 여왕과 국왕 폐하도 기뻐하시겠지. 올해 1492년에는 이베리아 반도에서 이슬람 세력을 완전히 몰아내었으니 경사가 겹쳤어.

보기
ㄱ. 중상주의 경제 정책이 쇠퇴하였을 거야.
ㄴ. 에스파냐가 아메리카에 식민지를 만들었을 거야.
ㄷ. 담배 등 새로운 작물이 유럽으로 유입되었을 거야.
ㄹ. 이슬람 상인이 지중해 무역을 독점하게 되었을 거야.

① ㄱ, ㄴ   ② ㄱ, ㄷ   ③ ㄴ, ㄷ
④ ㄴ, ㄹ   ⑤ ㄷ, ㄹ

출제의도 신항로 개척의 내용과 영향 이해하기
해설 1469년 아라곤의 페르난도와 카스티야의 이사벨이 결혼하여 에스파냐 공동 국왕이 지배하는 왕국이 되었다. 이후 1492년 두 사람의 공동 왕국은 무슬림의 마지막 보루이던 그라나다를 정복함으로써 이베리아 반도에서 이슬람 세력을 몰아내고 유럽에서 가장 먼저 절대 왕정을 형성하였다. 또한, 탐험가 콜럼버스를 지원하여 신항로 개척을 이끌었다.
ㄴ. 에스파냐는 콜럼버스의 항해를 계기로 아메리카에 식민지를 만들었다. 그리고 식민지로부터 금, 은 등을 약탈하여 경제력을 증대시켰다.
ㄷ. 신항로 개척 이후 아메리카의 커피, 설탕, 담배 등 새로운 작물이 유럽으로 유입되었다.
오답풀이 ㄱ. 절대 왕정의 국왕은 특권 상인을 후원하고 국내 상공업을 보호하는 중상주의 경제 정책을 취하였다.
ㄹ. 신항로 개척 이후 무역의 중심지가 지중해 중심 무역에서 대서양 중심 무역으로 변하였고, 에스파냐와 포르투갈이 인도양 교역과 대서양 교역의 교역로를 장악하였다.

답 ③

21 (가) 시기의 물가 변동을 탐구하기 위한 적절한 자료를 〈보기〉에서 고른 것은?

[2014년 10월 교육청 응용]

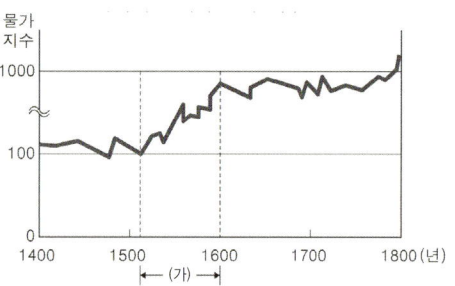

〈영국의 소비자 물가 지수 변동〉
*1451년부터 1475년까지의 평균 물가를 100으로 함.

보기

ㄱ. 〈십자군 전쟁〉
ㄴ. 〈아메리카 광산 채굴〉
ㄷ. 〈바스티유 감옥 습격〉
ㄹ. 〈피사로의 잉카 정복〉

① ㄱ, ㄴ ② ㄱ, ㄷ ③ ㄴ, ㄷ
④ ㄴ, ㄹ ⑤ ㄷ, ㄹ

출제의도 16세기 유럽의 가격 혁명 배경 파악하기

해설 16세기 전반 에스파냐는 신항로 개척을 바탕으로 중남부 아메리카에 식민지를 건설하였다. 이 과정에서 에스파냐의 코르테스는 멕시코 지역의 아스테카 문명을 멸망시켰으며, 피사로는 안데스 산맥의 잉카 제국을 멸망시켰다. 이렇게 아메리카 대륙의 문명을 파괴한 유럽인들은 원주민과 흑인 노예를 동원하여 막대한 양의 금과 은을 채굴하였다. 특히 포토시 광산은 이 시기에 개발된 대표적인 광산으로, 당시 유럽으로 유입되는 대부분의 은이 이곳에서 생산되었다. 아메리카 대륙에서 생산된 값싼 은이 유럽으로 대량 유입되면서 유럽의 물가가 크게 오르는 가격 혁명이 일어났다(그래프 참조). 이로 인해 기업과 상인들의 이윤이 증가하게 되었으며, 유럽 자본주의의 기초가 형성되었다.

오답풀이 ㄱ. 제4차 십자군(1202~1204)이 콘스탄티노폴리스를 공격하는 장면이다. 십자군 전쟁의 결과 지중해 무역이 발달하였다.
ㄷ. 바스티유 감옥 습격 사건은 프랑스 혁명 때인 1789년에 일어났다.

답 ④

22 (가) 국왕에 대한 설명으로 옳은 것은?

[2014년 3월 교육청]

1588년 리스본을 출발한 무적함대는 7월에 영국 해협에 접어들었다. 무적함대에 맞서 영국의 (가) 은/는 하워드 경을 사령관으로 임명하고, 해전에 능통한 드레이크를 기용하였다. 가볍고 빠른 영국의 화공선은 도버 맞은편의 칼레로 피하려던 무적함대를 바다 쪽으로 몰아냈다.

① 낭트 칙령을 공포하였다.
② 동인도 회사를 설립하였다.
③ 청과 네르친스크 조약을 체결하였다.
④ 레판토 해전에서 오스만 제국을 격파하였다.
⑤ 프로이센, 오스트리아와 함께 폴란드를 분할 점령하였다.

출제의도 엘리자베스 1세의 활동

해설 ② 엘리자베스 1세는 적극적인 해외 진출을 위해 독점적 무역 기구인 동인도 회사를 세워 아시아로 진출하였다. 이후 동인도 회사는 정치적인 성격까지 띠게 되면서 19세기 중엽까지 인도에서 영국 제국주의의 상징이 되었다.

오답풀이 ① 낭트 칙령은 1598년에 프랑스의 앙리 4세가 발표한 것으로, 신교도인 위그노에게 제한적으로나마 신앙의 자유를 허용한 칙령이다.
③ 네르친스크 조약은 1689년에 러시아의 표트르 대제와 청의 강희제가 체결한 조약이다.
④ 레판토 해전에서 오스만 제국을 격파한 것은 에스파냐의 펠리페 2세이다.
⑤ 러시아의 예카테리나 2세가 18세기 말에 프로이센, 오스트리아와 함께 폴란드를 분할 점령하였다.

답 ②

23 (가) 왕에 대한 설명으로 옳은 것은?

[2015학년도 6월 평가원 응용]

① 농노제를 폐지하였다.
② 이탈리아를 통일시켰다.
③ 베르사유 궁전을 건축하였다.
④ 계몽 전제 군주를 자처하였다.
⑤ 상트페테르부르크를 건설하였다.

출제의도 프로이센과 프리드리히 2세 이해하기

해설 제시된 그림의 (가)는 프로이센의 프리드리히 2세(1740~1786)이다. 7년 전쟁(1756~1763)은 오스트리아가 프로이센에게 빼앗긴 슐레지엔을 되찾기 위해 프로이센과 벌인 전쟁이다. 그러나 이 전쟁에 유럽의 거의 모든 열강들이 참여하게 되면서 7년 전쟁은 식민지 쟁탈전으로 확대되었다. 결국 전쟁은 영국의 지원을 받은 프리드리히 2세의 승리로 끝나게 되면서 프로이센이 슐레지엔의 영유권을 확보하였고, 식민지 쟁탈전에서는 영국이 프랑스를 누르고 대제국으로 발돋움하였다.
④ 프리드리히 2세는 계몽사상가인 프랑스의 볼테르 등과 교류하며 『반마키아벨리론』을 저술하였고, 스스로 계몽 전제 군주를 자처하며 상업을 장려하고 종교적 관용 정책을 추진하였다. 또한, 여름 별궁으로 상수시 궁전을 건립하였다.

오답풀이 ① 프로이센은 19세기 초에 농노제를 폐지하였다.
② 사르데냐 왕국의 비토리오 에마누엘레 2세가 이탈리아의 통일을 주도하였다.
③ 베르사유 궁전은 프랑스의 루이 14세가 건립하였다. 프리드리히 2세가 건립한 것은 상수시 궁전이다.
⑤ 상트페테르부르크는 러시아의 표트르 대제가 건설하였다.

답 ④

24 (가), (나) 왕에 대한 설명으로 옳지 않은 것은?

[2012년 10월 교육청]

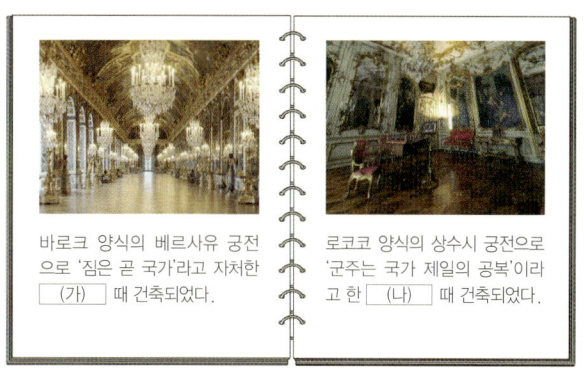

바로크 양식의 베르사유 궁전으로 '짐은 곧 국가'라고 자처한 (가) 때 건축되었다.

로코코 양식의 상수시 궁전으로 '군주는 국가 제일의 공복'이라고 한 (나) 때 건축되었다.

① (가) - 왕권신수설을 내세웠다.
② (가) - 중상주의 정책을 실시하였다.
③ (나) - 농노제를 폐지하였다.
④ (나) - 계몽사상의 영향을 받았다.
⑤ (가), (나) - 절대 왕정을 추구하였다.

출제의도 프랑스와 프로이센의 절대 왕정 파악하기

해설 (가) 프랑스의 루이 14세는 강력한 중상주의 정책을 바탕으로 프랑스 절대 왕정의 전성기를 이끌었다. 그는 왕권신수설을 숭배하며 '짐은 곧 국가'라는 말로 절대 왕정을 정당화하였으며, 바로크 양식의 화려한 베르사유 궁전을 지어 절대 군주의 힘을 과시하였다.
(나) 프랑스 계몽사상의 영향을 받은 프로이센의 프리드리히 2세는 계몽 절대 군주를 자처하며 사회 개혁을 주도하였다. 그는 '군주는 국가 제일의 공복(公僕)'이라고 하면서 적극적인 상공업 정책과 사법 제도 개선 등을 통해 프로이센을 절대 왕정의 국가로 변화시키고자 하였다. 그리고 베르사유 궁전을 모방하여 로코코 양식의 상수시 궁전을 축조하기도 하였다.
③ 서유럽의 절대 왕정에서는 장원이 해체되고 상공업이 발달하였으나, 동유럽의 국가에서는 시민 계급의 성장이 늦어져 여전히 농노제가 존속하고 있었다. 프로이센도 그중 하나였다.

답 ③

25 (가), (나) 사이 시기의 사실로 옳은 것은?

[2013년 10월 교육청 응용]

① 대헌장이 반포되었다.
② 항해 조례가 실시되었다.
③ 산업 혁명이 시작되었다.
④ 차티스트 운동이 전개되었다.
⑤ 왕위 계승 문제로 장미 전쟁이 일어났다.

출제의도 영국의 시민 혁명 이해하기

해설 (가) 1642년 찰스 1세를 옹호하는 왕당파와 크롬웰이 이끄는 의회파 사이에 내란이 벌어졌다. 이때 의회파를 구성하고 있던 이들 대부분이 청교도였는데, 결국 의회파가 내란에서 승리했기 때문에 이를 청교도 혁명이라 한다. 그 후 크롬웰은 찰스 1세를 처형하고 최고 행정관의 자리에 올라 공화정을 실시하였다. 크롬웰은 정권을 잡은 뒤 "영국이나 영국의 식민지에 상품을 수송할 수 있는 선박은 영국이나 그 상품 생산국으로 제한한다."라는 항해 조례를 실시하여 네덜란드에 큰 타격을 주었다.
그러나 크롬웰은 금욕적인 독재 정치를 실시하여 국민들의 반감을 샀다. 이에 따라 크롬웰 사후 왕정복고가 이루어져 찰스 2세가 국왕의 자리에 올랐다. 하지만 찰스 2세가 왕위에 오른 후 전제 정치와 친가톨릭주의 정책을 펼치자, 영국 의회는 심사법(국교도 이외의 사람들의 공직 취임을 금한 법률, 1673)과 인신 보호법(불법적인 체포와 재판을 금하는 등 인권 보장의 확립을 위해 제정한 법률, 1679)을 제정하여 대항하였다.
(나) 그럼에도 뒤를 이어 왕위에 오른 제임스 2세가 전제 정치를 강행하자, 영국 의회는 국왕을 폐위하고 공주인 메리와 그의 남편 윌리엄을 공동 왕으로 추대하였다(1688). 마침내 메리 2세와 윌리엄 3세가 권리 장전을 승인하고 즉위(1689)함으로써 의회 중심의 입헌 군주제의 토대가 마련되었다(명예혁명).
오답풀이 ① 대헌장은 1215년에 영국의 귀족들이 존 왕의 정치에 반발하여 왕의 권한을 제한하고 국민의 자유와 권리를 보장하기 위해 왕에게 강요하여 받은 법률 문서이다.
③ 영국의 산업 혁명은 명예혁명 이후인 18세기 후반에 본격적으로 시작되었다.
④ 차티스트 운동은 19세기 중엽(1838~1848) 영국의 노동자 계급을 중심으로 전개된 보통 선거권 요구 운동이다.
⑤ 장미 전쟁(1455~1485)은 15세기에 영국의 랭커스터 가와 요크 가가 왕위 계승을 두고 벌인 내전이다.

답 ②

26 그림에 나타난 상황 이후의 사회 경제적 변화에 대한 탐구 활동으로 적절한 것을 〈보기〉에서 고른 것은?

[2014학년도 6월 평가원 응용]

보기
ㄱ. 공장제 수공업의 등장 배경을 파악한다.
ㄴ. 러다이트 운동 과정을 조사한다.
ㄷ. 인클로저 운동의 배경을 살펴본다.
ㄹ. 사회주의 운동이 전개되는 과정을 알아본다.

① ㄱ, ㄴ　② ㄱ, ㄷ　③ ㄴ, ㄷ
④ ㄴ, ㄹ　⑤ ㄷ, ㄹ

출제의도 산업 혁명 이후의 사회 경제적 변화

해설 ㄴ. 산업 혁명으로 일자리를 잃은 노동자들이 기계 파괴 운동(러다이트 운동)을 전개하였다.
ㄹ. 산업 혁명으로 빈부 갈등이 심해지자 마르크스가 사회주의를 주장하였다.
오답풀이 ㄱ. 산업 혁명으로 공장제 수공업이 공장제 기계 공업으로 전환되었다.
ㄷ. 인클로저 운동은 산업 혁명의 배경이다.

답 ④

27 (가) 시기 영국의 경제 상황을 알아보기 위한 탐구 활동으로 가장 적절한 것은? [2013년 10월 교육청 응용]

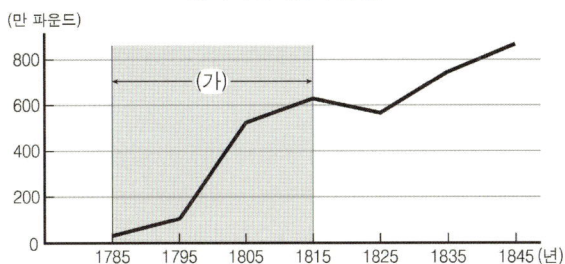

① 십자군 전쟁의 결과를 파악한다.
② 백년 전쟁의 결과를 연구한다.
③ 삼포제와 심경법을 연구한다.
④ 산업 혁명의 전개 과정을 파악한다.
⑤ 라티푼디움의 확산 배경을 연구한다.

출제의도 영국의 산업 혁명 전개 과정 파악하기
해설 영국은 17세기에 명예혁명을 거치면서 안정적인 의회 정치가 확립되고 시민 사회의 발전이 순탄하게 진행되어 자유로운 경제 활동이 가능하였다. 그 결과 18세기 후반에 새로운 방적기와 방직기가 발명되면서 산업 혁명이 시작되었다. 게다가 이후에 증기 기관이 동력으로 사용되면서 면직물의 대량 생산이 가능해졌고, 공장제 기계 공업이 발달하게 되었다.
오답풀이 ① 십자군 전쟁은 중세에 일어났다.
② 백년 전쟁은 중세 시기인 1337~1453년에 발생하였다.
③ 삼포제와 심경법은 중세 시대에 유행한 농경법이다.
⑤ 라티푼디움은 로마에서 포에니 전쟁 이후에 등장한 대농장이다.

답 ④

28 (가)에 들어갈 내용으로 적절한 것은? [2013년 3월 교육청 응용]

이 선언서에는 모든 인간은 평등하게 창조되었다는 것, 창조주로부터 양도할 수 없는 일정한 권리를 부여받았다는 것, 국민의 안전과 행복을 보장하지 못할 때는 정부를 바꾸는 것이 국민의 권리라고 적혀 있어.

선언서에 서명하는 식민지 대표들

① 프랑스 대혁명에 영향을 주었군.
② 왕권신수설의 영향을 받았군.
③ 의회 중심의 입헌 군주제가 확립된 거지.
④ 저항권을 명확히 밝히지 못한 것은 한계야.
⑤ 국민 의회가 봉건적 특권의 폐지를 선언하였군.

출제의도 미국 독립 선언서 내용 이해하기
해설 영국의 식민지였던 북아메리카의 13개주가 영국의 지나친 세금 징수에 대항하기 시작하면서 미국의 독립 혁명이 시작되었다. 이때 식민지 대표들은 독립 선언서를 통해 자유·평등·행복의 추구 등을 인간의 기본권으로 규정하고, 국민은 이를 침해하는 정부를 교체할 권리를 가진다며 식민지 독립의 정당성을 주장하였다(1776. 7. 4.).
① 미국의 독립 선언서는 로크의 자연권 사상과 계몽사상의 영향을 받은 것으로, 주권 재민, 천부 인권, 저항권 등과 같은 근대 민주주의의 원리를 담고 있으며, 이후 1789년 발생한 프랑스 대혁명에 영향을 주었다.
오답풀이 ② 절대 왕정을 옹호하는 왕권신수설을 비판하며 천부 인권 사상을 담고 있다.
③ 미국 독립 전쟁의 결과 워싱턴을 초대 대통령으로 하는 민주 공화국이 탄생하였다. 의회 중심의 입헌 군주제는 영국의 명예혁명 때 발표된 권리 장전과 관련이 있다.
④ 미국 독립 선언서는 국민의 저항권을 인정하였다.
⑤ 프랑스 인권 선언에 대한 설명이다.

답 ①

29 다음 주장과 관련이 깊은 시민 혁명에 대한 설명으로 옳은 것은?

[2012년 10월 교육청]

> 현재의 상황에서 제3신분이 정치적 권리를 소유하려면 무엇을 해야 할 것인가? 그것은 제3신분이 따로 의회를 여는 것이다. 귀족, 성직자와 협력하지 않고 신분과 사람 수에 따라 의석을 달리 해야 한다. 제3신분의 의회와 두 특권 신분의 의회는 서로 크게 다르다는 것을 알아주었으면 한다. … (중략) … 그래서 제3신분은 국민 의회를 구성할 것이다.

① 청교도와 젠트리가 주도하였다.
② 내각 책임제의 전통을 확립하였다.
③ 유럽 각국의 지원을 받아 성공하였다.
④ 인권 선언을 통해 혁명의 기본 이념을 밝혔다.
⑤ 영국의 중상주의 정책 강화에 반발하여 일어났다.

출제의도 프랑스 혁명의 전개
해설 혁명 전 프랑스에서는 제1신분(성직자)과 제2신분(귀족)이 권리를 독점하고 면세 특권을 누린 반면, 제3신분(농민, 노동자, 상공업자 등)은 정치적 권리를 얻지 못한 채 과중한 세금 부담에 시달렸다. 게다가 프랑스의 국고는 군비와 궁정의 사치스러운 생활로 파산 직전에 이르렀다. 이에 당시 국왕이었던 루이 16세는 재정 위기를 해결하기 위해 제1신분과 제2신분에게 세금을 징수하려 하였으나, 이들이 반발하자 삼부회를 소집하였다.
1789년 베르사유에 소집된 삼부회는 회의 시작부터 신분에 따라 투표를 할 것인지, 머릿수에 따라 투표를 할 것인지를 두고 논쟁이 벌어졌다. 제3신분은 신분별 표결이 아닌 머릿수 표결을 주장하였는데, 머릿수 표결은 관철되지 못하고 계속 신분별 표결이 이루어졌다. 결국 제3신분의 대표들은 국민 의회를 구성하고 어떤 장소에서라도 끝까지 회의를 계속하겠다는 테니스코트의 서약을 하였다. 이에 루이 16세가 국민 의회를 무력으로 해산하려 하자, 분노한 파리 시민들이 바스티유 감옥을 습격하면서 프랑스 혁명이 시작되었다.
④ 파리 시민들이 바스티유 감옥을 습격해 프랑스 혁명이 전국으로 확산되자, 국민 의회는 인간의 자유와 평등, 국민 주권, 재산권 등을 내용으로 하는 인권 선언을 발표하여 혁명의 기본 정신을 표명하였다.
오답풀이 ① 청교도와 젠트리가 주도한 시민 혁명은 영국의 청교도 혁명이다.
② 영국에서 전개된 명예혁명 이후의 사실이다. 18세기 전반 하노버 왕조의 조지 1세 즉위 후, 왕을 대신하여 의회에서 다수를 차지하는 정당이 내각을 조직해 정국을 운영하는 내각 책임제가 수립되었다.
③ 그리스의 독립운동에 대한 설명이다. 그리스는 영국, 러시아, 프랑스 3개국의 지원과 유럽의 낭만주의자 및 자유주의 세력의 지원에 힘입어 독립을 달성하였다.
⑤ 미국의 독립 혁명에 대한 설명이다. 영국이 식민지에 대한 중상주의 정책을 강화하자, 이에 대한 반발로 미국에서 독립 혁명이 시작되었다.

답 ④

30 다음 연설에 대한 설명으로 가장 적절한 것은?

[2016학년도 9월 평가원]

> 우리가 추구하는 목표가 무엇입니까? 그것은 자유와 평등의 평화로운 향유입니다. 영원한 정의의 지배입니다. … (중략) … 미덕이 평화 시에 인민 정부의 기초였다면, 혁명 시에는 공포 또한 필요합니다. 혁명 정부는 폭군에 반대하는 자유의 전제정입니다.
> — 로베스피에르 —

① 삼부회 소집을 촉구하였다.
② 국민 공회 시기에 이루어졌다.
③ 총재 정부 수립을 요구하였다.
④ 인권 선언의 근거를 마련하였다.
⑤ 바스티유 감옥 습격의 계기가 되었다.

출제의도 프랑스 혁명
해설 프랑스 혁명 당시 결성된 국민 의회는 봉건제 폐지 선언과 인권 선언을 발표하였다. 이후 새로운 헌법에 따라 국민 의회가 해산되고 입법 의회가 소집되었으나, 물가 상승과 식량 부족 문제로 과격해진 민중들이 왕궁을 습격하여 입법 의회 대신 국민 공회가 시작되었다. 국민 공회는 공화정을 선포하고 과격파인 자코뱅파의 주도로 루이 16세를 처형하였다. 이후 자코뱅파는 로베스피에르가 주도하는 공안 위원회와 혁명 재판소를 통해 반혁명 혐의자를 처형하는 등 독재 정치를 실시하였다.
오답풀이 ① 루이 14세 때부터 누적된 적자와 오랜 전쟁, 그리고 미국 독립 전쟁에 대한 지원으로 프랑스의 재정이 악화되었다. 이에 루이 16세는 세금을 부과하기 위해 각 신분의 대표로 구성된 의회인 삼부회를 소집하였다.
③ 로베스피에르가 몰락한 후 공포 정치가 종결되고, 총재 정부가 수립되었다.
④, ⑤ 프랑스 왕실 재정 위기를 타개하고자 소집된 삼부회에서 표결 방식을 둘러싼 대립으로 국민 의회를 결성하였으나, 국왕의 국민 의회 탄압으로 인해 바스티유 감옥 습격 사건이 일어났다. 그러자 국민 의회는 봉건제 폐지 선언과 인권 선언을 발표하였다.

답 ②

31 (가) 인물에 대한 옳은 설명을 〈보기〉에서 고른 것은?

[2014년 10월 교육청 응용]

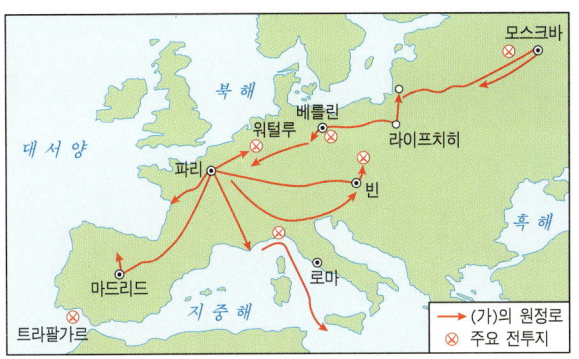

보기
ㄱ. 아시아·아프리카에 진출하였다.
ㄴ. 대륙 봉쇄령을 내렸다.
ㄷ. 베르사유 궁전을 지었다.
ㄹ. 프랑스 대혁명 이후 황제가 되었다.

① ㄱ, ㄴ　　② ㄱ, ㄷ　　③ ㄴ, ㄷ
④ ㄴ, ㄹ　　⑤ ㄷ, ㄹ

출제의도 나폴레옹의 활동 파악하기

해설 1799년에 쿠데타를 일으켜 총재 정부를 무너뜨리고 통령 정부를 수립한 나폴레옹은 국민 투표를 통해 임기 10년의 제1통령이 되었다. 이후 나폴레옹은 다시 헌법을 고쳐 후계자의 임명권을 가진 종신 통령이 되었으며, 1804년에는 국민 투표를 통해 황제가 되어 나폴레옹 1세로 즉위하였다(ㄹ). 한편, 나폴레옹은 대륙과 영국의 통상을 금지시킴으로써 영국에 경제적 타격을 가하기 위하여 대륙 봉쇄령을 내렸다(ㄴ). 그러나 영국 상품은 대륙으로 밀수입되었고, 영국보다 대륙의 여러 나라들이 더 큰 고통을 받았다. 이에 러시아는 봉쇄령을 어기고 영국과 통상을 계속하였는데, 프랑스는 이런 러시아를 응징하기 위하여 대규모 원정을 추진하였다. 하지만 러시아군의 교묘한 후퇴 전술과 기습 작전, 혹독한 추위와 굶주림 등으로 나폴레옹 군대는 비참하게 퇴각할 수밖에 없었다. 러시아 원정 실패 이후 영국을 중심으로 한 대(對)프랑스 동맹국들의 반격이 거세졌는데, 동맹군은 라이프치히 전투에서 프랑스군을 격파하였다. 결국 나폴레옹은 엘바 섬에 유배되었다가 후에 섬에서 탈출하여 재기를 노렸으나 워털루 전투에서 패하면서 다시 세인트헬레나 섬으로 유배되었다.

오답풀이 ㄱ. 프랑스가 아시아·아프리카 지역에 진출한 시기는 나폴레옹 이후이다.
ㄷ. 베르사유 궁전은 프랑스의 절대 군주인 루이 14세 때 건립되었다.

답 ④

32 밑줄 친 '나'에 대한 설명으로 옳은 것은?

[2015학년도 6월 평가원 응용]

나는 에스파냐계 후손인 크리오요이지만 에스파냐인 총독들을 뼛속 깊이 경멸하였습니다.

우리가 해방을 쟁취하기만 한다면, 나는 왕이라는 직함보다는 '해방자'로서 사람들에게 알려지고 기억되기를 바랄 뿐입니다. 이 칭호야말로 인간이 받을 수 있는 가장 숭고한 칭송이기 때문입니다.

① 시칠리아와 나폴리를 점령하여 사르데냐 왕에게 헌납하였다.
② 인간의 자연 상태를 만인에 대한 만인의 투쟁으로 파악하였다.
③ 콜롬비아, 베네수엘라, 볼리비아의 독립을 달성하였다.
④ 레판토 해전에서 오스만 제국을 격파하였다.
⑤ 아스텍(아즈텍) 제국의 수도 테노치티틀란을 점령하였다.

출제의도 라틴 아메리카의 독립과 볼리바르 이해하기

해설 제시문의 '나'는 시몬 볼리바르(1783~1830)로, 콜롬비아, 베네수엘라, 에콰도르, 볼리비아를 에스파냐의 식민 통치에서 해방시킨 라틴 아메리카의 독립 영웅이다. 그는 부유한 크리오요 출신으로, 에스파냐에서 유학하여 계몽주의를 접하였으며, 1810년부터 군대를 조직하여 에스파냐에 맞서 싸웠다. 그 결과 1819년에 콜롬비아를 세웠고, 1821년에 베네수엘라, 1822~1824년에 에콰도르, 페루, 볼리비아를 독립시켰다. 그는 라틴 아메리카를 미국과 같이 하나의 연방 공화국으로 만들고자 하였으나, 지역 간의 이해관계 대립과 라틴 아메리카에 통일된 국가가 등장하는 것을 경계하였던 미국과 영국의 방해로 뜻을 이루지 못하였다.

오답풀이 ① 이탈리아 독립운동가 가리발디에 대한 내용이다.
② 사회 계약설의 기초를 만든 홉스의 주장이다.
④ 에스파냐의 펠리페 2세는 레판토 해전에서 오스만 제국을 격파하였다.
⑤ 에스파냐의 탐험가 코르테스에 대한 설명이다.

답 ③

33 그림과 관련된 국제 질서에 대한 설명으로 옳은 것을 〈보기〉에서 고른 것은?

[2013학년도 9월 평가원 응용]

논의 결과를 정리하겠습니다. 우리 영국, 오스트리아, 프로이센, 러시아는 유럽을 복고주의 원칙에 따라 프랑스 대혁명 이전의 상태로 복귀시키겠습니다.

┤ 보기 ├
ㄱ. 오스트리아의 메테르니히가 주도하였다.
ㄴ. 각국의 자유주의, 민족주의 운동이 탄압받았다.
ㄷ. 나폴레옹의 등장으로 이 국제 질서는 붕괴되었다.
ㄹ. 제1차 세계 대전 직후 국제 조직을 만들었다.

① ㄱ, ㄴ   ② ㄱ, ㄷ   ③ ㄴ, ㄷ
④ ㄴ, ㄹ   ⑤ ㄷ, ㄹ

출제의도 빈 체제 이해하기

해설 빈 체제는 오스트리아의 메테르니히 재상이 주도했기 때문에 유럽에서는 메테르니히 체제라고도 한다. 나폴레옹 전쟁에 승리한 유럽의 군주와 귀족 등 복고 세력들은 프랑스 혁명이 일으킨 여파를 진압하기 위해 빈 회의가 만들어낸 국제 질서를 유지하기 위해 이 체제를 필요로 했는데 이 체제의 구체적 결과가 신성 동맹과 4국 동맹이라는 2개의 기둥이었다. 4국 동맹은 영국, 러시아, 오스트리아, 프로이센으로 이루어져 나폴레옹 전쟁 이전 유럽에 확산된 자유주의와 민족주의 운동을 탄압하였다. 이후 그리스가 독립되고 1848년 2월 혁명으로 오스트리아에서 3월 혁명이 일어나 메테르니히가 추방되면서 빈 체제는 무너지고 말았다.

오답풀이
ㄷ. 프랑스 혁명 이후 등장한 나폴레옹이 몰락한 이후 빈 체제가 등장하였다.
ㄹ. 제1차 세계 대전 직후 국제 연맹이 만들어졌다.

답 ①

34 그림에 나타난 사건이 유럽에 끼친 영향으로 옳은 것은?

[2013학년도 6월 평가원 응용]

시민 여러분! 루이 필리프 국왕 정부는 파리 민중의 영웅적 행위에 의해 타도되었습니다. 인민의 피는 7월처럼 흘러 넘쳤습니다. 우리는 민중의 자유와 권리를 보장하는 새로운 정부를 세울 것입니다.

① 러시아에서 사회주의 혁명이 발생하였다.
② 프랑스 시민들이 바스티유 감옥을 습격하였다.
③ 그리스가 오스만 제국으로부터 독립하였다.
④ 나폴레옹이 프랑스의 황제로 등극하였다.
⑤ 메테르니히가 추방되면서 빈 체제가 붕괴되었다.

출제의도 프랑스 2월 혁명의 영향 파악하기

해설 1848년 프랑스에서는 노동자와 사회주의자의 주도로 2월 혁명이 일어났다. 이들은 노동자와 중하층 시민 계급에 대한 선거권 확대를 요구하며 7월 왕정을 거부하였다. 7월 왕정은 시민과 자유주의자가 주도한 7월 혁명(1830)으로 수립된 입헌 군주제 체제로, 이때 제한 선거를 통해 루이 필리프가 왕으로 추대되었다. 하지만 7월 왕정은 소수의 은행가들과 대지주들이 지배하는 정치 체제였기 때문에 극소수의 부유한 시민들에게만 선거권이 주어졌다. 이로 인해 선거권 확대와 시민적 자유에 대한 요구가 고조되면서 2월 혁명이 발생한 것이다. 2월 혁명의 결과 프랑스에서는 (제2)공화정이 수립되었으며, 루이 나폴레옹이 국민 투표로 대통령에 선출되었다.
⑤ 2월 혁명의 영향으로 오스트리아에서 3월 혁명이 일어나 메테르니히가 추방되어 빈 체제가 붕괴되었다.

오답풀이 ① 러시아 혁명은 1917년에 발생하였다.
② 1789년 프랑스 시민들이 바스티유 감옥을 습격하면서 프랑스 대혁명이 시작되었다.
③ 오스만 제국의 지배를 받던 그리스는 영국, 러시아, 프랑스 및 유럽의 낭만주의와 자유주의 세력의 지원에 힘입어 1829년에 독립을 달성하였다.
④ 나폴레옹이 프랑스의 황제가 된 시기는 7월 혁명 이전이다.

답 ⑤

35 그림의 운동에 대한 설명으로 옳은 것은?

[2012년 10월 교육청 응용]

① 입헌 군주제 수립을 지향하였다.
② 이탈리아의 통일에 영향을 주었다.
③ 산업 혁명에 영향을 주었다.
④ 와트 타일러의 난에 영향을 받았다.
⑤ 영국에서 노동자 계급을 중심으로 일어났다.

출제의도 차티스트 운동의 성격을 이해하기

해설 영국 정부는 프랑스의 7월 혁명(1830)에 영향을 받아 1832년에 선거법을 개정하였다(제1차 선거법 개정). 이로써 산업 혁명 후 도시화 현상으로 농촌의 인구가 감소하였음에도 국회의원을 선출하였던 불합리한 선거구(부패 선거구)가 없어지고, 신흥 상공업자를 비롯한 중산 계급에게 선거권이 주어졌다. 그러나 노동자와 하층 시민 계급은 여전히 선거권을 얻지 못했기 때문에 이들은 1838년에 '인민 헌장'을 내걸고, 보통 선거와 비밀 투표를 요구하며 차티스트 운동을 전개하였다. 비록 차티스트 운동은 영국 정부의 무력으로 진압되었지만, 이후 영국에서는 단계별로 선거법 개정이 이루어져 도시와 농촌의 노동자 계층에게 선거권이 확대되었다. 그리고 제1차 세계 대전 이후에는 여성도 선거권을 획득하였다.

오답풀이 ① 영국은 이미 1688년의 명예혁명으로 의회 중심의 입헌 군주제가 확립되었다.
② 프랑스의 2월 혁명(1848)이 이탈리아의 통일 운동에 영향을 주었다.
③ 영국의 산업 혁명은 18세기 후반에 일어났다.
④ 와트 타일러의 난은 1381년에 잉글랜드를 휩쓴 대규모의 민란이다.

답 ⑤

36 (가) 인물에 대한 설명으로 옳은 것은? [2012학년도 수능 응용]

▲ 이탈리아의 통일 과정

① 파시스트로서 로마 진군을 주도하였다.
② 사르데냐 왕국의 수상으로 이탈리아 통일 전쟁을 일으켰다.
③ 프랑스의 황제로서 사르데냐 왕국의 이탈리아 통일 전쟁을 지원하였다.
④ 인문주의자로서 『군주론』을 통해 이탈리아 통일을 주창하였다.
⑤ 의용군을 이끌고 점령지를 사르데냐 국왕에게 바쳤다.

출제의도 가리발디의 활동 파악하기

해설 지도의 (가)는 가리발디이다. 19세기 초에 이탈리아는 나폴리 왕국, 사르데냐 왕국, 로마 교황령 등 여러 나라로 분열되어 있었으며, 오스트리아가 이탈리아 북부 지역을 장악하고 있었다. 이런 상황에서 사르데냐를 중심으로 이탈리아 통일 운동이 일어났다. 사르데냐의 수상 카보우르가 주도적인 역할을 하였는데, 그는 산업을 일으켜 군대를 개편하는 개혁 정치를 추진하는 한편, 프랑스의 도움을 받아 오스트리아에 맞서 통일 전쟁을 일으켜 롬바르디아를 비롯한 중북부 지역을 통합하였다. 한편 가리발디는 1854년에 시칠리아 섬에서 민중 봉기가 일어나자 이를 지원하기 위해 '붉은 셔츠대'라는 의용군을 이끌고 가서 시칠리아, 나폴리 등 이탈리아 남부를 점령하여 사르데냐 국왕에게 바쳤다. 이로 인해 통일된 이탈리아 왕국이 탄생하였다(1861).

오답풀이 ① 1922년에 무솔리니가 '로마 진군'을 통하여 정권을 장악하였다.
② 카보우르에 해당한다.
③ 프랑스의 나폴레옹 3세가 이탈리아의 통일에 도움을 주었다.
④ 『군주론』은 15세기 말 16세기 초에 활동하였던 마키아벨리가 쓴 것이다. 이 책에서 마키아벨리는 이탈리아의 상처를 치유해 줄 뛰어난 군주의 출현과 이탈리아의 통일에 대한 염원을 담았다.

답 ⑤

37 (가) 국가의 통일 과정에서 일어난 사실로 옳지 않은 것은?

[2015학년도 9월 평가원]

> (가) 이/가 현재의 과제를 수행하기 위해 눈여겨보아야 할 것은 자유주의가 아니라 군비입니다. 빈 회의 아래 우리의 국경은 정상적인 국가에 어울리지 않습니다. 오늘날 중요한 문제들은 언론과 다수결로 결정되는 것이 아닙니다. 그렇게 생각했던 것이 1848년과 1849년의 중대한 오류였습니다. 이러한 문제들은 피와 무기로만 해결될 수 있습니다.

① 오스트리아와의 전쟁에서 승리하였다.
② 선거에서 히틀러의 나치당이 집권하였다.
③ 관세 동맹의 체결로 경제적 통일이 달성되었다.
④ 프랑크푸르트 국민 의회는 통일 방안을 논의하였다.
⑤ 빌헬름 1세가 베르사유 궁전에서 제국 수립을 선포하였다.

출제의도 독일의 통일

해설 19세기 초에 35개의 군주국과 4개의 자유시로 분열되어 있던 독일에서는 프로이센을 중심으로 통일 운동이 전개되었는데, 먼저 1834년에 관세 동맹을 통해 독일의 경제적 통일을 꾀하였다. 이후 프랑스 2월 혁명(1848)의 영향으로 프랑크푸르트 국민 의회를 개최하여 통일 방안을 논의하였으나 성공하지 못하였다. 이에 1862년에 재상으로 취임한 비스마르크는 철혈 정책(군비 확장)을 내세우면서 무력 통일을 추진하였다. 결국 1866년에 프로이센이 오스트리아와의 전쟁에서 승리하여 프로이센 중심의 북독일 연방이 결성되었고, 1871년에는 프랑스와의 전쟁에서 승리를 거두어 프로이센의 빌헬름 1세가 프랑스의 베르사유 궁전에서 독일 제국의 황제로 즉위하였다.
② 히틀러의 나치당이 집권한 시기는 제2차 세계 대전 직전이다.

답 ②

38 (가)~(다) 국가에 대한 설명으로 옳은 것은?

[2014학년도 9월 평가원 응용]

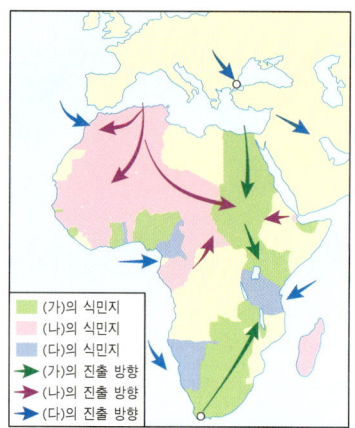

① (가)는 비스마르크의 철혈 정책으로 통일하였다.
② (나)는 비잔티움 바그다드를 연결하는 3B 정책을 추진하였다.
③ (다)는 케이프타운을 아프리카 진출의 거점으로 삼았다.
④ (가)와 (나)는 파쇼다에서 대치하였다.
⑤ (가)와 (다)는 삼국 협상을 체결하여 식민 정책을 강화하였다.

출제의도 제국주의 열강의 아프리카 식민지화 이해하기

해설 (가)는 아프리카 종단 정책을 추진한 영국, (나)는 아프리카 횡단 정책을 추진한 프랑스, (다)는 모로코를 둘러싸고 프랑스와 대립한 독일이다.
④ 아프리카의 분할을 주도한 나라는 영국과 프랑스였다. 영국은 식민지를 더욱 확대하기 위해 이집트에서 케이프타운까지 아프리카를 남북으로 연결하는 종단 정책을 펼쳤으며, 프랑스는 알제리를 거점으로 마다가스카르를 연결하는 횡단 정책을 추진해 아프리카를 정복하려 하였다. 그 결과 1898년에 수단의 파쇼다에서 영국의 종단 정책과 프랑스의 횡단 정책이 충돌하였으나, 프랑스의 양보로 타협이 이루어졌다(파쇼다 사건).

오답풀이 ① 비스마르크의 철혈 정책으로 통일한 나라는 독일이다.
② 3B 정책은 베를린 – 비잔티움 – 바그다드를 연결하여 식민지를 구축하려는 독일의 제국주의 정책이다.
③ 영국에 대한 설명이다.
⑤ 삼국 협상은 독일의 팽창 정책을 견제하기 위해 프랑스, 러시아, 영국이 체결하였다.

답 ④

39 밑줄 친 ㉠의 내용으로 옳은 것은?
[2014년 3월 교육청]

> 나는 ㉠ 독일 정부가 취한 최근의 행동이 사실상 미국에 대한 전쟁 행위라는 것을 의회가 선언해 주기를 희망합니다. … (중략) … 더불어 독일 제국 정부를 항복시키고 전쟁을 종식시키기 위한 즉각적인 조치를 취해 줄 것을 요청합니다.
> — 윌슨 대통령의 대독 선전 포고에 관한 연설문 —

① 모로코 사건을 일으켰다.
② 에스파냐 내전을 지원하였다.
③ 무제한 잠수함 작전을 전개하였다.
④ 소련과 불가침 조약을 체결하였다.
⑤ 국제 연맹을 탈퇴하고 재무장을 추진하였다.

출제의도 제1차 세계 대전 이해하기
해설 제1차 세계 대전 중 독일은 영국의 해상 봉쇄에 맞서 유럽 대륙과 영국 간의 지정 해역을 오가는 여러 나라의 선박에 대해 무차별 공격을 강행하였다(무제한 잠수함 작전, 1917). 그런데 이 작전으로 그동안 중립을 지키고 있던 미국의 상선들이 피해를 입게 되면서 미국도 연합국의 일원으로 참전하였다. 따라서 제시된 자료의 밑줄 친 '㉠ 독일 정부가 취한 최근의 행동'이란 독일의 무제한 잠수함 작전을 의미한다.
오답풀이 ① 모로코 사건은 프랑스의 식민지였던 모로코의 지배권을 둘러싸고 1905년과 1911년에 프랑스와 독일 사이에서 일어난 갈등이다.
② 에스파냐 내전은 1936년 7월에 시작되어 1939년 3월까지 인민 전선 정부에 대하여 군부(프랑코 장군)와 우익의 여러 세력이 일으킨 파시스트 반란이다.
④ 1939년에 독일이 소련과 불가침 조약을 체결한 뒤 폴란드를 침공하면서 제2차 세계 대전이 시작되었다.
⑤ 국제 연맹(1920)은 제1차 세계 대전 이후에 창설되었다. 제2차 세계 대전 전인 1933년에 히틀러가 국제 연맹에서 탈퇴하고 재무장을 추진하였다.

답 ③

40 (가), (나) 사건 사이에 있었던 사실로 옳지 않은 것은?
[2012학년도 수능 응용]

(가) 　(나)

① 독일의 킬 항구에서 수병들이 반란을 일으켰다.
② 미국 대통령 윌슨이 14개조 원칙을 제시하였다.
③ 레닌이 소비에트 정부를 수립한 후 독일과 강화 조약을 맺었다.
④ 스탈린그라드 전투와 노르망디 상륙 작전에서 독일이 패전하였다.
⑤ 이탈리아가 삼국 동맹을 탈퇴하고 협상국에 가담하여 오스트리아와 싸웠다.

출제의도 제1차 세계 대전 무렵의 세계정세 파악하기
해설 (가)는 1914년에 일어난 제1차 세계 대전의 직접적인 배경이 되었던 사라예보 사건, (나)는 제1차 세계 대전이 끝난 후 전후 처리 문제를 협의하기 위해 개최된 파리 강화 회의이다.
오스트리아 황태자 부부가 보스니아를 방문하는 도중 세르비아 청년에게 암살되는 사라예보 사건이 발생하였다. 이에 오스트리아가 세르비아에 선전 포고를 하자, 세르비아를 지원하였던 러시아가 오스트리아와 독일에 대항해 동원령을 내렸고, 다시 독일이 러시아에 대해 전쟁을 선포하고 프랑스와 벨기에를 공격함으로써 제1차 세계 대전이 일어났다. 독일은 오스트리아, 이탈리아와 함께 삼국 동맹을 체결한 바 있고, 러시아는 프랑스, 영국 등과 삼국 협상을 체결한 바 있었다. 그러나 제1차 세계 대전이 일어나자 이탈리아는 삼국 동맹에서 탈퇴하고 협상국 측에 가담하였다. 전쟁이 진행되면서 주변국들도 이해관계에 따라 참전하게 되고, 아프리카와 인도 등 유럽 열강의 식민지 국민들도 전쟁에 동원되면서 전쟁의 규모는 확대되었다. 또한, 독일의 무제한 잠수함 작전으로 자국 상선이 큰 피해를 입자 미국이 협상국 측에 가담하였고, 이후 전세는 급격히 협상국 측으로 기울게 되었다. 이런 가운데 1918년 11월에 독일에서 킬 군항의 수병들이 일으킨 반란을 계기로 혁명이 일어나 빌헬름 2세가 퇴위하고 공화국이 선포되었다. 이후 독일의 임시 정부가 무조건 항복을 선언하면서 제1차 세계 대전은 막을 내렸다. 이어 전승국들은 전쟁의 뒷수습과 평화 수립을 위해 파리 강화 회의를 개최하였는데, 여기서 미국 대통령 윌슨은 '14개조 평화안'을 제시하였다.
③ 1917년에 러시아에서 3월 혁명이 일어나 제정이 붕괴되었으며, 다시 볼셰비키가 중심이 된 11월 혁명으로 임시 정부가 무너지고 소비에트 정부가 수립되었다. 혁명 후 레닌은 독일과 조약을 체결하고 제1차 세계 대전에서 손을 뗐다. 이러한 움직임은 독일과 오스트리아 국민들의 반전 운동에 큰 영향을 주었다.
④ 스탈린그라드 전투(1942. 7.~1943. 2.)와 노르망디 상륙 작전(1944)은 제2차 세계 대전과 관련 있다.

답 ④

41 다음은 한 인물의 가상 홈페이지이다. 이 인물의 활동으로 옳은 것은?

[2012년 3월 교육청]

① 『자본론』을 저술하였다.
② 농노 해방을 실시하였다.
③ 대륙 봉쇄령을 발표하였다.
④ 신경제 정책(NEP)을 추진하였다.
⑤ 비폭력 · 불복종 운동을 전개하였다.

출제의도 레닌의 활동 파악하기
해설 1917년 러시아의 3월 혁명으로 제정을 무너뜨리고 수립된 임시 정부가 국민들의 개혁 요구를 외면하고 전쟁을 계속하자 국민들의 불만이 고조되었다. 이에 레닌, 트로츠키 등의 볼셰비키 지도자들은 임시 정부를 무너뜨리고 소비에트 정부를 수립하였다(11월 혁명). 이후 레닌을 중심으로 한 혁명 정부는 전쟁 중지를 선언하고 사회주의적인 개혁을 추진하였다.
④ 11월 혁명 이후 급속한 공산주의 경제 정책이 추진되면서 러시아의 경제는 혼란에 빠지게 되었다. 이에 국민들의 불만이 확산되자, 레닌은 잉여 농산물의 자유로운 판매, 소규모 상업과 중소기업의 운영 인정, 외국 자본 도입 등 자본주의 체제의 일부 요소를 도입한 신경제 정책(NEP)을 실시하였다.
오답풀이 ① 『자본론』은 19세기 독일의 경제학자 마르크스가 저술하였다.
② 러시아의 알렉산드르 2세가 농노 해방령(1861)을 발표하였다.
③ 프랑스의 나폴레옹이 영국을 굴복시키기 위해 대륙 봉쇄령(1806)을 발표하였다.
⑤ 인도의 간디가 영국의 지배에 맞서 비폭력 · 불복종 운동을 전개하였다.

답 ④

42 (가)에 들어갈 선생님의 질문으로 적절한 것은?

[2012년 10월 교육청]

① 뉴딜 정책의 결과는 무엇일까요?
② 냉전의 결과에 대해 발표해 볼까요?
③ 먼로 선언이 발표된 배경을 알아볼까요?
④ 제1차 세계 대전 이후의 세계는 어떠했나요?
⑤ 전체주의 국가가 등장한 이유를 말해 볼까요?

출제의도 제1차 세계 대전 이후 세계정세 파악하기
해설 제1차 세계 대전 이후 전후 처리 문제를 다루기 위해 파리 강화 회의가 개최되어 미국 대통령 윌슨의 평화 원칙 14개조를 기본 원칙으로 채택하였고, 이후 베르사유 조약이 체결되었다. 그러나 베르사유 조약에 따라 형성된 베르사유 체제는 승전국들의 이해관계에 따라 세계 질서 방향이 결정된 것이기 때문에 패전국인 독일에게 모든 식민지 박탈, 막대한 배상금 지불, 영토 축소, 군비 감축 등을 요구하는 등 평화를 정착하기에는 한계가 있었다. 또한, 국제 평화 기구로 국제 연맹이 창설(1920)되었으나 미국의 불참과 독일 · 소련의 배제 그리고 군사적 제재 수단 결여 등의 한계가 있었다.
제1차 세계 대전으로 패전국인 독일은 물론, 승전국인 프랑스 · 영국 등 유럽 강대국들도 전쟁의 피해로 인해 세력이 위축되었으나, 반면 미국은 세계 최대의 공업국이자 채권국으로 변화하는 등 국제적으로 큰 영향력을 갖게 되었다. 또한, 전쟁을 계기로 새롭게 탄생한 국가들도 독립하면서 대부분 공화정을 수립하였으며, 재산에 따른 선거권 제한 폐지 및 남녀평등의 보통 선거를 실시하는 등 민주주의가 크게 발전하였다.
오답풀이 ① 뉴딜 정책은 대공황(1929)을 극복하기 위해 미국의 루스벨트 대통령이 실시한 국가 주도 정책이다.
② 냉전은 미국 중심의 자본주의 진영과 소련 중심의 공산주의 진영 간의 대립을 가리키는 말로, 제2차 세계 대전 이후에 냉전 체제가 형성되었다.
③ 먼로 선언은 라틴 아메리카에서 독립운동이 활발히 전개되던 1823년에 발표된 미국의 외교 방침이다. 유럽 각국이 아메리카 대륙에 간섭하는 것은 미국에 대한 비우호적 조치로 간주한다는 내용인데, 나중에는 미국의 아메리카 대륙 진출을 합리화하는 수단으로 사용되었다.
⑤ 전체주의는 국내의 산업 기반이 취약하고 해외 식민지가 적은 국가에서 대공황을 극복하기 위해 등장한 정치 체제이다. 일당 독재, 군국주의, 국가 지상주의, 팽창주의, 사상 통제 등을 특징으로 한다.

답 ④

43 다음 상황에 대한 미국 정부의 대응으로 옳은 것을 〈보기〉에서 고른 것은? [2012년 3월 교육청 응용]

> 1929년 10월 24일 목요일 아침, 뉴욕 월 스트리트 증권 거래소가 대혼란에 빠졌다. 주식 값이 최악의 수준으로 폭락한 것이다. 기업과 은행이 연달아 파산하면서 실업자가 증가하고 소비가 줄어드는 악순환이 계속되었다.
> 상점과 공장에는 팔리지 않는 물건들이 잔뜩 쌓였는데, 거리에는 굶주린 사람들이 쓰레기통을 뒤지며 돌아다녔다. 실업자로 전락한 가난한 노동자, 농민, 소시민들은 날마다 일자리를 요구하며 시위를 벌였다.

┃보기┃
ㄱ. 대륙 횡단 철도를 건설하였다.
ㄴ. 테네시 강 유역 개발 공사를 설립하였다.
ㄷ. 사회 보장 제도가 강화되었다.
ㄹ. 북미 자유 무역 협정(NAFTA)을 체결하였다.

① ㄱ, ㄴ ② ㄱ, ㄷ ③ ㄴ, ㄷ
④ ㄴ, ㄹ ⑤ ㄷ, ㄹ

출제의도 대공황 극복을 위한 미국의 정책
해설 제1차 세계 대전 이후 미국의 경제가 과열 조짐을 보이기 시작하였는데, 결국 1929년 10월 24일 뉴욕 증권 거래소의 주가 대폭락하는 사건이 발생하였다. 이로 인해 미국의 기업과 은행, 농장 등이 연이어 도산하였고, 그 여파가 다른 나라에까지 확산되어 국제 금융이 위기에 빠지게 되었다. 이를 경제 대공황이라고 한다.
이에 미국은 대공황을 극복하기 위해 뉴딜 정책을 실시하였다. 뉴딜 정책은 수정 자본주의 이론을 수용한 국가 주도의 통제 경제 정책이었다. 이에 따라 미국은 테네시 강 유역 개발 공사 등의 대규모 공공사업을 전개해 실업자를 구제하였으며, 최저 임금제와 사회 보장제 등의 사회 복지 정책을 확대하였다. 그리고 이와 동시에 중남미 국가에 대한 선린 외교 정책으로 경제 회복을 꾀하였다.
오답풀이 ㄱ. 대륙 횡단 철도는 남북 전쟁 이후인 1869년에 완성되었다.
ㄹ. 북미 자유 무역 협정(NAFTA)은 미국·캐나다·멕시코를 단일 시장으로 통합하기 위해 결성한 협정으로, 1994년에 발효되었다.

답 ③

44 (가) 시기의 경제 상황을 해결하기 위한 각국의 대응으로 옳은 것은? [2014학년도 9월 평가원]

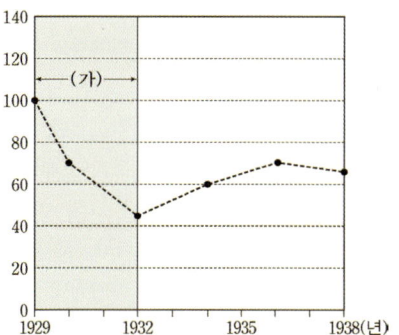

〈세계 상품 가격 지수〉

① 미국 – 대규모 공공사업으로 일자리를 창출하였다.
② 독일 – 관세 동맹을 결성하여 경제 통합을 꾀하였다.
③ 영국 – 동인도 회사를 해체하고 인도를 직접 통치하였다.
④ 소련 – 자본주의 요소를 도입한 신경제 정책(NEP)을 채택하였다.
⑤ 프랑스 – 군비 축소와 독일의 전쟁 배상금 문제 해결을 위한 국제회의를 제안하였다.

출제의도 대공황에 대한 각국의 대응 파악하기
해설 (가)는 대공황 시기이다.
① 1929년 10월 24일, 미국의 주가 폭락으로 시작된 대공황은 곧 세계 각국으로 퍼져나갔다. 이에 미국은 대공황을 극복하기 위해 공공사업을 일으켜 일자리를 만들어 내고, 농산물 가격을 인상하여 농민들의 공산품에 대한 구매력을 증진시켰다(뉴딜 정책).
오답풀이 ② 식민지와 자본의 축적이 충분하지 못한 독일, 이탈리아, 일본 등은 대외 침략과 전체주의 정책으로 대공황을 극복하려 하였다. 독일은 1834년에 프로이센의 주도로 관세 동맹을 결성하여 경제 통합을 꾀하였다.
③ 영국은 영연방 사이에 파운드 블록을 형성하여 본국과 식민지 이외의 외국 상품에 대해 높은 세금을 부과하는 정책으로 대공황을 극복하고자 하였다. 영국은 1857년에 일어난 세포이 항쟁을 진압한 뒤, 동인도 회사를 해체하고 인도를 직접 통치하였다.
④ 볼셰비키 혁명(1917)을 통해 소비에트 정부를 수립한 레닌은 급속한 공산화 정책으로 야기된 경제 혼란을 극복하기 위해 자본주의 요소를 일부 도입한 신경제 정책(NEP)을 채택하였다.
⑤ 대공황에서 벗어나기 위해 프랑스는 프랑 블록을 형성하여 식민지와 경제적 유대를 강화하고자 하였다. 제1차 세계 대전 이후 베르사유 체제하에서 국제 평화 유지를 위한 노력으로 도스안(Dawes Plan)과 영안(Young Plan)을 통해 독일의 배상금을 대폭 삭감하는 조치가 취해졌으며, 워싱턴 회의와 런던 회의를 통해 군비 축소 비율이 결정되었다.

답 ①

45 (가), (나) 인물에 대한 설명으로 옳은 것은?

[2014학년도 수능 응용]

> (가) 그는 물가가 폭등하고 실업자가 증가하는 사회 혼란을 틈타 파시스트당을 조직하였다. 민족주의 여론을 등에 업고 소시민층에서 인기를 끌게 되자, 당의 행동대인 '검은 셔츠단'을 이끌고 정권을 장악하였다.
>
> (나) 그는 아리안 인종의 우월함을 강조하며 베르사유 체제를 거부하고 재무장을 주장하였다. 그의 국가 사회주의 당은 경기 침체로 중산층이 동요하고 사회가 혼란한 상황에서 선거를 통해 제1당이 되고 마침내 권력을 장악하였다.

① (가) – 모로코 사태를 일으켜 프랑스와 대립하였다.
② (가) – 소련과 불가침 조약을 체결하였다.
③ (나) – 인민 전선 정부 구성을 주도하였다.
④ (가), (나) – 일본과 협력하여 대외 팽창을 시도하였다.
⑤ (가), (나) – 제1차 세계 대전 패배로 인한 혼란을 세력 확대에 이용하였다.

출제의도 이탈리아의 무솔리니와 독일의 히틀러

해설 (가) 이탈리아는 제1차 세계 대전의 승전국이었으나 큰 이익을 얻지 못하고 경제적 혼란을 겪었다. 이러한 사회 불안을 배경으로 1922년 파시스트당의 무솔리니는 검은 셔츠 단원들을 이끌고 로마로 진군하여 권력을 잡은 후, 파시스트 일당 독재 체제를 구축하였다. 그리고 국가 지상주의와 군국주의에 입각한 팽창 정책을 추진하였다.
(나) 독일은 제1차 세계 대전의 패배로 막대한 배상금을 물게 되어 경제가 어려웠다. 게다가 1929년에 대공황이 일어나 독일 경제는 큰 타격을 입게 되었다. 이러한 분위기 속에서 히틀러가 이끄는 국가 사회주의 독일 노동당(나치)이 1932년의 선거에서 독일 제1당이 되어 일당 독재 체제가 수립되었다. 히틀러는 아리안 인종의 우월함을 강조하는 인종주의를 내세우는 한편, 독일의 재무장을 촉구하였다.
④ 1930년대에 들어와 무솔리니와 히틀러는 국제 연맹을 탈퇴하고 본격적으로 침략적 팽창주의 정책을 추진하였다. 나아가 두 나라는 1936~1937년에 일본과 3국 간 방공 협정(소련에 대응하기 위해 맺은 협정)을 체결하고 대외 팽창을 시도하였는데, 이는 제2차 세계 대전으로 이어졌다.

오답풀이 ① 독일에 대한 설명이다. 모로코 사태는 독일과 프랑스가 모로코를 둘러싸고 대립한 사건으로, 제1차 세계 대전 전인 1905년과 1911년에 일어났다.
② 독일이 소련과 불가침 조약을 체결하였다.
③ 인민 전선 정부는 파시스트의 세력에 맞서 노동자 및 중산 계층이 연합한 것으로, 프랑스와 에스파냐에서 구성되었다.
⑤ 독일에만 해당하는 설명이다. 독일과 달리 이탈리아에는 제1차 세계 대전 때 협상국 측에 가담하여 승전국이 되었다.

답 ④

46 다음 전쟁의 결과로 옳은 것은? [2013년 10월 교육청 응용]

> **세계사신문**
>
> 진정한 평화, 무엇으로 가능한가?
>
> 루스벨트와 처칠, 전후를 구상
> 미국과 영국의 정상이 북대서양 선상에서 만나 대서양 헌장을 발표하였다. 인류의 보다 나은 미래를 위한 전쟁 후 평화 수립 원칙을 제시한 것이다.
>
> 가공할 살상력에 전율
> 섬광이 번쩍! 순간 6만 6천 명이 형체도 없이 사라지고 뒤이은 낙진으로 도시의 30만 인구 중 3분의 2가 사망하였다. 이로써 전쟁의 종결을 앞당기게 되었다.

① 베스트팔렌 조약이 체결되었다.
② 파리 강화 회의가 개최되었다.
③ 독·소 불가침 조약이 체결되었다.
④ 국제 연합이 창설되었다.
⑤ 소비에트 사회주의 공화국 연방이 수립되었다.

출제의도 제2차 세계 대전의 결과

해설 1941년 8월, 독일이 유럽을 석권하던 시기에 미국의 루스벨트와 영국의 처칠은 대서양 헌장을 발표하여 전후 평화 수립의 원칙을 확인하였다. 1945년 8월, 미국이 일본의 히로시마와 나가사키에 원자 폭탄을 투하하고 소련이 일본에 선전 포고를 하자, 일본이 무조건 항복을 선언하여 제2차 세계 대전이 막을 내리게 되었다.
④ 제2차 세계 대전이 전체주의 국가들의 패배로 끝난 뒤, 독일 뉘른베르크와 일본 도쿄에서 전범 처리를 위한 군사 재판이 열렸다. 이 재판에서는 침략 전쟁을 범죄 행위로 간주하고 비인도적 행위에 대한 책임을 추궁하였다.

오답풀이 ① 30년 전쟁의 결과 베스트팔렌 조약이 체결되었다.
② 제1차 세계 대전이 끝난 후, 전승국들은 파리 강화 회의를 개최하여 전후 혼란을 수습하고 새로운 국제 질서를 모색하였다.
③ 제2차 세계 대전 중인 1939년에 독일은 소련과 독·소 불가침 조약을 체결하고 폴란드를 기습 침공하였다.
⑤ 1922년 러시아의 레닌은 반혁명 세력을 진압한 뒤, 소비에트 사회주의의 공화국 연방(소련)을 수립하였다.

답 ④

47 밑줄 친 '회의'에 대한 설명으로 옳은 것을 〈보기〉에서 고른 것은?
[2014학년도 9월 평가원]

> 인도네시아 반둥에서 인도, 미얀마, 중국 등 아시아·아프리카 29개국이 참가한 회의가 열렸다. 참가국들은 전후 냉전 체제의 고착에 반대하며 강대국 중심의 세계 질서에 이의를 제기하였다. 이들은 국제 연합 존중, 평등과 평화, 자주와 정의의 실현 등을 촉구하였다.

■ 보기 ■
ㄱ. 트루먼 독트린에 영향을 주었다.
ㄴ. 식민주의와 인종주의에 반대하였다.
ㄷ. 참가국들은 비동맹 국가(제3세계)라고 불렀다.
ㄹ. 세계 무역 기구(WTO)의 창설을 적극 지지하였다.

① ㄱ, ㄴ   ② ㄱ, ㄷ   ③ ㄴ, ㄷ
④ ㄴ, ㄹ   ⑤ ㄷ, ㄹ

출제의도 제3세계의 등장
해설 1955년 아시아와 아프리카의 29개가 신생 독립국 대표들은 인도네시아의 반둥에 모여 선언문을 채택하고 식민주의 배격, 인종 차별 철폐, 국제 연합 가입 등의 원칙을 천명하였다(반둥 회의). 이를 계기로 개발 도상국들을 주축으로 비동맹 노선을 표방하는 제3세계가 형성되었다. 제3세계의 개발 도상국들은 미국이 주도하는 자유주의 진영과 소련이 주도하는 사회주의 진영의 어느 쪽에도 가담하지 않았으며, 상호 협력을 확대해 나갔다.
오답풀이 ㄱ. 미국은 공산주의 세력의 확산을 막기 위해 1947년에 트루먼 독트린을 발표하였다. 그리고 이에 따라 그리스와 터키에 군사 원조를 함으로써 냉전이 시작되었다.
ㄹ. 세계 무역 기구(WTO)는 자유 무역 체제를 확대하기 위해 1995년에 창설된 국제기구로, 선진 자본주의 국가가 주도하며 그들의 이해관계를 대변한다.
답 ③

48 (가), (나)의 선언이 발표된 시기 사이에 일어난 사건으로 옳지 않은 것은?
[2013학년도 9월 평가원 응용]

① 고르바초프가 페레스트로이카(개혁)와 글라스노스트(개방)를 채택했다.
② 중국의 국민당 정부가 타이완으로 옮겨갔다.
③ 인도와 중국의 총리가 평화 5원칙을 발표하였다.
④ 공산권 국가들이 코메콘(경제 상호 원조 회의)을 만들었다.
⑤ 소련이 베를린을 봉쇄하자 서방 측이 비행기로 물자를 공수하였다.

출제의도 트루먼 독트린과 반둥 회의 사이 시기 이해하기
해설 (가) 1947년 미국의 대통령 트루먼은 유럽의 공산화를 막기 위해 적극적으로 개입하여 유럽을 경제·군사적으로 지원하겠다는 입장을 발표하였다. 그리고 이에 따라 미국이 그리스와 터키에 군사 원조를 함으로써 미국과 소련 및 그들의 동맹국 사이에서 냉전이 시작되었다.
(나) 제2차 세계 대전 이후 아시아와 아프리카의 신생 독립국들은 반제국주의와 비동맹 중립주의를 선언하며 미국과 소련 중심의 냉전 체제에 속하지 않는 제3세계를 형성하였다. 특히 1955년에 열린 반둥 회의에 참석한 아시아·아프리카의 29개국은 세계 평화와 협력을 추구하는 평화 10원칙을 발표하였다.
② 국·공 내전에서 승리한 공산당은 1949년 중국 대륙에 중화 인민 공화국을 수립하였고, 패배한 국민당 정부는 타이완으로 옮겨갔다.
③ 1954년 인도와 중국의 총리가 발표한 평화 5원칙을 계기로 아시아·아프리카 국가들의 연대가 강화되었다.
④ 공산권 국가들은 미국의 마셜 플랜에 대항하기 위해 1949년에 코메콘(경제 상호 원조 회의)을 만들었다.
⑤ 독일의 분할 이후 서방 국가들이 점령한 지역에서 화폐 개혁을 실시하자, 소련이 반발하여 베를린으로 통하는 도로를 폐쇄하였다. 이에 미국과 영국은 비행기를 동원하여 1948년부터 1949년 사이 11개월 동안 생필품을 공급하였다.
① 소련의 당 서기장인 고르바초프는 1985년 페레스트로이카(개혁)와 글라스노스트(개방)를 전격적으로 채택하였다.
답 ①

49 다음 성명이 나오게 된 배경으로 적절한 것은?

[2014년 3월 교육청]

> 저우언라이 수상과 나의 안보 보좌관인 헨리 키신저 박사는 베이징에서 대화를 가졌다. 중화 인민 공화국을 방문하려는 나의 의향을 알고 있는 저우언라이 수상은 초청장을 제시했고, 나는 기꺼이 수락했다. 중국과 미국 지도자 간의 화합은 양국의 관계 정상화를 추구하기 위한 것이다.
>
> — 미국 대통령의 성명 —

① 국제 연맹이 창설되었다.
② 닉슨 독트린이 발표되었다.
③ 전체주의 정권이 등장하였다.
④ 소비에트 연방이 해체되었다.
⑤ 동유럽 공산주의 정권이 붕괴되었다.

출제의도 닉슨 대통령의 중국 방문

해설 1969년에 미국의 대통령 닉슨은 "아시아의 방위는 아시아인의 힘으로 한다."라는 내용의 닉슨 독트린을 발표하였다. 닉슨 독트린은 미국은 베트남 전쟁과 같은 군사적 개입을 피하고, 핵에 의한 위협의 경우를 제외하고는 내란이나 침략에 대하여 아시아 각국이 스스로 협력하여 그에 대처하도록 한다는 내용을 담고 있는데, 이러한 선언은 냉전 체제의 완화를 가져왔다. 나아가 닉슨 대통령은 중국과의 국교 정상화도 추진하였다. 그 결과 1971년 8월에 헨리 키신저 박사가 비밀리에 중국 베이징을 방문하여 저우언라이 수상과 회담을 가졌고, 1972년 2월에는 닉슨 대통령이 베이징을 방문하여 마오쩌둥과 정상 회담을 가졌다.

오답풀이 ① 국제 연맹은 제1차 세계 대전 이후인 1920년에 설립된 국제 평화 기구이다.
③ 전체주의는 강력한 국가 권력이 국민 생활을 간섭·통제하는 사상 및 그 체제를 의미한다. 제2차 세계 대전을 유발한 이탈리아의 파시즘, 독일의 나치즘, 일본의 국군주의가 대표적이다.
④ 1991년 소련 공산당 보수파가 고르바초프의 개혁에 반발하여 일으킨 쿠데타를 옐친이 저지하고 실권을 장악한 뒤, 소비에트 연방을 해체하고 독립 국가 연합을 결성하였다.
⑤ 1980년대 후반 소련의 개혁·개방 정책으로 동유럽 공산주의 국가들이 변화하면서 폴란드, 루마니아, 헝가리, 체코슬로바키아 등에서 공산주의 정권이 붕괴되었다. 또한, 1989년에는 베를린 장벽이 붕괴되었고, 1990년에는 독일이 통일되었다.

답 ②

50 다음 대화의 주제로 가장 적절한 것은?

[2013학년도 수능]

① 동유럽의 공산화와 냉전 체제의 성립
② 사회주의권의 붕괴와 민족주의의 분출
③ 비동맹 중립주의의 등장과 냉전 체제의 변화
④ 제1차 세계 대전의 종결과 신생 독립국의 등장
⑤ 동유럽 각국의 유럽 연합 가입과 유럽 통합의 진전

출제의도 동유럽 공산권의 붕괴 이해하기

해설 사회주의 경제 체제의 비효율성으로 인한 경제 낙후 현상이 동유럽에 일반화되면서 자유와 민주화에 대한 요구가 고조되었다. 특히 20세기 말 사회주의권이 붕괴되고 민족주의가 확산되면서 동유럽 지역에서는 민주화의 바람이 불었다. 체코슬로바키아는 1993년 1월, 74년 동안이나 이어져 오던 연방을 분리·해체하기로 합의하여 각각 체코와 슬로바키아로 나누어졌다.
유고슬라비아는 1991년 동유럽을 휩쓴 공산 정권 붕괴의 바람 속에서 연방을 이루었던 6개 공화국 중 크로아티아, 슬로베니아, 마케도니아, 보스니아-헤르체고비나가 차례로 독립하였다. 이어 1992년에는 세르비아와 몬테네그로가 신유고슬라비아 연방 공화국(세르비아-몬테네그로)을 수립하였다가, 2006년에 몬테네그로가 독립을 선언함으로써 완전히 해체되었다. 또한, 독일에서도 1989년의 민주화 열풍 속에서 동독의 강경 보수 지도부가 해체되면서 베를린 장벽이 붕괴되었고, 1990년에 평화롭게 재통일되었다.

오답풀이 ① 제2차 세계 대전 종전 이후 동유럽의 공산화에 대응하여 미국이 트루먼 독트린(1947)을 발표하면서 냉전 체제가 성립되었다.
③ 1955년 반둥 회의를 전후하여 비동맹 중립주의를 표방한 제3세계가 성립되면서 미·소 중심의 냉전 체제에 커다란 변화가 나타났다.
④ 제1차 세계 대전은 1918년에 종결되었다.
⑤ 동유럽 사회주의 체제 붕괴 이후에 동유럽 각국이 유럽 연합에 가입하여 유럽 통합을 진전시켰다.

답 ②

MEMO

PART 3

중국사

01 　중국 최초의 통일 제국 – 진(秦)과 한(漢)
02 　동아시아 세계의 형성과 발전
03 　송의 발전
04 　북방 유목 민족의 성장과 몽골 제국의 발전
05 　명 · 청 제국의 발전
06 　중국의 개항과 근대 국가 수립 운동

• ✚ ▣ 빨간색 글씨 심화 과정은 이만적 교수님의 무료 강의를 들어야 이해하기 쉬워요!

• ✚ ▣ 빨간색 글씨 심화 과정은 고급 수준의 내용이며, 중급까지 원하시는 분은 보시지 않아도 됩니다.

CHAPTER 01 중국 최초의 통일 제국 – 진(秦)과 한(漢)

1 춘추 · 전국 시대

■ 춘추 · 전국 시대

서주	동주	
	춘추 시대	전국 시대 (철기와 우경)
	토지 공유제 (정전제)	토지 사유제
	종법 제도	관료제, 군현 제도

*춘추 5패
제의 환공, 진의 문공, 초의 장왕, 오의 부차, 월의 구천

*전국 7웅
진, 초, 제, 연, 한, 위, 조의 7국

*우경
소를 경작에 이용하는 농업 기술

*제자백가
제자는 여러 학자를, 백가는 여러 학파를 의미

■ 전술의 변화

▲ 춘추 시대는 전차 중심

▲ 전국 시대는 보병 중심

(1) 시기 : 유목 민족의 침입으로 주(周)가 수도를 낙읍으로 이동한 이후부터 진(秦)이 중국을 통일할 때까지
― 견융의 침입으로 수도를 호경(현재의 시안)에서 낙읍(뤄양)으로 이동

(2) 춘추 시대(B.C. 770~B.C. 403) : 주 왕실의 권위 인정 → 춘추 5패*
― 존왕양이(왕을 지키고 오랑캐를 무찌름) 표방

(3) 전국 시대 : 전국 7웅*이 약육강식의 치열한 경쟁을 벌임.
― 진(晉)이 한, 위, 조로 분열되면서 전국 시대 시작

(4) 철기의 사용 : 철제 농기구 사용, 우경* 보급 → 농업 생산력 향상 → 상업과 수공업 활동이 활발해짐. → 시장과 도시 발달, 청동 화폐 사용

(5) 제자백가*의 출현 : 혼란한 사회를 바로잡기 위한 사상 등장

학파	학자	주장
유가	공자, 맹자, 순자	인과 예 강조(도덕 정치)
도가	노자, 장자	자연 그대로의 삶 강조(무위자연)
법가	상앙, 한비자	엄격한 법 적용 강조
묵가	묵자	차별 없는 사랑(겸애) 강조
병가	손자	전쟁의 방법 제시

▲ 춘추 5패 　　　　▲ 전국 시대

2 진의 중국 통일

(1) 진(秦)의 통일 : 진시황제가 법가 사상을 바탕으로 부국강병에 성공 → 춘추·전국 시대의 혼란을 수습하여 최초로 중국 통일(B.C. 221)
- 황제는 '하늘의 신'이라는 뜻으로, 이후 계속 중국 지배자의 호칭으로 사용되었다.

(2) 시황제의 통치 정책
① **정치** : 황제 칭호 사용, 군현제* 실시(지방에 관리 파견), 도로망 정비 → 중앙 집권 체제 확립
② **대외 정책** : 남방 원정(베트남 북부 차지), 흉노 토벌, 만리장성 축조(흉노를 비롯한 북방 민족의 침입에 대비)
③ **경제** : 화폐 사용, 도량형*과 문자의 통일 → 각 지역 간 경제·문화 교류가 원활해지고 황제 지배 체제의 기초가 확립됨.
④ **사상** : 법가 사상을 통치의 근본 원리로 삼음. → 분서갱유 단행

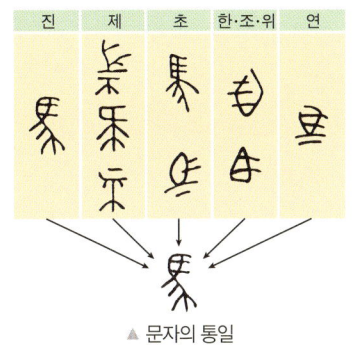
▲ 문자의 통일

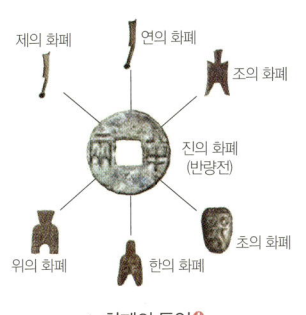
▲ 화폐의 통일

(3) 진의 멸망
① **배경** : 가혹한 통치, 빈번한 대규모 토목 공사(만리장성*, 아방궁 등)
② **농민 반란** : 시황제 사후 진승·오광의 난을 계기로 전국 각지에서 반란이 일어나 멸망(B.C. 206)

3 한 대 중국 문화의 기틀 마련

(1) 한(漢)의 성립과 발전
① **한의 성립** : 유방(고조)이 항우를 물리치고 중국 재통일 → 수도를 장안으로 정하고 한 건국(B.C. 202)
② **한 고조의 정책**
 ㉠ 군국제 실시 : 중앙은 군현제, 지방은 봉건제로 통치
 ㉡ 농민의 세금 감면 등 농민 생활의 안정을 위해 노력

---

*군현제
전국을 군으로 나누고 군을 다시 현으로 나누어 각 군에 황제가 임명한 관리를 보내어 통치하는 중앙 집권 체제

*도량형
길이를 재는 자, 양을 재는 되, 저울의 무게를 재는 추를 의미하는 것으로 길이·부피·무게를 재는 단위를 가리킨다.

■ 진·한 시대 3공 9경 제도
3공에는 승상(재상), 태위(군사), 어사대부(감찰)가 있었고, 그 아래 9경이 있었다.

✚ 우리나라 초기 철기 시대 유적지에서 명도전(연, 제)·반량전(진)·오수전(한)의 화폐가 발견되어 초기 철기 시대 중국과 우리나라의 교류를 알 수 있다.

*만리장성
중국은 춘추 시대(B.C. 770~B.C. 443)부터 부분적으로 성벽을 건축하였으며, 기원전 220년에 최초로 통일 국가를 이룩한 진시황이 북쪽의 흉노를 견제하기 위해 이들 성벽을 연결시켜 재건하였다. 이후 한(漢)·명(明)나라를 거치면서 완성되었다. 총 길이는 약 5,000~6,000km에 이르며, 역사적·전략적·건축학적으로 중요한 성벽으로 인정받아 1987년 유네스코 세계 문화유산에 등재되었다.

▲ 만리장성

▲ 봉건 제도, 군현 제도, 군국제의 비교

(2) 한 무제의 정책

① **군현제⊕ 실시** : 모든 지방에 군현을 설치하여 관리 파견 → 중앙 집권 체제 강화
② **유교의 통치 이념화** : 동중서의 건의를 받아들여 유학을 국가의 통치 이념으로 삼음, 태학 설립, 유학의 수준을 평가하여 관리 선발 ─ 경학(훈고학)
③ **대외 정책**
  ㉠ 영토 확장 : 흉노 토벌⊕, 북부 베트남·고조선 정복
  ㉡ 흉노를 격퇴하기 위해 장건을 대월지로 파견하여 동맹 추진 → 비단길 개척
   ─ 이후 인도에서 쿠샨 왕조 세움.
④ **경제 정책**
  ㉠ 정복 사업에 따른 재정 부족 → 국가의 재정 확보를 위해 소금과 철의 전매제* 실시
  ㉡ 균수법*과 평준법* 실시 → 물가 조절
  ㉢ 오수전 주조 → 전국에 유통시킴.

■ **주 왕조와 서양의 봉건 제도**
주나라의 봉건 제도는 혈연을 토대로 하였고, 서양 중세의 봉건 제도는 토지를 매개로 한 쌍무적 계약 관계를 토대로 하였다.

⊕ 한 경제가 오초 칠국의 난을 진압하여 한 무제가 군현제를 실시할 수 있게 되었다.

⊕ 한 고조 유방은 흉노의 묵특(묵돌) 선우에게 평성의 치(역)을 당하였다. 하지만 한 무제는 흉노를 정벌하였고, 이후 일부 흉노가 서쪽으로 이동하여 서로마 제국을 정복한 게르만 족을 압박했던 훈 족이 되었다는 설이 있다.

*전매제
국가가 특정 상품의 판매를 독점하는 제도

*균수법
지방 특산물을 값비싼 곳에 옮겨 팔아 물자의 원활한 유통과 재정 강화 도모

*평준법
중앙의 평준소에서 각지의 재물을 쌀 때 사서 비쌀 때 팔아 재정 강화

▲ 오수전

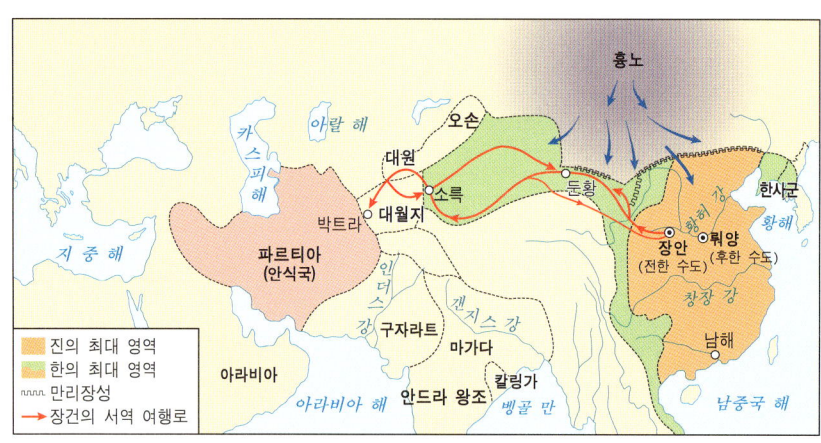
▲ 진·한 대의 영역

(3) 한의 쇠퇴
① **신(新, 8~23) 건국**: 외척인 왕망이 한을 멸망시키고 건국 → 토지 국유화, 노비 매매를 금지하여 호족 견제 시도
② **후한(25~220)의 성립과 멸망** ♥map
- 왕망이 세운 신(新) 이전 시기를 전한(前漢), 신 이후의 시기를 후한(後漢)이라 한다.
- ㉠ 건국: 광무제가 호족의 지원을 받아 신을 멸망시키고 후한 건국✚
- ㉡ 멸망: 정치 문란, 중앙의 통치력 약화, 농민 반란(황건적의 난*), 호족*들의 다툼 → 삼국(위·촉·오)으로 분열되면서 멸망(220)

(4) 한의 경제와 사회
① **경제 발전**: 농업 생산량의 증대, 수공업의 발달(질 좋은 비단, 칠기, 옥제품 등 생산)
② **호족 중심 사회**: 후한의 건국을 도와 지배층으로 성장, 독자적인 지방 세력, 향거리선제*를 통해 중앙 관료로 진출
③ **농민 몰락 방지책**: 개인의 토지 소유를 제한하는 한전법 제정, 신을 세운 왕망은 토지의 국유화 반포
    — 전한의 애제가 실시

(5) 한의 문화
① **중국 전통문화의 기틀 마련**
- ㉠ 한자의 정리: 한자(漢字)가 오늘날의 형태로 정리됨.
- ㉡ 역사서의 편찬: 사마천(전한)의 『사기』, 반고(후한)의 『한서』 → 기전체✚로 서술, 후대 역사 서술의 모범이 됨.
- ㉢ 종이의 발명: 채륜(후한)이 종이 만드는 법 개량 → 학문과 사상의 발전에 크게 이바지함.
- ㉣ 과학 기술의 발달: 지진계(지동의*), 해시계, 천체 관측 기구인 혼천의 등 발명
- ㉤ 불교의 전래: 비단길✚을 따라 처음으로 중국에 소개(후한)

② **유교의 발전**: 한 무제가 유교를 통치 이념으로 삼음.
- ㉠ 유학 교육: 수도에 태학 설치, 지방에 오경박사를 파견하여 유교 경전을 가르침. → 인재 양성
- ㉡ 유학의 생활화: 학문의 중심, 관리 선발과 일상생활의 기준이 됨.
- ㉢ 유학 경전: 『시경』, 『서경』, 『역경』, 『춘추』, 『예기』
- ㉣ 훈고학의 발전: 유교 경전의 정리와 해석 중시

▲ 훈고학(경학, 한당유학)

✚ 전한의 수도는 장안(시안), 후한의 수도는 낙양(뤄양)

*황건적의 난
태평도라는 종교 집단을 이끌던 장각이 후한 말기에 일으킨 농민 반란으로, 노란 수건을 머리에 둘러 '황건적'이라고 불렸다. 후한의 멸망을 초래한 대표적인 농민 반란이다.

*호족
향촌의 질서 유지, 대토지 소유, 사병 보유, 농민 지배, 교육 담당

*향거리선제
지방관이 관내의 우수한 인물을 추천하는 제도

✚ 본기(황제), 세가(제후), 지(제도와 문물), 열전(인물), 연표로 구성된다. 우리나라의 『삼국사기』(김부식)와 『고려사』(김종서)도 기전체 역사서이다.

*지동의
지진이 일어나면 지진이 일어난 방향에 있는 용의 입에서 구슬이 떨어져 지진의 방향을 알려 주는 기구

✚비단길
전한 때는 장건이 활동하였고, 후한 때는 반초가 활동하였고, 감영을 대진국(로마)으로 파견하려 하였다.
cf)로마 황제의 사신은 바닷길로 한나라를 방문하였다.

CHAPTER 02 동아시아 세계의 형성과 발전

1 위·진·남북조 시대

(1) 삼국 시대 : 후한 멸망 이후 삼국(위·촉·오)으로 분열 → 진(晉)이 중국을 다시 통일(사마염, 280)

(2) 5호* 16국 시대 : 진이 흉노의 공격으로 멸망, 북방 여러 민족의 침입 → 한족이 강남으로 이동하여 동진 건국, 화북 지역은 북방 여러 민족이 난립(5호 16국)

(3) 남북조 시대 : 북쪽 유목 민족의 왕조들과 남쪽 한족 왕조들 간의 대립 지속
① **북조(화북 지역)** : 북위(선비족)의 5호 16국 통일(439) → 여러 유목 민족 왕조 성립
② **남조(강남 지역)** : 동진을 이어 여러 한족 왕조(송-제-양-진)가 세워짐.

*5호(五胡)
유목 민족인 흉노·선비·갈·저·강의 다섯 종족으로, 이들이 화북에 16개의 나라를 세웠다.

■ 한국사
- 4세기 : 5호 16국 시대에 백제의 근초고왕과 고구려의 광개토 대왕이 활동
- 5·6세기 : 남북조 시대에는 고구려 장수왕과 신라의 진흥왕이 활동

■ 한국사
- 삼국 시대 : 위나라의 공격으로 고구려 동천왕은 수도를 잃고 피난
- 5호 16국 시대 : 전연이 고구려 고국원왕을 공격하여 수도 함락, 전진이 고구려 소수림왕에게 불교 전파, 광개토 대왕이 후연 격파

▲ 삼국과 5호(五胡)

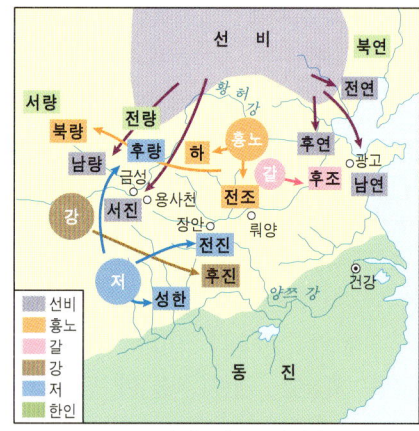
▲ 5호의 이동과 16국의 성립

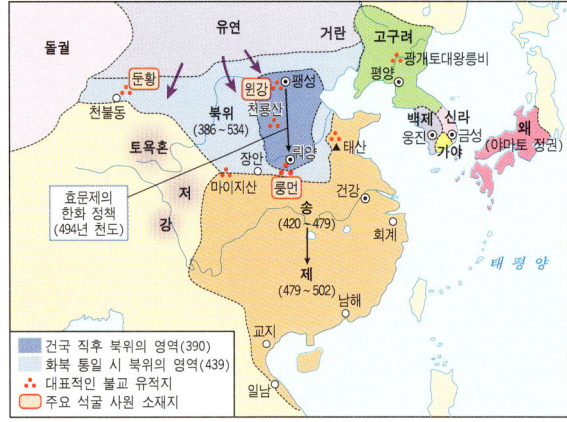
▲ 북위의 영역

심화 북주와 북제

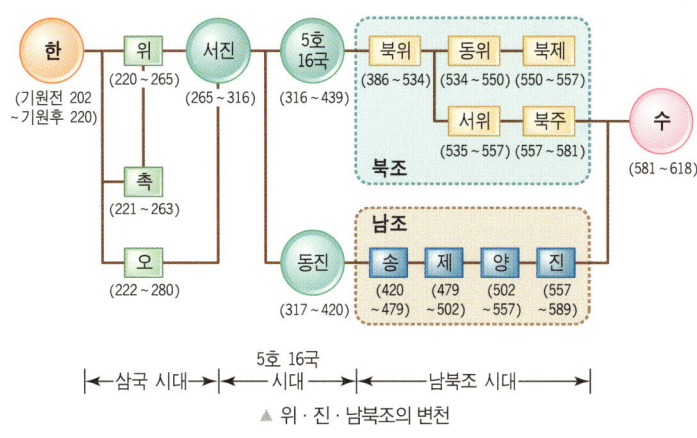
▲ 위·진·남북조의 변천

■ 한국사
무령왕릉에서는 오수전(한나라와 남조의 양나라 화폐)과 일본의 금송으로 제작된 관이 발견되었다.

2 위·진·남북조 시대의 사회와 문화

(1) 사회
① **9품중정제*** 실시 : 호족이 세습적으로 관직 독점 → 문벌 귀족으로 성장
② **북위의 한화 정책*** : 한족의 제도와 문물을 적극 수용
　└ 효문제가 실시

(2) 문화
① **불교 발전** : 대규모 석굴 사원 조성(둔황·윈강·룽먼 석굴 사원 등)
　┌ 간다라 미술의 영향을 받고 신라의 석굴암에 영향을 줌.

*9품중정제
지방의 중정관이 인재를 9등급으로 분류하여 추천하면 중앙 정부가 관리로 임용하는 제도로, 주로 호족 세력이 추천되어 중앙 관리로 진출하였다.

*한화 정책
효문제는 선비족의 복장과 언어를 금지하고 중국의 성을 쓰도록 하였으며, 한족과의 혼인도 적극 장려하였다.

▲ 윈강 석굴 사원

▲ 룽먼 석굴 사원

② **도교 발전** : 도가 사상에 신선 사상 및 민간 신상이 결합, 교단 조직 ── 북위의 구겸지가 조직
③ **청담 사상*** 유행 : 귀족을 중심으로 자연과 함께 살아가는 풍조 유행
④ **귀족 문화 발달** : 도연명의 시('귀거래사'), 왕희지의 글씨, 고개지의 그림('여사잠도') 등 + 4·6변려체(발해의 정혜·정효 공주 묘지와 최치원의 글에도 나타남)

*청담 사상
어지러운 현실 세계에서 벗어나 자연과 함께 살아가려는 사상

▲ 고개지의 '여사잠도'

▲ **죽림칠현(竹林七賢)** | 중국 위(魏)·진(晉)의 정권 교체기에 혼탁한 정치권력에 등을 돌리고 노자와 장자의 무위 사상을 숭상하여 죽림에 모여 청담으로 세월을 보낸 일곱 명의 선비(산도, 왕융, 유영, 완적, 완함, 혜강, 향수)를 뜻하는 말이다.

3 통일 제국 – 수(隋)·당(唐)

(1) 수의 남북조 통일

① **문제** : 남북조 통일(589), 9품중정제 폐지, 과거제 실시, 각종 제도 정비(균전제, 조·용·조, 부병제❋)
　　└ 수 문제가 실시, 고려는 광종 때 실시

② **양제** : 대운하 건설 → 남북 간의 물자 유통 활발
　　└ 을지문덕의 살수 대첩에서 패배

③ **수의 멸망** : 대규모 토목 공사, 대군을 동원한 고구려 원정 실패 → 멸망(618)

❋ 북위 시대부터 조(전세)·용(요역)·조(공납), 부병제(군역) 실시

*율령
'율'은 형벌에 관한 법이고, '령'은 행정에 관한 법으로, 국가 통치의 기본이 되는 법률

*돌궐
튀르크를 한자로 옮긴 말로, 수·당 대에 중국의 북쪽에 살았던 유목 민족

❋태종은 동돌궐을 정복하고 고구려를 공격하였으나 연개소문에게 패배(안시성 싸움)하였고, 고종은 서돌궐을 정복하고 백제와 고구려를 정복하였다.

*도호부
당이 돌궐, 거란 등을 멸하고 정복지에 두었던 통치 기구
🔖 안동도호부(고구려 지배 목적), 웅진도독부(백제 지배 목적), 계림도독부(신라 지배 목적)

*절도사
국경 방어가 어려워지자 국경 주변에 절도사 설치, 절도사들은 독자적 세력을 형성하여 중앙 정부에 대항

*양세법
대토지 소유 인정, 사람이 아닌 호구를 기준으로 재산의 차등에 따라 여름과 가을에 세금을 거두는 제도

*모병제
세금으로 직업 군인 모집

▲ 수의 영역　　▲ 수의 대운하

(2) 당의 발전

① **당의 건국과 발전** : 당 고조(이연)가 장안을 수도로 삼아 건국(618) → 태종의 율령* 체제 완성, 돌궐* 정벌(동서 교역로 확보)❋
　　└ '정관의 치'

② **당의 통치 체제**
　㉠ 정치 제도 : 3성 6부제(중앙의 최고 행정 기관), 과거제 실시
　　　└ 발해와 고려가 3성 6부를 독자적으로 수용(발해는 기관의 명칭이 다르며 이원적으로 운영, 고려는 2성 6부), 백제·신라·조선은 주나라의 6전 제도 수용
　㉡ 조세 제도 : 균전제(성인 남자에게 토지 지급), 조·용·조(토지를 받은 농민이 곡물·노동력·직물 납부), 부병제(토지를 받은 농민이 일정 기간 군복무)

③ **당의 쇠퇴**
　㉠ 안·사의 난(755) 이후 쇠퇴 : 8세기 중엽 이후 도호부* 대신에 절도사* 세력 강화, 균전제와 조·용·조, 부병제 붕괴 → 양세법*·모병제* 실시
　㉡ 멸망 : 황소의 난(9세기 말) 이후 절도사 주전충에게 멸망(907)
　　└ 현종이 '무위의 화'(고종의 황후였던 측천 무후가 당을 무너뜨리고 주나라 건국, 이후 다시 당 왕조가 부활한 후 중종의 황후도 찬탈 시도)를 끝내고 '개원의 치'를 이루었으나 양귀비에 빠져 안록산과 사사명의 난이 발생함.

▲ 당의 3성 6부제

▲ 당의 영역

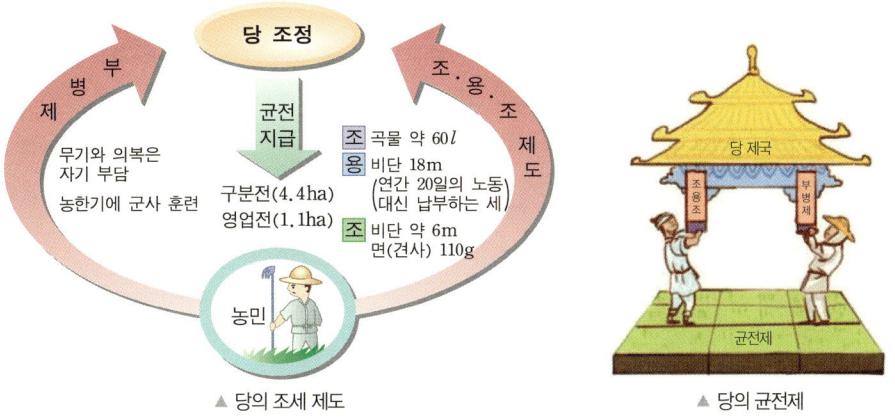

▲ 당의 조세 제도　　▲ 당의 균전제

(3) 당의 문화

① **귀족적 성격** : 이백·두보 등 시인 활약, 당삼채* 유행, 왕유의 산수화, 글씨로 구양순 유명 ── 당나라는 국제적·귀족적 성격, 송나라는 서민적·국수적 성격

② **유학** : 『오경정의』 편찬(훈고학* 집대성) ── 공영달이 저술, 과거 시험에서 이 책만 외우면 합격하게 되어 사상의 획일화가 이루어져 유학이 침체하게 됨.

③ **국제적 성격** : 조로아스터교*·마니교*·네스토리우스교(경교)*·이슬람교 등 전래, 현장의 『서유기』, 호선무(중앙아시아 춤) 유행

④ **중국화된 불교 유행** : 선종, 정토종(불교의 대중화), 현장의 『대당서역기』

▲ 장안성

── 페르시아의 영향
*당삼채
흰색·갈색·녹색 유약을 써서 구운 화려한 도자기로서, 낙타·서역인·서역 악기 등이 표현되어 있으며, 귀족적이고 국제적인 당 문화의 특징을 잘 보여 준다.

▲ 당삼채

*훈고학
유학 경전의 문자와 어구 연구를 통해 문장을 바르게 해석하고 고전 본래의 사상을 이해하려는 학문

*조로아스터교
세상을 선과 악이 대립하는 장소로 보고, 인간은 둘 중 한쪽을 선택해야 하되 선을 선택해야 최후의 심판 때 천국으로 갈 수 있다고 믿는 종교

*마니교
조로아스터교에 크리스트교와 불교를 융합한 종교

*네스토리우스교(경교)
크리스트교의 일파

4 동아시아 문화권의 형성

(1) 동아시아 문화권 형성 : 당의 제도와 문물이 한반도, 일본, 베트남 등에 전파되어 형성

(2) 당 대의 동아시아
① **한반도** : 삼국 통일 후 신라의 당 문화 수용
② **북부 베트남** : 당에서 불교 수용, 당의 시 문학 영향
③ **일본** : 수·당에 견수사와 견당사*를 파견하여 중국 문화 수용

> *견수사·견당사
> 나라 시대와 헤이안 시대에 선진 문물을 수입하기 위해 파견

(3) 당 문화의 영향
① **한자** : 한반도의 이두, 일본의 가나, 베트남의 쯔놈 문자에 영향
② **불교** : 각국 왕실의 권위를 높이고 학문과 예술 발달에 기여
③ **율령** : 각국의 통치 체제 정비에 영향

(4) 동아시아 문화권의 공통 요소 : 한자, 율령, 유교, 불교

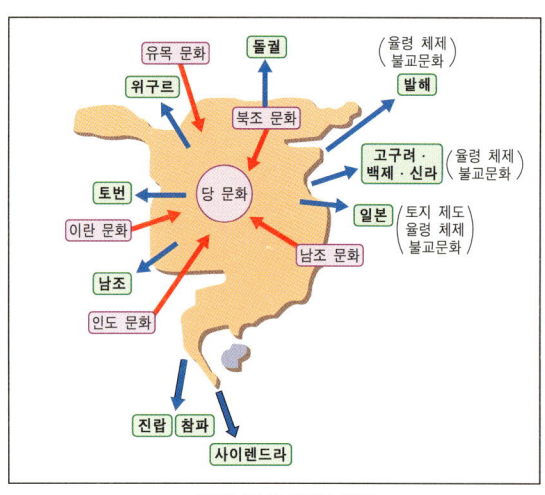
▲ 동아시아 문화권의 형성

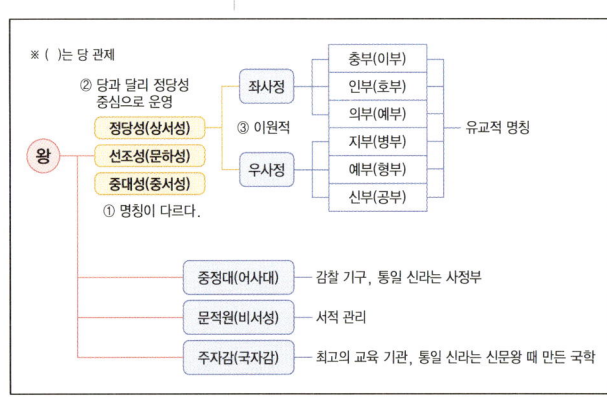
▲ 발해의 3성 6부

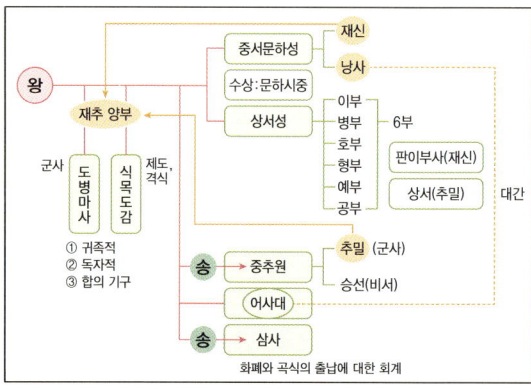
▲ 고려의 중앙 정치 조직

CHAPTER 03 송의 발전

1 송의 건국과 발전

(1) 건국 : 당 멸망 이후 각지의 절도사들이 각각 나라를 세워 5대 10국*으로 분열 → 후주의 절도사였던 조광윤(태조)이 혼란기를 통일하여 송 건국(960)
— 이때 고려는 광종

(2) 태조의 정책
① **황제권 강화** : 군대를 황제 직속으로 개편, 과거 시험을 황제가 직접 주관
② **문치주의 실시** : 과거로 선발된 문인 관료 우대 → 사대부* 성장
— 수·당의 과거제는 이부시(이부가 과거 주관), 송나라 때는 전시(황제가 직접 주관) 도입

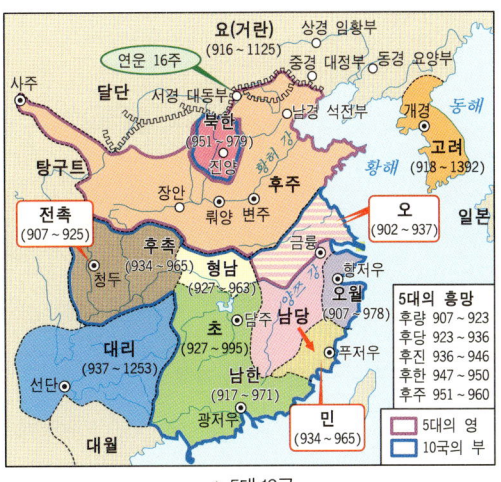
▲ 5대 10국

(3) 송의 변천
① **군사력 약화** : 지나친 문치주의로 군사력 약화 → 북방 민족의 잦은 공격, 평화 유지를 위해 매년 막대한 은과 비단을 줌.
② **왕안석의 개혁** : 민생 안정과 부국강병을 위한 개혁 → 보수파 관료들의 반대로 실패
③ **남송의 성립** : 금의 침략으로 화북 지방을 빼앗기고 양쯔 강 이남 임안(항저우)으로 수도를 옮김⊕(남송 시대, 1127). → 몽골의 침입으로 멸망(1279)

▲ 북송과 요·서하의 대립(11세기)

▲ 남송과 금의 대립(12~13세기)

---

*5대 10국
당이 멸망한 이후 절도사들이 잇달아 나라를 세워 서로 대립하던 시기

■ 5대
후량(주전충) → 후당 → 후진(석경당이 거란에게 연운 16주 바침) → 후한 → 후주(후주의 쌍기가 고려 광종에게 과거제 건의)

■ 10국
오월(견훤의 후백제와 친선) 등

*사대부
송 대에 형성된 유교적 소양을 갖춘 관료 지식층으로, 경제적으로는 중소 지주층 출신이 많았다.

⊕ 정강의 변이라고 한다. 이후 남송의 악비의 활동이 있었다.

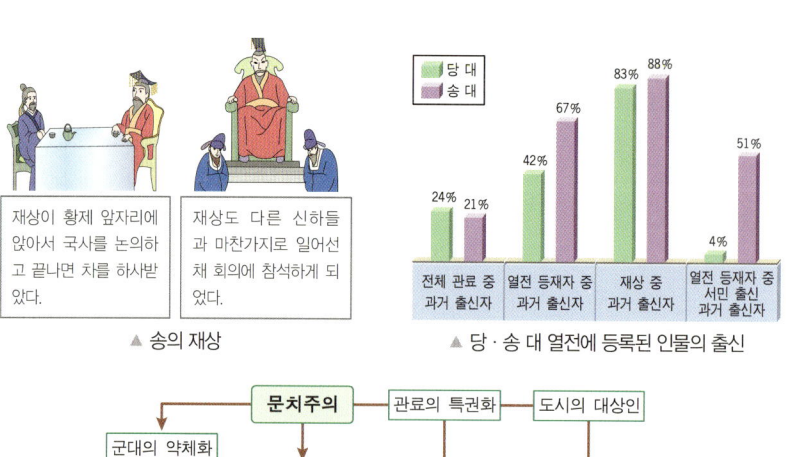

▲ 송의 재상

▲ 당·송 대 열전에 등록된 인물의 출신

▲ 왕안석의 개혁

(4) 송의 경제 발전

① **농업**: 강남을 중심으로 모내기법 보급, 이모작* 가능 → 강남 지역이 곡물 생산의 중심지로 발전, 상품 작물의 대량 생산(차, 면화 등) ─이앙법, 참파벼 도입

② **상업**: 상업 도시 번영(북송의 카이펑, 남송의 항저우), 상공업자들이 동업 조합(행·작)* 결성, 화폐 사용 증가, 지폐(교자·회자) 유통✚, 전국적인 규모의 시장 형성

- **인구 증가**: 농업과 상업의 발달로 인구도 크게 늘어 송 대에 1억 명을 넘어서게 되었다.

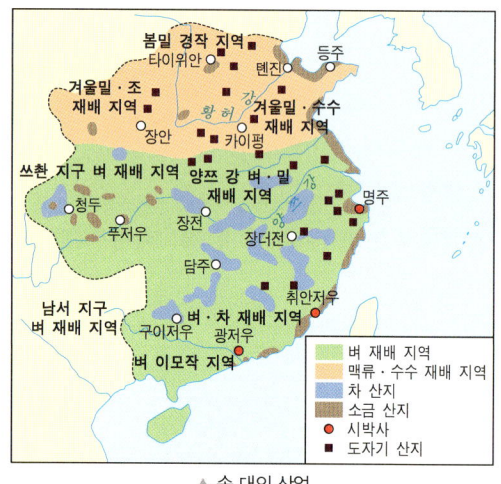

▲ 송 대의 산업

③ **해상 교역의 발달**
  ㉠ 해상 무역 발달: 조선술·항해술·지도 제작 기술 발달, 항해에 나침반 이용
  ㉡ 시박사* 설치: 정부가 해외 무역 관리 ─행과 시박사는 이미 당나라때부터 있었음.

▲ 카이펑의 청명절 풍경을 그린 '청명상하도'

---

*이모작
일 년에 두 종류의 농작물을 번갈아 가며 재배하는 방법

*동업 조합(행·작)
동업 조합인 행(상인)과 작(수공업자)은 계획적인 생산과 판매에 도움이 되었지만, 자유로운 경제 활동을 가로막는 측면도 있었다.

✚당(비전), 북송(교자, 세계 최초의 지폐), 남송(회자)

*시박사
무역세 징수와 무역 허가증 관리 등 대외 무역과 관련된 업무를 담당하던 관청으로, 항저우·취안저우 등에 설치되었다.

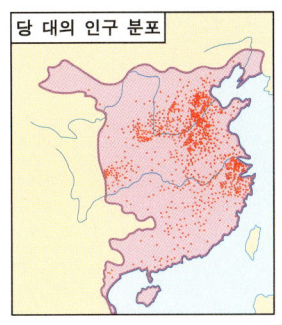 

▲ 강남 지방의 발전

2 성리학과 서민 문화 및 과학의 발달

(1) 성리학의 발달
① **성리학** : 유교 경전 해석에 치중하던 경향에서 벗어나 인간의 심성과 우주의 원리를 탐구하는 새로운 경향 대두 → 주희에 의해 성리학으로 집대성 ─선종의 영향
② **발전** : 인간의 도리와 군신 간의 의리 중시 → 송의 통치 이념, 동아시아 여러 나라의 정치 이념으로 발전

(2) 서민 문화의 발달
① **배경** : 서민의 사회·경제적 지위 향상
② **내용** : 카이펑, 항저우 같은 대도시에 전문 공연장이 등장하여 만담, 곡예, 인형극 등의 서민 오락 성행

(3) 역사학 : 황제 독재 체제의 정통성과 성리학적 대의명분 강조 → 사마광의 『자치통감』
─왕안석의 신법을 반대했던 보수파

(4) 과학 기술의 발달 : 화약, 나침반, 활판 인쇄술 발명(송의 3대 발명품) → 이슬람 세계를 거쳐 유럽에 전파

● 송 대의 발명품은 이슬람 세계를 통해 유럽 사회에 전해져 큰 영향을 끼쳤다. 화약은 봉건 기사의 몰락을 가져왔고, 나침반은 신항로의 개척을 가능하게 하였으며, 활판 인쇄술은 지식의 보급을 촉진하여 르네상스와 종교 개혁에 기여하였다.

중국 지배층
- 한(호족)
- 위·진·남북조·수·당(문벌 귀족)
- 송·원(사대부)
- 명·청(향신=신사)

◀ 몽골 군인(좌)과 송나라 군인(우)

CHAPTER 04 북방 유목 민족의 성장과 몽골 제국의 발전

1 북방 유목 민족의 성장

(1) 요(거란족, 10세기)

① 거란족의 야율아보기가 부족 통일(916) → 국호를 요(遼)로 고침(946).
② 발해 정복, 화북 지방의 연운 16주 지배, 고려 공격❖, 송과 전연의 맹(1004)
③ 금과 송의 연합 공격으로 멸망(1125)
④ 이원적 통치 체제 실시, 거란 문자 사용, 『(거란) 대장경』 편찬
  ● **통치 체제** : 유목 민족은 부족제 적용(북면관제), 농경 민족(한족)은 주현제 방식 채택(남면관제)

❖ 1차 침입(서희의 활약, 고려의 강동 6주 차지), 2차 침입(개경 함락, 양규의 활약), 3차 침입(강감찬의 흥화진 전투와 귀주 대첩)

(2) 서하(탕구트 족, 11세기)

① 비단길 장악 → 동서 무역을 통해 번영
② 몽골에 의해 멸망(1227)
③ 과거제 시행, 서하 문자 사용

(3) 금(여진족, 12세기)

① 여진족의 아구다가 부족을 통일하고 금 건국(1115) → 송을 공격하여 화북 지방 차지
② 몽골에 의해 멸망(1234)
③ 이원적 통치 체제 실시(여진족 - 맹안·모극제*, 한족 - 주현제), 여진 문자 사용

— 당시 고려의 정세 : 금 건국 이전(고려 숙종 때 윤관이 별무반을 조직하고, 예종 때 동북 9성을 설치하였다가 여진족에게 반환), 금 건국 이후(인종 때 외척 이자겸이 금에 사대 외교)

*맹안 모극제
300호를 1모극부, 10모극부를 1맹안부로 구성하고, 1모극부에서 100명의 장정을 뽑아 1모극군을 만들고 10모극군을 1맹안군으로 편성한 행정·군사 체제

— 북방 민족 : 흉노(한) → 선비(5호 16국 시대) → 유연(남북조 시대) → 돌궐(수·당) → 위구르(당) → 요(북송) → 금(남송) → 몽골(송)

2 몽골 제국

▲ 칭기즈 칸

(1) 몽골 제국의 성립 ♀map : 테무친이 몽골 부족 통일 → 칭기즈 칸으로 추대되어 몽골 제국 건국(1206) → 유럽과 아시아에 걸친 대제국 건설

(2) 원의 발달 : 칭기즈 칸 사후 4한국* 성립

— 우쿠데이 칸(금 정복, 바투를 시켜 러시아 정벌, 이후 바투는 킵차크한국 지배), 뭉케 칸(훌라구를 시켜 아바스 왕조 정복, 이후 훌라구는 일한국 지배)

① **쿠빌라이 칸(세조)** : 수도를 대도(베이징)로 옮기고 국호를 원(元)으로 변경, 남송 정복 → 중국 역사상 처음으로 유목 민족이 중국 전체 지배, 고려 복속, 일본 원정 시도
② **몽골 제일주의 정책** : 민족 차별 정책 실시 → 몽골인과 색목인* 우대, 대다수인 한인과 남(송)인 차별

— 쿠빌라이 칸의 딸과 충렬왕이 결혼하여 충선왕이 태어남.

*4한국
칭기즈 칸이 죽은 뒤 몽골 제국은 차가타이한국, 오고타이한국, 킵차크한국, 일한국으로 분할 통치되었다. 한은 칸과 같은 의미로, 군주·왕을 뜻하며 한국은 칸이 지배하는 나라라는 의미이다.

*색목인
원 대에 유럽, 서아시아, 중앙아시아 등지에서 온 외국인을 가리키는 말로, 몽골 족을 제외한 유목 민족과 이슬람인 등이 이에 해당한다.

(3) 원의 쇠퇴 : 14세기 들어 황위 계승을 둘러싼 분쟁 발생, 귀족들의 사치와 부패, 지폐(교초*) 남발로 인한 경제 혼란, 백련교도가 중심이 된 홍건적의 난 등으로 쇠퇴 → 명을 세운 주원장에 의해 북쪽으로 밀려남(1368).

└ 홍건적은 고려에도 침입하여 공민왕이 복주(안동)로 피난, 이성계 등이 격퇴

(4) 원의 경제 : 면직업 발달, 서역과의 물자 교류 활발, 지폐(교초)가 널리 통용

(5) 원의 문화

① **서민 문화의 발달**
  ㉠ **소설 유행** : 『수호지』, 『삼국지연의』, 『서유기』 등
  ㉡ **잡극 발달** : 음악과 가무, 연기, 대사가 한데 어우러진 극의 형식 → 서민들에게 인기

② **종교의 발달** : 티베트 불교*, 이슬람교, 가톨릭교 등 다양한 종교 공존(다른 문화와 종교에 관대)

└ 파스파 문자+위구르 문자

③ 파스파 문자를 만들어 공용 문자로 사용

*교초
원 대의 지폐. 원 말기에 군사비 마련 등을 위해 교초를 마구 찍어 내 경제 혼란의 원인이 되었다.

■ 중국 화폐의 역사

9세기 초	당	비전
10세기	북송	교자
1154년	금	교초
1181년	남송	회자
1260년	원	교초
1375년	명	보초

*티베트 불교
티베트를 중심으로 중국, 인도, 몽골 일부 지역에서 발달한 대승 불교의 한 종파

심화 몽골 제국 출현 전야의 세계

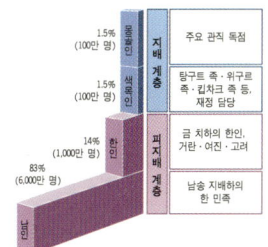

▲ 원 대의 신분 제도

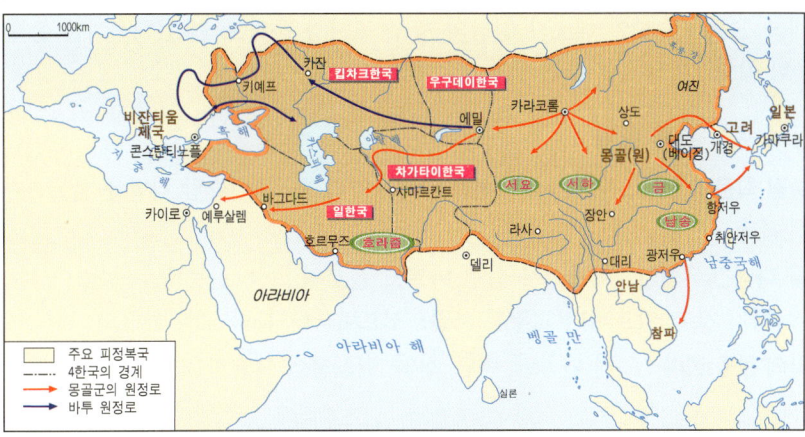

▲ 몽골 제국의 발전

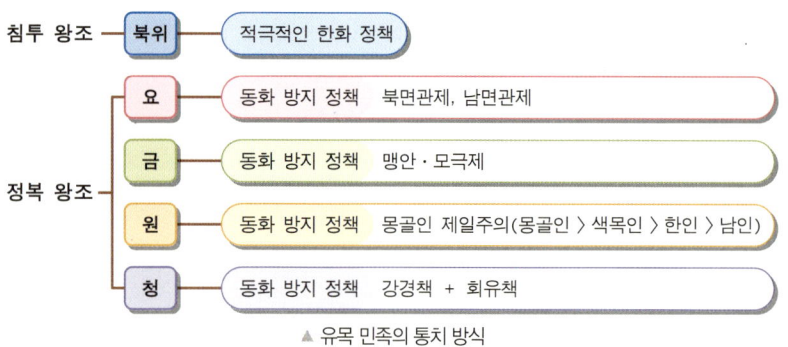

▲ 유목 민족의 통치 방식

심화 유목 민족 왕조

연대	기원전		기원후								
	200	100	200	400	600	800	900	1000	1100	1200	
초원 지대	흉노			선비	유연	돌궐	위구르		요	서하	
중원 일대	진·한			위·진·남북조		수	당	5대	송(북송)	금	원
										남송	
만주·한반도 일대	고조선		고구려/백제/신라/가야			통일 신라/발해		후삼국	고려		

3 몽골 제국의 동서 교류

(1) 육상 교통: 대규모 육상 교통로 완성, 역참제(교통의 요지에 역참 설치, 말과 숙식 제공) 실시 → 유럽인, 이슬람 상인들의 중국 왕래

(2) 해상 교통: 수도인 대도와 강남의 항구 도시가 운하로 연결(대운하를 통한 물자 운반 활발), 바닷길을 통한 세계 무역 발달

(3) 동서 문화 교류 활발

① **이슬람 학문의 전래**: 수학, 의학, 천문, 지리, 역법 등 → 이슬람 역법을 참고하여 수시력✚ 제작

② **원을 다녀간 유럽인**: 이탈리아 상인 마르코 폴로의 『동방견문록』* 저술, 이븐 바투타의 여행기 저술, 카르피니(교황의 사절), 코르비노(가톨릭 교회 설립) ―『3대륙 주유기』

③ **중국의 문물 전파**: 원의 나침반, 비단, 화약, 인쇄술이 이슬람을 거쳐 유럽으로 전파

✚고려 충선왕은 당의 선명력 대신 원의 수시력을 채택하였다.

*동방견문록
유럽에 중국의 선진 문물을 알리고 신항로 개척을 자극하였다.

■ 라시드 앗 딘의 『집사』
일한국의 재상 라시드 앗 딘이 칭기즈 칸과 몽골 제국의 역사를 정리하였다.

심화 중국사 정리

시대	사회 중심 세력	유교	조세 제도	문화	유목 국가	우리나라
한	호족 (향거리선제)	훈고학				삼국 시대
위·진·남북조	문벌 귀족 (9품중정제)		북위 – 균전제		침투 왕조 (한화 정책)	
수	문벌 귀족 (과거제)		균전제, 조용조, 부병제			
당			균전제, 조·용·조, 부병제 → 양세법	국제적, 귀족적		남북국 시대
5대 10국 시대	형세호		양세법			후삼국 시대
송	사대부 (과거제)	성리학		국수적, 서민적	요, 금, 정복 왕조 (이중 정책)	고려 시대
원	사대부		화북 – 세량 (정세 또는 지세) 강남 – 양세법	국민적, 서민적	정복 왕조 (몽골 제일주의)	
명	신사(향신) (과거제)	성리학, 양명학, 실학	양세법 → 일조편법	국수적, 서민적, 실용적		조선 시대
청		고증학	지정은제		정복 왕조 (강경책＋회유책)	

▶ **세금 제도의 변화**

① 조·용·조 – 농민들에게 균등하게 토지를 나누어 주고 세역도 균등하게 부과

"토지를 백성들에게 균등하게 나누어 주는데, ……정남과 중남에게는 1경을 주고 그중 2할은 영업전이라고 하고 8할은 구분전이라고 하였다. 백성이 국가에 부담해야 할 세역은 토지세(조), 노동력(용), 공납(조) 등이다."
– 양염지, 「신당서」식화지

② 양세법 – 빈부의 차이를 인정하고 이를 조세 제도에 반영

"전국의 백성을 현재 거주하는 지역의 호적에 등기하고, 정남 혹은 중남에 관계없이 토지와 재산의 많고 적음에 따라 지세와 호세를 부과하되, 여름과 가을에 나누어 징수하였다."
– 양염지, 「신당서」식화지

③ 일조편법 – 지세와 정세로 통합하여 은으로 납부

④ 지정은제 – 정세를 폐지하고 은으로 납부

"천하가 평정된 지 오래되어 호구가 날로 번창하니 인정(人丁)을 헤아려 정세를 부과하는 일이 어렵다. 인정은 늘더라도 토지는 늘지 않으니 현재의 세역 장부에 등재된 인정수를 늘리거나 줄이지 말고 영구히 고정하라. 그리고 지금 이후 태어나는 인정에 대하여는 꼭 정세를 거둘 필요가 없다."
– 청, 「성조실록」

CHAPTER 05 명·청 제국의 발전

1 명의 건국과 발전

(1) 건국 : 원 말기 홍건적 출신의 주원장(태조, 홍무제)이 금릉(난징)을 수도로 건국(1368)

> 이때 고려 공민왕은 반원, 친명 정책 실시

(2) 홍무제의 정책

① **황제권 강화** : 재상제 폐지(황제가 행정 총괄), 황제에게 군대 직속, 관료 감찰 체제 강화, 환관의 정치 개입 경계

② **향촌 사회 통치** : 이갑제* 실시, 토지 대장(어린도책)과 호적(부역황책) 정비

③ **한족 문화 부흥** : 학교와 과거제 정비, 육유* 반포 → 유교 교육 강화

> 정난의 변으로 제2대 황제인 건문제를 몰아내고 베이징 천도

(3) 영락제의 정책 : 베이징으로 천도, 자금성 건설, 내각대학사(황제 보좌 기구)

① **대외 활동** : 몽골 원정, 베트남 복속, 일본(무로마치 막부)와 감합 무역(조공 형태의 허가 무역)

② **정화의 항해** : 국력을 과시하고 조공 관계*를 맺기 위해 실시 → 동남아시아, 인도, 아프리카까지 진출 → 동남아시아에 화교* 진출

*이갑제
농민을 이장과 갑으로 조직한 지방 제도. 110호를 1리로 하고, 그중 부유한 10호를 이장, 나머지 100호를 갑으로 하여 이장이 세금 징수와 치안 유지를 맡았다.

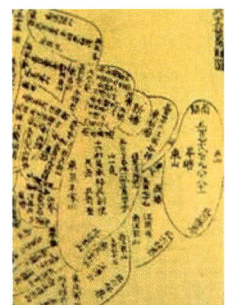
▲ 어린도책

*육유(六諭)
백성을 교육하기 위한 여섯 가지 가르침. 황제가 직접 백성들에게 유교 윤리를 교육시켰다.

*조공 관계
중국의 정치적 우위를 인정하고, 중국은 주변국의 왕위를 인정해 주는 외교 방식

*화교
해외 여러 나라에 진출하여 살고 있는 중국인

▲ 명의 영역과 외교 정책

▲ 정화의 대함대(위)와 콜럼버스의 산타마리아호(아래)

128 Part 3 중국사

(4) 명의 쇠퇴 : 정권 다툼, 환관 정치, 몽골족과 왜구의 침략⊕, 임진왜란 때 조선 출병으로 인한 재정 악화, 과중한 세금 등의 문제 → 이자성의 농민 반란군에 의해 멸망(1644)

[심화] **북로남왜**

⊕ 북로남왜(북쪽의 오이라트・타타르와 남쪽의 왜구가 침입)로 인해 장거정의 개혁 실시

2 청의 건국과 발전

(1) 건국 : 누르하치(태조)가 여진족을 통일하고 후금 건국(1616), 팔기군 체제 강화 → 태종(홍타이지)의 몽골 정복, 국호를 '청'으로 변경(1636), 조선 침략 → 베이징을 수도로 중국 전역 지배
　└순치제 : 베이징 점령, 조선 효종과 나선(러시아) 정벌
　　　　국호가 '후금'일 때 정묘호란(조선에게 형제 관계 요구, 인조는 강화도로 피난), 국호가 '청'일 때 병자호란(조선에 군신 관계 요구, 인조는 남한산성으로 피난갔다가 삼전도의 굴욕)
　　　　　　　　　　　　　　　　　한족은 녹영군에 배치

(2) 발전
① **강희제** : 중국 통일 완성(삼번의 난* 진압, 타이완 복속), 러시아와 네르친스크 조약* 체결로 국경 확정
　　　　　　　　　　　　　　cf) 카흐타 조약은 옹정제 때 체결
② **옹정제** : 군기처 설치(모든 정보와 결정권을 황제에게 집중시킴) → 황제 독재 체제 강화
③ **건륭제** : 국가 재정 확충, 정복 활동 활발(티베트, 신장, 몽골, 칭하이 차지) → 오늘날 중국 영토의 대부분 확보 ─5족 통치 : 만주족, 몽골 족, 한족, 티베트 족, 위구르 족
　　　　　　　　　　　　　└신장의 이슬람교도인 준가르부 정복

(3) 통치 정책 : 강압책과 회유책을 함께 실시
① **강압책** : 만주족의 풍속인 변발과 호복 강요, 한족의 중화사상 탄압, 청 왕조에 대한 비방 금지
② **회유책** : 만한 병용제*, 중국 전통문화 존중, 명 제도를 따름, 대규모 편찬 사업 추진(『사고전서』, 『강희자전』), 농민의 조세 부담 감면

▲ 청 제국의 성립과 발전

* **삼번의 난(1673~1681)**
만주족에 대항하여 일어난 한인들의 반란

* **네르친스크 조약(1689)**
중국이 러시아의 남하를 저지하기 위해 체결한 조약으로, 이 조약으로 청은 러시아와의 국경을 확정하였다.

[심화] **황제의 권력 강화**

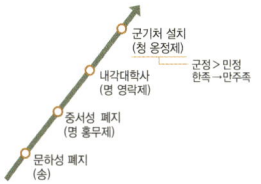
군기처 설치 (청 옹정제)
　　　군정 > 민정
　내각대학사　한족→만주족
(명 영락제)
중서성 폐지
(명 홍무제)
문하성 폐지
(송)

■ **오성홍기**

마오쩌둥(모택동)이 처음 오성홍기를 그릴 때는 만주, 몽골, 티베트, 중국, 위구르의 다섯 민족을 의미했다. 하지만 지금은 의미가 다르다. 오늘날 오성홍기의 붉은 색 바탕은 공산주의와 혁명을, 가장 큰 별은 중국 공산당을, 나머지 4개의 별은 노동자・농민・도시 소자산・민족 자산 계급을 의미한다.

▲ 변발

* **만한 병용제**
청은 한족 문화를 존중하여 과거제를 실시하였는데, 관리를 뽑을 때 주요 관청의 관리 수를 짝수로 편성하여 반은 만주족을, 반은 한족을 임명하였다.

심화 중국의 영토 상실

심화 최근 중국 소수 민족 갈등 사건

3 명·청 대의 경제 발달

(1) 농업 발달: 농업 기술 발달, 외래 작물 보급(고구마, 담배, 옥수수 등) → 농업 생산력 향상, 양쯔 강 중·상류가 쌀 생산 중심지로 개발

(2) 수공업 발달: 양쯔 강 하류에서 비단·면포 등 생산, 중소 도시 출현

(3) 상업 발달: 대상인 집단 성장⊕ → 쌀, 비단, 면포, 도자기 등을 전국적으로 유통시킴.

(4) 조세의 은납화: 은을 주요 화폐로 사용 → 세금을 은으로 납부
① **명**: 일조편법(여러 세금을 인두세와 토지세로 합쳐 은으로 납부)
② **청**: 지정은제(인두세를 토지세에 포함하여 은으로 납부)

⊕ 산시·신안 상인이 대표적, 명·청때 공소(동업 조합)·회관(동향인 조합) 발달, 징더전의 도자기 유명

▲ 청나라 은화

경제사 정리

구분	상인 모임	수공업자 모임	화폐	국제 무역
당	행		비전	시박사
송	행	작	교자, 회자	시박사
원	행	작	교초	시박사
명	회관	공소	은	감합 무역
청	회관	공소	은	공행 무역

■ **곡창 지대의 이동**
명 왕조 중기, 곡창 지대가 양쯔 강 하류 지역에서 중류 지역으로 이동하고 양쯔 강 하류는 면화(면직물), 뽕나무(견직물) 중심 지대가 되었다. 청 왕조 시기에는 양쯔 강 상류 지역인 쓰촨 지방이 곡창 지대가 되었다.

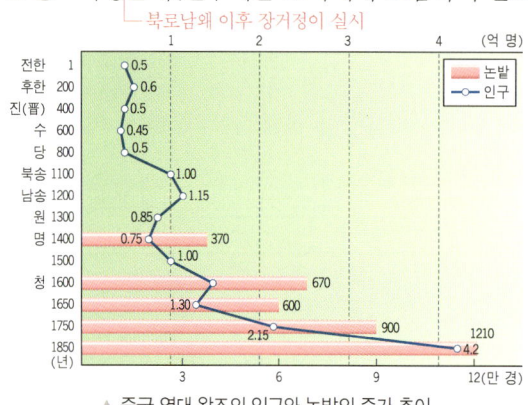

▲ 중국 역대 왕조의 인구와 논밭의 증가 추이

▲ 명·청 대의 산업 생산

4 명·청 대의 사회·문화

(1) 신사의 등장: 명·청 시대의 지배층, 전직 관료 등 유교적 소양을 갖춘 지식인 출신
① **역할**: 향촌 사회에서 치안 유지, 민중 교화, 징세 등의 임무 담당

② **특권** : 부역 면제, 경범죄 면책 등 → 특권을 이용하여 대토지 소유

(2) 유학의 발전
① **성리학** : 명 초기의 통치 이념으로 확립
② **양명학** : 명 중기 이후 성리학의 형식화 비판, 지행합일 강조, 인간 평등 주장, 서민 교육과 서민의 지위 향상에 기여
③ **고증학** : 명 말 청 초에 등장, 문헌에 근거하여 실증적인 방법으로 학문 연구

(3) 서민 문화의 발달
: 서민의 경제력 향상 → 연극 상영, 서민 소설 유행(명 - 『삼국지연의』·『서유기』 등, 청 - 『홍루몽』 등)
  └ 명 4대 소설 : 『삼국지연의』, 『서유기』, 『수호전』, 『금병매』

(4) 서적 편찬
① **명** : 『사서대전』, 『오경대전』, 『영락대전』 등
② **청** : 『강희자전』, 『고금도서집성』, 『사고전서』 등
          └ 백과사전, 조선 정조가 수입

■ **명·청 시대 민중 운동**
서민 의식 발달 → 항조 운동(소작인이 지주에 대항), 노변(노비 반란), 직용의 변(직물 공장 노동자 반란)

5 서양 문물의 전래

(1) 교역 확대 : 해금 정책* 완화 → 서양 상인, 선교사 중심으로 교류 확대

(2) 서양 학문 소개 : 서양의 천문학, 역법, 지리학 등 소개(예수회 선교사 중심)
① **마테오 리치** : 『천주실의』❶ 편찬, 곤여만국전도* 제작, 서광계와 함께 유클리드의 기하학을 소개한 『기하원본』 저술
② **아담 샬** : 역법❶ · 대포 제작 기술(홍이포), 천문대
③ **카스틸리오네** : 서양식 화법 전파

*해금 정책
민간인의 대외 무역을 금지하는 정책

❶ 조선의 실학자 이수광이 『지봉유설』에서 『천주실의』를 소개 (불교와 같은 황당한 종교로 소개)하였다.

❶ 조선 효종 때 김육의 주장으로 아담 샬의 시헌력(태음력에 태양력의 원리 수용)을 채택하였다.

*곤여만국전도
1602년에 명 대에 선교사 마테오 리치와 명의 학자 이치조가 함께 제작한 세계 지도로, 당시 중국인이 지녀왔던 중국 중심의 지리관과 세계관에 충격을 주었다.

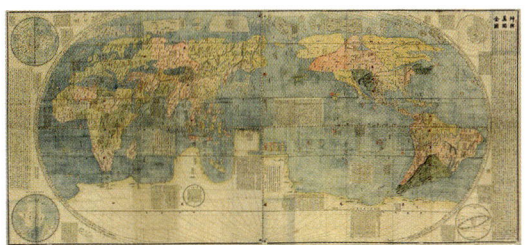
▲ 곤여만국전도

▲ 카스틸리오네가 그린 팔기병의 모습

6 티베트

송첸캄포가 7세기(당 왕조 시기)에 최초로 토번 통일, 달라이 라마의 제정일치, 이후 청(건륭제)의 지배를 받음.

▲ 티베트 불교의 본산인 포탈라궁

CHAPTER 06 중국의 개항과 근대 국가 수립 운동

▲ 청의 건륭제와 매카트니
영국 정부가 처음으로 청에 파견한 매카트니가 거드름 피우는 청의 건륭제에게 무릎을 꿇고 알현하는 모습을 나타내는 그림으로, 중화사상을 상징적으로 보여준다.

*공행
국가의 허락을 받은 상인 또는 상인들의 조합. 청 대에 외국과의 무역 독점

• 초기 무역(17~18세기)

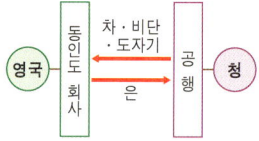

• 삼각 무역(19세기)

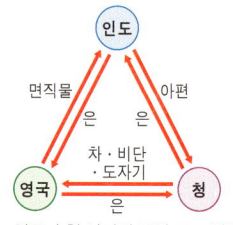

▲ 영국과 청 사이의 무역 구조 변화

*할양
국가 사이에 합의가 이루어져 영토의 일부를 일정 기간 동안 다른 나라에 넘겨주는 것

*개항
항구를 연다는 뜻. 외국과의 무역을 허용하는 것

*애로호 사건
청 관리가 영국 국기를 달고 밀수를 하던 중국인 소유의 애로호에 올라가 승무원을 연행하고 영국 국기를 내린 사건

1 중국의 문호 개방

(1) 청의 쇠퇴 : 18세기 후반 이후 관리의 부정부패, 인구 증가에 따른 토지 부족, 서양 열강의 동아시아 침략 본격화 → 농민 반란(백련교도의 난 등) 증가

(2) 아편 전쟁

① 청과 영국의 무역 변화
  ㉠ 초기 무역(편무역, 17~18세기) : 중국이 차, 도자기 등 수출(무역항을 광저우로 제한, 공행* 무역) → 영국의 은이 대량으로 유출
  ㉡ 삼각 무역(19세기) : 영국이 무역 적자를 해소하기 위해 인도산 아편을 청에 밀수출, 자국의 면직물을 인도에 수출

② 제1차 아편 전쟁(1840~1842)
  ㉠ 배경 : 영국의 삼각 무역 추진 → 중국의 은이 대량 유출(국가 재정 악화), 아편 중독자 증가
  ㉡ 경과 : 청 정부가 임칙서를 광저우에 보내 영국 상인의 아편 몰수·폐기, 영국과의 무역 금지 → 영국의 무력 침공 → 청의 패배
  ㉢ 결과 : 난징 조약 체결[1842, 배상금 지불, 영국에 홍콩 할양*, 5개 항구(상하이, 닝보, 푸저우, 샤먼, 광저우) 개항*, 공행 제도 폐지] → 문호 개방, 최초의 근대적 조약이자 불평등 조약
  └ +협정 관세, 영사 재판권(치외 법권), 최혜국 대우(조약을 체결한 나라가 상대국에 대해, 가장 유리한 혜택을 받는 다른 나라와 동등하게 대우하는 일)
  cf) 강화도 조약(1876, 영사 재판권 ○, 관세와 최혜국 대우 ×), 조·미 수호 통상 조약(영사 재판권 ○, 관세 ○, 최혜국 대우 ○)

▲ 아편 전쟁

③ 제2차 아편 전쟁(1856~1860)
  ㉠ 배경 : 청 정부의 무역 개선 불이행 → 영국의 불만
  └ 태평천국 운동(1851~1864) 중 발생
  ㉡ 경과 : 애로호 사건*(1856) → 영국과 프랑스 연합군의 공격 → 베이징 점령
  └ +프랑스 선교사 피살 사건

▲ 중국의 문호 개방

ⓒ 결과 : 톈진 조약 체결(외국 공사의 베이징 주재 허용, 개항장 추가, 크리스트교의 포교 허용, 1858), 베이징 조약 체결(영국에 주룽 반도 할양, 톈진 개항, 러시아에 연해주 할양✚, 1860) map

ⓓ 영향 : 중국의 반식민지화 촉진, 러시아의 극동 침략 발판 마련

2 근대화 운동의 전개

태평천국 운동 중 제2차 아편 전쟁(1856~1860) 발생(사건 순서 : 제1차 아편 전쟁 → 태평천국 운동 시작 → 제2차 아편 전쟁 → 태평천국 운동 종결)

(1) 태평천국 운동(1851~1864)

① 배경 : 아편 전쟁의 패배로 청 왕조의 위신 하락, 외국 상품의 수입 증가(물가 상승), 아편 전쟁의 배상금을 농민에게 강제 징수 → 농민 생활 궁핍, 불만 증가

② 홍수전 : 크리스트교의 영향을 받은 비밀 조직(상제회) 창시, 이상 국가(태평천국) 건설 목표

③ 주장 : 멸만흥한(청 왕조 타도, 한족 국가 부흥), 토지의 균등 분배(천조전무 제도*), 남녀평등, 신분제 철폐, 변발과 전족* 등 악습 폐지 → 농민층의 광범위한 지지

④ 결과 : 난징을 수도로 삼아 중국의 남부 지역 장악 → 한인 지주와 신사층(이홍장, 증국번 등)이 조직한 의용군과 외국 군대의 공격으로 진압(1864)

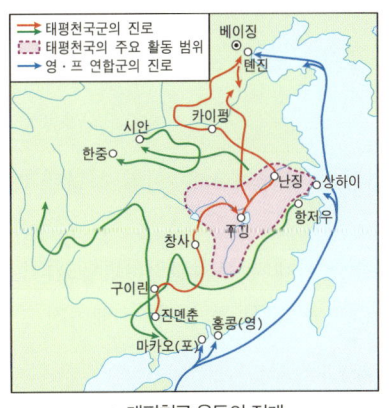

▲ 태평천국 운동의 전개

▲ 태평천국 운동

서양의 지식과 기술을 힘써 배움.

(2) 양무* 운동(1861~1895)

① 배경 : 아편 전쟁과 태평천국 운동을 통해 서양 무기의 우수성 인식

② 중심인물 : 이홍장, 증국번 등 한인 관료 중심

③ 개혁 내용 : 서양의 과학 기술을 받아들여 부국강병 추구

  ㉠ 중체서용(中體西用) : 중국의 전통과 체제는 유지한 채 서양의 근대 기술만 수용

  ㉡ 부국강병 추구 : 군비 근대화와 군수 공업 육성, 각종 공장과 산업 시설 건설(금릉 기기국, 강남 제조 총국 등), 유학생 파견 등

▲ 금릉 기기국

✚ 러시아가 연해주를 차지하여 조선과 국경선을 맞대자 조선의 흥선 대원군은 프랑스와 연결하여 러시아를 견제하려 하였다. 그러나 이후 오히려 천주교를 탄압하는 병인박해(1866)를 일으켰다.

■ 동학 농민 운동과 태평천국 운동
동학 농민 운동(1894)은 반기독교, 토지 분배, 신분제 폐지, 조선 왕조 지지를 표방하였으나, 태평천국 운동은 기독교, 토지 분배, 신분제 폐지, 청 왕조 부정을 표방하였다.

* 천조전무 제도
신분이나 남녀의 차별 없이 백성에게 골고루 토지를 나누어 주는 태평천국의 토지 제도

* 전족
어릴 때부터 여성의 발을 천으로 묶어 억지로 발을 작게 만든 중국의 풍습

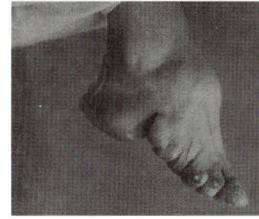

▲ 전족

✚ 이때 조선은 강화도 조약(1876), 임오군란(1882), 갑신정변(1884), 제1·2차 갑오개혁(1894), 삼국 간섭(1895)으로 청러와 강화, 을미사변(1895), 을미개혁(1895)

■ 삼국 간섭
일본이 청일 전쟁에서 승리하여 시모노세키 조약으로 타이완과 랴오둥 반도를 획득하였으나 러시아, 프랑스, 독일의 간섭으로 랴오둥 반도를 반환하였다.

■ 조선의 개화파

구분	중심인물	모델
온건 개화파	김홍집 등	청의 양무운동 (중체서용, 동도서기 추구)
급진 개화파	김옥균, 박영효 등(1884년 갑신정변 일으킴)	일본의 메이지 유신(입헌 군주제 추구)

④ 결과 : 청·일 전쟁(1894~1895)의 패배로 한계 인식 ┌ +청·프 전쟁(1884~1885, 베트남에 대한 지배권으로 발생)

⑤ 실패 원인 : 개혁이 필요한 내부 문제 외면, 보수적 관료들의 간섭, 정책의 일관성 부족

(3) 변법자강* 운동(1898)
┌ 한반도의 역사 : 아관 파천(1896), 독립 협회(1896), 광무개혁(1897년 시작, 1904년 러·일 전쟁으로 중단) 이후

① 배경 : 청·일 전쟁 패배(양무운동의 한계를 극복해야 한다는 주장 제기), 열강의 중국 침탈 심화 ┌ 진보를 강조하는 공양학자

② 중심인물 : 캉유웨이, 량치차오* 등 개혁 성향의 지식인

③ 개혁 내용 ┌ 무술개혁(광서제)

　㉠ 일본의 메이지 유신 모방 → 서양 의회 제도와 입헌 군주제 도입

　㉡ 과거제 폐지, 상공업 진흥, 근대적 학교 설립, 신식 군대 양성 등

④ 결과 : 서태후를 중심으로 한 보수파의 반발로 100일 만에 실패 ┌ 무술정변

*량치차오
보다 근본적인 정치 제도의 개혁을 주장

▲ 서태후

> **▶ 량치차오의 부국강병책**
>
> 천지간의 모든 것들은 변하고 자연을 본받은 것도 변하며 법도 사실상 변한다. 마치 조세 제도가 조·용·조로 변하고, 이것이 다시 양세법으로 변하였으며, 양세법이 일조편법으로 변하였던 것처럼 경제·군사·교육 제도 뿐만 아니라 모든 것은 변한다. 그러므로 옛것에 빠져 그것만을 고집하는 것은 조금도 근거가 없다. 변하고자 해도 변하고, 변하지 않고자 해도 변한다. 그러나 스스로 변하는 것은 그 권리를 자신이 조절할 수 있다. 그럼으로써 나라를 보존할 수 있고 종족을 보존할 수 있으며 가르침을 보존할 수 있다. 불변을 고집하는 것은 변하는 권리를 남에게 양도하는 것이 된다.
>
> — 량치차오, 『변법통의』 —

(4) 의화단* 운동(1899~1901)

① 배경 : 크리스트교의 확산에 대한 반발, 서구 열강의 침략과 각종 이권 침탈에 대한 반감 고조 → 외세 배격 기운 격화
┌ cf) 태평천국 운동은 멸만흥한

② 중심 세력과 주장 : 의화단, '청을 도와 서양 세력을 몰아내자[부청멸양(扶淸滅洋)].'

③ 내용 : 서양 관련 시설(철도·전신 등), 선교사, 외교관, 교회 등 공격 → 베이징 진출, 청 왕조의 후원, 열강에 선전 포고

④ 결과 : 열강(영국·독일·일본 등 8개국 연합군)의 무력 진압 → 배상금 지불, 베이징에 외국 군대 주둔 허용(신축 조약, 1901)

*의화단
19세기 말 서양 열강의 침략에 대항하여 활약한 비밀 결사 집단. 의화권이라고 불리는 무술을 연마하였으며, 교회를 불태우고 신도를 살해하는 등 반(反)크리스트교 운동을 전개하였다.

▲ 의화단원의 모습

3 청의 제도 개혁 시도

(1) 배경 : 의화단 운동 실패 후 청 정부에 대한 반발 고조

(2) 신정 개혁 : 청 정부의 상공업 진흥, 의회 개설과 헌법 제정 준비✚ → 황실 중심의 개혁으로 불신, 세금 증가(개혁 자금을 확보하기 위해 세금을 늘렸음)로 농민들의 폭동 발생

✚ +자의국(지방 의회), 과거제 폐지, 신식 군대와 교육
cf) 조선은 독립 협회 때 의회(중추원) 설립 운동, 제1차 갑오개혁 때 과거제 폐지

(3) 신해혁명(1911)

① **배경** : 근대화 운동의 실패 → 청 왕조 타도를 위한 혁명 운동 추진
② **중심 세력과 주장** : 쑨원의 중국 동맹회(1905, 여러 지식인과 학생들이 참여) → 청 왕조 타도와 공화 정부 수립 주장, 삼민주의(민족주의, 민권주의, 민생주의) 채택
③ **경과** : 청 왕조의 민간 철도 국유화 발표➕ → 우창 봉기 → 전국 확산(신해혁명, 1911)
④ **결과** : 중화민국 수립(1912, 임시 대총통 - 쑨원) → 청 황제 퇴위 → 위안스카이가 대총통에 취임 → 위안스카이가 제정 부활을 시도하다가 사망 → 각지에 군벌* 난립
⑤ **의의** : 중국 최초의 공화정 수립

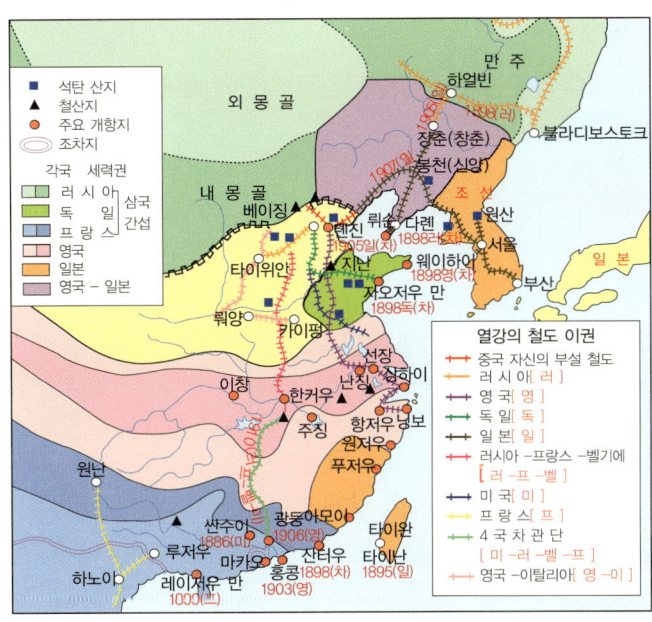

▲ 중국의 분할과 열강의 이권 쟁탈

■ 중국의 근대화 운동

			특징
태평천국 운동	애로우 전쟁 = 제2차 아편 전쟁	태평천국 운동 : 멸만흥한	
			애로우 전쟁 : 베이징 조약
양무운동(이홍장)		중체서용	군벌의 기원
청·프 전쟁, 청·일 전쟁			청·일 전쟁 : 시모노세키 조약
변법자강 운동(캉유웨이)		입헌 군주제	
의화단의 난		부청멸양	베이징 의정서 : 신축 조약
광서신정		입헌 군주제	양무파(입헌파)가 추진
신해혁명		청조 명망, 쑨원의 삼민주의	

■ 의화단 운동과 신해혁명 사이의 조선

- 1905년 : 가쓰라·태프트 밀약(미국의 필리핀 지배와 일본의 조선 지배 인정), 제2차 영·일 동맹(영국의 인도 지배와 일본의 조선 지배 인정), 포츠머스 강화 조약(러·일 전쟁 종결), 을사늑약(외교권 박탈), 을사의병
- 1907년 : 헤이그 특사 파견, 고종 강제 퇴위(순종 즉위), 정미7조약(신문지법과 보안법), 군대 해산, 정미의병
- 1910년 : 경술국치

➕ 열강에게 빼앗긴 이권을 되찾고자 민간에서 철도를 부설하였으나 청 왕조가 철도를 담보로 차관 도입을 시도하려 하자 철도를 지키자는 보로 운동(保路運動)을 전개하였다.

*군벌
자신의 군대를 가지고 그 군사력을 바탕으로 특정 지역을 독자적으로 지배하는 사람 또는 정치 집단

❖ **중국의 신문화 운동과 유사한 한국의 애국 계몽 운동(교육과 산업 강조)**
보안회(1904, 일본의 황무지 개간권 요구 반대 운동), 헌정 연구회(1905), 대한 자강회(1906), 대한 협회(1907), 신민회(1907, 잡지『소년』, 신흥 무관 학교 설립)

▲ 5·4 운동 기록화

*21개조 요구
제1차 세계 대전 중인 1915년 1월 18일 일본이 자국의 권익 확대를 위해 중국에 제출한 21개조의 강압적 요구. 산둥 성의 독일 권익(칭다오 지역에 대한 조차권) 양도와 철도 부설권 요구 등을 포함한다.

*대장정
마오쩌둥의 공산당이 1934년 남쪽의 장시 성에서 북서쪽의 산시 성까지 1만km 이상의 행군을 감행하였다.

▲ 중화 인민 공화국의 수립을 선포하는 마오쩌둥

*문화 대혁명
1966~1976년까지 중국에서 진행된 사상·정치 투쟁의 성격을 띤 권력 투쟁으로, 자본주의와 전통문화를 부정하였다.

▲ 문화 대혁명

4 중국의 민족 운동

(1) 신문화 운동 ❖
① **내용** : 유교적 전통 비판, 민주주의와 과학을 도입하여 주체적 인간이 될 것을 지향, 『신청년』 잡지 발행
　　　　　　└─ 중국 공산당 창당(1920) cf) 쑨원의 중국 국민당 창당(1919)
② **인물** : 천두슈, 루쉰 중심

(2) 5·4 운동(1919)
　　　　　└─ 레닌의 식민지 해방 선언과 윌슨의 민족 자결주의가 1919년 3·1 운동에 영향, 3·1 운동은 중국의 5·4 운동과 인도 간디의 비폭력·불복종 운동에 영향
① **배경** : 일본이 중국 정부에 '21개조 요구'* 강요 → 베이징 군벌 정부의 수용, 파리 강화 회의에서 일본의 이권 인정
② **전개** : 베이징 대학생을 중심으로 항일 운동 전개 → 각계각층의 참여로 대규모 반제국주의 민족 운동으로 확산
③ **주장** : '21개조 요구' 철폐, 일본 제국주의 반대, 군벌 타도 등
④ **결과** : 베이징 군벌 정부의 베르사유 조약 조인 거부, 민족 운동 확산
　　　　　　└─ 열강은 중국의 영토 보전 약속

(3) 국·공 합작
　　　　　└─ 우리나라의 좌우 합작 조직인 신간회 결성(1927)에 영향
① **제1차 국·공 합작(1924)** : 중국 국민당 결성(쑨원) → 군벌 타도를 위해 중국 국민당과 중국 공산당이 연합하여 북벌 추진 → 중국 통일 과정 중 장제스의 공산당 탄압으로 국·공 합작 결렬 → 장제스의 군벌 타도, 국민 혁명 완성(국민당 정부 수립, 1928)
② **대장정(1934~1936)** ♀map : 장제스의 공산당 토벌 → 공산당의 대장정*, 옌안 정착
③ **제2차 국·공 합작(1937)** : 중·일 전쟁 발발, 민족 단결의 요구 고조 → 시안 사건(1936)을 계기로 국민당과 공산당이 항일을 위한 협력 약속
　　　　└─ 국민당의 장제스는 조선 민족 혁명당의 조선 의용대(1938)와 대한민국 임시 정부의 한국광복군(1940)을 지원

5 중국의 변화

(1) 국·공 내전 ♀map
　　　　　└─ 우리나라의 독립군인 조선 독립 동맹의 조선 의용군(김두봉 중심, 1942)이 공산당과 연합하여 국·공 내전에 참전
제2차 세계 대전 이후 국·공 내전 전개 → 마오쩌둥이 이끈 공산당 승리, 중화 인민 공화국 수립(1949) → 장제스가 이끈 국민당의 타이완 이동(민주 정부 수립)

(2) 대약진 운동과 문화 대혁명
① **대약진 운동(1958)** : 인민공사라는 대규모 집단 농장 조직 → 실패
② **문화 대혁명*** : 마오쩌둥 재집권, 자본주의적 경향에 반대하며 사회주의 정책 강화, 실용주의자 축출(류사오치, 덩샤오핑 등) → 정치·경제·사회 혼란 극심
③ **덩샤오핑 집권**
　　└─ 흑묘백묘론 주장 : 검은 고양이든 흰 고양이든 쥐만 잘 잡으면 된다는 뜻으로서 자본주의든 공산주의든 상관없이 중국 인민을 잘 살게 하면 그것이 제일 좋은 것이라는 주장
　㉠ **개혁·개방 정책 추진** : 시장 경제 체제 도입, 대외적 개방과 외국 자본의 도입 시도, 경제 특구 설치
　㉡ **톈안먼 사건(1989)** : 민주화를 요구하는 시위를 정부가 무력으로 진압

▲ 중국의 경제 개방

▲ 톈안먼(천안문) 사건

▲ 덩샤오핑

■ **한눈에 보는 중국 현대사**

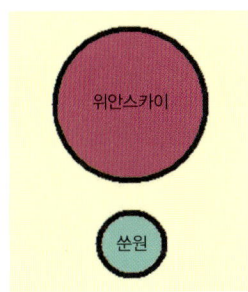
① 신해혁명(청나라 멸망)

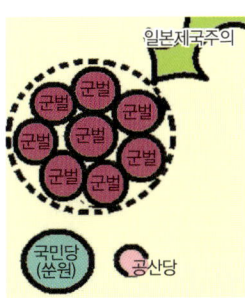
② 1차국공합작(반군벌, 반제)

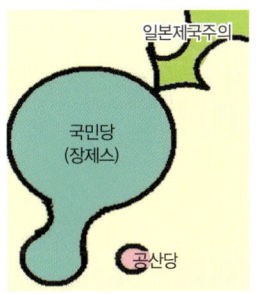
③ 국민당(장제스)의 북벌

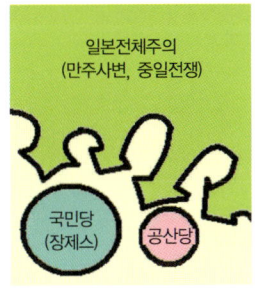
④ 2차국공합작

⑤ 국공내전

⑥ 중화인민공화국

PART 3 중국사

심화 지도로 고급 완성하기

흉노 제국의 중앙유라시아(기원전 2세기 전반)

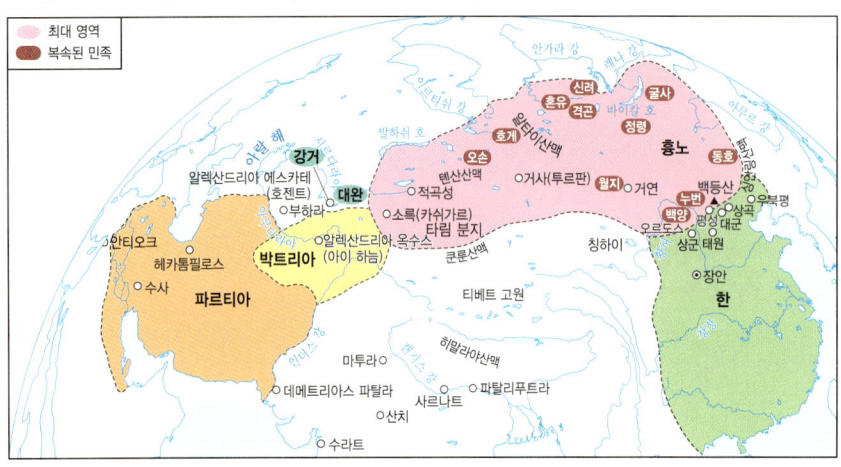

2세기경 후한 시대의 세계

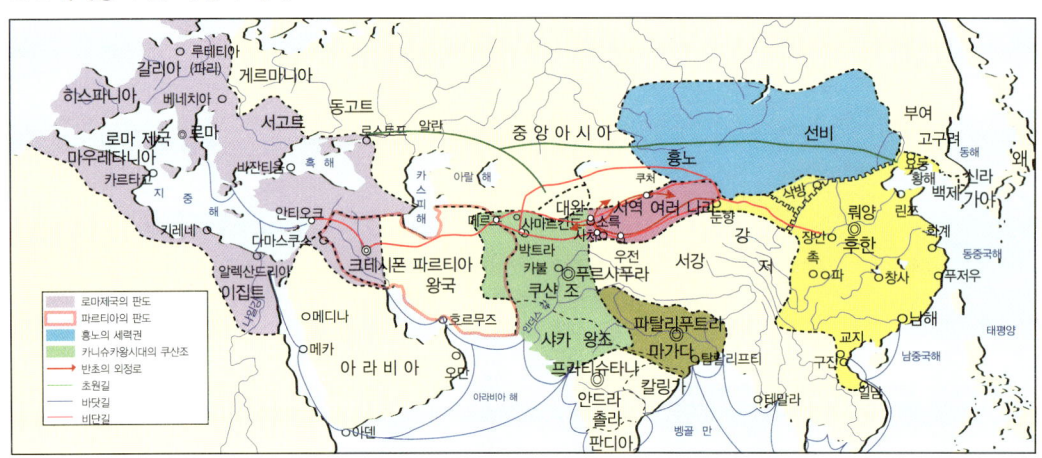

남북조 시대

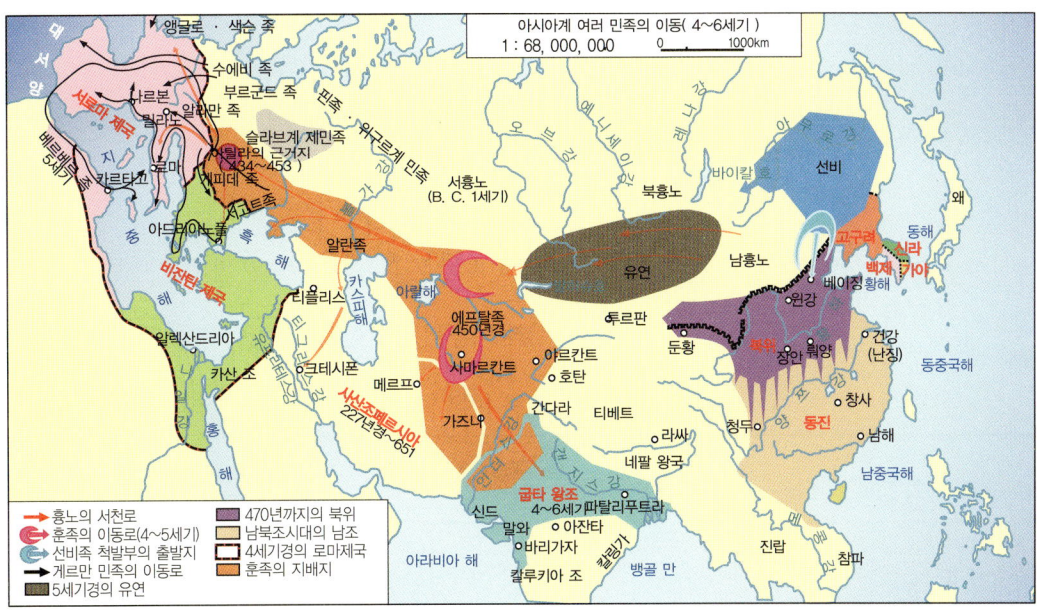

5호 16국 시대

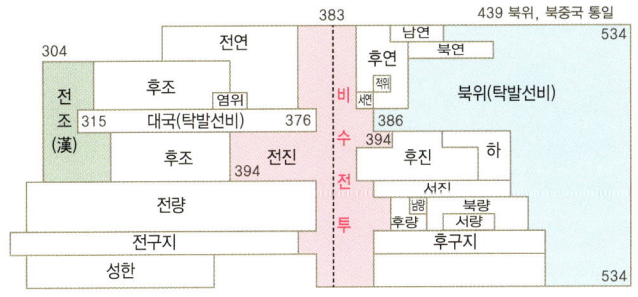

남조의 변화

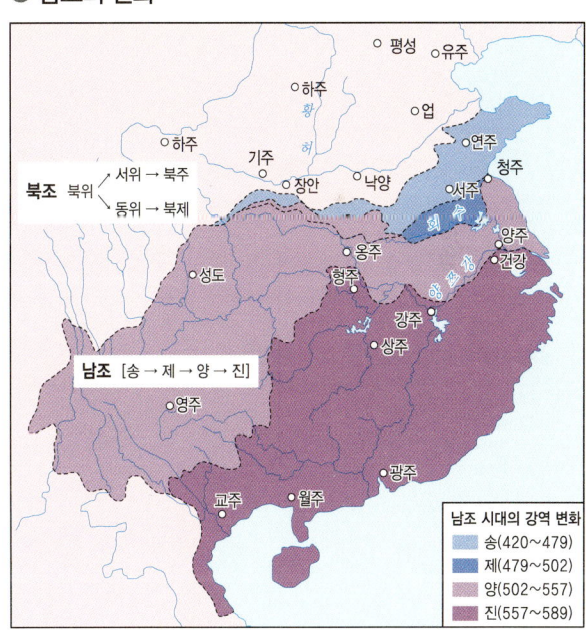

⬇ 돌궐 제국과 주변 국가들

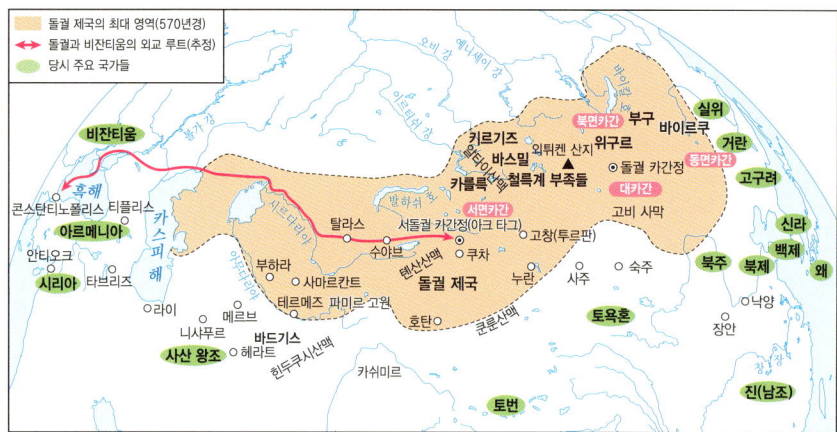

튀르크 족이 통치했던 나라들

⬇ 유라시아 서부 튀르크(돌궐)의 정복 왕조들

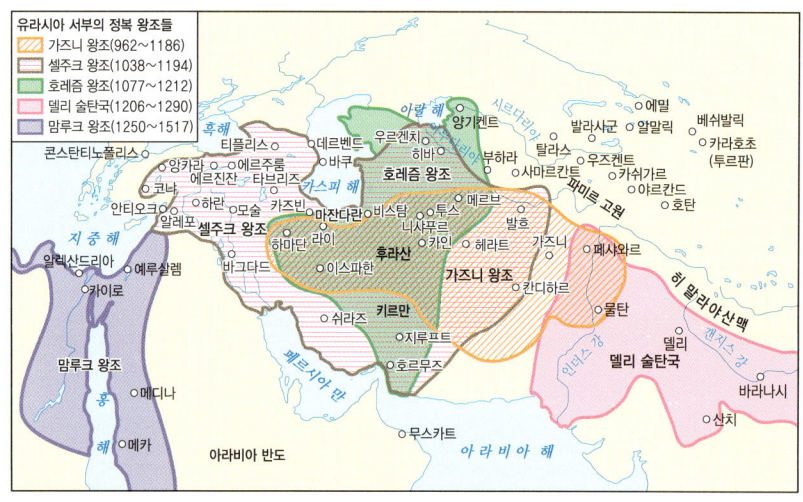

⬇ 티베트의 전성기(7세기 중반)

◐ 위구르 제국의 발전(8세기 중반)

◐ 원·명·청의 영토 변화

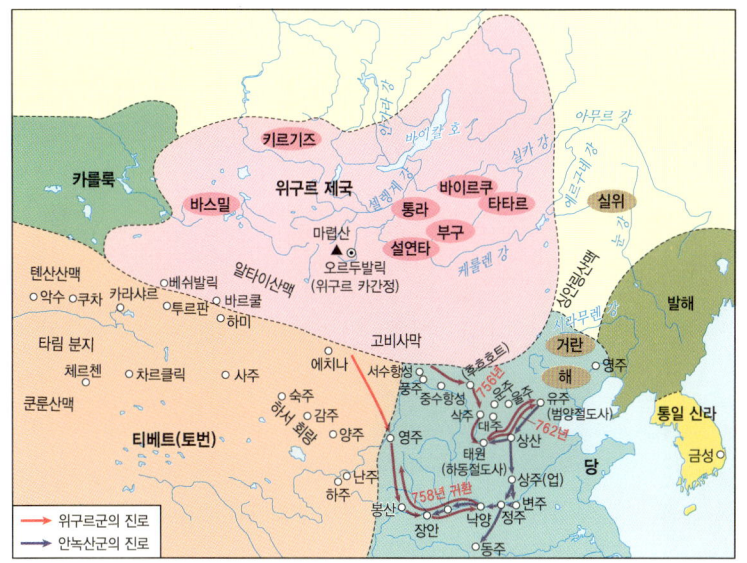

◐ 장제스의 군벌 타도와 공산당의 대장정

◐ 국·공 내전

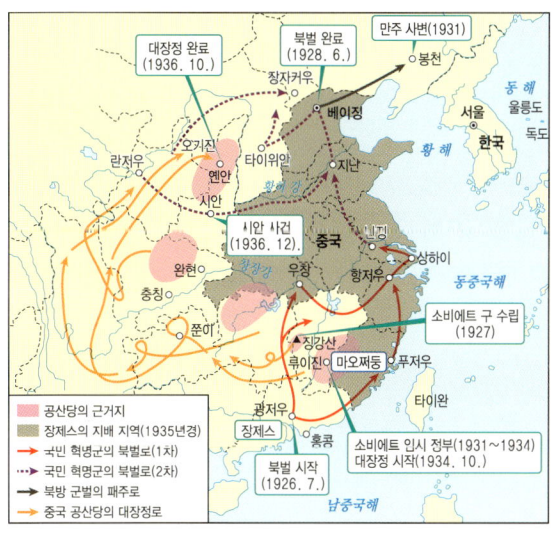
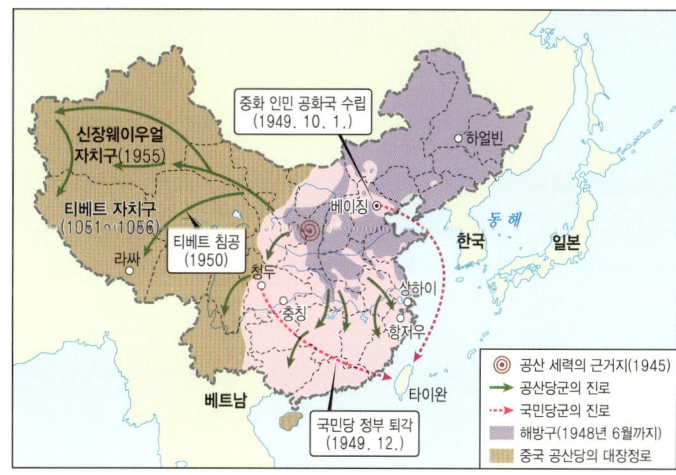

PART 3 중국사

예상 문제 풀어보기

01 다음 드라마의 등장인물이 활약하던 시대에 대한 설명으로 옳은 것은? [2014학년도 수능]

① 훈고학이 발달하였다.
② 갑골문이 출현하였다.
③ 균전제가 시행되었다.
④ 청담 사상이 나타났다.
⑤ 제자백가가 등장하였다.

출제의도 춘추·전국 시대 이해하기

해설 제후 세력이 강성해지면서 기원전 8세기경 서주 왕실은 크게 약화되었는데, 견융족의 침입으로 주가 도읍을 낙읍(뤄양)으로 옮기면서 주 왕실의 권위는 회복할 수 없는 지경에 이르렀다. 이때 춘추 5패가 주 왕실을 받들고 오랑캐를 물리친다는 명분으로 제후국을 통할하였는데, 제의 환공, 진의 문공, 초의 장왕, 오의 부차, 월의 구천을 춘추 5패라 한다. 그 후 전국 시대에 들어와서는 약육강식의 치열한 싸움이 전개되어 전국 7웅이라는 큰 나라만 남게 되었다. 그래서 이 당시에는 각 제후국들이 경쟁적으로 부국강병을 추진하면서 국적과 신분에 관계없이 유능한 인재가 등용되었다.
⑤ 춘추·전국 시대에는 부국강병을 추진하는 제후들이 유능한 인재를 경쟁적으로 모집하면서 제자백가라는 사상가들이 등장하게 되었는데, 유가, 도가, 묵가, 법가 등이 대표적이다.

오답풀이 ① 훈고학은 유교 경전의 자구에 대한 해석을 연구하는 학문으로, 한 ~당 대에 발전하였다. 진시황제의 분서갱유와 진에서 한 초에 걸친 한자의 일대 격변으로 학문적 단절이 발생하여 그 이전의 서적을 읽는 데 어려움을 느끼게 되었는데, 이에 한 초부터 사라진 유교 경전의 내용을 발굴하고 그 뜻을 밝히는 데 노력하면서 훈고학이 발전하게 되었던 것이다.
② 갑골문은 상 왕조 때 출현한 것으로 한자의 기원이 되었다.
③ 균전제는 농민들에게 토지를 나누어 주고 경작하게 하는 제도이다. 대토지 소유를 억제하고 농민 지배를 강화하여 안정적으로 조세를 거두기 위해 실시된 것으로, 북위 때 시행되어 당 대까지 계속되었다.
④ 청담은 귀족적 지식인들이 세속을 떠나 예법에 구속당하지 않고 인물 평론과 철학적 논의 등을 나누던 풍조로, 위·진·남북조 시대 남조에서 크게 유행하였다.

답 ⑤

02 다음 유적과 관련된 황제에 대한 탐구 활동으로 가장 적절한 것은? [2013학년도 6월 평가원 응용]

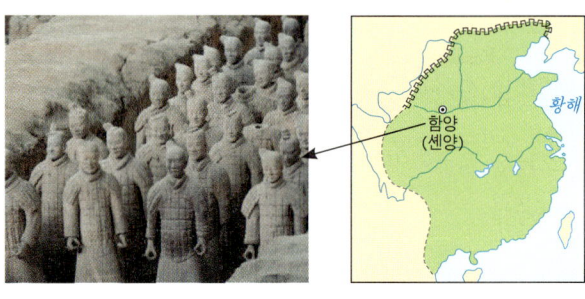

① 전국 시대를 통일하는 과정을 살펴본다.
② 왜구에 대한 대책을 조사한다.
③ 탈라스 전투의 영향에 대해서 알아본다.
④ 돌궐을 복속시키는 과정에 대해서 알아본다.
⑤ 화교의 동남아시아 진출 배경에 대해서 정리한다.

출제의도 진시황제의 업적 파악하기

해설 진시황제는 진의 초대 황제로, 기원전 221년에 춘추·전국 시대의 혼란을 수습하고 중국 최초로 통일 국가를 이룬 인물이다. 불로불사에 대한 열망과 가혹한 사상 통제로 중국 역사상 최대의 폭군이라는 비판을 받기도 하였으나, 군현제의 실시와 문자·화폐·도량형 등의 통일을 바탕으로 분열된 중국을 통일하고 중앙 집권 체제를 강화함으로써 이후 이어지는 중국 왕조들의 기틀을 마련하였다.

오답풀이 ② 중국의 국가 중 명 제국이 남방의 왜구로 인하여 어려움을 겪었다.
③ 탈라스 전투(751)는 아바스 왕조와 당 제국이 지금의 우즈베키스탄 지역의 탈라스에서 중앙아시아의 패권을 둘러싸고 벌인 전투이다.
④ 당 제국과 관련된 내용이다. 당은 7세기 중반 전후에 돌궐을 멸망시키고 대제국으로 발전하였다.
⑤ 명 영락제 때 추진되었던 정화의 원정과 관련이 있다. 영락제는 환관 정화를 아프리카 동쪽 해안에까지 파견하여 조공 질서의 확대를 꾀하였는데, 이는 화교가 동남아시아로 진출하는 계기가 되었다.

답 ①

03 다음 가상 대화를 통해 알 수 있는 왕조에 대한 설명으로 옳은 것은?

[2015학년도 수능]

① 부병제가 실시되었다.
② 진승·오광의 난이 일어났다.
③ 국가가 소금과 철을 전매하였다.
④ 철제 농기구가 사용되기 시작하였다.
⑤ 다양한 사상을 주장하는 제자백가가 출현하였다.

출제의도 한 무제의 대외 활동과 통제 경제 정책 이해하기

해설 한은 건국 초부터 북방 유목 민족인 흉노의 침입에 시달리고 있었다. 이에 한 무제는 흉노를 정벌하기 위해 흉노에게 패해 서쪽으로 이동한 대월지와 동맹을 체결하고자 장건을 서역에 파견하였다. 하지만 장건은 얼마 못 가 흉노에게 잡히고 말았고, 탈출한 장건이 대월지에 도착했을 땐 대월지가 동맹을 거절하였다. 비록 장건은 대월지와 동맹을 맺는 것에 실패하였지만, 이 과정에서 사막길이 개척되었으며, 한 무제는 주변의 여러 지역들을 복속하며 영토를 넓혀나갔다.

오답풀이 ① 부병제는 서위에서 시작되어 수·당 대에도 계승되었다. 부병제는 국가로부터 토지를 받은 농민들에게 병역을 지게 하는 제도로, 당 중기에 장원이 확대되면서 부병제가 모병제로 전환되었다.
② 진승·오광의 난은 진시황제가 죽은 후에 일어났다. 한 대에는 후한 말에 황건적의 난이 일어났다.
④ 철제 농기구는 춘추·전국 시대부터 사용되었다.
⑤ 춘추·전국 시대의 혼란기에 제후국들이 경쟁적으로 부국강병을 추진하면서 유가, 묵가, 도가, 법가 등의 제자백가가 출현하였다.

▶ 제자백가의 등장

구분	사상가	내용
유가	공자	인(仁)과 예(禮)를 중심으로 한 도덕 정치
	맹자	성선설, 왕도 정치
	순자	성악설, 교육으로 개량할 수 있다고 강조
법가	상앙, 이사, 한비자	군주의 엄격한 법과 형벌 강조, 진(秦)의 통치 이념
도가	노자, 장자	무위자연(無爲自然), 중국인의 자연관·예술관에 영향
묵가	묵자	겸애(兼愛, 차별 없는 사랑), 상호 부조 강조, 평화 주장

답 ③

04 (가)~(다)에 대한 설명으로 옳지 않은 것은?

[2013학년도 6월 평가원 응용]

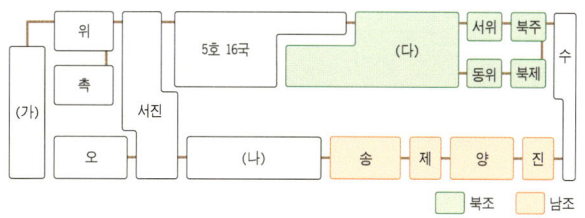

① (가) - 불교가 중국에 전래되었다.
② (가) - 황건적의 난이 일어났다.
③ (나) - 중국 역사서의 모범인 『사기』가 저술되었다.
④ (나) - 관리 선발 제도로서 9품중정제를 실시하였다.
⑤ (다) - 적극적인 한화 정책을 폈다.

출제의도 후한, 동진, 북위 왕조

해설 후한의 멸망 이후, 화북의 위, 쓰촨의 촉, 강남의 오가 삼국을 형성하며 서로 경쟁하였다. 그 후 진이 일시적으로 삼국을 통일하였으나, 5호의 화북 침입으로 진이 쇠퇴·멸망하면서 5호 16국이 난립하게 되었다. 이후 화북 지방은 북위에 의해 통일되어 서위와 동위, 북주와 북제로 이어졌다. 그리고 강남 지방은 한족이 이주하여 동진을 건국한 뒤, 송·제·양·진으로 잦은 왕조 교체가 이루어졌다.
① 후한 초 사막길을 통해 불교가 중국에 전래되었다.
② 후한 말기 황건적이 일어나 후한의 통치 체제가 약화되고 삼국 시대가 열리게 되었다.
④ 위·진·남북조 시대에는 관리 선발 제도로 9품중정제를 실시하였다.
⑤ 북위는 적극적인 한화 정책을 폈다.
③ 『사기』는 한 대 사마천이 중국의 고대부터 한 무제 때까지의 역사를 기술한 통사이다. 제왕의 일대기를 본기, 제후의 사적을 세가, 신하의 활동을 열전으로 분류하고, 이 밖에 표와 제도 및 풍습을 서에 기록하였다. 이러한 기전체 서술 체계는 이후 역사 서술 방식의 모범이 되었다.

답 ③

05 다음 자료의 (가)와 관련된 옳은 설명을 〈보기〉에서 고른 것은?   [2014학년도 5월 예비평가 응용]

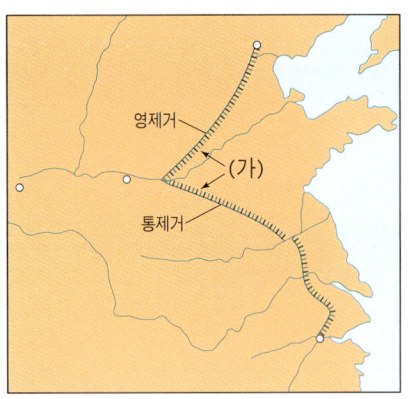

대업 원년 3월에 하남(河南)의 여러 군(郡)에서 남녀 백만 여 명을 징발하여 통제거를 건설하게 하였고, … (중략) … 4년 춘정월에 하북(河北)의 여러 군에서 남녀 백만여 명을 징발하여 영제거를 건설하게 하였다.   - 『수서』, 양제 본기 -

보기
ㄱ. 만리장성과 함께 건설되었다.
ㄴ. 왕조 멸망의 한 원인이 되었다.
ㄷ. 정화의 대함대 건설과 관련 있다.
ㄹ. 강남의 물자를 화북으로 운반하기 위한 것이었다.

① ㄱ, ㄴ   ② ㄱ, ㄷ   ③ ㄴ, ㄷ
④ ㄴ, ㄹ   ⑤ ㄷ, ㄹ

출제의도 수 왕조의 대운하 건설 이해하기
해설 수 문제가 광통거를 개통한 이후, 수 양제는 통제거, 한구, 영제거, 강남의 강을 서로 연결하여 총 1,782km에 이르는 대운하를 완성하였다. 이는 화북과 강남을 서로 연결함으로써 위·진·남북조 시대에 향상된 강남의 경제력 및 물자를 화북으로 운반하기 위한 것이었다.
ㄴ, ㄹ. 대운하의 완성으로 남북 간의 물자 유통이 원활해져 중국이 경제적으로 통일되었으며, 중앙 집권이 더욱 강화되었다. 그러나 대운하를 건설하기 위해 전개했던 대토목 공사는 국가의 재정 궁핍을 초래하여 왕조 멸망의 원인 중 하나로 작용하였다.
오답풀이 ㄱ. 진 제국 때 흉노를 견제하기 위해 만리장성을 축조하였다.
ㄷ. 명나라 영락제 때 정화의 대함대가 아프리카까지 진출하였다.
답 ④

06 (가) 왕조에 대한 설명으로 옳은 것은?   [2014년 3월 교육청]

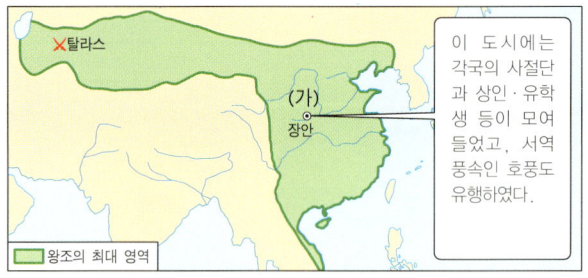

이 도시에는 각국의 사절단과 상인·유학생 등이 모여들었고, 서역 풍속인 호풍도 유행하였다.

① 군국제를 시행하였다.
② 맹안·모극제를 실시하였다.
③ 적극적인 한화 정책을 추진하였다.
④ 남송을 멸망시키고 중국 전역을 지배하였다.
⑤ 안·사의 난을 계기로 양세법을 도입하였다.

출제의도 당 대의 정책 파악하기
해설 618년 이연이 중원의 혼란을 통일하고 당을 세웠다. 건국 후 당은 돌궐을 복속하고 파미르 고원까지 진출하였는데, 이 과정에서 이슬람 국가인 아바스 왕조와 탈라스 전투(751)를 벌이기도 했다. 이뿐만 아니라 당 대에는 서역과의 교역도 활발히 이루어져 외래 종교와 호풍이 유행하였다. 또한 신라, 발해, 일본, 베트남 등 주변 여러 나라의 사절단을 비롯해 상인과 유학생들도 당에서 활발하게 활동하였다.
⑤ 당 대에는 균전제를 바탕으로 한 조·용·조와 부병제 등이 실시되었다. 그러나 장원의 확대로 점차 균전제의 기반이 붕괴되어 갔고, 결국 안·사의 난 이후 몰락 농민이 많아지면서 조·용·조 대신 여름과 가을 두 번에 걸쳐 세금을 거두는 양세법이 도입되었다.
오답풀이 ① 군국제는 도읍 부근은 군현제로, 도읍에서 먼 지역은 봉건제로 통치하는 방식으로, 한 고조 때 실시하였다.
② 맹안·모극제는 여진족이 세운 금에서 실시한 이원적 통치 정책이다.
③ 남북조 시기의 북위 효문제가 적극적인 한화 정책을 추진하였다.
④ 몽골 족이 세운 원에 대한 설명이다. 원은 쿠빌라이(세조) 때 남송을 멸망시키고 중국 전역을 지배하였다.
답 ⑤

07 그림은 중국 관리와 외국 사신 사이의 가상 대화이다. (가)에 들어갈 내용으로 적절한 것을 〈보기〉에서 고른 것은?

[2012학년도 수능]

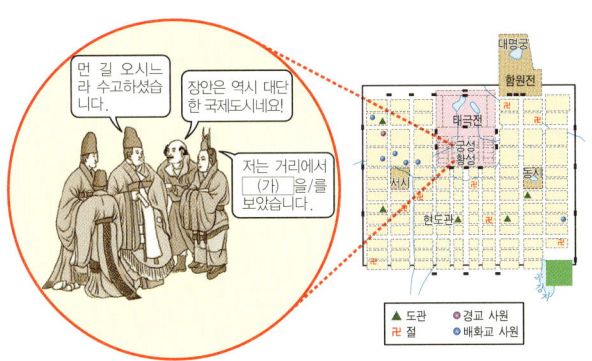

| 보기 |

ㄱ. 신라에서 온 유학승
ㄴ. 일본에서 온 견당사
ㄷ. 일한국에서 온 이슬람 상인
ㄹ. 불교 서적을 구입하는 서하 사신

① ㄱ, ㄴ ② ㄱ, ㄷ ③ ㄴ, ㄷ
④ ㄴ, ㄹ ⑤ ㄷ, ㄹ

출제의도 동아시아 문화권의 형성과 당의 문화 이해하기

해설 당나라 초기에 한자, 율령, 유교, 불교와 같은 공통된 문화 요소를 가진 동아시아 문화권이 형성되었다. 당시 중국 주변의 신라, 발해, 일본 등이 당과 교류하면서 중국의 제도와 문화를 선택적으로 수용하였기 때문이다. 당나라 때에는 많은 외국인들이 당에 내왕하였는데, 이 과정에서 조로아스터교(배화교), 마니교, 네스토리우스교(경교) 등이 유입되었으며, 당삼채라 하여 이국적인 분위기가 나는 도자기가 만들어졌다. 또한, 황실의 보호를 받으며 도교가 발달하였고, 불교도 발전하여 현장과 의정 등의 승려들이 인도를 순례하고 가져온 불교 경전에 대한 번역이 활발히 이루어졌다. 이에 당의 수도 장안에는 각종 종교 사원들이 있었다.

오답풀이 ㄷ. 일한국은 몽골 족이 서아시아의 아바스 왕조를 멸망시키고 세운 국가이다.
ㄹ. 서하는 11세기경에 송의 서북 지역에 있던 티베트계 탕구트 족이 요와 송의 대립을 이용하여 세운 국가이다.

답 ①

08 밑줄 친 '관련 자료'로 적절한 것을 〈보기〉에서 고른 것은?

[2013학년도 수능]

〈세계사 수행 평가 과제〉
• 주제 : 현장 법사와 그 시대
• 모둠별 과제
  1모둠 : 현장 법사의 일생 조사하기
  2모둠 : 현장이 활약한 시기 중국의 상황 알아보기
  3모둠 : 관련 자료 찾아보기

| 보기 |

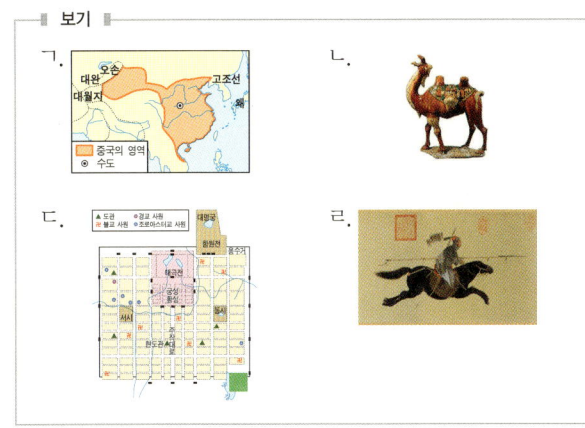

① ㄱ, ㄴ ② ㄱ, ㄷ ③ ㄴ, ㄷ
④ ㄴ, ㄹ ⑤ ㄷ, ㄹ

출제의도 현장 법사와 당 대의 상황 파악하기

해설 ㄴ. 당의 예술품인 당삼채이다. 당삼채는 무덤에 넣는 부장품용 도기로, 주로 백색 바탕에 갈색·녹색·청색 등의 유약을 사용하여 광택을 냈다. 우리에겐 낙타를 타고 악기를 연주하는 서역인의 모습을 나타낸 도자기로 익숙하다.
ㄷ. 당의 수도인 장안성의 구조도이다. 도로와 주택이 바둑판 모양으로 설계되었으며, 궁성 앞에 주작대로가 존재하였다. 또한, 조로아스터교, 경교(네스토리우스교) 등 외래 종교의 사원이 존재하였다.

오답풀이 ㄱ. 한 대의 최대 영역을 표시한 지도이다. 한 무제는 흉노를 토벌하여 서역으로 영토를 확장하였으며, 고조선을 공격하였다.
ㄹ. 청 대의 팔기군을 그린 것이다. 청은 군사 제도로 만주인, 몽골인, 한인으로 구성된 팔기군을 운영하였다.

답 ③

09 지도와 같은 경로로 전파된 과학 기술에 대한 옳은 설명만을 〈보기〉에서 있는 대로 고른 것은?   [2010년 3월 교육청]

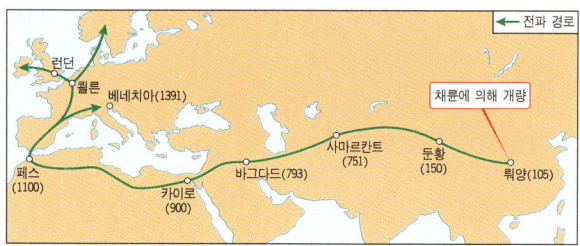

보기
ㄱ. 탈라스 전투를 계기로 서역에 전파되었다.
ㄴ. 바투의 원정로와 전파 경로가 일치하였다.
ㄷ. 이슬람 세력을 통해 유럽 세계에 소개되었다.
ㄹ. 르네상스와 종교 개혁을 촉진하는 데 기여하였다.

① ㄱ, ㄴ ② ㄱ, ㄷ ③ ㄴ, ㄹ
④ ㄱ, ㄷ, ㄹ ⑤ ㄴ, ㄷ, ㄹ

출제의도 제지술 전파 과정과 의의 이해하기
해설 ㄱ. 751년 고구려 출신 당나라 장수 고선지 장군이 지휘하는 당나라군과 동맹군 티베트가 이슬람 국가인 아바스 왕조를 상대로 탈라스에서 중앙아시아의 패권을 두고 전투를 벌였다. 그러나 이 전투에서 당나라군은 패배하였고, 고선지 장군과 소수의 병사만이 탈출할 수 있었다. 이때 상당수의 당나라 병사가 포로가 되어 사마르칸트로 잡혀가게 되었는데, 이들 중에는 종이를 만드는 기술을 가지고 있는 기술자들이 포함되어 있었다. 그래서 이들에 의해 제지술이 이슬람 세계에 퍼지게 되었다.
ㄷ. 당나라 포로들에 의해 이슬람 세계에 전수된 제지술은 이후 아라비아인들에 의해 바그다드, 이집트, 페스를 거쳐 유럽에까지 전파되었다. 12세기 중기 이후에는 에스파냐의 발렌시아, 톨레도 등지에서도 종이가 생산되었다.
ㄹ. 유럽은 십자군 전쟁을 거치면서 에스파냐와 시칠리아를 통해 제지술이 도입되어 종이를 생산하게 되었다. 그 결과 종이의 보급으로 인쇄술이 발달하게 되었고, 인쇄술의 발달은 서적 및 성경의 대량 생산을 가능하게 하였으며, 이는 궁극적으로 민중 계몽에 도움을 주었다. 이처럼 제지술의 전파는 유럽의 르네상스와 종교 개혁의 밑거름이 되었으며, 유럽 문명의 도약에 큰 영향을 주었다.
오답풀이 ㄴ. 바투는 칭기즈 칸의 손자이자, 몽골 제국 킵차크한국의 칸이다. 그는 13세기에 초원길을 이용하여 유럽 원정을 단행하였는데, 이때 모스크바 공국을 비롯한 러시아의 주요 지역을 점령하였다. 그리고 폴란드·헝가리·루마니아를 공략하고, 이탈리아의 베네치아까지 진출하였다가, 귀국길에 서시베리아의 키르기스 초원과 남러시아 지역에 킵차크한국을 세웠다.

답 ④

10 다음 가상 대화가 이루어졌을 시기의 상황으로 적절한 것은?   [2012학년도 6월 평가원]

① 부역을 면제받는 신사층이 형성되었다.
② 몰락한 농민을 중심으로 황건적의 난이 발생하였다.
③ 목면의 재배가 확대되어 서민의 의생활이 바뀌었다.
④ 토지를 분배받은 농민은 그 대가로 군역을 져야 했다.
⑤ 한전책을 세워 호족을 견제하고 농민을 보호하려 하였다.

출제의도 당나라의 조세 제도 파악하기
해설 당나라 때에는 균전제를 실시하여 백성들에게 토지를 나누어주는 대신 국가에 조(租)·용(庸)·조(調)의 세금을 내게 하고 군역에 종사하게 하였다(부병제). 조(租)는 전세, 용(庸)은 부역, 조(調)는 공물을 의미한다. 균전제는 남북조 시대의 북위에서 시행된 것으로 율령 체제를 완성한 당은 균전제를 토대로 수취 제도인 조·용·조, 군사 제도인 부병제를 실시하였다. 그러나 당나라 중기에 귀족들이 소유한 장원이 증가하고, 안·사의 난 이후 중앙 정부의 통치력이 급격히 약화되면서 많은 농민들이 몰락하여 전호(소작농)가 되었다. 제시된 그림은 이러한 상황을 보여 주고 있다.
오답풀이 ① 신사층은 명·청 대의 향촌 지배 세력이다.
② 황건적의 난은 후한 말에 일어났다. 당 말에 농민들이 중심이 되어 일어난 난은 황소의 난이다.
③ 목면 재배가 확대된 것은 원나라 때이다.
⑤ 한전책은 전한 말에 실시되었다.

답 ④

11 (가) 사건의 영향으로 나타난 변화로 옳은 것은?

[2015학년도 9월 평가원]

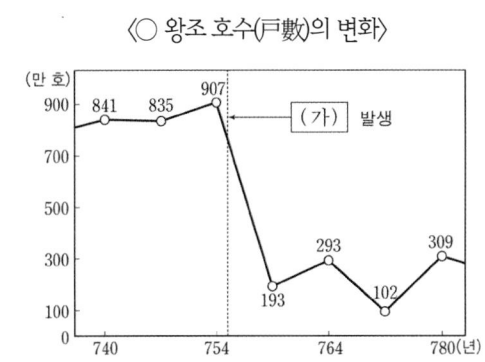

이후 일부 절도사 세력이 독자적인 지배권을 행사하면서 중앙 정부의 통제력이 급격히 약화되었다. 그 결과 정부가 파악할 수 있는 호수는 크게 감소하여 옛 방식으로는 도저히 정부 재정을 꾸려 나갈 수 없게 되었다.

① 양세법이 실시되었다.
② 지정은제가 시행되었다.
③ 9품중정제가 실시되었다
④ 향거리선제로 관료가 선발되었다.
⑤ 토지 소유를 제한하는 한전책이 시행되었다.

출제의도 안·사의 난이 끼친 영향 파악하기

해설 당은 초기에 균전제를 실시하여 농민들에게 토지를 분배하고, 토지를 받은 농민들에게 군역의 부담을 지게 하는 부병제와 세금을 내게 하는 조·용·조를 실시하였다. 그러나 귀족이 소유한 장원이 증가하고 토지가 제대로 환수되지 않으면서 균전제 운영이 어려워졌는데, 특히 안·사의 난으로 중앙 정부의 통제가 약화되면서 국가에서 파악하는 호구의 수가 크게 줄어들고 대다수의 농민은 소작농으로 몰락하였다.
① 균전제가 흔들리면서 조·용·조도 붕괴되어 양세법이 도입되었다. 양세법은 각종 세금을 호세와 지세로 정리하여 재산 정도에 따라 세액을 정하여 여름과 가을에 내도록 한 조세 제도이다. 일 년에 두 번 내도록 하였다는 점에서 양세법이라고 하였다.
오답풀이 ② 지정은제는 청 대에 실시된 조세 제도로, 정세를 토지세에 포함하여 은으로 내도록 한 것이다.
③ 9품중정제는 위·진·남북조 시대에 실시된 관리 등용 제도로, 문벌 귀족 사회 형성을 초래하였다.
④ 향거리선제는 한 대에 실시한 것으로, 지방 장관이 여론을 참작하여 지방의 덕망 있는 인재를 중앙에 천거하는 관료 선발 방식이다.
⑤ 한전책은 한 대에 실시한 호족 견제 정책으로, 호족의 대토지 소유를 억제하기 위한 것이었다.

답 ①

12 (가) 왕조에서 볼 수 있는 모습으로 적절하지 않은 것은?

[2015학년도 9월 평가원]

(가) 왕조의 사회와 경제
1. 사대부 사회 – 과거에 합격한 학자 관료층 – 지주층으로서 전호(소작농) 지배 2. 경제의 성장 – 도자기 수출과 대외 무역의 활성화 – 석탄 사용의 보편화와 제철업의 발달

① 이모작으로 바쁜 농민
② 나침반을 제작하는 장인
③ 야시장에서 국수를 먹는 마차꾼
④ 화약을 조심스럽게 옮기는 병사
⑤ 회관 앞에서 감자를 파는 할머니

출제의도 송 왕조의 사회와 경제

해설 송 대에는 유교적 소양을 바탕으로 과거에 합격하여 관료로 등용된 학자 관료층이 성장하였는데, 이를 사대부라고 한다. 이들은 대토지를 소유한 지주층으로서 전호라고 불리는 소작농을 지배하였다.
송 대에는 이앙법과 이모작 등으로 농업 생산량이 늘어나고 잉여 농산물이 시장에 유입되면서 상업이 활성화되었다. 비단, 도자기 등 각종 수공업도 발달하였으며, 석탄 사용이 일반화되면서 제철 산업도 발달하였다. 과학 기술도 크게 발전하여 화약이 발명되었으며, 나침반이 원양 항해에 사용되었다. 또한, 인구가 크게 늘면서 도시가 발달하였는데, 도시에는 시장이나 서민을 상대로 한 오락 시설이 발달하였다.
⑤ 감자는 아메리카 대륙의 작물로, 콜럼버스의 신대륙 발견 이후 중국에 전래되었다.

답 ⑤

13 (가), (나) 왕조에 대한 설명으로 옳은 것은? [2012학년도 수능]

(가) 국초부터 북면관이 존재했는데, 연운 16주를 획득하고 난 다음에는 당의 제도를 받아들여 남면관의 3성과 6부를 설치하였다.

(나) 남송의 황제 고종으로부터 '화이수이를 경계로 삼아 그 이북을 상국(上國)에 바치고 대대손손 신하의 예를 지킨다. 매년 봄 세폐로 은 25만 냥과 비단 25만 필을 바친다.'라는 내용의 서약을 받았다.

① (가) – 몽골 족에 의해 멸망하였다.
② (가) – 맹안·모극제를 실시하였다.
③ (나) – 한족에게 변발을 강요하고 사상을 탄압하였다.
④ (나) – 서아시아에 진출하여 아바스 왕조를 멸망시켰다.
⑤ (가), (나) – 유목민과 농경민을 구분하여 이중 체제로 통치하였다.

출제의도 요와 금 왕조 파악하기

해설 (가)는 거란족이 세운 요나라, (나)는 여진족이 세운 금나라이다. 10세기 초에 야율아보기가 거란의 여러 부족을 통일하여 세운 요는 발해를 멸망시키고 화북의 연운 16주를 지배하여 송과 대립하였다. 요의 정복지에는 유목민과 농경민이 섞여 있었다. 그래서 요는 효율적인 통치를 위해 유목민에게는 거란족 고유의 부족제를 적용하여 북면관제를 실시하고, 농경민인 한족과 발해인에게는 중국의 군현제인 남면관제를 실시하였다.
12세기경에 아구다가 중심이 되어 성립된 금은 송과 연합하여 요를 멸망시킨 뒤 송을 남쪽으로 밀어내고 화이수이(화이허) 이북의 화북 지방을 지배하였다. 이때 강남으로 밀려난 송은 임안을 새로운 수도로 정하였으며, 금에 막대한 양의 세폐를 바쳤다. 금은 여진족과 거란족 등 유목민은 맹안·모극제로, 한인과 발해인은 군현제로 지배하였다.
한편, 금은 수도를 만주에서 화북 지방의 연경으로 옮긴 후 점차 중국 문화에 동화되어 강건한 기상이 사라지게 되었고, 결국 몽골에 의해 멸망하였다.

오답풀이 ① 요나라는 금에 의해 멸망하였으며, 남송과 금이 몽골에 의해 멸망하였다.
② 맹안·모극제는 금이 실시하였다.
③ 청은 한족을 통치하면서 강경책과 회유책을 병행하였는데, 강경책으로 변발을 강요하고 만주족을 비판하는 사상을 탄압하였다.
④ 몽골 제국의 일한국과 관련 있다.

답 ⑤

14 (가), (나) 왕조에 대한 설명으로 옳은 것은?
[2013학년도 6월 평가원 응용]

① (가) – 파스파 문자를 제정하였다.
② (가) – 남면관·북면관 제도를 시행하였다.
③ (나) – 신사가 사회의 지배층을 이루었다.
④ (나) – 5호에게 화북 지역을 잃고 건국되었다.
⑤ (가), (나) – 몽골 족에 의해 멸망하였다.

출제의도 금과 남송 이해하기

해설 만주 동북 지역에서 발해와 요의 지배를 받고 있던 여진족은 세력을 키워 1115년에 금을 건국하였다. 이후 금은 요의 압력을 받고 있던 송과 연합하여 요를 멸망시켰다. 그러나 송이 약속했던 공물을 바치지 않자, 금은 송의 수도 카이펑을 함락시키고 송을 멸하였다. 이에 송은 남쪽으로 밀려 내려와 임안(항저우)을 수도로 남송을 열었고, 화이허 강 이북을 차지하게 된 금은 연경(베이징)으로 천도하였다.
⑤ 남송은 1279년에 몽골의 침입으로 멸망하였고, 금은 1234년에 남송과 몽골의 공격으로 멸망하였다.

오답풀이 ① 파스파 문자는 원 세조(쿠빌라이 칸) 때 만들어진 몽골 문자이다.
② 거란족이 세운 요에 대한 설명이다. 요는 점령 지역의 한족을 효율적으로 다스리고 거란의 정체성을 유지하기 위해 한족 중심의 농업 지대는 남면관이 다스리게 하고, 거란족 중심의 유목 지대는 북면관이 다스리게 하였다.
③ 신사는 학생, 과거 합격자, 전·현직 관료 등으로 구성된 한족 지식인 계층으로 명·청 대에 사회 지배층을 형성하였다.
④ 5호에게 화북 지역을 잃고 강남에서 건국된 나라는 동진이다. 남송은 금나라에게 화북 지역을 빼앗겼다.

답 ⑤

15 그림에 나타난 시기의 왕조에서 볼 수 있는 모습으로 적절한 것은?

[2015학년도 6월 평가원 응용]

① 역참 제도를 이용하는 관리
② 윈강 석굴을 축조하는 석공
③ 양명학 연구에 열중하는 학자
④ 황궁에 출입하는 예수회 선교사
⑤ 네르친스크 조약에 서명하는 관리

출제의도 원 왕조 때의 사실 파악하기
해설 이탈리아의 베네치아 사람들이 방문했다는 것과 대도(베이징)가 언급된 점에서, 동서 교류가 활발히 이루어지던 원 왕조 시기의 모습임을 알 수 있다. 원은 쿠빌라이 칸 때 대도로 도읍을 옮겼으며, 이 시기에 베네치아의 상인 마르코 폴로 부자가 대도를 방문하기도 하였다.
① 원 대에 역참 제도가 발달하였다.
오답풀이 ② 윈강 석굴은 중국 최대의 불교 석굴 사원으로, 남북조 시대에 북위에서 축조하였다.
③ 양명학은 명 대에 왕수인에 의해 확립되었다.
④ 예수회 선교사들은 명 말에 들어와 활동하였다.
⑤ 네르친스크 조약은 1689년에 청의 강희제와 러시아의 표트르 대제가 체결한 평화 조약이다.

답 ①

16 다음 법을 마련한 왕조에 대한 설명으로 옳은 것은?

[2013년 10월 교육청 응용]

- 색목인, 한인이 죄를 지었을 경우 서로 다른 기관에서 재판을 받는다.
- 한인, 남인은 떼 지어 사냥하거나 활과 화살을 가질 수 없다.
- 말을 징발할 경우, 색목인에게서는 3분의 1, 한인과 남인에게서는 전부 취한다.

① 적극적인 한화 정책을 추진하였다.
② 북면관·남면관 제도를 시행하였다.
③ 군사 조직으로 팔기제를 운영하였다.
④ 고려를 침공한 후 일본 원정을 시도하였다.
⑤ 대규모 편찬 사업을 펼쳐 『사고전서』를 간행하였다.

출제의도 원의 통치 형태 이해하기
해설 원의 지배층인 몽골 족은 한족보다 소수였기 때문에 한족 문화에 동화되지 않기 위해 몽골 제일주의 정책으로 통치하였다. 이에 따라 몽골 족은 군사 및 행정의 요직을 담당하였으며, 서방의 이슬람교도 중심의 색목인은 조세 징수와 재정 관리 등의 직책을 담당하였다. 그리고 한인과 남인은 피지배 계급으로 분류하였는데, 그중 남인이 가장 심한 차별을 받았다.
④ 원은 일본 원정을 두 차례나 시도하였으나 모두 태풍 때문에 실패하였다.
오답풀이 ① 적극적인 한화 정책을 추진한 것은 북위의 효문제이다. 원은 몽골 제일주의 정책을 실시하였다.
② 요(거란)가 정체성 유지를 위해 이원적 통치 체제인 북면관·남면관 제도를 시행하였다.
③⑤ 청에 대한 설명이다. 청은 군사 조직으로 만주인, 몽골인, 한인이 포함된 팔기제를 운영하였으며, 대규모 편찬 사업을 펼쳐 『사고전서』를 간행하였다.

답 ④

17 (가)의 항해 과정에서 볼 수 있는 장면으로 적절하지 않은 것은?

[2014학년도 5월 예비평가]

> (가) 은/는 1차 항해에서 62척의 배에 27,800여 명을 태우고 출발하였다. 총 7차의 항해를 통해 동남아시아, 인도, 아라비아 반도, 아프리카를 다녀왔다.

① 취안저우에서 도자기를 구입하는 동남아시아 상인
② 믈라카에서 향신료를 구입하는 중국 상인
③ 콜롬보에서 담배를 판매하는 아라비아 상인
④ 캘리컷에서 면직물을 판매하는 인도 상인
⑤ 아덴에서 상아와 금을 판매하는 아프리카 상인

출제의도 정화의 원정 파악하기

해설 명 영락제는 환관 정화를 파견하여 조공 질서의 확대를 꾀하려 하였다. 이에 정화는 동남아시아, 인도, 아프리카에까지 진출하여 명의 국력을 과시하고, 중화사상을 바탕으로 여러 국가와 책봉·조공의 관계를 맺었다. 이러한 정화의 대규모 원정으로 중국인의 시야가 확대되었으며, 이를 바탕으로 동남아시아 각지에 화교 사회가 형성되는 계기가 마련되었다.
③ 담배는 신항로 개척 이후 아메리카 대륙에서 유럽과 아시아에 전래되었다.

답 ③

18 밑줄 친 '우리나라'에 대한 설명으로 옳은 것은?

[2013년 3월 교육청 응용]

① 균전제를 실시하였다.
② 한화 정책을 추진하였다.
③ 만·한 병용제를 시행하였다.
④ 색목인을 재정 관료로 등용하였다.
⑤ 북면관제와 남면관제를 실시하였다.

출제의도 청의 통치 정책 이해하기

해설 중국에서 16세기 말부터 크리스트교 선교사들이 들어와 활발하게 활동하였으며, 천문·역법·지리학·포술 등을 소개하였다. 그러나 청 초에 선교사들이 유교의 조상 숭배 및 제사 의식을 거부하면서 전례 문제가 발생하였다. 이에 청은 황궁에 봉사하는 이들을 제외한 모든 선교사들을 추방하고 포교를 금지하였다.
③ 청은 한족의 협력을 얻기 위하여 중요 관직에 만주족과 한족을 동시에 임명하는 만·한 병용제를 시행하였다.

오답풀이 ① 균전제는 북위 시대부터 있었던 제도로, 특히 당나라 때 발달한 제도이다.
② 북위의 효문제가 적극적인 한화 정책을 추진하였다. 청은 소수의 이민족으로 다수의 한족을 지배하기 위해 강경책과 회유책을 병행하였다.
④ 원에 대한 설명이다. 원은 넓은 지역을 통치하기 위하여 서역 계통의 여러 민족을 등용해 조세 징수와 재정 관리 업무를 담당하게 하였다. 이들을 색목인이라 하며, 원의 중간 계층을 형성하였다.
⑤ 요(거란)에 대한 설명이다. 정복 왕조였던 요는 점령 지역의 한족을 효율적으로 다스리고 거란의 정체성을 유지하기 위해 이원적 통치 체제인 북면관제와 남면관제를 실시하였다.

답 ③

19 밑줄 친 '황제'에 대한 설명으로 옳은 것은?

[2011년 10월 교육청 응용]

> 이 위대한 황제는 내각의 중신 두 사람을 선발하여 네르친스크에 파견하였습니다. 그때 그들에게 내린 훈령 덕분에 중국이 바라는 대로 강화가 성립되어 중국과 러시아의 국경이 결정되었습니다. … (중략) … 그의 위대한 예지와 천부적인 능력은 치세 중에 때때로 발생한 내란을 진압하는 과정에서 잘 드러났는데 대표적인 예가 오삼계의 난입니다.

① 명나라를 정복하였다.
② 만리장성을 쌓았다.
③ 타이완을 정복하였다.
④ 9품중정제를 실시하였다.
⑤ 정화의 원정대를 파견하였다.

출제의도 청 강희제의 통치 정책
해설 청은 강희·옹정·건륭제 때 전성기를 이루었다. 특히 강희제는 오삼계 등 3인의 한족 번의 난을 평정하고, 타이완을 근거지로 하여 반청 복명 운동을 계속하던 정씨 일족을 정복해 타이완을 청의 영토로 삼았다. 또한, 외몽골을 지배하게 되었고, 칭하이·티베트 등도 정복하였다. 그리고 헤이룽 강변으로 남진하고 있던 러시아와 싸워 네르친스크 조약을 맺고 양국의 국경을 확정하기도 하였다.
오답풀이 ① 청나라의 명나라 정복은 강희제 이전인 순치제 때의 일이다.
② 만리장성은 춘추·전국 시대를 통일한 진시황제가 흉노의 침공에 대비하여 쌓았다.
④ 9품중정제는 위·진·남북조 시대에 시행된 관리 등용 제도이다. 청나라 때에는 수 이후 시행된 과거제가 계속 실시되었다. 또한, 청은 중요한 관직에 만주족과 한족을 동수로 등용하는 정책을 통해 한족을 회유하고자 하였다.
⑤ 명나라 영락제가 1405년부터 1433년까지 7회에 걸쳐 정화에게 남해를 원정하게 하였다.

답 ③

20 (가)에 들어갈 내용으로 가장 적절한 것은? [2012년 3월 교육청]

① 태평천국 운동 주도
② 안·사의 난으로 몰락
③ 구품중정제를 통한 중앙 진출
④ 향촌의 치안 유지와 민중 교화
⑤ 문치주의 정책을 배경으로 등장

출제의도 명·청 대의 지배층을 이해하기
해설 신사는 한족 지식인 계층으로, 명·청 대의 사회 지배층을 말한다. 이들은 학교 교육 제도의 확충 및 과거와 학교 교육의 연계를 배경으로 성장하였다. 신사는 향촌의 실력자로 일부는 관직에 진출하기도 하였지만, 향촌에서 치안 유지·민중 교화·수리와 개간을 비롯한 각종 지방 사업 추진·조세 징수 등의 임무를 맡았다. 그리고 조세 감면과 부역 면제, 노비 소유, 경범죄 시 면책 등의 특권을 지니며 막강한 영향력을 행사하였다.
오답풀이 ① 신사는 태평천국 운동의 진압에 앞장섰다. 태평천국 운동은 홍수전이 조직한 상제회를 중심으로 전개되었다.
② 안·사의 난은 당의 절도사인 안녹산과 사사명이 755년에 일으킨 반란이다.
③ 구품중정제를 통해 중앙으로 진출한 세력은 위·진·남북조 시대의 호족이다.
⑤ 송 대의 문치주의 정책으로 사대부가 등장하였다.

답 ④

21 그림의 대화가 있었던 시기의 중국 상황으로 옳은 것을 〈보기〉에서 고른 것은? [2012년 10월 교육청 응용]

보기
ㄱ. 교초의 남발로 경제가 혼란해졌다.
ㄴ. 중국의 차가 유럽에서 큰 인기를 누렸다.
ㄷ. 정세를 지세에 포함시켜 은으로 징수하였다.
ㄹ. 화북과 강남의 교류를 위해 대운하가 건설되었다.

① ㄱ, ㄴ   ② ㄱ, ㄷ   ③ ㄴ, ㄷ
④ ㄴ, ㄹ   ⑤ ㄷ, ㄹ

출제의도 청의 대외 무역과 조세 제도 파악하기
해설 18세기 청은 대외 무역의 필요성은 인정하면서도 중화사상에 따라 전통적인 조공 무역의 형식을 유지하려 하였다. 이에 서양 열강들이 청과의 자유로운 교역을 원했음에도 청은 광저우 한 곳에서 특히 상인의 조합인 공행을 통해서만 교역할 수 있게 함으로써 서양 상인들을 통제하였다. 그러나 중국의 차는 유럽에서 많은 이익을 올릴 수 있었기 때문에 서구 열강과 청의 무역량은 날이 갈수록 증가하였다. 특히 영국은 중국과의 무역에서 무역 역조 현상이 두드러졌으며, 막대한 양의 은을 청에게 지불해야 했다. 이에 영국 정부는 청과의 무역 규모를 확대하기 위해 매카트니 일행을 청에 파견하였지만, 건륭제는 청은 자급자족할 수 있기 때문에 제한된 교역만을 인정한다며 이를 거절하였다.
한편, 청은 서양과의 무역에서 수출 초과로 인해 대량의 은이 유입되었다. 이에 청은 인두세를 따로 거두지 않고 토지세 속에 포함시켜 은으로 거두는 지정은제를 시행하였다.
오답풀이 ㄱ. 원에 대한 설명이다. 원 말기에 재정의 악화를 개선하기 위해 교초를 남발하여 경제가 혼란해졌다.
ㄹ. 대운하는 수나라 때 건설되었다.

답 ③

22 다음 조약이 체결된 결과로 옳은 것은? [2013년 3월 교육청]

제3조 영국의 상선은 먼 바닷길을 건너오는 탓에 종종 배가 파손되어 수리를 요하므로 … (중략) … 대청 황제는 홍콩 섬을 영국 왕에게 할양한다. 이후로 영국 왕의 자리를 계승한 자는 영구히 이곳을 주관하고 법과 제도를 만들어 다스리도록 한다.
제4조 대청 황제는 중국 고위 관리에 의해 구속되고 죽음의 위협을 받은 영국 관리와 신민에 대한 피해 대가와 1839년 3월 광동에서 빼앗은 아편 대금의 지불을 약속한다.

① 공행 무역이 폐지되었다.
② 민영 철도가 국유화되었다.
③ 크리스트교 포교가 허용되었다.
④ 연해주가 러시아에 할양되었다.
⑤ 외국 군대가 베이징에 주둔하게 되었다.

출제의도 난징 조약의 결과
해설 17세기 후반 청은 공행 무역에 기초한 대외 무역을 허가해 영국도 이에 참가하였다. 그러나 영국의 의도와는 달리 중국산 차에 대한 수요가 증가하면서 영국이 무역 적자를 겪게 되었다. 이에 영국은 무역 적자를 개선하기 위해 인도산 아편을 청에 몰래 수출하였는데, 아편은 사회적으로나 경제적으로 청에게 심각한 손실을 일으켰다. 결국 아편의 유입에 청이 반발하면서 제1차 아편 전쟁(1840~1842)이 일어났다.
하지만 청은 아편 전쟁에서 패하여 영국과 불평등 조약인 난징 조약을 체결해야 했다. 이에 따라 청은 영국에 배상금을 지불하는 것은 물론, 홍콩을 할양해야 했다. 또한, 공행 무역을 폐지하고 5개 항구를 개항해야 했다.
오답풀이 ② 청 정부가 재정난을 해결하기 위해 민영 철도를 국유화하겠다고 선언하자, 쓰촨 지방을 중심으로 철도를 지키자는 보로 운동(1911)이 전개되었다.
③ 제2차 아편 전쟁(1856~1860) 중에 체결한 톈진 조약을 바탕으로 크리스트교 포교가 허용되었다.
④ 제2차 아편 전쟁으로 체결된 베이징 조약을 통해 청은 연해주를 러시아에 할양하였다.
⑤ 의화단 운동(1899~1901)으로 체결된 신축 조약을 통해 외국 군대의 베이징 주둔을 허용하였다.

답 ①

23 밑줄 친 '너희들'의 활동으로 옳은 것은?

[2015년 3월 교육청 응용]

역적 홍수전을 추종하는 너희들은 천하의 토지를 모두 천주의 땅이라 하고 전족을 고집하는 자의 다리를 잘라 버린다. 오로지 천주만 찾고 부모를 형제자매로 부르니 공자와 맹자가 무덤에서 일어나 통곡할 일이다.

① 중체서용을 표방하였다.
② 신문화 운동을 전개하였다.
③ 교회와 철도를 파괴하였다.
④ 입헌 군주제를 지향하였다.
⑤ 토지 균등 분배를 주장하였다.

출제의도 태평천국 운동

해설 19세기 중엽 중국에서는 아편 전쟁에서 입은 수모와 배상금 지불, 은 값의 폭등, 자연재해의 빈발, 관리의 부패 등으로 농민 생활이 궁핍해지자 각지에서 민중의 소요가 빈발하였다. 이러한 상황에서 홍수전이 상제회라는 종교 결사를 결성하고 청조 타도를 목표로 태평천국군을 결성하여 혁명 운동에 나섰다. 태평천국은 난징을 수도로 삼고 토지의 균등 분배(천조전무제), 변발과 전족의 금지, 남녀평등 등의 개혁 정책을 제시하였다.

오답풀이 ① 양무운동이 중국의 것을 본체로 해서 서양의 기술을 받아들인다는 중체서용의 원칙하에 추진되었다.
② 중화민국 초기의 혼란 속에서 천두슈 등의 지식인들이 유교 중심의 전통문화를 비판하고, 민주주의와 과학 정신을 강조하는 신문화 운동을 주도하였다 (1915). 이는 추후에 5·4 운동의 배경이 되었다.
③ 교회와 철도는 서구 열강 세력이 세우고 활동했던 것인데, 이것들을 파괴하는 활동은 반크리스트교, 반제국주의를 표방했던 의화단에서 볼 수 있는 모습이다.
④ 양무운동의 실패 이후 캉유웨이, 량치차오 등 개혁적 성향의 지식인들은 일본의 메이지 유신을 본받아 입헌 군주제를 도입하는 등 정치 제도를 개혁해야 한다고 주장하였다(변법자강 운동).

답 ⑤

24 (가)에 들어갈 사실로 적절한 것은?

[2011년 3월 교육청]

〈○○ 운동〉

- 시기 : 19세기 후반
- 주도 : 증국번, 이홍장 등 한인 관료
- 내용 : (가)
- 한계 : 일관성 결여, 표면적 개혁, 청·일 전쟁 패배
- 사진 자료 : 금릉 기기국

① 의회의 개설
② 군벌의 타도
③ 과거제의 폐지
④ 토지의 균등 분배
⑤ 서양 과학 기술의 도입

출제의도 양무운동의 의의

해설 증국번, 이홍장은 태평천국 운동을 진압하는 데 앞장섰던 한인 관료로, 이들은 태평천국 운동 진압 당시 서양 무기의 우수성을 몸소 알게 되었다. 이에 이들은 열강의 침탈을 막고 사회적 혼란을 해결하기 위해 서구의 기술을 받아들여 군대를 강화하고 근대적 공업을 육성하여 부국강병을 추진하고자 하였다. 다만 이때 중국의 전통과 제도를 바탕으로 개혁을 추진하고자 하였는데, 이를 양무운동이라 한다.
그러나 양무운동은 전체적인 계획이 부족하였고 관이 직접 감독하는 방식으로 진행되어 근대적 개혁으로는 많은 한계점을 노출하였다. 결국 청·일 전쟁에서 일본에 패배하면서 실패를 인정할 수밖에 없었다.

오답풀이 ①③ 양무운동은 중국의 전통을 유지한 채 서양의 기술만 받아들이고자 하였다. 의회 개설은 변법자강 운동을 일으킨 캉유웨이 등 개혁적 성향의 지식인들이 주장하였다. 이들은 일본의 메이지 유신을 본받아 과거제 폐지, 신교육 실시, 상공업 진흥 등을 도모하였다.
② 신해혁명 후 중국에는 아시아 최초의 민주 공화국이 성립되고 위안스카이가 대총통이 되었는데, 위안스카이가 제정의 부활을 기도하던 중 사망하여 각지에서 군벌이 난립하였다. 그래서 장제스의 국민당 정부는 이러한 군벌을 타도하고 중국을 통일하고자 하였다.
④ 태평천국 운동 때의 사실이다.

답 ⑤

25 자료의 근대화 운동에 대한 설명으로 옳은 것은?

[2012년 3월 교육청]

> 지금 우리나라는 열강에 의한 분할과 망국의 위기에 직면해 있다. 나 캉유웨이는 근본적인 체제 개혁만이 나라를 구할 수 있다고 믿는다. 최근 황제는 조칙을 내려 과거제 폐지, 상공업 진흥, 학교 설립을 통한 신교육 실시 등의 개혁에 착수하였다. 보수적인 관료들은 애국을 구실로 구법을 지키고 신법을 배제해야 한다고 주장하고 있지만, 이는 공허한 논의에 불과하다.

① 공화정 수립을 지향하였다.
② 중체서용을 원칙으로 삼았다.
③ 일본의 메이지 유신을 모델로 하였다.
④ 청·일 전쟁의 패배로 한계가 드러났다.
⑤ 베이징에 외국 군대가 주둔하는 결과를 가져왔다.

출제의도 중국의 변법자강 운동

해설 청은 서양의 과학 기술 도입을 통한 근대화를 추진하기 위해 1861년부터 1894년까지 중체서용을 바탕으로 양무운동을 전개하였다. 그러나 청·일 전쟁에서 패배하면서 양무운동은 실패로 끝이 났다. 이에 캉유웨이, 량치차오 등의 개혁적 지식인들은 정부가 주도하는 양무운동의 한계를 지적하면서 일본의 메이지 유신을 모델로 한 변법자강 운동을 추진하였다. 이에 따라 헌법 제정, 국회 개설, 과거 제도 개혁, 신문 발행 등의 개혁이 추진되었다. 그러나 보수적인 한인 관리들이 무력으로 탄압하면서 변법자강 운동은 100일 만에 실패로 끝이 났다.

오답풀이 ① 변법자강 운동은 입헌 군주제 수립을 지향하였다.
② 중체서용은 중국의 전통과 체제는 유지한 채 서구의 과학 기술만을 받아들여 부국강병을 이루자는 주장으로, 양무운동의 기본 이념이었다.
④ 양무운동의 한계에 대한 설명이다.
⑤ 의화단 운동(1899~1901)의 결과에 대한 설명이다.

답 ③

26 (가), (나) 운동에 대한 옳은 설명을 〈보기〉에서 고른 것은?

[2010년 3월 교육청]

〈중국의 반외세 운동〉

구분	(가) 운동	(나) 운동
시기	1851~1864	1899~1901
구호	멸만흥한	부청멸양
시작 지역	광둥 성	산둥 성

■ 보기 ■
ㄱ. (가) - 한인의 공화 정부를 수립하려고 하였다.
ㄴ. (가) - 신사들이 조직한 향용에 의해 진압되었다.
ㄷ. (나) - 철도 국유화 조치가 봉기의 배경이 되었다.
ㄹ. (나) - 베이징에 외국군이 주둔하는 결과를 초래하였다.

① ㄱ, ㄴ ② ㄱ, ㄷ ③ ㄴ, ㄷ
④ ㄴ, ㄹ ⑤ ㄷ, ㄹ

출제의도 중국 반외세 운동의 특징 이해하기

해설 (가)는 태평천국 운동이다. 청 말 사회 전반에 만연한 경제 위기와 사회 불안 속에서 늘어난 실업자와 빈민을 중심으로 반청 결사 세력이 빠르게 성장하였다. 이러한 분위기를 배경으로 1851년 중국의 광둥 성에서 멸만흥한을 외치며 홍수전이 봉기하였다. 홍수전은 비밀 결사 단체인 상제회를 기반으로 태평천국을 세우고 태평군을 조직해 청군과 싸우면서 각지를 점령해 나갔다. 태평천국은 청 정부를 타도하고, 토지를 농민들에게 나누어주며, 남녀가 평등한 사회를 건설하자고 주장하여 민중의 지지를 받았다. 그리고 1853년에는 남경을 점령해 천경이라 이름 짓고 수도로 삼기까지 하였다. 이에 불안을 느낀 증국번, 이홍장 등 한인 지주들은 자위군인 향용을 만들어 미국인 워드의 상승군과 함께 태평천국군을 공격하였고, 천경이 함락되면서 태평천국은 멸망하였다(1864).

(나)는 의화단 운동이다. 19세기 중반 중국에서 기독교의 포교가 허용되자 선교사들은 각지에서 적극적인 포교 활동을 하였다. 그러나 일반 민중은 외국의 풍속에 부정적이었기 때문에 산둥 성의 농민들은 의화단을 조직하여 이에 대항하였다. 의화단은 농민들이 받는 고통이 서구 열강의 침략으로 인한 것이라고 보고 부청멸양을 주장하며 외국 배격 운동을 벌여 일반 외국인까지도 습격하였다. 그리고 서태후를 비롯한 청 정부의 보수파 역시 정권 유지를 위해 이 운동을 후원하였다. 그러나 1901년 일본, 영국, 미국, 독일, 프랑스, 러시아, 오스트리아, 이탈리아 등 8개국이 자국 공사관과 자국민 보호를 구실로 군대를 파견함으로써, 의화단과 8개국 연합군의 전투가 벌어졌다. 결국 의화단은 전투에서 패배하고, 베이징은 열강들에게 점령당하였으며, 청 왕조는 이들과 강화 조약을 맺어야 했다. 그리고 이 조약에 따라 청은 열강에게 많은 배상금을 지불하였으며, 베이징에 외국 군대가 주둔하게 되었다.

오답풀이 ㄱ, ㄷ. 신해혁명(1911)에 대한 내용이다. 청 정부의 철도 국유화에 반대하여 일어난 신해혁명의 결과 아시아 최초의 민주 공화정이 탄생하였다.

답 ④

27 밑줄 친 '나'의 주장으로 옳은 것을 〈보기〉에서 고른 것은?

[2012년 3월 교육청]

> 나는 중국 혁명 동맹회 등 여러 단체를 결성하여 혁명에 진력해 왔다. 그 목적은 중국의 자유와 평등을 획득하는 것이었다. … (중략) … 현재 혁명은 아직 완성되지 않았다. 우리 동지들은 내가 주장한 삼민주의 등에 입각하여 목적을 관철하라. 이것이 제군들에게 드리는 마지막 당부이다.

■ 보기 ■
ㄱ. 제3세계 국가들과 연대하자.
ㄴ. 내전을 중지하고 항일에 매진하자.
ㄷ. 공산당과 손을 잡고 군벌을 타도하자.
ㄹ. 만주족을 축출하고 한족의 주권을 회복하자.

① ㄱ, ㄴ   ② ㄱ, ㄷ   ③ ㄴ, ㄷ
④ ㄴ, ㄹ   ⑤ ㄷ, ㄹ

출제의도 쑨원의 활동

해설 쑨원은 1905년에 여러 혁명 세력을 통합하여 일본에서 중국 동맹회를 조직하고, 혁명의 이념으로 삼민주의를 제창하였다. 삼민주의는 민족주의, 민권주의, 민생주의의 3원칙으로 구성되어 있는데, 민족주의는 청조를 타도하고 한족의 주권을 회복하는 것이고, 민권주의는 모든 국민이 정치적으로 평등한 권리를 갖게 되는 것이었다. 그리고 민생주의는 국민 생활의 안정을 위한 개혁의 실시를 의미하였다.
이후 1912년에 쑨원은 새롭게 성립된 중화민국의 임시 대총통에 취임하여 민주 공화정 체제를 수립하였으며, 1924년에는 군벌 타도를 위해 제1차 국·공 합작을 이끌어 내기도 하였다.

오답풀이 ㄱ. 제3세계는 제2차 세계 대전 이후에 반제국주의와 비동맹 중립 노선을 표방하며 등장하였다. 그러나 쑨원은 1925년에 사망하였다.
ㄴ. 중국에서는 1920년대 후반부터 1940년대 후반까지 중국의 지배권을 둘러싸고 국민당과 공산당 간에 내전이 벌어졌다.

답 ⑤

28 밑줄 친 '이 혁명'에 대한 적절한 탐구 활동을 한 학생을 고른 것은?

[2012학년도 9월 평가원 응용]

학생	탐구 과제	탐구 활동
갑	국제 정세	파리 강화 회의의 결정 사항을 알아본다.
을	발단	철도 국유화 조치에 대한 각 지역의 반응을 조사한다.
병	주도 세력	호찌민의 활동을 연구해 본다.
정	의의	중화민국 수립의 의미를 살펴본다.

① 갑, 을   ② 갑, 병   ③ 을, 병
④ 을, 정   ⑤ 병, 정

출제의도 신해혁명의 배경과 결과 파악하기

해설 신해혁명은 쑨원의 삼민주의 영향을 받았는데, 삼민주의는 만주족의 청조를 타도하고 한족의 주권을 회복하자는 민족주의, 모든 국민이 정치적으로 평등한 권리를 갖도록 하자는 민권주의, 국민 생활의 안정을 위한 개혁 실시를 강조한 민생주의를 의미한다. 쑨원은 1905년에 중국 혁명 동맹회를 결성하고 혁명 운동을 전개하였다.
을, 정. 1911년 청조의 철도 국유화 조치에 반발하여 우창에서 군대가 봉기해 전국으로 확산되었는데, 이것이 신해혁명이다. 이듬해 각 성의 대표들이 난징에서 쑨원을 임시 대총통으로 선출하였으며, 쑨원은 다시 위안스카이와 교섭하여 청 왕조를 무너뜨렸다. 그 결과 아시아에서 최초의 민주 공화정 국가가 탄생하였다.

오답풀이 갑. 파리 강화 회의는 제1차 세계 대전 이후에 개최된 국제회의로, 이때 중국은 일본이 제출한 21개조 요구의 취소와 산둥 이권의 반환을 요구하였으나 거절당하였다. 이에 베이징 대학생의 시위를 시작으로 5·4 운동(1919)이 일어났다.
병. 신해혁명은 쑨원이 주도하였다.

답 ④

29 그림에 나타난 민족 운동의 배경으로 옳은 것을 〈보기〉에서 고른 것은?

[2013학년도 수능]

― 보기 ―
ㄱ. 제1차 국·공 합작이 이루어졌다.
ㄴ. 일본이 만주 사변을 일으켜 만주를 침략하였다.
ㄷ. 천두슈는 유교를 비판하고 청년의 각성을 촉구하였다.
ㄹ. 파리 강화 회의에서 산둥에 대한 권리를 일본에게 양도하기로 결정되었다.

① ㄱ, ㄴ ② ㄱ, ㄷ ③ ㄴ, ㄷ
④ ㄴ, ㄹ ⑤ ㄷ, ㄹ

출제의도 중국의 5·4 운동

해설 5·4 운동은 1919년 5월 4일부터 약 2개월 동안 중국 전역에서 일어난 반일 애국 운동이다.
ㄷ. 5·4 운동은 신문화 운동으로부터 시작되었다. 신문화 운동은 일본의 대륙 침략이 가속화되던 시점에 천두슈 등의 지식인들이 중심이 되어 일으킨 것으로, 청년들로 하여금 유교 사상과 관습을 버리고 민주주의와 과학 정신을 수용함으로써 주체적인 인간이 될 것을 촉구한 운동이었다. 그 결과 신문화 운동에 영향을 받은 학생들을 중심으로 5·4 운동이 전개되었다.
ㄹ. 제1차 세계 대전 중 일본은 중국에게 21가지의 특혜 조건을 요구하였다. 당시 중화민국의 대총통이었던 위안스카이가 이를 받아들여 서명함으로써 중국 내 반일 감정과 반봉건 감정이 최고조에 이르렀다. 그 후 중국은 파리 강화 회의에서 일본이 제출한 21개조 요구의 취소와 독일이 가지고 있는 칭다오를 비롯한 산둥 반도의 이권 반환을 요구하였으나, 서구 열강들은 이를 무시하였다. 그러다 얼마 후 산둥의 이권을 일본에게 양도한다는 파리 강화 회의의 내용이 알려지자, 베이징 대학생들을 중심으로 21개조 요구 철폐 및 군벌 타도를 주장하는 5·4 운동이 일어났다.

오답풀이 ㄱ. 제1차 국·공 합작은 1924년에 이루어졌다. 당시 쑨원은 군벌 타도와 반제국주의를 목표로 중국 공산당과 제1차 국·공 합작을 이루어냈다.
ㄴ. 일본은 1931년에 만주를 침략하고, 1932년에 만주국을 세웠다.

답 ⑤

30 다음 가상 대화 속 두 인물의 공통점으로 옳은 것은?

[2011년 10월 교육청]

① 공화정을 수립하였다.
② 비동맹 중립 노선을 내세웠다.
③ 시장 경제 요소를 도입하려 하였다.
④ 동유럽 국가에 대한 간섭을 철회하였다.
⑤ 독립 국가 연합(CIS)의 탄생에 기여하였다.

출제의도 덩샤오핑과 고르바초프의 경제 정책 이해하기

해설 덩샤오핑은 검은 고양이건 흰 고양이건 쥐만 잘 잡으면 된다는, 즉 공산주의든 자본주의든 중국 경제의 낙후성을 해결할 수만 있다면 상관없다는 흑묘백묘론을 내세우며 마오쩌둥을 비판하고 류사오치와 함께 실용주의 노선을 주장하였다. 이러한 생각을 지녔던 덩샤오핑은 미국, 일본과의 국교 정상화를 통해 경제 원조를 얻어냈으며, 개혁과 개방 정책을 실시하였다. 또한, 사회주의 계획 경제에 자본주의적 시장 경제의 요소를 가미하여 기업의 독립 채산제를 확대하고, 농촌에서의 잉여 생산물의 판매를 허용하였다.
1985년에 등장한 고르바초프는 관료화된 소련 사회의 경직성을 완화하기 위해 글라스노스트(개방), 페레스트로이카(개혁) 정책을 내세우고 자유주의 체제를 도입하였다. 이러한 정책은 결과적으로 소련의 붕괴로 이어졌고, 동유럽 사회주의 체제의 붕괴를 가져왔다.

오답풀이 ① 중국은 신해혁명을 통해 1912년 아시아 최초로 공화정을 수립하였다. 러시아는 1917년 3월 혁명으로 제정이 무너졌으며, 11월 혁명으로 소비에트 정부가 수립되었다.
② 제2차 세계 대전 이후 새롭게 독립한 아시아, 아프리카 지역의 여러 국가들이 비동맹 중립 노선을 내세웠다. 이들은 미국 중심의 자본주의와 소련 중심의 사회주의 체제하의 국제 정치에서 중립 노선을 택하였다.
④⑤ 고르바초프에만 해당한다.

답 ③

MEMO

PART 4

일본사

01 일본의 성립과 발전
02 일본의 무사 정권
03 일본의 근대화와 동아시아 침략

- ✚ ■ 빨간색 글씨 심화 과정은 이만적 교수님의 무료 강의를 들어야 이해하기 쉬워요!
- ✚ ■ 빨간색 글씨 심화 과정은 고급 수준의 내용이며, 중급까지 원하시는 분은 보시지 않아도 됩니다.

CHAPTER 01 일본의 성립과 발전

1 야마토 정권 성립 이전

✚ 한반도의 영향을 받은 것이 아니라 자생적으로 탄생

✚ 중국 위나라에 조공

조몬 문화✚	기원전 1만 년경, 신석기 문화, 조몬 토기와 간석기 사용
야요이 시대	중국과 한반도에서 벼농사·청동기·철기 전래, 청동과 철 주조
야마타이	3세기경 30여 개 소국으로 통합(야마타이국✚이 가장 큰 나라)

2 일본 고대 국가의 발전

(1) 야마토 정권 성립(4세기경)

① **문물 수용** : 쇼토쿠 태자가 한반도와 중국으로부터 유교와 불교 등 선진 문물을 수용하여 관료제를 정비하는 등 중앙 집권 체제 강화, 불교 진흥책 추진 → 아스카 문화 발달 ─ 고구려의 혜자가 쇼토쿠 태자의 스승 ─ 삼국 중 백제가 가장 큰 영향을 줌.

- **쇼토쿠 태자(574~622)** : 6세기 후반 중국과 한반도로부터 선진 문화를 받아들여 아스카를 중심으로 문화가 발달하였다. 호류 사 금당 벽화 등이 이 시대에 만들어졌다. ─ 고구려 담징이 벽화를 그림.

② **다이카 개신*(645)** ✚ : 사절(견수사, 견당사) 파견 → 중국 문물 수용 → 당의 율령 체제를 본뜬 국왕 중심의 중앙 집권 체제 확립(당 유학생 출신들이 추진) → 다이호 율령(701, 2관 8성제) ─ ✚조·용·조 세법, 반전수수법(당의 균전제의 영향을 받아 토지 분급)

③ '일본' 국호 공식 사용, '천황' 호칭 사용(7세기 말)

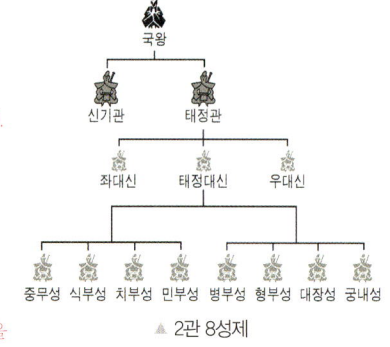
▲ 2관 8성제

***다이카 개신**
다이카는 당시 국왕의 연호, 개신은 개혁 정치를 뜻하는 말로, 다이카 개신은 7세기 무렵 당의 정치와 문화를 배우고 돌아온 유학생들이 중심이 되어 일으킨 정변이다. 이들은 당의 체제를 적극 수용하여 왕권을 강화하고 중앙 집권화를 이루고자 하였다.

✚ 다이카 개신 이후의 일본 문화는 하쿠호 문화(통일 신라가 하쿠호 문화에 영향, 심상이 화엄종 전파)

***2관 8성제**
일본은 천황을 중심으로 한 국가 권력을 확립하고, 율령을 바탕으로 한 정치 체제를 정비함. → 제례를 담당한 신기관과 정치를 담당한 태정관을 두고, 태정관 아래에 행정을 담당한 8성(省)을 둔 2성 8성제를 마련함.

(2) 나라 시대(710~794)

① **성립** : 야마토 정권이 헤이조쿄(나라)로 수도 이전(8세기 초) → 당의 장안성을 모방하여 도시 건설

② **특징** : 불교 융성(도다이 사 건립), 견당사 파견, 『고사기』·『일본서기』·『만엽집』 편찬, 도다이사 대불 건립(도다이사에서 신라의 민정문서 발견) ─ ✚견신라사 ─ 일본의 고대 시가를 정리 ─ 역사서

③ **약화** : 왕위 계승을 둘러싸고 왕실, 귀족 간 대립 → 중앙 집권 체제 약화 → 헤이안쿄(교토)로 수도 이전

▲ 당의 장안성(좌)과 일본의 헤이조쿄(우)

(3) 헤이안 시대(794~1185)

① **성립** map : 8세기 중엽 정치 개혁을 위해 헤이안쿄(교토)로 수도 이전
② **왕권 약화** : 귀족의 정치 개입 심화, 귀족·호족·사원의 장원 확대, 무사 등장
③ **고유문화 발달** : 9세기 말 견당사 폐지 → 당 문화에서 벗어나 독자적인 문화 발달 → 국풍 문화 발달(『겐지 이야기』 - 귀족 생활을 다룬 소설), 가나 사용, 와카(시) 유행, 불교의 일본화

▲ 일본 고대 국가의 발전

▲ 국풍을 보여주는 헤이안 시대의 관복

CHAPTER 02 일본의 무사 정권

1 무사 정권의 성립과 변화

*막부
쇼군(장군)이 주둔하던 막사라는 뜻. 쇼군이 왕을 대신하여 정치를 주도하는 정치 형태

(1) 막부* 수립

① **배경**: 헤이안 시대 후반 지방 호족과 사원들이 장원을 확대하면서 사회가 불안해짐. → 귀족과 지방 세력이 재산과 토지를 보호하기 위해 무사(사무라이) 고용 → 무사가 독자적인 세력으로 성장

② **막부 정치**: 막부의 쇼군(장군)이 실질적인 지배자로 무사 계급 통솔, 천황은 형식적인 지위만 유지 → 일본 특유의 봉건제 시행

- **쇼군(장군)**: 막부 시대 세습적인 최고 통치자이자 왕을 대신한 실질적인 지배자

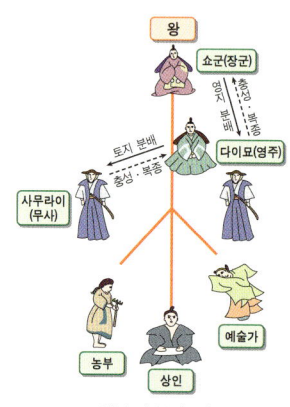
▲ 일본의 봉건 제도

(2) 무사 정권의 변천

① **가마쿠라 막부(1185~1333)** ─고려의 무신 정변은 1170년

㉠ 성립: 12세기 말 미나모토(노) 요리토모가 귀족 세력을 제압하고 개창
㉡ 특징: 송의 동전을 대량으로 수입 → 화폐 경제 발달 촉진, 선종과 성리학 도입
㉢ 쇠퇴: 원(쿠빌라이 칸)의 공격을 막아내는 과정에서 쇠퇴

② **무로마치 막부(1336~1573)** ✚

㉠ 성립: 14세기 초 아시카가 다카우지가 교토에서 개창
㉡ 감합 무역*: 명(영락제)과의 감합 무역을 통해 왜구 단속, 경제적 안정 이룩 → 무역의 실권이 지방의 다이묘에게 넘어감.
㉢ 서민의 성장: 수리 시설 정비 → 이모작이 전국적으로 확산, 상공업자의 동업 조합인 '자[座, 자리 좌]' 확산

③ **전국 시대**

㉠ 변천: 5세기 후반 무사들 간의 세력 다툼 → 16세기 후반 도요토미 히데요시가 통일 → 조선 침략(임진왜란) → 실패
㉡ 대외 교류: 서양 문물 유입 시작, 조총과 크리스트교 전파

─오다 노부나가가 통일의 기틀을 마련하였지만 암살당함.

✚ **남북조 시대**
1336년에 아시카가 다카우지가 고묘 천황을 옹립해 북조를 수립한 뒤 무로마치 막부를 개창했고, 고다이고 천황은 요시노에 남조를 수립해 일본 열도의 왕조는 둘로 분열되었다. 이후, 1392년에 남조와 북조가 합쳐지기까지의 기간을 남북조 시대라고 하고, 무로마치 시대의 초기에 해당한다.

▲ 남북조 시대

*감합 무역
무로마치 시대에 명과 일본 사이에서 이루어진 조공 무역으로, 국가가 파견하는 정식 사절단임을 증명하는 감합부를 가진 선박에게만 교역을 허락하였다.

▲ 일본 무사

▲ 일본의 조총 부대

▲ 가마쿠라 막부와 무로마치 막부

2 에도 막부의 성립과 발전

(1) 에도 막부
① **성립** ♀map : 도요토미 히데요시 사망 → 도쿠가와 이에야스가 에도(도쿄)에 수립 (1603) ─ 세키가하라 전투에서 승리
② **통치** : 막번 체제[쇼군이 통치하는 직할지와 다이묘의 영지(번)로 구분하여 통치], 산킨코타이(산킨고타이)제* 실시 → 중앙 집권적 봉건 체제 구축

▲ 산킨코타이 제도

*산킨코타이제
다이묘(영주)의 가족을 에도에서 살도록 하고 다이묘가 자신의 영지와 에도에서 번갈아 근무하게 한 제도. 일종의 막부의 다이묘 통치 제도

(2) 경제와 문화
① **경제 발달** : 상품 작물 재배, 농업 생산력 증대 → 상업과 도시의 발달(에도와 오사카 번성)
② **조닌*(도시 상인, 수공업자)의 성장**⊕ : 조닌 문화 발달[가부키(전통 연극), 우키요에(사회 풍속ㆍ인간 묘사 등을 담은 목판화)]
③ **국학 운동** : 18세기 후반
  ㉠ 내용 : 고전과 고대사 연구를 통해 고대 일본의 정신으로 회귀, 신도와 왕실의 존엄 주장
  ㉡ 영향 : 막부를 타도하려는 존왕양이 운동에 큰 영향을 줌.
  ─ 광해군 때부터 본격적으로 파견되었던 조선의 통신사 파견이 중단됨 (마지막 통신사는 순조 11년인 1811년).

*조닌
에도 시대 상업이 발달하면서 성장한 사회 계층으로, 대부분 대도시에 거주하는 상인과 수공업자들이었다.

⊕ 에도 시대 상업 발달
가부나카마(동업 조합) 발달, 무역선이 동남아시아 진출(막부로부터 슈인장 즉, 증명서를 발급받음)

■ **이와미 은광(세계 문화유산)**
일본은 1530년대에 이와미 은광을 개발하고 조선에서 은 정련법(조선에서 16세기 초반 은과 납을 분리하는 기술 개발)을 도입하여 은을 생산하였는데, 이 은은 명에 유입되었다. 당시 일본의 은 생산량은 전 세계 은 생산량의 3분의 1을 차지할 정도였다. 이와미 은광을 두고 일어난 쟁탈전 이후 이와미 은광은 도요토미 가문이 관리하게 되었고, 임진왜란 때의 군자금은 여기에서 충당되었다.

*난학[란(랑)가쿠]
에도 시대 네덜란드를 '화란'이라 하였는데, 네덜란드 상인들을 통해 수입된 조선, 제련, 천문학, 지리학, 의학 등의 서양 학문을 통칭하여 일컫는 학문을 난학이라고 한다.

▲ 가부키

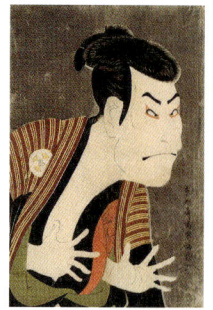
▲ 우키요에(도슈사이 샤라쿠의 '배우 오타니 오니지 3대')

(3) 대외 교류 map

① **통제 정책(쇄국 정책) 실시** : 크리스트교 금지, 해외 무역을 엄격히 통제
② **제한 교역** : 통신사를 통해 조선과 교류, 중국과 네덜란드에 나가사키 항 개방
③ **난학* 발달** : 네덜란드 상인을 통해 서양 학문과 기술이 전래되어 발달

▲ **에도 막부의 데지마[出島]** | 데지마는 1636년 기독교의 포교를 금지하기 위해 나가사키에 건설한 부채 모양의 인공 섬으로, 초기에는 시내에 살던 포르투갈인들이 격리되어 거주하였으나, 이후 1641년부터 1857년까지 200여 년간 일본과 네덜란드의 무역 기지로 활용되었다.

CHAPTER 03 일본의 근대화와 동아시아 침략

1 일본의 개항과 근대화

(1) 배경 : 에도 막부의 통상 수교 거부 정책(쇄국 정책) → 아편 전쟁에서 청의 패배, 서양 열강에 대한 일본의 경계 고조
- 제한된 무역 외의 통상 거부는 17세기 아래 막부의 기본 정책이었다.

(2) 개항
① **과정** : 미국 페리 제독 함대의 무력시위(포함 외교) 및 개항 요구에 굴복 → 미·일 화친 조약 체결(1854) → 미·일 수호 통상 조약 체결(1858)✚
② **내용** : 문호 개방, 치외 법권* 허용, 협정 관세*(관세 자주권 포기), 최혜국 대우* 등 → 일본에 일방적으로 불리한 불평등 조약
③ **영향** : 이후 네덜란드·프랑스·영국 등과 불평등 조약 체결, 막부 체제 동요

2 메이지 유신*[明治維新, 1868]
　　　　　　　　　└ 흥선 대원군 집권 시기(1863~1873)

(1) 배경 : 에도 막부의 불평등 조약 체결, 개항 이후 외국 상품 수입과 물가 상승 → 국민의 불만 고조, 존왕양이 운동 전개
(2) 과정 : 지방 무사 세력을 중심으로 에도 막부 타도(사쓰마 번과 조슈 번 주도)▼map
→ 천황 중심의 새로운 정부 수립, 근대적 개혁 추진(메이지 유신)
　　　└ 대정봉환(에도 막부가 통치권을 일왕에게 반납, 1867)
(3) 개혁 내용
① 서양 문물을 수용하는 문명 개화 정책 추진 → 부국강병 목표
② 천황 중심의 중앙 집권 체제 마련 → 봉건제 폐지, 지방 제도 정비(에도의 이름을 도쿄로 고쳐 수도로 삼음, 폐번치현* 단행)
③ 신분제 폐지, 신식 교육 실시(서양식 교육 제도와 의무 교육 도입), 조세 제도 개혁, 근대적 산업 육성, 교통과 통신 시설 정비, 징병제 실시(근대적 군대 양성)
④ **서양 근대 문물 수용(유학생과 사절단 파견)** : 이와쿠라 사절단(서양의 상황 파악, 불평등 조약 개정을 위해 유럽과 미국에 파견)
(4) 입헌제 국가의 수립
① **자유 민권 운동** : 지식인들의 참정권과 국회 개설 요구 운동 → 정부의 탄압
② **일본 제국 헌법 제정(1889)** : 입헌 군주제 확립, 천황의 절대 권력 명문화(정치·군사적 권력과 의회 장악)
　　　　　　　　　　└ 갑신정변(1884)과 갑오개혁(1894) 사이

✚ 미·일 화친 조약은 2개의 항구를 개항하기로 했는데, 미·일 수호 통상 조약은 항구를 추가 개항하기로 하였다.

*치외 법권
다른 나라의 영토 안에 있으면서도 그 나라 국내법의 적용을 받지 아니하는 국제법에서의 권리

*협정 관세
통상 항해 조약이나 관세 조약에 의해 정해진 관세

*최혜국 대우
어떤 나라와 통상 조약을 맺은 여러 나라 가운데 가장 유리한 대우를 받는 나라와 같은 대우를 받는 것

*메이지 유신
에도 막부를 타도하고 근대 국가를 건설한 일본의 개혁. 당시 천황이 메이지 천황이었기 때문에 메이지 유신이라고 한다. 유신(維新)은 낡은 것을 고쳐 새롭게 한다는 뜻이다.

*폐번치현(廢藩置縣)
다이묘가 통치하던 번들을 통폐합하여 현을 설치하고 중앙 정부가 직접 임명한 지사를 파견하였다.

3 일본 제국주의와 대륙 침략

(1) 일본의 침략과 조선의 개항

① **일본의 대외 팽창 정책** : 메이지 유신으로 중앙 집권 체제 강화 후 적극적인 대외 팽창 정책 추진 → 홋카이도*와 쿠릴 열도*(러시아와의 조약 체결) 차지, 류큐(오키나와) 점령, 조선 침략 시도
  - 1429년 최초의 통일 왕국 — 1875년
  - 1879년 일본 영토로 편입

② **조선의 개항**
  ㉠ 조선의 상황 : 통상 수교 거부 정책 지속
  ㉡ 강화도 조약(1876) : 운요호 사건*을 구실로 일본의 개항 요구 → 강화도 조약 체결(부산·원산·인천 등 3개 항구 개항, 치외 법권과 해안 측량권 인정)
  - 최혜국 대우는 없었음.

(2) 청·일 전쟁(1894~1895)

① **계기** : 조선에 대한 지배권을 두고 청·일 전쟁 발발
② **결과** : 일본의 승리 → 시모노세키 조약 체결(조선에서 청의 종주권* 부인, 청의 배상금 지불, 랴오둥 반도와 타이완을 일본에 할양)
③ **삼국 간섭(1895)** : 러시아 주도로 프랑스·독일과 함께 랴오둥 반도를 청에 반환하도록 압력을 가함. → 일본의 랴오둥 반도를 청에 반환, 조선에서 친러파 집권 → 을미사변 발생

(3) 동아시아 정세의 변화

① **일본** : 근대 공업 발전, 군사력 증강 → 경제적 성장, 제국주의 열강 대열 합류
② **청** : 중국 중심의 동아시아 국제 질서 붕괴, 양무운동 실패
③ **조선** : 갑오개혁 추진, 대한 제국 선포, 러시아를 이용한 일본 견제 움직임 → 러시아의 세력 확장
  - 1897년 광무개혁 시작, 1904년 러·일 전쟁(1904~1905)으로 중단

(4) 러·일 전쟁(1904~1905)

① **러·일 전쟁 전 일본과 러시아의 상황**
  ㉠ 일본 : 산업 혁명(청·일 전쟁의 배상금을 군사·산업 시설에 투자) → 본격적 대외 침략 준비
  ㉡ 러시아 : 삼국 간섭 이후 만주와 한반도 일대에서 영향력 확대

② **러·일 전쟁의 발발**
  ㉠ 일본의 국제적 관계 강화 : 영·일 동맹 체결(1902), 미국과 우호 관계
    ● **제1차 영·일 동맹(1902), 제2차 영·일 동맹(1905)** : 러시아가 조선 군대의 근대화를 지원해주는 조건으로 영흥만을 조차하려는 조·러 비밀 협약을 맺으려 시도하자 영국은 거문도를 점령하였다(1885, 이때 부들러와 유길준이 중립화론 주장). 이후 영국은 영·일 동맹을 체결하여 일본을 지원하여 러시아를 견제하는 정책으로 바뀌었다.

---

*홋카이도
아이누 족이 살던 미개지로 메이지 유신 이후 본격적으로 개발

*쿠릴 열도
제2차 세계 대전에서 일본이 패한 이후 러시아에 귀속되었다. 현재 러시아와 일본 사이에 영토 분쟁이 진행 중이다.

*운요호 사건(1875)
일본 군함인 운요호가 해안 측량을 구실로 강화도 앞바다에 불법 침입하자 조선군이 공격을 가하여 충돌이 일어난 사건

*종주권
한 나라가 국내법의 범위 안에서 다른 나라의 내정이나 외교를 지배하는 특수한 권력

■ 정한론과 세이난 전쟁
1873년 사이고를 중심으로 한 사무라이들을 중심으로 조선을 정벌하자는 정한론이 대두되었으나 이와쿠라, 이토 히로부미 등 내치의 우선을 주장하는 점진적 정한론자들의 반대에 부딪혀 이루어지지 않았다. 이후 사이고를 중심으로 한 사무라이들이 신정부에 대해 세이난 전쟁(1877)을 일으켰으나 실패하였다.

▲ 러·일 전쟁

■ 1905년 당시 조선에서 일어난 일
가쓰라·태프트 밀약(미국의 필리핀 지배와 일본의 조선 지배 인정), 제2차 영·일 동맹(영국의 인도 지배와 일본의 조선 지배 인정), 포츠머스 강화 조약(러·일 전쟁 종결), 을사늑약(외교권 박탈), 을사의병

ⓒ 경과 : 일본의 러시아 함대 기습 공격 → 러·일 전쟁 발발❶
ⓓ 결과 : 일본 승리 🗺map → 포츠머스 조약(일본의 조선 지배권 확보, 랴오둥 반도 조차권* 확보, 남만주 철도 부설권 확보, 사할린 남부 할양)

③ **일본의 조선 침략** : 을사조약 체결(1905, 조선의 보호국화) → 조선의 애국 계몽 운동(교육과 산업 강조), 항일 의병 운동 등 전개 → 조선 식민지화(한·일 병합 조약, 1910)

(5) 일본의 침략

① **제1차 세계 대전** : 전쟁에서 승전국이 되어 일본의 독점 자본주의 완성❶

② **만주 사변** : 대공황(1929)으로 생산량 격감 및 실업자 속출 → 1931년 만주 사변을 일으켜 괴뢰국인 만주국 수립 → 군국주의화

③ **중·일 전쟁** : 1937년 중국 관내 침입, 난징 대학살

④ **태평양 전쟁** : 1941년 하와이 진주만 공격 → 미국의 제2차 세계 대전 참전 → 히로시마·나가사키에 원자 폭탄 투하 → 일본의 항복 → 연합군의 일본 통치 → 1951년 샌프란시스코 강화 조약으로 주권 회복

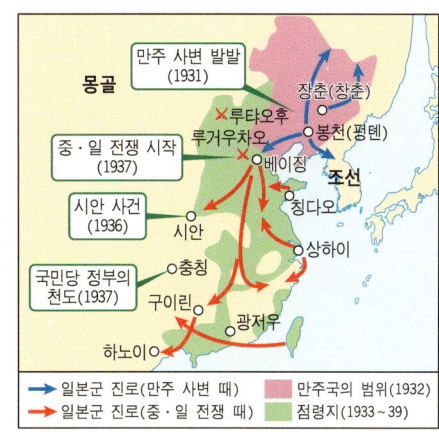

▲ 일본의 대륙 침략

― 1932년 군부 반란 사건(5·15 사건)이 발생하여 군부가 정계 진출

― 일본은 미국에게 미드웨이 해전(1942. 6.)에서 패배하고, 이후 독일은 스탈린그라드 전투(1942. 8.)와 노르망디 상륙 작전(1944. 6.)에서 패배

― 이후 독일이 제2차 세계 대전(1939, 폴란드 침공)을 일으키고 프랑스를 점령하자 일본은 1940년 프랑스령 인도차이나 반도 점령

― 이후 소련이 대일전에 참전하면서 북한 지역에 진출(얄타 회담 때 소련의 대일전 참전 약속)하자 미국 대통령 트루먼은 한반도 북위 38도 분할 점령안을 제의하여 소련이 수락

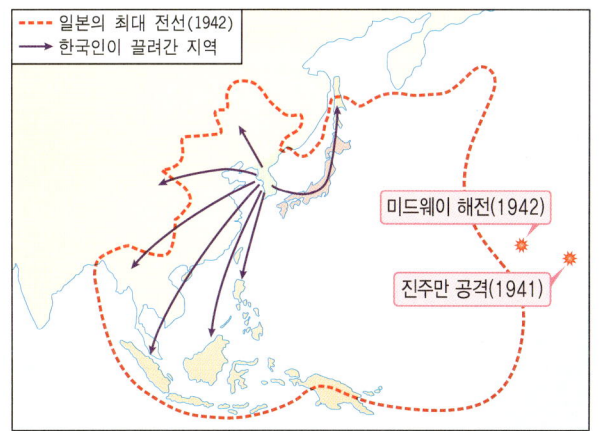

▲ 일본군 최대 전선

― 일본이 팽창하자 ABCD 포위 작전 전개 : A(America, 미국), B(British, 영국), C(China, 중국), D(Dutch, 네덜란드)

❶ 쓰시마 해전에서 블라디보스토크를 향해 가던 러시아의 발틱 함대를 격파한 이후 블라디보스토크를 견제하기 위해 독도를 강탈하였다(1905).

*조차권
특별한 합의에 따라 한 나라가 다른 나라 영토의 일부를 빌려 일정 기간 통치하는 권리

❶ **다이쇼 데모크라시**
일본은 1920년대 다이쇼 데모크라시(민주주의 사상 보급, 정당 정치 발달, 농민 노동 운동 고양)가 등장하였다. 그리고 다이쇼 데모크라시의 영향으로 조선에서 헌병 경찰 통치가 문화 통치로 바뀌었으며 독점 자본주의의 완성으로 조선에서 산미 증식 계획, 회사령 철폐(신고제), 관세 철폐가 이루어졌다.

심화 지도로 고급 완성하기

PART 4 일본사

◐ 관서(간사이) 지방

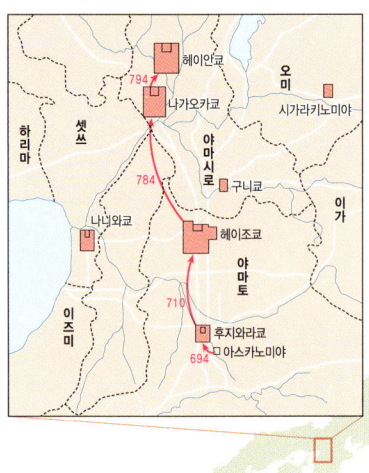

◐ 세키가하라 전투

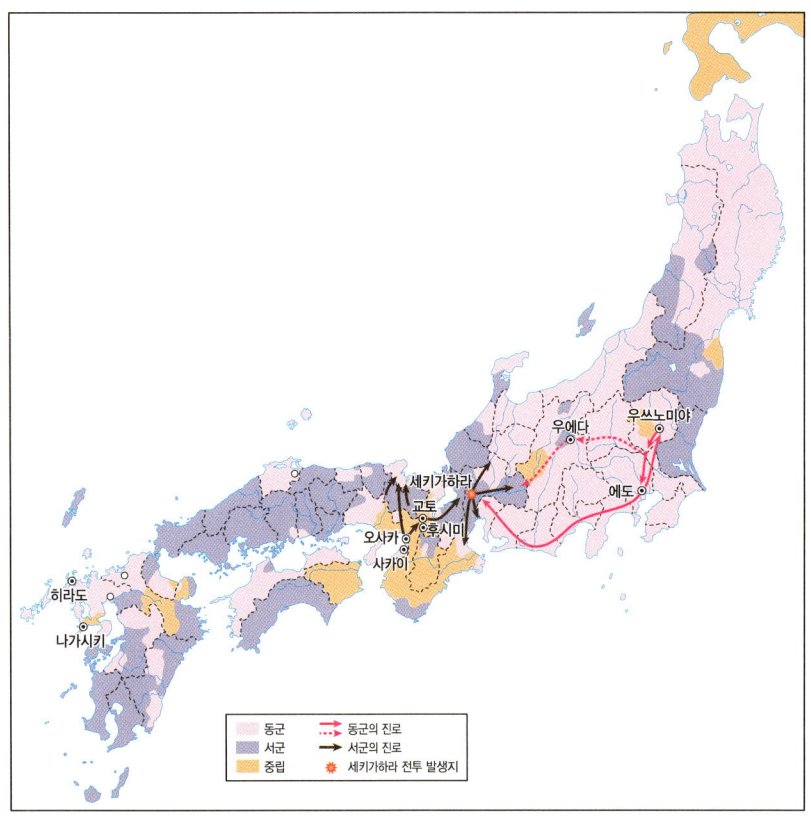

❶ 일본인의 동남아시아 진출

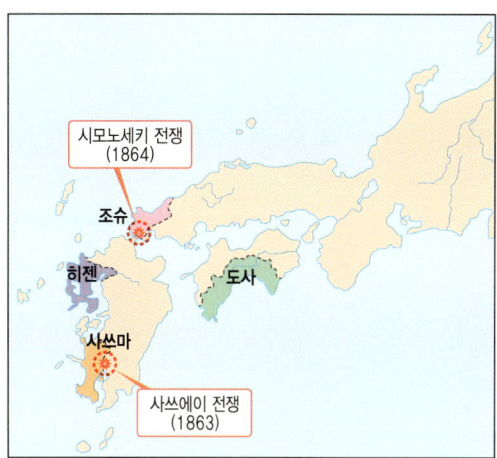

❷ 삿초 동맹

중국 화교만이 동남아시아 진출한 것이 아니라 일본 상인들도 활발하게 동남아시아에 진출했다. 특히 에도 막부 시기에 활발했다.

❸ 쓰시마 해전

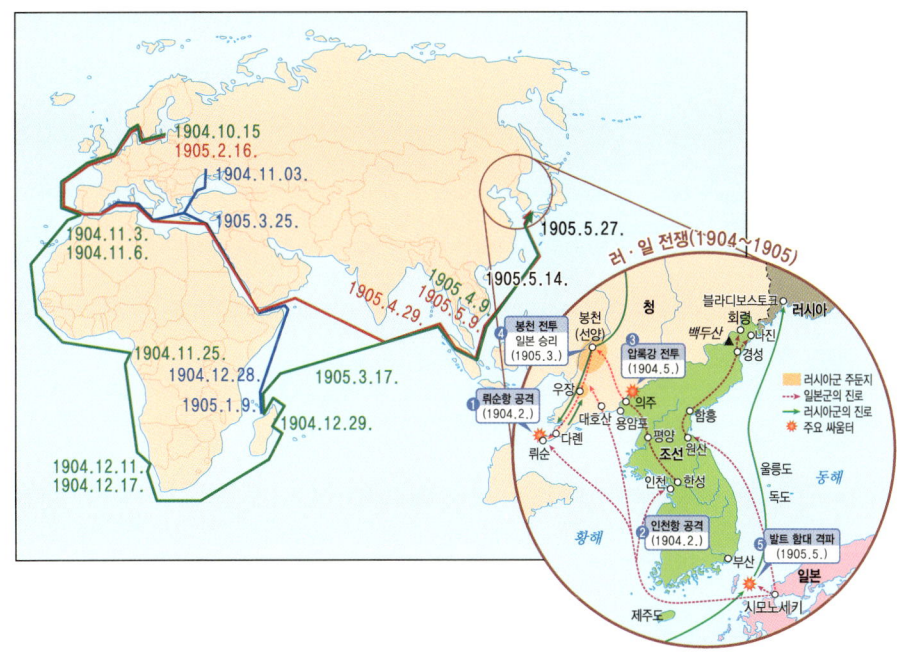

PART 4 일본사

예상 문제 풀어보기

01 다음 자료는 어느 시대 일본의 수도를 나타낸 것이다. 이 시대에 있었던 사실로 옳은 것은? [2014학년도 6월 평가원 응용]

① 국풍 문화가 발전하였다.
② 가나라는 문자가 사용되기 시작하였다.
③ '일본'이라는 국호가 사용되기 시작하였다.
④ 가부키와 같은 조닌 문화가 발전하였다.
⑤ 쇼토쿠 태자에 의해 불교 진흥책이 실시되었다.

출제의도 나라 시대의 문화 이해하기
해설 일본은 8세기 초 나라로 천도하면서 당의 장안을 모방하여 헤이조쿄를 건립하였는데, 이때부터 나라 시대라고 한다. 나라 시대에는 견당사를 파견하여 당의 문물을 적극 수용하였으며, 불교문화가 크게 발달하여 많은 불교 사원과 불상 등이 만들어졌다. 도다이사의 대불이 나라 시대를 대표하는 불상이다. 또한, 이때에는 「고사기」, 「일본서기」 등이 편찬되었다.
③ 나라 시대에 '일본'이라는 국호를 사용하기 시작하였다.
오답풀이 ① 헤이안 시대에 대한 설명이다. 9세기 말 당이 쇠퇴하는 가운데 견당사의 파견이 중단되면서 점차 일본 고유의 색채를 강조한 국풍 문화가 발달하였다.
② 헤이안 시대에는 가나 문자가 사용되었다.
④ 에도 막부 시대의 모습이다. 에도 막부 시대에는 도시의 서민인 조닌 계층이 성장하여 이들을 중심으로 가부키와 같은 조닌 문화가 발전하였다.
⑤ 야마토 정권 시기인 6세기 말 이후에는 쇼토쿠 태자가 중국과 한반도의 선진 문화를 받아들여 중앙 집권 체제를 강화하는 한편, 적극적인 불교 진흥책을 실시하였다.

답 ③

02 (가)에 들어갈 내용으로 가장 적절한 것은? [2013학년도 6월 평가원 응용]

경기 학술 발표회

일본 □□□ 시대(710~794)의 문화

일자 : ○○○○년 ○○월 ○○일

• 발표 1 : 도다이사(동대사) 건립의 의미
• 발표 2 : ____(가)____
• 발표 3 : 헤이조쿄(평성경) 구조의 특징

① 다이카 개신의 내용
② 견당사 파견의 횟수
③ 국풍 문화의 형성 배경
④ 국학 연구와 신도의 관계
⑤ 아스카 문화와 한국 고대 문화

출제의도 일본 나라 시대
해설 일본의 야마토 정권은 8세기 초 나라 지역에 당의 장안을 모방한 헤이조쿄를 건설하고 이곳으로 수도를 옮겼다. 그래서 이때부터 8세기 후반에 헤이안쿄로 천도하기 전까지를 나라 시대(710~794)라고 한다. 나라 시대의 일본은 당, 신라, 발해의 선진 문화와 불교문화를 꾸준히 수용하였으며, 불교문화가 크게 발달하여 많은 불교 사원과 불상이 만들어졌다. 특히 745년 나라에 세워진 도다이사의 대불이 나라 시대를 대표하는 불상으로 유명하다.
② 나라 시대에는 견당사를 파견하여 당나라 문물을 수용하였다.
오답풀이 ① 야마토 정권은 645년에 다이카 개신을 단행하여 중앙 집권 체제를 수립하였다.
③ 국풍 문화는 일본 고유의 문화를 강조한 것으로, 견당사의 파견이 중단된 헤이안 시대(794~1185) 때 발달하였다.
④ 에도 막부 시대 후기에 일본의 고전을 연구하는 국학이 발달하고, 불교를 대신하여 일본 고유의 신앙인 신도가 활기를 띠기 시작하였다.
⑤ 나라 시대 이전의 야마토 정권 때 한반도 문화의 영향으로 아스카 지방을 중심으로 불교문화가 크게 발전하였다.

답 ②

03 (가), (나) 시대에 대한 설명으로 옳지 않은 것은?

[2014학년도 수능 응용]

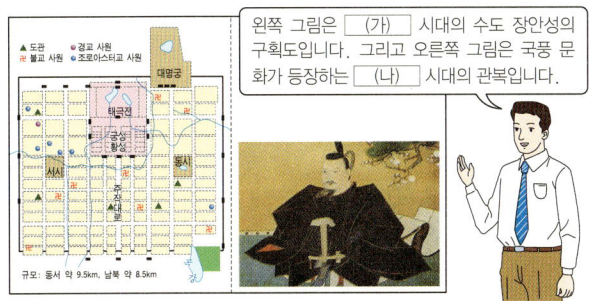

왼쪽 그림은 (가) 시대의 수도 장안성의 구획도입니다. 그리고 오른쪽 그림은 국풍 문화가 등장하는 (나) 시대의 관복입니다.

① (가) – 중앙 통치 조직으로 3성 6부를 두었다.
② (가) – 조로아스터교, 이슬람교 등의 외래 종교가 유행하였다.
③ (나) – 고유 문자인 가나가 만들어졌다.
④ (나) – 수도를 헤이안쿄로 옮기면서 시작되었다.
⑤ (가), (나) – 견당사를 통한 문물 교류가 지속되었다.

출제의도 중국의 당 왕조와 일본의 헤이안 시대 파악하기

해설 '수도 장안성'을 통해 (가)는 중국의 당, '국풍 문화가 등장'을 통해 (나)는 일본의 헤이안임을 알 수 있다.
① 당은 3성 6부제를 기초로 한 중앙 통치 조직을 마련하였다.
② 당 대에는 마니교, 이슬람교, 조로아스터교, 네스토리우스교 등의 외래 종교가 전래되었다.
③ 헤이안 시대에는 한자를 간략하게 고쳐서 만든 가나 문자가 만들어졌다.
④ 일본은 8세기 말에 야마토 정권이 도읍을 나라의 헤이조쿄에서 헤이안의 헤이안쿄로 천도하면서 헤이안 시대가 시작되었다.
⑤ 견당사는 일본의 나라 시대와 헤이안 시대에 당 왕조의 문화를 수입하기 위해 당 나라에 파견한 사자이다. 그러나 9세기 말에 이르러 당이 쇠퇴하는 가운데, 894년에 견당사의 파견이 중단되면서 일본 고유의 색채를 강조한 국풍 문화가 발달하였다.

답 ⑤

04 (가), (나) 시대에 대한 설명으로 옳은 것은?

[2015학년도 6월 평가원 응용]

(가) 중국의 장안성을 본떠 헤이조쿄를 건설되고 도다이사가 건축되었다.
(나) 국풍 문화가 발달하면서 중국의 문화적 영향으로부터 점차 벗어나기 시작하였다.

① (가) – 다이카 개신이 단행되었다.
② (가) – 쇼토쿠 태자가 불교를 후원하였다.
③ (나) – 가나 문자가 사용되었다.
④ (나) – 천황의 호칭이 사용되기 시작하였다.
⑤ (가), (나) – 봉건제가 발달하였다.

출제의도 나라 시대와 헤이안 시대

해설 (가) 나라 시대는 8세기 초에 야마토 정권이 나라 지역에 당의 장안성을 모방하여 헤이조쿄를 짓고 천도하면서 시작되었다. 이 시기에 일본은 견당사를 통해 선진 문물을 받아들였는데, 이로 인해 당풍이 유행하였다. 또한, '일본'이라는 국호를 공식적으로 사용하였으며, 신화 시대부터의 역사를 정리하여 『일본서기』와 『고사기』를 편찬하고, 일본의 고전 시가를 정리한 『만엽집』을 편찬하였다.
(나) 헤이안 시대는 8세기 말에 헤이안쿄로 도읍을 옮기면서 시작되었다. 이 시기에는 견당사 파견이 중단되면서 당 문화에 일본 고유의 전통문화를 더한 국풍 문화가 발전하였다. 또한, 한자를 간략하게 고친 가나 문자가 만들어졌으며, 가나로 쓴 『겐지 이야기』라는 장편 소설이 유행하였다.

오답풀이 ① 다이카 개신은 나라 시대 이전인 645년에 이루어졌다.
② 쇼토쿠 태자는 6세기 말에서 7세기 초에 활동했던 인물로, 중국과 한반도의 선진 문화를 받아들여 중앙 집권 체제를 강화하고 불교 진흥 정책을 적극적으로 추진하였다.
④ 일본과 천황의 호칭은 나라 시대부터 사용되었다.
⑤ 헤이안 시대인 10세기 이후부터 천황(일왕)의 권력이 약화되면서 무사 계급이 지배층으로 등장하였으며, 12세기 말 가마쿠라 막부가 등장하면서 천황은 상징적인 존재로 전락하고 봉건제가 발달하였다.

답 ③

05 교사의 질문에 대한 학생의 답변으로 적절한 것은?

[2013년 10월 교육청 응용]

① 견당사 파견이 중단되었어요.
② 산킨고타이 제도가 실시되었어요.
③ '일본'이라는 국호가 사용되기 시작했어요.
④ 한반도에서 유교와 불교가 전래되었어요.
⑤ 무사를 지배층으로 하는 봉건 사회가 형성되었어요.

출제의도 막부 정치의 특징 이해하기

해설 일본에서는 10세기 이후 지방 호족이 치안 유지와 독자 기반의 확립을 위해 무사를 고용하면서 무사 계급이 성장하였다. 그러다 12세기 후반 미나모토(노) 요리토모가 권력을 장악하고 가마쿠라에 막부 정권을 수립하면서 국왕은 실권 없는 상징적인 존재로 전락하고 쇼군(장군)이 실질적인 지배권을 행사하게 되었다.
특히 가마쿠라 막부의 무사들은 영주가 소유한 장원을 지키기 위해 지방에 파견되었는데, 이들이 충성의 대가로 토지를 분배받음으로써 봉건 사회가 형성되었다.

오답풀이 ① 9세기 말 헤이안 시대의 모습이다.
② 17세기 초에 성립된 에도 막부에 대한 설명이다.
③ 나라 시대부터 '일본'이라는 국호를 사용하였다.
④ 야마토 정권 때의 사실이다. 야마토 정권 시기에는 유교와 불교를 중심으로 한 삼국 문화의 영향을 많이 받았는데, 이로 인해 아스카 문화가 발달하기도 하였다.

답 ⑤

06 다음 서신이 일본에 전해진 시기를 연표에서 고른 것은?

[2013년 3월 교육청]

> 신의 가호를 받는 대몽골국 황제가 일본 국왕에게 서신을 보낸다. … (중략) … 일본은 고려와 가깝고, 개국 이래 중국에도 사신을 보내왔다. 그러나 짐이 즉위한 이후부터는 한 사람의 사신도 보내지 않았다. … (중략) … 향후에는 서로 방문해서 우호를 맺고 친목을 깊게 하기 바란다. 짐은 세계를 하나의 집으로 여긴다. 서로 통교하지 않고 어떻게 일가라고 하겠는가? 군대를 동원하는 일을 누가 원하겠는가?

710	794	1192	1338	1603	1868(년)
	(가)	(나)	(다)	(라)	(마)
나라 천도	헤이안 천도	가마쿠라 막부 수립	무로마치 막부 수립	에도 막부 수립	메이지 유신

① (가) ② (나) ③ (다) ④ (라) ⑤ (마)

출제의도 가마쿠라 막부 이해하기

해설 10세기 이후 일본에서는 지방의 호족들이 치안 유지와 독자 기반의 확립을 위해 무사를 고용하기 시작하면서 무사 계급이 성장하였다. 이를 배경으로 12세기 후반에는 무사 가문 출신의 미나모토(노) 요리토모가 권력을 장악하면서 가마쿠라 막부가 성립되었다. 이로써 일본의 국왕은 실권 없는 상징적인 존재로 전락하고 쇼군이 실질적인 지배권을 행사하게 되었다. 그러나 1274년 약 3만 명의 원나라 군사(고려와 몽골 연합군)가 일본 원정을 시도하자, 가마쿠라 막부는 이들의 침입을 저지하는 과정에서 재정이 궁핍해지고 막부의 통제력이 약화되었다. 결국 가마쿠라 막부는 쇠퇴하고, 1338년에 무로마치 막부가 성립되었다. 따라서 대몽골국 황제가 일본에 통교를 요구하는 서신을 보낸 시기는 가마쿠라 막부 때인 (다) 시기이다.

답 ③

07 (가)에 들어갈 내용으로 적절하지 않은 것은?

[2014학년도 5월 예비평가]

<수행 평가 보고서>

□학년 □반 □□□

주제 : ○○ 막부의 탄생과 발전

1. 창건자의 주요 업적
   - 도요토미 히데요시의 사후 실권 장악
   - 다이묘의 번을 교체하는 개혁 단행
   - 주인장 제도 실시
2. ○○ 막부 시대의 주요 특징
   - _____(가)_____

① 도시 서민인 조닌 계층의 성장
② 한자를 개량한 가나 문자의 제작
③ 고전을 연구하는 국학 운동의 전개
④ 네덜란드의 영향을 받은 난학의 발달
⑤ 지방 통제를 강화한 산킨고타이 제도의 시행

출제의도 에도 막부의 특징 파악하기

해설 도요토미 히데요시의 사후 실권을 장악한 도쿠가와 이에야스가 쇼군의 자리에 오름으로써 에도 막부가 수립되었다(1603). 에도 막부 시대에는 쇼군이 통치하는 직할지와 다이묘들이 지배권을 행사하는 영지(번)로 구분된 막번 체제로 통치되었다. 이에 막부의 쇼군은 중앙 집권 체제를 보완하기 위해 다이묘들을 반 년 혹은 1년에 한 번씩 에도에 머무르게 하는 산킨고타이(산킨코타이) 제도를 실시하였다.
한편, 에도 막부 시대에는 상품 화폐 경제가 발달함에 따라 도시의 상인과 수공업자인 조닌이 성장하였으며, 이들에 의해 가부키와 우키요에 등의 조닌 문화가 발달하였다. 또한, 이 시기에는 일본의 고전을 연구하는 국학이 발달하였다. 에도 막부는 쇄국 정책을 시행하는 한편, 네덜란드(화란) 상인에게는 교역을 허락하여 이들을 통해 서양의 학문과 지식이 전수되었다. 그래서 에도 시대 전래된 서양 학문을 통칭해 난학(蘭學)이라고 한다.
② 헤이안 시대(794~1185) 때 국풍 문화가 발달하면서 한자를 간략하게 고쳐 일본 고유의 가나 문자를 만들었다.

답 ②

08 그림의 대화가 이루어졌을 시기의 사회 모습으로 적절하지 않은 것은?

[2012학년도 6월 평가원]

① 다이카 개신을 추진하는 관리들
② 대상인에게 돈을 빌리려는 다이묘
③ 쇄국 정책의 시행을 명령하는 쇼군
④ 가부키를 보면서 즐거워하는 조닌들
⑤ 나가사키에서 의학을 가르치는 네덜란드 의사

출제의도 에도 막부 시기의 일본 이해하기

해설 전국 시대를 통일하였던 도요토미 히데요시가 죽은 뒤 도쿠가와 이에야스가 정권을 장악하고 에도(현재의 도쿄)에 막부를 열었는데, 이것이 에도 막부이다. 에도 막부는 임진왜란 이후 통신사를 통해 조선의 선진 문물을 받아들였다.
에도 막부는 쇼군이 통치하는 직할지와 다이묘들이 지배권을 가지는 영지로 구분하여 통치하는 봉건제를 시행하였으며, 다이묘로 하여금 1년마다 자신의 영지와 에도에 교대로 거주하게 하는 산킨고타이제를 실시하였다.
에도 막부 시기에는 상품 경제가 발달하면서 조닌의 경제력이 커져 지방 영주인 다이묘들이 대상인에게 돈을 빌리기도 하였으며, 가부키 등 조닌 문화가 발달하였다. 한편, 에도 막부는 쇄국 정책을 추진하여 유럽 상인들의 왕래를 제한하였는데, 나가사키를 무역항으로 지정하여 네덜란드 인과의 교역만은 허용하였다. 이로 인해 네덜란드 인에 의해 서양 학문과 문물이 유입되었으며, 난학(랑가쿠)이 발달하였다.
① 다이카 개신은 645년에 호류 사의 왕족, 귀족, 유학생 출신의 정치 세력이 소가씨 세력을 제거하고 단행한 정치 개혁이다. 이들은 당의 율령 체제를 도입하여 국왕 중심의 중앙 집권 체제를 이루었다.

답 ①

09 일본사 다큐멘터리를 만들려고 한다. (가)~(마)에 들어갈 영상 자료로 가장 적절한 것은?   [2011학년도 수능]

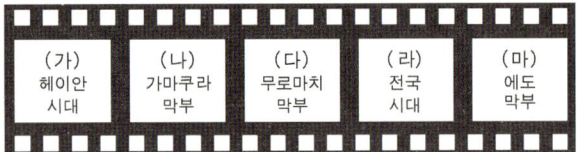

① (가)

▲ 원의 군대와 싸우는 일본 무사

② (나)

▲ 가부키를 관람하는 조닌

③ (다)

▲ 헤이조쿄 궁성 터

④ (라)

▲ 쇼군 미나모토 요리토모

⑤ (마)

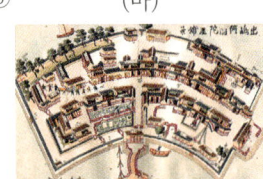
▲ 나가사키 네덜란드 상관

출제의도 일본의 역사와 막부 체제의 발전 파악하기

해설 헤이안 시대는 8세기 말 나라에서 헤이안으로 천도하면서 시작되었다. 9세기 말 견당사가 폐지되면서 일본 고유의 문화가 발달하였는데, 이를 국풍 문화라고 한다. 한자 모양을 간략화해서 만든 가나가 사용되었으며, 와카라는 일본 고유의 시가 가나로 쓰여지게 되었고, 「겐지 이야기」가 만들어졌다. 또한, 침전조라는 일본 고유의 주택이 나타났으며, 관복도 일본 특유의 독특한 형태로 바뀌었다. 10세기경 왕권이 약해지면서 지방의 호족들이 독자적인 기반을 다지기 시작하였는데, 이때부터 무사 계급이 지배층으로 등장하였다. 결국 12세기 말에 미나모토(노) 요리토모가 권력을 장악한 후 가마쿠라 막부를 열었다. 가마쿠라 막부는 13세기 후반 두 차례에 걸친 원의 침공을 막아냈으나 이 과정에서 가마쿠라 막부는 점차 쇠퇴하였고, 결국 무로마치 막부로 교체가 이루어진다. 무로마치 막부는 명과 감합 무역을 하였다. 전국 시대를 통일하고 임진왜란을 일으켰던 도요토미 히데요시가 죽은 뒤 1603년에 도쿠가와 이에야스가 정권을 잡고 에도 막부를 열었다. 에도 막부 시기에는 상공업이 발달하였으며, 우키요에와 가부키 등 조닌 문화가 발달하였다. 한편, 에도 막부는 크리스트교에 대한 전면적인 금지 조치를 내리고 쇄국 정책을 실시하였지만, 나가사키를 통한 네덜란드 상인과의 무역만은 허용하였다. 이에 네덜란드를 통해 서양의 기술·과학 등이 도입되었는데, 이를 난학(랑가쿠)이라고 한다.

오답풀이 ①④ 가마쿠라 막부와 관련된 자료이다.
② 에도 막부와 관련 있다.
③ 헤이조쿄는 헤이안 시대 이전인 나라 시대의 궁성이다.

답 ⑤

10 밑줄 친 '이 시대'에 대한 설명으로 옳은 것을 〈보기〉에서 고른 것은?   [2011학년도 6월 평가원 응용]

이 그림은 다이묘들이 쇼군이 사는 도시로 가는 행렬을 묘사한 것입니다. 이 시대의 다이묘는 막부가 정한 규정에 따라 그 도시로 가서 일정 기간 머물러야 했다고 합니다.

보기
ㄱ. 도시에서 조닌 문화가 발달하였다.
ㄴ. 막부가 다이묘들을 강력히 통제하였다.
ㄷ. 도요토미 히데요시가 조선을 침공하였다.
ㄹ. 미나모토 요리토모가 가마쿠라에 막부를 열었다.

① ㄱ, ㄴ   ② ㄱ, ㄷ   ③ ㄴ, ㄷ
④ ㄴ, ㄹ   ⑤ ㄷ, ㄹ

출제의도 에도 시대의 특징 파악하기

해설 1603년 일본에서는 도쿠가와 이에야스가 정권을 잡고 에도에 막부를 열면서 에도 시대가 시작되었다. 에도 막부는 쇼군(장군)이 직접 통치하는 직할지와 다이묘들이 지배권을 가지는 영지(번)로 구분하여 통치하는 봉건제를 시행하였다. 그러나 동시에 다이묘들을 통제하면서 중앙 집권 체제를 강화하기 위해 산킨코타이제를 실시하였다. 산킨코타이제는 다이묘가 1년마다 자신의 영지와 에도에 교대로 거주하고, 처자는 인질로서 에도에 상주하도록 하는 제도였다. 이처럼 쇼군과 다이묘에 의해 성립된 막부와 번의 지배 체제를 막번 체제라고 한다.
한편, 에도 시대에는 전국적으로 상업이 발달하여 상인과 수공업자 등 조닌 계급이 도시의 중산층으로 성장하였다. 그리고 이들이 축적한 부를 자신들의 여가를 위해 사용하기 시작하면서 소설과 가부키 등 일본 특유의 조닌 문화가 발달하였다.

오답풀이 ㄷ. 임진왜란은 에도 막부 이전의 일이다.
ㄹ. 가마쿠라 막부는 미나모토 요리토모가 전국을 제압하고 개창한 일본 최초의 무인 집권 정부로, 대략 12세기 후반에 성립되었다.

답 ①

11 (가)에 들어갈 대화 내용으로 가장 적절한 것은?

[2013학년도 9월 평가원 응용]

① 쇄국 정책은 앞으로 어떠한 방향으로 바뀌려나.
② 네덜란드 국왕이 결국 공식 사절단을 파견했구나.
③ 중독성이 강한 아편을 팔기 위해 여기까지 왔구나.
④ 홍콩을 할양 받은 저들은 이제 우리를 노리고 있을 거야.
⑤ 아프리카의 노예를 우리나라에 팔고자 왔을 거야.

출제의도 일본의 미·일 화친 조약 체결 전후 상황 이해하기
해설 제시된 그림은 일본의 개항 직전 상황이다. 일본의 에도 막부는 크리스트교의 포교를 금지하고, 네덜란드 상인에게만 나가사키를 개방하여 무역을 허락하는 등의 쇄국 정책을 실시하였다. 그러나 중국 시장에 관심을 갖고 있던 미국은 일본을 중간 기착지로 삼고자, 페리 제독으로 하여금 에도 막부에 강경하게 통상을 요구하게 하였다. 이에 페리 제독은 군함과 대포를 앞세워 에도 막부에 위협을 가하였고, 이러한 미국의 포함 외교에 놀란 에도 막부는 결국 굴복하여 미·일 화친 조약을 체결하고 무호를 개방하였다.
오답풀이 ② 페리 제독은 미국 함대의 사령관으로, 제시된 그림은 무력을 앞세운 미국의 개항 강요 상황이다.
③ 중국에 아편을 팔았던 나라는 영국이다.
④ 홍콩을 할양 받은 세력은 영국이다.
⑤ 미국은 일본에 노예 무역을 하지 않았다.

답 ①

12 다음 가상 일기의 찢어진 부분에 들어갈 내용으로 적절하지 않은 것은?

[2011학년도 수능 응용]

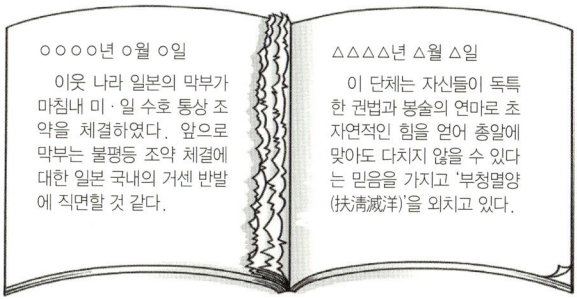

① 일본은 만주 사변을 일으키며 중국을 침공하였다.
② 청·일 전쟁에서 일본이 승리하여 타이완을 획득하였다.
③ 일본에서 에도 막부가 무너지고 메이지 유신이 일어났다.
④ 보수파의 쿠데타로 인해 캉유웨이의 개혁 운동이 실패하였다.
⑤ 한인 관료들이 서양의 근대적 기술을 도입하자는 양무운동을 전개하였다.

출제의도 19세기 말 동북아시아의 역사 분석하기
해설 왼쪽은 1858년 미·일 수호 통상 조약 체결에 대한 것이고, 오른쪽은 1899년 시작된 의화단 운동에 대한 내용이다.
② 청·일 전쟁은 1894년에 일어났는데, 일본이 승리하여 1895년에 청과 시모노세키 조약을 체결하였다. 이를 통해 일본은 청으로부터 랴오둥 반도와 타이완 및 막대한 이권을 획득하여 중국 진출의 발판을 마련하였다.
③ 메이지 유신은 1868년에 일어났다. 개항 이후 물가가 오르고 세금 부담이 가중되고, 하급 무사들과 민중들의 불만이 높아져 갔다. 그 결과 개항 조치에 불만을 품은 무사들이 국왕을 중심으로 막부 반대 운동을 벌여 막부를 무너뜨리고 국왕 중심의 중앙 집권 국가를 만들었다.
④ 청·일 전쟁에서 청이 패배하자 캉유웨이 등의 지식인들은 1898년에 양무운동의 한계를 지적하고 일본의 메이지 유신을 본받아 중국의 전통과 제도를 개혁하여 부국강병을 이룩하려는 변법자강 운동을 일으켰다. 그러나 서태후를 중심으로 하는 보수파의 쿠데타로 100일 만에 실패로 돌아갔다.
⑤ 양무운동은 태평천국 운동이 진압된 이후 이홍장 등이 주도한 개혁 운동이다. 이는 중국의 전통과 제도를 바탕으로 서구의 기술을 받아들여 군대를 강화하고 근대적 공업을 육성하여 부국강병을 이루고자 한 것이다. 그러나 청·일 전쟁(1894~1895)의 패배로 그 한계를 드러냈다.
① 만주 사변은 1931년에 발생하였다.

답 ①

PART 5

동남아시아사

01 동남아시아 국가의 형성과 발전
02 동남아시아의 근대 국가 수립

- ✚ ■ 빨간색 글씨 심화 과정은 이만적 교수님의 무료 강의를 들어야 이해하기 쉬워요!
- ✚ ■ 빨간색 글씨 심화 과정은 고급 수준의 내용이며, 중급까지 원하시는 분은 보시지 않아도 됩니다.

CHAPTER 01 동남아시아 국가의 형성과 발전

*청동북
동남아시아의 대표적인 청동기 문명 유물. 표면에 태양 문장이 있어 이를 통해 동남아시아에 독자적인 청동기 문명이 존재하였음을 알 수 있다.

▲ 청동북(베트남 출토)

1 동남아시아의 특성

(1) 환경 : 열대 기후, 청동기 문명 발달(청동북*), 풍부한 천연자원

(2) 동서 해상 무역의 거점 : 벼농사 발달, 중계 무역 발달(인도와 중국 사이) → 토착 문화+인도 문화(불교, 힌두교)+중국 문화(한자, 유교)

(3) 이슬람 문화의 유입 : 8세기부터 바닷길을 통한 이슬람 상인의 활동으로 이슬람 문화가 유입됨. → 말레이시아, 인도네시아, 필리핀 남부섬(민다나오 섬)은 현재 이슬람교가 다수

2 동남아시아의 여러 국가

✚ 앙코르 와트

처음에는 힌두교 사원(힌두교의 3대신인 비슈누신에게 바침)이었으나, 이후 불교 사원이 되었다.
cf) 앙코르 톰 : 크메르 제국의 마지막 수도

✚이때 당 왕조 시기(당 왕조는 고구려에 안동도호부 설치)

(1) 캄보디아 : 부남(1~550) → 진랍(550~802) → 앙코르 왕조(802~1432, 앙코르 와트✚)
└ 크메르 족이 건설

(2) 베트남
① **중남부** : 참파(2~17세기 말), 인도 문화의 영향으로 힌두교 수용, 해상 무역 활동으로 번성 ─ 한 무제는 베트남, 고조선, 흉노를 정복하고, 비단길을 개척하였음.
② **북부**
 ㉠ 중국의 지배(제1차, B.C. 111~A.D. 972) : 기원전 111년 중국 한(漢)나라에 정복되어 교육 제도와 한자 및 유교·불교·도교 등 중국 문화의 영향을 받음. 679✚년 하노이에 안남 도호부가 설치되어 안남이라고 불림. → 972년 중국으로부터 독립 → 레(Lê) 왕조 성립(980~1009)
 5대 10국 시대(907~960)에 독립, 북송 시대인 972년 중국이 독립 인정

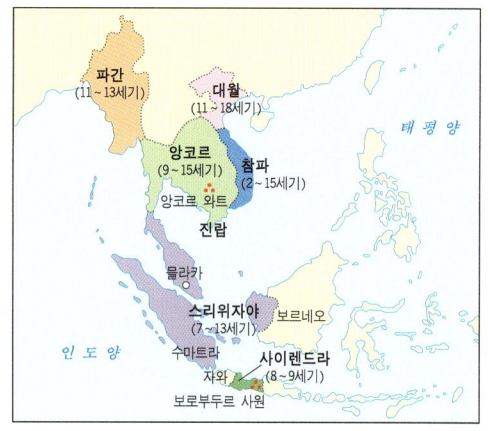

▲ 동남아시아 여러 나라의 성립

 ㉡ 리(Ly) 왕조(1009~1225) : 베트남 역사상 최초로 장기적인 대내외 안정 이룩, 지방 행정 제도와 조세 제도 정비 등 중앙 집권화, 과거제 도입(1015), 대학 설치, 수로 건설, 농토 개간, 유교 이념 전파, 국호 '대월' 사용, 대승 불교 보호

✚이때 고려는 몽골의 침입을 받았으며, 최초의 금속 활자인 『상정고금예문』(1234, 고종)이 편찬되었다.

 ㉢ 쩐 왕조(1225~1400)✚ : 『대월사기』 편찬(1272), 쯔놈 문자 제정, 몽골 침입 격파 → 호씨 정권 수립 → 명나라(영락제)에 의해 멸망, 제2차 중국 지배 시기(20여 년간 지배)
 └ 참파 병합
 ㉣ 후(後) 레(Lê) 왕조(1428~1527, 1533~1789) : '대월' 국호 사용 및 중국에 대한 외왕내제 체제 정립, 남진 정책 추진(현재 베트남 영토 대부분 확보), 법전 편찬 및 토지·사회 개혁 실시 → 16세기 이후 왕조 쇠퇴 및 남북 분열

ⓒ 응우옌(1802~1945) : 마지막 왕조, 분열된 남북을 통일하고 중앙 집권화 강화, 독자적 연호 사용(청에 대한 독립)

(3) 미얀마

① 파간(바간) 왕조(1044~1287)
  ㉠ 버마인에 의한 최초의 미얀마 통일 왕조
  ㉡ 상좌부 불교 수용, 버마 문자 등 독자적 문화 발전
② 따웅우(통구) 왕조(1531~1752) : 타이의 아유타국 일시 점령, 포르투갈 함대 격퇴
③ 꼰바웅 왕조(1752~1885) : 아유타야 왕조를 멸망시키고, 청의 침입을 물리침, 영국과의 전쟁에서 패하여 영국령 인도의 한 주가 됨(1885).

(4) 스리위자야 왕조

① 7세기경 수마트라 섬 믈라카 해협 장악, 동서 무역으로 번성
② 인도·중국·이슬람 상인들의 상업 요충지 역할 → 불교와 힌두교 수용 및 발달

(5) 인도네시아

┌─ 우리나라는 남북국 시대(676년 신라의 삼국 통일, 698년 발해 건국)
① 사이렌드라 왕조(8~9세기) : 자와 섬에서 발전, 해상 무역 발달, 힌두교와 불교 발달 (보로부두르* 사원 건립)
② 마자파힛 왕조(1293~1520년대) : 14세기 후반 인도네시아 전역과 말레이 반도 및 필리핀 일부 지역까지 지배, 향신료 무역 독점을 통해 번영 → 16세기 초 이슬람 세력의 침략으로 멸망

(6) 말레이시아 : 믈라카 왕조(1403~1511)

① 말레이시아의 최초 국가, 1414년 이슬람교를 국교로 선포(동남아시아 최초의 이슬람 국가), 해상 무역 발달
② 포르투갈의 점령(1511) → 네덜란드의 점령(1641) → 영국의 지배(1824)

(7) 타이

① 수코타이 왕조(1238~1438)
  ㉠ 타이 족의 첫 번째 통일 왕조
  ㉡ 상좌부 불교 수용, 타이 문자 제정(1283), 영토 확장 → 1378년 아유타야에 합병
② 아유타야 왕조(1350~1767)
  ㉠ 활발한 정복 활동으로 영토 확장, 중앙 집권 강화, 포르투갈 무역과 크리스트교의 포교 인정, 독자적이고 화려한 문화 발달
  ㉡ 미얀마의 꼰바웅 왕조에 의해 멸망(1766) → 꼰바웅 왕조가 청과 싸우는 틈을 타 미얀마인을 내쫓고 짜끄리 왕조(지금의 타이 왕조)를 세움(1782).
    └─ 조선 정조 재위 시기 (1752~1800)

■ 조선 역사
- 1392년 조선 건국
- 1492년 성종 재위 시기, 콜럼버스가 아메리카 발견
- 1592년 임진왜란
- 1627년 정묘호란
- 1636년 병자호란
- 1800년 정조 사망, 순조 즉위

*보로부두르(Borobudur)
인도네시아 자와 섬 중심에 위치한 대승 불교 사원으로, 세워진 시기는 확실치 않으나 8세기 전반 사이렌드라 왕조 시기에 건립된 것으로 추정된다. 수많은 작은 탑으로 구성되어 있으며, 전체 모양도 거대한 탑의 형상을 하고 있는 장대하고 복잡한 건축물이다. 1991년에 유네스코 세계 문화유산으로 등재되었다.

▲ 보로부두르

■ 조선 초기에 류큐, 시암, 자와와 교역하였다. 류큐는 1429년 최초로 통일 국가를 이루었다. 고려의 삼별초가 류큐에 영향을 주었다는 설이 있다. ♀map

심화 8세기경의 동남아시아

심화 11세기경의 동남아시아

심화 13세기경의 동남아시아

심화 15세기경의 동남아시아

심화 13세기 이후 동남아시아 왕조 변천사

		1200	1300	1400	1500	1600	1700	1800
대륙부	미얀마	파간	분열기			퉁구		꼰바웅
	캄보디아	앙코르			베트남, 라오스, 타이의 간섭과 지배			
	베트남	쩐		명의 지배	레			응우옌
	타이	수코타이			아유타야			짜끄리
	라오스			란창				
도서부	말레이시아				믈라카	포르투갈의 지배		
	인도네시아		마자파힛			마타람	네덜란드의 지배	

동서 문화의 교류 map

초원길	• 중국의 만리장성 이북~몽골 고원~알타이 산맥~중가리아 초원~카스피 해 • 스키타이⊕의 청동기 문화 전파, 훈 족의 서진(西進), 몽골의 바투가 유럽 원정
비단길	• 중국 중원(中原) 지방~허시후이랑[河西回廊]~파미르 고원~중앙아시아 초원~이란 고원~지중해 동안과 북안 • 한 무제가 흉노를 견제하기 위해 장건 파견, 후한 때 반초의 서역 정벌, 불교와 간다라 미술 전파 • 탈라스 전투(751) 이후 중국은 비단길 상실, 이슬람 세계에 제지술 전파
바닷길⊕	• 이탈리아~지중해~홍해(또는 육로 이용)~페르시아 만~남아시아(인도)~중국 • 동남아시아에 불교와 힌두교 전파, 정화의 대함대, 이슬람인이 가장 활발히 이용, 유럽인의 아시아 진출

⊕ **스키타이**

▲ 스키타이의 황금 빗

최초의 기마 민족. 초원길을 통해 기마를 위한 바지, 등자를 만들어 청동기와 함께 흉노에 영향을 주었고, 흉노는 다시 중국, 우리나라에 영향을 주었다고 추정된다.

⊕ 통일 신라의 혜초는 바닷길로 인도에 가고 비단길로 돌아왔다. 비단길에서 『왕오천축국전』이 발견되었으며, 현재 프랑스에 소재한다. 현존 최고의 금속 활자인 『직지심체요절』(고려 우왕)도 프랑스에 소재한다. 1866년 병인박해로 일어난 병인양요 때 프랑스가 약탈한 외규장각 도서는 2011년 영구 임대 형식으로 반환되었다.

▲ 초원길 · 비단길 · 바닷길

심화 마르코 폴로와 이븐 바투타

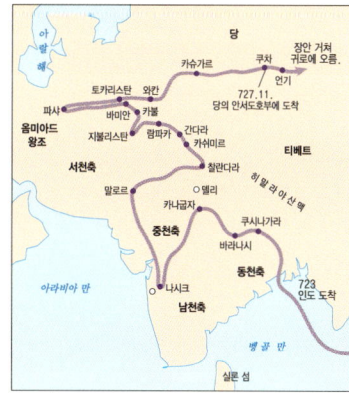

▲ 혜초의 인도 순례

CHAPTER 02 동남아시아의 근대 국가 수립

1 제국주의 열강의 동남아시아 식민 지배

(1) 열강의 동남아시아 침략 : 동남아시아를 아시아 침략의 거점이자 원료 공급지로 삼기 위해 침략 → 19세기 후반, 시암(타이)을 제외한 대부분 식민지화

(2) 제국주의 열강의 수탈

① **플랜테이션* 강요** : 고무, 커피, 사탕수수 등 특정 작물의 대량 생산 강요

② **자원 수탈** : 고무, 주석 등 수탈 → 유럽의 원료 공급지로 전락, 원주민의 고된 노동, 열악한 노동 환경

***플랜테이션**
유럽인의 자본과 열대 기후, 원주민의 노동력을 이용한 대규모 상품 작물 농업

▲ 열강의 동남아시아 침략

2 동남아시아의 민족 운동

(1) 베트남 : 프랑스의 지배

① **간뿌옹 운동(근왕 운동, 1885)** : 베트남 황제의 대불 항쟁 호소 → 관료, 유학자, 지주 등이 의군을 일으켜 황제의 권력을 회복하려는 운동 전개 → 조직력 부족과 프랑스의 회유책으로 실패

② **베트남 유신회(1904)** : 판 보이쩌우 조직 → 반프랑스 단체, 근대 문물 수용, 독립 정신 함양, 통킹 의숙* 설립(문맹 퇴치, 근대 사상 보급 목적) ─ 우리나라의 애국 계몽 운동과 유사

③ **동유 운동(東遊運動, 1905~1909)** : 메이지 유신 이후 근대화에 성공한 일본에 유학생을 보내 근대화를 이루고자 한 운동(판 보이쩌우 주도) ─ 조선은 일본에 조사 시찰단 파견(1881)

④ **베트남 광복회** : 중국으로 망명한 판 보이쩌우가 신해혁명의 성공에 영향을 받아 광저우에서 조직 → 무장 투쟁, 공화정 수립 주장

─ 애국 계몽 운동 단체인 신민회(1907~1911)는 우리나라 최초로 공화정을 추구했으며 무장 투쟁을 위해 만주 삼원보에 신흥 무관 학교를 설립함.

(2) 시암 : 동남아시아 유일의 독립국

① **라마 4세(몽꿋, 1851~1868)**
　㉠ 조약 체결 : 영국과 바우링 조약 체결(1855, 최초의 불평등 조약), 미국·프랑스·덴마크·네덜란드 등 총 13개국과 조약 체결 → 여러 국적의 서양인들을 고문관으로 초빙, 서양 문물 적극 수용

✚ 조선의 을미의병과 유사하다. cf) 을미의병(1895)의 원인은 명성황후 시해와 단발령, 을사의병(1905)의 원인은 을사늑약(외교권 박탈), 정미의병(1907)은 고종 강제 퇴위와 군대 해산이다.

***통킹 의숙(1907~1908)**
판 쩌우찐이 하노이에 설립한 근대적 교육 기관. 문맹 퇴치와 국산품 애용, 근대 사상 보급에 힘썼으나, 1908년 프랑스에 의해 폐쇄되었다.

■ **완충국**
완충국은 강대국 사이에 약소국이나 중립 지역이 개재하여 강대국이 충돌하는 위험성을 완화하는 지위에 있는 약소국을 뜻한다. 시암은 영국과 프랑스 사이의 세력 균형으로 독립을 유지하였고, 우리나라는 러시아와 일본 사이의 세력 균형인 상황에서 독립 협회(1896), 광무개혁(1897)이 있었다.

- ⓒ 말레이 반도(→ 영국), 캄보디아(→ 프랑스)에 대한 종주권 포기
- ⓒ 국내 개혁 : 교통·통신 시설 개선, 모든 종교에의 관용, 강제 노역 축소, 최초의 영어 교육 실시, 군대 조직 개편, 화폐 개혁, 과학 진흥

② 라마 5세(쭐랄롱꼰, 1868~1910)
- ⓐ 개혁 정책 : 노예제와 강제 부역 폐지, 도박장 폐쇄, 군사·징세 제도 개편, 교육·우편 제도 개선, 정부 조직(6부 → 12부 장관제)과 지방 행정 제도 개혁, 종교적 자유 보장, 철도·운하·도로 건설, 병원·학교 설립
- ⓑ 라오스에 대한 종주권 포기(→ 프랑스) → 영토 축소 → 열강으로부터 독립 유지

③ 외교 정책 : 영국과 프랑스 세력의 완충 지대라는 지리적 이점을 활용한 외교, 불평등 조약을 맺더라도 독립을 유지하는 유연한 외교

(3) 필리핀 : 에스파냐 → 미·서 전쟁(1898) 이후 미국의 지배

① 호세 리살 : 필리핀 민족 동맹 조직(1892) → 반(反)에스파냐 독립운동 및 계몽 운동 전개

② 아기날도 : 비밀 결사(카티푸난*) 조직, 에스파냐에 대항(무장 투쟁 전개) → 미국과 에스파냐 간의 전쟁에서 필리핀의 독립을 약속한 미국을 지원 → 필리핀 공화국 선포(1899) → 미국의 약속 이행 거부 → 반미 항쟁

③ 필리핀 공화국 수립 : 미국과 에스파냐의 전쟁에서 미국 지원, 미국 승리 → 필리핀 공화국 선포(1899) → 미국의 식민지화

광무개혁(1897~1904) 시기, 1899년 우리나라는 경인선(서울~인천)과 전차(서대문~청량리)가 개통됨.

(4) 인도네시아 : 네덜란드의 지배

① 부디 우토모(1908) : 지식인 중심의 인도네시아 최초의 민족주의 단체, 민족의식 고취, 자와 문화의 발전과 근대적 유럽식 교육의 확대 강조 → 문화 운동에만 치중하다가 1935년에 해체

② 이슬람 동맹(1912) : 지식인과 상인을 중심으로 결성, 외국 상인의 세력 확대와 크리스트교에 반대, 민족 산업 육성, 자치 요구

*카티푸난
아기날도가 조직한 필리핀 독립 무장 혁명 단체. 비밀 결사 조직으로 필리핀 각지에서 봉기하여 에스파냐 군과 전투를 벌였다.

3 동남아시아의 독립

(1) 베트남

① 반프랑스 운동 : 1차 세계 대전 발발 이후 독립을 조건으로 전쟁에 협력하였으나 프랑스의 약속 이행 거부로 반프랑스 운동이 거세짐. → 민족 운동이 혁명적 성격을 띠기 시작

② 호찌민의 활약 : 1925✚년 공산주의 단체인 베트남 청년 혁명 동지회 결성 및 민족 운동 주도 → 1930년 베트남 공산당(인도차이나 공산당) 창당, 당을 중심으로 월맹(베트남 독립 동맹회) 결성 및 민족 해방을 위한 총 봉기 시도 → 태평양 전쟁 이후인 1945년 9월 2일 베트남 민주 공화국 수립 및 정부 주석으로 취임

✚1925년 박헌영이 조선 공산당을 창당하였다.
cf) 우리나라 최초의 사회주의 정당은 이동휘가 1918년 연해주 하바롭스크에서 만든 한인 사회당으로 이후 고려 공산당이 되었다.

***제네바 협정(1954)**
북위 17도선을 경계로 베트남을 남북으로 분할하여 북부 지역은 베트남 독립 동맹이, 남쪽 지역은 응우옌 왕조의 마지막 황제인 바오 다이를 수장으로 하는 베트남국이 통치하며, 300일 이내에 양쪽 군대는 총선이 실시되는 라오스와 캄보디아에서 철수하되 프랑스군은 해당 정부의 요청이 있을 경우 그 지역에 주둔할 수 있음을 주요 내용으로 하였다.

cf) 제네바 회담 : 6·25 전쟁이 끝난 직후인 1953년 한반도 통일 문제를 위해 개최되었다. 우리나라가 주권 국가로 참여한 첫 국제 회담이었으나 큰 성과는 없었다.

✚ 박정희 정권(제3공화국)은 유엔군이 아니라 미국의 동맹국으로 베트남 전쟁에 참전 → 1969년 닉슨 독트린(데탕트) 이후 미국은 베트남에서 철수하고 또 한반도에서 주한 미군 일부 철수하여 7·4 남북 공동 성명(1972)이 발표됨. → 7·4 남북 공동 성명으로 한국은 유신 체제(제4공화국), 북한은 주석 체제 등장

③ **남북 분단과 무력 통일** : 프랑스와의 9년간의 전쟁에서 승리(1954) → 제네바 협정*으로 남북 분단(남 - 미국의 지원으로 자본주의 체제, 북 - 소련의 지원으로 공산주의 체제) → 베트남 전쟁(1964~1975)✚ → 북베트남의 무력 통일로 베트남 사회주의 공화국 수립(1975)

⎡ 6·25 전쟁은 1950년에서 1953년까지

(2) 인도네시아 : 네덜란드의 식민 지배 및 경제적 약탈 → 수마트라 농민들의 저항, 수카르노의 인도네시아 국민당 조직(1927) → 1945년 일본 패망 후 인도네시아 독립 선포 → 1949년 헤이그 원탁회의 결과 네덜란드로부터 주권 회복, 초대 대통령에 수카르노 취임

⎡ 우리나라에서는 1927년에 민족주의와 사회주의 연합 조직인 신간회 창설(여성 단체인 근우회도 창설)

(3) 필리핀 : 독립운동 전개 → 미국의 자치권 허용

(4) 시암 : 1932년 소수 엘리트를 중심으로 한 인민당의 무혈 쿠데타 → 헌법 공포, 입헌 군주국, 국호를 타이로 함(1939).

(5) 기타 : 라오스·캄보디아(프랑스 지배), 미얀마·말레이시아(영국 지배) 독립

▲ 현재의 동남아시아

▲ 현재의 동남아시아 종교 분포

✿ 현재 동아시아의 주요 영토 분쟁 ⚲map

쿠릴 열도	1905년 러·일 전쟁에서 승리한 일본이 사할린과 그 아래에 위치한 4개의 섬을 차지하였다. 이후 1945년 일본이 제2차 세계 대전에서 패망하면서 승전국인 옛 소련이 이곳을 점령하여 현재 러시아가 실효 지배 중이다.
센카쿠 열도 (다오위다오)	일본은 청·일 전쟁 중 무인도인 센카쿠 열도(다오위다오)를 1895년에 오키나와 현에 편입했다고 주장하고 있다. 반면에 중국과 타이완은 청·일 전쟁에서 패한 뒤 불평등 조약인 시모노세키 조약으로 인해 일본에게 이곳을 빼앗겼다고 주장하고 있다.
시사 군도 (파라셀)	20세기 초 프랑스와 일본의 점령을 거쳐 제2차 세계 대전 이후 중국이 영유권을 주장하고 있다. 1950년대부터 베트남·말레이시아·필리핀 등 주변 국가들이 잇따라 영유권을 주장하면서 분쟁이 시작되었다.
난사 군도 (스프래틀리)	1933~1939년 인도차이나 반도를 점령한 프랑스가 차지한 지역으로, 이후 일본이 점령하였으나 제2차 세계 대전에서 패망하면서 중국에 반환되었다. 현재 중국·필리핀·타이완·베트남·말레이시아·브루나이가 영유권을 주장하고 있다.

PART 5 동남아시아

심화 지도로 고급 완성하기

조선 초기의 대외 관계

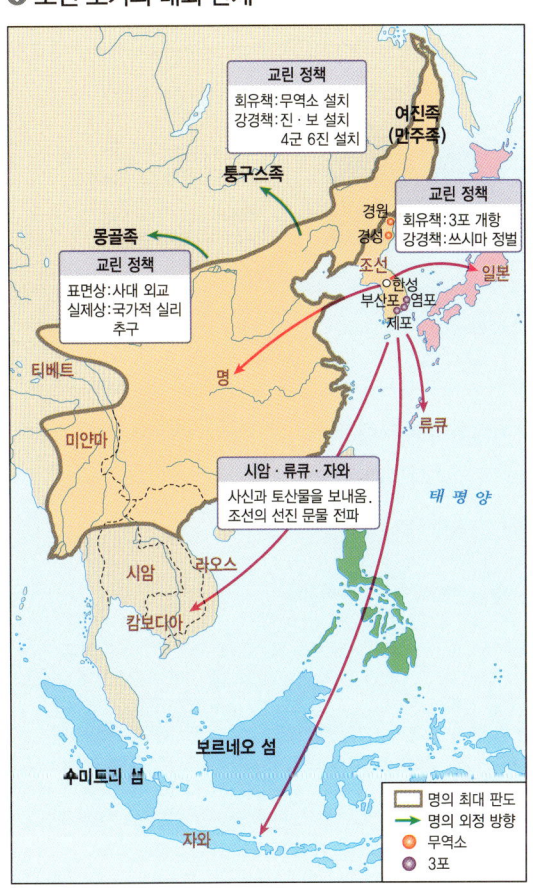

현재 동아시아의 주요 영토 분쟁

PART 5 동남아시아

예상 문제 풀어보기

01 다음 문화유산과 관련된 탐구 주제로 적절한 것은?

[2011년 3월 교육청 응용]

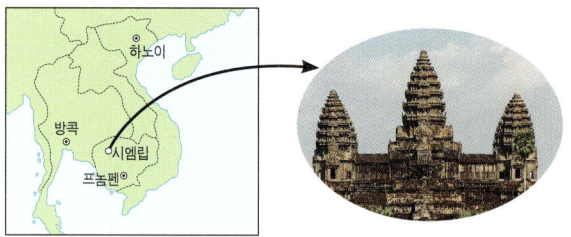

① 쩐 왕조의 문화 정책
② 믈라카 왕조의 동서 무역
③ 앙코르 왕조의 사원 건축
④ 수코타이 왕조의 불교문화
⑤ 쇼토쿠 태자의 개혁 정치

출제의도 앙코르 왕조의 문화 이해하기

해설 앙코르 와트는 '사원의 도시'라는 말로, 앙코르 와트는 12세기 수리야바르만 2세 때 힌두교의 비슈누 신을 모시기 위해 건축되었으며, 후에 상좌부 불교 사원으로 바뀌었다. 전체 3층의 피라미드 구조로 각각 회랑이 있으며, 최상층에는 옥수수 모양의 첨탑이 5개 있다. 회랑에는 인도 신화에 나오는 신과 인물이 조각되어 있다.

오답풀이 ① 쩐 왕조는 베트남 지역에 성립된 왕조이다. 쩐 왕조는 『대월사기』를 편찬하였으며, 한자를 기초로 쯔놈 문자를 만들어 사용하였다.
② 믈라카 왕조는 15세기에 말레이시아 지역에서 성립된 이슬람 계통의 국가로, 동서 무역으로 번영하였다.
④ 수코타이 왕조는 13세기에 타이인들이 세운 왕조로, 상좌부 불교가 발달하였다.
⑤ 쇼토쿠 태자는 일본 야마토 정권 시기에 중국의 선진 문물과 제도, 불교를 수용하여 중앙 집권적 관료 국가를 수립하고자 하였다.

답 ③

02 (가) 국가의 역사를 알아보기 위한 탐구 주제로 적절한 것은?

[2010년 3월 교육청 응용]

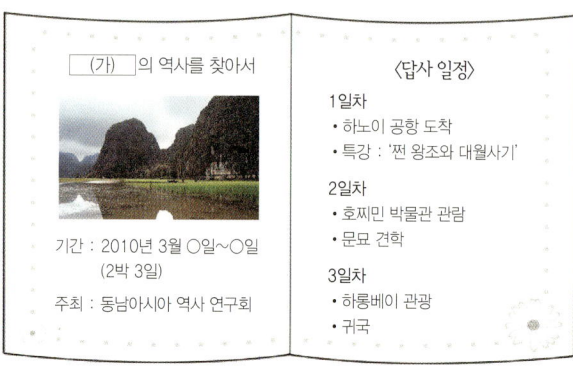

① 판 보이쩌우의 동유 운동
② 앙코르 왕조의 사원 건축
③ 수코타이 왕조와 소승 불교
④ 아기날도의 독립운동
⑤ 믈라카 왕조와 이슬람교

출제의도 베트남 역사의 특징 이해하기

해설 제시문의 (가)는 베트남이다. 하노이는 현재 베트남의 수도로, 리 왕조·진 왕조·레 왕조 등 역대 베트남 왕조들의 왕도가 있었던 도시이다. 쩐 왕조는 1225년부터 1400년까지 베트남 일대를 지배한 왕조이다. 리 왕조 말기에 실권을 장악한 쩐 왕조는 리 왕조와 송나라의 영향을 많이 받았으나, 차차 국력이 강해지고 민족적 자각도 높아졌다. 이에 역사 서적도 집필하였는데, 그중 『대월사기』가 가장 유명하다. 또한, 쯔놈이라는 고유 문자를 만들어 사용하였으며, 수차례에 걸친 원 조의 침입을 격퇴하기도 하였다. 그러나 1400년에 쩐 왕조의 내란을 구실로 군대를 파견한 명나라의 침입에 의해 베트남의 전 국토가 점령당하면서 쩐 왕조는 명나라의 지배를 받게 되었다.
호찌민은 베트남의 대표적인 민족 운동 지도자이다. 그는 1930년에 인도차이나 공산당을 창설하여 베트남의 독립운동을 주도하였고, 제2차 세계 대전 후 베트남 민주 공화국의 대통령에 취임하여 북베트남에서 사회주의 건설의 기초를 마련하였다. 호찌민은 혁명가·애국자인 동시에 온화하고 검소한 지도자였기 때문에 많은 베트남인들의 사랑을 받았다. 이에 베트남은 그의 탄생 100주년이 되는 1990년에 그를 기려 호찌민 박물관을 개관하였다.
문묘는 공자를 기리기 위해 건립된 것으로, 베트남 최초의 대학이기도 하다.
하롱베이는 유네스코 세계 자연 유산으로 지정된 베트남의 대표적인 관광지이다.
① 판 보이쩌우(1867~1940)는 베트남의 독립운동가로 베트남을 점령한 프랑스에 대항하기 위해 유신회를 결성하고 베트남 청년들을 일본에 유학시켜 인재를 육성하겠다는 동유 운동을 일으켰다.

오답풀이 ② 앙코르 왕조는 9~15세기에 지금의 캄보디아 지역에서 융성한 왕조로, 앙코르 와트를 건축한 것으로 유명하다.
③ 타이에 대한 설명이다. 수코타이 왕조는 타이 최초의 통일 왕조로, 13세기 후반에 전성기를 맞아 지금의 타이 대부분을 영토로 한 대국으로 성장하였으며, 미얀마에서 발달한 상좌부 불교가 들어왔다.
④ 아기날도는 필리핀의 독립운동가로, 미·에스파냐 전쟁 당시 미국을 지원하며 독립을 선포하였다(1899, 필리핀 공화국).
⑤ 믈라카 왕조는 15세기경 말레이시아 지역에 성립된 왕조이다. 이슬람교로 개종하였으며, 믈라카 해협을 장악하여 경제적으로 번영하였다.

답 ①

03 다음 자료에서 설명하는 나라에 대한 탐구 활동의 주제로 가장 적절한 것은?
[2013학년도 9월 평가원]

> 우리 대월(다이 비엣)국은 진실로 문명화된 국가이다. 우리는 '찌에우 다'의 남월 창건으로부터 리 왕조의 소황제, 그리고 이후의 왕조에 이르기까지 한·당·송·원과 더불어 각각 나름의 영토에서 제국을 이루었다.

① 윈강 석굴의 건립과 그 의미
② 가나 문자의 등장 시기와 특징
③ 『마누 법전』의 편찬 배경과 내용
④ 쯔놈 문자의 표기 방식과 특성
⑤ 보로부두르 불탑의 조성 시기와 위치

출제의도 베트남의 역사
해설 베트남의 역사는 기원전 3세기경에 베트남어를 쓰는 집단이 남월이라는 독립 왕국을 세우면서 시작되었다. 이들은 베트남 북부와 중국 남부를 지배하며 성장하였으나, 기원전 2세기경에 한 무제의 침략으로 베트남 북부를 상실하였다. 이후 11세기경 베트남에서 성립된 리 왕조는 국호를 대월이라 하고, 중국 문화를 수용하여 정치 체제를 정비하였다.
④ 13세기경에 베트남에서 성립된 쩐 왕조는 한자의 음을 빌려 쓰거나 의미를 합성하여 베트남어를 표기하는 쯔놈 문자를 만들어 사용하였다.
오답풀이 ① 윈강 석굴은 중국 위·진·남북조 시대의 북위에서 조성되었다.
② 가나 문자는 일본 헤이안 시대에 만들어졌다.
③ 『마누 법전』은 힌두교도가 따라야 할 의무를 규정한 것으로, 굽타 왕조 때 힌두교의 경전 역할을 하였다.
⑤ 보로부두르 불탑은 인도네시아의 자와 섬에서 성립된 사일렌드라 왕조 시기에 세워졌다.
답 ④

04 밑줄 친 '우리나라'의 문화유산으로 옳은 것은?
[2012년 10월 교육청]

> 지금 우리나라는 청 군대에게 수도인 탕 롱을 빼앗겼다. 우리 역사를 보면 쯩 자매는 한과 싸웠고, 리 트엉 끼엣은 송과 싸웠으며, 쩐 흥 다오는 원과 싸웠고, 레 러이는 명과 싸웠다. 우리 영웅들은 침략자들의 약탈을 앉아서 보고 있지 않았다. 그들은 민중을 격려하고 정의를 위해 싸워 침략자를 격퇴하였다.

① 이슬람교도들의 성지인 카바 신전
② 공자의 학덕을 기리고 제사하는 문묘
③ 아소카 왕의 통치 이념이 새겨진 석주
④ 대승 불교 사원으로 건축된 보로부두르 사원
⑤ 힌두교 사원에서 불교 사원으로 바뀐 앙코르 와트

출제의도 베트남의 문화유산
해설 쯩 자매는 1세기경에 후한의 베트남 남월 지배에 반발하여 반란을 일으킨 자매이다. 리 트엉 끼엣(라 트엉 까엣)은 베트남 리 왕조의 장군으로, 송의 침입을 물리치고 베트남의 영토를 확장하였다.
쩐 흥 다오는 베트남 쩐 왕조의 왕족으로, 원의 쿠빌라이 칸이 군대를 보내어 쩐 왕조를 공격하였을 때 이에 맞서 싸워 원의 군대를 격파하였다.
레 러이는 베트남 레 왕조의 초대 황제이다. 명이 베트남 안남을 침략하여 식민지로 삼자, 레 러이는 의병을 규합해 독립 전쟁을 전개하였다. 그 후 베트남에서 명의 군대를 몰아내고 독립에 성공한 레 러이는 왕으로 추대되어 국호를 대월이라 정하였다.
② 베트남은 자국의 독자적인 전통문화를 바탕으로 중국의 유교 문화를 수용하였다. 그리시 1070년에는 공자의 위패를 모시기 위해 하노이에 문묘를 건축하였다.
오답풀이 ① 카바 신전은 사우디아라비아의 메카에 있는 신전으로, 이슬람교도에게 가장 신성한 장소이다.
③ 아소카 왕은 인도 마우리아 왕조의 전성기를 이끈 왕으로, 정복지 곳곳에 자신의 통치 이념을 새긴 석주를 세웠다.
④ 보로부두르 사원은 인도네시아의 자와 섬에 있는 불교 사원으로, 8세기 사일렌드라 왕조 때 건립되었다.
⑤ 앙코르 와트는 12세기경 캄보디아의 앙코르 왕조가 건립한 돌로 된 사원이다. 본래는 힌두교 사원으로 지어졌으나, 후에 불교 사원으로 바뀌었다.
답 ②

05 (가), (나) 국가의 역사에 대한 옳은 설명을 〈보기〉에서 고른 것은?

[2012학년도 6월 평가원 응용]

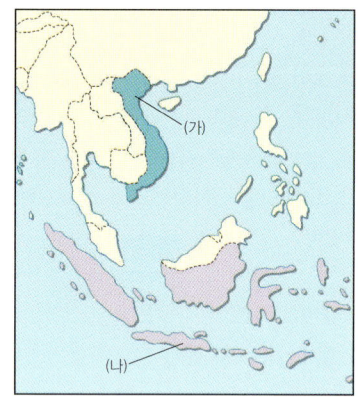

보기

ㄱ. (가) – 한자를 기초로 하여 쯔놈 문자를 만들었다.
ㄴ. (가) – '사원의 도시'라는 뜻을 가진 앙코르 와트를 세웠다.
ㄷ. (나) – 이슬람 상인과의 교류로 이슬람교가 전파되었다.
ㄹ. (나) – 힌두 문화와 이슬람 문화가 융합된 타지마할을 세웠다.

① ㄱ, ㄴ ② ㄱ, ㄷ ③ ㄴ, ㄷ
④ ㄴ, ㄹ ⑤ ㄷ, ㄹ

출제의도 동남아시아 지역의 역사 파악하기

해설 지도의 (가)는 베트남, (나)는 인도네시아이다.
ㄱ. 베트남은 쩐 왕조 때 『대월사기』를 편찬하고 쯔놈 문자를 만드는 등 문화적 독자성을 높이고자 노력하였으며, 한자·유교 등 중국 문물도 적극적으로 수용하였다.
ㄷ. 인도네시아의 자와 지역에서는 이슬람 상인과의 교류로 이슬람교가 전파되었다.

오답풀이 ㄴ. 앙코르 와트는 앙코르 왕조 때 건립된 사원으로, 캄보디아 서북부에 위치한다.
ㄹ. 타지마할은 인도 무굴 제국 때 건립되었다.

답 ②

06 (가)~(다) 국가에 대한 설명으로 옳은 것은?

[2014년 10월 교육청 응용]

〈제국주의 국가의 아시아 분할〉
• (가) : 미얀마 식민지화, 말레이 연방 수립
• (나) : 베트남·캄보디아·라오스 지배
• (다) : 에스파냐와의 전쟁에서 승리하여 필리핀 차지

① (가) – 아프리카에서 횡단 정책을 실시하였다.
② (나) – 아프리카에서 종단 정책을 실시하였다.
③ (다) – 일본을 압박하여 개항시켰다.
④ (가), (나) – 모로코를 둘러싸고 상호 대립하였다.
⑤ (나), (다) – 파쇼다 사건을 일으켰다.

출제의도 제국주의 국가의 침략상 파악하기

해설 미얀마를 식민지화하고, 말레이 연방을 수립한 (가) 국가는 영국이다. 영국은 19세기 초에 말레이 반도를 침략해 말레이 해협을 장악하였으며, 이후 미얀마와 싱가포르 등으로 세력을 확대하여 1895년에 말레이 연방을 수립하였다.
베트남·캄보디아·라오스를 지배한 (나) 국가는 프랑스이다. 1859년 프랑스는 베트남의 사이공을 점령하고, 1887년에 베트남·캄보디아 일대에 프랑스령 인도차이나 연방을 조직하였다.
(다) 국가는 미국이다. 미국은 19세기 후반에 필리핀을 놓고 에스파냐와 전쟁을 벌여 승리한 뒤 필리핀을 식민지로 삼았다.
③ 미국은 함대를 파견하는 등 군사적으로 일본을 압박하여 개항시켰다.

오답풀이 ① 프랑스에 대한 설명이다. 프랑스는 아프리카에서 알제리를 거점으로 마다가스카르를 연결하는 횡단 정책을 추진하였다.
② 아프리카 북쪽의 이집트에서 아프리카 최남단의 케이프타운을 연결하는 종단 정책을 추진한 것은 영국이다.
④ 모로코를 둘러싸고 상호 대립한 것은 프랑스와 독일이다.
⑤ 파쇼다 사건은 1898년 수단의 파쇼다에서 영국의 종단 정책과 프랑스의 횡단 정책이 충돌한 사건이다.

답 ③

07 밑줄 친 '이 나라'에 대한 설명으로 옳은 것은?

[2014학년도 수능 응용]

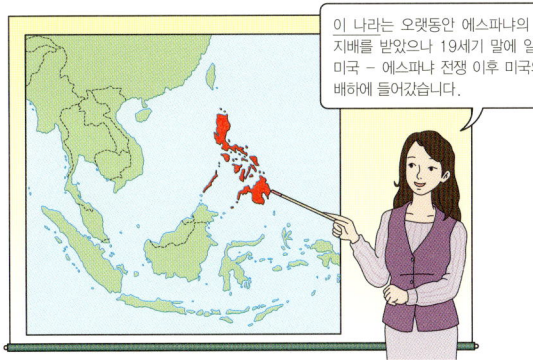

> 이 나라는 오랫동안 에스파냐의 식민 지배를 받았으나 19세기 말에 일어난 미국 - 에스파냐 전쟁 이후 미국의 지배하에 들어갔습니다.

① 근대화를 추구하는 동유 운동이 일어났다.
② '해방자' 볼리바르가 독립운동을 주도하였다.
③ 아기날도가 무장 조직을 이끌고 독립운동을 전개하였다.
④ 와하브(와하비) 운동이 전개되어 독립 정신이 고취되었다.
⑤ 에스파냐와 프랑스에게 오랫동안 식민 지배를 받았다.

출제의도 필리핀의 민족 운동 이해하기
해설 제시문의 '이 나라'는 필리핀이다.
③ 필리핀은 16세기 마젤란에 의해 유럽에 소개된 이후 신항로 개척을 주도하였던 에스파냐의 식민지가 되었다. 이에 1895년 아기날도는 카티푸난이라는 비밀 결사 단체를 조직하여 에스파냐에 대항해 무장 독립 투쟁을 전개하였다. 그 후 1898년에 미국-에스파냐 전쟁이 일어나자 독립을 약속한 미국을 지원하였으며, 1899년에 독립을 선포하고 대통령에 취임하였다. 그러나 미국은 에스파냐가 물러나자 약속을 어기고 필리핀을 공격하여 식민지로 만들었으며, 아기날도는 이에 대항하여 반미 독립 투쟁을 전개하였다.
오답풀이 ① 동유 운동은 베트남에서 일어난 근대화 운동이다. 베트남 독립운동에 대한 일본의 지원을 기대한 판 보이쩌우는 인재 양성을 위해 일본에 유학생을 파견하는 동유 운동을 전개하였다.
② '해방자' 볼리바르는 라틴 아메리카의 독립 영웅으로, 대 콜롬비아 연방을 만들겠다는 목표를 가지고 콜롬비아, 페루, 에콰도르, 볼리비아 등을 에스파냐로부터 독립시키는 데 큰 역할을 하였다.
④ 와하브 운동은 아라비아 반도에서 일어난 근대화 운동이다. '쿠란으로 돌아가자.'라는 구호 아래 이슬람교의 근본 원리에 충실할 것을 강조하였고, 술과 담배, 도박 등을 철저히 금지하였다.
⑤ 필리핀은 에스파냐와 미국의 식민 지배를 받았다.

답 ③

08 (가), (나) 지역의 민족 운동에 대한 설명으로 옳은 것은?

[2016학년도 6월 평가원 응용]

- 듀이 제독이 이끄는 미국 해군은 에스파냐 함대를 격퇴하였다. 이로써 미국은 (가) 에 대한 지배권을 에스파냐로부터 넘겨받았다. 독립 국가 건설을 기대했던 지역민들은 미국에 맞서 투쟁하였다.
- 네덜란드는 (나) 에서 커피, 사탕수수 등의 상품 작물을 의무적으로 재배하게 하는 강제 경작 제도를 실시하였다. 자와의 일부 농민들을 이 제도에 맞서 봉기하였다.

① (가) - 일본에 유학생을 파견하는 동유 운동이 전개되었다.
② (가) - 동남아시아 국가 중에서 유일하게 식민지가 되지 않았다.
③ (나) - 호세 리살이 농촌 계몽 운동을 이끌었다.
④ (나) - 민족 운동 단체인 이슬람 동맹이 조직되었다.
⑤ (가), (나) - 근왕 운동 세력이 무장 투쟁을 전개하였다.

출제의도 동남아시아의 민족 운동
해설 (가) 에스파냐는 필리핀을 점령하여 커피, 사탕수수 재배 등의 식민지 경영에 주력하였다. 이에 호세 리살은 필리핀 연맹을 조직하여 독립을 위해 싸웠다. 미국과 에스파냐가 필리핀의 지배권을 두고 전쟁을 벌이자 아기날도는 독립을 약속한 미국을 지원하며 독립을 선언하고 이듬해 필리핀 공화국을 선포하였다. 그러나 전쟁에서 승리한 미국은 필리핀을 지배하려 하였고, 이에 필리핀은 저항하였으나 끝내 미국의 식민지가 되었다.
(나) 네덜란드는 인도네시아 지역에 네덜란드령 동인도를 건설해 식민지를 경영하였다. 인도네시아에서는 근대적 학교가 설립된 후 신지식인의 등장으로 근대화 운동이 시작되었다. 특히 1912년에 설립된 이슬람 동맹은 서양 학문과 사회 규범을 수용하는 운동을 펴는 한편, 크리스트교를 배척하고 화교의 경제 활동을 견제하였다.
오답풀이 ① 베트남의 판 보이쩌우 중심으로 일본으로 유학을 가는 동유 운동이 전개되었다.
② 타이에 대한 설명이다. 인도와 미얀마 지역의 영국과 베트남, 라오스, 캄보디아 지역의 프랑스의 세력 균형으로 타이는 식민지가 되지 않았다.
③ 필리핀에 대한 내용이다. 필리핀의 민족 운동은 1860년대에 에스파냐의 인종 차별 정책에 대한 반대 운동으로 시작되었고, 그 후 문맹 퇴치 운동으로 발전하였으며, 호세 리살은 필리핀 연맹을 조직하여 독립을 위해 싸웠다.
⑤ 베트남에 대한 내용이다. 베트남의 전통적인 유교 지식인들은 1885년부터 황제의 호소에 응하여 프랑스의 지배에서 벗어나기 위한 반프랑스 투쟁을 벌였다.

답 ④

PART 6

인도사

- **01** 인도의 통일 제국
- **02** 굽타 왕조와 힌두 문화의 발전
- **03** 이슬람 세력의 침입
- **04** 인도의 민족 운동

•  과정은 이만적 교수님의 무료 강의를 들어야 이해하기 쉬워요!
•  과정은 고급 수준의 내용이며, 중급까지 원하시는 분은 보시지 않아도 됩니다.

CHAPTER 01 인도의 통일 제국

1 불교의 성립과 마우리아 왕조

(1) 불교의 등장
① **배경** : 기원전 7세기경 갠지스 강 유역에서 정복 전쟁이 활발히 진행되고, 철제 농기구의 보급으로 농업·상업·수공업이 발달 → 크샤트리아·바이샤 계층 성장
② **창시** : 브라만교의 복잡한 제사 의식과 브라만 중심의 사회에 대한 불만 증대 → 불교와 자이나교 출현
  ㉠ 불교 : 기원전 6세기경 고타마 싯다르타(석가모니)가 창시, 인간 평등과 인생무상 및 윤리적 실천을 통한 해탈 강조
  ㉡ 자이나교 : 기원전 5세기경 마하비라 바르다마나가 창시, 카스트제를 부정하고 엄격한 계율과 고행을 통한 해탈 중시, 주로 상인들이 지지
③ **특징** : 브라만교의 윤회 사상을 바탕으로 하면서도 지나친 권위주의와 엄격한 신분 차별에 반대 → 크샤트리아와 바이샤 계급의 환영과 지원을 받음.

(2) 마우리아 왕조의 성립과 발전
① **성립** : 알렉산드로스의 인더스 강 유역 침입으로 혼란 → 기원전 4세기 말 찬드라굽타 마우리아가 혼란을 수습하고 북인도 통일
② **전성기** : 아소카 왕(B.C. 3세기✚)
  ㉠ 칼링가 왕국 점령 : 남부 일부를 제외한 인도의 대부분을 최초로 통일
  ㉡ 중앙 집권 체제 정비 : 전국에 지방관 파견, 도로망 정비, 지역 간 교역 확대
  ㉢ 아소카 왕의 불교 장려 정책 : 정복 전쟁 후 자신의 죄를 참회 → 불교의 가르침으로 나라를 다스리고자 함.
    ⓐ 불교 장려 : 불경 정리, 사원과 불탑(스투파) 건립 ─ 아소카 왕의 산치 대탑이 대표적
    ⓑ 불교 전파 : 사절과 승려 등을 파견하여 상좌부 불교*(개인의 해탈 중시)를 스리랑카, 타이 등 동남아시아 일대에 전파
③ **멸망** : 아소카 왕 사후 쇠퇴 → 멸망(B.C. 2세기) → 인도 분열

▲ 마우리아 왕조의 영역

✚ 고조선은 기원전 3세기 때 연의 공격으로 요령 지방을 상실하여 중심지를 요령지에서 대동강 유역으로 옮겼다.

심화 산치 대탑

*상좌부 불교
초기 불교의 전통을 이은 상좌(스승의 최고 후계자)들에 뿌리를 둔 종파로, 스스로 노력하여 깨달음을 얻고자 하였다.

▲ 아소카 왕의 석주⊕
(石柱, 인도 바이샬리)

▲ 석주 머리 부분의 사자
(사르나트 고고학 박물관)

사자는 왕의 권위를 상징

▲ 인도 화폐

법륜은 불교를 의미

▲ 인도 국기

⊕석주에 왕의 조칙(임금의 명령 문서)이 새겨져 있다.

2 쿠샨 왕조와 대승 불교

(1) 쿠샨 왕조의 발전

① **성립** : 1세기경⊕ 이란계 쿠샨 족*의 북인도 통일
② **전성기** : 카니슈카 왕(2세기 중엽)
　㉠ 영토 확장 : 최대 영토 확보, 북인도~중앙아시아 지배 → 동서 무역의 요충지 독점
　㉡ 경제 발달 : 비단길을 통한 중계 무역, 로마 제국과 교류, 화폐 발행
　㉢ 불교 장려 정책 : 불경 정리, 사원·탑 건축, 중생 구제를 지향하는 대승 불교* 성립·발전, 간다라 미술 성립, 아슈바고샤·나가르주나 등의 불교 시인 활약
　㉣ 기타 : 의학과 천문학 발달, 조로아스터교·힌두교·그리스 신에 대해서도 관용적 태도를 보임.
③ **멸망** : 사산 왕조 페르시아에 멸망(226)

▲ 쿠샨 왕조의 영역

⊕이때 우리나라는 부여, 고구려, 옥저, 동예, 삼한

*쿠샨 족
중앙아시아에 살던 이란계 유목 민족으로, '대월지족'이라고도 한다.

*대승 불교
쿠샨 왕조 때 성립된 불교로, 큰 수레에 중생을 싣고 극락으로 간다는 뜻. 많은 사람을 구제하는 것을 중시하며, 부처와 보살을 신격화하여 숭배한다.

(2) 대승 불교와 간다라 미술

① 대승 불교의 성립과 전파
- ㉠ 성립 : 쿠샨 왕조의 카니슈카 왕 때 성립
- ㉡ 특징 : 개인의 해탈보다 중생(많은 사람)의 구제 강조
- ㉢ 전파 : 중앙아시아를 거쳐 중국, 한국, 일본으로 전파

② 간다라 미술
- ㉠ 성립 : 기원전 4세기 알렉산드로스 원정을 계기로 간다라 지방에서 발생한 그리스 풍의 불교 미술, 그리스인의 신상(神像) 제작을 보고 인도인들이 불상을 제작하면서 성립
- ㉡ 특징 : 헬레니즘 문화와 인도 문화의 융합(그리스 신상을 닮은 불상 제작)
- ㉢ 영향 : 대승 불교와 함께 중앙아시아를 거쳐 중국·한국·일본에 전파

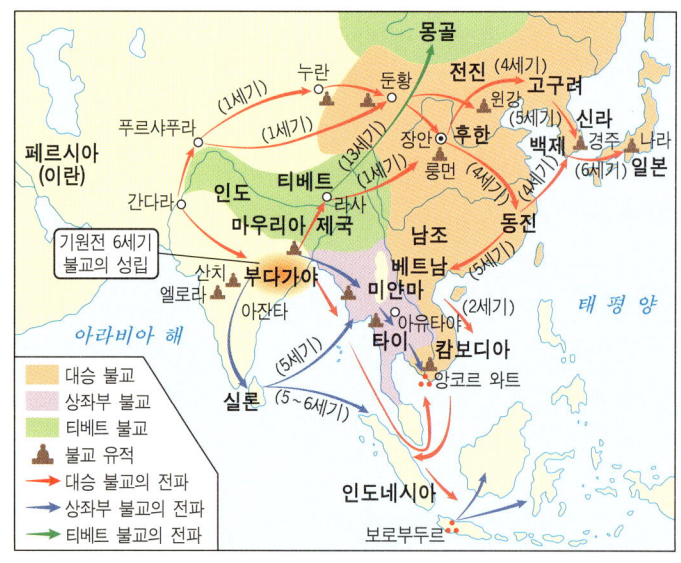

▲ 불교의 전파

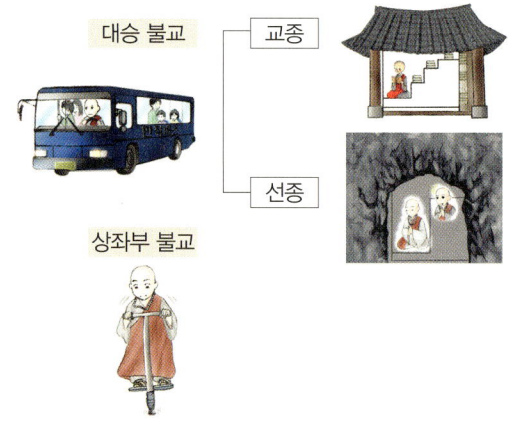

▲ 불교의 분화

CHAPTER 02 굽타 왕조와 힌두 문화의 발전

1 굽타 왕조(320~550년경⊕)

(1) 성립 : 4세기 초 갠지스 강 중류 지역에서 찬드라굽타 1세에 의해 성립

(2) 전성기 : 찬드라굽타 2세(380~415)
① **영토 확장** : 북인도와 중부 인도의 대부분 차지 → 대제국으로 발전
② **정치·경제 안정** : 중앙과 지방의 행정 조직 정비, 농지 확대, 해상 무역 발달
③ **문화 발전** : 학문과 예술을 적극적으로 지원 → 문학·과학·미술·종교 등 발전

(3) 멸망 : 6세기 중엽 유목 민족⊕의 침입으로 멸망 → 분열 상태 지속

⊕ 이때 우리나라는 백제의 근초고왕(4세기), 고구려의 장수왕(5세기), 신라의 진흥왕(6세기)이 활동하였다.

⊕ 에프탈(이란계 유목 민족, 백색 훈 족으로 알려져 있음)

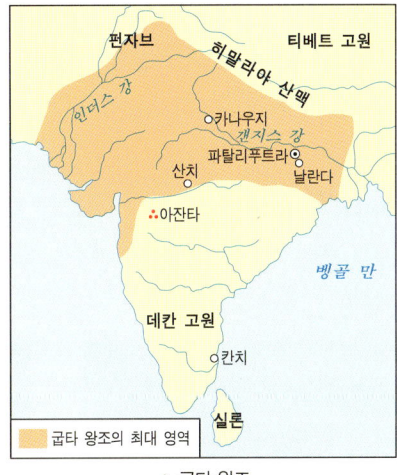
▲ 굽타 왕조

2 힌두교*의 성립과 인도 고전 문화의 발달

(1) 힌두교
① **성립** : 굽타 왕조 시기에 브라만교를 중심으로 불교·민간 신앙이 융합되어 성립 → 왕실과 귀족의 적극적인 후원으로 성장, 불교 쇠퇴
② **성격**
  ㉠ 창시자와 체계적인 교리가 없으나 원시 신앙에서 차원 높은 철학까지 다양한 요소가 포괄되어 있음.
  ㉡ 지역에 따라 시바, 비슈누, 브라흐마⊕ 등 다양한 신을 숭배, 굽타 왕들은 자신을 비슈누 신에 비유

*힌두교
'힌두(Hindu)'란 페르시아어로 '인도'를 가리킨다. 힌두교는 인도의 종교라는 뜻으로, 브라만교의 경전과 카스트제를 계승하고 불교와 다양한 인도의 민간 신앙이 결합된 종교이다.

⊕ 브라흐마는 창조의 신, 시바는 파괴의 신, 비슈누는 보존의 신이다. 힌두교에서는 비슈누신이 석가모니로 화신(化身, 신이 인간의 모습으로 현신하는 것을 의미)하였다고 여겼다.

*『마누 법전』
힌두교의 경전으로, 우주의 창조에서부터 개인이 지켜야하는 생활 규범까지 규정하여 인도인의 일상 생활과 정신세계까지 지배한다.

*『라마야나(Ramayana, 라마 왕의 일대기)』
코살라국의 왕자인 라마의 파란만장한 무용담을 담은 산스크리트어 문학으로, 7편 2만 4,000송(슈로카)으로 이루어진 세계 최장편 서사시이다.

*『마하바라타(Mahābhārata)』
'바라타 족의 전쟁에 관한 대 설화'라는 뜻으로, 18편 10만 송(슈로카)과 부록「하리바니사」1편 10만 6,000송으로 구성되어 있다. 바라타 족에 속한 쿠르 족과 반두 족 간의 갈등으로 18일간 큰 싸움이 벌어져 반두 족이 승리하는 내용이 산스크리트어로 기록되었으며, 이와 함께 신화 · 전설 · 종교 · 철학 · 도덕 · 법제 · 사회 제도 등에 관한 삽화도 실려 있다.

✚ 우파니샤드 철학의 범아일여 사상(우주의 근본인 브라만과 개인의 중심인 아트만이 궁극적으로 같다는 사상)이 불교와 자이나교에 영향을 주었다.

③ 특징
  ㉠ 일상생활의 각종 의례 중시 → 의례를 주관하는 브라만의 지위와 영향력 강화
  ㉡ 카스트에 따른 의무 수행 중시 → 카스트제 및 각종 의례와 관습 · 법 등을 기록한 『마누 법전』*이 힌두교도의 일상생활에 큰 영향을 끼침.
  ㉢ 남부의 힌두교 : 남부의 토착 신앙과 융합 → 엄격한 의식보다는 춤과 노래 등으로 신을 즐겁게 하는 것을 중요하게 여김(노래 · 시 · 사원 발달).

(2) 인도 고전 문화의 발달

① 산스크리트어 문학
  ㉠ 대서사시 : 인도의 전설과 설화를 담은 『라마야나』*와 『마하바라타』* 등의 서사시 완성
  ㉡ 칼리다사 : 산스크리트어 희곡 작가로, 찬드라굽타 2세에 의해 궁정 시인으로 활동하며 인도의 궁중 생활을 세밀하게 묘사한 희곡 『샤쿤탈라』를 지음.

② **자연 과학** : 천문학 발달, 0의 개념 확립 및 10진법 사용(아라비아 숫자 형성에 영향), 지구 구형설과 자전설 주장 및 월식의 원리 파악(아리아바타) → 이슬람 세계에 전해져 이슬람의 과학 발달에 영향

③ **불교** : 교리 연구, 밀교 등장 → 8~9세기경 쇠퇴

④ **미술** : 굽타 양식 발달 → 아잔타 석굴 사원과 엘로라 석굴 사원의 불상 및 조각 → 중앙아시아와 동아시아의 미술에 영향

⑤ **기타** : 우파니샤드 철학✚의 주석서 저술(산스크리트어), 왕과 부유한 상인 및 귀족들이 학교와 사원을 세워 학문과 예술 발전

▲ 아잔타 석굴

▲ 아잔타 제1석굴의 연화수 보살상

CHAPTER 03 이슬람 세력의 침입

1 이슬람 왕조의 성립

(1) 굽타 왕조 멸망 이후 인도 분열 → 8세기 초부터 이슬람 세력의 침입

(2) 델리 술탄 시대* : 13세기 초, 델리를 중심으로 이슬람 왕조 수립 → 약 300년 동안 다섯 왕조가 인도 북부 통치 → 지즈야(인두세*)만 내면 힌두교와 카스트제 인정, 이슬람교 개종자에게 세금 감면, 평등 주장 → 이슬람교도 증가

> ***델리 술탄 시대**
> 델리를 중심으로 이슬람계의 노예 왕조(1206~1290), 할지 왕조(1290~1320), 투글루크 왕조(1320~1413), 사이이드 왕조(1414~1451), 로디 왕조(1451~1526)가 성립된 시대
>
> ***인두세**
> 성, 신분, 소득 등에 관계없이 가족의 수에 따라 일정하게 매기는 세금

2 인도의 이슬람 제국 번영

(1) 무굴 제국(1526~1857)의 성립과 발전

- **무굴(Mughul)** : 몽골 또는 몽골인을 의미하는 페르시아어

① **건국** : 티무르의 후손 바부르⊕가 아프가니스탄을 점령한 후 인도 북부에 침입하여 이슬람 국가인 무굴 제국 건설(1526⊕)

② **발전**
  ㉠ 아크바르(악바르) 황제
    ⓐ 바부르의 손자로 네간 고원을 제외한 전 인도 정복
    ⓑ 힌두교에 대한 관용 정책 : 지즈야(인두세) 폐지, 관직과 군대를 힌두교도에게 개방, 토착 힌두 세력과 혼인 동맹 체결 → 이슬람교와 힌두교의 화합 정책 추진
    ⓒ 중앙 집권 정책 : 무굴 제국을 12개 주로 나눈 후 지사(만사브다르) 파견
  ㉡ 아우랑제브 황제
    ⓐ 17세기 후반에 남인도를 점령하여 인도 역사상 최대의 영토 확보
    ⓑ 이슬람 제일주의 : 인두세 부활, 힌두 사원 파괴 및 모스크 건립 등 힌두교 탄압 → 각지에서 반란(마라타 동맹·펀자브 지방 시크교도의 반란) → 무굴 제국의 쇠퇴

③ **쇠퇴** : 대외 원정으로 재정 궁핍, 비이슬람교도에 대한 차별 정책으로 반감을 삼. → 1707년 아우랑제브의 사망 후 왕위를 둘러싼 분쟁과 각지의 반란으로 쇠퇴 및 제국 분열, 18세기 영국과 프랑스의 침략

▲ 무굴 제국

⊕ 티무르와 칭기즈 칸 후손과의 사이에서 태어난 자식의 후손

⊕ 이때 조선은 선조 재위(1567~1608), 1592년 임진왜란 발생

(2) 무굴 제국의 경제

① **경제 발전** : 농업(관개 농법)·상공업(직물업과 유통) 발달 → 시장과 도시의 성장, 화폐 경제의 활성화

② **대외 교역 주도(인도양 무역)** : 면직물과 향신료*를 유럽에까지 수출, 중국·동남아시아·페르시아·이집트의 물품도 거래 → 막대한 부 축적

③ **이슬람 상인의 대두** : 16세기 이슬람 상인들에게 무역 주도권을 빼앗기면서 점차 쇠퇴

④ **서양 세력의 침투** : 포르투갈(16세기), 17세기 영국과 프랑스가 동인도 회사를 설립하여 인도양 무역 주도 → 경제 악화

(3) 무굴 제국의 문화 : 힌두 문화와 이슬람 문화의 융합

① **종교** : 시크교*(힌두교+이슬람교)

② **예술** : 궁정 문화의 발전(화려한 공예품 생산), 페르시아의 세밀화와 인도 양식의 조화를 이룬 무굴 회화 발달(인물, 궁정 생활, 풍경을 주로 그림)

③ **언어** : 페르시아어(공식 문서, 외교 문서), 우르두어* 사용

④ **건축** : 타지마할*(이슬람 양식의 돔형 지붕+힌두·페르시아 양식의 섬세한 조형미)

▲ 시크교의 황금 사원

▲ 타지마할 묘당

---

*향신료
후추, 계피, 육두구 등 향신료는 음식의 첨가제일 뿐만 아니라 제사, 치료약, 화장품 등 다양한 용도로 사용되어 유럽에서 큰 인기를 얻었다.

*시크교(Sikhism)
힌두교와 이슬람교를 융합하여 창시한 종교. 우상 숭배와 카스트제를 부정하여 하층민의 큰 호응을 얻었다.

*우르두(Urdu)어
힌두어, 페르시아어, 아랍어 등이 혼합된 언어. 초기에는 델리나 북인도 일대에서 사용되었으며, 현재 파키스탄과 인도의 공용어 중 하나로 규정되어 있다.

*타지마할(Tāj Mahal)
인도의 대표적인 이슬람 건축물로, 무굴 제국의 제5대 황제였던 샤자한(제3대 아크바르 황제 → 제5대 샤자한 황제→ 제6대 아우랑제브 황제)이 왕비 뭄타즈 마할을 추모하여 아그라에 22년간(1632~1653) 건축한 이슬람교 묘당(墓堂)이다. 1983년 유네스코에 의해 세계 문화유산으로 지정되었다.

CHAPTER 04 인도의 민족 운동

1 영국의 침략

(1) 무굴 제국의 쇠퇴(17세기 말) : 힌두교도와 시크교도의 반발, 재정 파탄, 지방 세력의 독립 → 제국의 분열·쇠퇴

(2) 영국과 프랑스의 경쟁

① **동인도 회사 설립** : 17세기 초, 유럽 열강이 아시아 무역을 독점하기 위해 설립 → 인도 무역의 주도권을 둘러싼 치열한 경쟁 전개

② **플라시 전투*(1757)** : 영국군이 벵골군·프랑스군 격파 → 전투에서 승리한 영국이 벵골의 통치권과 조세 징수권 획득, 인도 무역 독점
└ 7년 전쟁의 일부

(3) 영국의 식민지 정책 : 19세기 중엽 인도의 대부분 장악

① 값싼 영국산 면제품 수출 → 인도의 면직물 산업 몰락
② 인도인들에게 면화·아편 등을 강제로 재배시킴. → 영국의 원료(면화) 공급지이자 상품 시장화로 전락시킴. 무거운 세금 징수
③ 종교적 대립 조장 : 힌두교와 이슬람교의 종교적 대립을 이용하여 세력 확대
④ 인도의 전통문화와 종교 무시 → 인도인의 반감 증가

*플라시 전투
영국의 동인도 회사로 인해 벵골(현재의 방글라데시)의 경제가 악화되고 있다고 생각한 벵골의 태수(太守) 시라지 웃다울라가 영국에 항의하며 영국인들을 추방하자, 영국군과 벵골군·프랑스군(소수) 사이에서 발생한 전투. 영국군을 이끈 클라이브가 벵골군의 부장들을 매수하여 플라시에서 벵골군을 물리쳤으며, 영국은 이 전투를 통해 인도에 대한 영향력을 확대할 수 있었다.

2 세포이*의 항쟁(1857~1859)

(1) 배경 : 영국의 인종 차별과 식민지 정책에 대한 반발, 힌두교와 이슬람교도가 대부분인 세포이에게 소와 돼지기름을 바른 탄약 주머니 지급

(2) 경과 : 세포이들의 봉기 → 전국적인 민족 운동으로 발전, 수도인 델리 일시 점령 → 영국군에 의해 진압

(3) 결과 : 무굴 제국 멸망(1858), 동인도 회사 해체, 인도 통치 개선법 제정(1858) → 영국령 인도 제국 설립 (영국 왕이 인도 황제를 겸함, 영국의 식민지화, 1877)

*세포이(Sepoy)
영국의 동인도 회사에 고용된 인도인 용병. 영국이 인도를 정복하는 데 기여하였으며, 그 대가로 안정된 생활을 누렸다.

▲ 영국의 식민 지배에 대한 인도의 저항

(4) 의의 : 최초로 인도의 각계각층이 광범위하게 참여한 민족 운동

3 인도의 반영(反英) 민족 운동

(1) 브라모 사마지⊕(Bramo Samaj) 운동
① **주도 세력** : 인도의 지식인, 학생, 종교 지도자
② **계몽 활동** : 힌두교의 우상 숭배 배격, 카스트제의 악습 타파 등 종교·사회적 개혁 주장, 영국의 인도인 차별 정책 반대 ┌ +사티(과부 순사) 폐지 주장
③ **민족의식의 성장** : 반영 독립운동 전개

(2) 인도 국민 회의
① **결성(1885)** : 영국이 인도인을 회유하기 위해 조직 → 인도인의 자치 기구, 인도 중상류층(지식인, 관리)으로 구성
② **성격** : 초기 영국의 인도 지배 인정, 자치 주장 → 점차 영국의 지배 방식 비판, 인도인의 이익 대변
③ **대규모 반영 운동 전개**
  ㉠ 계기 : 영국이 인도의 민족 운동을 분열시키기 위해 반영 운동의 중심지였던 벵골을 분할한다는 벵골 분할령* 발표(1905) → 인도 국민 회의의 반영 운동 전개
  ㉡ 4대 강령 발표⊕(1906) : 영국 상품 배척(보이콧), 자치 획득(스와라지*), 국산품 애용(스와데시*), 민족 교육 실시 등 주장
  ㉢ 발전 : 영국의 전인도 이슬람교도 연맹 지원(종교 분열 목적) → 전인도 이슬람교도 연맹의 반영 운동 참여 → 계층과 종교를 넘어선 민족 운동으로 발전
  ㉣ 결과 : 영국의 벵골 분할령 철회(1911), 명목상 인도인의 자치 인정(1911)

▲ 벵골 분할령

(3) 제1차 세계 대전 이후
① **인도의 참전** : 영국의 자치권 인정 약속으로 제1차 세계 대전에 참전
② **영국의 식민 지배 강화** : 전쟁 후 일부 인도인에게만 선거권 부여(전체 인구의 약 2%), 롤럿법(치안 유지법, 1919⊕)을 제정하여 언론을 통제하고 재판 절차 없이 인도인을 투옥할 수 있도록 하는 등 인도에 대한 식민 정책 강화 → 1919년 암리차르 사건(영국이 치안 유지법을 제정하자 독립을 요구하였는데 영국이 학살)
③ **간디** : 롤럿법 폐지와 완전한 자치를 주장하며 비폭력·불복종 운동(사탸그라하 운동)⊕ 전개 → 인도 국민 회의를 통해 영국 상품 불매, 납세 거부 운동 등을 제창(1920) → 인도 사회에 확산

⊕ 브라모(브라흐마)는 신을 모시는 모임이라는 뜻이다. 브라만 출신의 '람 모한 로이'가 중심인물이다.

*벵골 분할령
영국이 종교 대립을 이용하여 인도의 민족 운동을 분열시키려 한 법령으로, 이슬람교도가 많은 동쪽과 힌두교도가 많은 서쪽을 나누어 반영 운동을 약화시키고자 하였다.

⊕ 콜카타 대회(1906)에서 발표

*스와라지(Swaraji)
'자치'를 뜻하는 말로, 영국의 지배에서 벗어나 독립을 획득하려 한 민족 운동

*스와데시(Swadeshi)
'모국'을 뜻하는 말로, 반영 민족 운동을 목표로 제창된 국산품 애용 운동

⊕ 일본은 조선에서 1925년에 치안 유지법을 제정하였다(국체 변혁을 시도하거나 사유 재산을 부정하는 단체는 해산).

⊕ 1919년 3·1 운동이 간디와 중국의 5·4 운동에 영향을 주었다.

④ **네루** : 무장 투쟁으로 완전한 독립을 요구하는 민족 운동 전개(인도 독립 동맹 결성, 1928) → 각 주의 외교와 군사 부문을 제외한 자치권 획득(1935)

(4) 인도의 독립과 분열
① **독립(1947)** : 제2차 세계 대전 이후 영국으로부터 독립
② **분열**
  ㉠ 파키스탄 수립 : 독립 이후 힌두교도와 이슬람교도 사이의 갈등으로 인도(힌두교)와 파키스탄(이슬람교)으로 분열 → 파키스탄이 인도에 편입된 카슈미르 지역(이슬람교) 침공 → 카슈미르 지역을 인도와 파키스탄이 나누어 차지
  ㉡ 방글라데시 독립(1971) : 벵골 지방의 동파키스탄 지역에서 독립 요구 → 인도가 동파키스탄의 독립을 승인하자 파키스탄이 반발하며 인도 공격 → 인도의 승리, 동파키스탄이 방글라데시로 독립
  ㉢ 실론(불교) 독립 : 1972년 국명을 실론에서 스리랑카 공화국으로 바꾸고 영국 연방에서 완전 독립

▲ 인도의 분열

심화 카슈미르 분쟁

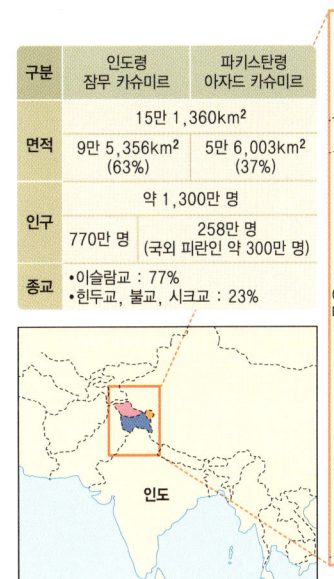

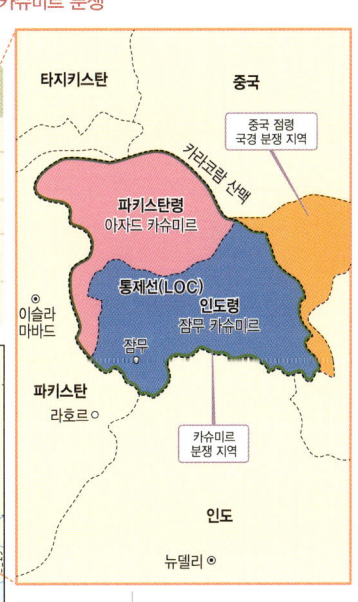

PART 6 인도사

예상 문제 풀어보기

01 지도에 나타난 (가), (나) 왕조에 대한 설명으로 옳은 것은?

[2011학년도 9월 평가원]

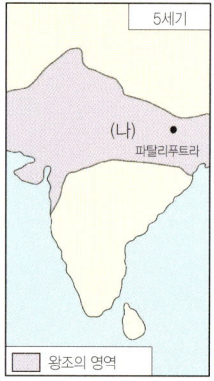

① (가)의 전성기는 아소카 왕 때이다.
② (가) 시기를 대표하는 유적은 아잔타 석굴 사원이다.
③ (나) 시기에 간다라 미술이 형성되었다.
④ (나) 시기에 대승 불교가 크게 성장하였다.
⑤ (가), (나) 시기 모두 힌두교가 유행하였다.

출제의도 인도 고대 문화 파악하기

해설 (가) 기원전 3세기에 인도 남부를 제외한 전역을 통일하였다는 점에서 마우리아 왕조임을 알 수 있다.
전성기를 이루었던 왕은 아소카 왕이었는데, 그는 불경을 결집하고 불교 교리를 정리하며 불교 보호에 힘썼다. 이때 성립된 불교는 개인의 해탈을 강조하는 상좌부(소승) 불교였는데, 주로 동남아시아 지역으로 전파되었다.
(나) 파탈리푸트라가 도읍이었으며, 5세기경에 북인도 지역을 통일하였다는 점에서 굽타 왕조임을 알 수 있다.
쿠샨인, 사카인, 튀르크인과 같은 이민족을 몰아내고 나라를 세운 굽타 왕조 때에는 민족의식이 싹터 베다의 신에 봉사하는 인도인으로 돌아가자는 움직임이 일어났다. 이에 힌두교가 성립하여 발전하였다. 또한, 인도 고유의 특색이 강조되는 굽타 양식이 나타났으며, 브라만 계급의 언어인 산스크리트어가 공용어가 되면서 산스크리트 문학이 발달하였다.

오답풀이 ② 아잔타 석굴 사원은 굽타 왕조 때 제작되었다. 마우리아 왕조 때에는 산치 대탑과 아소카 왕 석주 대탑이 제작되었다.
③④ 쿠샨 왕조 때 간다라 미술이 형성되고 대승 불교가 크게 성장하였다. 반면 굽타 왕조 때에는 불교가 쇠퇴하였다.
⑤ 힌두교는 굽타 왕조 때 성립되었다.

답 ①

02 (가) 왕조와 관련된 옳은 설명을 〈보기〉에서 고른 것은?

[2014학년도 5월 예비평가 응용]

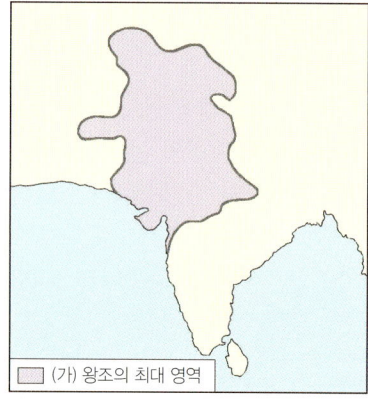

(가) 왕조에서 유행한 양식의 불상

― 보기 ―
ㄱ. 인도와 이슬람 양식인 타지마할 묘당이 건립되었다.
ㄴ. 중생 구제를 목표로 하는 대승 불교가 발달하였다.
ㄷ. 브라만교, 불교, 민간 신앙이 융합한 힌두교가 발달하였다.
ㄹ. 카니슈카 왕 시기에 전성기를 맞이하였다.

① ㄱ, ㄴ ② ㄱ, ㄷ ③ ㄴ, ㄷ
④ ㄴ, ㄹ ⑤ ㄷ, ㄹ

출제의도 쿠샨 왕조의 특징 이해하기

해설 쿠샨 왕조는 기원전 1세기경 이란 계통의 쿠샨 족이 북인도 지역에 왕조를 수립하면서 시작되었다. 동서양을 연결하는 중심지에 있던 쿠샨 왕조는 중국, 인도, 이란을 연결하는 무역로를 독점해 중계 무역을 전개하면서 번영하였고, 카니슈카 왕 때 최대 영토를 확보하면서 전성기를 맞았다.
한편, 쿠샨 왕조 때에는 왕조의 지원으로 불교가 빠르게 확산되었는데, 이때 중생의 구제를 목표로 하는 대승 불교가 발달하여 불교의 대중화가 이루어졌다. 그리고 이 시기에는 헬레니즘 문화와 인도 문화, 그리스 미술 양식이 융합하여 간다라 미술이라고 하는 불교문화가 발달하면서 불상을 만들기 시작하였다.

오답풀이 ㄱ. 타지마할은 무굴 제국의 샤자한 황제가 건립하였다.
ㄷ. 굽타 왕조 시기의 일이다.

답 ④

03 (가) 제국에 대한 설명으로 옳은 것을 〈보기〉에서 고른 것은?
[2015학년도 6월 평가원 응용]

사진은 ⎡(가)⎤의 황제인 샤자한이 자신의 부인을 위해 지은 무덤입니다. 아래의 시는 이곳을 보고 난 후의 감흥을 노래한 것이에요.

어느 날 흘러내린 눈물은 영원히 마르지 않을 것이며 시간이 흐를수록 맑고 투명하게 빛나리라.
- 타고르 -

┃보기┃
ㄱ. 헬레니즘의 영향을 받은 간다라 미술이 발달하였다.
ㄴ. 아크바르(악바르) 황제는 힌두교를 탄압하고 이슬람 제일주의 정책을 폈다.
ㄷ. 아우랑제브 황제는 남인도를 점령하여 인도 역사상 최대의 영토를 확보하였다.
ㄹ. 힌두(인도)와 이슬람 문화가 융합하여 발전하였다.

① ㄱ, ㄴ   ② ㄱ, ㄷ   ③ ㄴ, ㄷ
④ ㄴ, ㄹ   ⑤ ㄷ, ㄹ

출제의도 무굴 제국 이해하기
해설 ㄷ. 아우랑제브 황제 때 무굴 제국은 남인도를 점령하여 인도 역사상 최대 영토를 확보하였다.
ㄹ. 무굴 제국 시기에는 힌두(인도) 문화와 이슬람 문화가 융합된 힌두·이슬람 문화가 발달하였다. 대표적인 예인 타지마할은 이슬람 양식인 돔형의 지붕과 힌두·페르시아 미술의 특징인 세밀화가 잘 드러나 있다.
오답풀이 ㄱ. 간다라 미술은 쿠샨 왕조 때 발달하였다.
ㄴ. 아크바르 황제는 힌두교에 관용 정책을 펼쳤으나, 아우랑제브 황제는 이슬람 제일주의를 내세우며 힌두교를 억압하였다.

답 ⑤

04 다음 자료에 나타난 제국에 대한 설명으로 옳은 것은?
[2016학년도 6월 평가원 응용]

무슬림인 아크바르(악바르) 대제는 힌두교도 공주와 결혼하였으며, 힌두교도 족장들에게 무슬림 귀족과 동등한 지위를 주었다. 또한, 무슬림이 아닌 국민들에게 부과하는 세금인 지즈야도 폐지하였으며, 만삽다르라는 관료 조직을 통하여 제국의 중앙 집권 체제를 확립하였다.

① 타지마할이 건축되었다.
② 간다라 양식이 유행하였다.
③ '0'이라는 숫자가 만들어졌다.
④ 아잔타 석굴 사원이 건설되기 시작하였다.
⑤ 산스크리트 문학이 발달하였다.

출제의도 무굴 제국
해설 티무르 제국이 멸망한 후 그 자손인 바부르는 인도에 침입하여 델리 왕조를 멸망시키고 무굴 제국을 세웠다. 그의 손자 악바르 대제는 데칸 고원을 제외한 전 인도를 통일하고 관료 제도와 세제를 개혁하여 중앙 집권 체제를 강화하였다. 그는 힌두교도에 대한 인두세(지즈야)를 폐지하여 종교 간의 화합에도 힘썼다.
① 무굴 제국에서는 힌두 문화와 이슬람 문화가 융합되어 힌두·이슬람 문화가 발달하였다. 이에 이슬람 사원 양식과 인도·페르시아 미술 양식이 융합된 타지마할이 건축되기도 하였다.
오답풀이 ② 쿠샨 왕조에 대한 설명이다. 쿠샨 왕조의 중심지였던 서북 인도의 간다라 지방에서는 인도 문화와 헬레니즘 문화가 융합된 간다라 미술이 발달하였다.
③④⑤ 굽타 왕조에 대한 설명이다. 굽타 왕조에서는 산스크리트어를 공용어로 하는 산스크리트 문학이 발달하였다. 미술에서는 간다라 미술과 인도 고유의 특색이 융합된 굽타 양식이 나타났으며, 아잔타 석굴 사원의 불상과 벽화가 대표적 작품이다. 또한, 이 시기 인도인들은 '0'과 10진법, 원주율 계산법 등을 발견하여 아라비아 숫자 형성에 기여하였다.

답 ①

05 밑줄 친 '황제'의 업적으로 옳은 것은? [2013년 10월 교육청 응용]

> 이슬람 신학자와 법학자들이 "황제께서 이슬람교를 육성하시려는 뜻에 비춰 볼 때, 제국 내의 힌두교도, 시크교도 등 비이슬람교도로부터 지즈야를 다시 징수하는 것이 이슬람법에 맞고, 이슬람교도를 위해서도 꼭 필요하다고 판단됩니다."라고 건의하니, 황제가 이를 받아들여 지즈야 부활을 명령하였다.

① 아잔타 석굴을 세웠다.
② 타지마할을 건설하였다.
③ 산스크리트어 문학을 발달시켰다.
④ 세포이 항쟁을 진압하였다.
⑤ 제국의 영토를 최대로 확장하였다.

출제의도 아우랑제브 황제

해설 17세기 후반 아우랑제브 황제는 남인도의 대부분을 점령하여 무굴 제국 사상 최대 영토를 확보하였다. 이로써 그는 대제라는 칭호를 얻었으나, 지나친 정복 활동으로 인해 재정의 어려움이 나타났다. 이에 아우랑제브 황제는 재정 궁핍을 해결하기 위해 지즈야를 부활시켜 비이슬람교도에게 인두세를 다시 징수하였다.

오답풀이 ①③ 아잔타 석굴과 산스크리트어 문학은 굽타 왕조와 관련 있다.
② 무굴 제국의 황제 샤자한이 타지마할을 건설하였다.
④ 세포이 항쟁은 1857에 영국 동인도 회사의 종교 모욕에 반발한 용병들이 봉기한 사건으로, 무굴 제국의 붕괴를 가져왔다.

답 ⑤

06 밑줄 친 '전투'의 결과로 가장 적절한 것은? [2015년 10월 교육청 응용]

> 이번 전투에 대해 보고합니다. 유럽인 병사 1천 명, 세포이 2천 명으로 구성된 우리 동인도 회사의 군대는 만반의 준비를 갖추고 7월 22일 밤에 바기라트 강을 건너 곧바로 플라시 숲으로 진군했습니다. 거기서 우리는 5만 명에 이르는 벵골 태수군과 프랑스군 연합 부대를 격파했습니다. 그리하여 프랑스의 거점인 찬데르나고르를 점령하고, 우리를 적대시하던 벵골 태수를 추방했습니다. – 클라이브 대령의 보고서 –

① 간디의 비폭력·불복종 운동이 전개되었다.
② 벵골 분할령이 발표되었다.
③ 인도 국민 회의가 반영 운동을 전개하였다.
④ 영국의 동인도 회사가 해체되었다.
⑤ 인도가 영국의 식민지가 되기 시작하였다.

출제의도 플라시 전투

해설 17세기 말 무굴 제국은 힌두교와 이슬람교의 종교적 대립으로 점차 쇠퇴하였다. 이 시기에 포르투갈, 네덜란드, 프랑스, 영국 등은 인도 연안에 거점을 두고 본격적인 침략 경쟁을 시작하였다. 마침내 영국은 플라시 전투에서 프랑스를 격파하여 무굴 황제로부터 벵골 지역의 통치권을 인정받았다. 이어 종교 대립과 지역 갈등을 이용하여 인도 전역으로 세력을 확장하였다.

오답풀이 ① 제1차 세계 대전 이후에 간디의 비폭력·불복종 운동이 전개되었다.
② 1905년 인도 총독은 벵골 분할령을 발표하여 벵골 지역을 힌두교도가 많은 서벵골과 이슬람교도가 많은 동벵골로 나누어 종교 간 갈등을 부추겨 인도의 민족 운동을 약화시키려고 하였다.
③ 인도 국민 회의는 온건한 개혁 노선을 표방하며 영국의 식민 지배에 협조적이었으나, 영국의 벵골 분할령 발표를 계기로 본격적인 반영 투쟁에 나섰다.
④ 영국은 세포이의 항쟁(1857)을 계기로 동인도 회사를 해체하고 무굴 황제를 폐위시키면서 인도를 직접 통치하였다. 이후 1877년 빅토리아 여왕이 인도 황제를 겸하는 영국령 인도 제국이 성립함으로써 인도는 영국의 온전한 식민지가 되었다.

답 ⑤

07 다음 사건의 결과로 옳은 것은? [2011년 10월 교육청 응용]

▲ 델리를 공격하는 항쟁군

인습을 고집하는 라지푸트, 완고하고 고루한 브라만, 광신적인 무슬림, 이들 모두가 같은 목적으로 뭉쳤다. 즉, 소를 죽이는 자가 소를 숭배하는 자와 손을 잡고, 돼지고기를 먹는 자가 돼지고기를 금기시하는 자와 손을 잡고, 문자 그대로 하나가 되어 우리 영국군과 동인도 회사를 공격해 왔다.
- 토마스 로 -

① 무굴 제국이 멸망하였다.
② 플라시 전투가 일어났다.
③ 벵골 분할령이 취소되었다.
④ 간디의 비폭력·불복종 운동이 전개되었다.
⑤ 인도 국민 회의가 반영 운동을 전개하였다.

출제의도 세포이 항쟁의 결과 분석하기
해설 세포이 항쟁은 영국의 식민지 정책에 대한 반발과 종교적 갈등을 배경으로 델리 근교에서 일어나 인도 북부 전체로 확대되어 영국의 식민지 정책에 저항하는 인도 독립 전쟁으로 발전하였다. 군인들뿐만 아니라 농민, 수공업자, 지주, 힌두교도, 이슬람교도 등 각계각층의 사람들이 가세하였다. 그러나 본국의 지원을 받은 영국 동인도 회사의 진압으로 결국 실패하고 말았다. 영국은 세포이 항쟁을 진압한 후 동인도 회사를 해산하고 무굴 제국의 황제를 폐위하였다. 이어 영식적인 수준을 뛰어넘어 인도를 직접 통치하기 위해 인도 통치 개선법을 제정하고(1858) 영국 국왕이 인도 황제를 겸하는 인도 제국을 성립시켰다.
오답풀이 ② 플라시 전투는 18세기에 영국과 프랑스가 인도를 둘러싸고 벌인 전쟁으로, 영국은 이 전투의 승리로 벵골 지방에 대한 통치권을 차지하여 인도 지배의 기초를 다지게 되었다.
③⑤ 영국은 1905년 힌두교도와 이슬람교도의 분열을 꾀하고자 벵골 분할령을 발표하였으나, 인도 국민 회의를 중심으로 한 반발로 벵골 분할령을 취소하였다.
④ 제1차 세계 대전 이후 간디의 비폭력·불복종 운동이 전개되었다.

답 ①

08 선생님의 질문에 대한 학생의 답변으로 가장 적절한 것은? [2014년 3월 교육청 응용]

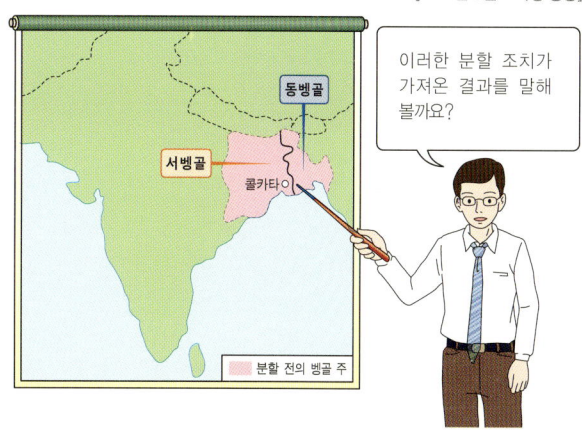

① 무굴 제국이 멸망하였습니다.
② 플라시 전투가 발생했습니다.
③ 인도 국민 회의가 반영 운동에 앞장섰습니다.
④ 벵골 지역이 방글라데시로 독립하였습니다.
⑤ 세포이를 중심으로 무력 항쟁이 전개되었습니다.

출제의도 벵골 분할령의 결과를 파악하기
해설 세포이 항쟁을 진압한 영국은 동인도 회사를 해산하고 무굴 제국의 황제를 폐위한 뒤 1877년에 영국 국왕이 인도 황제를 겸임하는 인도 제국을 성립하였다. 이후 영국은 효과적으로 인도를 통치하기 위해 인도 지식인들을 회유하여 전국적인 정치 조직을 만들도록 지원하였는데, 그 결과 지식인, 관리, 민족 자본가, 지주 등이 참여하는 인도 국민 회의가 만들어졌다. 이후 영국은 1905년에 이슬람교도와 힌두교도의 분열을 꾀할 목적으로 벵골 분할령을 발표하였다. 이에 인도 국민 회의가 앞장서서 반영 운동을 전개하였는데, 콜카타 대회를 개최하여 영국 상품의 불매, 스와라지(인도인의 자치), 스와데시(국산품 애용), 국민 교육의 진흥 등 4대 강령을 채택하였다. 그 결과 영국은 1911년에 벵골 분할령을 취소하고 명목상의 인도 자치를 인정하였다.
오답풀이 ① 무굴 제국은 벵골 분할령 이전에 이미 멸망하였다.
② 플라시 전투는 1757년 영국과 프랑스가 인도 벵골 지방에서 벌인 전투이다.
④ 영국령 인도는 1947년 독립을 달성했지만, 종교 문제로 인해 힌두교 지역은 인도, 이슬람 지역은 인도를 사이에 두고 동서로 나뉜 파키스탄으로 분리 독립하게 되었다. 이후 1971년 동파키스탄은 방글라데시로 독립하였다.
⑤ 세포이 항쟁은 1857년에 영국 동인도 회사에 고용된 세포이들이 중심이 되어 일어난 운동으로, 영국이 인도를 직접 지배하는 계기가 되었다.

답 ③

PART 7

서아시아·아프리카사

01 페르시아 제국의 발전
02 이슬람 세계의 형성과 발전
03 이슬람 세계의 확대
04 서아시아와 아프리카의 민족 운동

- ✚ ■ 빨간색 글씨 심화 과정은 이만적 교수님의 무료 강의를 들어야 이해하기 쉬워요!
- ✚ ■ 빨간색 글씨 심화 과정은 고급 수준의 내용이며, 중급까지 원하시는 분은 보시지 않아도 됩니다.

CHAPTER 01 페르시아 제국의 발전

＊페르시아 제국
아케메네스 왕조를 시작으로 사산 왕조, 사파비 왕조, 팔레비 왕조 등이 페르시아 명칭을 사용하였다.

1 페르시아 제국＊

(1) 아시리아의 서아시아 통일
① 우수한 철제 무기와 기병을 앞세워 최초로 서아시아 지역 통일(B.C. 7세기)
② 전국의 여러 속주에 총독 파견, 군용 도로·통상로 정비, 공용어 사용
③ **멸망**: 강압 통치로 다른 민족의 반발을 사 1세기도 안 되어 멸망 → 4개국으로 분열

심화 아시리아 멸망 이후의 오리엔트

— 키루스 왕이 건국

(2) 아케메네스 왕조 페르시아의 발전
① 기원전 6세기경 아케메네스 왕조 페르시아가 서아시아 재통일
② **전성기** ♀map: 다리우스 1세(B.C. 550~B.C. 486) 때 지중해 연안에서 이집트, 인도의 서북부까지 지배하는 대제국 건설
　㉠ 강력한 중앙 집권 정책: 전국을 20개의 주로 나누어 총독(샤트라프) 파견 → 감찰관 ('왕의 귀', '왕의 눈')을 파견하여 총독 감시
　㉡ 도로와 역참제＊ 정비: 넓은 영토를 효과적으로 다스리기 위해 전국 주요 지역을 도로로 연결(왕의 길＊)하고 역참 설치
　㉢ 언어·화폐·도량형 통일, 교류 확대, 상업 발전
　㉣ 관용 정책: 피정복민의 종교와 풍습 존중, 가치 허용

(3) 아케메네스 왕조 페르시아의 쇠퇴
① **페르시아 전쟁(B.C. 492~B.C. 448)＊**: 소아시아 지역에 있던 페르시아 제국의 식민 도시들이 연합하여 반란을 일으킴(이오니아 반란). → 아테네가 반란에 가담 → 페르시아와 그리스 폴리스들 간의 세 차례에 걸친 전쟁 발발 → 페르시아의 패배

＊역참제
도로 곳곳에 역을 설치하고 역마를 두어 중앙의 명령을 신속히 전달하게 한 제도

＊왕의 길
페르시아의 수도인 수사에서 사르디스에 이르는 길. 말을 갈아 탈 수 있는 역과 숙소(역참)를 두어 1주일이면 왕의 명령이 국경 지역까지 도달될 수 있었다.

＊페르시아 전쟁
기원전 5세기 전반 페르시아와 아테네·스파르타를 중심으로 한 그리스 폴리스 연합의 세 차례에 걸친 전쟁. 페르시아는 여러 차례 그리스를 침공하였으나 모두 패하였다. 마라톤 전투, 살라미스 해전 등에서 패하여 페르시아의 그리스 원정은 모두 실패하였다.

② **멸망** : 알렉산드로스의 침략으로 멸망(B.C. 330)

▲ 아케메네스 왕조 페르시아

심화 아케메네스 왕조 페르시아

(4) 파르티아와 박트리아

① **파르티아**(B.C. 247~A.D. 226)
  ㉠ 성립 : 카스피해(海) 동쪽의 파르니 족의 족장인 아르사케스가 왕국 건설
  ㉡ 발전
    ⓐ 미트라다테스 1세 때 박트리아·바빌로니아·아르메니아 등을 정복하여 대제국 건설
    ⓑ 중계 무역 : 지정학적으로 동서양의 완충 지대에 위치하여 중국의 한과 로마 제국 간의 비단 중계 무역 독점 → 경제적 번영, 실크 로드 형성
    ⓒ 시리아 왕국의 행정 제도+그리스의 문화
  ㉢ 멸망 : 서아시아 지역을 두고 로마와의 오랜 경쟁으로 쇠퇴 → 사산 왕조 페르시아에 의해 멸망

② **박트리아**(B.C. 246~B.C. 138) : 그리스계(系) 국가
  ㉠ 성립 : 디오도투스가 박트라(현 아프가니스탄의 발흐)를 수도로 하고 박트리아 왕국을 세움.
  ㉡ 발전 : 그리스계 출신의 지배 계급, 그리스어와 그리스 화폐가 통용되는 헬레니즘 국가 → 간다라 지방에 진출해 그리스 문화 전파 → 간다라 미술 탄생
  ㉢ 멸망 : 국내 정권 쟁탈전 지속 → 파르티아의 침략으로 쇠퇴 → 대월지(大月氏)에 의해 멸망

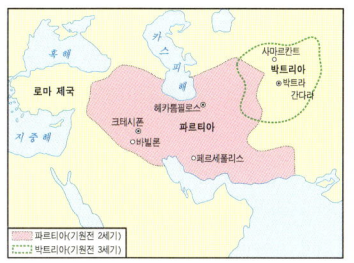

▲ 파르티아와 박트리아

(5) 사산 왕조 페르시아(226~651)

① **성립** : 3세기 초 페르시아 계승을 내세우며 성립
② **발전**
  ㉠ 영토 확장 : 메소포타미아에서 이란에 이르는 대제국 건설
  ㉡ 중계 무역 : 동서 교역로에서 유리한 위치를 차지하기 위해 로마 제국(비잔티움 제국), 쿠산 왕조와 대립

ⓒ **호스로 1세**(531~579, 전성기) : 사막길과 바닷길까지 장악하여 동서 무역 지배, 비잔티움 제국·돌궐·인도·중국 등과 교류 → 경제적 번영
　　ⓔ **문화** : 동서 교역의 결과로 세계 여러 나라의 문화가 사산 왕조 페르시아에 전해짐. 조로아스터교(국교) 외에 크리스트교와 불교 등이 수용, 여러 종교가 융합한 마니교* 성립, 건축과 공예 발달
③ **멸망** : 내부 반란, 비잔티움 제국과의 잦은 전쟁으로 쇠퇴 → 아라비아 반도를 중심으로 발전한 이슬람 세력에 의해 멸망(651)

*마니교
3세기에 예언자 마니가 조로아스터교를 바탕으로 크리스트교와 불교를 융합하여 창시한 종교이다. 크리스트교와 불교의 영향으로 현세를 부정하는 금욕주의와 정신주의적 성향이 강하여 당시 국가와 결합하여 세속화가 진행되던 조로아스터교와 대립하였다.

▲ 비단길과 바닷길

2 페르시아의 문화

(1) 국제적 문화 발달

① 이집트, 바빌로니아, 아시리아, 그리스 문화 융합 → 수사나 페르세폴리스의 왕궁 유적
② 금·은·유리로 된 공예품
③ **사산 왕조 페르시아** : 페르시아 문화의 번영 시기
　ⓐ 동서 교류의 중심지 : 비잔티움 제국으로부터 수많은 학자가 페르시아로 건너와 그리스의 철학과 자연 과학을 전함. → 여러 나라와의 교류로 페르시아 문화 발전
　ⓑ 공예품 : 은그릇, 유리그릇, 견직물, 도자기 제작 기술 및 양식이 이슬람 세계와 동아시아에까지 전파

▲ 페르세폴리스 왕궁 유적

(2) 조로아스터교의 등장

① **성립** : 기원전 6세기경 예언자 조로아스터(자라투스트라)가 창시
② **교리**
　ⓐ 유일신 아후라 마즈다를 숭배하며, 『아베스타』를 경전으로 함.
　ⓑ 세상을 선(광명)과 악(암흑)이 대립하는 장소로 보고, 인간은 둘 중 한쪽을 선택해야 하되 이 선택에 따라 인간의 운명이 결정된다고 하며, 선을 선택해야 최후의 심판 때 천국으로 갈 수 있다고 믿음.
③ **전파** : 아케메네스 왕조 페르시아 다리우스 1세의 후원으로 널리 전파 → 사산 왕조 페르시아 때 국교로 삼아 민족의 정통성 강조
④ **영향** : 마니교 성립, 유대교·크리스트교·이슬람교 등에 영향을 끼침.

CHAPTER 02 이슬람 세계의 형성과 발전

1 이슬람교의 성립과 이슬람 세계의 형성

(1) 배경 : 6세기경 아라비아 반도의 상황

비잔티움 제국과 사산 왕조 페르시아의 대립 심화 → 상인들의 새로운 동서 무역로 개척 → 메카와 메디나 번영 but 빈부 격차의 심화와 각 부족들마다 종교가 달라 부족 간 전쟁 확대

(2) 이슬람교의 성립

① **창시** : 7세기 초 메카에서 무함마드가 유대교와 크리스트교의 영향을 받아 이슬람교 창시
② **교리** : 우상 숭배 금지, 유일신 알라에 대한 절대복종, 만민 평등·형제애 강조, 『쿠란』을 경전으로 함.
　● 『쿠란』: 무함마드가 알라의 계시를 아랍어로 기록한 경전
③ **헤지라**(622) : 메카의 보수적인 귀족들이 무함마드 탄압 → 메카에서 메디나로 이주
④ **교세 확장** : 메디나에서 교세를 확장한 후 메카 정복, 아라비아 반도 대부분 통일(630)

(3) 이슬람 세계의 형성

① **정통 칼리프 시대(632~661)** : 무함마드의 계승자로 칼리프 선출
　㉠ 영토 확장 : 이집트 차지, 사산 왕조 페르시아 정복 → 대제국 건설
　㉡ 이슬람교의 확산 : 이슬람교로 개종 시 세금 감면
② **우마이야 왕조(661~750)** ─ 무함마드의 사촌이며 무함마드의 딸 파티마와 결혼함.
　㉠ 성립 : 칼리프 선출을 둘러싼 내분으로 혼란 → 제4대 칼리프인 알리가 살해되고 시리아 총독 무아위야가 칼리프로 선출 → 다마스쿠스로 천도, 우마이야 가문의 칼리프 세습
　㉡ 발전 ─ 프랑크 제국(카롤루스 마르텔)과의 투르·푸아티에 전투(732)에서 패배
　　ⓐ 중앙아시아에서 북아프리카, 이베리아 반도에 이르는 대제국 건설
　　ⓑ 아랍인 중심 정책 : 시리아 지역의 아랍인 중용 및 공용어로 아랍어 사용, 화폐 통일
　㉢ 쇠퇴 : 아랍인 중심 정책에 불만을 가진 세력들이 군사를 일으켜 우마이야 왕조를 멸망시키고 아바스 왕조를 세움(750).

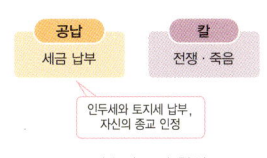
▲ 수니파와 시아파 분포 지역

*헤지라(hegira)
'성스러운 이주'라는 뜻으로, 이슬람력은 이 해(622)를 원년으로 삼는다.

✚ 이슬람 제국은 이슬람교로 개종하든지 공납을 내든지 둘 중에 양자택일을 강요했다 이 둘 다 거부할 경우는 전쟁이었다.

공납	칼
세금 납부	전쟁·죽음

인두세와 토지세 납부, 자신의 종교 인정

▲ 이슬람교의 확산

*칼리프(caliph)
아랍어로 '후계자' 또는 '대표자'라는 뜻으로, 이슬람 세계의 정치·종교·군사권을 장악한 실질적인 지배자

*수니파와 시아파
알리를 정통으로 생각하는 세력은 이란 지역으로 도피하여 시아파를 형성하였으며, 우마이야 왕조를 정통으로 여기는 세력은 수니파를 형성하여 현재까지 이슬람권의 다수를 이루고 있다.

✚ **탈라스 전투**
당 현종(재위 712~756) 때 고구려 출신 고선지가 이끌었다(이때 종이 만드는 기술이 이슬람에 전파되고 이후 유럽에 전파). 이후 당 왕조에서는 안·사의 난(755)이 일어났다.

✚ 몽케 칸이 훌라구를 시켜 아바스 왕조를 정복하였고, 이후 훌라구는 일한국을 건국하였다.

③ **아바스 왕조(750~1258)**

㉠ 아랍인 중심 정책 폐지 : 바그다드로 천도, 이슬람교로 개종 시 세금 감면, 비아랍인에게 관직 개방 → 범이슬람 제국으로 발전

㉡ 번영 : 당과의 탈라스 전투(751)✚에서 승리함으로서 동서 교역로 장악, 수도인 바그다드는 국제도시로 성장

㉢ 멸망 : 지방의 정치·군사적 실권을 가진 총독들이 점차 독립 세력 형성 → 아바스 왕조의 칼리프 권력 약화 → 몽골✚의 침입으로 멸망(1258)

▲ 이슬람 제국의 형성

④ **기타 이슬람 제국** : 후우마이야 왕조(756~1031, 이베리아 반도), 파티마 왕조(909~1171, 이집트), 부와이 왕조(932~1055, 시아파 세력, 이란 계통, 945년에 바그다드 점령)

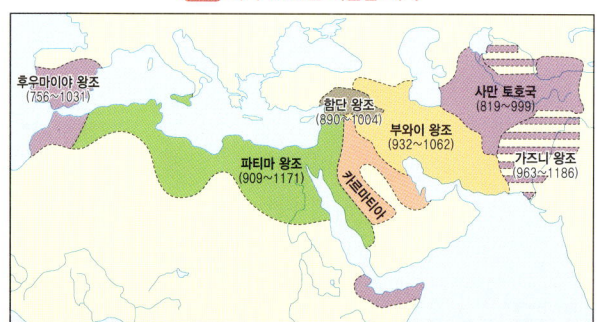

2 이슬람 문화의 발전

(1) 이슬람 문화의 형성 : 이슬람 제국의 확대, 이슬람 상인의 교역 활동 → 이슬람교와 아랍어를 중심으로 다양한 문화 요소가 융합

(2) 이슬람 문화의 특징

① 『**쿠란**』 : 이슬람교의 경전으로 일상생활의 기준이 됨. 다른 언어로 번역 금지 → 종교와 언어를 중심으로 통일 → 이슬람 문화권 형성

② **건축**
  ㉠ 모스크 : 이슬람교의 예배당, 돔(둥근 지붕)과 뾰족한 탑이 특징
  ㉡ 아라베스크 무늬* : 조각 대신 모스크의 내부 장식으로 사용

③ **문학** : 『아라비안나이트』(설화 모음집)

④ **자연 과학** : 아라비안 숫자, 연금술* 발달, 지리학·천문학 발달, 제지법·나침반·화약을 유럽에 전달 → 유럽의 근대 과학 발달에 영향

  ● **아라비아 숫자** : 인도에서 10진법과 '0'의 개념을 받아들여 아라비아 숫자를 완성하였다.

⑤ **그리스 철학(아리스토텔레스)을 통한 신앙 체계화** : 서양의 스콜라 철학(아리스토텔레스 철학의 영향 받은 기독교 철학)에 영향, 십자군 전쟁 이후 서양의 르네상스에 영향

▲ 이슬람교도의 성지 순례(카바 신전)　　▲ 술탄 아흐메드 모스크(터키 이스탄불)

▲ 아라베스크 무늬　▲ 고려청자(당초문)　▲ 조선 청화 백자
　　　　　　　　　└ 아라베스크 무늬의 영향을 받았음.　└ 이슬람의 코발트를 주로 써서 만들었음.

*아라베스크 무늬
'아라비아풍의 무늬'라는 의미로 식물의 모양이나 선과 도형을 이용하여 꾸민 무늬. 이슬람교에서는 우상 숭배 금지로 조각이나 회화가 발달하지 못한 대신 기하학적 무늬의 아라베스크가 발달하였다. → 이슬람교의 성상 숭배 금지의 영향을 비잔티움 제국의 레오 3세가 성상 숭배 금지령을 내렸다. → 성상이 필요했던 로마 교황은 프랑크 왕국과 제휴하였다.

▲ 성상 파괴 운동

*연금술
비금속을 금·은 등 귀금속으로 변화시키고자 했던 화학 기술

CHAPTER 03 이슬람 세계의 확대

1 셀주크 튀르크와 티무르 왕조

튀르크
중국 사람들이 돌궐이라고 부르던 유목 민족

(1) 셀주크 튀르크의 발전

① **성장**: 아바스 왕조의 친위대와 이슬람 지방 정권의 군대에서 맘루크(용병)로 활약(9세기) → 10세기 전반 중앙아시아에 튀르크인이 세운 카라한 왕조가 이슬람교로 개종 및 세력 확장 → 11세기 전반 족장 셀주크가 지휘하는 튀르크(셀주크 튀르크)가 바그다드를 점령하고 부와이 왕조를 타도한 후, 아바스 왕조의 칼리프로부터 술탄이라는 칭호를 받음. ─ 이란 계통, 시아파

술탄(sultan)
아랍어로 '권위, 권력'을 뜻하는 말로 이슬람 세계의 정치적 지배자를 가리킨다. 정치·종교·군사 등 모든 면에서 절대 권력을 갖는 칼리프에 비해 술탄은 정치적 권력만을 가진 세속적인 지배자이다.

② **발전**
  ㉠ 영토 확장: 지중해~중앙아시아의 파미르 고원에 이르는 대제국 건설
  ㉡ 상업과 학문 장려 → 이슬람 문화의 황금시대

③ **쇠퇴**
  ㉠ 십자군 전쟁: 예루살렘을 비롯한 소아시아 지역으로 세력 확대 → 11세기 후반 비잔티움 제국 공격 → 십자군 전쟁의 원인

✚ 몽케 칸이 훌라구를 시켜 아바스 왕조를 정복하였고, 이후 훌라구는 일한국을 건국하였다.

  ㉡ 십자군과의 장기간 전쟁으로 셀주크 튀르크 세력 약화 → 왕위를 둘러싼 내분으로 제국 분열 → 13세기에 몽골✚의 침략으로 멸망

▲ 셀주크 튀르크의 진출

(2) 티무르 왕조

① **일한국의 성장**: 13세기 중엽 칭기즈 칸의 손자 훌라구가 아바스 왕조를 무너뜨리고 지금의 이란 지역에 건국(1258) → 초기에는 몽골 전통 강조, 후에 이슬람교로 개종 → 티무르 제국에게 멸망(1411)

② **티무르 제국**: 티무르가 몽골 제국의 부흥과 이슬람 세계의 확대를 내세우며 건국(1370) → 대제국 건설, 수도인 사마르칸

▲ 티무르 제국

트는 중계 무역으로 번영, 이슬람·페르시아·튀르크 문화 융합 → 20만 정예군을 이끌고 명으로 가던 중 티무르 사망(1405) → 분열·멸망(1508)

> 우즈베크인에게 멸망함. 티무르 제국 멸망 후 중앙아시아에서는 킵차크한국의 주민 일부인 우즈베크인은 우즈베크한국(지금의 우즈베키스탄)을 건국하였으며, 우즈베크인에서 떨어져 나온 사람들은 카자흐한국(지금의 카자흐스탄)을 건국하였다.

심화 우즈벡과 카자흐의 등장

심화 중앙아시아의 현재 국경선

2 사파비 왕조와 오스만 제국

(1) 사파비 왕조
① **건국** : 티무르 사망 이후 이란 지역에서 페르시아의 계승을 주장하며 건국(1501)
└ 이스마엘 1세가 건국
② 시아파 이슬람교를 국교로 선포
③ 이스파한으로 천도 → 국제 무역의 중심지로 성장 → 아프간 족(현재의 아프가니스탄)의 침입으로 멸망(1736)
└ 아바스 1세

(2) 오스만 제국의 성립과 발전 ♥map
① **건국** : 튀르크 계통의 오스만 가문이 셀주크 튀르크의 지배에서 벗어나 오스만 제국 건국(1299)
② **발전**
   ㉠ 비잔티움 제국 정복(1453) : 메메트 2세 때 비잔티움 제국을 멸망시킴. → 콘스탄티노폴리스를 이스탄불로 고쳐 수도로 삼음. ♥map
   ㉡ 술탄 – 칼리프제 확립 : 이란·이집트·북아프리카 지역을 정복한 후 칼리프 칭호를 물려받음. → 정치·종교적 지배자로 절대적인 권력 행사
   ㉢ 전성기 : 술레이만 1세 때 발칸 반도 진출, 헝가리 정복, 오스트리아 빈 공격, 유럽의 연합 함대 격파(지중해 해상권 장악) → 아시아·유럽·아프리카의 세 대륙 지배
   └ 1538년 프레베자 해전(이후 1571년 펠리페 2세에게 레판토 해전에서 패배)

Chapter 03 이슬람 세계의 확대

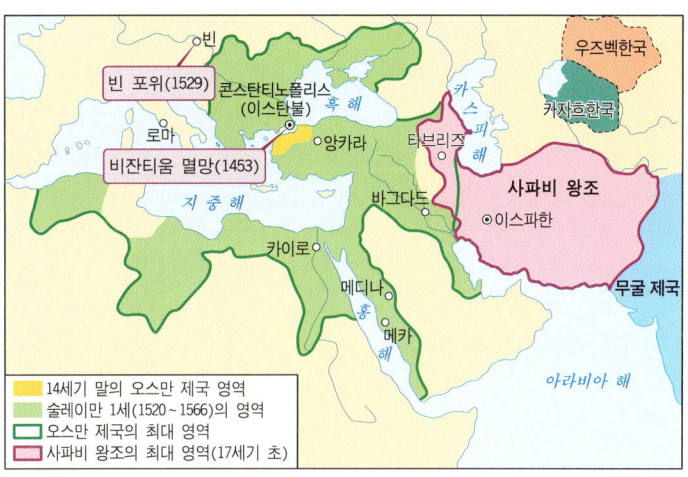
▲ 오스만 제국

(3) 오스만 제국의 사회와 경제

① **관용 정책** : 다양한 민족의 언어*·종교·전통 인정, 세금만 내면 민족의 자치 공동체 (밀레트*) 허용, 능력에 따른 관직 임명

② **예니체리(Janissary)*** : 14세기 초에 창설된 술탄의 친위 부대, 오스만 제국이 정복한 지역의 크리스트교 소년들을 모아 이슬람교로 개종시킨 뒤 궁정 학교에서 엄격한 훈련을 거쳐 예니체리에 편입 → 오스만 제국의 발전에 기여 but 영향력이 강화되면서 권력 집단으로 변질 → 19세기에 해체

③ **지중해 무역권 독점** : 수도인 이스탄불의 지리적 이점을 이용하여 상업과 무역 발전, 동아시아·인도·서아시아 등지에서 들어온 향료·도자기·비단 등 다양한 물자를 유럽으로 공급하는 중간 기지 역할 담당(바자르 건설), 상거래 감독 관리 파견 및 무역과 투자에 대한 제도 마련 ─시장이라는 뜻

(4) 오스만 제국의 문화

● 오스만 제국의 커피 문화가 유럽에 전해져 오늘날 카페 문화가 생겼다.

① **동·서 문화의 융합** : 이슬람 문화와 튀르크 문화를 바탕으로 비잔티움, 페르시아 문화가 융합

② **건축**
㉠ 비잔티움 양식을 도입한 이슬람 사원(모스크) 건축
㉡ 성 소피아 성당 : 비잔티움 제국을 정복한 후 성 소피아 성당의 크리스트교 성화를 가리고 네 개의 첨탑을 세워 이슬람 사원으로 사용
㉢ 술탄 아흐메트 사원 : 사원의 내부가 푸른색과 녹색의 타일로 이루어져 있어서 '블루 모스크'라고 불림.

③ **미술** : 페르시아의 영향을 받은 세밀화 유행, 아라베스크 무늬 발달(아라베스크 무늬의 도자기 발달·전파)

④ **문학** : 페르시아의 전통을 이은 궁정 문학 발달

⑤ **기타** : 천문학, 수학, 지리학 등 발달

***오스만 제국의 언어**
오스만 제국의 공식 문서에서는 튀르크어를 사용하였지만, 일상생활에서는 각 민족이 자신들의 언어를 사용할 수 있었다.

***밀레트(Millet)**
'민족'을 뜻하는 아랍어인 '밀라(Milla)'에서 유래한 말로, 오스만 제국 내에서 자치적으로 운영된 종교 공동체이다. 오스만 제국은 세금을 내고 술탄을 제국의 최고 수장으로 인정하는 조건으로 밀레트를 허용하였으며, 각 밀레트는 종교·교육·언어 등 일상생활에서 폭넓은 자율권을 보장받았다.

***예니체리(Janissary)**
초기에는 포로들이나 비이슬람교도, 특히 발칸 반도의 크리스트교도 소년들을 강제로 징집하여 구성하였다. 이들은 결혼과 경제 활동이 금지되었다.

■ **이슬람의 군사적 봉건 제도**
충성의 대가로 군인들에게 토지를 지급하였다. 아바스 왕조는 이크타 제도, 오스만 제국은 티마르 제도라고 한다.

CHAPTER 04 서아시아와 아프리카의 민족 운동

1 서아시아의 근대화 운동

(1) 오스만 제국의 근대화 운동

① **오스만 제국의 쇠퇴** : 신항로 개척으로 지중해 무역의 쇠퇴, 발칸 반도·이집트·아랍 세계 등 여러 민족의 독립운동으로 이집트의 자치권 획득 및 그리스의 독립 허용, 영국과 러시아 등 유럽 열강의 침략

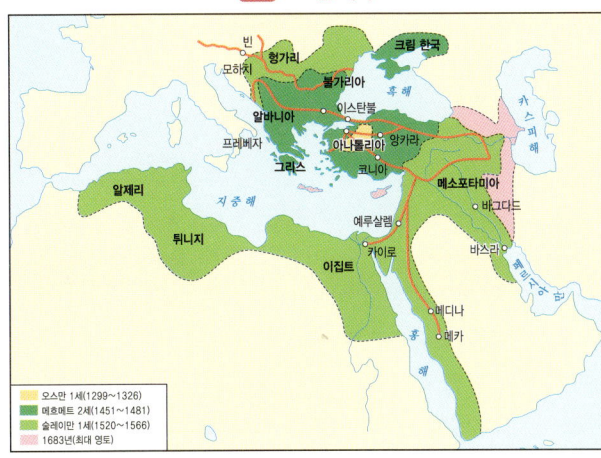

심화 오스만 제국

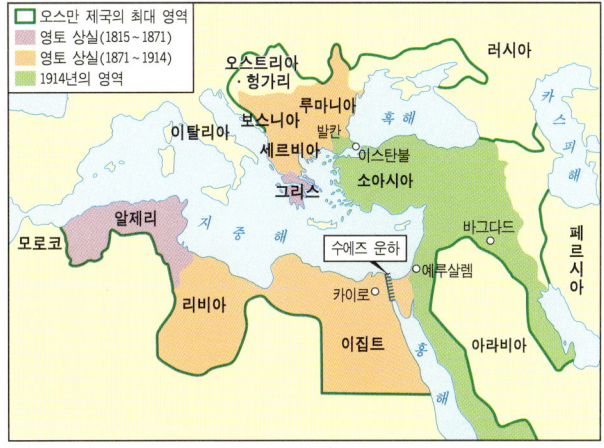

심화 오스만 제국의 해체

② **탄지마트**[*](1839~1876)
  ㉠ 목적 : 오스만 제국의 대내외적 위기 극복과 부국강병 추구를 목표로 실시
  ㉡ 내용
    ⓐ 민족적·종교적 차별 금지
    ⓑ 행정·법률·조세·교육·군사 제도의 근대적 개혁 실시
    ⓒ 근대적 헌법 제정, 의회 설립
  ㉢ 결과 : 보수 세력의 반발, 영국·프랑스·러시아 등 유럽 열강의 간섭으로 실패

③ **전제 정치의 부활** : 러시아와의 전쟁(러시아·튀르크 전쟁, 1877~1878)에서 패배(영토 상실), 유럽 열강의 침략 심화 → 술탄 압둘 하미드 2세의 의회 해산 및 헌법 정지 등 개혁 정치 중단과 전제 정치 부활

④ **청년 튀르크당의 개혁**
  ㉠ 결성 : 술탄의 전제 정치 강화에 반발 → 청년 장교, 관료, 지식인들이 청년 튀르크당 조직 → 헌법 부활, 외국의 간섭 배제 요구
  ㉡ 청년 튀르크당의 혁명(1908) : 무력 혁명으로 정권 장악 → 근대적 개혁 추진
  ㉢ 개혁 내용 : 헌법과 입헌 군주제 부활, 근대적 산업 육성, 외세 배척 운동, 아랍어 사용 금지, 근대적 교육 실시 등

*탄지마트(Tanzimat)
'개혁'을 뜻하는 아랍어로, 술탄 압둘 메지드에 의해 시행된 개혁 정책이다. 유럽의 문물을 적극적으로 받아들여 행정·사법·군사·재정 면에서 개혁을 추진하였으며, '은혜 개혁'이라고도 한다.

ⓔ 결과 : 입헌 군주제 실시 but 극단적 튀르크 민족주의로 다른 민족의 반발 초래, 유럽 열강의 침략 지속
⑤ 발칸 전쟁(1912~1913)과 제1차 세계 대전(동맹국에 가담)에서 패배 → 많은 영토 상실, 유럽 열강의 간섭 심화, 국제적 지위 추락
⑥ **터키 공화국 수립** — 터키의 영토를 넘보는 그리스군을 격퇴
　　㉠ 무스타파 케말 : 청년 튀르크당의 당원으로 술탄 제도를 폐지하고 터키 공화국 선포 및 초대 대통령에 취임(1923), 1934년 의회에서 '아타튀르크(터키인의 아버지)'의 칭호를 증정
　　㉡ 개혁 추진 : 정치와 종교 분리, 문자 개혁, 남녀평등권 및 여성의 참정권 허용 등 터키의 근대화에 노력

(2) 아랍 민족주의의 등장

① **배경** : 18세기 이후 오스만 제국의 쇠퇴 → 서양 제국주의 열강의 침략 심화
② **와하브 운동***
　　㉠ 중심인물 : 18세기 중엽 아라비아 반도에서 이븐 압둘 와하브가 주도
　　㉡ 내용 : 초기 이슬람교의 정신으로 돌아가자는 순수 이슬람 회복 운동('『쿠란』으로 돌아가자.') → 술탄의 종교적 권위를 무너뜨리고 아랍인의 민족의식 각성 → 오스만 제국에 반대하는 민족 운동으로 발전 → 와하브 왕국 건설
　　㉢ 영향 : 오스만 제국의 공격으로 와하브 왕국 멸망 → 와하브 왕국을 후원한 사우드 가문이 사우디아라비아 왕국❶ 건설(1932)
③ **아랍 문화 부흥 운동** : 19세기 말~20세기 초 시리아·레바논·이집트를 중심으로 전개, 아랍 고전 연구, 성서를 아랍어로 번역 → 아랍 민족주의의 기반, 현대 아랍어를 확립시키는 계기, 아랍과 이슬람 고유문화의 부흥·발전

　　◉ **아랍 민족주의** : 순수 아랍인에 의한 아랍 사회를 만들자는 사상

(3) 이란의 입헌 혁명*

① **카자르 왕조** : 18세기 말 성립 → 중앙 정부의 부패와 러시아·영국의 간섭으로 국력 쇠퇴
② **제국주의 열강의 침략** : 19세기 남하 정책을 추진하던 러시아와 이를 저지하려는 영국의 대립 → 카자르 왕조의 많은 영토와 이권(철도, 삼림, 광산, 물품 전매 등에 대한 권리) 상실
③ **담배 불매 운동** : 영국이 담배 제조·독점 판매·수출에 대한 독점권 획득(1890) → 담배 경작자, 상인, 개혁 세력, 이슬람 성직자들의 담배 불매 운동 → 전국 확산 → 영국의 담배 이권 반납 but 영국에 막대한 배상금 지불
④ **입헌 혁명(1906)** : 국민 의회 개설, 입헌 군주제 헌법 제정 → 보수 세력의 반발, 영국과 러시아의 무력간섭으로 좌절

***와하브 운동**
18세기 중엽 이븐 압둘 와하브가 제창한 이슬람교의 순수화 운동. 오스만 제국의 지배 및 이슬람교의 타락과 형식주의를 비판하고 『쿠란』의 가르침으로 돌아가자는 이슬람교 개혁 운동

❶ **와하브 운동 당시 쓰였던 깃발**

현재 사우디아라비아의 국기이다.

***입헌 혁명**
서구식 민주주의의 기초인 근대 의회와 헌법을 갖추기 위해 실시한 혁명

⑤ **근대화의 좌절** : 영국과 러시아의 반식민지화 → 영국의 식민지로 전락(페르시아 - 영국 조약, 1918)

⑥ **팔레비 왕조의 성립**➕

㉠ 레자 샤를 중심으로 반영 운동 전개 → 카자르 왕조를 무너뜨리고 팔레비 왕조 성립(1925~1979)

㉡ 근대화 노력 : 중앙 집권제 실시, 철도 부설, 여성의 차도르 착용 금지 등 개혁 정책 추진, 치외 법권 철폐 등 불평등 조약 폐기 및 국제 연맹 가입, 국호를 이란으로 바꿈(1935).

아리아인의 땅이라는 뜻, 아리아는 고귀하다는 뜻

➕ **이란 왕조**
사파비 왕조 → 카자르 왕조 → 팔레비 왕조(이후 이란 왕조) → 이란 이슬람 공화국(1979)

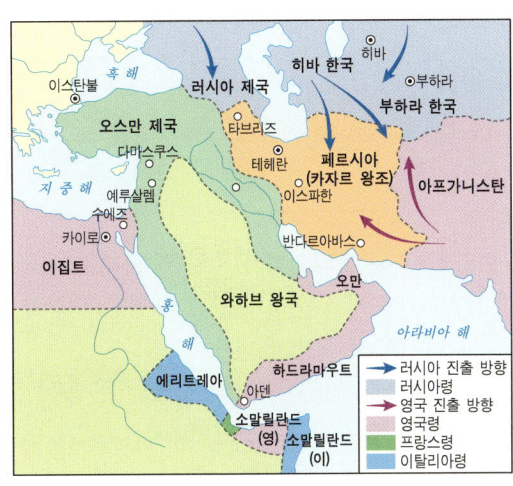

▲ 19세기 후반의 서아시아

2 아프리카의 민족 운동

(1) 이집트의 민족 운동

① **무함마드 알리** : 19세기 초 오스만 제국의 이집트 총독*으로 이집트의 근대화 추진 → 조세 제도와 토지 제도 개혁, 각종 산업 육성, 유럽식 군대 창설, 서구식 교육 제도 도입 → 그리스 독립 전쟁 때 오스만 제국을 지원하여 이집트의 자치권 획득

② **수에즈 운하 건설(1859~1869)** : 영국과 프랑스의 자금 지원 → 철도·전신·수에즈 운하 건설 → 막대한 건설 비용으로 재정 악화 → 영국의 수에즈 운하 경영권 획득 및 내정 간섭 강화

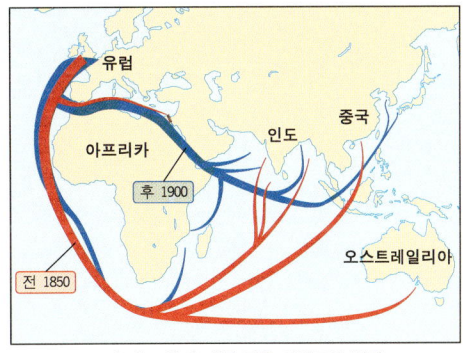

▲ 수에즈 운하 개통 전후 무역로의 변화

*총독
식민지의 정치·경제·군사 등 모든 통치권을 가진 최고 행정 관리

▲ 무함마드 알리

Chapter 04 서아시아와 아프리카의 민족 운동 **219**

✚ cf) 아프가니(1838~1897)
이슬람 세계의 단결 추구, 이집트의 독립운동과 이란의 담배 불매 운동에도 관여, 입헌 정치 요구

*와프드당
반영 투쟁 단체인 '와프드 알 미슬리'가 발전한 이집트 최초의 근대적 정당으로, 이집트의 완전 독립을 위해 노력하였다.

③ **반영(反英) 민족 운동 전개** : 아라비 파샤✚를 중심으로 '이집트 인을 위한 이집트 건설'을 내세운 반영 민족 운동 전개(1881) → 영국군의 진압 → 영국의 보호국으로 전락(1914) └ +반튀르크 운동

④ **이집트의 독립** : 제1차 세계 대전 이후 와프드당*을 중심으로 적극적인 반영 운동 전개 → 1922년 영국으로부터 독립 but 수에즈 운하 관리권과 군대 주둔권은 영국이 유지 → 제2차 세계 대전과 아랍-이스라엘 전쟁 이후 나기브·나세르의 쿠데타 → 왕정 폐지 및 공화국 수립, 초대 대통령에 나기브 취임(1953) → 나세르의 대통령 취임 및 수에즈 운하의 국유화(1956)

(2) 아프리카의 민족 운동

① **유럽 열강의 침략** : 19세기 말 금, 다이아몬드 등 자원을 노린 유럽 열강의 경쟁적 침략 → 아프리카의 식민지화

② **각 국가의 민족 운동**
  ㉠ 에티오피아 : 메넬리크 2세의 에티오피아 통일 및 근대적 개혁으로 철도와 학교 설립, 강력한 군대 양성 → 수에즈 운하 개통으로 열강의 침략 → 이탈리아의 침입 격퇴(아도와 전투 승리, 1896), 독립 유지
  ㉡ 수단 : 19세기 말 무하마드 아마드의 주도로 마흐디(구세주) 운동 전개 → 외세 배격, 수단의 독립과 이슬람 국가 건설 목표 → 영국·이집트 연합군에 진압됨.
  ㉢ 탄자니아 : 독일의 면화 재배 강요에 저항
  ㉣ 줄루 왕국 : 영국군의 침략을 막아내고 영국군 격퇴 → 무장한 영국군이 다시 쳐들어와 남아프리카 점령
  ㉤ 나미비아 : 헤레로 족의 봉기 → 독일의 수탈과 학대에 대항 → 독일군에 진압
  ㉥ 알제리 : 프랑스에 맞서 30년간 저항

③ **범 아프리카 운동** : 범 아프리카 회의(PAC)* → 제국주의로부터 독립 목표

④ **한계와 의의** : 유럽의 우수한 무기와 통신 수단으로 어려움을 겪음. but 지속적인 저항, 아프리카의 민족의식 성장

*범 아프리카 회의(PAC)
제국주의로부터의 정치·경제적 독립을 위해 아프리카인이 힘을 합쳐 싸울 것을 결의한 회의

3 서아시아와 아프리카 여러 나라의 독립

(1) 아랍 세계의 변화 : 레바논, 시리아, 요르단 등의 독립

▲ 현재의 서아시아

(2) 팔레스타인 : 영국의 밸푸어 선언*과 제2차 세계 대전 이후 국제 연합의 결의로 이스라엘 공화국 수립(유대인, 1948) → 아랍 세력의 반발 → 4차례 중동 전쟁에서 미국의 지원을 받은 이스라엘 승리 → 팔레스타인 인들을 중심으로 팔레스타인 해방 기구(PLO) 창설 → 팔레스타인 자치 정부 수립 → 민족·종교적 분쟁 지속

*밸푸어 선언(1917. 11. 2.)
영국의 외무장관 밸푸어가 제1차 세계 대전 당시 유대인들로부터 연합국에 대한 지원을 얻어 내기 위하여 팔레스타인에 유대인을 위한 민족 국가를 수립하는 데 동의한다고 발표한 선언이다. 이 선언은 아랍인에게 독립 국가 건설을 약속했던 '맥마흔 선언(1915)'과 상반되는 입장이었다. 밸푸어의 선언에 대해 미국·프랑스·이탈리아 등이 지지를 표명했고, 1920년 산레모 회의에서 영국의 공식 정책으로 채택되었다.

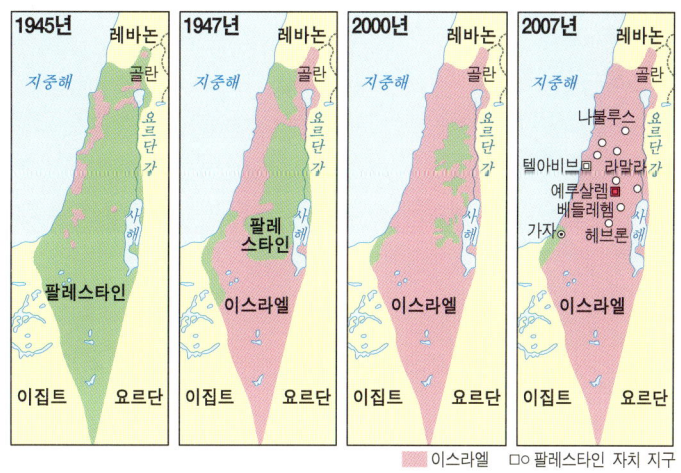
▲ 이스라엘과 팔레스타인의 분쟁

(3) 아프리카의 독립

① **리비아** : 이탈리아로부터 독립(1951)
② **아프리카의 해(1960)** : 17개국 독립
③ **남아프리카 공화국** : 인종 차별 정책(아파르트헤이트)에 대한 저항 운동 → 인종 차별 정책 철폐, 흑인 정부(넬슨 만델라 대통령) 탄생(1994)
④ **한계** : 서구 열강이 기존 영역을 무시한 채 임의로 국경선을 정하였기 때문에 독립 과정에서 영토 분쟁 발생 → 부족 간 대립, 빈곤, 기아 등으로 불안정

PART 7 서아시아 · 아프리카사

심화 지도로 고급 완성하기

◉ 이슬람 세계의 확대

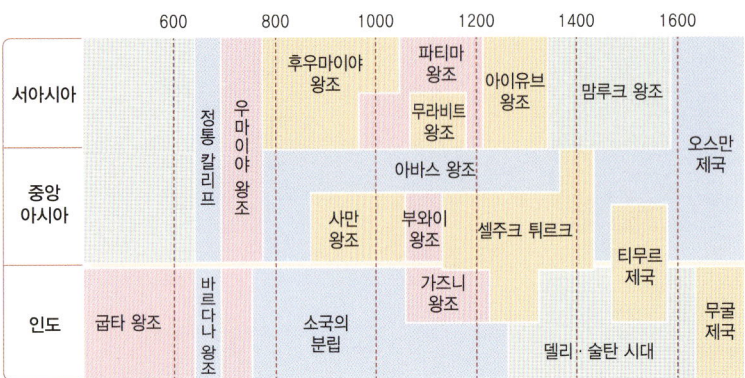

◉ 콘스탄티노폴리스의 구조

◐ 각 종교의 전파와 분포

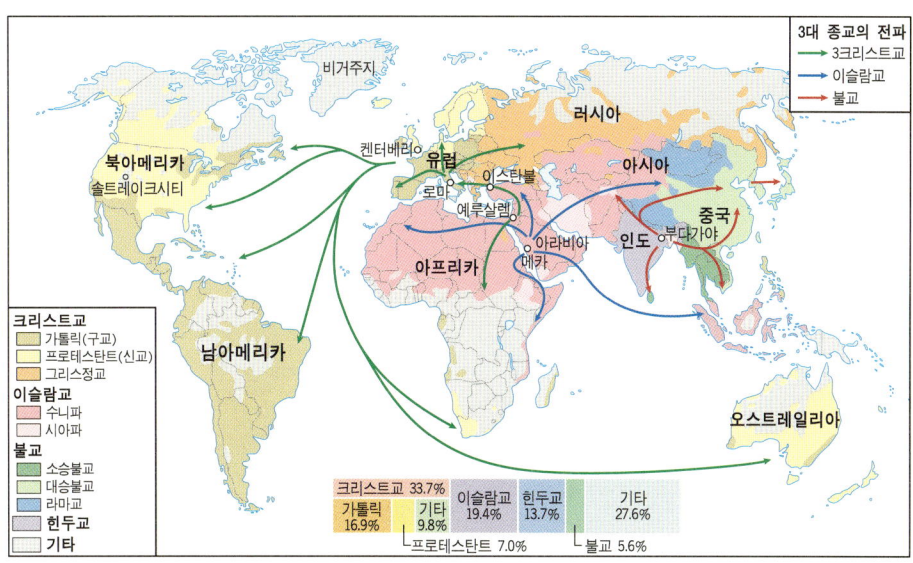

◐ 세계 언어 지도

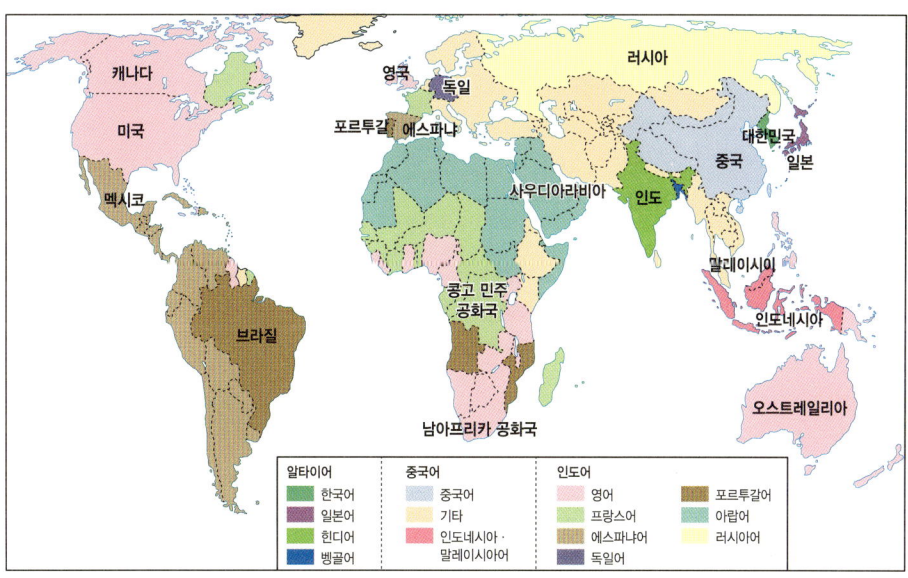

세계 분쟁 지역

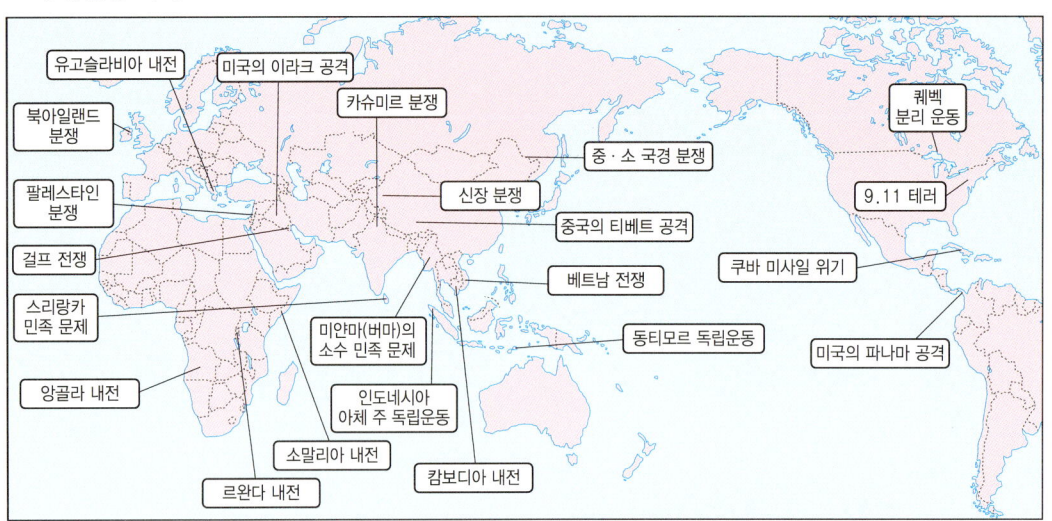

중국의 영토 분쟁

일본의 영토 분쟁

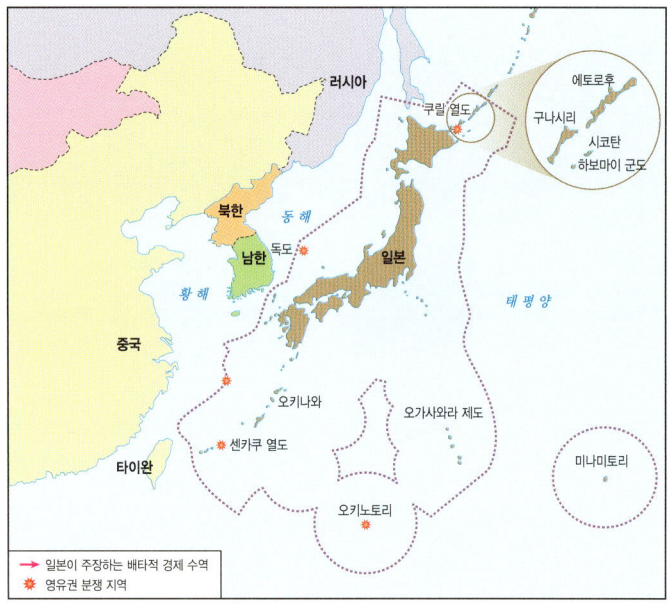

PART 7 서아시아·아프리카사

예상 문제 풀어보기

01 밑줄 친 '길'을 건설한 제국에 대한 설명으로 옳지 않은 것은?
[2014학년도 5월 예비평가]

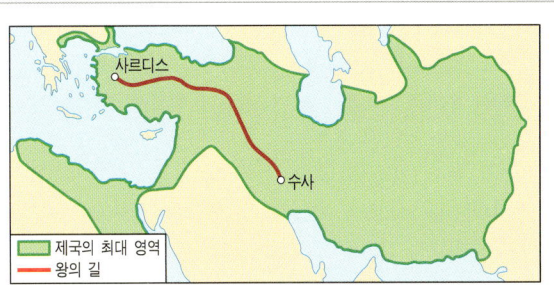

사르디스에서 수사까지 약 2,400km에 이르는 길이 잘 닦여 있다. 그 길은 마을을 따라 안전한 곳으로 나 있고, 111개의 왕실 역참이 설치되어 있다.
— 헤로도토스, 『역사』 —

① 그리스와 전쟁을 하였다.
② 함무라비 법전을 만들었다.
③ 조로아스터교가 유행하였다.
④ 알렉산드로스에 의해 멸망하였다.
⑤ 왕의 눈이라는 감찰관을 파견하였다.

출제의도 아케메네스 왕조 페르시아의 특징 파악하기

해설 아케메네스 왕조 페르시아는 기원전 6세기경에 인더스 강에서 소아시아 지방에 이르는 대제국을 건설함으로써 오리엔트 지역을 재통일하였다. 특히 다리우스 1세 때 최대 영토를 확보하며 전성기를 맞았는데, 다리우스 1세는 제국을 여러 개의 속주로 나누고 총독을 파견하였다. 그리고 '왕의 눈'이라고 불리는 감찰관을 수시로 파견하여 총독의 정치를 감시하였고, 수도 수사에서 사르디스까지 연결되는 '왕의 길'을 만들어 광대한 제국을 효율적으로 통치하였다. 한편, 아케메네스 왕조 페르시아에서는 구세주의 출현과 죽은 자의 부활, 최후의 심판 등의 교리를 가진 조로아스터교가 발전하였는데, 다리우스 1세의 후원으로 조로아스터교는 곧 페르시아 전체로 확산되었다. 그러나 아케메네스 왕조 페르시아는 지중해의 해상권을 둘러싸고 그리스와 벌인 페르시아 전쟁에서 패하면서 점차 쇠퇴하였고, 결국 기원전 330년에 알렉산드로스 대왕에게 멸망하였다.
② 함무라비 법전은 바빌로니아의 함무라비 왕이 중앙 집권 체제를 정비하기 위해 편찬한 성문법이다. 함무라비 법전은 보복주의의 성격을 가지고 있었으며, 신분에 따라 형벌이 다르게 적용되었다.

답 ②

02 밑줄 친 '우리 종교'에 대한 설명으로 옳은 것은?
[2013년 3월 교육청]

신자 : 신앙이란 무엇입니까?
예언자 : 신과 천사와 사도를 믿고 최후의 심판과 부활을 믿는 것입니다.
신자 : 우리 종교의 특징은 무엇입니까?
예언자 : 신 이외에 다른 어떤 것도 숭배하지 않으며, 희사와 라마단 달의 단식을 규정대로 행하는 것입니다.

① 『쿠란』을 경전으로 삼았다.
② 간다라 미술에 영향을 주었다.
③ 사산 왕조 페르시아의 국교가 되었다.
④ 삼위일체설을 정통 교리로 인정하였다.
⑤ 카스트에 따른 의무 수행을 중시하였다.

출제의도 이슬람교의 특징

해설 이슬람 사회는 『쿠란』에 규정된 율법이 일상생활을 지배하는 종교 중심의 사회이다. 『쿠란』은 알라가 무함마드에게 내린 계시를 기록한 이슬람교의 경전으로, 이슬람교도의 의무인 6신과 5행이 명시되어 있다. 이에 따라 이슬람교도들은 유일신 알라와 알라를 모시는 천사의 존재, 알라에 의한 최후의 심판과 부활 등을 믿으며, 희사(소득의 일부 기부)와 라마단 달의 단식을 실천해야 한다.

오답풀이 ② 간다라 미술은 쿠샨 왕조 때 헬레니즘 문화의 영향으로 성립된 인도의 불교 미술 양식이다.
③ 사산 왕조 페르시아의 국교는 조로아스터교이다. 조로아스터교는 불을 숭배하여 배화교라고도 부르며, 구세주의 출현과 죽은 자의 부활, 최후의 심판 등을 믿는다.
④ 삼위일체설을 정통 교리로 인정한 종교는 크리스트교의 아타나시우스파이다.
⑤ 카스트에 따른 의무 수행을 중시한 종교는 힌두교이다. 힌두교도들은 자신의 카스트에 따른 의무를 성실하게 수행함으로써 더 나은 카스트로 태어날 수 있다고 믿었다.

답 ①

예상 문제 풀어보기 **225**

03 (가)에 대한 설명으로 옳지 않은 것은?

[2014학년도 9월 평가원 응용]

> 일찍이 소그드 상인이 유라시아 동쪽으로부터 서쪽의 비잔티움 제국에 이르는 사막길을 누볐다면, 우마이야, 아바스 왕조 이래 (가) 은/는 사막길과 바닷길에서 활약하였다. 바닷길을 장악했던 그들의 발길은 중국 남부로부터 아프리카와 이베리아 반도에 이르는 광범위한 지역에 미쳤으며, 유럽인들이 본격적으로 등장하기 전까지 인도양의 해상 교역을 주도하였다. 그들을 페르시아 말로 '신드바드'라고 불렀는데 우리가 잘 아는 바로 그 신드바드이다.

① 유럽에 나침반과 화약을 전파하였다.
② 동남아시아에 이슬람교를 전파하였다.
③ 사하라 횡단 무역의 발전에 기여하였다.
④ 비단길을 개척하여 중국의 비단을 수입하였다.
⑤ 탈라스 전투 이후 중앙아시아 지역에 영향력을 확대하였다.

출제의도 이슬람 상인의 활동

해설 ① 이슬람 상인들은 제지법, 나침반, 화약과 같은 중국 문물을 유럽에 소개하여 유럽의 과학 기술 발달에 큰 자극을 주었다.
② 동남아시아에는 8세기부터 이슬람 상인들이 왕래하면서 이슬람 문화가 전해지기 시작했다.
③ 이슬람 상인들의 활약으로 사하라 횡단 무역이 크게 발전하였다. 북아프리카의 이슬람 상인들은 소금을 사하라 사막 이남에 가져다 팔고, 그곳에서 금, 구리, 상아, 향신료 및 노예를 구매하여 다시 북아프리카에 팔아 많은 이익을 얻었다.
⑤ 751년의 탈라스 전투를 계기로 동서를 연결하는 주요 교역로가 이슬람 상인들에게 장악되면서 중앙아시아 지역에 영향력이 확대되었다.
④ 비단길은 중국 한나라 무제 때 장건에 의해 개척되었다.

답 ④

04 자료의 이슬람 왕조에 대한 옳은 설명을 〈보기〉에서 고른 것은?

[2014년 10월 교육청 응용]

> **세계사 신문**
> ○○○ 왕조 특집호
>
> **탈라스 전투 승리**
> 탈라스 강변에서 벌어진 전투에서 우리가 승리하였다. 당의 군대와 벌인 이 전투의 승리로 동서 교역로의 하나인 사막길을 차지하게 되었다. 이에 따라 상인들의 활발한 활동은 물론 왕조의 경제 발전에 큰 도움이 될 것으로 기대된다.
>
> **수도의 번영**
> 시아파의 도움을 받아 건국된 우리 왕조는 정치적 안정을 기반으로 번영하고 있다. 특히 우리 왕조의 수도는 5대 칼리프인 하룬 알 라시드 시대에 이르러 인구 150만이 넘는 대도시로 발전하였다. 이에 따라 각국 사람들이 수도로 몰려들고 있다.

보기

ㄱ. 중국으로부터 종이 만드는 기술을 수용하였다.
ㄴ. 투르·푸아티에 전투에서 패배하였다.
ㄷ. 13세기 중엽 몽골에 의해 멸망하였다.
ㄹ. 아랍인 우월주의 정책으로 통치하였다.

① ㄱ, ㄴ ② ㄱ, ㄷ ③ ㄴ, ㄷ
④ ㄴ, ㄹ ⑤ ㄷ, ㄹ

출제의도 아바스 왕조의 특징 이해하기

해설 ㄱ. 아바스 왕조는 현재 이라크의 수도인 바그다드를 도읍으로 삼았다. 당시 바그다드는 세계적인 도시로 번영하여 8세기에는 인구 150만이 넘는 대도시로 발전하였다. 아바스는 아랍인 중심의 민족 차별 정책을 폐지하였고 탈라스 전투를 통해 중국의 종이 만드는 기술을 수용하였다.
ㄷ. 10세기 중반에 이란 계통의 부와이 왕조가 아바스 왕조의 바그다드를 점령하고 군사, 행정의 실권을 장악하면서 아바스 왕조의 칼리프는 종교적 권위에 불과한 존재가 되었다. 결국 쇠퇴한 아바스 왕조는 1258년에 훌라구가 이끄는 몽골군에 의해 멸망하였다.

오답풀이 ㄴ. 투르·푸아티에 전투는 우마이야 왕조와 프랑크 왕국 간에 벌어진 전투로, 카롤루스 마르텔이 이끄는 프랑크 왕국이 승리하면서 이슬람 세력이 서유럽으로 확대되는 것을 막았다.
ㄹ. 우마이야 왕조가 아랍인 우월주의를 기반으로 통치하였다.

답 ②

05 (가), (나) 사이의 시기에 있었던 사실로 옳은 것은?
[2016학년도 9월 평가원 응용]

(가) 우마이야 왕조 이후에 등장하였으며 당나라와 탈라스 전투에서 승리하여 중국의 제지술을 수용하여 유럽에 전파하였다.
(나) 동쪽에서 온 몽골 기마병이 바그다드가 점령되어 칼리프가 처형되고 아바스 가문의 통치는 끝났다.

① 이슬람군이 투르·푸아티에에서 패배하였다.
② 셀주크 튀르크가 비잔티움 제국을 침략하였다.
③ 무함마드가 아라비아 반도의 대부분을 통일하였다.
④ 오스만 제국이 아시아, 아프리카, 유럽에 걸친 제국을 형성하였다.
⑤ 칼리프 후계에 대한 대립으로 시아파와 수니파가 생겨났다.

출제의도 아바스 왕조 이해하기
해설 8세기 중엽 피정복 이슬람교도에 대한 차별에 반대하는 시아 이슬람교도들이 우마이야 왕조를 멸망시키고 아바스 왕조를 세웠다(750). 아바스 왕조는 수도를 바그다드로 옮겨 민족 차별을 없애고 아랍인과 비아랍인의 융합을 꾀하였다. 이후 아바스 왕조는 훌라구가 이끄는 몽골군에게 멸망하였다(1258).
② 11세기 전반 셀주크 튀르크는 바그다드를 정복하였으며, 비잔티움 제국의 군대를 격퇴하고 아나톨리아 지역으로 세력을 확대하였다. 이에 비잔티움 제국의 요청을 받은 서유럽 세계가 예루살렘 탈환을 명분으로 이슬람 세계를 공격하면서 십자군 전쟁(1096~1270)이 일어났다.
오답풀이 ① 우마이야 왕조에 대한 내용이다. 우마이야 왕조는 8세기 초 동쪽으로는 인더스 강 유역까지 이르러 중국의 당과 접하고, 서쪽으로는 크리스트교 국가들과 대립하며 이베리아 반도까지 영토를 확장하였으나, 투르·푸아티에 전투에서 프랑크 왕국에 패배하였다.
③ (가) 이전인 이슬람 국가 형성 초기의 내용이다. 메디나에서 교세를 확장한 무함마드는 메카를 장악하고 아라비아 반도의 대부분을 통일하였다(630).
④ 오스만 제국의 등장은 (나) 이후의 일이다.
⑤ 무함마드 사후 이슬람 공동체는 그의 후계자로 칼리프를 선출하였다. 이 시대를 정통 칼리프 시대라고 한다. 그러나 영토가 확대되면서 칼리프 선출을 둘러싼 내분이 발생하였고, 결국 시리아 총독 무아위야가 칼리프가 되었는데, 그가 세운 우마이야 왕조의 정통성을 두고 수니파와 시아파로 나뉘어 대립하였다.

답 ②

06 (가)에 대한 설명으로 옳은 것은? [2015학년도 9월 평가원 응용]

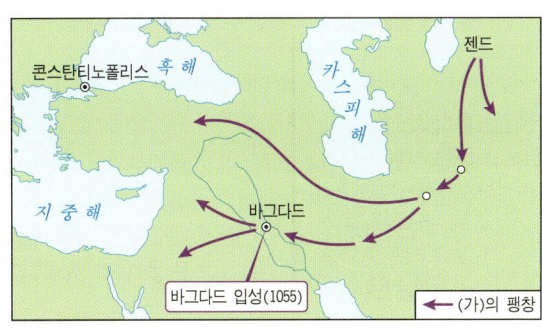

① 칼리프 선출제를 시행하였다.
② 오스트리아를 공격하였다.
③ 비잔티움 제국을 정복하였다.
④ 당과의 탈라스 전투에서 승리하였다.
⑤ 아바스 왕조로부터 술탄의 칭호를 얻었다.

출제의도 셀주크 튀르크 이해하기
해설 중앙아시아 일대에 살면서 유목 생활을 하던 튀르크인들은 10세기경에 이슬람교로 개종하였으며, 11세기 전반에는 셀주크가 지휘하는 튀르크가 부와이 왕조를 타도하고 바그다드의 칼리프를 보호하여, 아바스 왕조로부터 술탄이란 칭호와 정치적 실권을 위임받았다. 술탄은 칼리프의 동의를 얻어 그를 수호하는 세속 군주로 이슬람 세계의 정치적 지배자를 의미한다.
오답풀이 ① 무함마드 사후에 칼리프를 선출하였는데, 칼리프는 무함마드를 잇는 '계승자'라는 의미로 이슬람 세계의 종교 지도자이자 정치적 지배자 역할을 하였다. 이렇게 선출된 칼리프가 통치하던 시기를 정통 칼리프 시대라고 하며, 이때 이슬람 세력은 사산 왕조 페르시아를 정복하였다.
② 오스트리아의 수도 빈을 포위·공격한 나라는 오스만 제국이다.
③ 비잔티움 제국(동로마 제국)을 멸망시킨 나라는 오스만 제국이다.
④ 아바스 왕조가 751년에 당과의 탈라스 전투에서 승리하였다.

답 ⑤

07 밑줄 친 '나라'에 대한 탐구 활동으로 가장 적절한 것은?

[2012학년도 6월 평가원]

> 중앙아시아 지역이 정치적으로 혼란해지자 그는 사마르칸트를 수도로 삼고 중앙아시아에서 서아시아에 이르는 큰 나라를 건설하였다. 나라를 효율적으로 통치하기 위해 여러 아들과 손자를 지방의 총독으로 임명하였고 대리인을 보내 총독을 감시하게 하였다. 칭기즈 칸을 본보기로 삼아 대제국을 건설하기 위해 20만 대군을 이끌고 명(明)을 정복하러 가던 도중 사망하였다.

① 페르시아 제국의 도로망을 살펴본다.
② 티무르 제국의 동서 무역을 조사한다.
③ 무굴 제국의 문화적 특징을 찾아본다.
④ 아바스 왕조의 종교 정책을 알아본다.
⑤ 오스만 제국의 술탄·칼리프제를 파악한다.

출제의도 티무르 제국 분석하기

해설 티무르는 칭기즈 칸의 후손으로, 1370년에 몽골 제국의 부흥을 선언하며 티무르 왕조를 세웠다. 그리고 각지를 원정하여 중앙아시아에서 서아시아에 걸쳐 몽골 제국 영토의 서쪽 반에 해당하는 지역을 영토로 하는 이슬람 왕국을 건설하였다.
한편, 티무르 왕조는 동서 무역으로 번영하였던 수도 사마르칸트를 중심으로 이슬람 문화, 페르시아 및 튀르크 문화가 융합된 복합 문화를 이루었는데, 문학 작품은 페르시아어·튀르크어로 쓰였고, 미술사에서는 세밀화가 발달하였다.

오답풀이 ① 페르시아 제국(아케메네스 왕조)은 기원전 6세기에 지금의 이란 지역에서 성립된 나라로, 당시 4왕국으로 분열되었던 오리엔트 지역을 통일하였다.
③ 무굴 제국은 16세기에 인도 지역에 성립된 이슬람 국가이다.
④ 일한국이 아바스 왕조를 무너뜨렸다. 티무르 제국은 일한국을 멸망시켰다.
⑤ 오스만 제국은 1299년에 튀르크계 오스만 족이 세운 국가로, 1453년에 비잔티움 제국을 멸망시켰다. 오스만 제국의 술탄은 16세기 초에 카이로에 망명해 있던 아바스 왕조의 후손으로부터 칼리프의 지위를 계승받아 술탄·칼리프제를 확립하였다.

답 ②

08 다음 제국에 대한 설명으로 옳은 것은?

[2011년 3월 교육청 응용]

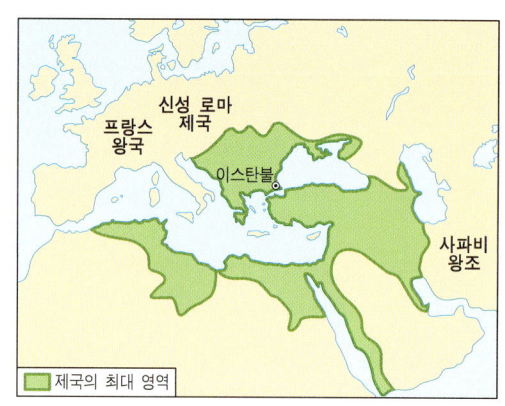

이 제국은 술레이만 1세 때에 헝가리를 정복하고 로마 교황의 연합 함대를 무찔렀다. 이후 지중해의 해상권을 장악하여 동서 무역의 이익을 독점할 수 있었다.

① 몽골 제국의 부흥을 내걸고 명을 정벌하려 하였다.
② 비잔티움 제국을 위협하여 십자군 전쟁을 유발하였다.
③ 프랑크 왕국과의 투르·푸아티에 전투에서 패배하였다.
④ 탈라스 전투에서 당군을 격파하고 사막길을 장악하였다.
⑤ 술탄이 칼리프를 겸하는 술탄·칼리프 제도를 확립하였다.

출제의도 오스만 제국의 통치 방식 알아보기

해설 오스만 제국은 14세기 말에 헝가리를 중심으로 하는 크리스트교 세력의 연합군을 격파하였으며, 1453년에는 비잔티움 제국을 멸망시키고 콘스탄티노폴리스를 점령하였다. 이어 이란의 사파비 왕조와 싸워 북부 메소포타미아 지역을 획득하였으며, 이집트의 마물루크 왕조를 멸하고 이라크, 시리아, 이집트 등을 영토로 삼았다. 결국 오스만 제국의 술탄이 카이로에 망명해 있던 아바스 왕조의 후손으로부터 칼리프의 칭호를 계승받아 술탄·칼리프 제도를 확립하였다. 이로써 오스만 제국은 수니파 이슬람교도의 지배자가 되었다. 또한 16세기 전반에는 헝가리를 정복하고 에스파냐와 로마 교황의 연합 함대를 무찔러 지중해 해상권을 장악하였다.
오스만 제국은 술탄의 직할지를 제외한 영토를 관료와 장군에게 분배하는 군사적 봉건제(티마르제)를 실시하였으며, 발칸 반도의 크리스트교도 소년들을 강제 징집하여 상비군인 예니체리와 관료로 충당하였다. 또한, 이슬람 학문을 익힌 재판관으로 하여금 지방 행정을 담당하게 하였다.

오답풀이 ① 티무르 제국에 해당한다. 제국의 지도자 티무르는 몽골 제국의 부흥을 내걸고 활발하게 영토를 확장하였으며, 명을 정벌하려 하였다.
② 셀주크 튀르크에 해당한다. 오스만 제국은 비잔티움 제국을 멸망시켰다.
③ 우마이야 왕조에 대한 설명이다.
④ 아바스 왕조가 751년에 탈라스 전투에서 당군을 격파하였다. 이 전투를 계기로 중국의 제지술이 이슬람 세계에 전파되었다.

답 ⑤

09 밑줄 친 '우리나라'에 대한 탐구 활동으로 적절한 것은?
[2015년도 3월 교육청 응용]

○○○ 제국 신문
승전 기념 특집호 　　　　　　　　1453년 △△월 △△일

▲ 콘스탄티노폴리스에 입성하는 메메트 2세

메메트 2세의 위대한 승리!

<u>우리나라</u>가 이겼다. 우리 이슬람의 전사들은 신에 대한 절대적인 믿음을 가지고 용감한 발걸음으로 난공불락의 요새 콘스탄티노폴리스를 함락하였다. 이교도들은 나약하고 비참한 상태로 전락하였으며, 이 도시의 1/4은 술탄 군대를 위한 보급 시설로 사용되었다.

① 탈라스 전투의 결과를 분석한다.
② 십자군 전쟁의 원인을 찾아본다.
③ 술탄·칼리프제의 특징을 살펴본다.
④ 시아파와 수니파의 분열 과정을 파악한다.
⑤ 군관구제와 둔전병제의 실시 배경을 살펴본다.

출제의도 오스만 제국의 발전 과정
해설 아나톨리아 일부 지역에서 성장한 오스만 제국은 13세기 말 셀주크 튀르크의 지배를 극복하고 건국되었다. 이후 메메트 2세가 비잔티움 제국을 정복하고(1453), 콘스탄티노폴리스를 이스탄불로 개칭하여 수도로 삼았다. 그 후 오스만 제국은 이란, 이집트, 북아프리카 지역을 정복하여 세 대륙에 걸친 대제국으로 발전하였다.
③ 오스만 제국은 술탄과 칼리프를 통합하여 술탄·칼리프제를 실시하였다.
오답풀이 ① 탈라스 전투(751)는 당과 아바스 왕조의 싸움으로, 이 전쟁에서 승리한 아바스 왕조는 동서 교통로를 장악하게 되었다.
② 십자군 전쟁은 11세기 후반에 셀주크 튀르크가 소아시아를 점령하자 비잔티움 황제가 교황 우르바누스 2세에게 구원을 요청한 데서 비롯되었다.
④ 무함마드 사망 후 칼리프 선출을 둘러싼 내분이 일어나 시리아 총독 무아위야가 칼리프가 되었다. 그는 칼리프 자리를 우마이야 가문에서 물려받도록 하였는데, 이를 계기로 이슬람 세력은 우마이야 왕조의 정통성을 두고 수니파와 시아파로 나뉘어 대립하였다.
⑤ 유스티니아누스 대제 사후 비잔티움 제국은 외침에 대비하기 위해 군관구제와 둔전병제를 실시하였다. 농민에게 군역을 부과하는 반대급부로 토지를 지급하였고, 제국을 군관구로 나누어 장군에게 군정과 민정의 권한을 주어 통치하였다.

답 ③

10 (가)에 들어갈 내용으로 적절한 것은? [2014학년도 5월 예비평가]

① 맥마흔 선언으로 승인되었습니다.
② 포츠담 선언에서 결정되었습니다.
③ 베르사유 조약으로 인정되었습니다.
④ 윌슨의 14개조 원칙에서 천명되었습니다.
⑤ 샌프란시스코 강화 회의에서 승인되었습니다.

출제의도 팔레스타인 문제 이해하기
해설 오늘날 국제 사회에서 문제가 되고 있는 이스라엘과 팔레스타인 간의 분쟁은 제1차 세계 대전 과정에서 시작되었다. 당시 중동 국가들을 지배하고 있던 영국은 제1차 세계 대전에서의 승리를 위해 1915년 "팔레스타인에 독립을 보장해 주겠다."는 내용의 이른바 맥마흔 선언을 통해 중동 국가들을 전쟁에 끌어들였다. 팔레스타인은 수백 년 동안 오스만 제국의 지배를 받아온 지역이었기 때문에 아랍인은 이에 환호하며 오스만 제국에 반기를 들었다.
그러나 영국은 2년 뒤인 1917년에 맥마흔 선언과 배치되는 이른바 밸푸어 선언을 발표하며 이중적인 정책을 취하였다. 밸푸어 선언은 "팔레스타인에 유대인을 위한 민족 국가 수립을 지지한다."는 내용으로, 이는 영국이 전쟁이 장기화됨에 따라 미국에 있던 유대인 금융 자본의 지지가 필요했기 때문에 발표한 것이었다. 밸푸어 선언은 훗날 이스라엘 국가 건설의 초석이 되었지만, 아랍인에게는 철저한 배신이었다. 이렇게 시작된 중동의 갈등은 현재까지도 큰 문제가 되고 있다.
오답풀이 ② 포츠담 선언은 1945년에 미국, 영국, 중국의 대표가 독일의 포츠담에 모여 일본의 항복 조건과 일본 점령지의 처리에 관하여 발표한 선언이다.
③ 베르사유 조약은 1919년에 베르사유 궁전에서 제1차 세계 대전의 전후 처리를 위하여 독일이 31개 연합국과 맺은 평화 조약이다.
④ 윌슨의 14개조 원칙은 1919년에 제1차 세계 대전의 종결을 위하여 승전국들이 개최한 파리 강화 회의에서 발표되었다.
⑤ 샌프란시스코 강화 회의는 1951년에 제2차 세계 대전의 패전국인 일본과의 강화 조약을 체결하기 위해 개최된 국제회의이다.

답 ①

Supplement
부록

- 주요 왕조 계보
- 세계사능력검정시험 문제지(제1~6회)
- 세계사능력검정시험 정답 및 해설(제1~6회)

주요 왕조 계보

동아시아

중국

금(金) 완안씨(完顏氏) 10대(1115~1234) 〈수도 - 회령(상경)〉

원(元) 15대(1206~1332) 〈수도 - 카라코룸 → 베이징(대도)〉

명(明) 주씨(朱氏) 17대(1368~1644) 〈수도 - 난징 → 베이징〉

청(淸) 애친각라씨(愛親覺羅氏) 12대(1616~1912) 〈수도 - 베이징〉

일본

국왕가

① 진무 국왕(神武天皇) ─ ㉒ 메이지 국왕(明治天皇) ─ ㉓ 다이쇼 국왕(大正天皇)
　(B.C. 660)　　　　　　(1868~1912)　　　　　　(1912~1926)
─ ㉔ 쇼와 국왕(昭和天皇) ─ ㉕ 헤이세이 국왕(平成天皇)
　(1926~1989)　　　　　　(1989~2019)
─ ㉖ 레이와 국왕(令和天皇)
　(2019~)

쇼군(將軍)

가마쿠라 막부(鎌倉幕府) : ① 미나모토노 요리토모 ─ ⑨ 모리쿠니 친왕
(1192~1333)　　　　　　　　 (源賴朝)　　　　　　　　(守邦親王)

무로마치 막부(室町幕府) : ① 아시카가 다카우지 ─ ⑯ 아시카가 요시아키
(1338~1573)　　　　　　　　 (足利尊氏)　　　　　　　 (足利義昭)

에도 막부(江戸幕府) : ① 도쿠가와 이에야스 ─ ⑮ 도쿠가와 요시노부
(1603~1867)　　　　　　　　(德川家康)　　　　　　　　(德川慶喜)

베트남

남비엣(B.C. 203~B.C. 111) ─ 중국 왕조의 지배(B.C. 111~938) ─ 독립 왕조 시대(응오 왕조, 딘 왕조, 전 레 왕조)(938~1009) ─ 리 왕조(1009~1225)
─ 쩐 왕조(1225~1400) ─ 명의 지배(1407~1428) ─ 후 레 왕조(1428~1789) ─ 떠이 썬 왕조(1789~1802) ─ 응우옌 왕조(1802~1945)

주요 왕조 계보

유럽

영국

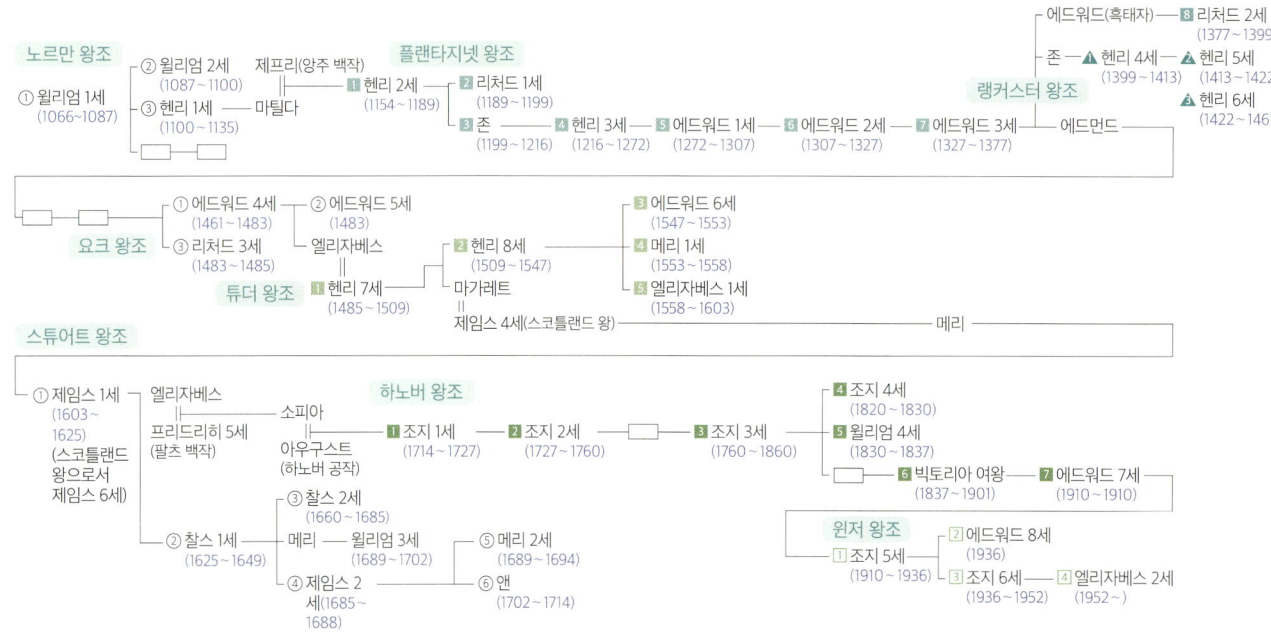

프랑스

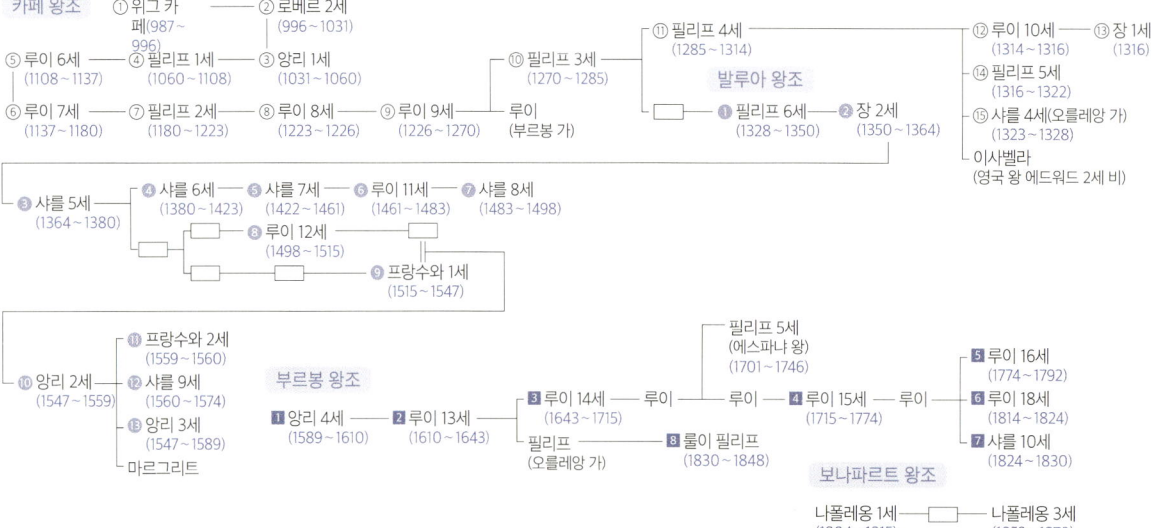

독 일

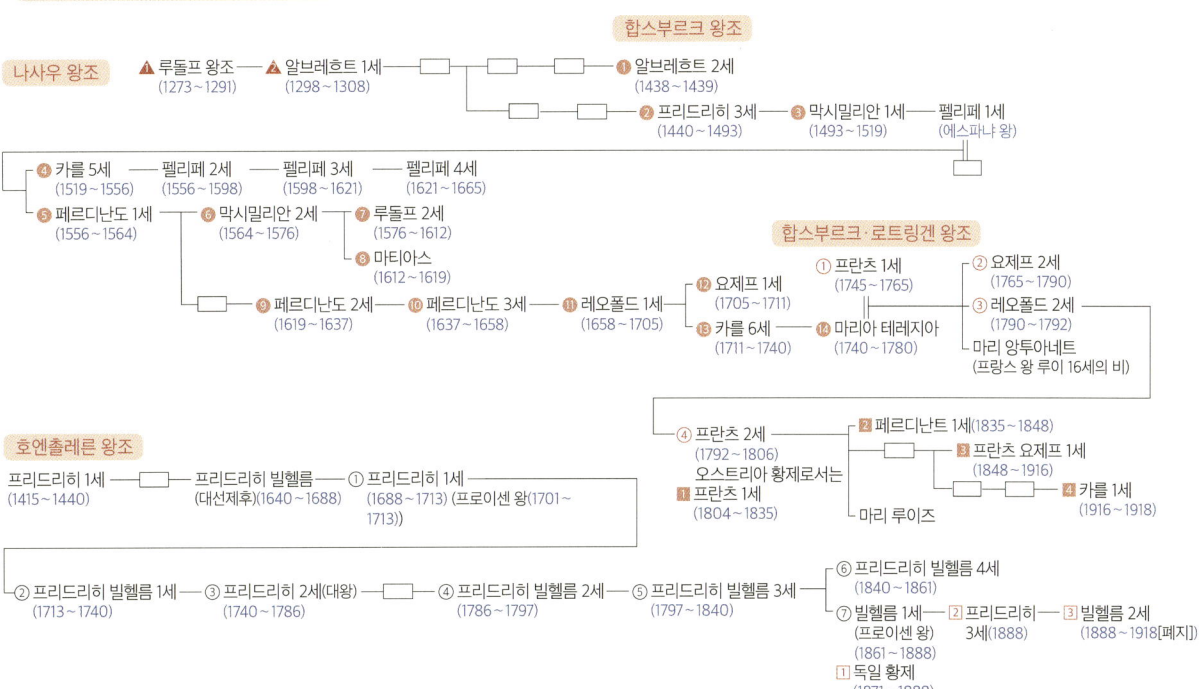

러시아

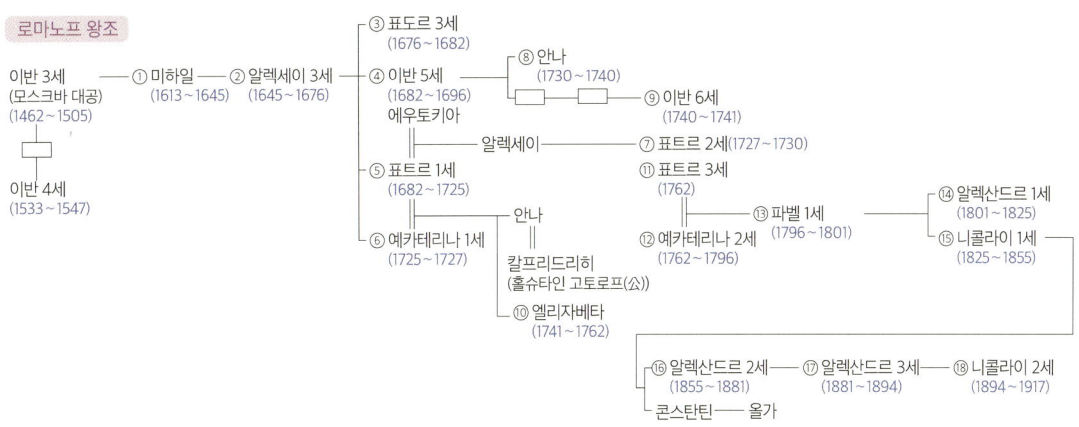

중앙일보 세계사능력검정시험 제1회 문제지

초·중급

1문제당 2점입니다.
11PAGE부터 고급문제가 있습니다.

경고 : 시험지를 무단으로 개인 사이트에 올리시면 안 됩니다. 그리고 다른 수험생들의 혼란을 방지하기 위해 개인적으로 해설지를 작성하시는 것도 금지합니다. 이를 어길 시에는 저작권법 위반으로 법적 조치가 취해집니다.

---

1. 밑줄 친 '우리'가 속한 국가에 대한 설명으로 옳지 <u>않은</u> 것은?

> <u>우리</u>의 정치 제도는 민주 정치라고 합니다. 왜냐하면 권력이 소수가 아니라 전체 시민의 수중에 있기 때문입니다. …… 어떤 사람이 국가에 봉사할 능력을 갖추고 있는 한, 그가 가난하다고 해서 정치적으로 무시당하지 않습니다. …… <u>우리</u>는 사생활의 영역에서는 자유롭고 너그러운 태도를 견지하고 있습니다. 그러나 공동의 문제에 있어서는 법을 준수합니다. 왜냐하면 준법이야말로 우리들의 깊은 존경심을 불러일으키기 때문입니다.
> – 투키디데스, "역사" –

① 도편 추방제를 마련하였다.
② 페르시아 전쟁에서 승리하였다.
③ 민회 중심의 직접 민주주의를 실시하였다.
④ 호민관을 선출하였고 12표법을 제정하였다.
⑤ 여성, 거류 외국인, 노예에게는 참정권을 부여하지 않았다.

---

2. 밑줄 친 '나'가 건설한 국가에서 있었던 사실로 옳지 <u>않은</u> 것은?

나의 위대한 그리스 병사들이여! 드디어 우리가 아케메네스 왕조 페르시아를 정복했도다.

① 그리스어가 공용어로 사용되었다.
② 페르시아인이 관리로 등용되었다.
③ 펠로폰네소스 동맹이 결성되었다.
④ 세계 시민주의와 개인주의 사상이 대두하였다.
⑤ 동서 융합 정책에 따라 헬레니즘 문화가 등장하였다.

---

3. 밑줄 친 '짐'이 실시한 정책으로 옳은 것을 〈보기〉에서 고른 것은?

> <u>짐</u>은 길조에 따라 밀라노에서 회동하고 공익과 안전에 관한 모든 현안을 토의하였다. …… 이를테면 기독교인과 모든 사람에게 각자가 바라는 숭배 형태를 따르는 권리를 무제한으로 부여하는 것이다. …… 그래서 유익하고도 가장 올바른 생각을 품고서 우리는 이 정책을 채용하기로 결심했다. 즉, 어떤 사람이든 기독교인의 예배 또는 자신에게 가장 적합해 보이는 종교에 헌신할 수 있는 자유를 부인해서는 안 된다고 생각하지 않을 수 없었다.
> – 락탄티우스, "박해자들의 죽음에 관하여" –

〈보 기〉

ㄱ. 크리스트교를 국교로 선포하였다.
ㄴ. 제국을 넷으로 나누어 통치하였다.
ㄷ. 수도를 콘스탄티노폴리스로 옮겼다.
ㄹ. 니케아 공의회에서 삼위일체설을 채택하였다.

① ㄱ, ㄴ   ② ㄱ, ㄷ   ③ ㄴ, ㄷ
④ ㄴ, ㄹ   ⑤ ㄷ, ㄹ

---

4. 다음 자료의 정복 활동을 이룬 인물에 대한 설명으로 옳은 것은?

> 남쪽으로는 이탈리아 랑고바르드(롬바르드) 왕국을 정복하였고, 동쪽으로는 바이에른과 오스트리아를 정복하고 엘베 강 서쪽 지역을 확보하였다. 서쪽으로는 에스파냐 땅에 진격하여 영토를 확보하는 등 8세기 말까지 중부 유럽 일대에 거대한 왕국을 이루어 서로마 제국 영토의 대부분을 획득하였다.

① 크리스트교로 개종하였다.
② 카롤루스 왕조를 개창하였다.
③ 투르·푸아티에 전투에서 승리하였다.
④ 교황으로부터 서로마 황제의 관을 받았다.
⑤ 랑고바르드 족을 격퇴한 후 영토를 교황에게 기증하였다.

5. (가) 민족에 대한 설명으로 옳은 것은?

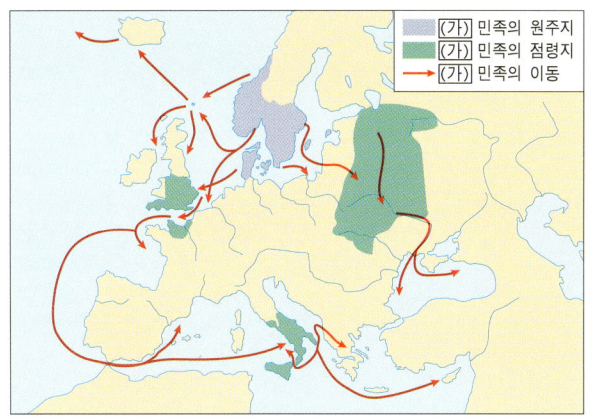

① 노르망디 공국을 세웠다.
② 서로마 제국을 멸망시켰다.
③ 악티움 해전에서 승리하였다.
④ 철기 문화를 오리엔트에 전파했다.
⑤ 훈 족의 공격으로 이동을 시작하였다.

6. (가)에 대한 설명으로 옳은 것을 〈보기〉에서 고른 것은?

중세 유럽에서 한 사람의 장인은 쉽게 탄생하지 않았다. 장인이 되려는 사람은 어릴 때부터 견습비를 내고 스승의 집에 기거하면서 기술을 습득하였다. 3년에서 12년이 걸리는 견습 기간이 끝나면 직인으로서 장인의 곁을 떠날 수 있었으며 임금도 받을 수 있었다. 그러나 직인이 장인으로 독립하려면 가게와 원료를 구할 수 있는 자본이 필요하였고, 무엇보다도 '작품'을 제출하여 시험에 통과해야만 했다. 이렇게 많은 시간과 비용을 투자하여 자격을 습득한 장인은 (가) 에 가입하여 영업을 독점할 수 있었다.

〈보 기〉
ㄱ. 산업 혁명 이후 숫자가 증가하였다.
ㄴ. 상인과 수공업자들의 동업 조합이었다.
ㄷ. 거주 이전의 자유가 없고 영주에게 예속된 신분이었다.
ㄹ. 독점권으로 인해 자유로운 시장 경제 형성에 장애가 되기도 하였다

① ㄱ, ㄴ ② ㄱ, ㄷ ③ ㄴ, ㄷ
④ ㄴ, ㄹ ⑤ ㄷ, ㄹ

7. 다음 사건의 결과에 해당하는 사실로 옳은 것은?

나는 국왕이 다가오는 것을 확실하게 알고 있었소. 게다가 그는 이탈리아에 들어가기에 앞서 내게 자신의 간절함을 알리는 사자를 보내 신과 베드로, 그리고 내게 속죄해야 할 모든 일들을 빌었고, 만일 내 곁에서 파문의 면제와 사도의 은총을 얻을 수 있다면 온갖 공손한 정성을 다하겠노라고 약속했소. …… 이어 그는 자진해서 자신의 종복과 함께 내가 머무는 카노사 성에 왔소이다. 그곳에서 그는 모든 왕의 차림을 벗어던지고 비참한 차림으로 그러니까 맨발에 양모로 만든 외투만 걸치고 3일 동안 성문 앞에서 있었소.
— 교황 그레고리우스 7세, "서한집"—

① 아비뇽 유수가 발생하였다.
② 로마 가톨릭과 그리스 정교가 분리되었다.
③ 콘스탄츠 공의회가 후스를 이단으로 규정하였다.
④ 트리엔트 공의회가 열려 종교 재판소가 설치되었다.
⑤ 보름스 협약을 통해 교황이 서임권을 차지하게 되었다.

8. (가) 제국에 대한 설명으로 옳지 않은 것은?

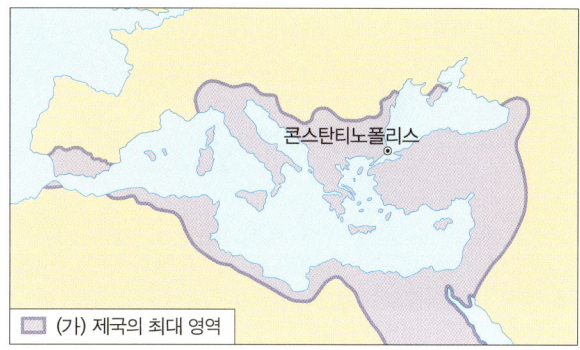

① 제정이 분리되었다.
② 그리스어가 공용어였다.
③ 성 소피아 성당이 건축되었다.
④ 유스티니아누스 법전이 편찬되었다.
⑤ 군관구제와 둔전병제가 실시되었다.

9. 다음 회칙을 만든 조직에 대한 설명으로 옳지 <u>않은</u> 것은?

> 회 칙
> 16. 기도는 하루에 일곱 번 한다. 일곱 번이란 새벽에 첫 번 기도, 제1, 제3, 제6, 제9시의 기도, 저녁 기도, 마지막 기도로 성취한다.
> 33. 누구도 수도원장의 허가없이 어떤 물건을 주거나 또는 자기의 것으로 소유해서는 안 된다. 책도 책상도 펜도 소유해서는 안 된다.
> 158. 태만은 영혼의 적이다. 따라서, 정해진 때에 형제들은 노동하고 성경을 읽어야 한다.

① 교회의 부패와 타락을 비판하였다.
② 고전을 필사하여 중세 학문 발전을 이끌었다.
③ 중세 교회를 정화하려는 개혁 운동을 전개하였다.
④ 95개조 반박문을 발표하여 종교 개혁을 시도하였다.
⑤ 노동을 신성시하여 농업과 수공업의 발전에 기여하였다.

10. 다음 연설과 관련 있는 전쟁에 대한 설명으로 옳은 것은?

> 나 우르바누스 2세는 여러분께 요청합니다. 성지로 진군합시다. 그 땅을 이슬람 세력의 손에서 되찾아서 여러분의 낙원으로 만들어야 합니다. 예루살렘은 비옥한 환희의 낙원입니다.

① 동서 교회의 분열을 초래하였다.
② 프랑크 왕국이 분열되는 계기가 되었다.
③ 동방과의 교역이 쇠퇴하는 계기가 되었다.
④ 오스만 제국의 위협에 대항하여 일어났다.
⑤ 교황권이 약화되고 왕권이 강화되는 계기가 되었다.

11. 자료의 전쟁과 관련하여 (가), (나) 국가에 대한 설명으로 옳은 것을 〈보기〉에서 고른 것은?

> 1337년 (가) 와 (나) 사이에 전쟁이 발생하였다. 전쟁 초기 장궁대(長弓隊)와 말에서 내린 기병으로 이루어진 (가) 의 작전이 (나) 의 노병(弩兵)과 중기사대(重騎士隊)를 혼란시키며 큰 승리를 거두면서 우위를 확보하였다. 그러나 어느 쪽도 결정적인 승리를 거두지 못하고 전쟁은 휴전을 거듭하며 지속되었다. 이후 (나) 는 패전의 위기에 처하였으나 잔다르크의 출현으로 상황은 반전되었다. 그녀는 땅에 떨어진 군대의 사기를 고취해 전세를 역전시켰다.

〈보 기〉
ㄱ. (가) - 전쟁 중 대헌장을 승인하였다.
ㄴ. (나) - 전쟁 직후 장미 전쟁이 발생하였다.
ㄷ. (가), (나) - 플랑드르 지방의 지배권 문제로 대립하였다.
ㄹ. (가), (나) - 전쟁 이후 중앙 집권 국가의 기틀을 마련하였다.

① ㄱ, ㄴ ② ㄱ, ㄷ ③ ㄴ, ㄷ
④ ㄴ, ㄹ ⑤ ㄷ, ㄹ

12. 다음 대화와 관련 있는 문화유산으로 옳지 <u>않은</u> 것은?

> 이 시대는 고대 그리스·로마의 인간 중심적인 문화가 부활되었어.

> 맞아, 인문주의를 바탕으로 인간의 개성과 능력이 존중되었지.

① 모나리자
② 파르테논 신전
③ 다비드 상
④ 최후의 만찬
⑤ 아테네 학당

13. 밑줄 친 '이 기계'가 유행한 시대에 있었던 사실로 옳지 <u>않</u><u>은</u> 것은?

   <u>이 기계</u>는 영국의 방적업자였던 제임스 하그리브스가 1767년에 만든 '제니 방적기'이다. 이 방적기는 여러 개의 방추를 기계에 달아서, 동시에 조작할 수 있도록 설계하여 한 번에 8가닥의 실을 뽑아 낼 수 있게 하였다. 그 결과 방적 효율이 8배로 올랐다.

① 노동조합이 결성되었다.
② 사회주의 사상이 대두하였다.
③ 러다이트 운동이 전개되었다.
④ 제1차 인클로저 운동이 시작되었다.
⑤ 정부의 간섭이 없는 자유방임주의가 대두하였다.

14. (가), (나)를 만든 국가에 대한 설명으로 옳은 것을 〈보기〉에서 고른 것은?

(가) 베르사유 궁전   (나) 상수시 궁전

〈보 기〉
ㄱ. (가) - 레판토 해전에서 오스만 제국을 물리쳤다.
ㄴ. (가) - 콜베르를 등용하여 중상주의 정책을 실시하였다.
ㄷ. (나) - 스웨덴과의 북방 전쟁에서 승리하였다.
ㄹ. (나) - 프리드리히 2세 때 슐레지엔 지방을 차지하였다.

① ㄱ, ㄴ   ② ㄱ, ㄷ   ③ ㄴ, ㄷ
④ ㄴ, ㄹ   ⑤ ㄷ, ㄹ

15. (가), (나) 국가에 대한 설명으로 옳은 것은?

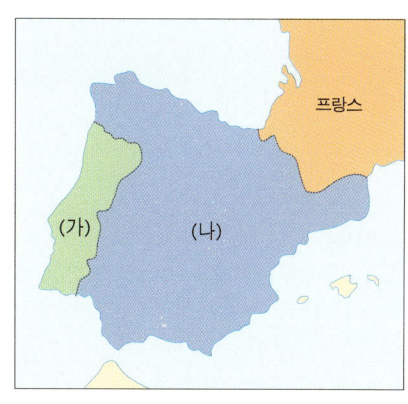

① (가)는 낭트 칙령을 발표하였다.
② (가)는 브라질을 식민지로 개척하였다.
③ (나)는 무적함대를 격파하고 동인도 회사를 설립하였다.
④ (나)는 대공위 시대를 거쳐 영방 국가 형태로 발전하였다.
⑤ (가)와 (나)는 종교 개혁을 통해 개신교로 개종하였다.

16. 다음 연보의 인물에 대한 설명으로 옳지 <u>않은</u> 것은?

• 1769년 지중해의 코르시카 섬에서 출생
• 1799년 통령 정부 수립
• 1804년 제1제정 수립
• 1805년 아우스터리츠 전투
• 1806년 대륙 봉쇄령 선포
• 1812년 러시아 원정
• 1815년 엘바 섬 탈출
• 1815년 워털루 전투
• 1821년 세인트헬레나 섬에서 사망

① 신성 로마 제국을 해체시켰다.
② 빈 회의의 개최를 주도하였다.
③ 유럽 각국의 민족주의를 자극하였다.
④ 트라팔가르 해전에서 영국에 패배하였다.
⑤ 중앙 집권 체제를 강화하고 법전을 편찬하였다.

17. 밑줄 친 '이 반란'이 진행된 시기 미국의 상황으로 옳은 것은?

> 합중국 대통령인 나는 합중국의 권위와 정부에 대해 일어난 현재의 무장 반란을 앞에 두고, 합중국 육·해군 최고 사령관으로서 나에게 주어진 권한에 따라 <u>이 반란</u>을 진압하기 위해 적절하고 필요한 전투 수단으로써, 오늘을 기해 …… 합중국에 대해 반란 중에 있는 주 혹은 특정 지역에서 노예 신분에 놓여 있는 사람들은 모두 영원히 자유의 몸이 될 것이다. 육·해군 당국을 포함하여 합중국 행정부는 이러한 사람들의 자유를 인정하고 지켜주며, 실제로 자유를 얻기 위해 펼치는 노력에 대해 어떠한 제약도 가하지 않을 것이다.

① 보스턴 차 사건이 발생하였다.
② 링컨이 노예 해방령을 발표하였다.
③ 에스파냐와의 전쟁에서 승리하였다.
④ 파리 조약으로 13개 주의 독립이 승인되었다.
⑤ 필라델피아에서 제1차 대륙 회의가 개최되었다.

18. (가)~(다) 국가에 대한 설명으로 옳은 것은?

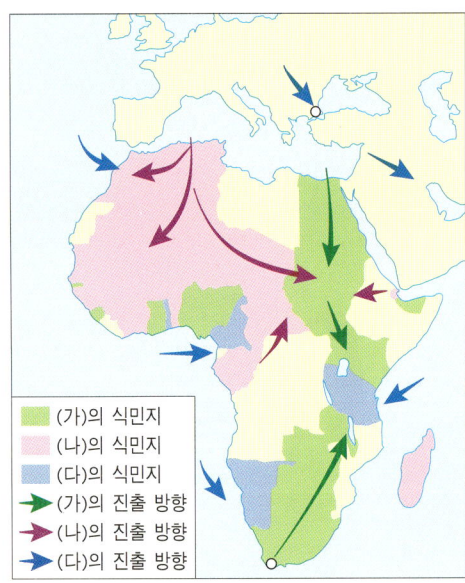

① (가)는 베트남에서 중국과 전쟁을 벌였다.
② (나)는 모로코에서 영국과 충돌하였다.
③ (다)는 삼국 간섭을 통해 일본에 압박을 가하였다.
④ (가)의 3C 정책과 (나)의 3B 정책이 충돌하였다.
⑤ (가), (나), (다)는 삼국 협상을 결성하였다.

19. (가), (나) 진영 간의 대립을 옳게 짝지은 것은?

〈제2차 세계 대전 직후의 유럽 상황〉

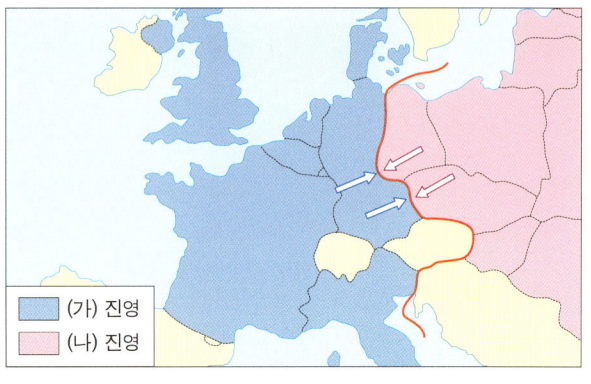

	(가) 진영	(나) 진영
①	코메콘	마셜 플랜
②	트루먼 독트린	마스트리흐트 조약
③	평화 5원칙	닉슨 독트린
④	베를린 봉쇄	쿠바에 미사일 기지 설치
⑤	북대서양 조약 기구	바르샤바 조약 기구

20. 지도의 형세가 나타난 시기의 사실로 옳은 것을 〈보기〉에서 고른 것은?

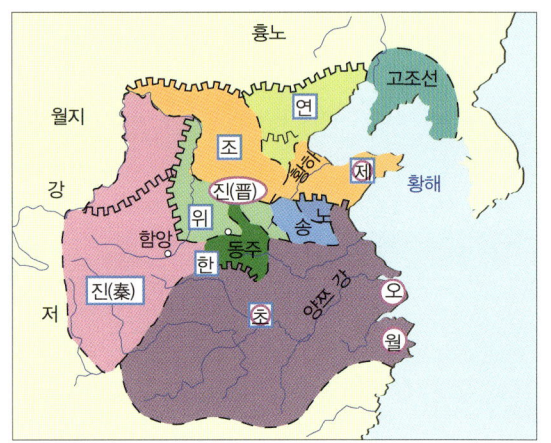

〈보 기〉
ㄱ. 우경이 보급되었다.
ㄴ. 9품중정제가 실시되었다.
ㄷ. 제후들의 부국강병이 추진되었다.
ㄹ. 장건에 의해 사막길이 개척되었다.

① ㄱ, ㄴ   ② ㄱ, ㄷ   ③ ㄴ, ㄷ
④ ㄴ, ㄹ   ⑤ ㄷ, ㄹ

21. (가), (나) 사상에 대한 설명으로 옳은 것은?

> (가) 백성을 5가(家) 단위로 편성하여 서로 감시하게 하고 연대 책임을 지운다. 범죄자를 숨겨 주면 허리를 자르고, 고발한 사람은 적군을 죽인 자와 똑같이 상을 준다. …… 농사를 짓고 베를 짜서 비단과 곡식을 많이 내면 요역을 면제하며, 허가 없이 상공업을 하거나 게을러 가난한 자는 가족 전체를 노비로 삼는다.
> (나) 천자의 군자들이 서로 어렵다고 말하는 것은 겸애의 이로움을 깨닫지 못하고 어려운 까닭만을 생각했기 때문이다. …… 차별 없이 사랑하고 서로 이롭게 하는 것이 어려운 일인가?

① (가)는 도덕에 의한 교화를 주장하였다.
② (가)는 상앙과 한비자에 의해 발전하였다.
③ (나)는 노자와 장자에 의해 발전하였다.
④ (나)는 덕치와 법치를 반대하고 무위자연을 주장하였다.
⑤ (가)와 (나)는 진시황제의 중국 통일에 기여하였다.

22. 밑줄 친 '정책'을 실시한 목적으로 옳은 것을 〈보기〉에서 고른 것은?

〈보 기〉
ㄱ. 만리장성 축조 비용 마련
ㄴ. 호족과 대상인 세력 약화
ㄷ. 군국제 실시를 위한 비용 마련
ㄹ. 대외 원정으로 인한 재정 위기 극복

① ㄱ, ㄴ ② ㄱ, ㄷ ③ ㄴ, ㄷ
④ ㄴ, ㄹ ⑤ ㄷ, ㄹ

23. 다음 문화유산이 처음 제작된 시기의 사실로 옳은 것을 〈보기〉에서 고른 것은?

원강 석굴   룽먼 석굴

〈보 기〉
ㄱ. 서역의 색목인이 원의 관리로 중용되었다.
ㄴ. 죽림칠현으로 대변되는 청담 사상이 출현하였다.
ㄷ. 서민의 경제적 성장으로 서민 문화가 발달하였다.
ㄹ. 한족의 남조와 유목 민족의 북조로 분열되어 있었다.

① ㄱ, ㄴ ② ㄱ, ㄷ ③ ㄴ, ㄷ
④ ㄴ, ㄹ ⑤ ㄷ, ㄹ

24. 다음 문화유산을 제작한 왕조 시기에 있었던 사실로 옳은 것은?

이것은 주로 이 왕조의 수도인 장안에 거주하던 귀족들의 장례용으로 제작되었는데, 녹색, 갈색, 남색 등의 세 가지 유약으로 여러 무늬를 묘사한 도기이다.

① 왕안석의 신법이 실시되었다.
② 동아시아 문화권이 형성되었다.
③ 이븐 바투타가 여행기를 저술하였다.
④ 마테오 리치가 천주실의를 저술하였다.
⑤ 실사구시를 강조하는 고증학이 발달하였다.

25. (가) 왕조 시기에 있었던 사실로 옳지 <u>않은</u> 것은?

> (가) 은/는 과거 시험의 마지막 단계로서 황제의 책임하에 실시되는 전시를 도입하여 황제권과 중앙 집권화를 강화시켰다. 뿐만 아니라 답안지를 채점할 때 수험생의 이름을 가리는 호명법과 답안 내용을 다른 필체로 옮긴 다음 채점하도록 하는 등록법 같은 방법을 통해 시험의 공정성도 강화되었다. 이로 인해 과거 출신 관료들의 위상도 현저히 높아졌다.

① 황건적의 난이 발생하였다.
② 문치주의 정책이 시행되었다.
③ 성리학적 대의명분이 강조되었다.
④ 과거를 통해 사대부가 성장하였다.
⑤ 나침반, 활판 인쇄술이 발명되었다.

27. 다음 항해의 결과로 적절한 것은?

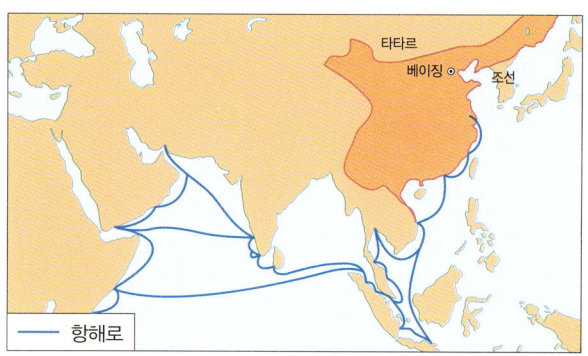

① 시박사가 설치되는 계기가 되었다.
② 동남아시아에 화교가 진출하게 되었다.
③ 바닷길을 통해 도자기가 처음 수출되었다.
④ 서양의 신항로 개척에 영향을 받아 추진되었다.
⑤ 지중해 무역이 쇠퇴하고 대서양 무역이 활발해졌다.

26. (가), (나) 왕조에 대한 설명으로 옳지 <u>않은</u> 것은?

> (가) 건국 초부터 북쪽 지역에는 북면관이 존재했는데, 연운 16주를 획득하고 난 다음에는 당의 제도를 받아들여 남면관의 3성과 6부를 설치하였다.
> (나) 부족의 성인 남자는 모두 군인이 되었다. 부족장을 패근이라 하고 군대를 지휘하게 되면 맹안, 모극이라 하였다. 맹안은 천부장, 모극은 백부장의 역할을 담당하였다.

① (가)는 발해를 멸망시켰다.
② (가)는 고려와 연합하여 일본을 공격하였다.
③ (나)는 송의 수도를 함락하였다.
④ (나)는 여진 문자를 만들어 사용하였다.
⑤ (가), (나)는 이원적 통치 체제를 실시하였다.

28. (가)~(다)의 조세 제도와 관련된 내용으로 옳지 <u>않은</u> 것은?

> (가) 토지를 대상으로 거두는 조(租), 역에 종사하지 않을 경우 그 대신 현물로 납부하는 용(庸), 호(戶)를 대상으로 거두는 조(調)를 징수하였다.
> (나) 토지와 재산을 기준으로 한 빈부 차이에 따라 세액을 결정하여 1년에 두 번, 여름과 가을에 내도록 한 조세 제도이다.
> (다) 잡다한 세금을 토지세와 인두세로 통합하고 현물이 아닌 은으로 납부하게 한 제도이다.

① (가)는 균전제를 기반으로 시행되었다.
② (나)는 안·사의 난 이후 새롭게 시행되었다.
③ (나)가 시행되던 시기에 모병제가 실시되었다.
④ (다)는 명나라 때 은 유통이 활발해져 시행되었다.
⑤ (다)는 정세를 지세에 통합하여 은으로 징수하였다.

29. (가), (나) 사이의 시기에 있었던 사실로 옳은 것은?

> (가) 부강을 이룩하자면 하정(下情)의 상달(上達)을 꾀하기 위하여 제도의 개혁을 행하지 않으면 안 된다. …… 제도의 개혁에 임해서는 서양의 제도를 배워야 한다. 서양 근대의 의회 정치야말로 군민 일체와 상하 일심의 정치를 이룩하는 것으로서 중국이 바야흐로 채용해야 할 제도이다.
>
> (나) 새로 구성된 내각은 민영 철도의 국유화를 선언하고 후베이·광둥·쓰촨에서 민간 철도 회사의 접수를 강행하였다. 이에 후난과 후베이에서 반대 운동이 일어났고, 이어 쓰촨에서는 대규모 봉기로 발전하였다.

① 양무운동이 추진되었다.
② 5·4 운동이 발생하였다.
③ 태평천국 운동이 일어났다.
④ 의화단 운동이 전개되었다.
⑤ 신문화 운동이 확산되었다.

30. 지도의 활동을 추진한 황제에 대한 설명으로 옳은 것은?

① 후금을 건국하였다.
② 군기처를 설치하였다.
③ 삼번의 난을 진압하였다.
④ 천호제를 바탕으로 대제국을 건설하였다.
⑤ 난징을 중심으로 하여 왕조를 개창하였다.

31. 지도에 나타난 전쟁에 대한 탐구 활동으로 적절하지 않은 것은?

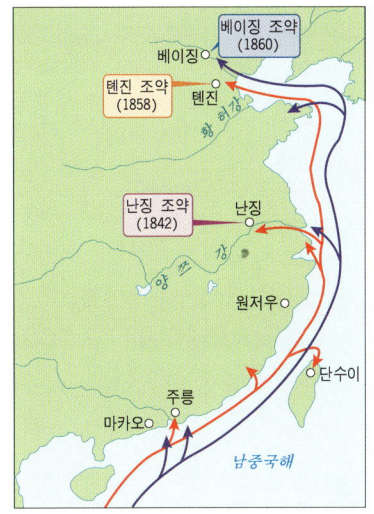

① 영국의 삼각 무역이 청에 미친 영향을 알아본다.
② 애로호 사건과 선교사 피살 사건에 대해 알아본다.
③ 청에서 크리스트교 선교 자유가 인정된 계기를 알아본다.
④ 베이징에 외국 군대가 주둔하게 된 조약에 대해 알아본다.
⑤ 러시아가 연해주를 획득하여 조선에 미친 영향을 알아본다.

32. (가), (나) 사이의 시기에 있었던 사실로 옳은 것은?

> (가) 지금 전개되고 있는 대혁명은 사회주의 혁명을 완수하기 위한 새로운 단계이다. 우리의 목적은 자본주의의 길을 걷는 실용주의자들과 싸우고, 교육과 문화 예술을 개혁함으로써 사회주의 제도를 굳건히 뿌리박고 발전시키는 것이다.
>
> (나) 정치 민주화와 부정부패 추방을 요구하는 톈안먼 광장 안팎의 시위자는 100만 명을 넘어섰다. 정부의 통제로 보도를 자제했던 신문과 방송도 조금씩 이 사건을 다루기 시작하였다.

① 마오쩌둥이 대약진 운동을 전개하였다.
② 홍콩과 마카오가 각각 중국에 반환되었다.
③ 자본주의적 시장 경제 체제가 일부 도입되었다.
④ 국민당은 공산당에 패하여 타이완으로 옮겨 갔다.
⑤ 중국 공산당이 중화 인민 공화국 수립을 선포하였다.

33. (가), (나) 시대에 대한 설명으로 옳은 것은?

> (가) 수도 헤이조쿄는 당의 장안을 모방한 도시로 동서남북을 가로지르는 도로에 의해 정연하게 구획되었으며, 중앙에 폭 72미터의 남북으로 펼쳐진 주작대로를 배치하였다.
> (나) 국풍 문화가 발달하면서 중국의 문화적 영향으로부터 점차 벗어나기 시작하였다. "겐지 이야기"는 이 시대의 귀족 생활을 다룬 소설이다.

① (가) – 견당사가 파견되었다.
② (가) – 산킨코타이제가 실시되었다.
③ (나) – 감합 무역이 실시되었다.
③ (나) – 다이카 개신이 단행되었다.
④ (가), (나) – 쇼군이 실질적 지배자였다.

34. 다음 인물이 활동한 국가의 민족 운동에 대한 설명으로 옳은 것은?

> 카르티니는 자바의 귀족 출신으로서 여성 교육을 전담할 학교를 세웠다. 이 학교에서는 자와의 전통적인 가치가 중시되었고 민족 의식 또한 강조되었다. 이러한 자와 민족주의는 이후 자와 및 수마트라 등을 포괄하는 지역의 민족주의 운동의 출발점이 되었다.

〈보 기〉
ㄱ. 아웅산이 주도한 반영 운동으로 독립을 쟁취하였다.
ㄴ. 지식인과 이슬람 상인들이 이슬람 동맹을 결성하였다.
ㄷ. 제1차 세계 대전 이후 수카르노가 국민당을 결성하였다.
ㄹ. 호세 리살을 중심으로 반에스파냐 독립운동이 전개되었다.

① ㄱ, ㄴ ② ㄱ, ㄷ ③ ㄴ, ㄷ
④ ㄴ, ㄹ ⑤ ㄷ, ㄹ

35. (가) 왕조 시기에 있었던 사실로 옳은 것은?

> 초기 불교도들은 부처를 표현할 때 보리수나 부처의 발자국, 법륜(부처의 가르침을 뜻하는 수레바퀴)으로 대신하는 것이 보통이었다. 그리고 석가모니의 사리를 모신 불탑을 존중하였다. 그러나 간다라 지방에 들어와 있던 그리스인들이 '감히 신을 조각하는 것'을 보고 불교도들도 불상을 만들기 시작하였다. 이렇게 형성된 독특한 예술 양식은 간다라 양식이라 불리며 (가) 왕조 시기에 유행하였다.

① 불교가 창시되었다.
② 카스트제가 성립되었다.
③ 알렉산드로스의 침입을 받았다.
④ 카니슈카 왕 때 전성기를 맞이하였다.
⑤ 이슬람교으로 개종하는 인도인이 증가하였다.

36. (가), (나) 영토를 확보한 황제에 대한 설명으로 옳은 것을 〈보기〉에서 고른 것은?

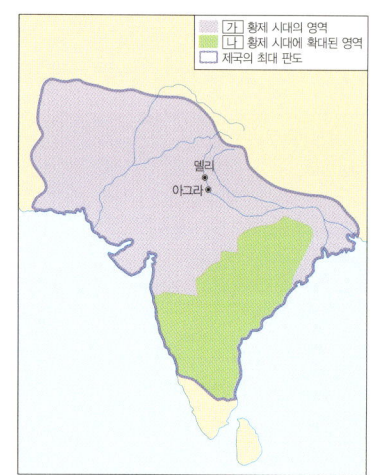

〈보 기〉
ㄱ. (가) – 무굴 제국을 건국하였다.
ㄴ. (가) – 지즈야(인두세)를 폐지하였다.
ㄷ. (나) – 타지마할을 건립하였다.
ㄹ. (나) – 이슬람 제일주의를 표방하였다.

① ㄱ, ㄴ ② ㄱ, ㄷ ③ ㄴ, ㄷ
④ ㄴ, ㄹ ⑤ ㄷ, ㄹ

37. (가)~(마)에 대한 설명으로 옳지 <u>않은</u> 것은?

인도의 근현대사
(가) 플라시 전투 / (나) 세포이 항쟁 / (다) 인도 제국 수립 / (라) 인도 국민 회의 결성 / (마) 벵골 분할령

① (가) – 영국이 인도에서 프랑스를 물리쳤다.
② (나) – 동인도 회사의 인도인 용병들이 반영 항쟁을 전개하였다.
③ (다) – 영국 빅토리아 여왕이 인도 제국 황제를 겸임하게 되었다.
④ (라) – 힌두교의 우상 숭배를 배격하는 브라흐마(브라모) 사마지 운동을 전개하였다.
⑤ (마) – 영국이 힌두교와 이슬람교 간의 종교 대립을 이용하고자 하였다.

39. (가) 왕조에 대한 설명으로 옳은 것은?

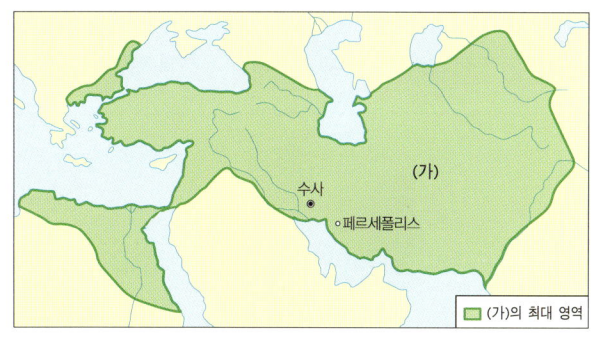

① 최초로 서아시아 지역을 통일하였다.
② 알파벳의 기원이 되는 문자를 만들었다.
③ 로마와 끊임없이 경쟁하며 영토를 확장하였다.
④ 그리스인과 페르시아인의 혼인을 장려하였다.
⑤ 왕의 귀, 왕의 눈이라 불리는 감찰관을 파견하였다.

38. (가), (나)를 만든 국가에 대한 설명으로 옳은 것을 〈보기〉에서 고른 것은?

(가) 지구라트   (나) 스핑크스

〈보 기〉
ㄱ. (가) – 태음력과 60진법을 사용하였다.
ㄴ. (가) – 갑골문으로 점복의 내용을 기록하였다.
ㄷ. (나) – 파라오가 절대 권력을 행사하였다.
ㄹ. (나) – 모헨조다로 등 계획도시를 건설하였다.

① ㄱ, ㄴ   ② ㄱ, ㄷ   ③ ㄴ, ㄷ
④ ㄴ, ㄹ   ⑤ ㄷ, ㄹ

고급 ⓙ 중앙일보 주최
세계사능력검정시험 제1회 문제지

40. 밑줄 친 '이 국가'에서 있었던 근대 민족 운동으로 옳은 것은?

이 국가에 있는 수에즈 운하는 프랑스의 레셉스가 10여 년의 공사 끝에 완공(1869)한 길이 162.5km, 수면의 너비 160~200m, 깊이 19.5m, 통과 시간은 약 15시간이 소요되는 운하이다. 처음에는 프랑스가 이 국가와 합작으로 경영하였으나 뒤에 영국이 사들였다. 현재는 하루에 평균 100여 척의 선박이 이용하고 있으며, 전 세계 물동량의 14%가 이 운하를 통과하고 있다.

① 청년 튀르크당이 입헌 혁명을 단행하였다.
② 메넬리크 2세가 이탈리아의 침입을 물리쳤다.
③ 이븐 압둘 와하브가 와하비(와하브) 운동을 추진하였다.
④ 아라비 파샤가 반영 민족 운동을 전개하였으나 실패하였다.
⑤ 상인들과 이슬람교 지도자들이 담배 불매 운동을 주도하였다.

41. 다음 전쟁이 전개될 무렵의 상황으로 가장 옳지 <u>않은</u> 것은?

몽고습래회사

① 탕구트 족이 서하를 건국하였다.
② 고려의 개경 환도가 이루어졌다.
③ 몽골이 국호를 원으로 변경하였다.
④ 가마쿠라 막부가 일본을 통치하였다.
⑤ 고려에서 삼별초의 항쟁이 진압되었다.

42. 지도에 표시된 동서 교역로에 대한 설명으로 옳지 <u>않은</u> 것은?

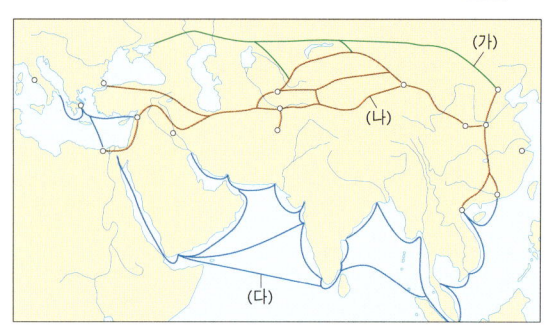

① (가) - 바투의 유럽 원정로로 이용되었다.
② (가) - 신라의 혜초가 인도에 갈 때 이용되었다.
③ (나) - 불교와 간다라 미술이 중국에 전파되었다.
④ (다) - 이슬람 상인의 무역로로 이용되었다.
⑤ (다) - 불교와 힌두교가 동남아시아에 전파되었다.

43. (가) 시기에 있었던 사실로 옳은 것은?

천황이 군대 통수권 및 선전 포고와 조약 체결의 권한, 정부조직법인 관제 제정권 등의 막강한 권한을 갖는 헌법 초안이 새로 설립된 추밀원의 심의를 거친 후에 드디어 대일본 제국 헌법으로서 반포되었다.

⇩

(가)

⇩

러·일 전쟁이 끝난 후 일본은 포츠머스에서 열린 강화 회담에서 사할린 남부와 뤼순, 다롄을 차지하고 창춘 이남의 철도 부설권도 양도받았다. 이로써 남만주 지역으로 세력을 확대하였다.

① 에도 막부가 붕괴되었다.
② 영·일 동맹이 체결되었다.
③ 메이지 유신이 단행되었다.
④ 일본이 대한 제국의 국권을 빼앗았다.
⑤ 조선과 일본이 강화도 조약을 체결하였다.

44. (가)~(다) 문서가 발표된 혁명에 대한 설명으로 옳은 것은?

(가) 모든 인간은 평등하게 창조되었으며, 창조주로부터 타인에게 양도할 수 없는 권리를 부여받았다. …… 이 권리를 확보하기 위해 정부를 수립하였으며, 정부의 정당한 권력은 국민의 동의에서 비롯된다. 어떠한 형태의 정부라도 이러한 목적을 파괴할 때에는 그 정부를 바꾸거나 없애고 국민의 안전과 행복을 가장 잘 이룩할 수 있는 새로운 정부를 조직하는 것이 국민의 권리이다.

(나) 제1조 인간은 자유롭게, 그리고 평등한 권리를 갖고 태어났으며 항상 그렇게 살아간다.
　　제2조 모든 정치적 결사의 목적은 그 무엇도 침해할 수 없는 인간의 자연권을 보존하는 데 있다. 그 권리는 자유, 재산, 안전 및 압제에 대한 저항이다.
　　제17조 재산권은 신성 불가침의 권리이다. 따라서, 공적인 필요성이 명백히 존재하며, 그 필요성이 합법적으로 인정되고 미리 정당한 보상이 제시된 경우가 아니면 어느 누구로부터 재산권을 빼앗을 수 없다.

(다) 제1조 국왕은 의회의 동의 없이 법의 효력이나 집행을 정지할 수 없다.
　　제2조 의회 안에서 논의하는 것은 의회 아닌 어느 곳에서도 고발, 심문당하지 않는다.
　　제9조 의회 내에서의 발언, 토론 및 의사 진행의 자유는 의회 이외의 어떠한 법정이나 다른 장소에서 탄핵되거나 심문의 대상이 될 수 없다.

① (가) – 왕정의 폐지를 선언하였다.
② (나) – 국민 의회가 발표하였다.
③ (다) – 왕당파와 의회파 간의 무력 충돌로 이어졌다.
④ (가), (나) – 발표 직후 모두 공화정이 수립되었다.
⑤ (나), (다) – 여성까지 포함한 보통 선거를 규정하였다.

45. 다음과 같은 왕조 변천이 있었던 국가에 대한 설명으로 옳은 것은?

수코타이 왕조 ⇨ 아유타야 왕조 ⇨ 짜끄리 왕조

① 보로부두르 사원을 건립하였다.
② 시암에서 타이로 국호를 개칭하였다.
③ 이슬람교로 개종하면서 번영을 누렸다.
④ 미국・에스파냐 전쟁 중 미국을 지원하였다.
⑤ 프랑스와의 전쟁에서 승리하였으나 남북으로 분단되었다.

46. 다음 글을 남긴 인물에 대한 설명으로 옳은 것은?

"현재의 열강을 보면 우리와 동문(同文), 동종(同種)이 아니라면 어떤 나라도 우리를 원조하지 않을 것으로 생각된다. 중국은 이미 우리나라를 프랑스에 양보했을 뿐만 아니라 세력이 쇠약해져서 자신을 구하는 일도 다하지 못하고 있다. 오직 일본만이 황인종인데다 선진국이다. 러시아를 이긴 이후로 날로 야심을 드러내고 있으나 우리가 일본에 가서 설득한다면 당연히 우리를 원조할 것이다. 무기를 원조하지 않는다 하더라도 무기와 식량을 구매하는 일은 쉬울 것이다."

① 카티푸난을 조직하였다.
② 삼민주의를 발표하였다.
③ 베트남 유신회를 조직하였다.
④ 탄지마트라는 개혁을 추진하였다.
⑤ 네덜란드로부터 독립운동을 전개하였다.

47. 다음 내용에 해당하는 지역을 지도에서 옳게 고른 것은?

- 난사 군도 또는 스프래틀리 군도라고 불린다.
- 중국과 동남아시아 여러 나라의 분쟁 지역으로 베트남과 중국의 무력 충돌을 야기하였다.

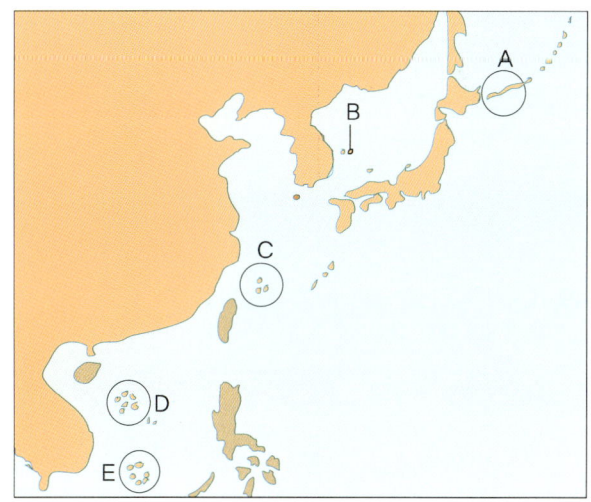

① A ② B ③ C
④ D ⑤ E

48. 제시된 지도는 이슬람교의 두 가지 종파를 표현한 것이다. 현재 중동의 상황에 대한 설명으로 옳은 것을 〈보기〉에서 고른 것은?

〈보 기〉
ㄱ. (가)는 시아파, (나)는 수니파에 해당한다.
ㄴ. 이란은 러시아·튀르크 전쟁에서 패배하였다.
ㄷ. (가)를 믿는 세력으로 IS(Islamic State)가 있다.
ㄹ. 사우디아라비아는 시리아 반군을 지원하고 있다.

① ㄱ, ㄴ ② ㄱ, ㄷ ③ ㄱ, ㄹ
④ ㄴ, ㄹ ⑤ ㄷ, ㄹ

49. 제시된 지도는 우크라이나와 크림 반도를 나타낸 지도이다. 이 지역에 대한 설명으로 옳은 것을 〈보기〉에서 고른 것은?

〈보 기〉
ㄱ. 이 지역의 일부는 키예프 공국의 영토였다.
ㄴ. 이 지역의 일부는 제2차 세계 대전 때 독일의 점령지였다.
ㄷ. 이 지역은 제2차 세계 대전 직후부터 독립 국가를 유지하였다.
ㄹ. 크림 반도는 최근 우크라이나로부터 독립하여 EU에 가입하였다.

① ㄱ, ㄴ ② ㄱ, ㄷ ③ ㄴ, ㄷ
④ ㄴ, ㄹ ⑤ ㄷ, ㄹ

50. 제시된 지도에서 나타내고 있는 (가)~(마)에 대한 설명으로 옳은 것을 〈보기〉에서 고른 것은?

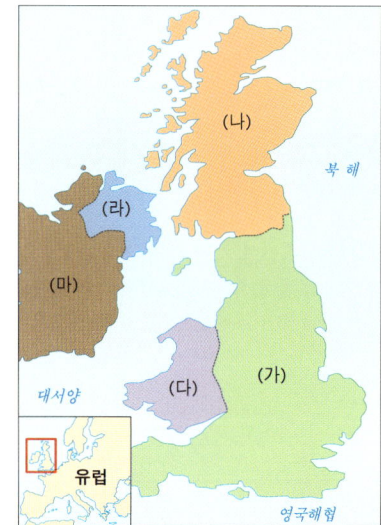

〈보 기〉
ㄱ. (가)는 영국 국교회, (마)는 가톨릭이 다수를 차지하고 있다.
ㄴ. 영국은 (마)를 제외한 (가), (나), (다), (라)로 구성된 연합 왕국이다.
ㄷ. (가)를 제외한 나머지는 모두 앵글로·색슨 족이 다수를 차지하고 있다.
ㄹ. 영국의 유럽 연합 탈퇴(Brexit)에 대한 국민 투표 결과 (나)는 찬성(탈퇴)의 비율이 높았다.

① ㄱ, ㄴ ② ㄱ, ㄷ ③ ㄴ, ㄷ
④ ㄴ, ㄹ ⑤ ㄷ, ㄹ

중앙일보
세계사능력검정시험 제2회 문제지

초·중급

1문제당 2점입니다.
11PAGE부터 고급문제가 있습니다.

경고 : 시험지를 무단으로 개인 사이트에 올리시면 안 됩니다. 그리고 다른 수험생들의 혼란을 방지하기 위해 개인적으로 해설지를 작성하시는 것도 금지합니다. 이를 어길 시에는 저작권법 위반으로 법적 조치가 취해집니다.

---

1. 다음에서 주장하는 역사의 의미에 해당하는 서술을 〈보기〉에서 가장 바르게 고른 것은?

> 역사가와 사실은 서로를 필요로 한다. 사실을 갖지 못한 역사가는 뿌리가 없는 존재로 열매를 맺지 못하고, 역사가가 없는 사실은 생명이 없는 무의미한 존재이다. 이리하여 '역사란 무엇인가?'라는 물음에 대한 나의 최초의 대답은 결국 다음과 같은 것이 된다. 역사란 역사가와 사실 사이의 부단한 상호 작용의 과정이며, 현재와 과거 사이의 끊임없는 대화이다.

〈보 기〉

ㄱ. 역사란 지금까지 일어난 모든 과거의 사건을 의미한다.
ㄴ. 역사란 과거의 사실을 현재의 시각으로 해석하는 것이다.
ㄷ. 역사가는 자신을 숨기고 사실로 하여금 말하게 해야 한다.
ㄹ. 역사가는 자신의 사관을 바탕으로 역사적 사실을 재구성한다.

① ㄱ, ㄴ   ② ㄱ, ㄷ   ③ ㄴ, ㄷ
④ ㄴ, ㄹ   ⑤ ㄷ, ㄹ

2. 다음에서 설명하는 이 시기에 처음 사용된 것으로 추정되는 유물을 〈보기〉에서 가장 바르게 고른 것은?

> 인류는 이 시기에 들어와서 야생 동물들을 잡아 가축으로 기르기 시작하였으며 조, 수수, 콩, 밀, 보리 등을 심어 경작하였다. 이로 인해 인류는 이동 생활에서 정착 생활로 전환하게 되었다. 그리고 수명이 길어지고 씨족 구성원이 늘어났으며, 또한 풍성한 수확을 기원하면서 자연과 자신들의 조상을 신으로 모시고 공동으로 제사를 지냈다.

〈보 기〉

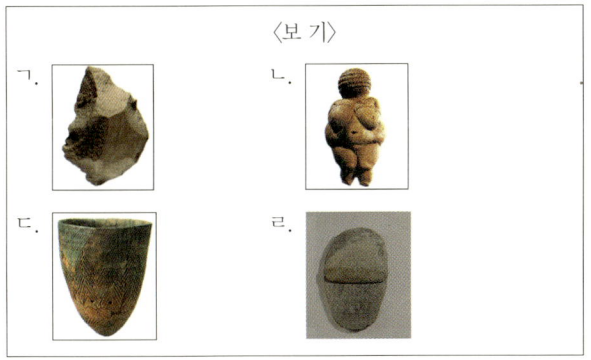

① ㄱ, ㄴ   ② ㄱ, ㄷ   ③ ㄴ, ㄷ
④ ㄴ, ㄹ   ⑤ ㄷ, ㄹ

3. 지도에 나타난 전쟁이 그리스 세계에 끼친 영향으로 가장 옳은 것은?

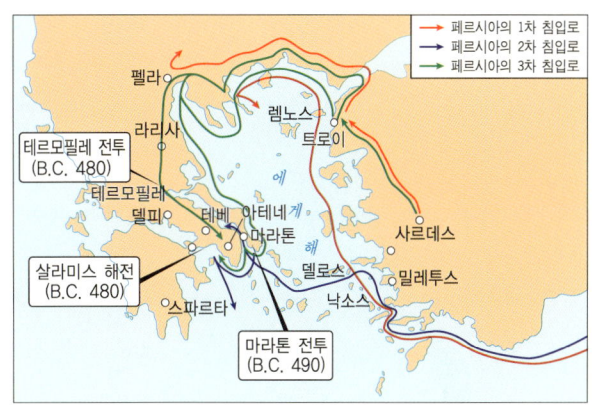

① 왕정에서 귀족정으로 전환되었다.
② 페이시스트라토스의 참주 정치가 시행되었다.
③ 그리스인과 페르시아인의 혼인이 장려되었다.
④ 아테네를 중심으로 하는 델로스 동맹이 성장했다.
⑤ 클레이스테네스가 민주 정치의 기틀을 마련하였다.

4. 다음 자료에서 밑줄 친 '시대'에 대한 설명으로 가장 옳지 않은 것은?

> **POST CARD**
> ○○ 안녕?
> 오늘은 프랑스 루브르 박물관에 다녀왔어. 사진은 알렉산드로스 대왕의 정복 활동으로 시작된 시대의 대표적인 조각품이라고 할 수 있는 밀로의 비너스상이야. 이 작품은 팔등신이라는 황금 비율로 신체를 조각하였는데, 이 시대의 조각상은 사실적이고 현실적인 미를 추구한 것으로 유명하단다. 내일은 프랑스 시내를 구경할 예정이야. 또 연락할게.

① 스토아 학파가 금욕을 강조하였다.
② 세계 시민주의 경향이 유행하였다.
③ 인도의 간다라 미술 발전에 영향을 주었다.
④ 소크라테스가 진리의 절대성을 주장하였다.
⑤ 아르키메데스가 부력의 원리를 발견하였다.

5. (가) 시기에 있었던 사실로 가장 옳은 것은?

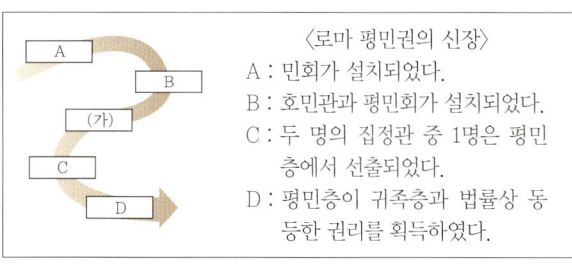

〈로마 평민권의 신장〉
A : 민회가 설치되었다.
B : 호민관과 평민회가 설치되었다.
C : 두 명의 집정관 중 1명은 평민층에서 선출되었다.
D : 평민층이 귀족층과 법률상 동등한 권리를 획득하였다.

① 12표법이 제정되었다.
② 도편 추방 제도가 실시되었다.
③ 직접 민주 정치가 실현되었다.
④ 솔론의 금권 정치가 실시되었다.
⑤ 그라쿠스 형제의 개혁이 실시되었다.

6. 다음은 어느 민족의 활동을 표시한 지도이다. 이 민족에 대한 설명으로 가장 옳지 <u>않은</u> 것을 〈보기〉에서 고른 것은?

〈보 기〉
ㄱ. 서로마 제국을 멸망시켰다.
ㄴ. 항해술과 조선술 발달을 배경으로 이동하였다.
ㄷ. 지중해에 진출하여 시칠리아 왕국을 건설하였다.
ㄹ. 훈 족의 압박으로 로마 제국 영토로 이동하기 시작하였다.

① ㄱ, ㄴ ② ㄱ, ㄷ ③ ㄴ, ㄷ
④ ㄴ, ㄹ ⑤ ㄷ, ㄹ

7. 다음 지도에서 표시된 (가) 제국에 대한 설명으로 가장 옳은 것은?

① 재정복 운동을 실시하여 이슬람을 격퇴하였다.
② 교황과 맞서기 위해 삼부회라는 의회를 소집하였다.
③ 베르됭 조약과 메르센 조약으로 제국이 분열되었다.
④ 귀족의 권리를 인정하는 마그나 카르타를 승인하였다.
⑤ 여러 제후가 황제를 선출하는 황금 문서 시대를 겪었다.

8. (가) 계층에 대한 설명으로 가장 옳지 <u>않은</u> 것은?

① 거주 이전의 자유가 없었다.
② 부역과 공납의 의무가 있었다.
③ 흑사병으로 지위가 상승되었다.
④ 가옥과 토지를 소유할 수 있었다.
⑤ 동업 조합인 길드를 직종별로 조직하였다.

9. 다음 대화에서 나타난 건축 양식이 적용된 문화재로 가장 옳은 것은?

①
②
③
④
⑤

10. 다음 작품이 제작된 지역의 르네상스에 대한 설명으로 가장 옳은 것은?

① 세익스피어는 "햄릿"을 저술하였다.
② 보카치오는 "데카메론"을 저술하였다.
③ 세르반테스는 "돈키호테"를 저술하였다.
④ 에라스뮈스는 "우신예찬"을 저술하였다.
⑤ 토머스 모어가 "유토피아"를 저술하였다.

11. 다음은 기독교의 한 교파와 관련된 자료이다. 이 교파에 대한 내용으로 가장 옳은 것은?

> 루터의 "95개조 반박문"
>
> 비텐베르크 대학 정교수 마르틴 루터의 감독 아래 다음의 여러 조문에 대한 토론이 있었다. 주 예수 그리스도의 이름으로 아멘.
> 제27조 그들은 돈궤 속에서 금화가 딸랑 소리를 내며 떨어지자마자 죽은 자의 영혼이 연옥에서 뛰쳐나온다고 설교한다.
> 제86조 오늘날 최고의 부자보다도 더 부유한 교황은 어째서 성 베드로 성당을 짓는 데 자신의 돈은 사용하지 않고 가난한 신자의 돈에 의지하려고 하는가?

① 트리엔트 공의회로 교리를 재확인하였다.
② 낭트 칙령으로 신앙의 자유가 인정되었다.
③ 헨리 8세와 로마 교황이 대립하여 발생하였다.
④ 아우크스부르크 화의로 신앙의 자유가 인정되었다.
⑤ 이 교파의 직업 소명설이 상공업자의 지지를 받았다.

12. (가)~(다)에 대한 설명으로 가장 옳은 것을 〈보기〉에서 고른 것은?

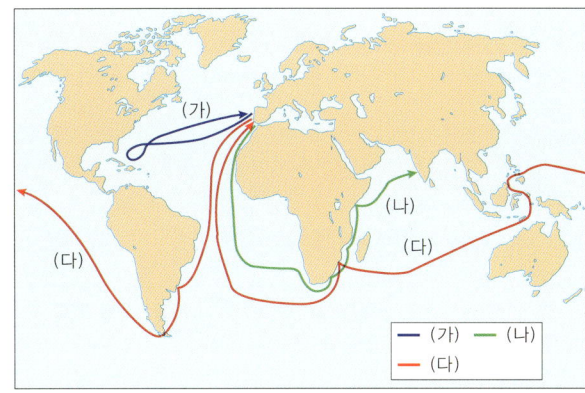

〈보 기〉
ㄱ. (가) - 1492년에 신대륙을 발견하였다.
ㄴ. (나) - 최초로 희망봉을 발견하였다.
ㄷ. (다) - 최초로 세계 일주에 성공하였다.
ㄹ. (가), (나), (다) - 모두 과학 혁명의 영향을 받았다.

① ㄱ, ㄴ   ② ㄱ, ㄷ   ③ ㄴ, ㄷ
④ ㄴ, ㄹ   ⑤ ㄷ, ㄹ

13. 다음 자료와 관련된 시기의 유럽에 대한 설명으로 가장 옳은 것을 〈보기〉에서 고른 것은?

> 국왕의 권위는 신성하다. 신은 국왕을 신의 사자(使者)로 내세워, 국왕을 통하여 사람들을 지배한다. 따라서, 모든 권력은 신으로부터 유래하며 … 군주는 지상에서 신의 사자, 즉 신의 대리인으로서 행동한다. … 국왕의 인격은 신성한 것으로 그에게 반역하는 것은 곧 신을 모독하는 것이다".
> — 보쉬에, "성서의 말씀에서 인용한 정치" —

〈보 기〉
ㄱ. 러시아 – 예카테리나 2세가 상트페테르부르크를 건설하였다.
ㄴ. 프랑스 – 루이 14세는 콜베르를 등용하여 중상주의 정책을 펼쳤다.
ㄷ. 에스파냐 – 펠리페 2세가 레판토 해전에서 오스만 제국을 격파하였다.
ㄹ. 영국 – 엘리자베스 1세가 오스트리아와의 전쟁을 통해 슐레지엔을 차지하였다.

① ㄱ, ㄴ　② ㄱ, ㄷ　③ ㄴ, ㄷ
④ ㄴ, ㄹ　⑤ ㄷ, ㄹ

14. 다음의 현상과 관련된 내용으로 가장 적절하지 않은 것은?

> 18세기 후반 영국 의회는 '교구의 공유지, 목장, 목초지 및 공동 황무지를 분할하고 할당하고 울타리 치기 위한 법'이라는 긴 이름의 법안을 통과시켰다. 이 법에 의해 개방 경지에 울타리가 쳐지고, 여기저기에 흩어져 있던 지주 소유의 토지는 상호 교환이나 매매를 통해서 한 곳으로 집중되었다.

① 경작지 확대를 목표로 하였다.
② 많은 중소 농민들이 몰락하였다.
③ 도시로의 인구 유입이 활발해졌다.
④ 공장제 기계 공업을 지향한 산업 혁명에 영향을 끼쳤다.
⑤ 장기적으로 영국 토지 귀족들의 영향력이 더욱 강해졌다.

15. 다음 사건에 대한 탐구 활동으로 가장 적절한 것은?

① 뉴딜 정책의 영향을 살펴본다.
② 나폴레옹 전쟁의 원인을 알아본다.
③ 제1차 세계 대전의 영향을 살펴본다.
④ 먼로 선언이 발표된 배경을 살펴본다.
⑤ 미국 독립 선언서가 발표된 원인을 조사한다.

16. 다음 자료와 관련된 혁명이 끼친 영향으로 가장 옳지 않은 것은?

> 제시된 그림은 들라크루아의 작품인 〈민중을 이끄는 자유의 여신〉이다. 화가 들라크루아가 1830년 프랑스에서 일어난 혁명을 기념하기 위해 그린 작품이다. 삼색기를 든 여인은 자유의 여신이며, 오른쪽 소년은 당시 프랑스 대학생들이 사용하던 학생용 베레모를 썼다. 그리고 자유의 여신 왼쪽에 총을 들고 있는 인물은 들라크루아 자신으로 알려져 있다. 맨 왼쪽에 칼을 들고 있는 노동자는 머리에 루이 필리프를 상징하는 장식을 붙였다.

① 빈 체제가 붕괴되는 결과를 가져왔다.
② 벨기에가 네덜란드로부터 독립하였다.
③ 독일에서 자유주의 운동이 전개되었다.
④ 이탈리아에서 자유주의 운동이 전개되었다.
⑤ 프랑스에서 입헌 군주제인 7월 왕정이 수립되었다.

17. 제시된 지도의 (가), (나) 국가에 대한 설명으로 가장 옳은 것을 <보기>에서 고른 것은?

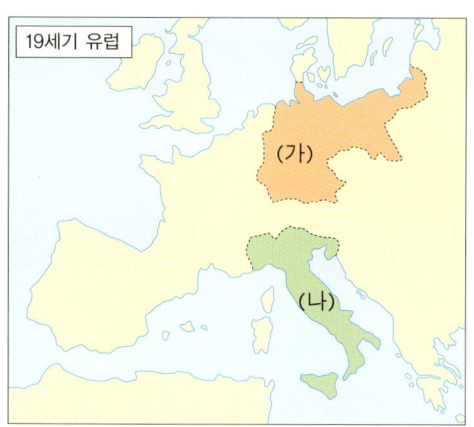

19세기 유럽

<보 기>
ㄱ. (가)는 공화정으로 통일이 완성되었다.
ㄴ. (나)가 (가)보다 먼저 통일을 이루었다.
ㄷ. (가)는 프로이센, (나)는 사르데냐를 중심으로 통일이 이루어졌다.
ㄹ. (가), (나)는 모두 통일 과정에서 프랑스, 오스트리아와 전쟁을 치루었다.

① ㄱ, ㄴ   ② ㄱ, ㄷ   ③ ㄴ, ㄷ
④ ㄴ, ㄹ   ⑤ ㄷ, ㄹ

18. 다음 자료와 관련된 대외 정책에 대한 설명으로 가장 옳은 것은?

> 우리는 세계 제일의 인종이므로 우리가 사는 세계가 넓어지면 넓어질수록 우리 인류에게는 행운일 것이다. … 만일 신이 있다면, 그 신은 영국령이라는 표시로 아프리카라는 지도가 되도록 많이 적색으로 칠해지길 바랄 것이다. 나는 만일 가능하다면 유성까지라도 합병하고 싶다는 생각을 자주 한다.
> – 세실 로즈, "유언집" –

① 사회 진화론과 함께 확산되었다.
② 사회주의 정당의 큰 지지를 받았다.
③ 수정 자본주의 발전 과정에서 확산되었다.
④ 영국은 아프리카에서 횡단 정책을 추진하였다.
⑤ 이 정책으로 아프리카는 모두 식민지가 되었다.

19. 다음 <보기>에서 (가)에 들어갈 내용으로 가장 옳은 것은?

제1차 세계 대전의 전개
• 1914년 6월 사라예보 사건
• 1914년 8월 독일이 프랑스에 선전 포고
• (가)
• 1917년 3월 러시아 혁명 발생
• 1917년 4월 미군 참전
• 1918년 11월 연합국과 독일의 휴전 조약 체결

① 모로코 사건 발발
② 제2차 발칸 전쟁 발발
③ 피의 일요일 사건 발생
④ 독일 킬 항에서 반란 발생
⑤ 독일의 무제한 잠수함 작전

20. 다음 지도를 통해 살펴볼 수 있는 탐구 활동으로 가장 적절한 것은?

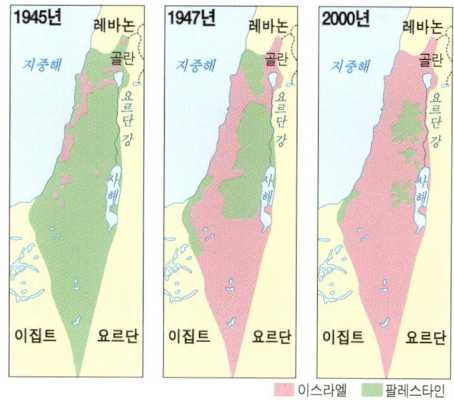

① 아라비 파샤의 독립운동을 살펴본다.
② 청년 튀르크당의 개혁에 대해 살펴본다.
③ 수에즈 운하가 건설된 계기를 살펴본다.
④ 와하브 운동과 사우디아라비아의 건국 과정을 살펴본다.
⑤ 후사인(후세인)·맥마흔 협정과 밸푸어 선언의 내용을 살펴본다.

21. (가), (나) 문자를 사용한 고대 문명에 대한 설명으로 가장 옳은 것은?

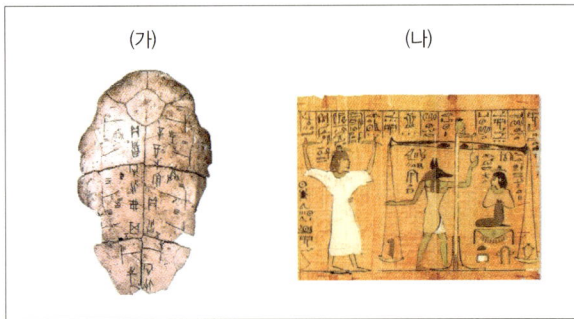

① (가) – 태양력을 사용하였다.
② (가) – 제사와 정치가 분리되었다.
③ (나) – 지구라트라는 신전을 축조하였다.
④ (나) – 메소포타미아 지역에서 주로 사용되었다.
⑤ (가), (나) – 모두 청동기를 기반으로 성립되었다.

22. 중국의 생활 영역이 (가)로 확대된 시기의 변화에 대한 설명으로 가장 옳은 것을 〈보기〉에서 고른 것은?

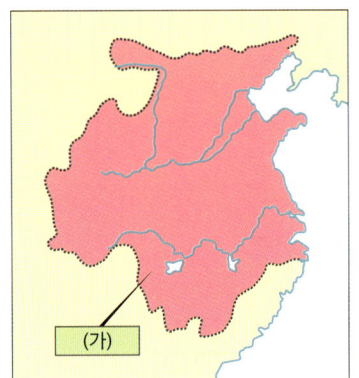

〈보 기〉
ㄱ. 모내기법이 보급되었다.
ㄴ. 제자백가가 활동하였다.
ㄷ. 취안저우에 시박사가 설치되었다.
ㄹ. 철제 농기구와 우경이 보급되었다.

① ㄱ, ㄴ   ② ㄱ, ㄷ   ③ ㄴ, ㄷ
④ ㄴ, ㄹ   ⑤ ㄷ, ㄹ

23. (가) 황제의 정책으로 가장 옳은 것은?

니계상 참이 사람을 시켜 우거왕을 죽이고 항복해왔지만, 왕검성은 함락되지 않았다. 죽은 우거왕 대신 성기가 (가)에 저항하였다. … 성기가 주살당하니 이로써 마침내 고조선을 평정하고 4군을 세웠다.
– "사기", 조선 열전 –

① 만리장성을 축조하기 시작하였다.
② 화폐와 문자를 최초로 통일하였다.
③ 유연을 정벌하여 영토를 확장하였다.
④ 유교를 국가의 통치 이념으로 삼았다.
⑤ 봉건제와 군현제를 절충한 군국제를 실시하였다.

24. (가), (나)에 관련된 설명으로 가장 옳은 것을 〈보기〉에서 고른 것은?

(가) "지금 중정관을 두어 9품의 관품 체제를 정비하고 있는데, 등급의 좋고 낮음이 그의 뜻에 달려 있어, 임금의 권세와 은혜를 제멋대로 갖고 놀며 천자의 권한을 빼앗고 있습니다. 이런 까닭에 상품(上品)에는 천한 가문 출신이 없으며 하품(下品)에는 권세가가 없다고 합니다."
(나) 태조는 성시(省試)에서 불합격한 인물 360명을 일일이 접견하여 그 가운데 195명을 가려 뽑았다. 이들과 성시 합격자들을 모두 강무전에 집결시키고 친히 시험을 치렀다. 종이와 붓을 지급하고 따로 시부(詩賦)의 시험을 실시하였다.

〈보 기〉
ㄱ. (가)를 통해 등장한 세력은 신사층이 되었다.
ㄴ. (가)로 인해 관직을 독점하는 가문이 등장하였다.
ㄷ. (나)는 중앙 집권 체제 강화에 기여하였다.
ㄹ. (나)로 인해 수 왕조 시대에 새로운 계층이 출현하였다.

① ㄱ, ㄴ   ② ㄱ, ㄷ   ③ ㄴ, ㄷ
④ ㄴ, ㄹ   ⑤ ㄷ, ㄹ

25. 지도에 표시된 (가) 국가에 대한 설명으로 가장 옳은 것은?

① 3성 6부 제도를 정비하였다.
② 어린도책과 부역황책이 정비되었다.
③ 공문서에 파스파 문자를 사용하였다.
④ 균수법을 통해 재정을 확보하고자 하였다.
⑤ 목면의 재배가 확대되어 서민의 의생활이 변화하였다.

26. 다음 그래프에서 표시된 (가)와 (나) 시기의 경제 상황에 대한 설명으로 가장 옳은 것은?

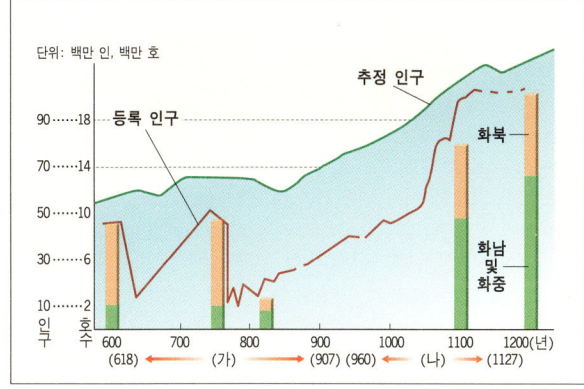

① (가) – 교초라는 지폐를 사용하였다.
② (가) – 해금 정책의 실시로 무역이 위축되었다.
③ (나) – 동업 조합인 행, 작이 발달하였다.
④ (나) – 소금과 철의 전매제가 처음으로 실시되었다.
⑤ (가), (나) – 공소와 회관이 중국 전역에서 발달하였다.

27. 제시된 자료의 정책을 실시한 국가에 대한 설명으로 가장 옳은 것을 〈보기〉에서 고른 것은?

〈자료〉

〈보 기〉
ㄱ. 맹안 · 모극제를 실시하였다.
ㄴ. 북면관제와 남면관제를 실시하였다.
ㄷ. 만한 병용제를 실시하여 한족을 회유하였다.
ㄹ. 칭하이와 신장을 정복하여 중국 영토로 편입하였다.

① ㄱ, ㄴ   ② ㄱ, ㄷ   ③ ㄴ, ㄷ
④ ㄴ, ㄹ   ⑤ ㄷ, ㄹ

28. 다음 주장에 따라 추진된 중국의 근대화 운동에 대한 설명으로 가장 옳은 것은?

현재 '서양 오랑캐를 몰아내자'는 외침이 일고 있는데, 그것은 하나의 꿈에 불과합니다. 외국과 평화를 유지하는 가운데 우리나라를 지키려면 그에 대한 방비가 있어야 합니다. 일본은 작은 나라지만, 최근 서양과 통상을 하며 제철소를 세워 기선을 만들고 서양의 무기를 고쳐서 쓰고 있습니다. … 국가의 모든 경비는 절약해야 하나, 병사를 기르고 총포나 군함을 제조하는 비용만은 아끼지 말아야 합니다.

〈보 기〉
ㄱ. 일본 메이지 유신을 모방하였다.
ㄴ. 중체서용(中體西用)을 강조하였다.
ㄷ. 청 · 일 전쟁의 패배로 한계가 드러났다.
ㄹ. 신축 조약을 체결하는 결과를 가져왔다.

① ㄱ, ㄴ   ② ㄱ, ㄷ   ③ ㄴ, ㄷ
④ ㄴ, ㄹ   ⑤ ㄷ, ㄹ

29. 다음 제시문을 발표한 인물과 관련된 혁명에 대한 설명으로 가장 옳은 것은?

> 나는 구미가 3대주의에 따라 진화한 것으로 생각하는데 그것은 민족, 민권, 민생이다. 로마 제국이 멸망하고 민족주의가 일어나 유럽 각국이 독립하였다. 그 뒤 각국은 자기 나라를 제국으로 만들어 전제 정치를 강행하였다. 피지배자는 그 고통을 참을 수 없어 민권주의가 일어났다. 18세기 말부터 19세기 초에 전제가 무너지고 입헌 정치가 증가하였다. … 경제 문제가 정치 문제에 이어 일어나 민생주의가 빠르게 성행하기에 이르렀다.
> ― 민보 ―

① 천조전무 제도를 실시하였다.
② 8개국 연합군에 의해 진압되었다.
③ 중국 최초의 공화정이 수립되었다.
④ 서태후 등 보수파의 탄압으로 실패하였다.
⑤ 위안스카이의 방해로 청 왕조는 멸망하지 않았다.

30. (가)~(마) 시기에 있었던 사실로 가장 옳지 <u>않은</u> 것은?

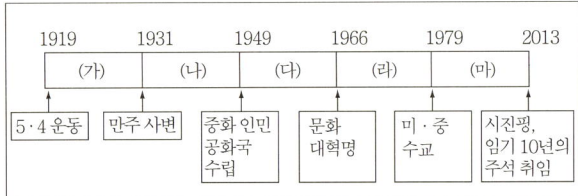

① (가) ― 제1차 국공 합작이 이루어졌다.
② (나) ― 중·일 전쟁이 발생하였다.
③ (다) ― 6·25 전쟁이 발발하였다.
④ (라) ― 대약진 운동이 전개되었다.
⑤ (마) ― 톈안먼 사건이 발생하였다.

31. 다음과 같은 문화가 유행한 시기에 대한 설명으로 가장 옳은 것은?

〈보 기〉
ㄱ. 무사 계층이 성장하였다.
ㄴ. 가나 문자가 만들어졌다.
ㄷ. 다이호 율령이 반포되었다.
ㄹ. 일본이라는 국호를 사용하기 시작하였다.

① ㄱ, ㄴ ② ㄱ, ㄷ ③ ㄴ, ㄷ
④ ㄴ, ㄹ ⑤ ㄷ, ㄹ

32. 다음은 임진왜란 이후 일본에 파견된 국제 사절단과 관련된 자료들이다. 이 사절단이 파견되었던 시기 일본에 대한 설명으로 가장 옳은 것은?

> 묘시에 시도를 떠나 겨우 5리 정도 나아가 전도를 지났다. 여러배들이 북과 꽹과리를 두드리면서 힘써 노 저어 앞으로 나아가니, 소리가 산과 바다를 울렸다. 겨울 날씨가 노 젓는 사공들이 땀을 흘릴 정도였다. …… 잠시 후 바람이 자고 물살이 순해지며 달빛이 바다 가운데 가득하였다.
> ― 홍우재, "동사록" ―

① 견당사를 파견하였다.
② 감합 무역이 발달하였다.
③ 아스카 문화가 융성하였다.
④ 성리학이 처음으로 도입되었다.
⑤ 가부키와 우키요에가 발달하였다.

33. (가)에 들어갈 내용으로 가장 적절한 것은?

```
           메이지 유신 탐구하기
■ 기간 : 2017년 ○○월 ○○일~○○일
■ 탐구 방법 : 모둠별 신문 기사 만들기
■ 탐구 주제
  • 정치 :      ( 가 )
  • 경제 : 근대적 토지 세제를 확립하였다.
  • 교육 : 서양식 교육 제도와 의무 교육을 도입하였다.
```

① 다이카 개신을 발표하였다.
② 산킨코타이제를 실시하였다.
③ 쇼토쿠 태자가 중앙 집권 정책을 강화하였다.
④ 폐번치현을 실시하여 지방 제도를 정비하였다.
⑤ 당의 장안성을 모방한 헤이조쿄를 건설하였다.

34. 다음 자료의 인물에 대한 설명으로 가장 옳은 것은?

• 1890년 베트남 응헤안주에서 태어남.
• 1911년 프랑스 유학길에 오름.
• 1919년 베르사유 회의에 베트남 대표로 참석
• 1941년 베트남 독립 동맹 조직
• 1945년 베트남 민주 공화국 선포, 정부 주석으로 취임

① 동유 운동을 전개하였다.
② 통킹 의숙을 설립하였다.
③ 베트남 유신회를 조직하였다.
④ 베트남 광복회를 조직하였다.
⑤ 베트남 공산당을 조직하였다.

35. (가), (나)를 만든 국가에 대한 설명으로 옳은 것을 〈보기〉에서 고른 것은?

(가) 보로부두르 (나) 앙코르 와트

〈보 기〉
ㄱ. (가)는 이슬람교와 관련된 문화재이다.
ㄴ. (가)가 소재한 나라는 현재 이슬람교를 믿는 국민이 제일 많다.
ㄷ. (나)는 힌두교와 관련된 문화재이다.
ㄹ. (나)가 소재한 나라는 현재 힌두교를 믿는 국민이 제일 많다.

① ㄱ, ㄴ ② ㄱ, ㄷ ③ ㄴ, ㄷ
④ ㄴ, ㄹ ⑤ ㄷ, ㄹ

36. 다음 자료에서 밑줄 친 '왕조'에 대한 설명으로 가장 옳은 것은?

① 탄지마트를 추진하였다.
② 아라비아 반도를 통일하였다.
③ 탈라스 전투에서 승리하였다.
④ 셀주크 튀르크의 침략으로 멸망하였다.
⑤ 투르·푸아티에 전투에서 패배하였다.

37. 다음 지도에서 표시된 영역을 차지했던 국가에 대한 설명으로 가장 옳은 것은?

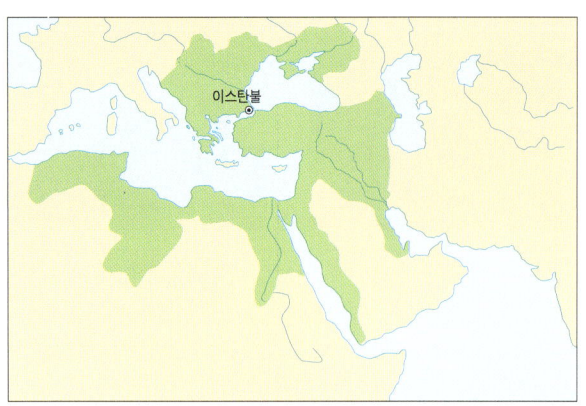

① 비잔티움 제국을 멸망시켰다.
② 유스티니아누스 황제 때 전성기를 누렸다.
③ 아바스 왕조로부터 술탄 칭호를 획득하였다.
④ 티무르가 몽골 제국 재건을 위해 건국하였다.
⑤ 예루살렘을 점령하여 십자군 전쟁을 유발하였다.

38. 제시된 문화재가 완성되었던 시기의 상황에 대한 내용으로 가장 옳은 것을 〈보기〉에서 고른 것은?

〈보 기〉
ㄱ. 브라만교가 성립되었다.
ㄴ. 힌두교와 인도 고전 문화가 발달하였다.
ㄷ. 자연을 찬미하는 "베다"가 처음으로 제작되었다.
ㄹ. 카스트 제도와 의례 등을 정리한 "마누 법전"이 편찬되었다.

① ㄱ, ㄴ ② ㄱ, ㄷ ③ ㄴ, ㄷ
④ ㄴ, ㄹ ⑤ ㄷ, ㄹ

39. 다음 문화재를 만든 왕조에 대한 설명으로 가장 옳은 것은?

무굴 제국의 제5대 황제 샤자한이 왕비 뭄타즈 마할을 추모하기 위해 건립한 것으로 흰색 대리석으로 지은 웅장한 묘당이다. 이는 인도 이슬람 예술 작품 중 가장 훌륭한 작품 중 하나로 손꼽힌다.

〈보 기〉
ㄱ. 간다라 미술이 발달하기 시작하였다.
ㄴ. 산스크리트어가 공식 문서에 주로 사용되었다.
ㄷ. 유럽인들이 인도에 본격적으로 진출하기 시작하였다.
ㄹ. 힌두교와 이슬람교의 융합으로 만들어진 시크교가 발달하였다.

① ㄱ, ㄴ ② ㄱ, ㄷ ③ ㄴ, ㄷ
④ ㄴ, ㄹ ⑤ ㄷ, ㄹ

40. 밑줄 친 '반란'에 대한 설명으로 가장 옳은 것은?

이전에도 병사의 반란은 일어났으나 이번 반란은 특이하게도 이전과는 다르다. … 병사들이 자기 손으로 영국 상관을 살해한 점, 이슬람교도와 힌두교도가 서로의 반목을 버리고 공통의 주인에 맞서 단결한 점, 힌두교도 내부의 소란이 이슬람교도의 황제를 델리의 왕좌에 앉힌 결과를 만들었다는 점, 그리고 마지막으로 아시아의 많은 위대한 민족들의 영국 지배에 대한 불만과 함께 인도군 내부의 반란이 나타나고 있다는 점이다.
– 뉴욕 데일리 트리뷴(1857. 7. 15). –

① 간디와 네루가 주도한 인도의 민족 운동이다.
② 이슬람교가 다수인 방글라데시가 독립하게 되었다.
③ 지식인 중심의 인도 국민 회의가 결성되는 계기가 되었다.
④ 무굴 제국이 멸망하고 동인도 회사가 해체되는 계기가 되었다.
⑤ 영국이 프랑스·벵골 연합군을 격퇴한 플라시 전투에 영향을 주었다.

J 중앙일보 주체
세계사능력검정시험 제2회 문제지

41. 다음 지도에서 표시된 (가), (나) 왕조에 대한 설명으로 가장 옳은 것을 〈보기〉에서 고른 것은?

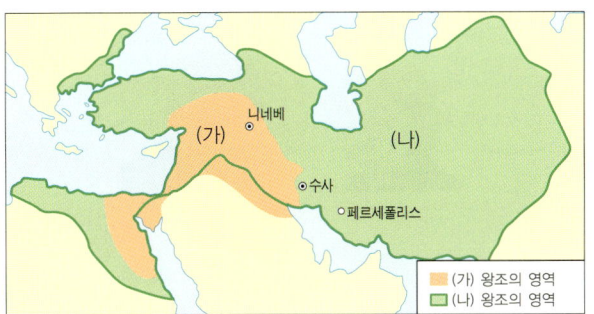

〈보 기〉
ㄱ. (가) 왕조 시기에 바빌론 유수가 발생하였다.
ㄴ. (가) 왕조는 피정복민을 가혹하게 통치하였다.
ㄷ. (나) 왕조 시기에 조로아스터교가 국교화되고 마니교가 출현하였다.
ㄹ. (나) 왕조는 피정복민에 대한 관용 정책을 펼쳤다.

① ㄱ, ㄴ ② ㄱ, ㄷ ③ ㄴ, ㄷ ④ ㄴ, ㄹ ⑤ ㄷ, ㄹ

42. 다음 지도에서 표시된 국가에 대한 설명으로 가장 옳은 것은?

① 킵차크한국의 침입으로 멸망하였다.
② 베스트팔렌 조약으로 독립국이 되었다.
③ 북방 전쟁 당시 스웨덴의 공격으로 멸망하였다.
④ 폴란드 왕국과 리투아니아 대공국의 연합으로 성립되었다.
⑤ 제1차 세계 대전 이후 독립하였다가 모두 소련 연방에 편입되었다.

43. 다음 제시문의 (가), (나)를 연설한 인물에 대한 설명으로 가장 옳은 것은?

(가) 국가 위에, 국가 외에 그리고 국가에 반하여서는 아무것도 존재하지 않으며, 그러한 국가는 파시스트당에 의하여 대표되고, 오직 파시스트 신문과 파시스트의 교육이 있을 뿐이다. 파시스트당이 대표하는 우리나라는 강력하고 위대해져야 하며, 팽창하지 않는 국가는 쇠퇴하고 멸망하며, 전쟁은 인간을 위대하게 만든다.

(나) 민족주의 국가는 인종을 모든 생활의 중심점에 두어야 한다. 그 국가는 인종의 순수한 유지를 위해 배려해야 한다. 그 국가는 어린이가 민족의 가장 중요한 보배로운 재물임을 언명하지 않으면 안 된다. … 국가는 몇 천 년이나 되는 미래의 보호자로서 행동해야 하며, 이 미래에 대해서는 개인의 희망이나 욕심 따위는 아무것도 아닌 것으로 생각하고 희생해야 한다.

① (가) – 소련과 불가침 조약을 맺었으나 이후 파기하였다.
② (가) – 바이마르 공화국을 무너뜨리고 정권을 장악하였다.
③ (나) – 에티오피아를 침공한 후 국제 연맹을 탈퇴하였다.
④ (나) – 오스트리아 출생으로 국가 사회주의 독일 노동당 소속이었다.
⑤ (가), (나) – 모두 세계 대공황 직후 정권을 장악하였다.

44. 다음은 원 왕조의 신분 제도를 나타낸 도표이다. 이 도표에 대한 설명으로 가장 옳은 것을 〈보기〉에서 고른 것은?

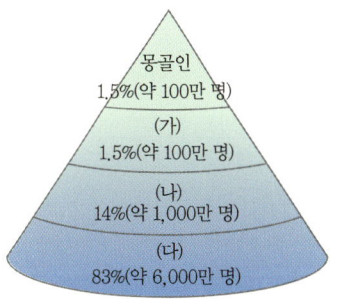

〈보 기〉
ㄱ. (가) 계층 – 주로 재정 업무를 담당하였다.
ㄴ. (나) 계층 – 위구르인이 계층에 포함되었다.
ㄷ. (나) 계층 – 고려인이 이 계층에 포함되었다.
ㄹ. (다) 계층 – 한족은 모두 이 계층에 포함되었다.

① ㄱ, ㄴ ② ㄱ, ㄷ ③ ㄴ, ㄷ ④ ㄴ, ㄹ ⑤ ㄷ, ㄹ

12 ⓙ 중앙일보 주최 세계사능력검정시험 제2회 문제지(고급)

45. 지도는 어느 시기 중국을 침입한 외적을 표시한 것이다. 이 침입 이후 당시의 동아시아 정세에 대한 내용으로 가장 옳은 것은?

① (가)에서 돌궐족 중심의 왕조가 등장하였다.
② (나)에서 정화의 대함대가 파견되었다.
③ (다)에서 임진왜란이 발생하였다.
④ (라)에서 무로마치 막부가 등장하였다.
⑤ (마)에서 최초로 통일 왕조가 등장하였다.

46. 다음 지도에서 앵커가 언급하고 있는 섬을 고르시오.

 국민 여러분, 필리핀 현지 시간으로 2017년 6월 21일, 필리핀 내 이슬람 반군 단체가 ☐ 섬 서부의 한 마을을 습격하여 주민의 일부를 인질로 잡았다고 합니다. 필리핀 국민들이 모두 에스파냐 지배의 영향으로 가톨릭을 믿는 것으로 생각하시지만 이 섬의 주민 일부는 바닷길의 영향으로 이슬람교를 믿고 있습니다. 우리나라 정부에서 이 지역을 여행 금지 지역으로 정하였으니 이 지역에 대한 여행을 자제해주시기를 바라겠습니다.

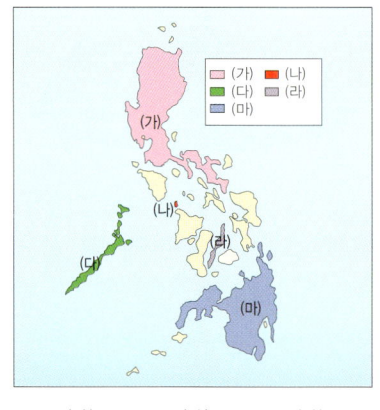

① (가)   ② (나)   ③ (다)   ④ (라)   ⑤ (마)

47. 다음은 2016년 미국 대선 당시 두 정당의 대선 후보들의 연설이다. 두 정당에 대한 설명 중 가장 옳은 것을 〈보기〉에서 고른 것은?

〈보 기〉
ㄱ. (가) 정당 소속의 대통령은 노예 해방령을 발표하였다.
ㄴ. (가) 정당 소속의 대통령들이 집권하고 있을 당시 제1차 세계대전과 제2차 세계 대전이 발생하였다.
ㄷ. (나) 정당 소속의 대통령은 닉슨 독트린을 발표하였다.
ㄹ. (나) 정당 소속의 대통령이 집권하고 있을 당시 쿠바 미사일 위기가 발생하였다.

① ㄱ, ㄴ   ② ㄱ, ㄷ   ③ ㄴ, ㄷ
④ ㄴ, ㄹ   ⑤ ㄷ, ㄹ

48. 다음 문화유산을 남긴 국가에서 현재 대통령이 추진하는 정책에 대한 설명으로 가장 옳은 것을 〈보기〉에서 고른 것은?

〈보 기〉
ㄱ. 유럽 연합 탈퇴를 주장하고 있다.
ㄴ. 파리 기후 조약 탈퇴를 주장하고 있다.
ㄷ. 난민에 대한 유화 정책을 주장하고 있다.
ㄹ. 자유 무역과 개방 경제를 주장하고 하고 있다.

① ㄱ, ㄴ   ② ㄱ, ㄷ   ③ ㄴ, ㄷ
④ ㄴ, ㄹ   ⑤ ㄷ, ㄹ

49. (가) 국가에 대한 설명으로 가장 옳은 것을 〈보기〉에서 고른 것은?

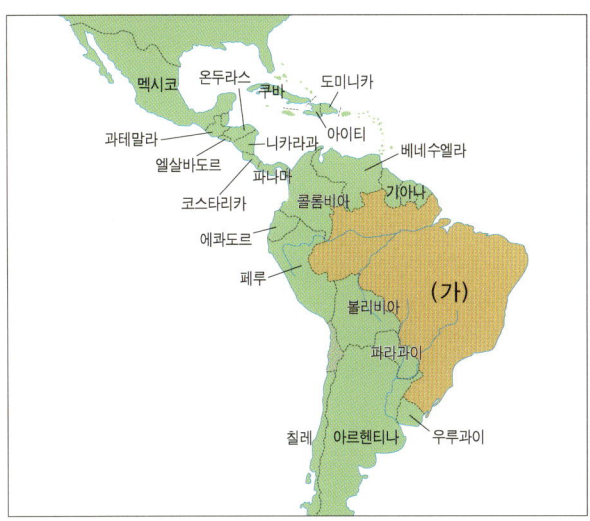

〈보 기〉
ㄱ. 제1차 세계 대전 이후 독립하였다.
ㄴ. 현재 G20(Group of 20)의 회원 국가이다.
ㄷ. 토르데시야스 조약으로 에스파냐의 식민지가 되었다.
ㄹ. 2016년 최초의 여성 대통령이 비리 혐의로 탄핵되었다.

① ㄱ, ㄴ ② ㄱ, ㄷ ③ ㄴ, ㄷ
④ ㄴ, ㄹ ⑤ ㄷ, ㄹ

50. 다음 자료와 관련된 현재 국제 관계와 동아시아의 역사에 대한 설명 중 가장 옳은 것을 〈보기〉에서 고른 것은?

북한이 핵무기와 탄도미사일 개발에 열을 올리고 있다. 이에 한·미 군당국은 고고도미사일방어 체계인 사드(THAAD)를 배치하고 있다. 이는 탄도 미사일 낙하 과정에서 요격하는 방어시스템으로 핵폭발에 따른 지상 피해를 감소시킨다. 한국의 사드 배치에 대해 중국은 사드 배치 철회를 주장하고 있다. 또 한국 기업에 대한 보복을 벌이고 있으며 자체적으로 최첨단 레이더를 설치하였다

〈보 기〉
ㄱ. 일본은 한국의 영향으로 사드 레이더를 처음으로 배치할 예정이다.
ㄴ. 중국이 네이멍구에 설치한 텐보 레이더는 한국과 일본 전역을 감시할 수 있다.
ㄷ. 러시아가 한국의 사드 배치를 반대하는 이유 중의 하나는 1860년 베이징 조약으로 획득한 지역 때문이다.
ㄹ. 중국이 한국의 사드 배치를 반대하여 견제하려는 국가와 황쭌셴의 "조선책략"에서 견제하려는 국가는 동일하다.

① ㄱ, ㄴ ② ㄱ, ㄷ ③ ㄴ, ㄷ
④ ㄴ, ㄹ ⑤ ㄷ, ㄹ

중앙일보 세계사능력검정시험 제3회 문제지

초·중급

1문제당 2점입니다.
11PAGE부터 고급문제가 있습니다.

경고 : 시험지를 무단으로 개인 사이트에 올리시면 안 됩니다. 그리고 다른 수험생들의 혼란을 방지하기 위해 개인적으로 해설지를 작성하시는 것도 금지합니다. 이를 어길 시에는 저작권법 위반으로 법적 조치가 취해집니다.

1. (가)에 들어갈 내용으로 가장 적절한 것은?

〈수행평가 계획서〉
주제 : 아테네 민주정의 발전
1모둠 : 솔론, 재산 정도에 따라 참정권에 제한을 두었다.
2모둠 : 참주 페이시스트라토스가 등장하였다.
3모둠 : 클레이스테네스, 민주 정치의 기초를 마련하였다.
4모둠 : (가   )

① 카이사르, 삼두 정치를 주도하다.
② 옥타비아누스, 제정을 수립하다.
③ 나폴레옹, 대륙 봉쇄령을 내리다.
④ 페리클레스, 공무 수당을 지급하였다.
⑤ 콘스탄티누스, 밀라노 칙령을 반포하다.

2. 다음 영토를 통치한 국가에 대한 설명으로 가장 옳지 않은 것은?

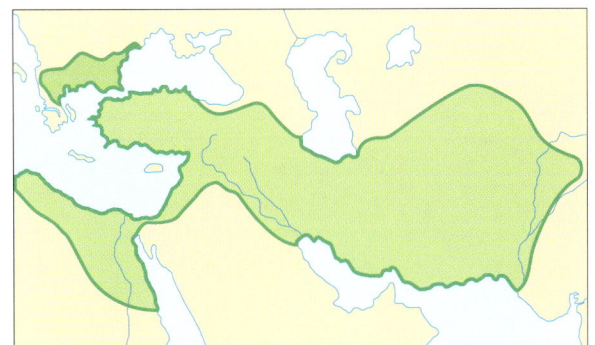

① 콜로세움과 수도교를 건설하였다.
② 사실적이고 현실적인 미술이 발달하였다.
③ 세계 시민주의와 개인주의 경향이 등장하였다.
④ 미술 양식이 인도의 간다라 미술 발달에 영향을 끼쳤다.
⑤ 동서 융합 정책으로 그리스인과 페르시아인의 결혼 정책을 추진하였다.

3. 다음 자료에 나타난 상황을 극복하기 위한 노력으로 가장 옳은 것은?

부자들은 가짜로 꾸며낸 서류를 이용하여 공유지를 자신들의 것으로 만들더니 결국에는 대부분의 땅을 공공연히 자신들의 명의로 소유하였다. 땅에서 쫓겨난 가난한 사람들은 군 복무에도 열의를 보이지 않았고 자녀들의 양육도 소홀히 하였다. 그리하여 곧 나라 전체에 자유민의 수가 눈에 띄게 감소하고 온 나라가 외국 노예들의 수용소로 가득 찼으니, 부자들은 자신들의 땅에서 자유민들을 쫓아내고 외국 노예들을 시켜 경작하게 했던 것이다.

– 플루타르코스, "영웅전" –

① 봉건 제도가 성립하였다.
② 동업 조합인 길드가 조직되었다.
③ 군관구제와 둔전병제가 실시되었다.
④ 유스티니아누스 법전이 편찬되었다.
⑤ 그라쿠스 형제가 자영농 육성을 도모하였다.

4. 밑줄 친 '이 황제'의 활동 시기로 가장 옳은 것은?

이 황제는 영토 확장 뿐만 아니라 문예 부흥에도 노력하였다. 그는 앨퀸을 비롯하여 많은 학자들을 엑스-라-샤펠(아헨)의 궁정 학교로 초빙하고, 고전과 라틴어 문법 등을 가르치게 하였다. 또한 수도원에서 이루어지는 고전 필사와 학문 연구를 후원하였다. 이러한 움직임을 가리켜 '카롤루스 르네상스'라고 부른다.

(가)	(나)	(다)	(라)	(마)
훈 족의 유럽 공격	크리스트교 개종	투르·푸아티에 전투	노르만 족 이동	카노사의 굴욕	십자군 전쟁

① (가) ② (나) ③ (다) ④ (라) ⑤ (마)

5. (가) 제국에 대한 설명으로 가장 옳은 것은?

 이 인물이 다스린 (가) 제국은 그리스 정교를 바탕으로 그리스·로마 문화와 헬레니즘 문화 등을 융합하여 독특한 문화를 발전시켰다. 수도 콘스탄티노폴리스는 유럽과 아시아를 잇는 길목에 위치하여 동서 교통의 중심지로 상공업과 무역이 발달하였다.

〈보 기〉
ㄱ. 황제 교황주의를 채택하였다.
ㄴ. 성 소피아 성당을 건축하였다.
ㄷ. '차르'라는 칭호를 사용하였다.
ㄹ. 토지 대장인 "둠즈데이 북"을 작성하였다.

① ㄱ, ㄴ   ② ㄱ, ㄹ   ③ ㄴ, ㄷ
④ ㄴ, ㄹ   ⑤ ㄷ, ㄹ

6. 다음 제시된 지도의 (가), (나) 교역권에 대한 설명으로 가장 옳은 것은?

14세기경 유럽

〈보 기〉
ㄱ. (가) - 신항로 개척을 주도하였다.
ㄴ. (가) - 여러 도시들이 모여 한자 동맹을 결성하였다.
ㄷ. (나) - 교황의 지휘와 통제가 강하였다.
ㄹ. (나) - 십자군 전쟁을 계기로 번성하였다.

① ㄱ, ㄴ   ② ㄱ, ㄹ   ③ ㄴ, ㄷ
④ ㄴ, ㄹ   ⑤ ㄷ, ㄹ

7. 다음 선언이 공포되게 된 원인으로 가장 적절하지 <u>않은</u> 것은?

우주의 창조주는 위대한 두 광체(光體)를 설치하였다. 더 위대한 광체(해)는 낮을 지배하고 약한 광체(달)은 밤을 지배한다. 마찬가지로 보편적 교회의 영역에도 창조주는 위대한 두 권위를 임명하였다. 더 위대한 것이 영혼을 지배하고 약한 것이 육체를 지배한다. 이 두 권위란 교황권과 황제권이다.
— 인노켄티우스 3세의 선언 —

① 십자군 전쟁이 발발하였다.
② 클뤼니 수도원이 개혁 운동을 단행하였다.
③ 황제와 교황이 서임권을 두고 갈등하였다.
④ 교회와 수도원 중심으로 학문이 발달하였다.
⑤ 위클리프와 후스가 교회의 세속화를 비판하였다.

8. (가)에 들어갈 내용으로 가장 옳은 것은?

○○○○ 제국의 성립과 발전
1. 성립 : 오토 1세의 황제 대관
2. 발전
 • 오토 3세 : 로마를 제국의 중심으로 정함
 • 하인리히 4세 : 카노사에서 교황에게 굴복함
 • (가)

① 필리프 4세 – 삼부회를 소집하였다.
② 에드워드 1세 – 모범 의회를 소집하였다.
③ 존 왕 – 마그나 카르타(대헌장)를 승인하였다.
④ 에드워드 3세 – 프랑스와 백년 전쟁을 치렀다.
⑤ 카를 4세 – 황금 문서로 황제 선출 원칙을 정하였다.

9. (가) 인물에 대한 설명으로 가장 옳은 것은?

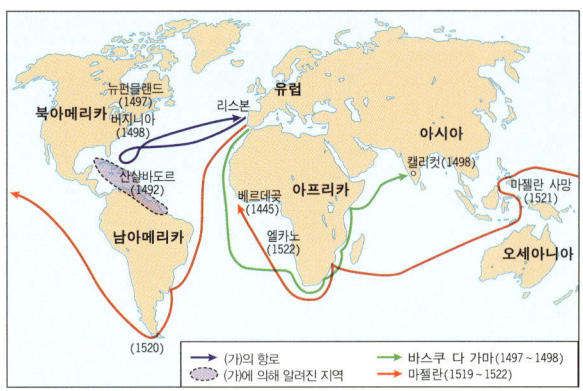

(가)는 1492년 신항로 개척에 나서 아메리카 대륙에 상륙하였다. (가)는 자신이 도착한 곳을 인도라고 생각했지만, 이후에 그곳이 인도가 아니었다는 것이 밝혀졌고, 동인도와 구분하기 위해 서인도 제도로 부르기 시작했다.

① 인도 항로를 개척하였다.
② 에스파냐의 후원을 받았다.
③ 희망봉을 최초로 발견하였다.
④ 태평양을 처음으로 발견하였다.
⑤ 최초로 세계 일주에 성공하였다.

10. 다음 노래가 만들어졌던 시기와 관련된 유럽 사회의 문제로 가장 적절하지 않은 것은?

아! 행복한 사람, 아! 행복한 그대여,
삽과 쟁기 들고 땀 흘리면서도
즐거움 속에 일하고
자기 일을 통제 받지 않았었네.
이제는 수많은 공장 안에
몰려 있는 인파 속에
치솟은 굴뚝들은 검은 구름 내뿜는데
일하라고 울려대는 차가운 종소리,
온 사방엔 노예 같은 노동자들이 산다네.
　　　　　　　　　　　　- 영국 방직공의 노래 -

① 도시의 주거 환경이 열악해졌다.
② 미성년자의 장시간 노동이 행하여졌다.
③ 스모그 발생 등 환경 문제가 대두되었다.
④ 러다이트 운동 등의 노동 운동이 발생하였다.
⑤ '양이 사람을 잡아 먹는다.'라는 비판이 대두하였다.

11. 다음 자료에서 밑줄 친 '그들'이 믿는 종교에 대한 설명으로 가장 옳은 것은?

"신이 크리스트교도에게 바라는 것은 그들이 사회에서 맡은 일을 열심히 하는 것이다. …… 그들은 부(富) 그 자체를 목적으로 하는 것이 사악하다고 여기면서도 직업 노동의 결과로 부자가 되는 것을 신의 은혜로 여겼다. 더 중요한 것은 끊임없이 세속적 직업 노동을 조직적으로 해 나가는 것을 최고의 금욕적 수단으로 삼고, 또 그것을 올바른 신앙에 대한 확실한 증거로 여긴다는 것이다."
　　　　　- 막스 베버, "프로테스탄티즘의 윤리와 자본주의 정신" -

① 독일 제후들의 도움을 받았다.
② 헨리 8세의 수장법 제정의 계기가 되었다.
③ 콘스탄츠 공의회에서 이단으로 규정되었다.
④ 트리엔트 공의회에서 교리를 재확인하였다.
⑤ 베스트팔렌 조약으로 신앙의 자유를 인정받았다.

12. (가), (나) 국왕에 대한 설명으로 가장 옳은 것은?

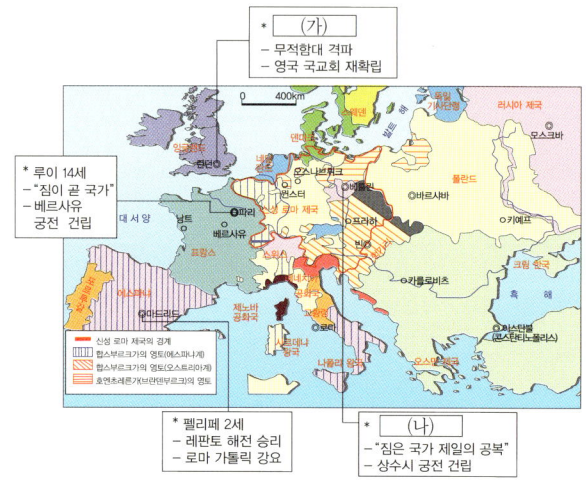

① (가) - 농노제를 기반으로 절대 왕정을 수립하였다.
② (가) - 무적 함대를 격파하고 동인도 회사를 설립하였다.
③ (나) - 빈 회의를 주도하였다.
④ (나) - 상트 페테르부르크를 건설하였다.
⑤ (가), (나) - 계몽 군주를 자처하였다.

13. (가), (나) 문서에 대한 설명으로 가장 옳은 것은?

> (가) 의회에 소집된 성직자, 귀족 및 서민 대표는 폐하(찰스 1세)께 다음 사항을 탄원한다. 이후 누구도 의회 법을 따르지 않고 어떠한 증여, 대부, 상납금, 세금, 기타 부담을 지지 않고 또한, 그런 부담을 지도록 강요받아서도 안 된다. 누구도 이를 거절함으로써 변명이나 서약을 강요받거나 구류, 또는 그 외의 방법으로 고통받거나 마음의 평정을 잃게 되어서도 안 된다.
>
> (나) 제1조 인간은 자유롭게, 그리고 평등한 권리를 가지고 태어났다.
> 제2조 모든 정치적 결사의 목적은 그 무엇도 침해할 수 없는 인간의 자연권을 보전하는 데 있다. 그 권리는 자유, 재산, 안전, 그리고 압제에 대한 저항이다.
> 제17조 소유권은 그 무엇도 침해할 수 없는 신성한 권리이므로 …… 어느 누구도 그것을 빼앗을 수 없다.

〈보 기〉
ㄱ. (가) – 내각 책임제가 확립되는 계기가 되었다.
ㄴ. (가) – 청교도 혁명이 발생되는 계기가 되었다.
ㄷ. (나) – 보스턴 차 사건으로 발표되었다.
ㄹ. (나) – 구체제의 모순을 부정하는 이념이 담겨 있다.

① ㄱ, ㄴ ② ㄱ, ㄷ ③ ㄴ, ㄷ
④ ㄴ, ㄹ ⑤ ㄷ, ㄹ

14. 밑줄 친 '이 혁명'의 전개 과정에서 볼 수 있었던 모습으로 가장 적절한 것은?

이 그림은 오노레 도미에가 그린 〈가르강튀아〉라는 작품으로, 백성들이 바치는 빵을 탐욕스럽게 먹는 것처럼 묘사된 인물은 이 혁명으로 왕에 추대된 루이 필리프라고 알려져 있다. 보수적 성향의 그는 소수의 부유한 시민들에게만 선거권을 부여하여 중하급 시민 계층과 노동자들의 불만을 초래하였다.

① 권리장전을 승인하는 공동 왕
② 대륙 봉쇄령을 발표하는 황제
③ 샤를 10세의 추방을 주장하는 시민
④ 요크타운 전투에서 승리하는 식민지 민병대
⑤ 루이 나폴레옹을 대통령으로 선출하는 노동자

15. (가)에 들어갈 내용으로 가장 적절한 것은?

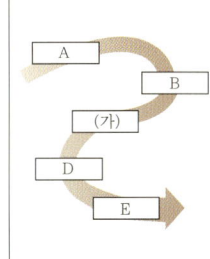

〈통일 이탈리아 왕국의 성립〉
A : 크고 작은 도시 국가로 분열되었다.
B : 사르데냐 중심의 통일 운동이 전개되었다.
D : 가리발디가 시칠리아와 나폴리를 점령하였다.
E : 통일 이탈리아 왕국이 성립되었다.

① 파시스트당이 로마로 진군하였다.
② 비스마르크가 철혈 정책을 펼쳤다.
③ 마리아 테레지아가 개혁을 단행하였다.
④ 청년 장교들이 데카브리스트의 난을 일으켰다.
⑤ 카보우르가 오스트리아와의 전쟁에서 승리하였다.

16. (가) 국가에 대한 설명으로 가장 옳은 것은?

(가)는 나미비아 지역을 차지하여, 이 지역에서 농경과 목축 생활을 하던 헤레로 족은 자기 땅에서 쫓겨나게 되었다. 또한, (가)는 헤레로 족에 대한 차별과 폭행, 고문 등을 자행하여 결국, 헤레로 족의 무장 봉기(1904)가 일어나게 하였다.

① 파쇼다 사건에서 영국에게 양보하였다.
② 미국과의 전쟁에서 패배하여 필리핀을 상실하였다.
③ 메넬리크 2세를 중심으로 근대적 개혁을 추진하였다.
④ 베를린, 비잔티움, 바그다드를 잇는 3B 정책을 추진하였다.
⑤ 카이로, 케이프타운, 켈커타를 잇는 3C 정책을 추진하였다.

17. 밑줄 친 '이 전쟁' 중에 볼 수 있던 모습으로 가장 적절한 것은?

필리핀 마닐라의 위안부 기림비 제막식 모습

필리핀의 수도 마닐라에 약 3m 높이의 눈을 가린 여성 동상이 세워졌다. 이 전쟁 당시 태평양 전선의 한복판이었던 필리핀에서는 지난 1990년대에 일본군의 위안부 노릇을 했다는 여성들의 증언이 나오면서 당시 일본 무라야마 내각 때 발족한 '아시아 여성 기금'이 보상금을 지급했으나, 일부는 보상금 수령을 거부하고 일본 정부의 공식 사죄와 배상을 요구한 바 있다.

① 노르망디 상륙 작전에 참여하는 연합군
② 킬 항구에서 반란을 일으키는 독일 수병
③ 이집트 독립 소식을 전보로 알리는 기자
④ 수카르노의 국민당 결성을 지켜보는 정치인
⑤ 세르비아에 선전 포고하는 오스트리아 – 헝가리 제국 관리

18. 다음 자료의 정책을 시행한 황제의 재위 시기에 일어난 사건으로 가장 적절하지 않은 것은?

전매제	소금, 철 등을 국가에서 전매하였다.
균수법	각 지방 특산물을 조세로 거두어 물자가 부족한 지방에 팔았다.
평준법	각지의 물자를 쌀 때 사서 비쌀 때 팔아 물가를 조절하였다.
화폐 관리	국가에서 오수전 등을 주조하고 개인의 화폐 주조를 금지하였다.

① 흉노를 공격하였다.
② 9품중정제를 실시하였다.
③ 장건을 대월지에 파견하였다.
④ 사마천이 "사기"를 집필하였다.
⑤ 유교를 통치 이념으로 채택하였다.

19. (가) 황제의 업적으로 가장 적절한 것은?

① 대운하를 건설하였다.
② 균전제를 실시하였다.
③ 군국제를 실시하였다.
④ 만리장성을 축조하였다.
⑤ 북부 베트남과 고조선을 정복하였다.

20. (가)~(다) 문명에 대한 설명으로 가장 옳은 것은?

① (가) – 대표적 도시로 마추픽추가 있다.
② (나) – 코르테스의 침입으로 멸망하였다.
③ (나) – 테노치티틀란이 대표적인 도시였다.
④ (다) – 피사로의 침입으로 멸망하였다.
⑤ (가), (나), (다) – 철제 무기를 생산하였다.

21. 다음 제도가 실시된 배경으로 가장 적절한 것은?

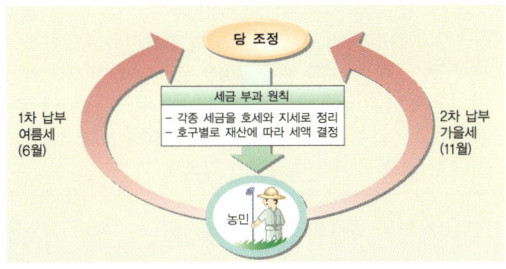

① 교초 남발로 물가가 폭등하였다.
② 인구의 증가로 토지가 크게 부족하였다.
③ 임진왜란 참전으로 국가 재정이 악화되었다.
④ 북방 민족에게 세폐를 지급하여 재정이 악화되었다.
⑤ 자영농이 몰락하고 귀족의 대토지 소유가 확산되었다.

22. (가) 왕조 시기에 대한 내용으로 가장 적절하지 <u>않은</u> 것은?

위 지도는 (가) 왕조 시기의 산업을 정리한 지도이며, 아래 그림은 (가) 왕조의 수도인 카이펑에서 청명절을 맞이한 모습을 묘사한 그림이다.

① 감합 무역이 실시되었다.
② 모내기법이 확산되었다.
③ 석탄 사용이 보편화되었다.
④ 동업 조합인 행, 작이 결성되었다.
⑤ 교자, 회자 등의 지폐가 사용되었다.

23. 다음 제도를 시행한 왕조에 대한 설명으로 가장 옳은 것은?

> 수도에는 많은 도로가 각 지방을 향하여 나있다. 각각의 도로는 행선지의 이름을 따서 명칭을 붙였다. 칸은 사신들이 이 도로를 이용할 때 필요한 것은 무엇이든 구할 수 있게 준비시켰다. …… 국내 여러 지방으로 통하는 주요 도로에는 약 40km마다 역참이 배치되어있고, 각 역참에는 300~400마리의 말이 사신을 위해 준비되어 있다.
> – 마르코 폴로, "동방견문록" –

① 당삼채가 유행하였다.
② 수시력이 편찬되었다.
③ 지정은제가 시행되었다.
④ 향거리선제가 실시되었다.
⑤ 과거제가 실시되기 시작하였다.

24. 밑줄 친 '이 황제'에 대한 설명으로 가장 옳은 것은?

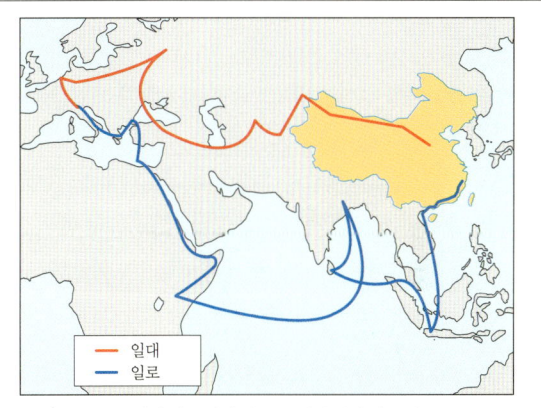

중국의 육상·해상 실크로드 '일대일로' 구상도

'일대일로'는 중앙아시아와 유럽을 잇는 육상 실크로드(일대)와 동남아시아와 유럽, 아프리카를 연결하는 해상 실크로드(일로)를 뜻하는 말로, 시진핑 중국 국가 주석이 제시한 경제 전략을 가리킨다.
특히 해상 실크로드는 중국에서 출발해 동남아시아의 바다를 거쳐, 아라비아해, 그리고 동아프리카 해안으로 이어질 예정인데, 이 루트는 자금성을 건설한 <u>이 황제</u> 시기에 이루어진 정화의 항해 경로와 거의 겹치고 있다.

① 북로남왜가 일어났다.
② 어린도책과 부역황책을 정비하였다.
③ 몽골을 공격하고 베트남을 점령하였다.
④ 육유를 반포하여 유교 교육을 강화하였다.
⑤ 임진왜란이 일어난 조선에 군대를 파병하였다.

25. 다음 사건의 결과 체결된 조약에 대한 설명으로 가장 옳은 것은?

> 우리는 신의 보살핌을 받고 있다. 하지만 세상이 혼란스러운 것은 서양 오랑캐가 중국을 어지럽히고 있기 때문이다. 그들은 크리스트교를 포교하고 제멋대로 전신주를 세우고 철도를 부설하고 있다. …… 우선 철도를 부수고 전선을 끊고 최후에는 서양 오랑캐를 중국에서 남김 없이 몰아내자.
> – 의화단 격문 –

① 홍콩을 할양하였다.
② 중화민국이 수립되었다.
③ 크리스트교 포교가 공인되었다.
④ 영국에 주룽 반도 일부를 할양하였다.
⑤ 외국 군대의 베이징 주둔을 허용하였다.

27. 밑줄 친 '이 운동'에 대한 설명으로 가장 옳은 것은?

> 1915년 일본은 중국에 21개조 요구를 강요하였고, 제1차 세계대전 이후 열린 파리 강화 회의(1919) 결과 독일이 중국의 산둥성에 가지고 있던 이권을 일본이 차지하게 되었다. 이에 중국인들은 분노했고, 베이징 대학생들을 주도로 산둥 이권 반환, 친일 관료 처단 등을 요구하며 이 운동을 일으켰다.

① 신문화 운동의 사상적 영향을 받았다.
② 톈안먼 사건이 일어나는 계기가 되었다.
③ 중국이 문호를 개방하는 계기가 되었다.
④ 실용주의자들이 대두되는 계기가 되었다.
⑤ 인민공사라는 대규모 집단 농장을 조직하였다.

26. 다음 지도에서 표시된 공장들을 세운 운동에 관한 설명으로 가장 옳은 것은?

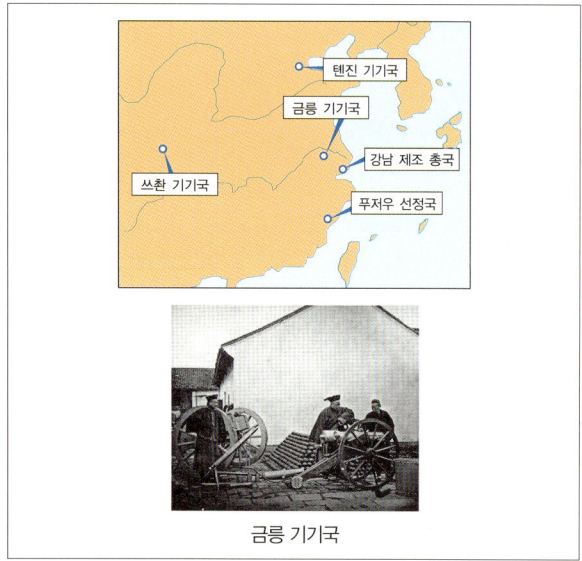

금릉 기기국

① 일본의 메이지 유신을 모방하였다.
② 일본 등 8개국 연합군에 의해 진압되었다.
③ 청 왕조 타도와 공화정 수립을 주장하였다.
④ 남녀 평등과 토지의 균등 분배를 주장하였다.
⑤ 태평천국 운동을 진압한 한인 관료들이 주도하였다.

28. 다음 지도에서 표시된 것처럼 중국이 개방 정책을 실시한 시기로 가장 적절한 것은?

1919	1924	1937	1949	1958	1989
(가)	(나)	(다)	(라)	(마)	
5·4 운동	국·공 합작	중·일 전쟁	중화 인민 공화국	대약진 운동	톈안먼 사건

① (가) ② (나) ③ (다)
④ (라) ⑤ (마)

29. (가), (나) 조약의 내용 중 공통점으로 가장 옳은 것은?

① 공행을 폐지하였다.
② 치외 법권을 인정하였다.
③ 최혜국 대우를 허용하였다.
④ 영토를 상대국에 할양하였다.
⑤ 협정 관세를 부과하도록 하였다.

30. 밑줄 친 '이 시대'에 대한 설명으로 가장 옳은 것은?

통일 신라의 민정문서는 서원경(지금의 청주) 인근 네 개 마을의 세금 징수를 위해 촌주가 3년마다 작성한 문서로서 각 마을의 인구, 토지, 가축, 과실나무 등의 내용을 담고 있다. 이 민정문서가 발견된 곳은 일본 도다이사이다. 도다이사는 이 시대에 신라와 당으로부터 불교문화가 수입되면서 만들어진 불교 사원 중에서 가장 대표적인 것이다. 또한 이 시대에는 고대 신화와 역사를 정리한 "고사기", "일본서기" 등이 편찬되기도 하였다.

도다이사의 대불

① 장원제가 확대되었다.
② 막부 정권이 수립되었다.
③ 헤이조쿄를 수도로 삼았다.
④ 아스카 문화가 발달하였다.
⑤ 산킨코타이 제도가 실시되었다.

31. 다음 자료의 내용을 추진한 정부의 정책으로 가장 옳은 것은?

짐이 예전에 여러 번(藩)들이 영토와 주민을 조정에 반환하겠다고 한 뜻을 받아들여, 새로이 지사를 임명하여 그 직책을 받들도록 하였다. 그러나 수백 년 동안의 인습에 얽매여 제대로 시행되지 않는 경우가 있으니 어찌 백성들을 편안하게 하고, 세계 여러 나라와 대등한 관계를 유지할 수 있겠는가? 짐이 이를 매우 개탄스럽게 생각하여 기존의 번(藩)을 폐지하여 현(縣)으로 삼아, 낡은 관행으로 인한 폐단을 없애고자 한다.

〈보 기〉
ㄱ. 에도의 이름을 도쿄로 고쳤다.
ㄴ. 이와쿠라 사절단을 파견하였다.
ㄷ. 미·일 수호 통상 조약을 체결하였다.
ㄹ. 쇄국 정책을 실시하였으나 네덜란드 문화는 수용하였다.

① ㄱ, ㄴ   ② ㄱ, ㄷ   ③ ㄴ, ㄷ
④ ㄴ, ㄹ   ⑤ ㄷ, ㄹ

32. (가) 국가에 대한 설명으로 가장 옳은 것은?

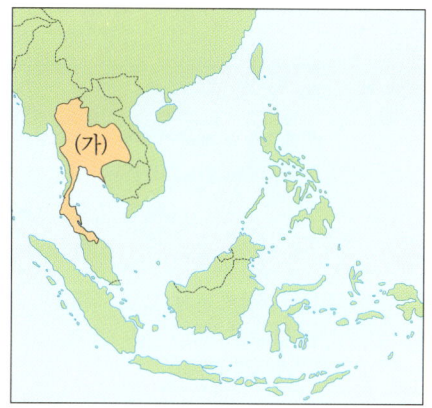

① 부디 우토모가 조직되었다.
② 이슬람 동맹이 조직되었다.
③ 영국과 프랑스의 완충 지대 역할을 하였다.
④ 미국과 에스파냐 사이에 전쟁이 발발하였다.
⑤ 황제의 호소에 응하여 근왕 운동이 전개되었다.

33. 밑줄 친 '이 지역'에 대한 설명으로 가장 옳지 않은 것은?

① 과거제를 도입하였다.
② 몽골의 통치를 받았다.
③ 동유 운동을 실시하였다.
④ 쯔놈 문자를 제정하였다.
⑤ "대월사기"를 편찬하였다.

34. (가)에 들어갈 내용으로 가장 적절한 것은?

〈인도사 학술 발표회〉
　　　　주제 : ○○ 제국의 문화
　　　　　– 힌두교의 성립과 인도 고전의 완성 –
　　　　　　　　　일시 : 2018년 ○○월 ○○일
　　　　　　　　　장소 : ○○ 박물관 세미나실
■ 발표 1 : 산스크리트어 문학의 고찰
■ 발표 2 : 아잔타 석굴의 조성 배경
■ 발표 3 : 　　　(가)

① 세포이 항쟁의 원인
② 시크교 확산 원인 고찰
③ 간다라 불상의 등장 배경
④ 타지마할 묘당의 건축 양식
⑤ 지구 구형설과 자전설 파악

35. 다음 자료가 발표된 시기로 가장 적절한 것은?

　벵골 분할에 벵골인은 아주 큰 불만을 품고 있습니다. 그것은 영국인의 잔인하고도 어리석은 행동입니다. …… 스와데시는 경제적 혼란 상태에 있는 인도에서는 강력해질 필요가 있다고 생각합니다. 외국인의 봉급과 연금 등으로 매년 2억 루피 정도를 제공함으로써 인도인의 경제 상황이 어려운 지경에 빠져 있는데, 그러한 인도에 영국의 경제법을 적용하려 한다고 말하는 것은 위험할 뿐 아니라 모욕을 주려는 것과 같은 것입니다.

	(가)	(나)	(다)	(라)	(마)	
무굴 제국 성립		동인도 회사 설립		세포이 항쟁		제1차 세계 대전 발발		제2차 세계 대전 종전		방글라데시 독립

① (가)　　② (나)　　③ (다)
④ (라)　　⑤ (마)

36. (가), (나) 왕조의 특징에 대한 설명으로 가장 옳은 것은?

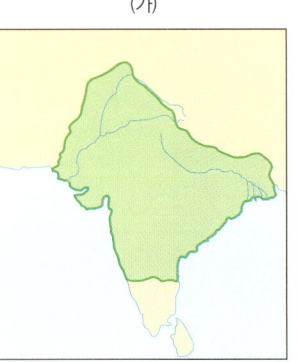

〈보 기〉
ㄱ. (가) – 상좌부 불교가 발달하였다.
ㄴ. (가) – 석가모니가 불교를 창시하였다.
ㄷ. (나) – 카니슈카 왕 때 전성기를 맞이하였다.
ㄹ. (나) – 알렉산드로스 대왕의 침입이 발생하였다.

① ㄱ, ㄴ　　② ㄱ, ㄷ　　③ ㄴ, ㄷ
④ ㄴ, ㄹ　　⑤ ㄷ, ㄹ

37. 밑줄 친 '이 문명'에 대한 설명으로 가장 옳은 것은?

○○ 박물관 특별전

우리 박물관에서 이 문명의 특별전을 개최합니다. 이 문명의 대표적인 유물인 이 작품은 지상에 남은 미라의 온전한 보존과 심판을 받으러 사후 세계로 가는 영혼을 위한 주술 등으로 채워져 있습니다. 나일강이 선물한 세계를 경험해 보세요.

① 지구라트를 건립하였다.
② 피라미드를 건축하였다.
③ 길가메시의 서사시를 남겼다.
④ 갑골에 점복의 내용을 기록하였다.
⑤ 함무라비 법전에 따라 통치하였다.

38. (가), (나) 국가에 대한 설명으로 가장 옳지 않은 것은?

(가) 661년 시리아 총독 무아위야가 다마스쿠스를 수도로 하는 새로운 왕조를 창건하였다. 이 왕조는 농민들에게 토지세를 거두어 관청에 등록된 특권적 아랍인 전사에게 연금으로 지급하였다.
(나) 알 만수르는 왕조의 수도를 티그리스 강변에 있는 바그다드로 옮겼다. 전략적 요충지이며 무역로의 교차로였던 이곳은 '평화의 도시'라는 의미를 가지고 있다.

① (가) – 사산 왕조 페르시아를 정복하였다.
② (가) – 투르 · 푸아티에 전투에서 패배하였다.
③ (나) – 아랍인 우월주의를 폐지하였다.
④ (나) – 당과 탈라스 전투에서 승리하였다.
⑤ (가), (나) – 이슬람교를 숭배하였다.

39. 다음의 문화재를 만든 국가에 대한 설명으로 가장 옳지 않은 것은?

이 문화재는 비잔티움 양식의 영향을 받아 여러 개의 돔이 중첩된 형태로 만들어졌으며, 첨탑이 6개이다. 이 문화재를 만든 국가는 헝가리를 정복하고 오스트리아 수도인 빈을 포위하였다.

〈보 기〉
ㄱ. 비잔티움 제국을 멸망시켰다.
ㄴ. 아바스 왕조로부터 술탄 칭호를 받았다.
ㄷ. '탄지마트'라는 근대화 개혁을 추진하였다.
ㄹ. 예루살렘을 공격하여 십자군 전쟁이 발발하였다.

① ㄱ, ㄴ   ② ㄱ, ㄷ   ③ ㄴ, ㄷ
④ ㄴ, ㄹ   ⑤ ㄷ, ㄹ

40. 다음 운하가 건설된 국가의 민족 운동에 대한 설명으로 가장 옳은 것은?

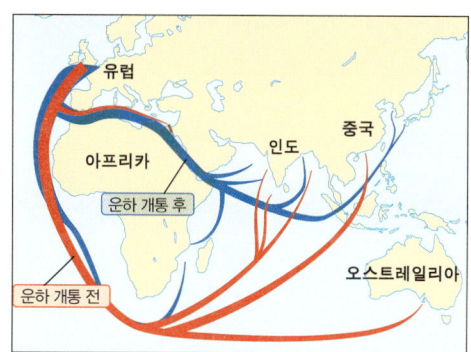

① 사탸그라하 운동을 전개하였다.
② 이탈리아의 식민 통치에 항거하였다.
③ 무스타파 케말이 공화국을 선포하였다.
④ 아라비 파샤가 민족 운동을 전개하였다.
⑤ 무함마드 아흐마드의 마흐디 운동이 전개되었다.

41. 밑줄 친 '이 나라'에 대한 설명으로 가장 옳은 것은?

중세 초기 스베아 족이 촌락을 형성하면서 시작된 이 나라는 9~11세기의 바이킹 시대를 거쳐 13세기 중반에 이르러 비르에르 야를에 의해 통일 국가의 토대가 마련되었다. 14세기 말에는 덴마크·노르웨이와 함께 칼마르 동맹(Kalmar union)을 결성하였고, 1523년 구스타브 에릭슨의 지휘 아래 독립할 때까지 사실상 덴마크 왕조의 지배를 받았다. 이후 17세기 후반 한때 유럽의 강대국으로 세력을 떨치기도 했으나, 나폴레옹 전쟁 이후 덴마크로부터 양도받은 노르웨이 지역이 1905년에 독립함에 따라 오늘날의 영토를 이루게 되었다. 한편 이 나라는 6·25 전쟁 당시 대한민국에 야전병원선을 파견하였으며, 휴전 후에는 중립국 감시위원단으로 활동하고 있다. 대한민국은 1959년 3월 11일 이 나라와 정식 외교 관계를 수립하였다.

칼마르 동맹의 영토 현황

① 플라시 전투에서 승리하였다.
② 러시아와 북방 전쟁을 벌였다.
③ 바이마르 공화국을 수립하였다.
④ 청과 네르친스크 조약을 체결하였다.
⑤ 30년 전쟁 당시 로마 가톨릭 교회를 지지하였다.

42. (가) 국가에 대한 설명으로 가장 옳은 것은?

국제 올림픽 위원회(IOC)는 2017년 12월 6일 스위스 로잔에서 집행 위원회를 열어 (가) 선수단의 평창 동계 올림픽 출전을 불허하였다. 국제 올림픽 위원회(IOC)가 한 국가를 대상으로 올림픽 출전 금지 처분을 내린 것은 1964~1988년 흑백 분리 정책(아파르트헤이트)으로 국제 사회의 비판을 받은 남아프리카 공화국의 올림픽 출전 자격을 박탈한 이후 처음이다. 제2차 세계 대전을 일으킨 독일과 일본도 종전 후 올림픽에 초대받지 못했다. 도핑 문제로 나라 전체가 올림픽 출전 징계를 받은 건 (가) 이/가 처음이다.

① 유럽 연합(EU)의 회원국이다.
② 제1차 세계 대전의 패전국이다.
③ 벨벳 혁명을 통해 하벨이 대통령에 당선되었다.
④ 독립 국가 연합(CIS)을 주도하는 연방 공화국이다.
⑤ 차우셰스쿠 정권하에서 민주화 운동을 탄압하였다.

43. 밑줄 친 '현지 주민'이 살고 있는 지역이 포함된 국가를 다음 지도에서 고르시오.

카탈루냐 자치 정부가 2017년 10월 1일(현지 시간) 현지 주민들을 대상으로 분리 독립 찬반 투표를 강행하기로 했다. …… 카탈루냐 주민들은 카탈루냐 독립기(에스텔라다)를 흔들며 독립 투표 의지를 재확인했다. 이날 집회에서 카를레스 푸지데몬 카탈루냐 자치 정부 수반은 "매우 강력하고 감동적인 순간"이라며 "1일 우리는 미래를 만날 것"이라고 말했다. …… 카탈루냐 자치 정부는 중앙 정부에 막대한 세금을 내는 데 비해 예산 지원이 부족하다며 불만을 터뜨려 왔다. 2014년에도 분리 독립 찬반을 묻는 비공식 주민 투표가 이뤄졌으며 응답자의 81%가 독립을 지지하였다.

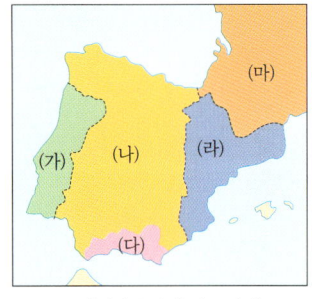
15세기경 유럽의 일부 지역

① (가) ② (나) ③ (다) ④ (라) ⑤ (마)

44. 밑줄 친 '황제'에 대한 설명으로 가장 옳은 것은?

> 오라총관 목극등이 황제의 명을 받들어 변경을 답사하여 이곳에 와서 살펴보니, 서쪽은 압록이 되고, 동쪽은 토문이 되므로 분수령 위에 돌을 새겨 기록하노라.
>
> - 백두산정계비 -

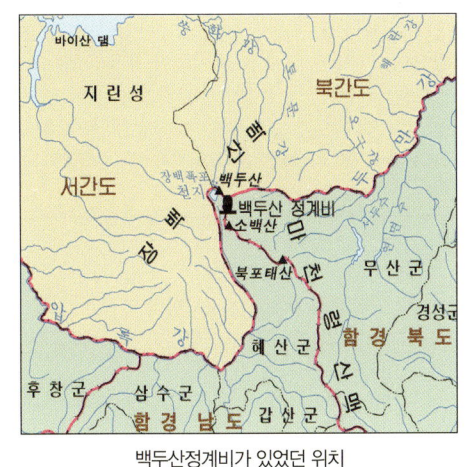

백두산정계비가 있었던 위치

① 명을 멸망시켰다.
② 군기처를 설치하였다.
③ 삼번의 난을 진압하였다.
④ 매카트니 사절단을 접견하였다.
⑤ 국호를 후금에서 청으로 바꿨다.

45. (가) 국가에 대한 설명으로 가장 옳은 것은?

> 초기에 (가) 의 풍속은 질박했고, 군신 간의 차이가 심하지 않아 여러 사람의 뜻이 하나가 될 수 있었기 때문에 강하고 무적이었다. 당 왕조에 공을 세워 당 왕조가 재화를 주자 텡그리 카간[登里可汗]이 비로소 스스로를 존대하였다. 궁궐을 건축해 부인을 거주하게 하였다. 화장을 하고 무늬가 있는 아름다운 비단옷을 입었다.
>
> - "자치통감" -

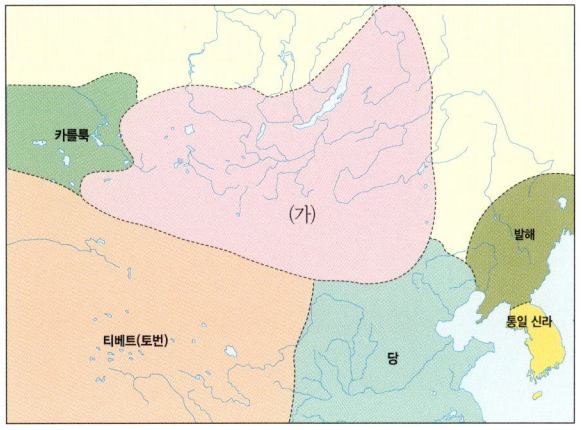

(가) 국가의 영토

① 안·사의 난에 개입하였다.
② 맹안·모극제를 실시하였다.
③ 북제와 북주로부터 조공을 받았다.
④ 산동 반도에 발해관을 설치하였다.
⑤ 고려와 연합하여 일본 침공을 단행하였다.

46. 밑줄 친 '이곳'에 대한 설명으로 가장 옳은 것을 〈보기〉에서 고른 것은?

중국 공산당 기관지 인민일보 자매지인 환구시보(環球時報)는 2017년 12월 16일자 1면 전체를 문재인 대통령 방중 소식을 대서특필했다. 환구시보는 '문재인, 중국 감동을 주기 위해 노력'의 제목의 기사를 통해 문 대통령이 이곳의 대한민국 임시 정부 옛 터 등을 방문했다는 등 구체적 일정을 함께 소개했다. 신문은 이어 "경제적인 측면에서도 이곳은 서부 대개발의 대문이자 인구 3300만 중국 4대 직할시로 일대일로 구성의 중심 도시"라면서 한국의 대기업들이 자동차 공장과 반도체 공장을 건설한 점도 문 대통령이 이곳을 선택한 이유라고 덧붙였다.
— 중앙일보(2017. 12. 16.) —

〈보 기〉
ㄱ. 삼국 시대 유비가 세운 촉의 영토였다.
ㄴ. 제2차 아편 전쟁 당시 영·프 연합군에 의해 점령되었다.
ㄷ. 제2차 세계 대전 중에 중국 국민당 정부의 수도가 되었다.
ㄹ. 중·일 전쟁 때 일본군에 의해 약 30만 명의 학살이 이루어졌다.

① ㄱ, ㄴ ② ㄱ, ㄷ ③ ㄴ, ㄷ
④ ㄴ, ㄹ ⑤ ㄷ, ㄹ

47. 다음 법령을 반포한 인물에 대한 설명으로 가장 옳은 것은?

백성들이 도(刀), 단도, 활, 창, 철포, 기타 무기·무구류를 소지하는 것을 엄격히 금지한다. 그 이유는 불필요한 무구류를 백성들이 가지고 있으면 연공 등의 납입을 꺼리거나, 혹은 봉기를 일으켜 다이묘로부터 토지를 받은 자에게 불법을 저지를 수도 있기 때문이다. 그러한 자는 당연히 처벌을 받게 될 것이다. …… 거두어들인 무기들은 대불을 건립하는 데 쓰일 못, 꺾쇠의 재료로 사용하도록 할 것이다. 그렇게 하면 백성은 현생은 물론 내세에까지 구원받게 될 것이다.

① 가마쿠라 막부를 수립하였다.
② 고구려 승려 혜자에게 교육을 받았다.
③ 조선을 침략하는 임진왜란을 일으켰다.
④ 세키가하라 전투를 통해 패권을 장악하였다.
⑤ 강항의 도움을 받아 "사서오경왜훈"을 간행하였다.

48. (가)에서 있었던 사실로 가장 옳은 것을 〈보기〉에서 고른 것은?

로힝야 족(영어명 : Rohingya people)은 (가)의 소수 민족으로 대부분 이슬람교도이다. 그러나 (가)의 국민 대부분은 불교를 신봉하고 있기 때문에 최근 로힝야 족은 탄압을 받고 있다. 인권 단체인 앰네스티 인터내셔널에 따르면 이슬람교도인 로힝야 족은 1978년부터 군사 정권 아래에서 다양한 인권 침해에 노출되어 왔으며, 그 결과 현재 많은 이들이 방글라데시와 타이(태국)로 피신했다고 한다. '국경 없는 의사회(MSF)'의 보고에 의하면 2017년 8월 25일 (가)의 로힝야 족에 대한 폭력이 발생한 후 9월 24일까지 한 달 동안 최소 6,700~9,000명이 살해되었다고 한다.

〈보 기〉
ㄱ. 7세기 — 스리위자야 왕조가 건국되었다.
ㄴ. 11세기 — 파간(바간) 왕조가 건국되었다.
ㄷ. 19세기 — 영국의 식민지가 되었다.
ㄹ. 2017년 — 히말라야 고원 지대에서 중국과 국경 분쟁이 발생하였다.

① ㄱ, ㄴ ② ㄱ, ㄷ ③ ㄴ, ㄷ
④ ㄴ, ㄹ ⑤ ㄷ, ㄹ

49. 밑줄 친 '회견'이 끼친 영향으로 가장 옳지 않은 것은?

트럼프 미국 대통령은 12월 6일(현지 시간) 백악관 회견에서 "이제는 공식적으로 예루살렘을 이스라엘 수도로 인정할 때"라고 밝혔다. 이스라엘 총리 관저, 대법원 등 정부 기관들이 예루살렘에 있다고 설명한 트럼프 대통령은 이번 결정이 "현실을 인정하는 이상도 이하도 아니다."라고 말했다.

트럼프 대통령은 "전임 대통령들은 공약을 지키지 못했지만 나는 지킨다."며 "오늘의 조치는 미국의 이해관계와 이스라엘과 팔레스타인 간 평화 추구에도 가장 부합하는 것으로, 평화 프로세스의 진전과 지속적인 평화 협정을 위해 오래전에 진작 했어야 할 일"이라고 덧붙였다.
— 중앙일보(2017. 12. 7.) —

① 이슬람 협력 기구(OIC)가 미국의 결정을 비난하였다.
② 유럽 연합(EU) 정상들이 '2국가 해법'을 재차 약속하였다.
③ 아랍 연맹과 이스라엘 사이에 제3차 중동 전쟁이 발발하였다.
④ 유엔 안전 보장 이사회가 트럼프의 결정을 거부하는 결의를 추진하였다.
⑤ 이스라엘과 팔레스타인의 경계 지역을 중심으로 유혈 충돌이 발생하였다.

50. 밑줄 친 '이 국가'에 대한 설명으로 가장 옳은 것은?

국민 여러분, 2017년 11월 이 국가에서 왕위 계승 서열 1위인 무함마드 빈 살만 알사우드 왕세자가 이끄는 반부패 위원회를 중심으로 전례 없는 부패 적발에 나서 2018년 1월 현재 약 4000억 리얄(약 114조 4,400억 원)이 넘는 자산을 환수했다고 합니다.

① 와하브 운동의 영향으로 건국되었다.
② 석유 수출 기구(OPEC)의 비회원국이다.
③ 2015년에 서양 국가들과 핵 합의를 맺었다.
④ 2009년에 한국의 원전을 도입할 것을 결정하였다.
⑤ 현재 국민의 대다수가 이슬람교의 시아파에 속한다.

J 중앙일보
세계사능력검정시험 제4회 문제지

초·중급

1문제당 2점입니다.
11PAGE부터 고급문제가 있습니다.

경고 : 시험지를 무단으로 개인 사이트에 올리시면 안 됩니다. 그리고 다른 수험생들의 혼란을 방지하기 위해 개인적으로 해설지를 작성하시는 것도 금지합니다. 이를 어길 시에는 저작권법 위반으로 법적 조치가 취해집니다.

1. 다음 문화유산이 만들어진 시대의 사회 모습으로 가장 적절한 것은?

빌렌도르프의 비너스

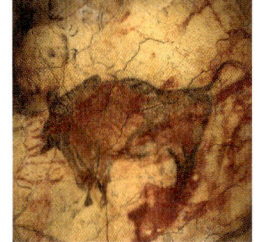
알타미라 동굴 벽화

① 농경이 시작되었다.
② 정착 생활이 시작되었다.
③ 잉여 생산물이 확대되었다.
④ 불과 언어가 사용되기 시작하였다.
⑤ 문자의 보급으로 역사 시대가 전개되었다.

2. 다음 자료는 고대 그리스의 대표적인 두 폴리스에 대한 내용이다. (가), (나) 폴리스에 대한 설명으로 가장 적절한 것을 〈보기〉에서 고른 것은?

(가) 소년은 어려서부터 부모와 떨어져 육체적 훈련과 애국심 교육을 받는다. 글과 음악도 배우지만 주로 신체 단련과 군사 훈련, 정신력 강화가 교육의 중심이었다.
(나) 그리스-페르시아 전쟁 후 특수직을 제외한 모든 관직은 추첨으로 선임되었으며, 재판을 맡은 배심원도 추첨으로 뽑았다. 살라미스 해전 때 해군으로 전쟁에 참가했던 하층민들의 발언권이 커지고 공무 수행에 대한 수당제가 도입되었다.

〈보 기〉
ㄱ. (가) – 델로스 동맹을 결성하였다.
ㄴ. (가) – 도리아인(도리스인)들이 이주하여 건설하였다.
ㄷ. (나) – 파르테논 신전을 건축하였다.
ㄹ. (나) – 펠로폰네소스 전쟁에서 승리하였다.

① ㄱ, ㄴ   ② ㄱ, ㄷ   ③ ㄴ, ㄷ
④ ㄴ, ㄹ   ⑤ ㄷ, ㄹ

3. (가) 문화에 대한 설명으로 가장 적절한 것은?

(가) 문화 ⇒  ⇒  ⇒
영향 영향 영향
인도의 간다라 불상   중국의 룽먼 석굴   한국의 석굴암 본존불

① 사실적이고 현실적인 미를 추구하였다.
② 아라베스크 문양으로 장식을 한 사원이 건립되었다.
③ 첨탑과 스테인드글라스를 이용한 건축 양식이 발달하였다.
④ 인간의 이성에 의하여 사회가 진보할 수 있다고 생각하였다.
⑤ 기사들의 모험과 사랑을 소재로 한 문학 작품이 발달하였다.

4. 다음 지도에서 나타난 전쟁 결과 나타난 사실로 가장 적절한 것은?

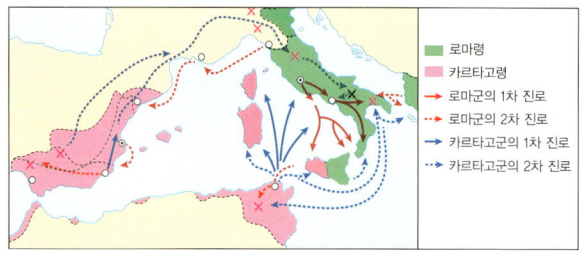

① 성문법인 12표법이 제정되었다.
② 솔론의 금권 정치가 실시되었다.
③ 길드와 도시 동맹이 조직되기 시작하였다.
④ 평민을 보호하는 호민관 제도가 조직되었다.
⑤ 라티푼디움이 확대되어 자영농이 몰락하였다.

5. 다음 지도의 (가) 제국에 대한 설명으로 가장 적절한 것을 〈보기〉에서 고른 것은?

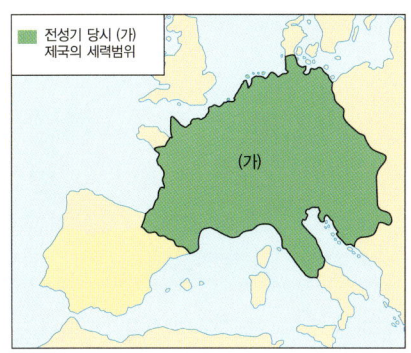

〈보 기〉
ㄱ. 서로마 제국을 멸망시켰다.
ㄴ. 노르만 족의 이동으로 건국되었다.
ㄷ. 베르됭 조약과 메르센(메이르선) 조약으로 분열되었다.
ㄹ. 로마 가톨릭교로 개종하여 로마 주민의 지지를 받을 수 있었다.

① ㄱ, ㄴ   ② ㄱ, ㄷ   ③ ㄴ, ㄷ
④ ㄴ, ㄹ   ⑤ ㄷ, ㄹ

6. 다음 자료와 관련된 서양 중세 제도에 대한 설명으로 가장 적절한 것을 〈보기〉에서 고른 것은?

나는 당신의 권력 아래 몸을 맡기고 자비를 간청하였으며, 당신은 큰 호의를 베풀어 나를 보호 아래 두었다. 당신은 나의 봉사와 공로에 따라 음식과 의복으로 나를 부양하여야만 한다. 나는 살아 있는 한 봉사와 복종을 다할 것이다. …… 만일 우리 둘 가운데 한 사람이 계약을 파기하고자 한다면, 그는 상대방에게 얼마간의 돈을 지불해야 할 것이며, 그로써 계약은 모두 효력을 상실할 것이다.

〈보 기〉
ㄱ. 주군에 대한 봉신의 불입권이 인정되었다.
ㄴ. 혈연관계를 기초로 한 주종 제도가 이루어졌다.
ㄷ. 자급자족을 하는 농촌 공동체를 기반으로 하였다.
ㄹ. 가옥과 토지를 소유할 수 없는 노예의 노동력을 기반으로 하였다.

① ㄱ, ㄴ   ② ㄱ, ㄷ   ③ ㄴ, ㄷ
④ ㄴ, ㄹ   ⑤ ㄷ, ㄹ

7. 다음 질문에 대한 답으로 가장 적절한 것은?

① 로마 교황이 예수회를 조직하였다.
② 로마 교황이 후스를 이단으로 규정하였다.
③ 로마 교황이 프랑스의 아비뇽으로 유수되었다.
④ 로마 교황이 신성 로마 제국 황제를 파문하였다.
⑤ 로마 교황이 그리스 정교와의 분리를 선언하였다.

8. 다음 자료와 관련된 운동을 전개하였던 제국의 특징에 대한 설명으로 옳지 않은 것은?

레오 3세의 명령에 따른 성상 파괴 운동

① 라틴어가 공용어로 사용되었다.
② 황제가 종교에도 강한 영향력을 행사하였다.
③ 농민에게 토지를 지급하여 군역에 종사시켰다.
④ 전국 군관구의 군단 사령관이 주둔지의 민정도 맡았다.
⑤ 수도는 동서 교역의 중심지로서 상공업과 무역이 발달하였다.

9. 다음 가상 대화에 대한 탐구 활동으로 가장 적절한 것은?

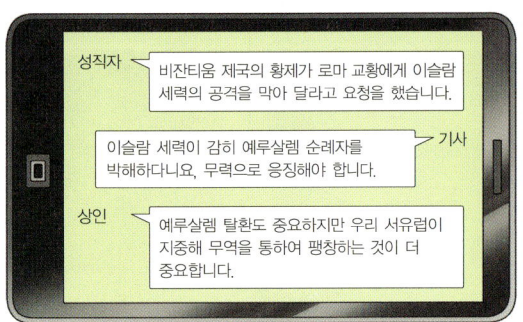

① 오스만 제국의 팽창 과정에 대하여 알아본다.
② 피핀이 교황에게 기증한 영토에 대하여 알아본다.
③ 트리엔트 공의회에서 결정된 사항에 대하여 알아본다.
④ 콘스탄티누스 대제가 선포한 밀라노 칙령에 대하여 알아본다.
⑤ 콘스탄티노폴리스에서 건설된 라틴 제국의 성격에 대하여 알아본다.

10. (가), (나) 지역을 중심으로 전개된 르네상스에 대한 특징에 대한 설명으로 가장 적절한 것을 〈보기〉에서 고른 것은?

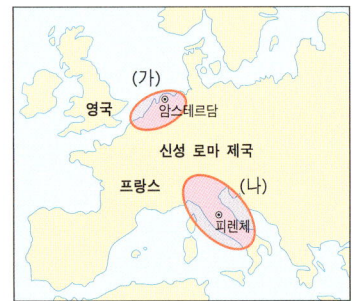

〈보 기〉

ㄱ. (가) - 신성 로마 제국 황제의 보호 속에서 전개되었다.
ㄴ. (가) - 현실 사회와 교회에 비판적이어서 종교 개혁에 영향을 주었다.
ㄷ. (나) - 인문주의자 에라스뮈스가 활동하였다.
ㄹ. (나) - 십자군 전쟁 이후 발달한 지중해 무역의 영향을 받았다.

① ㄱ, ㄴ   ② ㄱ, ㄷ   ③ ㄴ, ㄷ
④ ㄴ, ㄹ   ⑤ ㄷ, ㄹ

11. (가), (나), (다)는 신교 분파의 일부이다. 다음 설명 중 옳지 않은 것은?

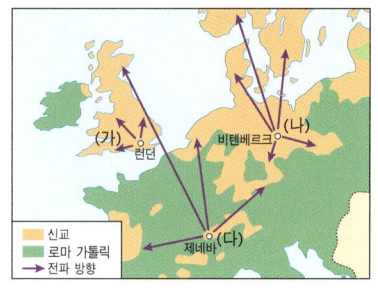

① (가)는 신교 중 로마 가톨릭교의 성격이 강하다.
② (가)는 헨리 8세의 이혼 문제가 원인이 되어 성립되었다.
③ (나)는 로마 교황의 면벌부 판매가 원인이 되어 성립되었다.
④ (다)는 예정설을 주장하여 상공 시민 계층의 지지를 받았다.
⑤ (나)와 (다)는 베스트팔렌 조약을 통해 신교로 공식 인정을 받았다.

12. 다음은 신항로 개척 이후 변화된 세계 무역을 표현한 지도이다. 신항로 개척 이후의 세계 무역에 대한 설명으로 가장 적절한 것을 〈보기〉에서 고른 것은?

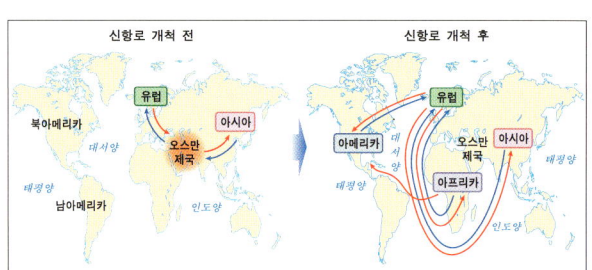

〈보 기〉

ㄱ. 콜로나투스가 확대되었다.
ㄴ. 한자 동맹이 대서양 무역을 주도하였다.
ㄷ. 노예가 아프리카에서 아메리카로 팔렸다.
ㄹ. 아메리카의 담배와 감자가 유럽으로 전파되었다.

① ㄱ, ㄴ   ② ㄱ, ㄷ   ③ ㄴ, ㄷ
④ ㄴ, ㄹ   ⑤ ㄷ, ㄹ

13. 다음 자료와 관련된 정치 형태에 대한 설명으로 가장 적절한 것을 〈보기〉에서 고른 것은?

> 결정하는 권리를 신하에게, 또는 명령하는 권리를 백성에게 귀속시키는 것은 사물의 참다운 질서를 문란하게 하는 것이다. 심의 또는 결정의 권리는 오로지 수장인 왕에게 귀속되어 있다. 신하의 모든 권리는 그들에게 주어진 명령을 효과 있게 운영하고 수행하는 데 있다.
> — 루이 14세 —

〈보 기〉
ㄱ. 중상주의 정책을 펼쳤다.
ㄴ. 관료제와 상비군을 토대로 실시되었다.
ㄷ. 애덤 스미스가 "국부론"을 통해 이 정책을 강조하였다.
ㄹ. 19세기 이후 서유럽의 절대 왕정이 이 정책을 추진하였다.

① ㄱ, ㄴ   ② ㄱ, ㄷ   ③ ㄴ, ㄷ
④ ㄴ, ㄹ   ⑤ ㄷ, ㄹ

14. 다음 지도에 나타난 전쟁을 수행한 인물에 대한 설명으로 가장 적절한 것을 〈보기〉에서 고른 것은?

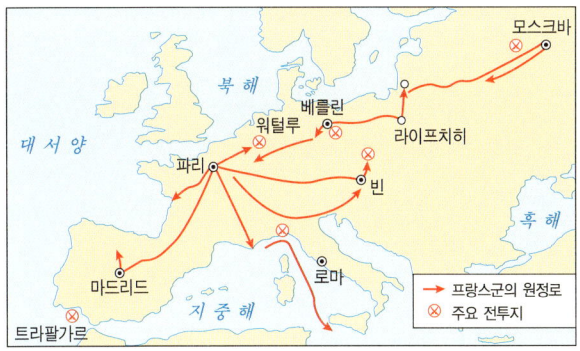

〈보 기〉
ㄱ. 마그나 카르타를 승인하였다.
ㄴ. 신성 로마 제국을 해체하였다.
ㄷ. 국민 투표를 통해 황제가 되었다.
ㄹ. 프랑스 국왕 루이 16세를 처형하였다.

① ㄱ, ㄴ   ② ㄱ, ㄷ   ③ ㄴ, ㄷ
④ ㄴ, ㄹ   ⑤ ㄷ, ㄹ

15. (가), (나) 문서와 관련된 시민 혁명에 대한 설명으로 가장 적절한 것을 〈보기〉에서 고른 것은?

> (가) 의회에 소집된 성직자, 귀족 및 서민 대표는 폐하(찰스 1세)께 다음 사항을 탄원한다. 이후 누구도 의회 법을 따르지 않고 어떠한 증여, 대부, 상납금, 세금, 기타 부담을 지지 않고 또한, 그런 부담을 지도록 강요받아서도 안 된다. 누구도 이를 거절함으로써 변명이나 서약을 강요받거나 구류, 또는 그 외의 방법으로 고통받거나 마음의 평정을 잃게 되어서도 안 된다.
>
> (나) 제1조 국왕은 의회의 동의 없이 법의 효력이나 집행을 정지할 수 없다.
>   제2조 의회 안에서 논의하는 것은 의회 아닌 어느 곳에서도 고발, 심문당하지 않는다.
>   제9조 의회 내에서의 발언, 토론 및 의사 진행의 자유는 의회 이외의 어떠한 법정이나 다른 장소에서 탄핵되거나 심문의 대상이 될 수 없다.

〈보 기〉
ㄱ. (가) - 이후 크롬웰의 독재 정치가 실시되었다.
ㄴ. (가) - 찰스 2세와 제임스 2세의 전제 정치가 원인이 되어 발생하였다.
ㄷ. (나) - 입헌 군주제의 토대를 마련하였다.
ㄹ. (나) - 이후 심사법과 인신 보호법이 제정되었다.

① ㄱ, ㄴ   ② ㄱ, ㄷ   ③ ㄴ, ㄷ
④ ㄴ, ㄹ   ⑤ ㄷ, ㄹ

16. 다음 자료와 관련된 혁명 이후의 움직임으로 옳지 <u>않은</u> 것은?

> 이 시기 영국의 공업 도시에는 경제적 번영이 이루어졌으나 반대로 최악의 생활 환경이 공존하였다. 노동자들의 노동 조건과 주거 환경은 매우 열악하였다. 노동자들은 하루 14~15시간씩 노동하였지만 임금은 최소한의 생계도 유지하지 못할 정도로 매우 낮았다.

① 사회주의가 대두하였다.
② 노동조합이 결성되었다.
③ 명예혁명이 발생하였다.
④ 차티스트 운동이 전개되었다.
⑤ 러다이트 운동이 전개되었다.

17. (가), (나)에 해당하는 혁명의 영향으로 옳지 <u>않은</u> 것은?

> (가) 샤를 10세가 의회를 해산하고 언론·출판의 자유를 억압하는 등 보수적 반동 정치를 실시하자 자유주의자들이 혁명을 일으켰다.
> (나) 보수적 내각의 사임과 선거권 확대를 요구하는 시민 대회를 정부가 탄압하자 시민과 노동자들이 봉기하여 국왕 루이 필리프를 축출하였다.

① (가) – 네덜란드로부터 벨기에가 독립하였다.
② (가) – 이탈리아에서 청년 이탈리아당이 결성되었다.
③ (나) – 오스트리아에서 3월 혁명이 발생하였다.
④ (나) – 독일에서 프랑크푸르트 의회가 개최되었다.
⑤ (가), (나) – 혁명 직후 프랑스에서 공화정이 수립되었다.

18. 다음 자료는 20세기 일어난 경제 공황에 대한 자료이다. 이 경제 공황으로 (가)~(다) 국가에서 일어난 상황에 대한 설명으로 가장 적절한 것을 〈보기〉에서 고른 것은?

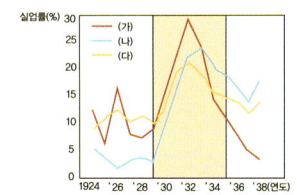

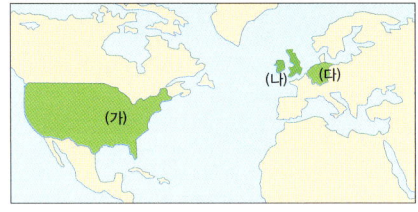

〈보 기〉
ㄱ. (가) – 국가가 경제에 적극적으로 개입하는 뉴딜 정책을 실시하였다.
ㄴ. (나) – 민주적 헌법을 토대로 한 바이마르 공화국이 등장하였다.
ㄷ. (다) – 나치당의 일당 독재 체제가 수립되어 전체주의가 강화되었다.
ㄹ. (다) – 프랑코가 공화 정부를 무너뜨리고 파시스트 정권을 수립하였다.

① ㄱ, ㄴ   ② ㄱ, ㄷ   ③ ㄴ, ㄷ
④ ㄴ, ㄹ   ⑤ ㄷ, ㄹ

19. 다음 자료와 관련된 대외 정책으로 발생한 사건에 대한 설명으로 옳지 <u>않은</u> 것은?

> 백인으로서의 무거운 짐을 지라.
> 너희가 낳은 가장 뛰어난 자식을 보내라.
> 너희가 정복한 사람들의 요구에 봉사하기 위하여
> 자식에게 유랑의 설움을 맛보게 하라.
> 소란스러운 양 떼들
> 광폭하고, 반은 악마와 같고, 반은 어린아이와 같은
> 고집불통인 새 식민지에 와서 일하여
> 무거운 수레를 끌도록 하라.
>   – 키플링 –

① 영국과 미국이 필리핀에서 대립하였다.
② 영국과 러시아가 이란에서 대립하였다.
③ 영국의 3C 정책과 독일의 3B 정책이 대립하였다.
④ 프랑스와 독일이 아프리카의 모로코에서 대립하였다.
⑤ 프랑스의 횡단 정책과 영국의 종단 정책이 아프리카의 파쇼다에서 대립하였다.

20. (가)에 들어갈 내용으로 가장 적절한 것은?

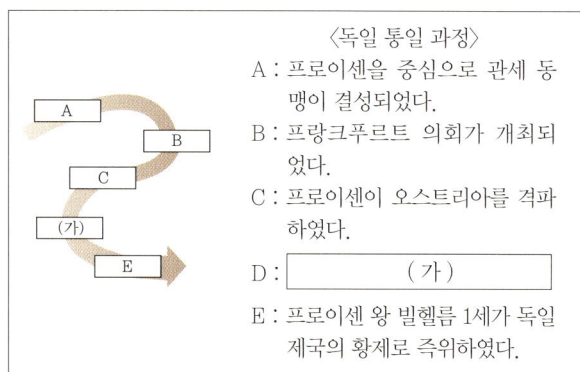

① 비스마르크의 철혈 정책이 발표되었다.
② 카보우르가 중북부 지역을 통합하였다.
③ 메테르니히가 이끄는 빈 체제가 성립되었다.
④ 가리발디가 시칠리아와 나폴리를 점령하였다.
⑤ 프로이센이 나폴레옹 3세의 군대를 격파하였다.

21. 다음 〈보기〉에서 (가)에 들어갈 내용으로 가장 적절한 것은?

제2차 세계 대전의 전개	
1939년 9월 1일	독일의 폴란드 침공
1941년 12월 7일	일본의 진주만 공격
1942년 8월 21일	(가)
1944년 6월 6일	노르망디 상륙 작전
1945년 5월 7일	독일 항복
1945년 8월 15일	일본 항복

① 뮌헨 협정
② 만주 사변
③ 포츠담 회담
④ 스탈린그라드 전투
⑤ 독일의 프랑스 침공

22. 다음 자료와 관련된 설명으로 가장 적절한 것을 〈보기〉에서 고른 것은?

(가) 공산주의자들의 조종을 받아 정부의 권위를 부시하는 수천 명의 무장한 폭력주의자들의 활동에 국가의 존재 자체를 위협받고 있는 그리스가 의지할 수 있는 나라는 미국 밖에 없습니다. 미국 이외의 그 어떤 정부도 그리스의 민주적인 정부에 대하여 필요한 도움을 기꺼이 제공하려 하고 또 실제 그렇게 할 수 있는 나라는 없는 것입니다.
　　　　　　　　　　　　　　　　　　　　 － 트루먼 독트린(1947) －

(나) 미국은 침략을 받은 국가의 요구가 있을 때 그에 적절한 군사적·경제적 원조를 제공한다. 그러나 미국은 직접 위협을 받은 국가가 자국의 방어를 위해 1차적 책임을 떠맡기를 기대한다.
　　　　　　　　　　　　　　　　　　　　 － 닉슨 독트린(1969) －

〈보 기〉
ㄱ. (가) - 냉전이 심화되는 계기가 되었다.
ㄴ. (가) - 먼로 선언과 대외 정책이 유사하다.
ㄷ. (나) - 미국의 베트남 철수에 영향을 끼쳤다.
ㄹ. (나) - 미국과 중국의 수교에 영향을 받아 발표되었다.

① ㄱ, ㄴ　② ㄱ, ㄷ　③ ㄴ, ㄷ
④ ㄴ, ㄹ　⑤ ㄷ, ㄹ

23. (가) 왕조에 대한 설명으로 옳지 않은 것은?

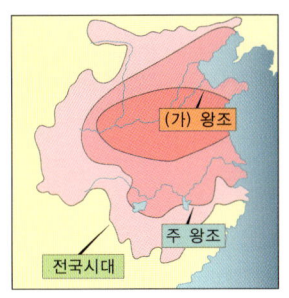

① 철기를 기반으로 주변 지역을 정복하였다.
② 갑골문이 사용되어 한자의 기원이 되었다.
③ 달력이 제작되어 제사와 농경에 이용되었다.
④ 왕이 정치 지도자와 제사장을 겸하는 제정일치 사회였다.
⑤ 지배층이 사망했을 때 다른 사람도 함께 묻는 순장이 유행하였다.

24. 다음 지도의 형세가 나타난 시기의 사실로 옳지 않은 것은?

① 종법 제도가 무너졌다.
② 제자백가가 활동하였다.
③ 상업과 수공업이 발달하였다.
④ 오수전이 제작되어 유통되었다.
⑤ 우경이 보급되어 농업 생산력이 향상되었다.

25. 밑줄 친 '그'에 대한 설명으로 가장 적절한 것은?

> 그는 백성을 귀하게 여기지 않았으며, 백가(百家)의 서적을 불태우고 선비를 파묻었다. 또한 법가를 등용하여 형법을 혹독하게 집행하였으며 거짓된 술수와 무력을 앞세우고 포악한 정치를 천하 통치의 근본으로 삼았다.
> — "과진론(過秦論)" —

① 한화 정책을 펼쳤다.
② 균전제를 실시하였다.
③ 향거리선제를 실시하였다.
④ 군현제와 관료제를 실시하였다.
⑤ 중국의 고전 문화를 확립하였다.

26. 다음의 서술 체제를 갖춘 사서가 처음으로 편찬되었던 왕조에 대한 설명으로 가장 적절한 것은?

구분	내용
본기(本紀) 12편	제왕들의 연대기
표(表) 10편	역대 연표
서(書) 8편	정책과 제도, 문물
세가(世家) 30편	제후의 연대기
열전(列傳) 70편	재상 및 걸출한 인물의 전기

① 정화의 남해 원정이 실시되었다.
② 소금과 철의 전매제를 실시하였다.
③ 3성 6부의 통치 조직을 정비하였다.
④ 조·용·조 제도와 부병제가 실시되었다.
⑤ "오경정의"가 편찬되어 훈고학이 집대성되었다.

27. 다음 자료와 관련된 사람들의 사상이 유행했던 시대에 대한 설명으로 옳지 <u>않은</u> 것은?

> 이들은 노장 사상에 심취하여 세속에서 초탈하고, 세속의 허위를 부정하는 담화를 즐겼다. 또 이들은 유교적 권위를 부정하고 자유분방한 삶을 추구하였다.

① 대규모 석굴 사원이 조성되었다.
② 도교가 발전하여 교단이 성립되었다.
③ 도연명의 시와 고개지의 그림이 유행하였다.
④ 9품중정제를 통하여 문벌 귀족이 성장하였다.
⑤ 서민의 경제적 지위가 향상되어 서민 문화가 발달하였다.

28. 다음 상황을 배경으로 실시된 조세 제도에 대한 설명으로 가장 적절한 것은?

> 당 숙종 즉위 이후 절도사들이 반란을 일으키자 병란에 따른 백성들의 부담이 늘어나서 사람들은 굶주리고 고통받았다. 게다가 백성들이 줄어들어 호적 등의 기존 공문서가 쓸 데 없어졌다. …… 천하 사람들이 떠돌아다니고 고향 땅에 계속 사는 이가 백 명 중에 너덧 명도 안되지 벌써 수십 년이 되었다.

① 균전제를 토대로 세금을 징수하였다.
② 여름과 가을 두 번에 걸쳐 징수하였다.
③ 어린도책을 기반으로 조세를 징수하였다.
④ 인두세를 토지세에 포함하여 은으로 징수하였다.
⑤ 여러 세금을 인두세와 토지세로 합쳐 은으로 징수하였다.

29. 다음 그래프의 상황이 나타난 왕조에 대한 설명으로 가장 적절한 것을 〈보기〉에서 고른 것은?

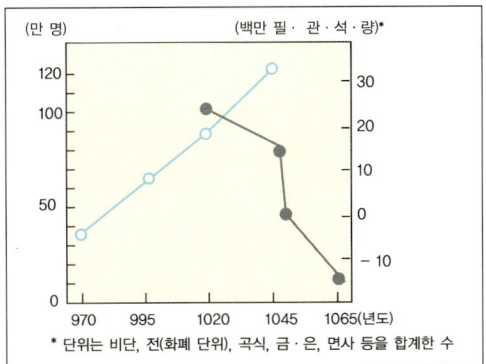

〈보 기〉
ㄱ. 과거제를 최초로 실시하였다.
ㄴ. 요 왕조에게 연운 16주를 바쳤다.
ㄷ. 왕안석의 개혁이 실시되었으나 실패하였다.
ㄹ. 서하와 요 왕조에게 막대한 은과 비단을 주었다.

① ㄱ, ㄴ ② ㄱ, ㄷ ③ ㄴ, ㄷ
④ ㄴ, ㄹ ⑤ ㄷ, ㄹ

30. (가), (나) 왕조에 대한 설명으로 옳지 않은 것은?

(가) 300호를 1모극으로 하고 10모극을 1맹안으로 하였다. 장정들을 평시에는 생업에 종사하고 전시에는 병사로 변약하도록 하였다.
(나) 정홍, 정황, 정남, 정백의 4기(旗)를 조직하고 다시 양홍, 양황, 양남, 양백의 4기를 증설하여 8기로 확대하였다.

① (가) 왕조는 요 왕조를 멸망시켰다.
② (가) 왕조는 국호를 청으로 바꾸었다.
③ (나) 왕조는 조선을 침략하였다.
④ (나) 왕조는 이자성의 반란을 격퇴하였다.
⑤ (가) 왕조와 (나) 왕조의 지배층은 같은 민족이다.

31. 밑줄 친 '그들'이 세운 제국에 대한 설명으로 가장 적절한 것은?

그들은 지금 우리 크리스트교 세계에 대한 전쟁을 준비하고 있다. 이미 폴란드와 헝가리까지 공격한 바 있었는데, 신이 도우셔서 간신히 위협을 피했다. 현재 잠시 공격을 중단하고 있지만 새로운 대칸이 선출되면 공격을 재개할 것이다. 그들의 목표는 세계 정복이며 그렇게 되면 우리는 노예가 될 것이다.
— 카르피니, "타타르인의 역사"—

① 동아시아 문화권을 형성하였다.
② 귀족적이고 국제적인 문화가 발달하였다.
③ 성리학에 반발하여 양명학이 유행하였다.
④ 역참제를 실시하였으며 교초를 발행하였다.
⑤ 예수회 선교사들이 서양 문물을 소개하였다.

32. 다음은 원 왕조가 멸망한 이후 등장한 중국 왕조의 영역을 표시한 지도이다. (가), (나) 왕조에 대한 설명으로 가장 적절한 것을 〈보기〉에서 고른 것은?

〈보 기〉
ㄱ. (가) – 무로마치 막부와 감합 무역을 전개하였다.
ㄴ. (가) – 정부 요직에 만주인과 한인을 함께 등용하였다.
ㄷ. (나) – 이갑제를 실시하고 육유를 반포하였다.
ㄹ. (나) – 러시아와 네르친스크 조약을 체결하였다.

① ㄱ, ㄴ ② ㄱ, ㄷ ③ ㄴ, ㄷ
④ ㄴ, ㄹ ⑤ ㄷ, ㄹ

33. 제시된 지도의 (가) 세력에 대한 설명으로 가장 적절한 것을 〈보기〉에서 고른 것은?

〈보 기〉
ㄱ. 토지 분배와 신분제 철폐를 주장하였다.
ㄴ. 향용과 외국 군대에 의하여 진압되었다.
ㄷ. '부청멸양'을 주장하며 산둥에서 봉기하였다.
ㄹ. 외국군이 베이징에 주둔하는 원인이 되었다.

① ㄱ, ㄴ ② ㄱ, ㄷ ③ ㄴ, ㄷ
④ ㄴ, ㄹ ⑤ ㄷ, ㄹ

34. (가), (나) 막부에 대한 설명으로 옳지 않은 것은?

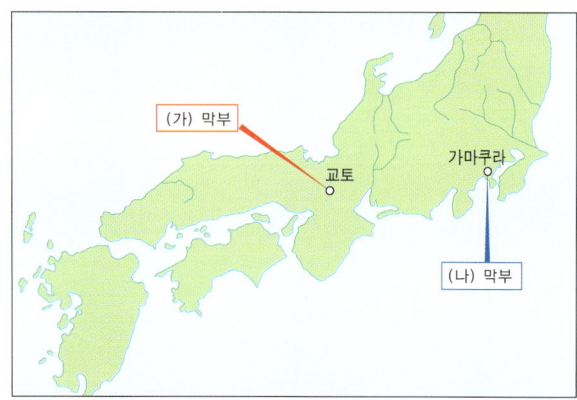

① (가) – 조닌 문화가 발달하였다.
② (가) – 아시카가 다카우지에 의하여 개창되었다.
③ (나) – 몽골 · 고려 연합군의 공격을 받았다.
④ (나) – 미나모토(노) 요리토모에 의하여 개창되었다.
⑤ (가), (나) – 막부의 쇼군이 실질적 지배자였다.

35. (가) 국가에 대한 가장 적절한 설명을 〈보기〉에서 고른 것은?

〈보 기〉
ㄱ. 영국의 식민 지배를 받았다.
ㄴ. 대표적인 유적으로 보로부두르 사원이 있다.
ㄷ. 이 국가의 주민들은 대다수가 이슬람교이다.
ㄹ. 쩐 왕조가 쯔놈 문자를 제정하고 몽골의 침입을 격퇴하였다.

① ㄱ, ㄴ ② ㄱ, ㄷ ③ ㄴ, ㄷ
④ ㄴ, ㄹ ⑤ ㄷ, ㄹ

36. 제시된 문화재를 만든 왕에 대한 내용으로 가장 적절한 것을 〈보기〉에서 고른 것은?

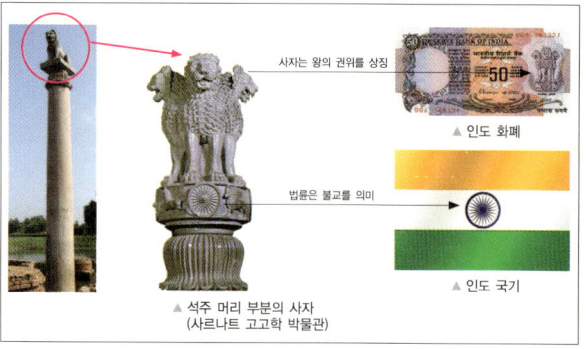

〈보 기〉
ㄱ. 칼링가 왕국을 정복하였다.
ㄴ. 마우리아 왕조를 건국하였다.
ㄷ. 알렉산드로스 대왕의 공격을 물리쳤다.
ㄹ. 불경을 정리하였으며 사원과 불탑을 건립하였다.

① ㄱ, ㄴ ② ㄱ, ㄹ ③ ㄴ, ㄷ
④ ㄴ, ㄹ ⑤ ㄷ, ㄹ

37. (가) 왕조 시기의 사실로 옳지 <u>않은</u> 것은?

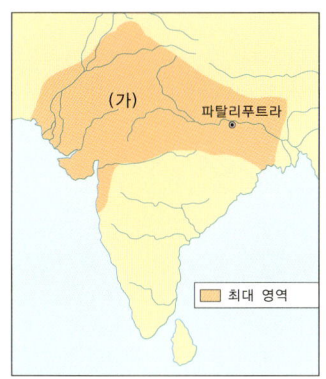

① 힌두교가 발달하였다.
② 마누 법전이 편찬되었다.
③ 아잔타 석굴 사원이 완성되었다.
④ 산스크리트어 문학이 발달하였다.
⑤ 카스트 제도가 최초로 성립되었다.

38. 다음 질문에 대한 답으로 가장 적절한 것은?

① 세포이 항쟁이 전개되었습니다.
② 인도 국민 회의가 4대 강령을 발표했습니다.
③ 간디의 비폭력·불복종 운동이 전개되었습니다.
④ 브라모(브라흐마) 사마지 운동이 시작되었습니다.
⑤ 영국이 치안 유지법(롤럿법)을 제정하여 언론을 통제하였습니다.

39. (가) 왕조에 대한 설명으로 가장 적절한 것은?

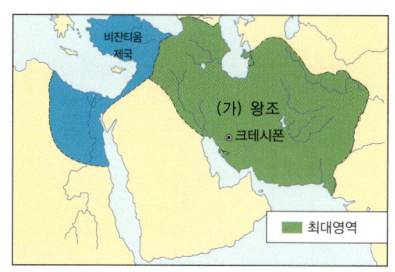

① 아랍인 중심 정책을 펼쳤다.
② 최초로 서아시아를 통일하였다.
③ 조로아스터교를 국교로 정하였다.
④ 비잔티움 제국에 의하여 멸망하였다.
⑤ 미트라다테스 1세 때 전성기를 맞이하였다.

40. (가), (나) 전투에 대한 설명으로 가장 적절한 것은?

8세기 이슬람 세계

① (가) - 화약, 나침반이 유럽에 전해지게 되었다.
② (가) - 카롤루스 대제가 프랑크 제국의 군대를 이끌었다.
③ (나) - 당 태종이 당 왕조의 군대를 이끌었다.
④ (나) - 중국의 제지술이 이슬람 세력에 전해지게 되었다.
⑤ (가), (나) - 이슬람 세력이 승리하였다.

J 중앙일보 주최
고급 세계사능력검정시험 제4회 문제지

41. (가)~(다)에 대한 설명으로 옳지 <u>않은</u> 것은?

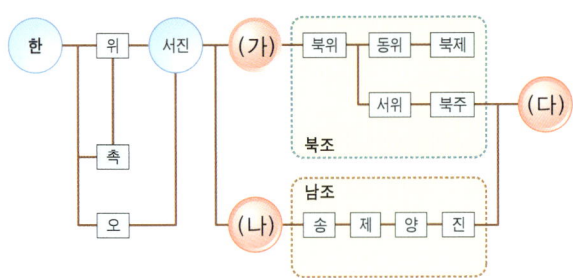

① (가)의 전진은 고구려에 불교를 전파하였다.
② (가)의 전연은 한때 고구려의 수도를 점령하였다.
③ (나)는 백제에 불교를 전파하였다.
④ (나)는 백제의 무령왕과 교류하였다.
⑤ (다)는 고구려를 공격하였다.

42. (가) 국가에 대한 설명으로 가장 적절한 것은?

화폐로 살펴보는 세계사

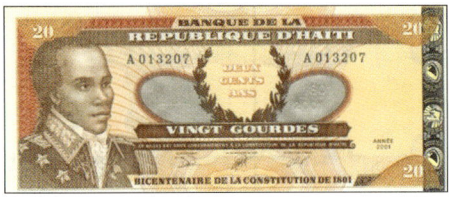

위 화폐의 인물은 (가) 의 독립 영웅 투생 루베르튀르이다. 프랑스의 식민지로 생도맹그에서 1791년에 노예 혁명이 일어나자 투생 루베르튀르는 노예들의 지도자가 되었다. 그는 비록 프랑스군에게 사로잡혀 이듬해 봄 감옥에서 사망하였지만, 그의 사후에도 혁명은 계속되었고 1804년에 (가) 는 독립국이 되었다.

① 탄지마트를 추진하였다.
② 와하브(와하비) 운동을 전개하였다.
③ 라틴 아메리카에서 최초로 독립하였다.
④ 이달고 신부가 독립운동을 전개하였다.
⑤ 카티푸난이 중심이 되어 독립운동을 전개하였다.

43. 밑줄 친 '이 전쟁'에 대한 탐구 주제로 가장 적절한 것은?

> 독도는 일본의 한반도 침탈 과정에서 가장 먼저 병탄된 역사의 땅입니다. 일본이 <u>이 전쟁</u> 중에 전쟁 수행을 목적으로 편입하고 점령했던 땅입니다. …… 일본은 이 전쟁을 빌미로 우리 땅에 군대를 상륙시켜 한반도를 점령했습니다. 군대를 동원하여 궁을 포위하고 황실과 정부를 협박하여 한·일 의정서를 강제로 체결하고, 토지와 한국민을 마음대로 징발하고 군사 시설을 설치했습니다. …… 일본은 이런 와중에 독도를 자국 영토로 편입하고, 망루와 전선을 가설하여 전쟁에 이용했던 것입니다.
> – 한국 대통령 연설문(2006. 4. 25.) –

① 만주국의 성립 배경과 과정
② 일본의 류큐 병합과 그 성격
③ 시모노세키 조약의 주요 내용
④ 워싱턴 회의와 일본 외교 방침의 변화
⑤ 가쓰라·태프트 밀약과 제2차 영·일 동맹의 배경과 내용

44. (가), (나) 외교 사절단에 대한 설명으로 가장 적절한 것은?

· 대표자 : 이와쿠라 도모미   · 대표자 : 김기수

① (가) – 미·일 수호 통상 조약을 체결하였다.
② (가) – 메이지 정부의 개화 정책을 뒷받침하였다.
③ (나) – 조·미 수호 통상 조약의 결과 파견되었다.
④ (나) – 황쭌셴(황준헌)이 저술한 "조선책략"을 국내에 소개하였다.
⑤ (가), (나) – 미국과 유럽에 파견되었다.

45. (가) 인물에 대한 설명으로 가장 적절한 것은?

 국민 여러분, 오늘 모스크바 크렘린궁에서 (가) 의 네 번째 대통령 취임 선서가 진행되었습니다. 그는 2018년 3월 러시아 대선에서 유권자의 약 77%의 압도적인 지지를 받아 대통령직에 당선되었습니다. 그는 현 내각 총리인 드미트리 메드베데프 총리를 다시 총리직에 임명했지만, 일부 인사들은 그가 절대 권력을 휘두를 것이라고 우려를 보내고 있습니다.

① 신경제 정책(NEP)을 시행하였다.
② 독·소 불가침 조약을 체결하였다.
③ 극동 지역을 개발하는 신동방 정책을 발표하였다.
④ 소련을 해체하고 독립 국가 연합(CIS)을 출범시켰다.
⑤ 페레스트로이카(개혁)와 글라스노스트(개방)를 추진하였다.

46. 밑줄 친 '이 인물'에 대한 설명으로 가장 적절한 것은?

중국 공산당 중앙위원회는 헌법상 5년 임기를 두 번 연임해 국가 주석 및 부주석을 최장 10년까지 맡을 수 있도록 한 규정을 없애기로 제안했다고 관영 신화통신이 2월 25일 보도했다. 중국 헌법 79조에는 "중화 인민 공화국 국가 주석과 부주석의 매회 임기는 전국 인민 대표 대회(전인대) 회기와 같으며 그 임기는 두 회기를 초과할 수 없다."고 나오는데, 이를 철폐하는 개헌을 한다는 뜻이다. 이 내용이 통과되면 2013년 국가 주석에 취임한 이 인물은 애초 2023년까지인 임기 제한을 없애고, 제한 없이 장기 집권할 수 있는 길이 열리게 된다.

― ○○일보(2018. 2. 25.) ―

① 대한민국과 정식으로 수교를 체결하였다.
② 톈안먼 광장 시위를 무력으로 진압하였다.
③ 홍위병을 동원하여 문화 대혁명을 단행하였다.
④ 흑묘백묘론을 내세워 개혁·개방 정책을 추진하였다.
⑤ 자신의 이름을 딴 지도 사상을 당장(당헌)에 반영하였다.

47. (가) 국가에 대한 설명으로 가장 적절한 것을 〈보기〉에서 고른 것은?

2018년 6월 12일 (가) 의 센토사 섬에서 북·미 정상 회담이 개최되었다. 회담 결과, 북한과 미국은 새로운 북·미 관계 수립, 한반도 평화 체제 구축, 남북한의 판문점 선언을 재확인하고 한반도의 완전한 비핵화를 위해 노력할 것을 약속하였다. 그리고 전쟁 포로(POW) 및 전쟁 실종자(MIA) 유해 송환 등 4개 항목에 합의하였다.

〈보 기〉
ㄱ. 동남아시아 국가 연합(ASEAN)의 일원이다.
ㄴ. 제1차 아시아·아프리카 회의를 개최하였다.
ㄷ. 영국의 식민지였던 말레이시아의 일부였다.
ㄹ. 바닷길의 영향으로 국민의 과반이 이슬람교를 믿고 있다.

① ㄱ, ㄴ   ② ㄱ, ㄷ   ③ ㄴ, ㄷ
④ ㄴ, ㄹ   ⑤ ㄷ, ㄹ

48. 밑줄 친 '이 나라'에 대한 설명으로 가장 적절한 것은?

북·미 정상 회담이 상당한 성과를 보이면서 북한의 경제 개방이 가시화되고 있다. 이에 독재 체제를 유지하면서도 경제 성장을 이룩한 이 나라가 북한의 경제 성장 벤치마킹 모델로 급부상하고 있다. 이 나라는 1986년 민간 경제 활성화, 시장 자율성 확대, 외국인 투자 유치를 골자로 한 정책을 도입하였으며 2007년 WTO(세계 무역 기구)에 가입하였다. 그리고 2014년 한국과 FTA 협상 실질 타결을 선언했다.

― ○○경제신문(2018. 6. 13.) ―

① 영국의 식민지였다.
② 도이머이 정책이 추진되었다.
③ 스와라지, 스와데시 운동이 전개되었다.
④ 자와섬을 중심으로 부디 우토모가 결성되었다.
⑤ 지식인들과 상인들 중심으로 이슬람 동맹이 결성되었다.

49. 밑줄 친 '예멘'에 대한 설명으로 옳지 않은 것은?

2018년 6월 현재 서울 도심에서 제주도에 입국한 예멘 국민들의 난민 인정 여부를 둘러싼 찬반 집회가 열렸다. 먼저 이들의 난민 인정을 반대하는 쪽에서는 "그간 우리는 불법적으로 들어와서 난민법을 악용하는 사례들을 바라볼 수밖에 없었다."라며 "우리는 이들을 난민으로 인정할 수 없다."라고 주장했다. 반면 이들의 난민 인정에 찬성하는 쪽에서는 난민 거부가 인종 차별적이라는 관점을 제시했다. 이들은 '우리는 난민을 환영한다.', '이슬람에 대한 편견 조장마라.' 등의 팻말을 들고 이들을 받아들여야 한다는 취지의 주장을 했다.

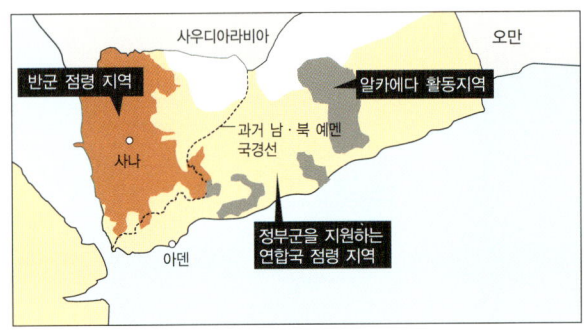

예멘 내전 지도

① 1990년 북예멘과 남예멘이 통일되었다.
② 북예멘은 수니파가 다수이며 남예멘은 시아파가 다수이다.
③ 현재 수니파 중심의 정부군과 시아파 중심의 반군 간에 내전이 전개되고 있다.
④ 현재 사우디아라비아는 정부군을 지원하고 있으며, 이란은 반군을 지원하고 있다.
⑤ 북예멘은 오스만 제국의 지배를 받다가 독립하였으며, 남예멘은 영국의 지배를 받다가 독립하였다.

50. 밑줄 친 '이 국가'에 대한 설명으로 옳지 않은 것은?

트럼프 대통령은 5월 8일 "이 국가와 맺은 협정은 본질적으로 결함투성이다. 우리가 아무것도 하지 않는다면 세계 제일의 테러 지원국이 단시간 안에 세계에서 가장 위험한 무기(핵무기)를 목전에 두게 될 것이다. 오늘 미국이 이 국가와 맺은 핵 협정에서 탈퇴한다는 사실을 공표한다."고 밝혔다. 이어 "이 정권에 대한 미국의 제재를 되살리는 대통령 명령에 서명한다. 우리는 최고도의 제재를 도입할 것이다. 이 국가의 핵 개발을 돕는 나라들도 강한 제재를 받을 것"이라고 경고했다.
― ○○○신문(2018. 5. 9.) ―

① 국민의 다수가 이슬람교의 시아파이다.
② 20세기경 국호를 페르시아 대신 이란으로 정했다.
③ 2015년 핵 개발을 포기하는 핵협정을 타결하였다.
④ 20세기경 무스타파 케말이 술탄제를 폐지하고 공화국을 선포하였다.
⑤ 19세기경 영국의 식민 정책에 반대하며 담배 불매 운동을 전개하였다.

중앙일보 세계사능력검정시험 제5회 문제지

기본

1문제당 2점입니다.
11PAGE부터 심화문제가 있습니다.

경고 : 시험지를 무단으로 개인 사이트에 올리시면 안 됩니다. 그리고 다른 수험생들의 혼란을 방지하기 위해 개인적으로 해설지를 작성하시는 것도 금지합니다. 이를 어길 때에는 저작권법 위반으로 법적 조치가 취해집니다.

1. A~D 지역에서 등장한 고대 문명에 대한 설명으로 옳지 않은 것은?

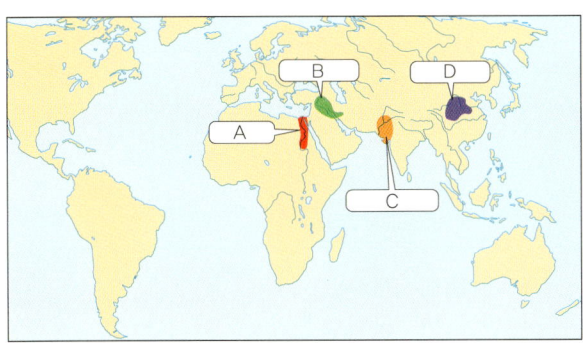

① A – 파라오가 신권 정치를 하였다.
② B – 현세 중심적인 다신교가 등장하였다.
③ C – 모헨조다로 도시 유적을 건설하였다.
④ D – 쐐기(설형) 문자가 발달하였다.
⑤ A~D – 큰 강을 중심으로 발달하였다.

3. 밑줄 친 '그'에 대한 설명으로 옳은 것은?

① 제1차 삼두 정치를 이끌었다.
② 스파르타쿠스의 난을 진압하였다.
③ 로마 – 카르타고 전쟁을 승리로 이끌었다.
④ 효율적인 통치를 위해 제국을 4분할하였다.
⑤ 제1시민이라는 뜻인 프린켑스를 자처하였다.

2. (가)에 들어갈 인물의 업적으로 옳은 것은?

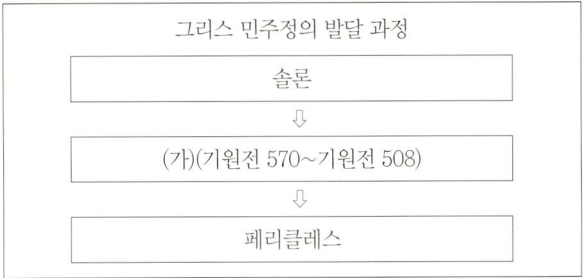

① 크리스트교를 공인하였다.
② 도편 추방제를 시행하였다.
③ 민회 중심의 직접 민주주의를 정착시켰다.
④ 그리스 남성과 페르시아 여성의 혼인을 장려하였다.
⑤ 처음으로 재산 정도에 따라 평민의 정치 참여를 허용시켰다.

4. (가)에 들어갈 내용으로 옳은 것은?

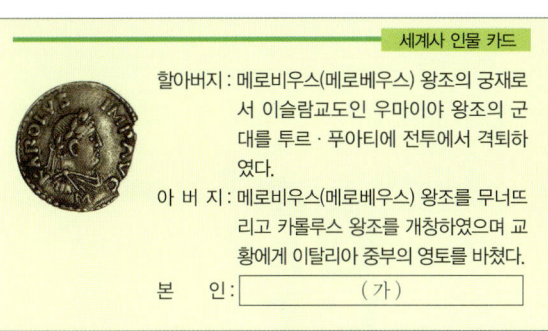

① 카페 왕조를 개창하였다.
② 크리스트교로 개종하였다.
③ 카롤링거 르네상스를 이끌었다.
④ 한자 동맹을 맺어 무역을 주도하였다.
⑤ 토지 조사를 실시하여 "둠즈데이 북"을 제작하였다.

5. (가)에 들어갈 내용으로 옳은 것은?

```
세계사 탐구 과제
■ 주제 : 중세 유럽 세계의 변화
■ 모둠별 탐구 내용
  1모둠 : 영 국 – 왕이 대헌장을 승인하였다.
  2모둠 : 프랑스 – 백년 전쟁에서 승리를 거두었다.
  3모둠 : 독 일 –      (가)
```

① 삼부회가 성립되었다.
② 유력 제후들이 황제를 선출하였다.
③ 위클리프가 교회의 세속화를 비판하였다.
④ 교황청이 로마에서 아비뇽으로 옮겨졌다.
⑤ 이슬람 세력을 축출하면서 강력한 왕국으로 성장하였다.

7. (가) 민족의 이동이 유럽 사회에 끼친 영향으로 옳은 것은?

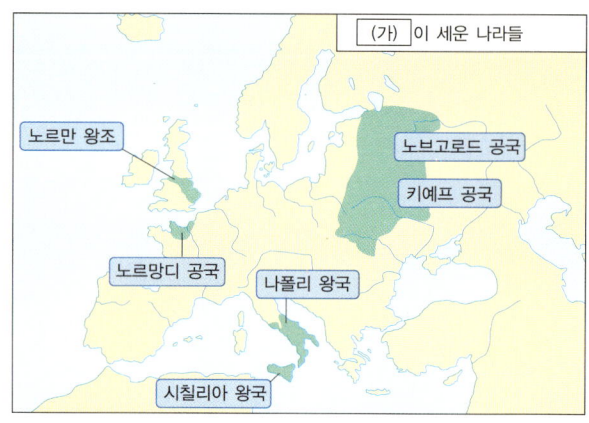

① 라티푼디움이 확대되었다.
② 서로마 제국이 멸망하였다.
③ 서유럽에 봉건 제도가 성립되었다.
④ 정복지에 알렉산드리아가 건설되었다.
⑤ 베르됭 조약과 메르센(메이르선) 조약이 체결되었다.

6. 다음 문화재를 만든 '황제'의 업적으로 옳은 것은?

① 제국의 수도를 옮겼다.
② 오스만 제국의 공격을 받았다.
③ 군관구제와 둔전병제를 시행하였다.
④ 로마법을 집대성한 법전을 편찬하였다.
⑤ 교황 우르바누스 2세에게 도움을 요청하였다.

8. 다음 선언이 발표되기 이전에 발생한 사건으로 옳지 않은 것은?

로마 교황 인노켄티우스 3세는 다음과 같은 선언을 하였다. "우주의 창조주는 위대한 두 광체(光體)를 설치하였다. 더 위대한 광체(해)는 낮을 지배하고, 약한 광체(달)는 밤을 지배한다. 마찬가지로 보편적 교회의 영역에도 창조주는 위대한 두 권위를 임명하였다. 더 위대한 것이 영혼을 지배하고 약한 것이 육체를 지배한다. 이 두 권위란 교회권과 황제권이다." 이 선언은 로마 교황의 힘이 서유럽에서 절대적인 힘을 가졌다는 것을 의미한다.

① 칼뱅의 예정설이 확산되었다.
② 하인리히 4세가 교황에게 파문당하였다.
③ 클뤼니 수도원 중심의 개혁 운동이 시작되었다.
④ 보름스 협약으로 교황이 서임권을 차지하게 되었다.
⑤ 크리스트교가 로마 가톨릭 교회와 그리스 정교회로 갈라졌다.

9. (가) 시기 유럽에 대한 설명으로 옳은 것을 <보기>에서 고른 것은?

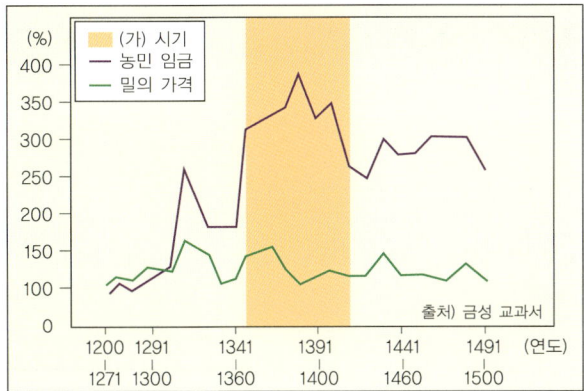

<보 기>
ㄱ. 콜로나투스가 등장하였다.
ㄴ. 길드 폐지 법령이 제정되었다.
ㄷ. 유럽 인구가 급격하게 감소하였다.
ㄹ. 자크리의 난과 와트 타일러의 난이 일어났다.

① ㄱ, ㄴ   ② ㄱ, ㄷ   ③ ㄴ, ㄷ
④ ㄴ, ㄹ   ⑤ ㄷ, ㄹ

10. 다음 글이 발표된 지역의 르네상스에 대한 설명으로 옳은 것을 <보기>에서 고른 것은?

요즘 로마 교황은 가장 힘든 일들은 베드로와 바울에게 맡기고 호화로운 의식과 즐거운 일만 찾는다. 교황은 바로 나, 우신(愚神) 덕분에 우아한 생활을 하고 있다. 왜냐하면 연극이나 다름없는 화려한 교회 의식을 통해 축복이나 저주의 말을 하고 감시의 눈만 번쩍이면, 충분히 예수 그리스도에게 충성했다고 생각하기 때문이다.
— 에라스뮈스, "우신예찬" —

<보 기>
ㄱ. 성 베드로 성당이 건축되었다.
ㄴ. 미켈란젤로의 '다비드상'이 조각되었다.
ㄷ. 현실 비판적이고 사회 개혁적인 성향을 띠었다.
ㄹ. 로마 가톨릭에 저항하는 종교 개혁에 영향을 끼쳤다.

① ㄱ, ㄴ   ② ㄱ, ㄷ   ③ ㄴ, ㄷ
④ ㄴ, ㄹ   ⑤ ㄷ, ㄹ

11. 밑줄 친 '국제 전쟁'이 발발한 이후에 전개된 상황으로 옳은 것은?

1619년 로마 가톨릭교도인 페르디난트 2세는 신성 로마 제국의 황제가 되자 보헤미아를 로마 가톨릭 교회와 합스부르크가에 복종시키기로 결의하고 전면전에 나섰다. 보헤미아의 신교도 귀족들은 팔츠 선제후 프리드리히 5세를 보헤미아의 왕으로 받들고 이에 대항하여 싸웠다. 이것이 곧 외부의 간섭을 유발하여 덴마크, 스웨덴, 프랑스 등이 신성 로마 제국에 군대를 보내면서 국제 전쟁으로 확대되었다.

① 보헤미아의 후스가 이단으로 처형당하였다.
② 낭트 칙령으로 위그노가 자유를 얻게 되었다.
③ 아우크스부르크 화의로 루터파가 공인되었다.
④ 영국 국교회가 확립되어 국가가 교회를 통제하였다.
⑤ 예수회 선교사 아담 샬이 조선의 소현 세자에게 신문물을 소개하였다.

12. (가) 국왕의 업적으로 옳은 것은?

| 제 998 호 | 세계사 신문 | ○○○○특집호 |

(가)의 업적

통일법 반포
통일법을 반포하여 교황의 권력을 배격하고 중앙 집권을 확립하고자 노력하였다.

무적함대 격파
에스파냐의 무적함대를 격파하면서 대서양 제해권을 장악하였다.

동인도 회사 설립
인도 및 동아시아 지역과의 무역을 촉진하기 위하여 설립하여 식민지의 전초 기지로 활용하였다.

① 콜베르 등용
② 낭트 칙령 폐지
③ "반마키아벨리론" 저술
④ 군주의 칭호로 차르 사용
⑤ 북아메리카에 식민지 건설

13. 밑줄 친 '이 사상'에 대한 설명으로 옳지 않은 것은?

① 인간의 이성을 강조하였다.
② 사회의 진보를 강조하였다.
③ 계몽과 교육을 강조하였다.
④ 정부의 잘못된 정책을 비판하였다.
⑤ 프랑스 혁명의 영향을 받아 시작되었다.

14. 다음 내용이 발표된 시기를 연표에서 옳게 고른 것은?

> 우리는 다음과 같은 것을 자명한 진리라고 생각한다. 즉, 모든 사람은 평등하게 태어났고, 조물주는 몇 개의 양도할 수 없는 권리를 부여하였으며, 그 권리 중에는 생명과 자유와 행복의 추구가 있다. …… 이러한 권리를 확보하기 위해 정부를 수립하였으며 정부의 정당한 권력은 국민의 동의에서 발생한다는 것이다. 그리고 어떠한 형태의 정부라도 이러한 목적을 파괴할 때는 언제든지 그 정부를 바꾸거나 없애고 …… 새로운 정부를 조직하는 것이 국민의 권리이다.

	(가)	(나)	(다)	(라)	(마)	
7년 전쟁 발발		인지세 부과		보스턴 차 사건		제1차 대륙 회의 개최		파리 조약 체결		연방 헌법 제정

① (가)　　② (나)　　③ (다)
④ (라)　　⑤ (마)

15. (가)~(마)에 들어갈 내용으로 옳지 않은 것은?

세계사 수업 계획안
- 단원명 : 5-3. 국민 국가의 형성
- 단원 목표 : 19세기 서유럽 각국에서 일어난 자유주의 운동을 설명할 수 있다.

차시	학습 주제	학습 내용
1/5	빈 체제의 성립	(가)
2/5	빈 체제에 대한 저항	(나)
3/5	프랑스의 자유주의 운동	(다)
4/5	프랑스 정치의 변화	(라)
5/5	영국의 자유주의 개혁	(마)

① (가) – 신성 동맹의 활동 내용을 파악한다.
② (나) – 그리스의 독립 과정을 살펴본다.
③ (다) – 7월 혁명의 전개 과정을 조사한다.
④ (라) – 로베스피에르의 집권 배경을 살펴본다.
⑤ (마) – 곡물법과 항해법 폐지의 배경을 조사한다.

16. (가)에 들어갈 내용으로 옳은 것은?

세계사 탐구 과제
- 주제 : 19세기 유럽의 문화
- 모둠별 활동
  1모둠 : 자연 과학 – 다윈의 진화론
  2모둠 : 사상 – 벤담과 밀의 공리주의
  3모둠 : 예술 – (가)

① 밀로의 비너스
② 모차르트의 고전주의 음악
③ 셰익스피어의 희극과 비극
④ 들라크루아의 낭만주의 회화
⑤ 인간의 존엄성을 묘사한 헤밍웨이의 소설

17. 다음 법령을 발표한 국왕의 재위 시기에 있었던 사실로 옳은 것은?

> 새로운 법령에 따라 농노는 적절한 시기에 자유로운 농민으로서의 모든 권리를 갖는 것으로 한다. 지주가 허락한다면 영구 사용권이 주어진 농경지나 그 밖의 쓸모 있는 토지도 자기 소유로 할 수 있다. 농노는 토지를 지주로부터 되사는 방법으로 지주에 대한 의무에서 벗어나 진정한 자유로운 농민의 신분이 된다. 농노가 지주로부터 토지를 사들이는 가격은 지대의 15~20배로, 그 대금의 80%는 정부가 대신 지급하고 농민은 이자를 부쳐 49년간 갚도록 한다.
>
> – 농노 해방령(1861) –

① 데카브리스트의 난이 일어났다.
② 차르라는 칭호가 처음으로 사용되었다.
③ 남하 정책이 추진되어 크림 전쟁이 시작되었다.
④ 킵차크 한국의 지배에 대한 저항 운동이 전개되었다.
⑤ 지방 의회가 구성되었고 군사 제도의 개혁이 추진되었다.

18. (가)에 들어갈 내용으로 옳은 것은?

- 탐구 주제: (가)
- 탐구 활동
  가. 볼리비아의 탄생 배경을 조사한다.
  나. 크리오요의 출신과 역할을 조사한다.
  다. 투생 루베르튀르의 업적을 조사한다.
  라. 이달고 신부의 민중 봉기 과정을 조사한다.

① 아프리카의 민족 운동
② 아랍 민족주의의 발전
③ 라틴 아메리카의 독립
④ 프랑스 혁명 정신의 전파
⑤ 제국주의의 아프리카 분할

19. 다음 신생 국가들의 독립에 영향을 끼친 전쟁에 대한 설명으로 옳지 않은 것은?

① 이탈리아가 연합국에 참여하였다.
② 참호전과 총력전의 양상이 등장하였다.
③ 전후 독일과 일본에서 전범 재판이 열렸다.
④ 러시아는 11월 혁명으로 독일 등과 강화를 맺었다.
⑤ 서부 전선에서 연합국이 독일의 진격을 저지하였다.

20. (가)에 들어갈 내용으로 옳은 것은?

〈역사 다큐멘터리 제작 계획서〉
제3세계의 등장!

1. 기획 의도: 제2차 대전 이후 신생 독립 국가 탄생 과정에서 제3세계의 등장을 이해하고자 한다.
2. 프로그램 편성: 사건을 시간순으로 3부작으로 편성한다.

〈제1부〉 트루먼 독트린 발표 〈제2부〉 반둥 회의 〈제3부〉 (가)

① 유엔군 창설
② 대서양 헌장 발표
③ 비동맹 회의 개최
④ 샌프란시스코 회의 개최
⑤ 바르샤바 조약 기구 창설

21. (가)~(마)에 들어갈 기구의 명칭으로 옳지 <u>않은</u> 것은?

> 1947년 브레튼 우즈에서 미국을 비롯한 23개국이 참여하는 (가) 이/가 체결되었다. 이 협정은 회원들 간의 다자간 무역 교섭(라운드)과 최혜국 대우(한 나라가 어느 외국에 부여하는 가장 유리한 대우를 상대국에도 부여하는 일)로 관세 인하를 통한 무역 확대를 목표로 하였다. 1995년 이 협정을 대체하며 최혜국 대우를 관리 감독하고 확대하기 위한 공식적인 기구인 (나) 이/가 결성되었다. 이를 계기로 세계 각국은 관세와 무역 장벽을 완화하여 자국민이 보다 싼 가격으로 교역 상대국의 재화와 서비스를 소비할 수 있도록 하는 (다) 을/를 체결해 나가고 있다. 한편 세계 각국은 국제 교역의 치열한 경쟁에서 유리한 위치를 점하기 위해 지역 간 블록 경제를 형성하고 있다. 그 결과 1989년 아시아·태평양 지역의 경제 협력 증대를 위해 (라) 이/가 결성되었고, 유럽은 1993년 (마) 을/를 결성하였다.

① (가) - 관세 및 무역에 관한 일반 협정(GATT)
② (나) - 세계 무역 기구(WTO)
③ (다) - 자유 무역 협정(FTA)
④ (라) - 아시아·태평양 경제 협력 회의(APEC)
⑤ (마) - 유럽 공동체(EC)

22. 다음 정치 제도를 운영한 왕조에 대한 설명으로 옳은 것을 〈보기〉에서 고른 것은?

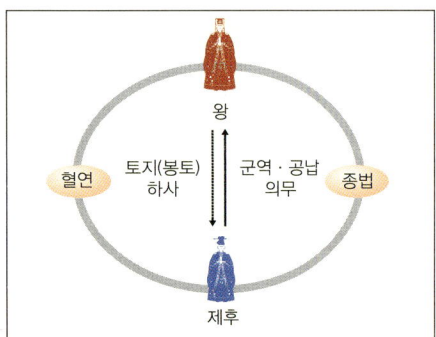

〈보 기〉
ㄱ. 적극적인 한화 정책을 추진하였다.
ㄴ. 수도를 낙읍(뤄양)으로 천도하였다.
ㄷ. 양쯔강 이남까지 영토를 확대하였다.
ㄹ. 주희에 의해 성리학이 집대성되었다.

① ㄱ, ㄴ   ② ㄱ, ㄷ   ③ ㄴ, ㄷ
④ ㄴ, ㄹ   ⑤ ㄷ, ㄹ

23. 다음과 같은 사상이 등장한 시기에 대한 설명으로 옳은 것은?

- 인간의 본성을 선한 것으로 보고, 인간에 의존하여 백성을 통치할 것을 주장하였다. 상식을 중시한 관습법에 따라 갈등을 조정하고, 범죄자들은 교육을 통하여 순화시킬 것을 강조하였다.
- 인간의 본성을 악한 것으로 보고 법에 따라 백성을 통치할 것을 주장하였다. 또한 법에 의거하여 갈등을 조정하고, 범죄를 저지른 자들을 엄하게 처벌함으로써 범죄에 대한 경각심을 심어줄 것을 강조하였다.

① 종이 만드는 방법이 개량되었다.
② 호족이 세습적으로 관직을 독점하였다.
③ 비단길을 통해 처음으로 불교가 전래되었다.
④ 철제 농기구를 사용하여 농업 생산량이 향상되었다.
⑤ 북방 민족의 침입에 대비한 만리장성이 완성되었다.

24. 다음 시가 발표된 시기에 해당하는 내용으로 옳은 것은?

> 돌아가련다.
> 세상 사람과 교류를 끊고
> 세상과 나는 서로 잊고 말지니
> 다시 한번 관리가 되어도 거기 무슨 구할 것이 있으리오.
> 친척과 정겨운 이야기를 나누며 기뻐하고
> 거문고와 책을 즐기며 시름을 지우련다. ……
> 맑은 강물 흐르는 곳에서 시를 짓는다.
> 하늘에 맡겨 죽으면 죽으리니
> 천명을 즐기며 살면 그뿐, 근심할 일이 아무것도 없지 않은가.
> － 도연명, '귀거래사' －

① 이백, 명시 '월하독작'을 지음
② 고개지, 걸작 '여사잠도'를 그림
③ 사마천, 기전체 역사서 "사기"를 저술함
④ 공영달, 훈고학을 집대성한 "오경정의"를 편찬함
⑤ 마테오 리치, 세계 지도인 '곤여만국전도'를 제작함

25. 다음 운하를 만든 왕조에 대한 설명으로 옳은 것은?

① 9품중정제를 폐지하였다.
② 장건을 대월지에 파견하였다.
③ 금에 막대한 세폐를 지불하였다.
④ 일본과 백(촌)강에서 전투를 벌였다.
⑤ 육유를 반포하여 민중을 교화하였다.

26. 밑줄 친 '이 왕조'에 대한 설명으로 옳지 <u>않은</u> 것은?

> 이 왕조 시기에는 국가나 민족을 초월하여 다양한 문화가 전파되고 상호 교류가 확대되어 출신 지역을 떠나 타국에서 활동하는 인물이 많았다. 이 왕조는 외국인을 대상으로 빈공과를 실시하여 관리로 등용하였는데, 대표적으로 황소의 난을 비판하는 '토황소격문'을 지은 신라의 최치원이나 안남도호부의 도호를 역임한 일본의 아베노 나카마로 등이 있다.

① 중앙아시아 춤인 호선무가 유행하였다.
② 국제적이고 귀족적인 문화가 발달하였다.
③ 현장이 인도를 순례하고 불교 경전을 들여왔다.
④ 조로아스터교, 마니교, 네스토리우스교가 전래되었다.
⑤ 세금을 지세와 정세로 통합하여 은으로 납부하게 하였다.

27. 밑줄 친 '이 제국'에 대한 설명으로 옳지 <u>않은</u> 것은?

제시된 사진 자료는 역참을 이용할 수 있도록 이 제국의 대칸이 발행한 통행증입니다. 이 통행증을 가진 사람은 역참에서 말과 마차, 식량 및 숙소를 제공받을 수 있었어요.

① 홍건적의 난으로 쇠퇴하였다.
② 고려와 함께 일본을 침략하였다.
③ 천호제라는 군사 조직을 운영하였다.
④ 균전제를 실시하여 자영농 육성을 도모하였다.
⑤ 파스파 문자를 만들어 공용 문자로 사용하였다.

28. (가)에 들어갈 내용으로 옳은 것은?

> 제998호 세계사 신문 ○○○○특집호
>
> 〈특집〉 ○○○의 업적
>
> **정치**
> 베이징으로 천도하고 자금성을 건설하였다.
>
> **경제**
> 정화로 하여금 여러 차례에 걸쳐 대규모 항해를 추진하게 하였고, 이를 통하여 자국의 풍부한 물자와 막강한 국력을 과시하면서 동남아시아와 인도의 여러 국가를 조공 체제 속에 편입시켰다. 그리하여 (가)

① 유교 교육을 강화할 수 있었다.
② 동남아시아의 화교 진출이 확대되었다.
③ 대운하를 통한 물자 운반이 활발해졌다.
④ 화약, 나침반, 활판 인쇄술이 발명되었다.
⑤ 시박사가 처음으로 설치되고 해외 무역이 활발해졌다.

29. 지도와 관련된 시대에 대한 설명으로 옳은 것을 <보기>에서 고른 것은?

<보 기>
ㄱ. 교자, 회자 등의 지폐가 사용되었다.
ㄴ. 토지 국유화와 노비 매매 금지가 시도되었다.
ㄷ. 양쯔강 중·상류가 쌀 생산 중심지로 개발되었다.
ㄹ. 고구마, 담배, 옥수수 등 외래 작물이 보급되었다.

① ㄱ, ㄴ ② ㄱ, ㄷ ③ ㄴ, ㄷ
④ ㄴ, ㄹ ⑤ ㄷ, ㄹ

30. (가)에 들어갈 내용으로 적절한 것은?

- 탐구 주제 : 청 왕조의 건국과 발전
- 탐구 활동

태조(누르하치)	후금을 건국하였다.
태종(홍타이지)	국호를 청으로 개칭하였다.
순치제	베이징을 점령하여 화북을 지배하였다.
강희제	(가)
옹정제	군기처를 설치하여 황제 체제를 강화하였다.
건륭제	오늘날 중국 영토의 대부분을 확보하였다.

① 몽골족과 왜구의 침입을 받았다.
② 재상제를 폐지하고 이갑제를 실시하였다.
③ 일본 무로마치 막부와 감합 무역을 실시하였다.
④ 러시아의 표트르 대제와 네르친스크 조약을 체결하였다.
⑤ 처음으로 황제가 주관하는 전시를 과거제에 도입하였다.

31. 밑줄 친 '조약'이 체결된 시기를 연표에서 옳게 고른 것은?

청의 문호가 개방되었지만, 영국의 청에 대한 대외 무역 수지는 크게 개선되지 않았다. 이에 영국은 애로호 사건과 선교사 피살 사건을 구실로 프랑스와 연합하여 전쟁을 일으켰다. 톈진과 베이징을 점령당한 청은 러시아와 미국에 중재해 달라고 요청하였고, 그 결과 청은 10개 항구의 추가 개항, 크리스트교 선교의 자유 등을 내용으로 하는 조약을 체결하였다.

	(가)		(나)		(다)		(라)		(마)	
임칙서의 아편 몰수		난징 조약 체결		홍수전의 봉기 시작		태평천국의 수도 함락		양무 운동(강남 제조총국 설치)		의화단 운동 시작

① (가) ② (나) ③ (다)
④ (라) ⑤ (마)

32. (가), (나)에 들어갈 인물에 대한 설명으로 옳은 것은?

중국 근대사에 획을 그은 세 자매

제시된 자료는 영화 '송가황조(宋家皇朝)'의 포스터이다. 세 자매의 아버지 쑹자수(송가수)는 서구 근대 사상에 일찍 눈을 뜬 광둥의 재력가로 세 딸을 모두 미국 웨슬리 대학 교육까지 받게 하였다. 이후 큰 딸은 중국 최대 부호와, 둘째는 아버지의 친구이자 이후 삼민주의를 제창한 (가) 와/과, 셋째 딸은 이후 군벌을 타도하여 국민 혁명을 이룬 (나) 와/과 결혼을 한다.

① (가) – 타이완에서 민주 정부를 수립하였다.
② (가) – 대약진 운동을 주도하였으나 실패하였다.
③ (나) – 중체서용을 표방한 양무운동을 추진하였다.
④ (나) – 갑신정변이 일어나자 조선에 파병되었다.
⑤ (가), (나) – 국민당과 공산당의 연합인 국·공 합작에 가담하였다.

33. 밑줄 친 '이 시대'에 대한 설명으로 옳은 것은?

> 무라사키 시키부는 중류 귀족의 딸로 태어났다. 어려서부터 재능이 뛰어나 학자인 아버지에게 한문을 배웠으며 이후 나이 차가 많은 남자와 결혼했으나 곧 사별했다. 그녀는 자신의 불우한 삶을 문학 작품에 투영하여 표현했다. 그녀의 작품으로 알려진 "겐지 이야기"는 왕권이 약해져 귀족과 호족들이 장원을 확대하고, 무사가 등장하여 독자적 세력으로 성장하던 이 시대에 저술되었다. 주인공 히카루 겐지와 여러 여인의 사랑을 다룬 것으로 등장인물이 약 500명, 시간의 폭이 70여 년에 이르는 장편 소설이다. 또한, 당시 귀족 생활의 실상을 잘 나타내주는 일본의 대표적인 고전 문학 작품이다.

① 국풍 문화가 발달하였다.
② 다이호 율령이 반포되었다.
③ 다이카 개신이 이루어졌다.
④ 송의 동전이 대량 수입되었다.
⑤ 조총과 크리스트교가 전파되었다.

34. (가) 왕조에 대한 설명으로 옳은 것을 〈보기〉에서 고른 것은?

타이 왕조의 변천

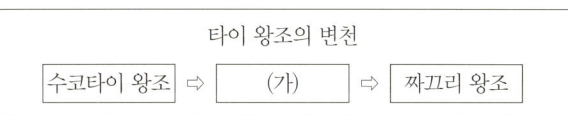

수코타이 왕조 ⇒ (가) ⇒ 짜끄리 왕조

〈보 기〉
ㄱ. 타이 문자를 제정하였다.
ㄴ. 크리스트교의 포교를 인정하였다.
ㄷ. 영국과 불평등 조약을 체결하였다.
ㄹ. 미얀마의 꼰바웅 왕조에 의해 멸망하였다.

① ㄱ, ㄴ   ② ㄱ, ㄷ   ③ ㄴ, ㄷ
④ ㄴ, ㄹ   ⑤ ㄷ, ㄹ

35. 밑줄 친 '이 나라'에 대한 설명으로 옳은 것을 〈보기〉에서 고른 것은?

이 인물은 '로드리고 두테르테'로서 이 나라의 대통령입니다. 이 나라는 16세기 말 에스파냐의 식민지가 되면서 로마 가톨릭을 믿는 사람들이 늘어났어요. 그리고 19세기 말 미국이 미국-에스파냐 전쟁 전쟁에서 승리한 후 미국의 식민 지배를 받으면서 영어를 사용하는 사람들이 늘어났어요.

〈보 기〉
ㄱ. 호세 리살이 독립운동 단체를 조직하였다.
ㄴ. 아기날도가 비밀 결사인 카티푸난을 조직하였다.
ㄷ. 지식인과 상인을 중심으로 이슬람 동맹이 결성되었다.
ㄹ. 1949년 네덜란드 헤이그 원탁회의 결과 주권이 회복되었다.

① ㄱ, ㄴ   ② ㄱ, ㄷ   ③ ㄴ, ㄷ
④ ㄴ, ㄹ   ⑤ ㄷ, ㄹ

36. 다음은 베트남 근현대사의 주요 사건들을 순서대로 나열한 것이다. (가)~(마) 시기에 들어갈 사실로 옳은 것은?

베트남 광복회 조직(1912)
(가) ⇩
베트남 공산당 창당(1930)
(나) ⇩
베트남 민주 공화국 선포(1945)
(다) ⇩
제네바 협정 체결(1954)
(라) ⇩
베트남 사회주의 공화국 수립(1975)
(마) ⇩

① (가) - 하노이에 통킹 의숙이 설립되었다.
② (나) - 동유 운동이 전개되었다.
③ (다) - 베트남이 완전한 독립을 위해 프랑스와 전쟁을 벌였다.
④ (라) - 도이머이 정책으로 개혁, 개방이 추진되었다.
⑤ (마) - 호찌민이 베트남 청년 혁명 동지회를 결성하였다.

37. (가) 제국에 대한 설명으로 옳은 것은?

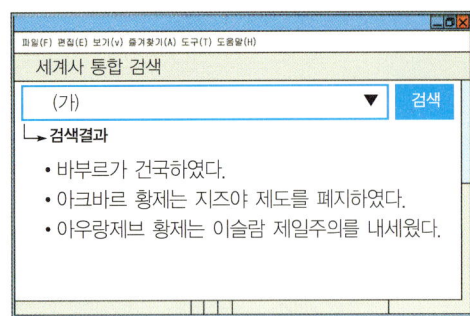

- 바부르가 건국하였다.
- 아크바르 황제는 지즈야 제도를 폐지하였다.
- 아우랑제브 황제는 이슬람 제일주의를 내세웠다.

① "마누 법전"이 편찬되었다.
② 아잔타 석굴 벽화를 남겼다.
③ 타지마할 묘당이 건축되었다.
④ 알렉산드로스 대왕의 침입이 있었다.
⑤ 간다라 미술이 발달하기 시작하였다.

39. (가) 제국에 대한 설명으로 옳은 것을 〈보기〉에서 고른 것은?

〈보 기〉

ㄱ. 아르사케스가 건국하였다.
ㄴ. 이슬람교를 국교로 지정하였다.
ㄷ. 미트라다테스 1세 때 전성기를 누렸다.
ㄹ. 아케메네스 왕조 페르시아에 의해 멸망당했다.

① ㄱ, ㄴ   ② ㄱ, ㄷ   ③ ㄴ, ㄷ
④ ㄴ, ㄹ   ⑤ ㄷ, ㄹ

38. (가), (나) 사이에 발생한 사건으로 적절한 것은?

(가) 영국 동인도 회사의 용병이었던 세포이들은 점차 영국인들의 횡포에 불만을 갖기 시작하였다. 이러한 상황에서 종교적 갈등까지 발생하자 세포이들은 1857년 대규모의 항쟁을 일으켰다.
(나) 인도의 벵골주는 인도에서 가장 큰 주로 인구도 가장 많았다. 영국은 한 사람의 장관이 다스리기 힘들다는 명분을 구실로 벵골 분할령을 1905년에 발표하였다.

① 인도 국민 회의가 결성되었다.
② 네루가 무력 투쟁을 전개하였다.
③ 인도가 제1차 세계 대전에 참전하였다.
④ 간디가 사탸그라하 운동을 전개하였다.
⑤ 인도 식민지 의회에서 롤럿법을 통과시켰다.

40. (가) 민족에 대한 설명으로 옳은 것은?

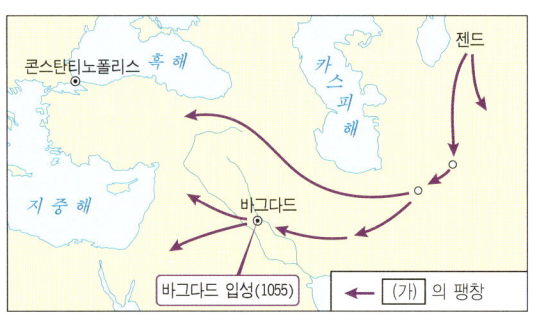

① 탈라스 전투에서 승리하였다.
② 이베리아 반도에 진출하였다.
③ 사산 왕조 페르시아를 정복하였다.
④ 예루살렘을 점령해서 십자군 전쟁을 유발하였다.
⑤ 시아파 이슬람교를 국교로 선포하고 이스파한으로 천도하였다.

심화 중앙일보 주체
세계사능력검정시험 제5회 문제지

41. (가), (나) 인물에 대한 설명으로 옳은 것은?

> 오는 5월 1일 (가) 왕세자가 생전 퇴위하는 (나) 의 뒤를 이어 일왕으로 즉위하면서 일본의 연호 역시 바뀝니다. 각종 공문서는 물론 운전면허증 등에도 '2018년'이란 서력(西曆) 대신 '헤이세이 30년'이란 연호를 사용하는 일본인들에게 연호의 변화란 큰 사건이죠. 그래서 요즘 일본에선 헤이세이 시대를 추억하는 상품이 속속 등장하는 등 '헤이세이 마케팅'이 인기라고 합니다.
> - 중앙일보(2019. 1. 5.) -

① (가) - 제2차 세계 대전 당시 항복 선언을 하였다.
② (가) - 현행 헌법하에서 첫 번째 일왕으로 취임하게 되었다.
③ (나) - 다이쇼 일왕의 뒤를 이어 즉위하였다.
④ (나) - 자신이 백제의 후손이라는 취지의 발언을 하였다.
⑤ (가), (나) - 일본 역사상 처음으로 사망 전 왕위 계승을 이루게 되었다.

42. 밑줄 친 '이 나라'에서 있었던 사실로 옳은 것은?

> G20 정상 회의 참석차 중간 경유지인 프라하를 방문 중인 문재인 대통령은 28일 오후 동포들을 만나 "제1차 세계 대전을 마치고 이 나라 군대가 본국으로 돌아갈 때 그들이 가진 무기를 우리 독립군들에게 매도를 해줬습니다. 그때 한국의 독립군들이 그들로부터 매입한 그 무기를 사용해 크게 이긴 게 청산리 대첩입니다. 청산리 대첩이라는 항일 운동에서 가장 유명한 그 승리도 이 나라 무기의 우수성에 도움을 받은 바가 큽니다. 그런 사실이 청산리 전투 참여했던 이범석 장군의 '우둥불'이라는 회고록에 기록돼 있습니다."라고 설명하였다.
> - ○○신문(2018. 11. 29.) -

① 바웬사에 의해 비공산주의 정권이 수립되었다.
② 페레스트로이카와 글라스노스트를 표방하였다.
③ 민주화 운동을 탄압한 차우셰스쿠가 처형되었다.
④ 티토 사망 후 민족 간 분규가 일어나 연방이 해체되었다.
⑤ 벨벳 혁명이라고 불리는 민주화 운동으로 공산 정권이 붕괴되었다.

43. (가), (나) 국가의 공통점으로 옳은 것을 〈보기〉에서 고른 것은?

> 제1차 세계 대전에서 패배한 오스만 제국은 튀르크인이 거주하지 않는 지역의 영토 대부분을 잃었다. 이후 임시 정부를 이끌던 케말 파샤를 중심으로 1923년에 (가) 을/를 수립하였다. 한편, 제1차 세계 대전 중 오스만 제국을 상대로 게릴라전을 벌였던 이븐 사우드는 1932년에 (나) 을/를 건국하였다. 제2차 세계 대전이 끝난 후 (가) 은/는 6·25 전쟁 때 유엔군으로 참전하였으며, 1952년에는 북대서양 조약 기구에 가입하였다. 오스만 제국의 영토였던 성지 메카와 메디나를 차지하고 있는 (나) 은/는 현재 이슬람 세계의 종주국을 자처하고 있다.

〈보 기〉
ㄱ. 쿠르드 족의 대다수가 분포하고 있다.
ㄴ. 군주제가 폐지되고 공화정이 수립되었다.
ㄷ. 이슬람교 종파 중 수니파가 다수를 차지하고 있다.
ㄹ. 2018년 언론인 살해 사건으로 서로 갈등을 빚었다.

① ㄱ, ㄴ ② ㄱ, ㄷ ③ ㄴ, ㄷ
④ ㄴ, ㄹ ⑤ ㄷ, ㄹ

44. 밑줄 친 '이 기구'에 대한 설명으로 옳지 <u>않은</u> 것은?

이 기구의 공식 로고

> 이 기구의 원래 이름은 유엔 국제 아동 긴급 기금(United Nations International Children's Emergency Fund)이었으나 1953년 현재 이름으로 바뀌었다.
> 이 기구는 144개 가난한 국가의 굶주리는 어린이를 위해 활동한다. 긴급 구호, 영양, 예방 접종, 식수 문제 및 환경 개선, 기초 교육 등과 관련된 일을 하고 있다. 개발 도상국의 어린이와 여성을 돕기 위한 기금이다.

① 노벨 평화상을 수상하였다.
② 제2차 세계 대전 직후 조직되었다.
③ 패전국 뿐만 아니라 승전국의 어린이들도 지원하였다.
④ 현재 이름은 유엔 난민 기구(UN Refugee Agency)이다.
⑤ 국제 연합의 상설 보조 기관으로 미국 뉴욕에 본부가 위치해 있다.

45. (가) 국가에 대한 설명으로 옳은 것을 〈보기〉에서 고른 것은?

(가)의 수도에서 주민 수만 명이 중국의 일대일로 정책에 대한 항의 시위에 나서 중국 당국을 긴장시키고 있다. 프랑스 국제라디오방송(RFI)은 타이완 중앙통신사 보도를 인용해 지난 5일 이 국가의 수도 콜롬보에서 주민 수만 명이 중국의 한반토타 항 조차에 항의하는 시위를 벌였다고 10일 보도했다. …… 이날 대규모 집회 영향으로 수도 콜롬보의 거리 곳곳이 차단됐고 학교는 휴교했으며 많은 공장이 조기 퇴근을 실시했다. 반중국 감정이 고조되면서 이 국가의 주재 중국대사관은 중국인들에게 안전에 주의할 것을 긴급 당부하기도 했다.
- ○○신문(2018. 9. 10.) -

〈보 기〉
ㄱ. 무굴 제국의 지배를 받았다.
ㄴ. 프랑스의 식민 지배를 받았다.
ㄷ. 현재 국민들의 다수가 불교를 믿고 있다.
ㄹ. 중국의 일대일로 정책으로 인해 국가 부채가 늘어났다.

① ㄱ, ㄴ   ② ㄱ, ㄷ   ③ ㄴ, ㄷ
④ ㄴ, ㄹ   ⑤ ㄷ, ㄹ

46. (가), (나) 국가에 대한 설명으로 옳지 않은 것은?

① (가) – 진주만 기습을 통해 태평양 전쟁을 일으켰다.
② (가) – 포츠머스 조약으로 북위 50도 이남의 사할린을 차지하였다.
③ (나) – 삼국 간섭의 결과 랴오둥 반도를 반환받았다.
④ (나) – 한성 조약으로 조선에 있는 공사관 신축 비용을 보상받았다.
⑤ (가), (나) – 동학 농민 운동 당시 조선에 출병하였다.

다음 페이지에 주관식 문제가 있습니다. ☞

47~48. 다음 자료를 보고 물음에 답하시오.

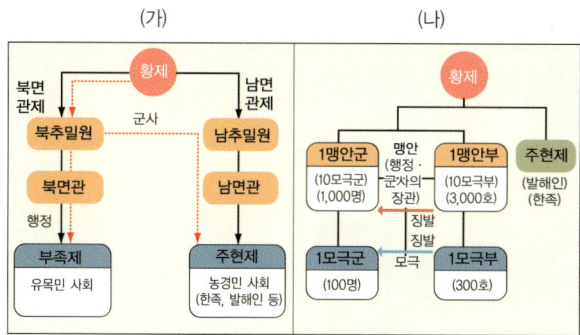

47. (가) 제도를 운영한 왕조와 (나) 제도를 운영한 왕조를 각각 쓰시오. [각 1점씩 – 총 2점]

48. (가), (나) 제도와 같은 이원적 통치 체제를 운영한 공통의 목적을 서술하고, 이를 위해 실시한 구체적 사례를 서술하시오. [각 1점씩 – 총 2점]

〈조건〉
각각 50자 이내로 서술할 것

49~50. 다음 지도를 보고 물음에 답하시오.

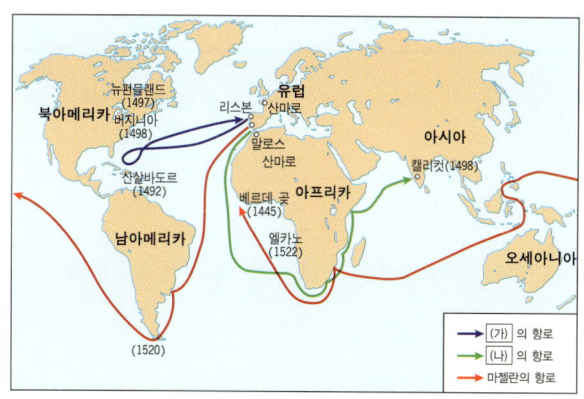

49. (가), (나) 인물을 각각 쓰시오. [각 1점씩 – 총 2점]

50. 지도의 신항로 개척이 유럽에 끼친 경제적 영향을 두 가지 서술하시오. [각 1점씩 – 총 2점]

〈조건〉
각각 50자 이내로 서술할 것

세계사능력검정시험 제6회 문제지

기본

1문제당 2점입니다.
11PAGE부터 심화문제가 있습니다.

경고 : 시험지를 무단으로 개인 사이트에 올리시면 안 됩니다. 그리고 다른 수험생들의 혼란을 방지하기 위해 개인적으로 해설지를 작성하시는 것도 금지합니다. 이를 어길 때에는 저작권법 위반으로 법적 조치가 취해집니다.

1. (가)~(라)에 들어갈 내용으로 옳은 것을 〈보기〉에서 고른 것은?

〈모둠별 탐구 활동〉
신석기 시대의 생활 모습

모둠	주제	탐구 활동
갑	경제 활동	(가)
을	주거 생활	(나)
병	신앙 생활	(다)
정	예술 활동	(라)

〈보 기〉
(가) - 농경과 목축이 시작되었다.
(나) - 주로 동굴이나 강가의 막집에서 생활하였다.
(다) - 애니미즘, 샤머니즘, 토테미즘이 발달하였다.
(라) - 빌렌도르프의 비너스와 알타미라 동굴 벽화가 만들어졌다.

① (가), (나) ② (가), (다) ③ (나), (다)
④ (나), (라) ⑤ (다), (라)

2. (가) 문명에 대한 설명으로 옳은 것은?

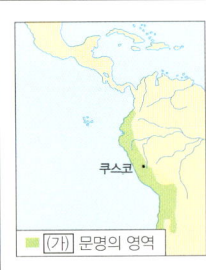

안데스 고원 지대에서 발달한 (가) 문명은 15세기 무렵 주변 영토를 정복하면서 제국을 건설하였다. 수도인 쿠스코에는 태양신을 섬기는 거대한 신전을 세웠다. 또한, 관개 시설을 만들고 계단식 밭을 개간하여 옥수수와 감자, 토마토 등을 재배하였고, 라마를 사육하였다.

① 지구라트가 건설되었다.
② 에스파냐에 의해 정복되었다.
③ 고도의 철기 문화가 발달하였다.
④ 파라오로 불린 왕이 통치하였다.
⑤ 하라파 같은 계획 도시가 건설되었다.

3. (가) 도시 국가에 대한 설명으로 옳은 것은?

(가) 의 중심부에는 아크로폴리스와 아고라가 있고, 바깥으로는 성벽이 둘러쳐져 있다. 시민들은 아고라에서 민회에 참석하고 상거래를 하였으며, 유사시에는 아크로폴리스로 대피하였다. 아크로폴리스에 있는 파르테논 신전은 페리클레스의 지시로 건립되었다.

① 도리아인이 건설하였다.
② 델로스 동맹을 주도하였다.
③ 훈 족의 공격으로 이동하였다.
④ 크레타 섬에서 발생한 해양 문명이었다.
⑤ 소수의 시민이 다수의 피정복민을 지배하였다.

4. (가) 인물에 대한 설명으로 옳은 것을 〈보기〉에서 고른 것은?

이 그림은 마케도니아 왕 필리포스 2세를 이은 (가) 이/가 아케메네스 왕조 페르시아와 벌인 이소스 전투를 그린 모자이크화의 일부이다. (가) 은/는 정복지 곳곳에 자신의 이름을 딴 도시를 세우면서 동쪽으로 계속 진출하여 인더스강 유역에까지 이르렀다. 그리하여 서쪽의 그리스·이집트부터 동쪽의 인도 서북부까지 이르는 대제국을 건설하였다.

〈보 기〉
ㄱ. 악티움 해전에서 승리하였다.
ㄴ. 동방의 전제 군주정을 도입하였다.
ㄷ. 그리스인과 페르시아인의 결혼을 장려하였다.
ㄹ. '존엄한 자'를 뜻하는 '아우구스투스'라는 칭호를 받았다.

① ㄱ, ㄴ ② ㄱ, ㄷ ③ ㄴ, ㄷ
④ ㄴ, ㄹ ⑤ ㄷ, ㄹ

5. 밑줄 친 '시대'의 문화에 대한 설명으로 옳은 것은?

이 사진은 세계에서 세 번째로 높은 독일의 쾰른 대성당이다. 이 성당이 지어진 시대에는 첨탑과 스테인드글라스를 특징으로 하는 고딕 양식이 유행하였다. 고딕 양식의 뾰족한 첨탑은 천국을 향한 당시 사람들의 소망을 나타내고 있다.

① 스토아 학파가 금욕주의를 주장하였다.
② 소피스트가 진리의 상대성을 주장하였다.
③ 에피쿠로스 학파가 정신적 쾌락을 추구하였다.
④ 헤로도토스가 페르시아 전쟁의 역사를 저술하였다.
⑤ 토마스 아퀴나스가 신앙과 이성의 조화를 강조하였다.

6. (가) 전쟁이 가져온 영향으로 옳은 것을 〈보기〉에서 고른 것은?

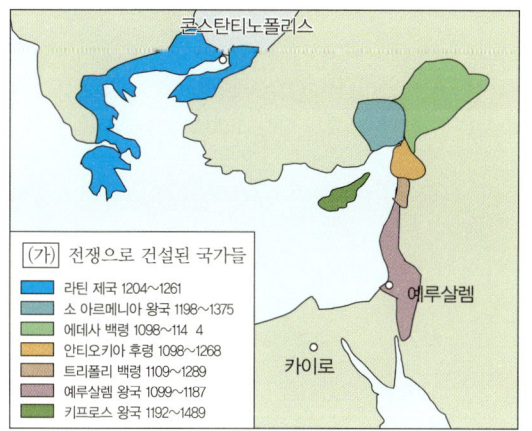

〈보 기〉
ㄱ. 지중해 무역이 활발해졌다.
ㄴ. 서유럽의 제후와 기사 계층이 약화되었다.
ㄷ. 서유럽에 삼포제와 심경법이 도입되기 시작하였다.
ㄹ. 서유럽에 담배, 옥수수, 감자, 고구마 등이 유입되었다.

① ㄱ, ㄴ ② ㄱ, ㄷ ③ ㄴ, ㄷ
④ ㄴ, ㄹ ⑤ ㄷ, ㄹ

7. (가) 전쟁에 대한 탐구 활동으로 가장 적절한 것은?

① 베스트팔렌 조약이 체결된 배경을 파악한다.
② 플랑드르 지역에 대한 지배권 문제를 살펴본다.
③ 헨리 8세가 수장령을 반포하게 된 배경을 살펴본다.
④ 유력한 제후들이 황제를 선출하게 된 배경을 조사한다.
⑤ 아라곤 왕국과 카스티야 왕국의 통일에 대해 조사한다.

8. (가)에 들어갈 내용으로 적절한 것은?

세계 테마 기행
(가) 이탈리아를 가다!

성 베드로 성당

이탈리아는 로마 제국의 중심지로서 고전 문화의 전통이 많이 남아있었고, 비잔티움 제국이 멸망하면서 피신한 학자들이 그리스·로마 고전을 전해주어 고전 문화 연구가 활발하였다. 그뿐만 아니라 십자군 전쟁으로 인해 경제적 부를 누린 이탈리아 도시의 상인과 군주들이 경쟁적으로 문예를 후원하였다.

① 종교 개혁의 시작 ② 르네상스의 발원지
③ 한자 동맹의 중심지 ④ 신항로 개척의 선두 주자
⑤ 인클로저 운동의 출발점

9. 밑줄 친 '왕'에 대한 설명으로 옳은 것은?

① 계몽 전제 군주를 자처하였다.
② 아우크스부르크 화의를 체결하였다.
③ 청과 네르친스크 조약을 체결하였다.
④ 콜베르를 등용하였고 낭트 칙령을 폐지하였다.
⑤ 무적함대를 기반으로 절대 왕정을 확립하였다.

10. 다음 자료에 나타난 사회 문제의 결과로 옳은 것을 〈보기〉에서 고른 것은?

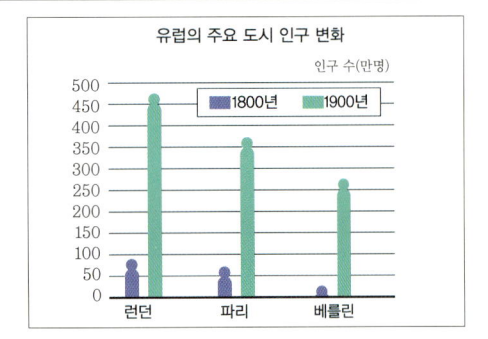

산업화가 확산되고 도시에 많은 공장이 집중되면서 도시 거주자의 비율이 크게 증가하였다. 이로 인해 중간 계급은 부유한 생활을 향유하였으나 노동자들은 빈곤한 생활을 감수해야 했다. 또한 급속도로 도시화가 전개되면서 도시의 인구 과밀 현상이 심각해졌다. 도시 거주자들은 상하수도를 비롯한 각종 위생 및 편의시설의 부족에 시달렸으며 건강을 위협받았다.

〈보 기〉
ㄱ. 과학적 사회주의가 확산되었다.
ㄴ. 동업 조합인 길드가 등장하였다.
ㄷ. 공장법과 노동조합이 만들어졌다.
ㄹ. 제1차 인클로저 운동이 시작되었다.

① ㄱ, ㄴ   ② ㄱ, ㄷ   ③ ㄴ, ㄷ
④ ㄴ, ㄹ   ⑤ ㄷ, ㄹ

11. (가) 내전 이후 성립된 상황으로 옳은 것을 〈보기〉에서 고른 것은?

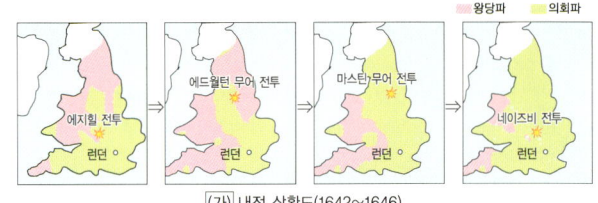

(가) 내전 상황도(1642~1646)

〈보 기〉
ㄱ. 스튜어트 왕조가 시작되었다.
ㄴ. 의회가 권리 청원을 제출하였다.
ㄷ. 네덜란드를 견제하기 위해 항해법이 제정되었다.
ㄹ. 청교도 윤리에 입각한 금욕적인 독재 정치가 실시되었다.

① ㄱ, ㄴ   ② ㄱ, ㄷ   ③ ㄴ, ㄷ
④ ㄴ, ㄹ   ⑤ ㄷ, ㄹ

12. 다음 교역으로 인한 결과로 옳은 것을 〈보기〉에서 고른 것은?

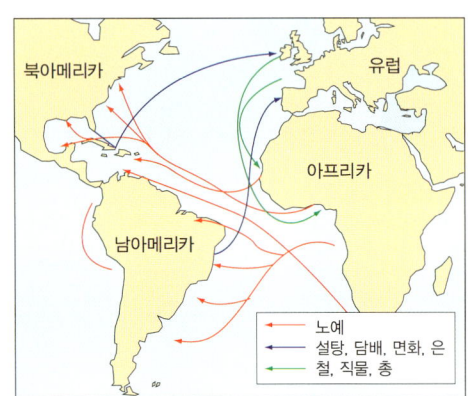

〈보 기〉
ㄱ. 아프리카의 남녀 성비 불균형이 초래되었다.
ㄴ. 유럽에서 상업 혁명과 가격 혁명이 일어났다.
ㄷ. 흑사병이 발생하여 유럽의 인구가 감소하였다.
ㄹ. 상파뉴 지역을 중심으로 중계 무역이 발달하기 시작하였다.

① ㄱ, ㄴ   ② ㄱ, ㄷ   ③ ㄴ, ㄷ
④ ㄴ, ㄹ   ⑤ ㄷ, ㄹ

13. (가), (나) 시기 사이에 발생한 사건으로 옳지 <u>않은</u> 것은?

> (가) 삼부회가 진행되는 동안 국왕이 해결책을 제시하지 못하자 제3신분의 대표들은 자신의 의견에 동조한 일부 성직자·귀족들과 함께 궁전의 테니스 코트에 따로 모여 회의를 진행하였다.
> (나) 급진파인 자코뱅 세력은 로베스피에르를 중심으로 온건파를 몰아내고 정권을 장악하였다. 자코뱅 세력은 공안 위원회와 혁명 재판소를 설치하여 반대 세력을 단두대를 통해 무자비하게 처형하는 공포 정치를 실시하였다.

① 국민 의회가 인권 선언을 발표하였다.
② 입헌 군주제를 규정한 헌법을 제정하였다.
③ 파리 시민이 바스티유 감옥을 습격하였다.
④ 국민 투표를 통해 나폴레옹이 황제로 즉위하였다.
⑤ 입법 의회의 선전 포고로 혁명 전쟁이 시작되었다.

14. 다음 인물에 대한 설명으로 옳은 것은?

조회수 342,987회
내가 바라는 것은 오직 이탈리아를 통일해야 한다는 일념뿐이오. 지금 사르데냐가 통일을 달성하기 위해 북방에서 일어났고, 우리가 남방에서 일어났으니 이것은 두 개의 나라가 있는 것이오. 한쪽이 굽혀서 다른 한쪽이 펴도록 하는 것이 진실로 나라를 사랑하는 길이오.

① 시칠리아와 나폴리를 점령하였다.
② 사회주의적 자치 정부를 수립하였다.
③ 강력한 군비 확장 정책을 시행하였다.
④ 프로이센을 중심으로 관세 동맹을 결성하였다.
⑤ 프랑스의 지원을 받아 오스트리아와의 전쟁에서 승리하였다.

15. (가), (나) 지역에 대한 설명으로 옳지 <u>않은</u> 것은?

미국 남북 전쟁 당시의 세력 분포

	(가)	(나)
인구	61%	39%
경제력	75%	25%
면화 생산	4%	96%
공장	81%	19%

① (가)는 연방제 유지를 주장하였다.
② (가)는 노예제 확대를 반대하였다.
③ (나)는 보호 무역을 주장하였다.
④ (나)는 노예제 유지를 주장하였다.
⑤ (가)와 (나)의 전쟁에서 (가)가 승리하였다.

16. 밑줄 친 '봉기'가 일어난 시기를 연표에서 옳게 고른 것은?

> 차르 니콜라이 1세의 즉위식 날, 청년 장교들이 수도인 상트페테르부르크에서 차르에 대한 충성 서약을 거부하고 입헌 군주정 헌법을 요구하는 봉기를 시도하였다. 하지만 거사 전날 계획이 발각되면서 봉기는 실패로 끝났고 거사를 주동한 인물들은 사형에 처해지거나 시베리아 등지로 끌려갔다.

	(가)	(나)	(다)	(라)	(마)
	나폴레옹의 러시아 원정	빈 회의 개최	크림 전쟁	농노 해방령 발표	러·일 전쟁	러시아 혁명

① (가) ② (나) ③ (다) ④ (라) ⑤ (마)

17. (가) 국가에 대한 설명으로 옳은 것은?

> 아프리카 남쪽 끝자락에 위치한 케이프타운(Cape Town)은 1869년 수에즈 운하가 개통되기 전까지는 유럽인들이 인도 항로로 가기 위해서는 반드시 거쳐야 했던 도시였다. 이 도시의 이름은 바르톨로메우 디아스가 최초로 발견한 희망봉(Cape of Good Hope)에서 유래하였다. 케이프타운은 1652년부터 네덜란드인들이 조직적인 정착을 시도하여 네덜란드 동인도 회사를 위한 보급 기지가 되면서 점차 도시로 발전하였다. 이후 (가) 이/가 국가가 들어와 주변 지역으로 팽창해 가면서 19세기 말과 20세기 초에는 보어 전쟁의 무대가 되기도 하였다.

① 먼로 선언을 발표하였다.
② 괌과 하와이를 병합하였다.
③ 프랑스와 파쇼다에서 대립하였다.
④ 모로코 사건으로 독일과 대치하였다.
⑤ 베트남, 라오스, 캄보디아를 차지하였다.

18. (가) 국가를 수립하고 초대 국가 원수가 되었던 인물에 대한 설명으로 옳지 않은 것은?

① 자본주의 경제 방식을 일부 도입하였다.
② 국제 공산당 기구인 코민테른을 결성하였다.
③ 소비에트 사회주의 공화국 연방을 수립하였다.
④ 독일의 히틀러와 독·소 불가침 조약을 체결하였다.
⑤ 제1차 세계 대전 중 독일과 강화 조약을 체결하였다.

19. (가), (나) 사이의 시기에 있었던 사실로 옳은 것을 〈보기〉에서 고른 것은?

(가)   (나)

스탈린그라드 전투   포츠담 회담

〈보 기〉
ㄱ. 독일의 무조건 항복
ㄴ. 일본의 무조건 항복
ㄷ. 연합군의 노르망디 상륙 작전
ㄹ. 프랑스 드골 정부의 영국 망명

① ㄱ, ㄴ   ② ㄱ, ㄷ   ③ ㄴ, ㄷ
④ ㄴ, ㄹ   ⑤ ㄷ, ㄹ

20. (가)에 들어갈 내용으로 적절한 것은?

> 〈역사 드라마 제작 계획서〉
> 제2차 세계 대전 이후
> 1. 기획 의도
>   제2차 세계 대전 이후 상황을 다각도로 파악하여 전후 처리 내용을 분석한다.
> 2. 프로그램 편성
>   제1부 : 샌프란시스코 회의, 일본이 주권을 회복하다.
>   제2부 : 국제 연합, 미국과 소련이 참가한 국제 평화 기구가 성립되다.
>   제3부 : 뉘른베르크, 독일의 전쟁 범죄자를 재판하다.
>   제4부 : (가)

① 트루먼 독트린, 냉전이 시작되다.
② 워싱턴 회의, 중국의 영토 보존을 약속하다.
③ 바이마르 공화국, 사회 보장 제도를 실시하다.
④ 켈로그-브리앙 조약, 전쟁 방지 조약이 체결되다.
⑤ 로카르노 조약, 평화로운 국제 문제 해결을 약속하다.

21. (가), (나) 인물에 대한 설명으로 옳은 것은?

- (가) 은/는 북쪽의 흉노를 몰아내고 만리장성을 쌓았다. 또한, 길이·부피·무게 단위와 화폐와 사상 등을 통일하였다. 유가들이 정책에 불만을 나타내자 분서갱유를 단행하기도 하였다.
- (나) 은/는 오랜 전쟁으로 재정이 어려워지자 큰 이익을 내던 소금과 철을 전매하여 그 수익을 독점하였다. 또한, 오수전을 발행하고 균수법과 평준법을 시행하였다.

① (가) – 장건을 서역에 파견하였다.
② (가) – 고조선과 베트남을 정복하였다.
③ (나) – 도량형과 문자를 최초로 통일하였다.
④ (나) – 정화의 함대를 동남아시아와 인도양에 파견하였다.
⑤ (가), (나) – 군현제를 실시하였다.

22. (가)에 들어갈 내용으로 적절한 것을 〈보기〉에서 고른 것은?

〈유튜브 기획안〉
제목 : 중국 ○나라 역사 여행
1. 기획 의도 : ○대의 사회·문화적 특징을 살펴본다.
2. 주요 장면 및 해설

순서	해설
장면 1	교자, 회자 등의 지폐를 통해 시장에서 간편하게 거래하는 상인들
장면 2	황제가 직접 주관한 전시에 응시하는 학생들
장면 3	(가)
장면 4	장택단의 '청명상하도'를 감상하는 사대부들

〈보 기〉
ㄱ. 신법을 추진하는 왕안석
ㄴ. 훈고학을 집대성하는 공영달
ㄷ. "자치통감"을 저술하는 사마광
ㄹ. '곤여만국전도'를 제작한 마테오 리치

① ㄱ, ㄴ   ② ㄱ, ㄷ   ③ ㄴ, ㄷ   ④ ㄴ, ㄹ   ⑤ ㄷ, ㄹ

23. (가) 왕조에 대한 설명으로 옳은 것을 〈보기〉에서 고른 것은?

〈보 기〉
ㄱ. 몽골에 의해 멸망하였다.
ㄴ. 고유 문자를 사용하였다.
ㄷ. 연운 16주를 차지하였다.
ㄹ. 맹안·모극제를 실시하였다.

① ㄱ, ㄴ   ② ㄱ, ㄷ   ③ ㄴ, ㄷ
④ ㄴ, ㄹ   ⑤ ㄷ, ㄹ

24. 밑줄 친 '이 왕조' 시기에 있었던 동서 교류에 대한 설명으로 옳은 것은?

이 왕조의 수도인 대도에는 많은 도로가 각 지방을 향해 나 있다. 각각의 도로에는 행선지 이름을 따서 명칭이 붙어 있다. 칸은 사신들이 이 도로를 통행할 때 필요한 물자는 무엇이든 구할 수 있도록 준비시키고 있다. …… 국내 여러 지방으로 통하는 주요 도로에는 약 40km마다 역참이 배치되어 있다. 이 역참에는 넓고 근사한 침대가 비치되어 있고 필요한 모든 물건이 제공된다.

① 중국의 제지술이 이슬람에 전파되었다.
② 유클리드의 기하학이 중국에 소개되었다.
③ 아담 샬이 중국에 대포 제작 기술을 전달하였다.
④ 이븐 바투타가 중국에 대한 내용을 책으로 남겼다.
⑤ 카스틸리오네가 중국에 서양식 화법을 전파하였다.

25. (가)에 들어갈 내용으로 옳은 것은?

이력서	
성명	주원장(홍무제)
생몰연도	1328~1398
출생 지역	안후이성 일대
주요 경력	

- 재상제를 폐지하고 황제가 행정을 총괄하였다.
- 토지 대장(어린도책)과 호적(부역황책)을 정비하였다.
- (가)

① 자금성을 건설하였다.
② 군기처를 설치하였다.
③ 이갑제를 실시하였다.
④ 베트남을 복속하였다.
⑤ 일본과 감합 무역을 실시하였다.

26. (가) 도시에 대한 설명으로 옳은 것은?

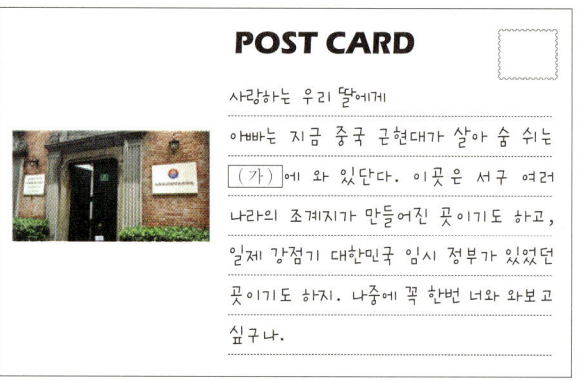

① 명의 수도였다.
② 남송의 수도였다.
③ 한국광복군이 창설되었다.
④ 윤봉길의 의거가 일어났다.
⑤ 태평천국군이 수도로 삼았다.

27. (가), (나)와 관련된 근대화 운동에 대한 설명으로 옳은 것을 〈보기〉에서 고른 것은?

(가) 기계 제조라는 이 일은 현재 외국의 도전을 막아내기 위한 바탕이 되며 자강의 근본입니다. 총리아문의 상소에 이를 매우 상세하게 서술하여 이미 황상께서 자세히 알고 계십니다. 신이 뜻을 다해 말씀드리는 것은 서양 기계가 농경·직포·인쇄·도자기 제조 등의 용구를 모두 만들 수 있고 민생의 일상생활에 유리한 것이지, 오로지 군사 무기만을 만드는 것이 아니라는 점입니다.

(나) 법은 왜 반드시 변해야 하는가? 무릇 하늘과 땅 사이에 있는 것은 변하지 않음이 없다. …… "시경"에 이르기를 '주나라는 비록 오래된 나라이나 그 명(命)은 오히려 새롭다.'라고 하였다. 이는 오래된 나라를 다스릴 때도 반드시 새로운 방법을 사용해야 함을 말한 것이다.

〈보 기〉
ㄱ. (가) – 중체서용을 바탕으로 부국강병을 추구하였다.
ㄴ. (가) – 신사층이 조직한 의용군과 외국 군대의 공격으로 진압 되었다.
ㄷ. (나) – 서태후 등 보수파의 반발로 실패하였다.
ㄹ. (나) – 일본 등 8개국 연합군이 무력으로 진압하였다.

① ㄱ, ㄴ ② ㄱ, ㄷ ③ ㄴ, ㄷ
④ ㄴ, ㄹ ⑤ ㄷ, ㄹ

28. 밑줄 친 '이 길'에 대한 설명으로 옳은 것은?

① 불교가 이 길을 통해 중국에 전파되었다.
② 인도에 간 혜초가 이 길을 통해 귀국하였다.
③ 간다라 미술이 이 길을 통해 중국에 전파되었다.
④ 힌두교가 이 길을 통해 동남아시아로 전파되었다.
⑤ 몽골의 바투가 이 길을 이용해 유럽 원정을 떠났다.

29. 밑줄 친 '이 시대'에 대한 설명으로 옳은 것은?

> 이 시대에 쇼군은 중앙과 직할지를 지배하고, 지방의 다이묘들도 번이라고 불리는 영지에 대한 지배권을 인정받았다. 막부와 번으로 구성된 이 시기 일본의 지배 체제를 막번 체제라고 한다. 막부는 엄격한 법규와 산킨코타이제를 통해 다이묘들을 강력하게 통제하는 한편, 천황을 정치에서 배제하였다.

① 다이카 개신이 단행되었다.
② 명과 감합 무역을 실시하였다.
③ 쇼토쿠 태자가 불교 진흥책을 실시하였다.
④ "고사기"와 "일본서기" 등 역사서가 편찬되었다.
⑤ 가부키, 우키요에 같은 조닌 문화가 발달하였다.

30. (가)에 들어갈 내용으로 옳은 것은?

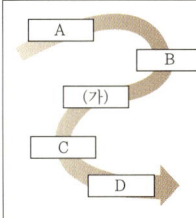

〈일본의 개항과 근대화〉

A : 에도 막부는 나가사키 항에서 네덜란드와의 제한적인 무역만 허용하였다.
B : 미국 페리 제독이 군함을 이끌고 일본에 통상을 요구하였다.
C : 개항에 불만을 품은 하급 무사들을 중심으로 외세 배격 운동이 일어났다.
D : 사쓰마 번과 조슈 번의 주도로 에도 막부를 타도하고 일왕 중심의 새로운 정부를 수립하였다.

① 일본 제국 헌법이 제정되었다.
② 자유 민권 운동이 전개되었다.
③ 신식 교육과 징병제를 실시하였다.
④ 이와쿠라 사절단을 미국에 파견하였다.
⑤ 수입품에 대해 자주적으로 관세를 정할 수 없게 되었다.

31. 밑줄 친 (가), (나)와 관련된 설명으로 옳지 않은 것은?

> 한・일 정부가 '강대강' 기조를 유지하면서 양국의 무역 갈등이 확산되고 있는 가운데, 내달까지 양국 무역 및 안보와 관련하여 굵직한 일정들이 기다리고 있어 주목된다. 우선 18일이 양국 무역 갈등의 확산 여부를 결정하는 기점이 될 전망이다. 일본은 (가) 한국 대법원의 강제 징용 판결과 관련해 (나) 한・일 청구권 협정에 따른 제3국 중재위원회 구성을 요구하면서 최종시한인 18일까지 이를 수용하지 않으면 화이트리스트 제외 등 추가 조치를 취하겠다고 했다. 청와대는 그러나 이에 대해 '수용 불가'라는 분명한 입장을 밝혔다.
>
> ― 뉴스핌, 채송무 기자, 2019. 7. 18. ―

① 일본 정부는 (나)를 내세워 (가)를 인정하지 않고 있다.
② (가)는 제2차 세계 대전 당시의 징용 피해자에 대한 판결이다.
③ (가) 이후 일본 정부는 한국에 대한 수출 규제 조치를 강화하였다.
④ (가)에서는 (나)로 인해 개인의 청구권이 소멸되지 않았다고 보았다.
⑤ (나)는 한국의 박근혜 정부와 일본의 아베 신조 내각 사이에 체결되었다.

32. (가) 국가의 역사에 대한 설명으로 옳은 것을 〈보기〉에서 고른 것은?

〈보 기〉

ㄱ. 리 왕조는 과거제를 도입하였다.
ㄴ. 쩐 왕조는 몽골의 침입을 격퇴하였다.
ㄷ. 사이렌드라 왕조에서 해상 무역이 발달하였다.
ㄹ. 아유타야 왕조는 미얀마의 꼰바웅 왕조에 의해 멸망하였다.

① ㄱ, ㄴ   ② ㄱ, ㄷ   ③ ㄴ, ㄷ
④ ㄴ, ㄹ   ⑤ ㄷ, ㄹ

33. 밑줄 친 '이 인물'에 대한 설명으로 옳은 것은?

① 통킹 의숙을 설립하였다.
② 깐빠옹 운동을 전개하였다.
③ 부디 우토모를 결성하였다.
④ 신문화 운동을 전개하였다.
⑤ 비밀 결사인 카티푸난을 이끌었다.

34. (가) 국가의 역사에 대한 설명으로 옳은 것은?

탐구 활동 계획서

탐구 주제 : 동남아시아 근대 민족 운동

	지배한 국가	지배 받은 국가	민족 운동
주제 1	프랑스	베트남	동유 운동
주제 2	네덜란드	(가)	이슬람 동맹 결성
주제 3	에스파냐	필리핀	필리핀 민족 동맹 결성

① 청동북을 제작하였다.
② 조몬 토기를 제작하였다.
③ 쐐기 문자를 사용하였다.
④ 앙코르 와트를 건립하였다.
⑤ 보로부두르 사원을 건립하였다.

35. (가), (나) 종교의 특징으로 옳은 것을 〈보기〉에서 고른 것은?

(가) 인생은 생, 노, 병, 사의 괴로움으로 가득 차 있으며, 괴로움의 원인은 자기 마음속의 욕심 때문이라고 지적하고, 욕심을 버리고 열반의 경지에 이르는 방법을 설교함으로써 많은 제자를 모았다.

(나) 창조주는 …… 각자의 업을 정하였도다. 브라만에게는 '베다'를 가르치고 배우며 제사 지내는 일을, 크샤트리아에게는 백성을 보호하고 다스릴 것을, 바이샤에게는 농사를 짓고 짐승을 기를 것을 명령하셨다. 마지막으로 수드라에게는 앞선 세 신분에 속한 사람들에게 봉사하는 임무를 명령하셨다.

〈보 기〉
ㄱ. (가) – 윤리적 실천을 통한 해탈을 강조하였다.
ㄴ. (가) – 우상 숭배를 금지하고, 유일신에 대한 절대복종을 강조하였다.
ㄷ. (나) – 마누 법전이 일상생활에 큰 영향을 끼쳤다.
ㄹ. (나) – 마우리아 왕조와 쿠샨 왕조 시기에 발달하였다.

① ㄱ, ㄴ   ② ㄱ, ㄷ   ③ ㄴ, ㄷ
④ ㄴ, ㄹ   ⑤ ㄷ, ㄹ

36. (가) 제국에 대한 설명으로 옳은 것은?

〈세계사 여행기〉

시크교의 총 본산, 황금 사원

인도 서북부 암리트사르에는 (가) 제국 시기에 발전한 시크교의 가장 오래된 성지인 황금 사원이 있다. 15, 16세기 인도에서는 힌두교와 이슬람교를 융합시키려는 움직임이 활발하게 일어났는데, 이러한 분위기 속에서 나나크가 창시한 종교이다. 시크교는 담배와 마약을 금지하고, 우상 숭배와 카스트제의 신분 차별을 반대하며, 유일신에 대한 믿음과 인간 평등을 주장한다.

① 카니슈카 왕은 최대 영토를 확보하였다.
② 아소카 왕은 중앙 집권 체제를 정비하였다.
③ 티무르가 몽골 제국의 부흥을 내세우며 건국하였다.
④ 찬드라굽타 2세는 북인도와 중부 인도를 확보하였다.
⑤ 아크바르 황제는 힌두교에 대한 관용 정책을 추진하였다.

37. 다음에 나타난 사건 이후의 정치 상황으로 옳지 않은 것은?

> 동인도 회사를 통한 인도 지배에 한계를 느낀 영국은 동인도 회사를 해산하고, 무굴 제국의 황제를 폐위하였다. 또한, 형식적인 주권을 유지하던 인도를 직접 통치하기 위해 인도 통치법을 제정하였다. 이어 영국령 인도 제국을 수립하였다.

① 세포이의 항쟁이 일어났다.
② 벵골 분할령이 발표되었다.
③ 파키스탄이 분리 독립하였다.
④ 인도 국민 회의가 결성되었다.
⑤ 비폭력·불복종 운동이 전개되었다.

38. 다음 법을 시행한 국가에 대한 설명으로 옳은 것은?

제1조	남을 사형에 처해야 한다고 고발한 자가 증거를 제시하지 못하면 사형에 처한다.
제195조	아들이 아버지를 때리면 아들의 손을 자른다.
제196조	자유인의 눈을 뺀 자는 그 눈을 뺀다.
제198조	귀족이 자유민의 눈이나 다리를 상하게 하면 금화 1미나를 바쳐야 한다.
제229조	부실하게 지은 집이 무너져서 집주인이 죽으면 건축가를 사형에 처한다.

① 10진법과 태양력을 사용하였다.
② 철기 문화를 오리엔트에 전파하였다.
③ 한자의 기원인 갑골 문자를 사용하였다.
④ 아무르인들이 바빌론을 중심으로 건국하였다.
⑤ 내세적 세계관이 발달하여 미라를 제작하였다.

39. (가)~(마) 시기에 해당하는 역사적 사실로 옳지 않은 것은?

> 〈세계사 학술 대회〉
> 이슬람 세계의 형성과 발전
> 1부 : 이슬람교의 성립 ·················· (가)
> 2부 : 정통 칼리프 시대 ················ (나)
> 3부 : 우마이야 왕조 ··················· (다)
> 4부 : 아바스 왕조 ····················· (라)
> 5부 : 셀주크 튀르크 ··················· (마)

① (가) – 술탄·칼리프제가 확립되었다.
② (나) – 사산 왕조 페르시아가 멸망하였다.
③ (다) – 아랍인 중심 정책이 시행되었다.
④ (라) – 탈라스 전투가 벌어졌다.
⑤ (마) – 십자군 전쟁이 일어났다.

40. 다음 개혁을 시행한 국가에 대한 설명으로 옳지 않은 것은?

> • 술탄의 권한 일부를 의회에 넘기고, 의회는 술탄의 승인을 얻어서 법을 제정한다.
> • 모든 백성의 생명, 명예, 재산을 법으로 보장한다.
> • 조세 징수에 관한 원칙을 마련한다.
> • 군대의 징집에 대한 정식 규정 및 근무 기간을 설정한다.
> – 탄지마트 칙령(1839) –

① 발칸 전쟁에서 패배하였다.
② 민족 자치 공동체인 밀레트를 허용하였다.
③ 레자 샤를 중심으로 반영 운동을 전개하였다.
④ 청년 튀르크당이 혁명으로 정권을 장악하였다.
⑤ 정복 지역의 크리스트교 소년들을 예니체리에 편입시켰다.

심화  주최
세계사능력검정시험 제6회 문제지

41. 밑줄 친 '오류'를 반박하기 위한 탐구 활동으로 가장 적절한 것은?

> 이영훈 교수(외), "반일(反日) 종족주의". 무모하고 섬뜩했다. …… 두 가지 오류를 범했다. '사료의 편파 선택'과 '일부로 전체를 왜곡하는 일반화의 오류'. 이 책은 대체로 밝고 정상적인 사료만 골랐다. …… 고소득은 미끼였다. 주식과 생필품 비용을 공제하고 강제 저축, 국채 구입을 강요당해 실제 지급액은 쥐꼬리였다. 송금은 언감생심 빚진 사람이 속출했다(그는 송금통장을 사진 자료로 실었다). 일본 패망으로 저축과 국채는 휴짓조각이 됐다(김호경 외, "일제 강제동원"). 이런 자료는 산처럼 쌓여 있다. 일본군이 요청하지 않았다면 '종군 위안부'가 가능했을까? 전쟁 말기, 왜 조선 처녀들이 결혼을 서둘렀나? 군 개입과 강제 연행 입증 자료가 미국 기록 문서고에서 수차례 발견되었다(정진성 연구팀). 누가 거짓과 허위를 생산하고 있는가.
>
> - 중앙일보, 송호근 칼럼, 2019. 8. 19. -

① 간도 협약이 체결된 배경을 파악한다.
② 시모노세키 조약의 체결 과정을 살펴본다.
③ 가쓰라·태프트 밀약의 주요 내용을 분석한다.
④ 고종이 파견한 헤이그 특사의 활동 사항을 조사한다.
⑤ 일본의 침략 전쟁과 관련된 미국, 중국 등의 공식 문서 내용을 찾아본다.

42. 밑줄 친 ㉠~㉤에 대한 설명으로 옳은 것은?

> 미 재무부는 5일 중국을 환율 조작국으로 지정했다고 밝혔다. ㉠미국과 중국의 무역 전쟁이 환율 전쟁으로 확전한 셈이다. 재무부는 또 "국제 통화 기금(IMF)과 함께 중국의 최근 행동으로 야기된 불공정한 경쟁 우위를 없애나갈 것"이라고 말했다. 중국의 환율 조작국 지정은 1994년 이후 25년 만이며 중국이 2001년 ㉡세계 무역 기구(WTO)에 가입한 뒤로는 처음이다. 미국의 환율 조작국 지정 직전 중국 상무부와 국가 개발 개혁 위원회도 "㉢트럼프 대통령이 ㉣시진핑 주석과의 ㉤G20 합의를 위반했다."며 "미국의 추가 관세 유예 대가로 합의한 미국 농산물 대량 구매를 중단한다."고 밝혔다.
>
> - 중앙일보, 정효식 기자, 2019. 8. 6. -

① ㉠ - 닉슨 독트린 발표 이후인 1979년에 처음으로 수교를 체결하였다.
② ㉡ - 제2차 세계 대전 이후 마셜 계획의 영향으로 출범하였다.
③ ㉢ - 2016년 대통령 선거에 민주당 후보로 출마하였다.
④ ㉣ - 경제 발전을 위해 인민공사를 조직하고 대약진 운동을 추진하였다.
⑤ ㉤ - 아메리카, 유럽, 아시아 대륙에 위치한 국가들로만 구성되어 있다.

43. (가) 국가에 대한 설명으로 옳은 것을 <보기>에서 고른 것은?

> 북유럽 3개국을 순방 중인 문재인 대통령이 11일 오후 첫 순방지인 핀란드에서의 일정을 마무리하고 (가) 의 수도 오슬로를 향해 출발했다. 문 대통령은 12일 오전 공식 환영식과 제2차 세계 대전 참전비 헌화를 시작으로 공식 일정을 시작한다. 이후 오슬로 대학에서 열리는 오슬로 포럼에서 한반도 평화를 주제로 기조연설을 한다. 문 대통령은 13일 오전 에르나 솔베르그 총리와 정상 회담을 하고, 오후에는 (가) 제2의 도시인 베르겐을 방문한 후 마지막 순방지인 스웨덴의 스톡홀름으로 향한다.
> — 연합뉴스, 이상헌·입형섭 기자, 2019. 6. 11. —

<보 기>
ㄱ. 유럽 연합(EU)에 가입하였다.
ㄴ. 칼마르 동맹에 소속되어 있었다.
ㄷ. 제2차 세계 대전 당시 독일의 침략을 받았다.
ㄹ. 현재 그린란드를 자치령으로 소유하고 있으며 미국 대통령 트럼프의 매입 의사를 거절하였다.

① ㄱ, ㄴ   ② ㄱ, ㄷ   ③ ㄴ, ㄷ
④ ㄴ, ㄹ   ⑤ ㄷ, ㄹ

44. (가) 지역에 대한 설명으로 옳은 것은?

> (가) 자치 정부가 중국에 범죄인을 인도할 수 있도록 관련 법 개정을 추진하자 시민들이 거리로 나와 시위를 벌였다. 이는 '우산 혁명'으로 불리는 2014년 민주화 시위 이후 5년 만에 최대 규모다. 현지 언론의 보도에 따르면, 일요일인 지난 28일 도심 코스웨이베이 일대에서 13만명(경찰 추산 22,800명)의 시민이 참여하는 대규모 시위가 벌어졌다. 야당과 시민 단체 '민간 인권 전선' 등이 주도한 시위에서 참가자들은 "중국으로의 범죄인 인도에 반대한다.", "캐리 람(행정수반)은 퇴진하라."고 외치며, 4시간에 걸쳐 가두 행진을 벌였다.
> — 조선일보, 이길성 기자, 2019. 4. 30. —

<보 기>
ㄱ. 삼국 간섭 이후 독일이 차지하였다.
ㄴ. 난징 조약의 체결로 영국에 할양되었다.
ㄷ. 1999년에 마카오와 함께 중국으로 반환되었다.
ㄹ. 현재 일국양제(一國兩制)의 원칙에 따라 자치권을 인정받고 있다.

① ㄱ, ㄴ   ② ㄱ, ㄷ   ③ ㄴ, ㄷ
④ ㄴ, ㄹ   ⑤ ㄷ, ㄹ

45. 밑줄 친 '이 기구'에 대한 설명으로 옳지 <u>않은</u> 것은?

이 기구의 공식 로고

이 기구의 친선대사로 활동하는 배우 정우성씨가 "우리도 6·25 전쟁을 겪으면서 한때 실향민이고 난민이던 때가 있었다. 이때 유엔이나 다른 나라의 도움을 받았던 것을 기억해야 한다."며 전 세계 난민에 대한 관심과 지원을 촉구했다. 그는 2014년부터 이 기구 홍보대사 활동을 이어가고 있다. 일각에서 난민에 대한 비판 여론이 일고 있는 것에 대해서 그는 "엄마나 청년으로서 느끼는 불안감과 우려를 존중한다."며 "낯선 이방인에 대한 막연한 두려움에서 나온 거부감도 있을 것"이라고 말했다. 그러면서도 "일부는 조직적으로 혐오 감정을 끌어내기 위해 글을 쓰는 사람도 있었다."고 지적했다.
— 국민일보, 박민지 기자, 2019. 5. 28. —

① 노벨 평화상을 수상하였다.
② 미국 뉴욕에 본부가 설립되었다.
③ 제2차 세계 대전 종전 이후에 출범하였다.
④ 미얀마의 소수 민족인 로힝야 족을 지원하고 있다.
⑤ 유엔 난민 고등 판무관 사무소(United Nations High Commissioner for Refugees)가 공식 명칭이다.

46. (가) 국가에 대한 설명으로 옳은 것을 〈보기〉에서 고른 것은?

(가) 에서 반정부 시위가 격화하고 있다. 로이터·AP 통신 등 외신은 23일 대통령의 퇴진과 재선거를 요구하는 시위 현장 상황을 전했다. 시위대 선봉에 선 건 후안 과이도 국회의장이다. 지난 5일 취임한 과이도 의장은 "재선거를 요청하는 군의 지원 속에 임시 대통령을 기꺼이 맡을 것"이라고 선언했다.

정권 퇴진 운동을 촉발한 건 부정 선거 논란이다. 작년 5월 치러진 대선 당시 유력 야권 후보들이 가택연금, 수감 등으로 선거에 나설 수 없는 상황이었기 때문이다.
— 중앙일보, 심새롬 기자, 2019. 1. 24. —

〈보 기〉

ㄱ. 포르투갈의 식민 지배를 받았다.
ㄴ. 현재 인플레이션과 경제 위기를 겪고 있다.
ㄷ. 현재 우고 차베스 대통령이 장기 집권하고 있다.
ㄹ. 19세기 초 시몬 볼리바르 등의 활약으로 식민 지배에서 벗어났다.

① ㄱ, ㄴ ② ㄱ, ㄷ ③ ㄴ, ㄷ
④ ㄴ, ㄹ ⑤ ㄷ, ㄹ

다음 페이지에 주관식 문제가 있습니다. ☞

47~48. 다음 자료를 보고 물음에 답하시오.

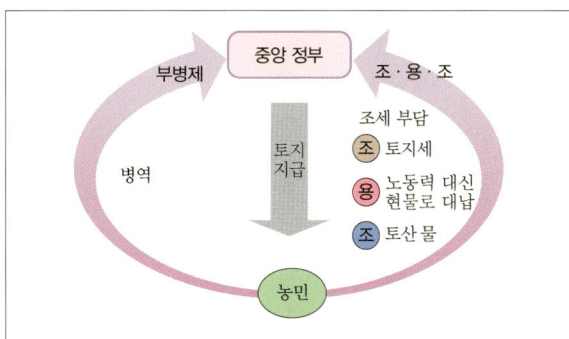

[(가)]은/는 자영농을 육성하기 위해 농민들에게 토지를 분배하는 [(나)]을/를 실시하였다. 또한 토지를 받은 농민에게는 조·용·조와 부병제의 의무를 부과함으로써 국가 재정을 확보하고 군사력을 키웠다. 그러나 ㉠ 안·사의 난(755)을 계기로 중앙 정부의 권위가 약화되고 귀족들의 장원 소유가 증가하면서 이러한 체제는 붕괴되었다.

47. (가)에 들어갈 왕조와 (나)에 들어갈 제도의 명칭을 각각 쓰시오. [각 1점씩 총 2점]

48. 밑줄 친 ㉠의 상황 이후 조·용·조와 부병제가 각각 어떻게 변화하였는지 서술하시오. [각 1점씩 총 2점]

49. 다음 자료의 (가)에 들어갈 인물과 (나)에 들어갈 법령의 명칭을 각각 쓰시오. [각 1점씩 총 2점]

4세기 초 로마의 부흥기를 이끈 [(가)] 황제의 두상이다. 그는 제국의 당면한 문제들을 강력하고 효과적으로 해결하였다. 313년에는 [(나)]을/를 발표하여 크리스트교를 공인하였으며, 330년에는 수도를 콘스탄티노폴리스로 옮김으로써 제국 부흥의 기반을 닦았다.

50. 밑줄 친 (가), (나) 법의 주요 내용을 각각 서술하시오. [각 1점씩 총 2점]

로마 평민권의 신장 과정

호민관직 설치(기원전 494), 평민회 조직(기원전 471)
↓
12표법 제정(기원전 450)
↓
(가) 리키니우스·섹스티우스법 제정(기원전 367)
↓
(나) 호르텐시우스법 제정(기원전 287)

세계사능력검정시험 정답 및 해설(제1~6회)

제1회 세계사능력검정시험

01	④	02	③	03	⑤	04	④	05	①
06	④	07	⑤	08	①	09	④	10	⑤
11	⑤	12	②	13	④	14	④	15	②
16	②	17	②	18	③	19	⑤	20	②
21	②	22	④	23	④	24	②	25	①
26	②	27	②	28	⑤	29	④	30	③
31	④	32	③	33	①	34	③	35	④
36	④	37	④	38	②	39	⑤	40	④
41	①	42	②	43	②	44	②	45	②
46	③	47	⑤	48	③	49	①	50	①

01 정답 ④
해설 제시문은 그리스 페리클레스의 연설이다.
④ 로마에 대한 내용이다.
오답풀이 ①②③⑤ 그리스에 관한 내용이다.

02 정답 ③
해설 알렉산드로스 대왕에 대한 문제이다.
③ 스파르타에 대한 설명이다.

03 정답 ⑤
해설 '짐'은 콘스탄티누스 대제이다. 콘스탄티누스는 수도를 로마에서 비잔티움(콘스탄티노폴리스)으로 천도하였으며 밀라노 칙령을 통해 크리스트교를 공인하였다. 그리고 니케아 공의회에서 삼위일체설(성부, 성자, 성령은 하나라는 주장)을 채택했다.
오답풀이 ㄱ. 콘스탄티누스 황제 이후 테오도시우스 황제가 크리스트교를 국교로 정했다.
ㄴ. 콘스탄티누스 황제 이전 디오클레티아누스 황제가 전제 군주제를 확립하고 제국을 4분 통치하였다.

04 정답 ④
해설 제시문은 카롤루스 대제이다. 카롤루스 대제는 서로마 제국 영토의 대부분을 획득하여 교황으로부터 서로마 황제의 관을 받았다.
오답풀이 ① 클로비스, ②⑤ 피핀, ③ 카롤루스 마르텔에 대한 설명이다.

05 정답 ①
해설 노르만 족의 정복 활동을 표현한 지도이다.
① 노르만 족은 노르망디 공국, 노르만 왕조, 시칠리아 왕국, 노브고로드 공국, 키에프 공국을 세웠다.
오답풀이 ② 서로마 제국은 게르만 용병 대장 오도아케르가 멸망시켰다.
③ 악티움 해전은 로마의 옥타비아누스가 안토니우스를 격파한 해전이다.
④ 히타이트에 대한 설명이다.
⑤ 게르만 족에 대한 설명이다.

06 정답 ④
해설 길드에 대한 자료이다. 길드는 상인과 수공자들의 동업 조합이었으며 배타적 독점권으로 인해 자유로운 시장 경제 형성에 장애가 되었다.
오답풀이 ㄱ. 시민 혁명과 산업 혁명을 거치면서 길드는 점차 숫자가 줄어들었다.
ㄷ. 농노에 대한 설명이다.

07 정답 ⑤
해설 카노사의 굴욕에 관한 자료이다. 1077년 로마 교황은 신성 로마 제국 황제 하인리히 4세를 굴복시켜 보름스 협약(1122)을 통해 교황이 서임권을 차지하게 되었다.
오답풀이 ① 아비뇽 유수(1309~1377)는 프랑스 왕이 교황을 굴복시켜 교황청이 로마에서 프랑스의 아비뇽으로 옮겨진 사건을 말한다.
② 비잔티움 제국의 황제 레오 3세가 726년 성상 숭배 금지령을 내린 이후 1054년 황제 중심의 그리스 정교와 교황 중심의 로마 가톨릭으로 분열되었다.
③ 위클리프와 후스가 성서에 입각한 교회의 개혁을 주장하여 종교 개혁에 영향을 주었다. 콘스탄츠 공의회(1414~1418)에서 후스를 처형하고, 로마 교황을 정통으로 인정하여 아비뇽 유수로 인한 교회 대분열을 종식시켰다.
④ 루터와 칼뱅의 종교 개혁 이후 16세기 가톨릭은 예수회를 조직하고 트리엔트 공의회를 열었다.

08 정답 ①
해설 (가) 제국은 비잔티움 제국으로서, 6세기경의 유스티니아누스 대제 시기의 영토 확장 지도이다. 유스티니아누스 대제는 "로마법 대전"을 편찬하고 모자이크가 특징인 성 소피아 성당을 건립하였다. 비잔티움 제국은 중앙 집권을 위해 군관구제(제국을 31개의 군관구로 나누고 황제가 임명한 사령관이 군사·행정·사법권 행사)와 둔전병제(농민에게 군역에 종사하는 대가로 토지 지급)를 실시하였다.
① 비잔티움 제국은 황제 교황주의였으며, 제정 분리는 서유럽에 해당한다.

09 정답 ④
해설 제시문은 성 베네딕트 수도원의 규칙이다. 6세기경 성 베네딕트 수도원이 수도원 운동을 시작하고 10세기경 클뤼니 수도원이 수도원 운동을 본격화시켰다.
④ 루터의 종교 개혁은 16세기경이다.

10 정답 ⑤
해설 십자군 전쟁에 대한 문제이다. 십자군 전쟁으로 교황과 제후 세력은 약화되었고 국왕과 상인 세력은 강화되었다. 특히 이탈리아 상인들이 성장하여 지중해 무역을 주도하였고, 이를 바탕으로 14세기 르네상스가 전개될 수 있는 물적 토대가 마련되었다.

오답풀이 ① 십자군 전쟁 이전에 동서 교회가 분열되었다. 비잔티움 제국의 황제 레오 3세가 726년 성상 숭배 금지령을 내렸는데, 결국 1054년 황제 중심의 그리스 정교와 교황 중심의 로마 가톨릭으로 분열되었다.
② 프랑크 왕국은 베르됭·메르센 조약으로 분열되었다.
③ 십자군 전쟁으로 동방과의 무역이 활발해졌다.
④ 셀주크 튀르크가 예루살렘을 정복하고 비잔티움 제국을 위협하자 십자군 전쟁이 일어났다.

11 정답 ⑤

해설 제시문은 백년 전쟁(1337~1452)에 관한 내용이다. (가)는 영국, (나)는 프랑스이다. 프랑스에서 카페 왕조가 단절되고 발루아 왕조가 성립되자 영국의 에드워드 3세가 왕위 계승권을 주장하여 왕위 계승권 문제가 발생했고 모직물 공업 중심지인 플랑드르의 지배권, 프랑스 남서부에 있었던 영국령에 대한 지배권 문제가 결합되어 전쟁이 발발하였다. 프랑스는 백년 전쟁을 통해 중앙 집권 국가의 기틀이 마련되었으며, 영국은 백년 전쟁과 함께 이후에 일어난 장미 전쟁을 통해 중앙 집권 국가의 기틀이 마련되었다.

오답풀이 ㄱ. 대헌장은 1215년에 승인되었다.
ㄴ. 장미 전쟁은 영국에서 일어났다.

12 정답 ②

해설 르네상스에 관한 문제이다.
② 르네상스 이전인 그리스 시대에 해당된다.

13 정답 ④

해설 산업 혁명에 대한 설명이다. 산업 혁명으로 빈부 갈등이 심해지자 노동조합이 확산되었고 사회주의 사상이 대두되었다. 그리고 일자리를 잃은 노동자들이 기계를 파괴하는 러다이트 운동도 전개되었다. 또한 산업 혁명 이후 자유방임주의를 강조하는 작은 정부가 등장하였다.
④ 인클로저 운동은 산업 혁명 이전의 일이다.

14 정답 ④

해설 (가) 프랑스의 루이 14세가 만들었으며 웅장하고 화려한 바로크 양식의 건물이다.
(나) 프로이센의 프리드리히 2세가 만들었으며 섬세하고 세련된 로코코 양식의 건물이다.
ㄴ. 프랑스의 루이 14세
ㄹ. 프로이센의 프리드리히 2세

오답풀이 ㄱ. 에스파냐의 펠리페 2세
ㄷ. 러시아의 표트르 대제

15 정답 ②

해설 (가)는 포르투갈, (나)는 에스파냐이다.
② 포르투갈은 브라질을 식민지로 개척했으며, 브라질을 제외한 나머지 대부분의 남미 지역은 에스파냐가 식민지로 개척하였다.

오답풀이 ① 낭트 칙령은 프랑스의 앙리 4세가 발표하였고 루이 14세가 폐지하였다.
③ 영국의 엘리자베스 여왕에 대한 설명이다.
④ 독일은 대공위 시대를 거쳐 영방 국가 형태로 발전하였다.
⑤ 포르투갈과 브라질은 모두 가톨릭을 믿는다.

16 정답 ②

해설 나폴레옹에 대한 연보이다.
② 빈 회의는 오스트리아의 재상인 메테르니히가 주도하였다.

오답풀이 ① 나폴레옹은 아우스터리츠 전투에서 승리한 후 신성 로마 제국을 해체시켰다.
③ 나폴레옹 전쟁으로 유럽 각국에 민족주의와 자유주의가 전파되었다.
④ 트라팔가르 해전에서 영국의 넬슨에게 패배하였다. 이에 나폴레옹은 대륙 봉쇄령을 선포하였다.
⑤ 나폴레옹은 중앙 집권 체제를 강화하고 "나폴레옹 법전"을 편찬하였다.

17 정답 ②

해설 흑인 노예 제도의 폐지 여부를 둘러싸고 남부의 주들이 연방에서 탈퇴하며 남북 전쟁(1861~1865)이 시작되자, 미국의 제16대 대통령인 링컨이 남부 연합 정부의 노예들에 대해 해방을 선포하였다. 남북 전쟁이 진행되던 1862년 7월 22일 노예 해방 선언의 초안이 마련되었고, 1863년 1월 1일에 정식으로 선포되었다. 남북 전쟁 당시 북부는 보호 무역과 연방주의, 남부는 자유 무역과 분권주의를 주장하였다.

오답풀이 ① 보스턴 차 사건, 1773년
③ 미·서 전쟁, 1898년
④ 파리 조약, 1783년
⑤ 제1차 대륙 회의, 1774년

18 정답 ③

해설 (가)는 영국, (나)는 프랑스, (다)는 독일이다.
③ 청·일 전쟁에서 승리한 일본이 랴오둥(요동) 반도를 얻자 러시아, 프랑스, 독일이 삼국 간섭을 단행해 일본은 청나라에게 랴오둥 반도를 반환하였다.

오답풀이 ① 베트남에 대한 지배권을 위해 중국과 싸운 나라는 프랑스이다.
② 프랑스와 독일이 모로코에서 충돌하였다.
④ 영국의 3C 정책과 독일의 3B 정책이 충돌하였다.
⑤ 삼국 협상은 영국, 프랑스, 러시아이며, 삼국 동맹은 독일, 오스트리아·헝가리 이중 제국, 이탈리아이다.

19 정답 ⑤

해설 (가)는 자본주의 진영, (나)는 공산주의 진영이다.

구분	자본주의 진영	공산주의 진영
주도 국가	미국	소련
경제 협력	마셜 플랜(서유럽에 대한 경제 원조)	코메콘(공산 국가 간의 경제 협력)
군사 동맹	북대서양 조약 기구(NATO)	바르샤바 조약 기구(WTO)
주요 사건	미국 : 소련의 쿠바 미사일 설치 저지	소련 : 베를린 봉쇄

오답풀이 ② • **트루먼 독트린** : 소련이 그리스와 터키를 공산화시키려고 하자 미국 대통령 트루먼이 이를 막겠다고 한 선언이다.
• **마스트리흐트 조약** : 유럽 연합이 탄생하게 된 조약이다.
③ • **평화 5원칙** : 인도의 네루와 중국의 저우언라이가 평화 공존 등을 내세운 원칙으로 제3세계와 관련 있다.
• **닉슨 독트린** : 국지적 분쟁에 개입을 억제하고 공산 국가에 대한 유연한 대처를 하겠다고 한 선언이다. 이 선언으로 이후 미국은 중국과 정식 외교 관계가 체결되었다.

20 정답 ②

해설 지도는 중국의 춘추·전국 시대의 지도이다. 춘추 시대에서 전국 시대로 넘어가면서 철기와 우경이 보급되었다.
오답풀이 ㄴ. 9품중정제는 위·진·남북조 시대의 관리 채용 제도이다.
ㄹ. 한 무제 때의 일이다.

21 정답 ②

해설 (가)는 법가, (나)는 묵가에 대한 자료이다.
② 법가는 상앙과 한비자에 의해 발전하였다.
오답풀이 ① 도덕에 의한 교화를 주장한 것은 유가이다.
③④ 도가에 대한 설명이다. 도가는 노자와 장자에 의해 발전하였으며 인위적인 제도를 반대하고 무위자연을 주장하였다.
⑤ 법가는 진시황제의 중국 통일에 큰 역할을 하였다.

22 정답 ④

해설 한 무제에 대한 문제이다.
ㄴ, ㄹ. 한 무제는 호족과 대상인 세력을 억압하고 대외 원정으로 인한 위기를 극복하고자 소금과 철의 전매제를 실시하였다.
오답풀이 ㄱ. 진시황제에 대한 설명이다.
ㄷ. 진시황제와 한 무제는 군현제를 실시하였으며, 한 고조는 봉건 제도와 군현제를 혼합한 군국제를 실시하였다.

23 정답 ④

해설 자료는 위·진·남북조 시대의 원강 석굴과 룽먼 석굴로, 인도의 간다라 미술의 영향을 받았다.
오답풀이 ㄱ. 원나라 때 서역의 색목인이 관리로 중용되었다.
ㄷ. 위·진·남북조 시대에는 귀족 문화가 발달하였다.

24 정답 ②

해설 당나라의 당삼채에 대한 설명이다.
② 당나라 때 율령 체제, 유교, 불교 등을 공통 문화로 하는 동아시아 문화권이 형성되었다.
오답풀이 ① 송나라 때의 일이다.
③ 원나라 때 마르코 폴로의 "동방견문록", 이븐 바투타의 "3대륙 주유기"가 저술되었다.
④ 명나라 때 마테오 리치가 "천주실의"를 저술하였다.
⑤ 청나라 때 고증학이 발달하였다.

25 정답 ①

해설 송나라의 과거 제도에 대한 자료이다.
① 황건적의 난은 후한 시기에 일어났다.

26 정답 ②

해설 (가) 요나라는 남면관제와 북면관제, (나) 금나라는 주현제와 맹안·모극제라는 이중 체제를 실시하였다.
② 몽골(원나라)과 고려 연합군이 일본을 공격하였다.
오답풀이 ① 요나라는 발해를 정복하고 고려를 침공하였다.
③④ 고구려와 발해의 구성원이었던 말갈족은 발해가 멸망한 후 여진족으로 명칭이 바뀌었다. 이후 금나라를 세워 화북 지역을 지배했으나 몽골에 의해 멸망하였다.
⑤ 요나라와 금나라 모두 유목민과 농경민을 구분하여 이중 체제로 통치하였다.

27 정답 ②

해설 명나라 영락제 때 정화의 대함대가 이동한 경로이다.
② 정화의 대함대로 인해 동남아시아에 화교가 진출하게 되었다.
오답풀이 ① 시박사는 중국에서 당 대부터 명 대에 걸쳐 설치되었던 해상 교역 관련 사무를 맡아 보던 관서이다.
③ 송나라 때부터 바닷길을 통해 도자기가 수출되기 시작하였다.
④⑤ 서양의 신항로 개척으로 지중해 무역이 쇠퇴하고 대서양 무역이 활발해졌다.

28 정답 ⑤

해설 (가)는 당나라의 조·용·조 제도, (나)는 안·사의 난 이후 당나라의 양세법, (다)는 명나라의 일조편법에 대한 설명이다.
⑤ 청나라의 지정은제에 대한 설명이다. 지정은제는 정세를 지세에 통합하여 은으로 징수한 제도이다.
오답풀이 ① 당의 조·용·조 제도와 부병제는 균전제를 기반으로 시행되었다.
②③ 안·사의 난 이후 조·용·조 제도는 양세법으로, 부병제는 모병제로 전환되었다.
④ 일조편법은 명나라 때 장거정에 의해 시작되었다. 멕시코의 은이 대량 유입되면서 은이 주요 화폐로 유통되자 여러 명목의 세금을 지세와 정세로 통합하여 은으로 납부하도록 한 은 본위 조세 제도이다.

29 정답 ④

해설 (가)는 변법자강 운동(1898), (나)는 신해혁명(1911)과 관련 있다.
④ 의화단 운동(1899~1901)은 부청멸양 즉, 청을 도와 서양 세력을 몰아내자는 운동이었다.
오답풀이 ① 양무운동(1861~1895) 당시 중체서용을 바탕으로 서양의 근대적 기술을 도입하였다.
②⑤ 신문화 운동은 1915년에 전개되었으며, 일본의 21개조 요구 취소를 요구하는 5·4 운동은 1919년에 일어났다.
③ 태평천국 운동(1851~1864) 당시 한인 지주와 신사층이 의용군을 조직하였다.

30 정답 ③

해설 러시아의 표트르 대제가 동진하자 청나라의 순치제는 조선 효종의 군대와 함께 러시아군과 전쟁을 벌였다. 지도는 청나라(순치제)와 조선(효종)의 연합군이 러시아와 벌인 전투를 표시한 것이다. 순치제 이후인 강희제는 삼번의 난을 진압하고 러시아와 네르친스크 조약을 맺었다.
③ 강희제가 명나라 장수 출신들이 장악했던 삼번을 폐지하려 하자 삼번의 난이 일어났다.

오답풀이 ① 누르하치가 후금을 건국하고 홍타이지(태종)가 국호를 청으로 바꾸었다.
② 청의 옹정제는 군기처를 설치하여 황제의 권력을 강화하였다.
④ 천호제는 몽골이다. 만주족은 팔기군 체제를 운영하였다.
⑤ 청나라는 만주에서 왕조를 개창하였다.

31 정답 ④

해설 지도는 제1·2차 아편 전쟁과 관련된 지도이다.
④ 의화단 운동(1899~1901)의 결과 신축 조약(베이징 의정서)이 체결되어 열강 군대의 베이징 주둔이 인정되었다.

오답풀이 ① 영국의 삼각 무역으로 청의 은이 영국으로 유출되자 청은 아편을 금지하였다. 이에 제1차 아편 전쟁이 발발하였다.
② 애로호 사건과 프랑스 선교사 피살 사건으로 제2차 아편 전쟁이 일어났다.
③ 제2차 아편 전쟁 이후 체결된 톈진 조약(1858)으로 크리스트교 선교의 자유가 인정되었다.
⑤ 제2차 아편 전쟁 이후 체결된 베이징 조약(1860)으로 러시아가 연해주를 획득하였다. 1863년 집권한 흥선 대원군은 러시아의 남진을 막고자 노력하였다.

32 정답 ③

해설 (가)는 문화 대혁명(1966~1976), (나)는 톈안먼 사건(1989)에 관한 자료이다.
③ 문화 대혁명 이후 실용주의자인 덩샤오핑이 집권하여 시장 경제 체제를 도입하였다.

오답풀이 ① 마오쩌둥의 대약진 운동이 실패되자 문화 대혁명이 시작되었다.
② 홍콩은 1997년, 마카오는 1999년에 반환되었다.
④⑤ 국공 내전(1946~1949) 때 국민당군이 패배하여 타이완으로 밀려나고 중화 인민 공화국이 수립되었다.

33 정답 ①

해설 (가)는 나라 시대, (나)는 헤이안 시대와 관련된 자료이다.
① 나라 시대 때 견당사가 파견되었다.

오답풀이 ② 산킨코타이제는 에도 막부 때 실시되었다.
③ 감합 무역은 무로마치 막부 때의 일이다.
④ 다이카 개신은 야마토 정권 때의 일이다.
⑤ 가마쿠라 막부부터 에도 막부까지 쇼군이 실질적 지배자였다.

34 정답 ③

해설 사진과 제시문은 '인도네시아의 어머니'라 불리우는 카르티니와 관련 있다.
ㄴ, ㄷ. 인도네시아는 이슬람교가 다수이다. 이슬람 동맹은 1912년, 수카르노의 국민당은 1927년에 창립되었다.

오답풀이 ㄱ. 미얀마에 대한 설명이다.
ㄹ. 필리핀에 대한 설명이다.

35 정답 ④

해설 간다라 미술이 발달한 시기는 쿠샨 왕조이다. 마우리아 왕조는 아소카 왕이, 쿠샨 왕조는 카니슈카 왕 때 전성기였다.

오답풀이 ① 불교는 기원전 6세기경에 창시되었다.
② 카스트 제도는 아리아인이 원주민을 지배하기 위해 만든 신분 제도이다.
③ 알렉산드로스의 침입은 마우리아 왕조 전의 일이다.
⑤ 이슬람으로 개종하는 인도인이 증가한 것은 이슬람 세력 침투 이후의 일이다.

36 정답 ④

해설 (가)는 무굴 제국의 아크바르(악바르) 황제, (나)는 아우랑제브 황제이다.
ㄴ. 아크바르 황제는 지즈야(인두세)를 폐지하는 등 힌두교에 관대한 정책을 실시하였다.
ㄹ. 아우랑제브 황제에 대한 설명이다.

오답풀이 ㄱ. 무굴 제국은 바부르가 건국하였다.
ㄷ. 타지마할 묘당은 샤자한 황제가 건축하였다.

37 정답 ④

해설 브라흐마 사마지 운동은 인도 국민 회의 이전의 운동이다.
① 플라시 전투에서 영국은 프랑스를 물리치고 인도에서 독점적 지위를 확보하였다.

38 정답 ②

해설 (가)는 메소포타미아 문명, (나)는 이집트 문명의 건축물이다.
ㄱ. 메소포타미아 문명은 태음력과 60진법을 사용하였으며, 이집트 문명은 태양력과 10진법을 사용하였다.
ㄷ. 이집트에 대한 설명이다.

오답풀이 ㄴ. 중국 상나라에 대한 설명이다.
ㄹ. 인더스 문명에 대한 설명이다.

39 정답 ⑤

해설 (가)는 아케메네스 왕조 페르시아이다.

오답풀이 ① 아시리아는 최초로 서아시아 지역을 통일하였으나 피정복민에 대한 강압적인 통치로 멸망하였다.
② 페니키아에 대한 설명이다.
③ 아케메네스 왕조 페르시아는 그리스와 끊임 없는 전쟁을 벌였다.
④ 알렉산드로스 제국에 대한 설명이다.

40 정답 ④

해설 제시문은 이집트의 수에즈 운하와 관련된 자료들이다.
④ 이집트에서는 아라비 파샤가 반유럽, 반튀르크 민족 운동을 전개하였으나 실패하였다.

오답풀이 ① 오스만 제국에 대한 설명이다.
② 에티오피아에 대한 설명이다.
③ 아라비아 반도에서 발생한 와하브 운동이다.
⑤ 이란에 대한 설명이다.

41 정답 ①

해설 자료는 고려와 원나라 연합군의 일본 원정(1274년 1차 원정, 1281년 2차 원정)과 관련된 자료들이다.
① 서하는 1032년에서 1227년까지 중국 북서부의 간쑤 성, 산시 성에 위치했던 티베트계 탕구트 족의 왕조이다.

오답풀이 ②⑤ 고려 고종 때 몽골의 침입이 있자, 고종은 강화도로 천도하여 항쟁을 하였다. 이후 원종은 개경으로 환도하였고 이를 반대한 삼별초가 항쟁을 벌였다.
③ 쿠빌라이 칸은 1271년 국호를 몽골에서 원으로 바꾸었다.
④ 가마쿠라 막부는 몽골의 침입으로 쇠퇴하였다.

42 정답 ②

해설 (가)는 초원길, (나)는 비단길, (다)는 바닷길이다.
② 신라의 혜초는 바닷길을 통해 인도에 갔다 와서 "왕오천축국전"을 저술하였으며 비단길을 통해 귀국하였다. "왕오천축국전"은 비단길(중국 간쑤 성 돈황 천불동)에서 발견되어 현재 프랑스 박물관에 있다.

오답풀이 ① 바투는 초원길을 통해 유럽을 공격하여 러시아 지역에 킵차크 한국을 세웠다.
③ 비단길을 통해 불교와 간다라 미술이 전파되었다.
④⑤ 바닷길은 이슬람 상인의 무역로로 이용되었으며, 이 길을 통해 동남아시아에 불교와 힌두교가 전파되었다.

43 정답 ②

해설 위의 제시문은 1889년 발표된 메이지 헌법이며 아래 제시문은 1905년 러·일 전쟁이 종결된 포츠머스 강화 조약이다. 러·일 전쟁 중에 일본은 미국과 가쓰라·태프트 밀약, 영국과는 영·일 동맹(1902년 제1차 영·일 동맹, 1905년 제2차 영·일 동맹)을 체결했다.

오답풀이 ①③ 에도 막부가 붕괴되고 메이지 유신이 시작된 시기는 메이지 헌법 이전의 일이다.
④ 일본이 대한 제국의 국권을 빼앗은 것은 1910년이다.
⑤ 강화도 조약 체결은 1876년이다.

44 정답 ②

해설 (가)는 1776년에 발표된 미국의 독립 선언문이다.
(나)는 프랑스 혁명 직후 국민 의회가 발표한 인권 선언문이다.
(다) 명예혁명(1688) 직후 1689년 영국에서 발표된 권리 장전이다.
② 국민 의회는 입법 의회 전인 1789년 6월에서 1791년 9월까지이며, 인권 선언문은 1789년 8월에 발표되었다.

오답풀이 ① 미국은 독립하기 전에 왕정이 아니었다.
③ 청교도 혁명에 대한 설명이다.
④ (가)는 공화정이, (나)는 입헌 군주제가 수립되었다. 공화정은 국민 공회에 해당된다.
⑤ 여성까지 참여하는 보통 선거는 제1차 세계 대전 이후의 일이다.

45 정답 ②

해설 제시문은 타이의 역사이다. 수코타이 왕조는 상좌부 불교가 융성하였으며 타이 문자를 제정하였다. 아유타야 왕조 역시 불교가 융성하였고 미얀마의 꼰바웅 왕조에게 멸망당했다. 이후 등장한 짜끄리 왕조는 현재의 왕조이다.

오답풀이 ① 보로부두르 사원은 인도네시아에 있는 불교 사원이다.
③ 타이는 불교 국가이다.
④ 필리핀과 관련 있다.
⑤ 베트남과 관련 있다.

46 정답 ③

해설 제시문을 남긴 인물은 베트남의 판 보이쩌우이다.

오답풀이 ① 필리핀의 보니파시오가 카티푸난을 설립하고, 이후 아기날도가 이끌었다.
② 중국의 쑨원이 삼민주의를 발표하였다.
④ 탄지마트를 전개한 국가는 오스만 제국이다.
⑤ 네덜란드로부터 독립운동을 전개한 국가는 인도네시아이다.

47 정답 ⑤

해설 D는 시사 군도 또는 파라셀 군도이며, E는 난사 군도 또는 스프래틀리 군도이다. 난사 군도에서 1988년 중국과 베트남 사이에 무력 충돌이 있었다.

오답풀이 A는 쿠릴 열도, B는 독도, C는 댜오위다오(센카쿠 열도)이다.

48 정답 ③

해설 ㄱ. (가)는 시아파, (나)는 수니파이다. 시아파는 무함마드의 사촌이자 사위인 제4대 칼리프 알리를 무함마드의 정식 후계자로 보고 다른 칼리프의 존재를 인정하지 않는다. 반면 수니파는 무함마드와 혈연관계가 없다 하더라도 이슬람의 통치자가 될 자격이 있다고 본다. 현재 이슬람권의 90% 정도가 수니파이고 시아파는 10% 정도이다.
ㄹ. 시리아의 집권 세력은 시아파, 반군 세력은 수니파이다. 수니파가 다수인 사우디아라비아는 시리아 반군을 지원하고 있다.

오답풀이 ㄴ. 러시아·튀르크 전쟁은 러시아 제국과 오스만 제국 사이에서 벌어진 군사 충돌을 말한다. 오스만 제국은 현재 터키가 되었다.
ㄷ. IS(Islamic State)는 수니파를 믿는 세력으로 와하비즘(이슬람 근본주의)을 주장하고 있다.

49 정답 ①

해설 ㄱ, ㄴ. 아래 지도 참고

참고 노르만·마자르·이슬람의 유럽 침입(9~11세기)

제2차 세계 대전 당시 유럽

오답풀이 ㄷ. 우크라이나는 소련의 연방국이었으나 소련 붕괴 후 독립하였다.
ㄹ. 크림 반도는 우크라이나의 영토였으나 2014년 러시아에 합병되었다.

50 정답 ①

해설 (가)는 잉글랜드, (나)는 스코틀랜드, (다)는 웨일스, (라)는 북아일랜드, (마)는 아일랜드이다.
잉글랜드에는 켈트 족이 살았는데, 앵글로·색슨 족의 침입으로 켈트 족은 스코틀랜드, 웨일스, 아일랜드로 이주하였다. 북아일랜드의 경우, 아일랜드의 영토였으나 아일랜드가 영국과 하나의 나라로 합쳐졌을 당시 잉글랜드에서 많은 이주가 이루어져, 이후 아일랜드가 독립했을 때 영국의 영토로 남았다. 아일랜드인으로 구성된 IRA는 무장 투쟁을 전개했으나 2005년 무장 투쟁 중단을 선언하면서 현재는 무력 충돌이 중단된 상태이다.
ㄱ. 잉글랜드는 영국 국교회, 아일랜드는 가톨릭이 다수이다.
ㄴ. 영국은 아일랜드를 제외한 잉글랜드, 스코틀랜드, 웨일스, 북아일랜드로 구성된 연합 왕국이다.

오답풀이 ㄷ. 잉글랜드는 앵글로·색슨 족이 다수이며, 나머지 지역은 켈트 족이 다수이다.
ㄹ. 스코틀랜드는 잔류의 비율이 더 높았다. 탈퇴 투표율은 잉글랜드(53.4%), 웨일스(52.5%)가 높았고, 잔류 투표율은 스코틀랜드(62%), 북아일랜드(55.8%)가 높았다.

제2회 세계사능력검정시험

01	④	02	⑤	03	④	04	④	05	①
06	③	07	⑤	08	⑤	09	④	10	②
11	④	12	②	13	③	14	⑤	15	⑤
16	①	17	③	18	③	19	③	20	⑤
21	⑤	22	④	23	④	24	③	25	①
26	③	27	⑤	28	③	29	③	30	③
31	①	32	⑤	33	④	34	⑤	35	③
36	③	37	①	38	③	39	③	40	④
41	⑤	42	④	43	④	44	②	45	③
46	⑤	47	③	48	⑤	49	④	50	③

01 정답 ④

해설 사실로서의 역사와 기록으로서의 역사를 묻는 문제이다.
ㄴ, ㄹ. 기록으로서의 역사

오답풀이 ㄱ, ㄷ. 사실로서의 역사

02 정답 ⑤

해설 ㄷ. 신석기 시대의 빗살무늬 토기이다.
ㄹ. 신석기 시대의 간석기이다.

오답풀이 ㄱ. 구석기 시대의 주먹도끼이다.
ㄴ. 구석기 시대의 비너스상이다.

03 정답 ④

해설 지도는 페르시아 전쟁을 표현한 지도이다.
④ 페르시아 전쟁 이후, 아테네 중심으로 성장한 델로스 동맹이 기존 스파르타 중심의 펠로폰네소스 동맹과 충돌하여 펠로폰네소스 전쟁이 시작되었다.

오답풀이 ①②⑤ 페르시아 전쟁 이전의 일이다.
③ 알렉산드로스 대왕이 그리스인과 페르시아인의 혼인을 장려하였다.

04 정답 ④

해설 제시문은 헬레니즘 문화의 특징이다.
④ 소크라테스는 그리스의 아테네인이었다.

05 정답 ①

해설 로마는 평민회 등장 전에 민회가 있었지만, 민회는 평민들의 권리를 제대로 보장하지 못하였다. 민회는 귀족들도 참여할 수 있었으며 귀족들의 발언권이 평민들의 발언권보다 더 강하였다. 따라서 성산 사건(기원전 494) 이후 호민관 제도가 만들어지고 평민들만이 참여할 수 있는 평민회가 만들어진 것이다. 이후 12표법(기원전 450)이 만들어져 귀족들의 자의적인 법 집행을 불가능하게 하였으며, 리키니우스법(기원전 367)으로 집정관 두 명 중 한 명은 평민층에서 선출되었다. 최종적으로 호르텐시우스법(기원전 287)으로 귀족과 평민은 법률적으로 동등해졌다.

오답풀이 ②③④ 그리스에 대한 설명이다.
⑤ 호르텐시우스법 이후 발생한 포에니 전쟁(기원전 264년에서 기원전 146년 사이) 이후에 그라쿠스 형제의 개혁이 실시되었다.

06 정답 ③

해설 지도는 게르만 족의 침입에 대한 지도이다. 게르만 족은 로마 제국 멸망 이전부터 로마 제국 내 변경 지대로 이동하여 소작인이나 군인으로 생활하였다. 게르만 족의 이동이 본격화된 원인은 훈 족의 침입 때문이며 게르만인 용병 대장 오도아케르는 476년 서로마 제국을 멸망시켰다.

오답풀이 ㄴ, ㄷ. 노르만 족의 이동에 대한 설명이다.

07 정답 ⑤

해설 (가) 제국은 신성 로마 제국이다. 신성 로마 제국은 제후들이 황제를 선출하는 황금 문서 시대를 겪었다. 황금 문서는 신성 로마 제국 황제 카를 4세가 1356년에 발포한 제국법으로 금인 칙서라고도 한다. 황금 도장을 사용한데서 유래하였다.

오답풀이 ① 이베리아 반도의 에스파냐와 포르투갈에 대한 설명이다.
② 프랑스의 앙리 4세가 1302년 삼부회를 소집하였다.
③ 프랑크 왕국에 대한 설명이다.
④ 영국의 존 왕에 대한 설명이다. 마그나 카르타는 1215년 영국 귀족들이 존 왕의 잘못된 정치에 분노하여, 왕의 권한을 제한하고 자신들의 자유와 권리를 보장하기 위해 왕에게 강요하여 받은 법률 문서이다.

08 정답 ⑤

해설 왼쪽은 서양 중세의 봉건 귀족이며, 오른쪽은 농노이다.
⑤ 서양 중세의 상인과 수공업자가 동업 조합인 길드를 직종별로 조직하였다.

오답풀이 ①②③④ 농노에 대한 설명이다.

09 정답 ④

해설 서양 중세 시기 유행한 고딕 양식에 대한 문제이다.
④ 프랑스의 샤르트르 대성당으로서 고딕 양식이다.

오답풀이 ① 성 베드로 성당으로서 르네상스 양식이다.
② 러시아의 크레믈린 궁전이다.
③ 비잔티움 제국의 유스티니아누스 대제가 만든 성 소피아 성당이다.
⑤ 프로이센의 프리드리히 대제가 만든 로코코 양식의 상수시 궁전이다.

10 정답 ②

해설 이탈리아의 르네상스와 알프스 이북의 르네상스를 비교하는 문제이다. 알프스 이북의 르네상스는 부패한 교회 세력과 현실을 비판하여 이후 종교 개혁에 영향을 끼쳤다.
② 이탈리아의 르네상스이다.

오답풀이 ①③④⑤ 이탈리아 이북의 르네상스이다. 셰익스피어와 토머스 모어는 영국, 세르반테스는 에스파냐, 에라스뮈스는 네덜란드이다.

11 정답 ④

해설 루터의 종교 개혁에 대한 설명이다.
④ 루터파는 아우크스부르크 화의(1555)로 인정되었으며, 칼뱅파는 30년 전쟁이 끝나게 되는 베스트팔렌 조약으로 인정되었다.

오답풀이 ① 종교 개혁으로 가톨릭이 위축되자 가톨릭은 트리엔트 공의회(1545~1563)로 교리를 재확인하고 예수회를 설립하여 아시아와 아프리카에 선교 활동을 활발하게 하였다.
② 프랑스의 앙리 4세는 낭트 칙령으로 칼뱅파의 위그노파를 인정하였지만 이후 루이 14세가 낭트 칙령을 폐지하였다.
③ 영국의 종교 개혁에 대한 내용이다.
⑤ 칼뱅파에 대한 내용이다.

12 정답 ②

해설 (가)는 신대륙을 발견한 콜럼버스이다.
(나)는 희망봉을 지나 인도에 도착한 바스코 다 가마이다.
(다)는 최초로 세계 일주에 성공한 마젤란이다.
콜럼버스(1492), 바르톨로메우 디아스(1488), 바스코 다가마(1498)는 모두 15세기, 마젤란은 16세기 초(1519~1522)이다.

오답풀이 ㄴ. 희망봉을 처음으로 발견한 인물은 바르톨로메우 디아스이다.
ㄹ. 과학 혁명(뉴턴의 만유인력 법칙 발견)은 17세기의 일이며, 신항로 개척은 그 이전인 15~16세기의 일이다.

13 정답 ③

해설 제시문은 절대 왕정의 왕권신수설이다.
ㄴ. 프랑스의 루이 14세는 콜베르를 등용하여 중상주의 정책을 펼쳤다.
ㄷ. 에스파냐의 펠리페 2세는 레판토 해전에서 오스만 제국을 격파하였다 (1571).

오답풀이 ㄱ. 러시아의 표트르 대제는 상트페테르부르크를 세우고 수도로 삼았다.
ㄹ. 프로이센의 프리드리히 2세가 오스트리아와의 전쟁(오스트리아 왕위 계승 전쟁과 7년 전쟁)을 통해 슐레지엔을 차지하였다.

14 정답 ⑤

해설 제시문은 영국의 인클로저 운동에 대한 내용이다.
16세기의 제1차 인클로저 운동은 목양을 위해 부농과 지주들이 울타리를 치면서 농민이 몰락한 것이다. 18세기 제2차 인클로저 운동은 인구 증가에 대응하여 경작지를 확대(①)하기 위해 대지주나 농업 자본가가 소농민의 토지를 매수한 것이다. 이 과정에서 많은 중소 농민들이 몰락(②)하였고 토지를 잃고 몰락한 중소 농민들은 도시로 유입(③)되어 산업 노동자가 됨으로써 산업 혁명에 영향을 끼쳤다(④).
⑤ 인클로저 운동이 영향을 끼친 산업 혁명으로 인해 자본가들의 재력과 영향력이 강화되면서 기존 기득권 세력인 토지 귀족의 영향력은 장기적으로 약해졌다. 이는 노동자 계층 형성과 함께 당시 영국에서 발생한 가장 중요한 사회 변화 현상 중 하나이다.

15 정답 ⑤

해설 미국 독립 혁명에 대한 자료이다. 영국이 미국의 차에 세금을 매기자 이에 항의하며 차를 바다에 버린 보스턴 차 사건이 발생하여 미국 독립 혁명이 시작되었다.

16 정답 ①

해설 1830년 7월 혁명으로 프랑스에서 루이 필리프를 왕으로 하는 7월 왕정(입헌 군주제)이 성립되었으며 벨기에가 네덜란드로부터 독립하였다. 그리고 이탈리아와 독일에서 자유주의 운동이 전개되었으며 영국의 제1차 선거법 개정에 영향을 끼쳤다. 빈 체제가 붕괴되는 결정적 결과를 가져온 것은 1848년 2월 혁명이다.

더알아보기
- **1815년 헌법**: 현재 고등학교 세계사 교과서에서는 7월 혁명으로 입헌 군주제가 수립되었다고 하나, 이미 빈 체제 시기인 1814년 입헌 군주제가 수립되었다. 물론 1814년 헌법이 국왕에게 강력한 행정권이 부여되었지만 국왕의 권한이 헌법에 규정되어 있는 대로 행사되어야 한다는 점에서 입헌 군주제가 시행되었다고 봐야 한다.
- **빈 체제 붕괴 시기**: 현재 고등학교 세계사 교과서에서는 1848년 2월 혁명으로 빈 체제가 붕괴되었다고 표현하고 있다. 학계에선 강대국의 협의로 유럽을 운영한다는 시스템으로서의 빈 체제는 1882년에 끝났다고 본다. 즉, 베로나 회의에서 영국이 에스파냐 문제에 대한 프랑스의 개입을 두고 반발하면서 협조 체제가 붕괴되었다고 보는 것이다. 그리고 유럽 권력 균형 유지로서의 빈 체제는 사실상 제1차 세계 대전 발발 직전까지 간다고 보고 있다.

17 정답 ③

해설 (가)는 프로이센, (나)는 이탈리아이다.
ㄴ. 이탈리아 통일은 1870년, 독일 통일은 1871년이다.
ㄷ. (가)는 프로이센, (나)는 사르데냐를 중심으로 통일이 이루어졌다.

오답풀이 ㄱ. 프로이센과 이탈리아 모두 왕정으로 통일이 완성되었다.
ㄹ. 프로이센과 이탈리아 모두 통일 과정에서 오스트리아와 전쟁을 치루었다. 프로이센만이 프랑스와 전쟁을 치루었다. 이탈리아는 프랑스에게 니스와 사보이를 할양하여 프랑스와 전쟁을 치루지 않았다.

18 정답 ①

해설 제시문은 영국의 종단 정책의 중심인물인 세실 로즈의 글로 19세기 제국주의에 대한 자료이다.
① 제국주의는 우승열패, 약육강식을 강조하는 사회 진화론과 함께 확산되었다.

오답풀이 ② 제국주의는 사회주의의 큰 지지를 받지 못하였다. 오히려 사회주의는 민족 간의 평등을 추구하여 제국주의에 부정적이다.
③ 제국주의는 독점 자본주의 발진 과정에서 확산되었다.
④ 아프리카에서 영국은 종단 정책을, 프랑스는 횡단 정책을 추진하였다. 두 정책이 충돌하게 된 사건이 파쇼다 사건(1898)이다.
⑤ 에티오피아와 라이베리아는 독립국을 유지하였다.

참고 **아프리카의 분할**

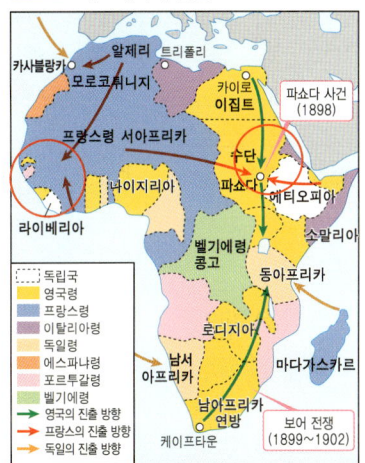

19 정답 ⑤

해설 ⑤ 독일이 무제한 잠수함 작전으로 미국 상선을 공격하여 미국이 참전하였다.

오답풀이 ① 모로코 사건은 프랑스와 독일이 모로코의 식민지 지배를 둘러싸고 일으킨 사건으로 1905~1906년, 1911년에 걸쳐 두 차례 일어났다. 영국이 프랑스를 지지하여 독일이 철수하였다.
② 제1·2차 발칸 전쟁은 제1차 세계 대전 이전에 일어났다. 제1차 발칸 전쟁(1912. 10.~1913. 5.)은 발칸 동맹(그리스, 몬테네그로, 불가리아, 세르비아)과 오스만 제국과의 대립으로 일어났으며, 제2차 발칸 전쟁(1913. 6.~1913. 8.)은 발칸 동맹국끼리 전후 처리에 대한 대립으로 일어났다.
③ 피의 일요일 사건은 1905년에 일어났다.
④ 1918년 11월 3일 독일 제국 발트 해 킬 만에 있는 킬 군항에서 수병들이 반란을 일으켜 독일 황제 빌헬름 2세는 퇴위되고 제1차 세계 대전은 종결되었다.

20 정답 ⑤

해설 ④ 영국은 제1차 세계 대전 중 맥마흔 협정(1915)을 통해 오스만 제국의 영토인 팔레스타인에 아랍인들의 국가를 세우는 것을 지지한다고 하였다. 하지만 이후 1917년 팔레스타인에 유대 민족의 국가를 세우는 것을 지지한다는 밸푸어 선언(1917)을 발표하였다. 이와 같은 영국의 모순된 외교 정책은 후에 이스라엘-팔레스타인 분쟁을 초래하였다.

오답풀이 ① 아라비 파샤는 이집트의 독립운동을 펼쳤다.
② 청년 튀르크당은 오스만 제국의 정당이다.
③ 수에즈 운하는 이집트에 있다.
④ 와하브 운동은 이슬람교 순화 운동으로 사우디아라비아가 건국되는 데 영향을 끼쳤다.

더알아보기 현재 우리나라 교과서에는 맥마흔 협정이라고 하나 외국에선 후세인-맥마흔 서한(1년여 동안 열 차례 오고감)이란 표현이 보다 널리 사용된다.

심화해설 • **후사인과 후세인의 차이**: 현재 아랍어의 표준 국어 표기법은 계속 바뀌고 있으며 계속 논의 중이다. 아랍어에서 문어적 발음으로는 후사인에 가깝고 구어적 발음으로는 후세인에 가까운 발음을 한다.

• **사이크스-피코 조약**: 맥마흔 조약과 밸푸어 선언 사이인 1916년 5월 러시아의 동의로 영국과 프랑스 사이에 사이크스-피코 조약이 비밀히 체결되었다. 사이크스-피코 조약에 의해서 오스만 제국의 레반트와 이라크 지역이 영국령과 프랑스령으로 나뉘게 되는데, 영국령 일부였던 팔레스타인 지역에서 시오니스트 독립운동이 강하게 일어나고, 아랍의 반발도 일어나자 영국은 매듭을 짓지 않은 채 국제기구로 넘기고, 거기서 아랍령과 유대령으로 분할안을 제안하지만 어느 쪽도 동의하지 않고 시위와 폭력사태 등이 발생하였다. 이후 이스라엘이 독립 선언을 하고 제1차 중동 전쟁이 발생하였다.

21 정답 ⑤

해설 (가)는 상 왕조 시기 만든 갑골 문자이며, (나)는 이집트의 상형 문자이다.
⑤ 상 왕조와 이집트 문명 모두 청동기를 기반으로 하였다.

오답풀이 ① 상 왕조는 태음력을 사용하였다.
② 상 왕조는 제정일치였다.
③ 지구라트라는 신전을 축조한 문명은 메소포타미아 문명이다. 이집

트는 피라미드가 발달하였다.
④ 상형 문자는 이집트에서 사용되었다. 메소포타미아 지역은 쐐기(설형) 문자를 사용하였다.

22 정답 ④

해설 (가)는 전국 시대의 영역이다. 춘추·전국 시대 제자백가가 활동하였으며 철제 농기구와 우경이 보급되었다.

오답풀이 ㄱ. 송 왕조 시기 강남을 중심으로 모내기법이 보급되었다.
ㄷ. 시박사는 대외 무역 업무를 담당하는 기구이다. 취안저우 등에 시박사가 설치된 시기는 당 왕조 시기이다. 특히 송 왕조 시기에 번창하였다.

23 정답 ④

해설 한 무제가 고조선을 정복한 내용을 담은 사료이다.
⑤ 한 무제는 동중서의 건의를 받아들여 유교(경학 또는 훈고학)를 국가의 통치 이념으로 삼았다.

오답풀이 ① 진시황제에 대한 설명이다.
② 진시황제에 대한 설명이다.
③ 한 무제는 흉노를 정벌하였다.
⑤ 한 고조 유방에 대한 설명이다. 진시황제와 한 무제는 군현제를 실시하였다.

24 정답 ③

해설 (가) 9품중정제란 중정관이 자기 지역의 인물을 9등급으로 평가하여 추천하면 국가가 이를 바탕으로 인재를 등용하는 제도였다. 위·진·남북조 시대에는 9품중정제로 문벌 귀족이 관직을 독점하였다.
(나) 과거 제도는 수 왕조 때 시작되었지만 본격적으로 시작된 건 송 왕조 시기이다.

오답풀이 ㄱ. 명 왕조와 청 왕조의 지배층이 신사층이다.
ㄹ. 송 왕조 시기 과거 제도를 통해 사대부가 성장하였다.

25 정답 ①

해설 지도는 백제가 망하자 백제 부흥군과 왜가 663년 당나라와 신라와 전투를 벌인 백(촌)강 전투를 표현한 지도이다.
① 당 왕조 시기 3성 6부와 조·용·조 제도 등이 정비되었다.

오답풀이 ② 명 왕조에 대한 설명이다. "어린도책"은 토지 대장이며 "부역황책"은 호적이다.
③⑤ 원 왕조에 대한 설명이다.
④ 한 무제는 재정 문제를 해결하기 위해 균수법과 평준법을 실시하였다. 균수법이란 지방 특산물을 값비싼 곳에 옮겨 팔아 물자의 원활한 유통과 재정 강화를 도모하는 정책이며, 평준법이란 중앙의 평준소에서 각지의 재물을 쌀 때 사서 비쌀 때 팔아 재정을 강화하는 정책이다.

26 정답 ③

해설 (가)는 당 왕조, (나)는 송 왕조 시기이다.
③ 송 왕조 시기 동업 조합인 행, 작이 등장하였다. 행(行)은 상인, 작(作)은 수공업자들의 동업 조합이다. 상인은 걸어 다니며 물건을 파니 행(行), 수공업자는 물건을 만드니 작(作)이다.

오답풀이 ① 교초는 원 왕조의 화폐이다.
② 해금 정책(海禁政策)은 명·청 왕조 시기 실시한 정책이다.

④ 한 무제가 소금과 철의 전매제가 실시되었다.
⑤ 명, 청 시대 있었던 동업·동향 조합이다. 공소는 동업 조합이며 회관은 동향 조합이다. 당시 산시상인, 신안상인이 활발히 활동하였다.

27 정답 ⑤

해설 ㄷ. 청 왕조는 한족 문화를 존중하여 과거제를 실시하였는데, 관리를 뽑을 때 주요 관청의 관리 수를 짝수로 편성하여 반은 만주족을, 반은 한족을 임명하였다.
ㄹ. 청 왕조는 칭하이와 신장을 정복하여 중국 영토로 편입하였다.

오답풀이 ㄱ. 금 왕조가 맹안·모극제를 실시하였다.
ㄴ. 요 왕조가 북면관제와 남면관제를 실시하였다.

참고 청 제국의 성립과 발전

28 정답 ③

해설 제시문은 양무 운동(자강 운동, 1861~1895)에 대한 내용이다. 일본의 메이지 유신은 서양의 기술 뿐만 아니라 제도까지 수용하는 개혁이었지만 양무 운동은 중체서용, 즉 중국의 제도는 유지한 상태에서 서양의 기술(무기 기술 중심)만을 수용하는 운동이었다. 청·일 전쟁(1894~1895)의 패배로 한계가 드러났다.
신축 조약은 의화단 운동(1899~1901) 결과 맺어진 조약이다. 의화단 운동은 의화단 중심의 운동으로 부청멸양 즉 청나라를 도와 서양을 물리치자는 운동을 말하는데, 서양 세력은 이 운동을 진압하고 1901년 신축 조약을 체결하였다.

29 정답 ③

해설 제시문은 쑨원의 연설이다.
③ 쑨원의 중국 동맹회를 중심으로 1911년 신해혁명이 일어나 청 왕조를 무너뜨리고 중국 최초의 민주 공화정을 수립하였다.

오답풀이 ① 천조전무 제도는 태평천국 운동(1851~1864)과 관련된 토지 개혁이다. 신분과 남녀 차별 없이 백성들에게 토지를 분배하는 정책이다.
② 의화단 운동은 8개국 연합군에 의해 진압되었다.
④ 양무운동 실패 후 캉유웨이를 중심으로 서양의 입헌 군주제를 수용하는 변법자강 운동(무술변법, 1898)이 전개되었지만 서태후 등 보수파의 탄압으로 실패하였다.
⑤ 위안스카이는 신해혁명을 진압하라는 청 왕조의 명령을 어기고 청 왕조를 무너뜨린 후 자신이 대총통이 되었다.

30 정답 ④

해설 ④ 마오쩌둥이 실시한 대약진 운동(1958)이 실패하자 실용주의자인 덩샤오핑 등이 마오쩌둥을 공격하자 마오쩌둥은 문화 대혁명을 일으켜 실용주의자들을 축출하였다.

오답풀이 ① 1924년 제1차 국·공 합작이 이루어졌다.
② 1937년 중·일 전쟁이 발생하였다.
③ 1950년 6·25 전쟁이 발발하였다.
⑤ 1989년 톈안먼 사건이 발생하였다.

31 정답 ①

해설 삽화는 헤이안 시대(794~1185)부터 유행하였던 국풍 문화이다. 헤이안 시대 때 가나 문자가 만들어졌으며 무사 계층이 성장하였다. 2관 8성 제도를 도입한 다이호 율령은 야마토 정권 시기인 701년이며 왜(倭) 대신에 일본이라는 국호를 본격적으로 사용하기 시작한 것은 나라 시대(710~794)이다.

더알아보기 • **일본 국호 사용** : 일본이라는 표기의 용례는 야마토 정권 후기, 다이호 율령 시기인 701년부터 확인할 수 있다. 이때에는 '日本'이라고 한자를 써 놓고 '야마토'라고 읽었다. 나라 시대부터는 '니혼, 닛폰(일본)'으로 읽기 시작했다.

• **무사들의 초상화** : 헤이안 시대의 귀족들은 칼을 차지 않았다. 그래서 삽화에는 칼이 그려져 있지 않다. 헤이안 시대 말기부터 무사가 중앙 정계에 진출하면서 자신들의 초상화에 정체성의 상징으로 초상화에 꼭 칼을 그려 넣기 시작하였다.

• **중세의 시작** : 현재 일본 학계에서는 가마쿠라 막부 이전인 헤이안 시대 말기 무사가 중앙 정계에 진출하는 시기를 중세로 보고 있다.

32 정답 ⑤

해설 조선은 세종 시기부터 일본에 통신사를 파견하고 있었으나, 임진왜란으로 양국의 국교는 단절되었다. 임진왜란 이후 조선이 일본에 사신을 파견한 것은 1607년이 처음이나, 이때에는 '통신사'라는 명칭 내지 '회답 겸 쇄환사'라는 명칭을 사용하였다. 일본의 화의 요청에 회답하며 포로 송환의 교섭을 수행한다는 취지에서였다. 통신사라는 명칭이 사용된 것은 1636년부터였다. 따라서 질문에 통신사라는 명칭 대신 국제 사절단이란 표현을 쓴 것이다.

⑤ 이때 일본은 도쿠가와 이에야스가 건설한 에도 막부 시기였다. 에도 막부 시기 조닌(도시 상인, 수공업자) 문화로서 가부키라는 연극과 우키요에라는 풍속화가 유행하였다.

오답풀이 ① 견당사란 일본에서 당나라로 파견된 외교 사절을 말한다. 630년에 야마토 정권 시기부터 헤이안 시대 초기까지 파견되었다.
② 감합 무역이란 무로마치 시대(1136~1573)에 이루어진 명과 일본 사이의 조공 무역을 말한다.
③ 아스카 문화는 야마토 정권 시기에 유행하였다.
④ 가마쿠라 시기(1192, 1185~1333) 성리학이 처음으로 도입되었다.

더알아보기 • **견당사** : 현재 우리나라 교과서에서는 견당사 파견을 나라 시대에서만 다루지만, 정확히 말하면 헤이안 시대 초기까지 파견되었다(헤이안 시대 초기인 894년 폐지).

• **가마쿠라 막부 시대의 시작에 대한 일본 학계의 입장** : 기존에는 미나모토노 요리토모의 쇼군 취임이 1192년이어서 가마쿠라 시대의 시작을 1192년으로 보는 것이 정설이었다. 그러나 근래에는 가마쿠라 막부가 전국에 실질적인 지배력을 행사하기 시작하는(슈고·지토 임명권의 획득) 1185년을 가마쿠라 시대의 시작으로 보는 것이 다수설이 되었다.

33 정답 ④

해설 ④ 일본은 1868년 메이지 유신을 단행한 뒤, 1871년에 다이묘들이 통치하던 번을 통폐합하여 현을 설치하고 중앙 정부가 직접 임명한 지사를 파견하였다.

오답풀이 ① 야마토 정권 시기 645년 당의 율령 체제를 수용하여 중앙 집권 체제를 이루는 다이카 개신을 발표하였다.
② 에도 막부는 지방 다이묘(영주) 세력을 견제하고자 산킨코타이제를 실시하였다. 산킨코타이 제도란 다이묘의 가족이 에도에 인질로 거주하고 다이묘가 1년마다 자신의 영지와 에도에 번갈아 가며 거주하는 제도이다.
③ 야마토 정권 시기 쇼토쿠 태자(574~622)는 한반도와 중국으로부터 유교와 불교 등을 수용하여 중앙 집권 정책을 강화하였다.
⑤ 당의 장안성을 모방한 헤이조쿄(나라)를 건설한 시기는 나라 시대(710~794)이다.

더알아보기 **산킨코타이의 목적** : 에도 막부가 제도를 처음 신설할 때의 가장 중요한 의도는 영지에서 다이묘들이 다른 짓을 못하게끔 에도에 1년씩 불러두고, 가족을 인질로 삼는 것이었다. 하지만 산킨코타이로 인해 다이묘의 재정이 악화된 것은 막부가 의도하지 않은 결과였다. 그렇기 때문에 에도 시대 후기에 이르면 막부는 다이묘의 재정 궁핍을 완화하고자 산킨코타이를 1년 1회 → 2년 1회로 완화하였다. 참고로, 현재의 연구 추세는 막번 체제의 여러 측면 가운데 상하 대립에 의한 지배-굴복의 측면보다는 지배 계층(쇼군-다이묘를 포함하는 영주 계급)의 상호 보존 체제로서의 성격에 주목하고 있다.

34 정답 ⑤

해설 ⑤ 호찌민은 1930년 베트남 공산당을 조직하였다.

오답풀이 ①③④ 판 보이쩌우에 대한 설명이다.
② 통킹 의숙을 설립한 인물은 판 쭈 찐이다.

35 정답 ③

해설 (가)는 인도네시아에 소재한 대승 불교 사원이다.
(나)는 캄보디아에 소재한 힌두교 사원으로, 이후 불교 사원으로 바뀌었다. 현재 인도네시아는 현재 이슬람교를 믿는 국민들이 다수이며, 캄보디아는 불교를 믿는 국민들이 다수이다.

36 정답 ③

해설 자료는 아바스 왕조에 대한 설명이다.
이전 왕조인 우마이야 왕조는 아랍인 중심의 정책을 폈으며 수도가 다마스쿠스였다. 이베리아 반도에 진출하였으며 프랑크 제국과 투르·푸아티에 전투에서 패배하였다. 아바스 왕조는 아랍인 중심의 정책을 폐지하였으며 수도가 바그다드였다. 당 왕조와의 탈라스 전투에서 승리하여 중국의 종이 기술이 도입되었다.

오답풀이 ① 탄지마트(1839~1876)는 오스만 제국의 개혁이다.
② 정통 칼리프 시대 때 아라비아 반도를 통일하였다.
④ 아바스 왕조는 몽골의 침입으로 멸망하였다.

참고 **이슬람 제국의 형성**

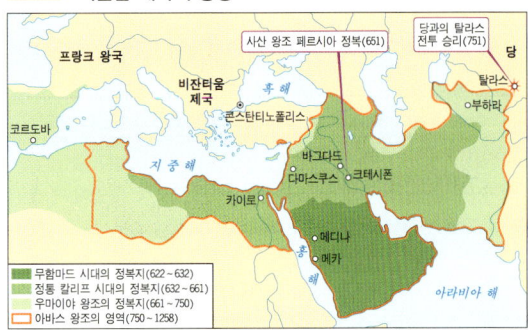

37 정답 ①

해설 지도는 오스만 제국의 최대 영역이다.
① 오스만 제국은 1453년 비잔티움 제국을 멸망시켰다.

오답풀이 ② 유스티니아누스 황제는 비잔티움 제국의 황제이다.
③ 셀주크 튀르크, 가즈니 왕조 등의 지배자가 아바스 왕조로부터 술탄 칭호를 획득하였다. 아바스 왕조는 1258년에 멸망하였으며, 오스만 제국은 1299년에 건국되었다.
④ 티무르 제국에 대한 설명이다.
⑤ 십자군 전쟁의 한 원인은 셀주크 튀르크의 예루살렘 점령이다.

38 정답 ④

해설 자료는 굽타 왕조 시기 완성된 아잔타 석굴이다. 굽타 왕조 시기 힌두교와 인도 고전 문화가 발달하였으며 "마누 법전"이 편찬되었다. 브라만교가 성립되고 베다가 제작된 시기는 아리아인이 인도에 침입한 시기이다.

더알아보기 **아잔타 석굴**: 일반적으로 아잔타 석굴이 굽타 왕조 시기에 만들어졌다고 알려져 있지만, 보다 정확히 이야기하면 이 석굴은 기원전 2세기 사타바하나 왕조부터 만들어지기 시작한 첫 번째 부분과 굽타 왕조(320~550년경까지 북(北)인도를 통일·지배한 왕조) 시기에 만들어진 두 번째 부분이 함께 있다.

39 정답 ⑤

해설 ㄷ. 무굴 제국 후반기 유럽인들이 인도에 진출하기 시작하였다.
ㄹ. 무굴 제국 시기 힌두교와 이슬람교의 융합으로 시크교가 발전했으며 힌두어, 페르시아어, 아랍어가 혼합된 우르드어가 널리 사용되었다. 참고로 시크교와 우르드어는 무굴 제국 성립 이전에 만들어졌다.

오답풀이 ㄱ. 쿠샨 왕조 시기 간다라 미술이 발달하기 시작하였다.
ㄴ. 무굴 제국 시기에는 페르시아어가 공식 문서에 주로 사용되었다.

40 정답 ④

해설 ④ 제시문은 인도인 용병들을 중심으로 일어난 반영(反英) 항쟁인 세포이 항쟁(1857~1859)에 대한 내용이다. 세포이 항쟁의 결과 무굴 제국은 멸망하고 동인도 회사가 해체되었다. 1876년 영국의 빅토리아 여왕이 영국 여왕 겸 인도 제국의 황제가 되었다(영국의 빅토리아 여왕이 영국 여왕 겸 인도 제국의 황제가 된 시기가 일부 시중의 자료에서 1877년으로 나오지만 1876년이 정확한 연도임).

오답풀이 ① 간디와 네루는 제1차 세계 대전 이후 독립운동을 전개하였다.

② 이슬람교가 다수인 방글라데시는 1971년에 독립하였다.
③ 지식인 중심의 인도 국민 회의는 1885년에 결성되었다.
⑤ 영국이 프랑스와 벵골 연합군을 격파한 플라시 전투는 1757년의 일이다.

41 정답 ⑤

해설 (가)는 아시리아의 최대 영역, (나)는 아케메네스 왕조 페르시아의 최대 영역이다.
오리엔트 세계를 최초로 통일한 나라는 아시리아이다. 아시리아는 가혹한 통치(피정복민에게만 가혹한 통치를 했다는 설과 내국인에게도 엄격한 형벌을 적용했다는 설이 있음)와 내부적 문제 등 여러 가지 이유로 멸망하고 오리엔트 세계는 신바빌로니아, 메디아, 리디아, 이집트로 분열되었다. 이후 다시 통일한 나라가 아케메네스 왕조 페르시아이다.
솔로몬의 이스라엘 왕국은 북부의 이스라엘 왕국과 남부의 유대 왕국으로 분열되었다. 이스라엘 왕국은 아시리아 왕국에게 멸망당하였으며 유대 왕국은 신바빌로니아에게 멸망당하였다.

오답풀이 ㄱ. 바빌론 유수(幽囚, 유배되어 갇힘)는 신바빌로니아 왕국 시기 발생했다. 다시 오리엔트를 재통일한 아케메네스 왕조 페르시아는 피정복민에 대한 관용 정책을 펼쳐 바빌론 유수 시대를 끝냈다.
ㄷ. 아케메네스 왕조 페르시아가 조로아스터교를 신봉하였지만 조로아스터교를 국교로 지정한 나라는 사산 왕조 페르시아이다. 마니교도 사산 왕조 페르시아 시기에 출현하였다.

참고 **오리엔트 세계의 변천**

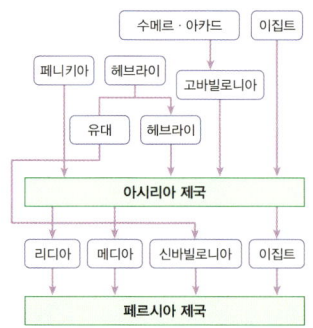

4국 분열 시대

42 정답 ④

해설 ④ 지도는 16~17세기 유럽 세계에서 가장 광대하며 팽대한 인구를 갖고 있는 국가였던 폴란드-리투아니아 연방이다. 이 국가는 폴란드 왕국과 리투아니아 대공국의 연합에 의해 1569년 성립된 복합 군주제 국가이다.

오답풀이 ① 킵차크 한국은 13세기 중엽에서 14세기 말에 번영을 누렸으며 15세기에 크림·카잔·아스트라한 한국 등 여러 개의 소국으로 분열되었다.
② 30년 전쟁이 종결된 베스트 팔렌 조약(1648)으로 스위스와 네덜란드가 독립국이 되었다. 폴란드-리투아니아 연방은 1569년 성립되었다.
③ 북방 전쟁(1700~1721)은 러시아와 스웨덴이 발트 해의 주도권을 장악하기 위해 벌인 전쟁이다. 폴란드는 18세기에 러시아, 프로이센, 오스트리아에 의해 분할되었다.
⑤ 폴란드와 리투아니아는 제1차 세계 대전 이후 독립되었으며 소련 연방에 편입된 나라는 리투아니아만 해당된다.

참고 폴란드의 분할

43 정답 ④

해설 (가)는 이탈리아의 무솔리니, (나)는 독일의 히틀러이다.
④ 히틀러는 오스트리아 출생으로 국가 사회주의 독일 노동당 당수였다.

오답풀이 ① 독·소 불가침 조약을 맺었다가 파기하고 소련을 침공한 인물은 히틀러이다.
② 히틀러에 대한 설명이다.
③ 무솔리니는 알바니아와 에티오피아를 침공하고 국제 연맹을 탈퇴하였다.
⑤ 무솔리니는 세계 대공황(1929) 이전인 1922년 정권을 장악하였다. 히틀러는 세계 대공황 발생 이후인 1933년 정권을 장악하였다.

44 정답 ②

해설 (가) 계층은 색목인으로 주로 재정 업무를 담당하거나 관리가 되었다. 위구르인, 탕구트인 등 서역인이 포함되었다.
(나) 계층은 거란, 여진, 고려인, 금 치하의 한족이 포함되었다. 따라서 금 치하의 한족은 (나) 계층에 포함되었으며, 남송 치하의 한인은 (다) 계층에 포함되었다.

45 정답 ③

해설 북로남왜란 15세기 중기~16세기 중기 명 왕조를 괴롭혔던 북쪽의 오랑캐와 남쪽의 왜구의 침입을 말한다. 북로남왜는 1449년 정통제가 몽골의 포로가 되는 토목의 변(명과 오이라트 몽골의 전쟁)부터 시작된다. 특히 가정제 시기에 북로남왜가 심하였다. 16세기 중엽 타타르(달단)부가 강성해져 명의 북부를 자주 침략하였다(제시된 지도는 16세기 중엽). 타타르부의 알탄 칸은 1550년 명의 수도 베이징을 포위하여 명을 멸망의 위기로 몰아 넣기도 했다(경술지변). 북로남왜로 인해 국가 재정이 위기에 빠지자 만력제(재위 1572~1620) 때 장거정의 개혁이 실시되었다. 하지만 장거정의 개혁 이후 만력제 때 임진왜란이 발생하여 명 왕조는 다시 재정위기에 빠졌다.
③ 1592년(16세기 말) 임진왜란이 발생하였다.

오답풀이 ① 돌궐족은 수 왕조 시기 북방에서 활동하던 민족이다. 명 왕조 시기에는 오이라트와 타타르 중심의 국가가 형성되었다.
② 명 왕조 초기인 영락제 때 정화의 대항해가 파견되었다.
④ 무로마치 막부는 1336년부터 1573년까지 일본을 통치한 막부이다.
⑤ 류큐에서 최초로 통일 왕조가 등장한 시기는 1429년이다. 12세기부터 몇 개의 집단이 세력을 다투다가 류큐 왕국이 1429년 류큐 지역을 통일하였다.

46 정답 ⑤

해설 (가)는 수도 마닐라가 있는 루손 섬, (나)는 보라카이 섬, (다)는 파라완 섬, (라)는 세부 섬, (마)는 민다나오 섬이다.

47 정답 ③

해설 (가)는 민주당, (나)는 공화당이다. 대선 후보는 왼쪽이 민주당의 힐러리, 오른쪽이 트럼프이다.
ㄴ. 제1차 세계 대전(1914~1918)을 이끌었던 윌슨 대통령(임기 1913~1921)과 제2차 세계 대전(1939~1945)을 이끌었던 루즈벨트 대통령(임기 1933~1945)은 모두 민주당 소속이다.
ㄷ. 공화당 소속의 닉슨 대통령은 1969년 미국은 앞으로 베트남 전쟁과 같은 군사적 개입을 피한다는 닉슨 독트린을 발표하였다.

오답풀이 ㄱ. 노예 해방령을 발표한 링컨 대통령은 공화당이 배출한 첫 번째 대통령이다.
ㄹ. 1962년 소련이 쿠바에 미사일 기지를 세우려는 움직임을 보이자 미국 민주당 소속의 케네디 대통령(재임 1961. 1. 20.~1963. 11. 22.)은 소련의 쿠바 미사일 기지 철회를 요구하며 쿠바로 향하는 모든 바닷길을 봉쇄하고 전쟁도 불사하겠다고 천명하였다. 6일 후, 소련이 미사일 기지 철회에 동의하면서 자칫 전쟁으로도 이어질 수 있는 위기의 순간을 모면했다.

48 정답 ⑤

해설 사진은 프랑스 루이 14세가 만든 베르사유 궁전이다. 프랑스의 현 대통령은 2017년 당선된 39살의 최연소 대통령 에마뉘엘 마크롱이다. 그는 좌우 진영을 넘나드는 앙 마르슈!(En Marche! 전진)라는 정당을 창당하였다.
ㄷ. 마크롱 정부는 난민에 대한 유화 정책을 주장하여 전쟁 피난민은 받아들이되 경제적 이유로 망명을 꾀하는 사람들은 받아들이지 않겠다고 하였다.
ㄹ. 마크롱 정부는 경제 면에서 자유 시장을 강조한다. 자유 무역 옹호자로 EU와 캐나다 간 FTA인 포괄적 경제 무역 협정(CETA)를 지지하였다. 또한 미국과의 범대서양 무역 투자 동반자 협정(TTIP)에 대해서도 필요성을 인정했다.

오답풀이 ㄱ. 프랑스 극우 정당 '국민 전선(FN)'의 대선 후보 마린 르펜이 유럽 연합 탈퇴를 주장하였다
ㄴ. 미국의 대통령 트럼프가 파리 기후 조약 탈퇴를 선언하였으며 마크롱은 이를 맹렬히 비판하였다.

49 정답 ④

해설 ㄴ. G20(Group of 20)은 각 대륙의 신흥 공업국들도 회원국으로 참여하고 있다. 이들 국가들은 지역적 대표성도 갖고 있다. 남미의 대표적 나라는 브라질과 아르헨티나이다. 이 문제는 G20 회원국을 암기했는지를 묻기보다는 G20이 어떤 성격을 갖고 있는지를 묻는 문제다. 브라질이 남미의 대표적인 나라라는 걸 알면 쉽게 풀 수 있는 문제이다. G20은 선진 7개국(G7 : 미국, 영국, 프랑스, 독일, 이탈리아, 캐나다, 일본)과 유럽연합의 의장국, 신흥 공업 경제 지역을 대표하는 12개국(한국, 아르헨티나, 오스트레일리아, 브라질, 중국, 인도, 인도네시아, 멕시코, 러시아, 사우디아라비아, 남아프리카공화국, 터키)을 합한 20개국을 일컫는다.
ㄹ. 브라질 최초의 여성 대통령은 지우마 호세프이다. 지우마 호세프는 최악의 경제난과 부패 스캔들로 지지도가 급락한 가운데 정부 회계법을 위반한 혐의로 2016년 탄핵되어 파면되었다.

오답풀이 ㄱ. 나폴레옹 전쟁으로 포르투갈의 간섭이 약해지자 독립의 움직임이 시작되었다. 그리고 미국의 먼로 선언과 영국의 지지도 독립에 영향을 주었다. 1822년 포르투갈 페드루 왕자는 브라질의 독립을 선언하고 스스로 브라질의 황제로 즉위하였다.
ㄷ. 토르데시야스 조약은 에스파냐와 포르투갈 간의 유럽 대륙 외 지역에 대한 영토 분쟁을 해결하기 위해 로마 교황의 중재로 1494년 6월 7일 에스파냐의 토르데시야스에서 맺은 조약이다. 브라질은 토르데시야스 조약으로 포르투갈의 식민지가 되었다.

50 정답 ③

해설 ㄴ. 중국이 네이멍구에 설치한 톈보 레이더는 한국과 일본 전역을 감시할 수 있다.
ㄷ. 러시아는 1860년 베이징 조약으로 획득한 연해주 지역이 한국에 배치되는 사드 레이더망에 포함될 수 있기 때문에 한국의 사드 설치 배치를 반대하고 있다.

오답풀이 ㄱ. 일본은 이미 사드 레이더가 배치되어 있다.
ㄹ. 중국이 한국의 사드 배치를 반대하여 견제하려는 국가는 미국이며 1880년 청 왕조의 황쭌셴은 "조선책략"에서 러시아를 견제하기 위해 조선에게 미국과의 수교를 권유했다. 김홍집에 의해 소개된 황쭌셴의 "조선책략"은 조선의 엘리트들에게 영향을 주었고 1882년 조선은 미국과 수교하였다.

제3회 세계사능력검정시험

01	④	02	①	03	⑤	04	③	05	①
06	④	07	⑤	08	⑤	09	②	10	⑤
11	⑤	12	②	13	④	14	③	15	⑤
16	②	17	①	18	②	19	④	20	④
21	②	22	①	23	②	24	③	25	⑤
26	⑤	27	①	28	③	29	②	30	③
31	②	32	③	33	②	34	⑤	35	③
36	②	37	②	38	①	39	④	40	④
41	②	42	④	43	④	44	③	45	①
46	②	47	③	48	③	49	③	50	①

01 정답 ④

해설 아테네는 클레이스테네스가 도편 추방제, 행정 지역구 개편, 500인 회의를 통해 민주 정치의 기초를 마련하였고, 이후 페리클레스 시대에 델로스 동맹의 맹주가 되면서 민주 정치가 정착하였다. 페리클레스는 델로스 동맹의 기금과 노예제를 바탕으로 공무 수당을 지급하였다.

오답풀이 ①②⑤ 로마 시대의 인물이다.
③ 나폴레옹은 1789년 프랑스 혁명 이후 탁월한 군사적 성공을 바탕으로 1804년 프랑스의 황제가 되었다.

02 정답 ①

해설 지도는 알렉산드로스 제국의 영토이다. 알렉산드로스 대왕은 아카메네스 왕조 페르시아를 정복하고 더 나아가 인도를 침략하였으며, 동서 융합 정책으로 그리스인과 페르시아인의 결혼 정책을 추진하였다. 알렉산드로스 제국 시기 사실적이고 현실적인 미술이 발달하였으며 스토아 학파가 금욕을, 에피쿠로스 학파가 정신적 쾌락을 추구하였다. 그리고 세계 시민주의와 개인주의가 유행하였으며 인도의 간다라 미술에 영향을 주었다.
① 로마에 대한 설명이다.

03 정답 ⑤

해설 제시문은 로마가 로마-카르타고 전쟁(포에니 전쟁) 이후 겪게 된 상황에 대한 내용이다. 로마는 비록 이 전쟁에서 승리하여 지중해의 패권을 장악했으나 자영농이 몰락하는 상황을 맞이하게 되었다. 이에 그라쿠스 형제가 귀족들의 대토지 소유를 제한하고 농민에게 토지를 분배하여 자영농을 육성하려고 하였으나 귀족들의 반대로 실패하였다.

오답풀이 ①② 서양 중세에 대한 내용이다.
③④ 비잔티움 제국에 대한 내용이다.

04 정답 ③

해설 '이 황제'는 프랑크 왕국의 카롤루스 대제이다. 프랑크 왕국(메로베우스 왕조)의 궁재였던 카롤루스 마르텔은 투르 · 푸아티에 전투에서 이슬람을 격퇴하였으며 그의 아들 피핀은 카롤루스 왕조를 개창하였다. 그리고 피핀의 아들 카롤루스 대제는 옛 서로마 제국의 영토를 상당 부분 획득하였으며 카롤루스 르네상스를 열었다.

05 정답 ①

해설 모자이크의 인물은 비잔티움 제국의 유스티니아누스 대제이다. 따라서 (가)는 비잔티움 제국이다.
비잔티움 제국은 서유럽과 달리 황제가 종교까지 장악하는 황제 교황주의였다. 그리고 유스티니아누스 대제는 성 소피아 성당을 건축하였다.

오답풀이 ㄷ. 러시아에 대한 설명이다.
ㄹ. 노르망디 공국의 윌리엄 1세는 잉글랜드를 정복하여 노르만 왕조를 개창하였으며 전국적인 토지 조사를 실시하여 토지 대장인 "둠즈데이 북"을 작성하였다.

06 정답 ④

해설 (가)는 한자 동맹, (나)는 북이탈리아 도시들이다. 특히 북이탈리아 도시들은 십자군 전쟁으로 지중해 무역이 부활하여 번성하게 되었다.

오답풀이 ㄱ. 신항로 개척을 주도한 나라는 에스파냐와 포르투갈이다. 한자 동맹과 북이탈리아 도시들은 모두 신항로 개척 이후 약화되었다.
ㄷ. 십자군 전쟁 이후 교황의 영향력은 크게 약화되었다.

07 정답 ⑤

해설 제시문은 인노켄티우스 3세(1160/1161~1216)의 연설이다. 교황의 영향력은 클뤼니 수도원의 개혁 운동, 카노사의 굴욕(신성 로마 제국 황제와 교황 간의 서임권 갈등), 십자군 전쟁 주도 등으로 점차 커져갔다. 그리고 교회와 수도원 중심으로 학문이 발달한 것도 교황의 영향력 증대에 기여하였다. 하지만 십자군 전쟁(1096~1272)의 실패로 교황의 영향력은 쇠퇴하였고, 이후 위클리프(1320년경 ~ 1384)와 후스(1372~1415)가 교회의 세속화를 비판하고 루터와 칼뱅이 종교 개혁을 주도하면서 더욱 약화되었다.

08 정답 ⑤

해설 제시문은 신성 로마 제국에 대한 내용이다. 오토 1세가 마자르족을 물리치면서 신성 로마 제국이 탄생하였다. 이후 하인리히 4세는 카노사의 굴욕을 당했으며 1356년 카를 4세가 황금 문서로 황제를 선출하는 원칙을 정하여 신성 로마 제국의 황제권은 크게 약화되었다.

오답풀이 ① 14세기 초 프랑스의 필리프 4세는 삼부회를 소집하고 교황을 프랑스의 아비뇽에 가두는 아비뇽 유수를 일으켰다.
②③④ 영국에 대한 설명이다.

09 정답 ②

해설 ② 1469년 아라곤의 페르난도 2세와 카스티야의 이사벨 1세가 결혼하여 공동 국왕이 통치하는 에스파냐가 탄생하였다. 에스파냐는 이슬람 세력을 축출하며 영토를 확대하였다. 이후 에스파냐는 신항로 개척을 위해 콜럼버스를 후원하였다.

오답풀이 ① 바스코 다 가마에 대한 설명이다.
③ 바르톨로메우 디아스에 대한 설명이다.
④ 발보아에 대한 설명이다.
⑤ 마젤란에 대한 설명이다.

10 정답 ⑤

해설 제시문은 산업 혁명에 대한 시이다.
⑤는 제1차 인클로저 운동 당시 토머스 모어가 한 말이다.

오답풀이 ①②③④ 산업 혁명으로 인한 사건이다.

11 정답 ⑤

해설 제시문은 스위스에서 일어난 칼뱅의 종교 개혁에 관한 내용이다. 칼뱅은 인간의 구원은 신에 의해 결정되어 있으며 근면, 절제, 금욕적인 생활을 주장하여 이후 막스 베버가 "프로테스탄티즘의 윤리와 자본주의 정신"이란 책에서 칼뱅의 주장에서 자본주의 정신이 탄생하였다고 주장하였다.
⑤ 칼뱅파는 30년 전쟁을 끝내는 베스트팔렌 조약으로 신앙의 자유를 인정받았다.

오답풀이 ① 루터의 종교 개혁에 대한 설명이다.
② 영국의 종교 개혁에 대한 설명이다.
③ 콘스탄츠 공의회에서 후스를 이단으로 규정하고 사형에 처하였다.
④ 로마 가톨릭에 대한 설명이다.

12 정답 ②

해설 (가)는 영국의 엘리자베스 1세, (나)는 프로이센의 프리드리히 대제이다.
② 영국의 엘리자베스 1세는 펠리페 2세의 무적함대를 격파했으며 동인도 회사를 설립하였다.

오답풀이 ① 프로이센의 프리드리히 대제는 재판 농노제를 기반으로 한 융커들을 중심으로 절대 왕정을 수립하였다.
③ 빈 회의는 나폴레옹의 몰락 후 국제 질서 복고를 위해 열렸으며 오스트리아의 재상 메테르니히가 중심인물이었다.
④ 러시아의 표트르 대제에 대한 설명이다.
⑤ 계몽 군주를 자처한 인물은 프로이센의 프리드리히 대제이다.

13 정답 ④

해설 (가)는 영국의 청교도 혁명과 관련된 '권리 청원'이며 (나)는 프랑스 혁명 시기 발표된 '인간과 시민의 권리 선언(인권 선언)'이다.
영국의 찰스 1세는 1628년 권리 청원에 승인하였으나 이후 의회를 해산하여 청교도 혁명이 발발하였다. 인권 선언은 구체제(앙시앵 레짐)의 모순을 부정하는 이념을 담았다.

오답풀이 ㄱ. 명예혁명이 영국에서 내각 책임제가 등장하는 계기가 되었다.
ㄷ. 보스턴 차 사건은 미국 독립 혁명과 관련 있다.

14 정답 ③

해설 자료의 밑줄 친 '이 혁명'은 프랑스 7월 혁명이다.
③ 7월 혁명은 샤를 10세의 보수적 전제 정치가 배경이 되어 일어났다. 프랑스의 자유주의자와 파리 시민이 합세하여 혁명을 일으켜 샤를 10세를 추방하고 루이 필리프를 왕으로 추대하였다.

오답풀이 ① 영국의 명예혁명, ② 나폴레옹 집권기, ④ 미국 혁명, ⑤ 프랑스 2월 혁명 시기에 볼 수 있는 모습이다.

15 정답 ⑤

해설 ⑤ 이탈리아 사르데냐의 재상 카보우르는 이탈리아 통일에 방해가 되는 오스트리아와 전쟁을 벌여 승리를 하였다. 프랑스와는 전쟁 대신 사보이와 니스를 할양하였다.

오답풀이 ① 20세기 초 무솔리니가 이끄는 파시스트당이 로마로 진군하여 권력을 장악하였다.
② 비스마르크는 독일 통일의 중심인물이다.
③ 마리아 테레지아는 오스트리아의 군주이다.
④ 데카브리스트의 난은 러시아의 청년 장교들이 일으킨 사건이다.

16 정답 ④

해설 (가)는 독일이다. 독일의 빌헬름 2세는 베를린, 비잔티움, 바그다드를 잇는 3B 정책을 추진하였다.

오답풀이 ① 프랑스에 대한 설명이다.
② 에스파냐에 대한 설명이다.
③ 에티오피아에 대한 설명이다.
⑤ 영국에 대한 설명이다.

17 정답 ①

해설 제시된 자료에서 밑줄 친 '이 전쟁'은 제2차 세계 대전이다.
① 1944년 6월 연합군은 노르망디 상륙 작전을 성공시켜 파리를 되찾고, 독일 본토로 진격하였다.

오답풀이 ② 제1차 세계 대전의 막바지인 1918년 11월 3일 독일 킬 군항의 수병들은 독일군 지휘부의 전투 계획에 반발하여 봉기하였다.
③ 영국은 군사 주둔권과 수에즈 운하 관리권을 보유한 상태에서 1922년 이집트의 독립을 인정하였다.
④ 수카르노는 1927년 인도네시아 국민당을 결성하고 여러 민족 단체를 규합하여 민족 운동을 전개하였다.
⑤ 사라예보 사건을 계기로 오스트리아 – 헝가리 제국은 1914년 7월 세르비아에 선전 포고를 하였다.

18 정답 ②

해설 제시문은 한 왕조의 한 무제에 대한 내용으로, ①③④⑤는 한 무제 시기의 일이다.
② 9품중정제는 관직을 임용하는 제도로서 위·진·남북조 시기에 시행되었다.

19 정답 ④

해설 진시황제는 만리장성을 축조하였다.

오답풀이 ① 수 양제에 대한 내용이다.
② 북위, 수, 당 왕조에 대한 내용이다.
③ 한 고조에 대한 내용이다.
⑤ 한 무제에 대한 내용이다.

20 정답 ④

해설 제시된 지도는 아메리카 대륙에서 발달한 고대 문명을 나타내고 있다.
(가)는 아스테카(아스텍), (나)는 마야 문명, (다)는 잉카 문명이다.
④ 잉카 문명은 에스파냐의 피사로의 침입을 받았다.

오답풀이 ① 마추픽추는 잉카 문명의 도시였다.
② 코르테스는 아스테카(아스텍) 문명을 침입하였다.
③ 테노치티틀란은 아스테카 문명의 도시였다.
⑤ 철기 수준으로까지는 발전하지 못하였다.

21 정답 ⑤

해설 당 왕조 시기 안·사의 난이 일어나 자영농이 몰락하고 귀족의 대토지 소유가 확산되자 당 왕조는 균전제 대신에 대토지 소유를 인정하는 양세법을 실시하였다.

오답풀이 ① 원 왕조에 대한 내용이다.
② 청 왕조 말기에 대한 내용이다.
③ 명 왕조에 대한 내용이다.
④ 송 왕조에 대한 내용이다.

22 정답 ①

해설 (가) 왕조는 송 왕조이다. 송 왕조 시기 모내기법이 확산되었으며(②) 석탄 사용이 보편화되었다(③). 그리고 상인 동업 조합인 행과 수공업자 동업 조합인 작이 결성되었고(④) 북송 시대에는 교자, 남송 시대에는 회자라는 지폐가 사용되었다(⑤).
① 감합 무역은 명 왕조와 일본의 무로마치 막부가 행한 조공 형태의 무역이다. 일본이 파견하는 정식 사절단임을 증명하는 감합부를 가진 선박에게만 교역을 허락하였다.

23 정답 ②

해설 제시문의 왕조는 원 왕조이다. 쿠빌라이 칸 재위 시기 서양의 마르코 폴로가 원 왕조를 방문하였다. 원 왕조 시기 수시력이 제작되었고 고려 충선왕 때 고려에도 수용되었다.

오답풀이 ① 당 왕조에 대한 설명이다.
③ 청 왕조에 대한 설명이다.
④ 한 왕조에 대한 설명이다.
⑤ 수 문제 시기부터 과거제가 실시되었다.

24 정답 ③

해설 제시된 자료에서 밑줄 친 '이 황제'는 영락제이다. 영락제는 명의 국력을 과시하고 조공 체제를 확대하기 위해 정화의 항해를 실시하였다.
③ 영락제는 몽골을 원정하였으며 베트남을 점령하였다.

오답풀이 ① 북로남왜는 영락제 이후의 일이다.
②④ 명의 홍무제에 대한 설명이다. "어린도책"은 토지 대장이며 "부역황책"은 호적이다. '육유'는 명의 홍무제가 유교를 강화하기에 반포한 교육칙어로, 부모에게 효도하고, 윗사람을 존경하며, 향리 사람들과 화목하고, 자손을 잘 교육시키며, 저마다 현재에 만족하고, 비위를 행하지 말라는 6개 조항이다.
⑤ 명의 만력제에 해당한다.

25 정답 ⑤

해설 의화단 운동(1899~1901)으로 신축 조약(1901)이 맺어져 배상금을 지불하고 외국 군대의 베이징 주둔을 허용하였다.

오답풀이 ① 제1차 아편 전쟁으로 맺어진 난징 조약
② 신해혁명(1911)
③ 제2차 아편 전쟁으로 맺어진 톈진 조약
④ 제2차 아편 전쟁으로 맺어진 베이징 조약

26 정답 ⑤

해설 태평천국 운동(1851~1864)은 한인 신사층과 외국 군대에 의해 진압되었다. 이 과정에서 외국 군대의 신무기 기술의 영향을 받은 한인 신사층(이홍장, 증국번)은 중체서용의 정신에 따라 양무운동(1861~1895)을 전개하였다.

오답풀이 ① 변법자강 운동에 대한 내용이다.
② 의화단 운동에 대한 내용이다.
③ 신해혁명에 대한 내용이다.
④ 태평천국 운동에 대한 내용이다.

27 정답 ①

해설 신문화 운동은 유교적 전통을 비판하고 민주주의와 과학을 도입하여 주체적 인간을 지향하는 운동이다. 신문화 운동은 5·4 운동에 영향을 끼쳤다. 5·4 운동은 일본의 '21개조 요구' 철폐, 일본 제국주의와 군벌을 반대한 운동이다.
② 톈안먼 사건은 1989년에 일어났다.

오답풀이 ③ 난징 조약에 대한 내용이다.
④ 마오쩌둥의 대약진 운동이 실패한 후 실용주의 세력(덩샤오핑)이 대두되었다.
⑤ 마오쩌둥의 대약진 운동에 대한 내용이다.

28 정답 ⑤

해설 마오쩌둥 주도의 대약진 운동이 실패하자 덩샤오핑 등의 실용주의자가 마오쩌둥을 비판하였다. 이에 마오쩌둥은 문화 대혁명을 일으켰다. 마오쩌둥 사후 덩샤오핑이 권력을 잡은 후 개방 정책을 단행하였다. 마오쩌둥의 개방 정책으로 1989년 톈안먼 사건이 일어나기도 하였다.

29 정답 ②

해설 (가)는 난징 조약, (나)는 강화도 조약이다.
② 난징 조약과 강화도 조약의 공통점은 치외 법권이다.

오답풀이 ①③④⑤ 난징 조약에 대한 내용이다. 조선의 경우는 조·미 수호 통상 조약 때 최혜국 대우와 관세의 내용이 설정되었다.

30 정답 ③

해설 밑줄 친 '이 시대'는 나라 시대이다. 나라 시대에는 수도가 헤이조쿄였다.
① 헤이안 시대 후기 이후의 일이다.

오답풀이 ② 막부 정권의 수립은 가마쿠라 시대부터이다.
④ 야마토 정권 시기의 일이다.
⑤ 에도 막부 시기의 일이다.

31 정답 ①

해설 제시문은 1868년 메이지 유신을 통해 등장한 정부로서 폐번치현을 통해 중앙 집권 정책을 실시하였다. 이 정부는 에도를 도쿄로 개칭했으며 유럽에 이와쿠라 사절단을 파견하여 이전에 체결한 불평등 조약의 개선을 시도함과 동시에 서구 문물을 적극적으로 수용하였다.

오답풀이 ②③④⑤ 에도 막부에 대한 설명이다.

32 정답 ③

해설 (가) 국가는 타이이다. 타이는 영국과 프랑스 사이의 완충국으로서 독립을 유지하였다.

오답풀이 ①② 인도네시아에 대한 설명이다.
④ 필리핀에 대한 설명이다.
⑤ 베트남에 대한 설명이다.

33 정답 ②

제시문은 베트남의 청동북이다. 베트남은 쩐 왕조 시기 몽골의 침략을 받았으나 격퇴하였다.

오답풀이 ① 베트남의 리 왕조(1075)에 대한 설명이다.
③ 베트남의 판 보이쩌우 주도의 일본 유학 운동(동유 운동)(1905)에 대한 설명이다.
④ 쯔놈 문자는 베트남의 쩐 왕조에 만들어진 고유 문자이다.
⑤ "대월사기"는 베트남의 고대사를 다룬 역사서로서, 쩐 왕조 시기인 1272년에 편찬되었다.

34 정답 ⑤

해설 제시문은 굽타 왕조에 관한 내용이다. 굽타 왕조 시기 지구 구형설과 자전설을 파악하고 0의 개념을 확립할 정도로 자연 과학이 발달하였다.

오답풀이 ① 영국의 식민지 통치 기간, 또는 무굴 제국 시기이다.
※ 공식적으로 무굴 제국이 멸망한 시기는 세포이 항쟁 이후이다.
②④ 무굴 제국에 대한 내용이다.
③ 쿠샨 왕조에 대한 내용이다.

35 정답 ③

해설 영국은 인도의 민족 운동을 분열시키기 위해 반영 운동의 중심지였던 벵골을 분할한다는 벵골 분할령을 1905년에 발표하였다. 세포이 항쟁은 1857~1859년에 일어났으며 제1차 세계 대전은 1914~1918년에 일어났다.

36 정답 ②

해설 (가)는 마우리아 왕조(기원전 322~기원전 185), (나)는 쿠샨 왕조(45~320년경)이다.
마우리아 왕조 시기에는 아소카 왕이 상좌부 불교를 장려했으며 쿠샨 왕조의 카니슈카 왕은 대승 불교를 장려하였다.

오답풀이 ㄴ. 석가모니가 불교를 창시한 시기는 기원전 6세기경이다.
ㄹ. 알렉산드로스의 침입은 마우리아 왕조 이전인 기원전 4세기경의 일이다.

37 정답 ②

해설 밑줄 친 '이 문명'은 이집트 문명으로, 제시된 자료는 이집트의 '사자의 서'이다. 이집트는 거대한 왕의 무덤인 피라미드를 건축하였다.

오답풀이 ①③ 메소포타미아 문명이다.
④ 중국의 상 왕조이다.
⑤ 메소포타미아의 고바빌로니아 왕국이다.

38 정답 ①

해설 (가)는 우마이야(우마위야) 왕조, (나)는 아바스 왕조로서 모두 이슬람 왕조이다.
아랍인 우월주의를 추구했던 우마이야 왕조는 프랑크 제국을 공격했으나 투르·푸아티에 전투에서 패배하였다. 아랍인 우월주의를 폐지한 아바스 왕조는 당과의 탈라스 전투에서 승리하였다.
① 사산 왕조 페르시아는 정통 칼리프 시대에 정복하였다.

39 정답 ④
해설 사진은 오스만 제국(오스만 튀르크)의 술탄 아흐메드 1세가 건립한 술탄 아흐메드(아흐메트) 사원이다.
오스만 제국은 비잔티움 제국을 멸망시켰으며 슐레이만 1세 때는 발칸 반도에 진출하고 헝가리를 정복하였다. 그리고 오스트리아 수도 빈을 포위할 정도로 강성했으나 19세기에는 서구 열강과 러시아의 침략으로 쇠퇴하기 시작하였다. 이에 1839년 탄지마트라는 개혁을 시작하여 근대적 헌법을 제정하고 의회를 개설하였다.
오답풀이 ㄴ, ㄹ. 셀주크 튀르크에 대한 설명이다.

40 정답 ④
해설 지도는 이집트의 수에즈 운하이다. 20세기 초 이집트의 아라비 파샤(우라비 파샤)는 '이집트인을 위한 이집트 건설'을 내세우며 반영 운동을 전개하였다.
오답풀이 ① 사탸그라하 운동은 인도 간디의 비폭력·불복종 운동이다.
② 이집트는 영국의 식민 통치를 받았다.
③ 터키에 대한 내용이다.
⑤ 수단에 대한 설명이다. 마흐디는 구세주를 의미한다.

41 정답 ②
해설 제시된 자료의 밑줄 친 '이 나라'는 스웨덴이다.
② 스웨덴은 발트해의 지배권을 둘러 싸고 러시아와 북방 전쟁(1700~1721)을 벌였으나 패배하였다. 이를 계기로 스웨덴의 국력은 크게 약화되었고, 러시아는 유럽 열강의 하나로 등장하였다.
오답풀이 ① 영국, ③ 독일, ④ 러시아에 대한 설명이다.
⑤ 스웨덴은 개신교 국가로서 전쟁에 참여하였다.

42 정답 ④
해설 제시된 자료의 (가) 국가는 러시아이다. 2017년 12월 국제 올림픽 위원회(IOC)는 국가 주도의 도핑 조작으로 세계 스포츠계를 농락한 러시아 선수단의 평창 동계 올림픽 출전을 금지하였다.
④ 러시아는 소련을 구성했던 공화국의 하나로 현재 독립 국가 연합(CIS)을 주도하는 연방 공화국이다.
오답풀이 ① 러시아는 유럽 연합(EU)의 회원국이 아니다.
② 러시아는 제1차 세계 대전의 패전국은 아니다. 러시아는 제1차 세계 대전에서 연합국 측이었으나 전쟁 도중 러시아 혁명이 일어나 독일 등과 강화 조약을 맺고 전쟁에서 빠졌다.
③ 체코슬로바키아에 해당한다.
⑤ 루마니아에 해당한다.

43 정답 ④
해설 (가)는 포르투갈, (나)는 카스티야, (다)는 이슬람, (라)는 아라곤, (마)는 프랑스 왕국의 영토이다. 카스티야와 아라곤은 이슬람 세력을 몰아내는 레콘키스타(재정복) 운동의 중심 국가였으며 15세기 후반 카스티야의 이사벨 1세와 아라곤의 페르난도 2세 간의 결혼을 통해 에스파냐 왕국으로 통일되었다. 카탈루냐는 아라곤 영토의 일부였다.

참고 에스파냐

44 정답 ③
해설 백두산정계비(1712)는 조선의 숙종과 청의 강희제 재위 시기에 건립되었다. 강희제는 오삼계가 중심이 되어 일으킨 삼번의 난을 진압하였다.
오답풀이 ① 청 순치제에 대한 내용이다.
② 청 옹정제에 대한 내용이다.
④ 청 건륭제에 대한 내용이다.
⑤ 청 태종 홍타이지에 대한 내용이다.

45 정답 ①
해설 제시된 자료의 (가) 국가는 위구르이다. 위구르는 안·사의 난이 발발하자 당을 도와 군사적인 개입을 하였다.
① 위구르는 몽골 고원과 중앙아시아에서 활약한 튀르크계 민족으로, 744년 동돌궐을 멸망시키고 위구르 제국을 세웠다.
오답풀이 ② 금에 해당한다.
③ 돌궐에 해당한다.
④ 당에 해당한다.
⑤ 몽골(원)에 해당한다.

46 정답 ②
해설 제시된 자료에서 밑줄 친 '이 곳'은 중국의 충칭이다. 2017년 12월 중국 국빈 방문 중에 문재인 대통령이 한국 대통령으로서는 최초로 충칭의 옛 대한민국 임시 정부 청사를 방문하였다.
ㄱ. 충칭은 삼국 시대 촉의 영토였다.
ㄷ. 충칭은 제2차 세계 대전 중에 중국 국민당 정부의 수도가 되기도 하였다.
오답풀이 ㄴ. 광저우, 톈진 등 동부 연안의 도시에 해당한다.
ㄹ. 난징에 해당한다.

47 정답 ③
해설 제시된 자료는 일본 도요토미 히데요시가 내린 무기 몰수령이다. 센고쿠 시대의 혼란을 수습한 도요토미 히데요시는 농민의 저항을 봉쇄하고자 농민의 무기를 거두어들이는 무기 몰수령을 내렸다.
③ 도요토미 히데요시는 영토 확장과 과도한 군사력 배출, 그리고 대외 무역의 확대를 꾀하면서 자신의 야욕을 실현하기 위하여 임진왜란을 일으켰다.
오답풀이 ① 미나모토노 요리토모에 해당한다.
② 쇼토쿠 태자에 해당한다.

④ 도쿠가와 이에야스에 해당한다.
⑤ 후지와라 세이카에 해당한다.

48 정답 ③

해설 (가)는 미얀마이다. 미얀마는 11세기경 파간 왕조가 건국되었고, 19세기경 영국의 식민지가 되었다.

오답풀이 ㄱ. 스리위자야 왕조는 7세기경 수마트라 섬을 근거로 활동한 왕조이다.
ㄹ. 2017년에 히말라야 고원 지대인 도클람(중국명 둥랑)에서 인도와 중국은 73일간 군사적 대치를 하였다.

참고 동남아시아 여러 나라의 성립

49 정답 ③

해설 제시된 자료에서 밑줄 친 '회견'은 2017년 12월 6일 미국의 트럼프 대통령이 예루살렘을 이스라엘의 수도로 인정한다고 공식 선언한 회견을 가리킨다. 이에 이스라엘과 필레스타인의 경계 지역을 중심으로 유혈 충돌이 발생하였으며, 이슬람 협력 기구(OIC)와 유럽 연합(EU)의 정상들이 트럼프의 회견 내용을 비판하였다. 한편, 유엔 안전 보장 이사회가 트럼프의 결정을 거부하는 결의를 추진하였다.
③ 제3차 중동 전쟁. 1967년 6월 5일부터 6월 10일까지 발발한 아랍 연맹과 이스라엘 사이의 전쟁이다. 이스라엘 측에서는 6일 전쟁, 아랍 세계 측에서는 6월 전쟁이라고 부르기도 한다.

50 정답 ①

해설 ① 와하브 운동은 18세기 중엽 이븐 압둘 와하브가 아라비아 반도에서 일으킨 운동으로서 초기 이슬람교의 정신으로 돌아가자는 순수 이슬람 회복 운동이다. 이 운동은 오스만 제국의 공격으로 실패했으나 와하브 운동을 후원하던 사우드 가문이 1932년 사우디아라비아 왕국을 건설하였다.

오답풀이 ② 사우디아라비아는 석유 수출 기구의 회원국이다.
③ 이란, ④ 아랍에미리트에 대한 설명이다.
⑤ 사우디아라비아의 국민 대다수는 수니파이며, 이란은 시아파가 다수이다.

제4회 세계사능력검정시험

01	④	02	③	03	①	04	⑤	05	⑤
06	②	07	④	08	①	09	⑤	10	④
11	⑤	12	⑤	13	①	14	⑤	15	②
16	③	17	②	18	②	19	①	20	⑤
21	④	22	②	23	①	24	④	25	②
26	④	27	②	28	②	29	⑤	30	②
31	④	32	②	33	②	34	①	35	②
36	②	37	②	38	②	39	②	40	④
41	④	42	②	43	⑤	44	②	45	②
46	⑤	47	②	48	②	49	②	50	④

01 정답 ④

해설 ①② 신석기 시대이다.
③⑤ 청동기 시대이다.

02 정답 ③

해설 (가)는 스파르타, (나)는 아테네이다.
ㄴ. 아테네는 이오니아인 중심이며 스파르타는 도리아인(도리스인) 중심의 국가였다.
ㄷ. 파르테논 신전은 아테네가 건축하였다.

오답풀이 ㄱ. 펠로폰네소스 전쟁 시 아테네는 델로스 동맹을, 스파르타는 펠로폰네소스 동맹을 이끌었다.
ㄹ. 펠로폰네소스 전쟁에서 스파르타가 승리하였다.

03 정답 ①

해설 자료는 헬레니즘 문화의 영향을 받았다. 헬레니즘 문화는 사실적이고 현실적인 미를 추구하였으며 인도의 간다라 미술, 중국과 신라의 석굴 사원에 영향을 주었다.

오답풀이 ② 이슬람 문화에 대한 내용이다.
③ 서양 중세의 고딕 양식에 대한 내용이다.
④ 서양 근대에 유행한 계몽사상에 대한 내용이다.
⑤ 서양 중세 문학에 대한 내용이다.

04 정답 ⑤

해설 지도의 전쟁은 로마-카르타고 전쟁이다. 로마는 이 전쟁 이후 대농장인 라티푼디움이 확대되어 자영농이 몰락하였다.

오답풀이 ①④ 로마-카르타고 전쟁 이전의 일이다.
② 그리스에 해당된다.
③ 서양 중세에 해당된다.

05 정답 ⑤

해설 지도는 프랑크 제국의 영토이다. 프랑크 제국은 카롤루스 대제 시기 전성기를 맞이하였다.
프랑크 제국은 가까운 거리를 이동하였고 로마 가톨릭교(아타나시우스파)로 개종하여 로마 주민의 지지를 받을 수 있어 발전할 수 있었다. 9세기경 베르됭 조약과 메르센 조약으로 분열되었다.

오답풀이 ㄱ. 서로마 제국을 멸망시킨 인물은 프랑크 제국 이전인 476년 게르만 용병 대장 오도아케르이다.
ㄴ. 프랑크 제국의 중심 민족인 프랑크 족은 게르만 족이다.

06 정답 ②

해설 제시문은 봉건 제도이다. 봉건 제도는 노르만 족과 이슬람 세력의 침입으로 형성되었다. 봉건 제도는 토지를 매개한 쌍무적 계약 관계인 주종 제도(불입권 인정)와 자급자족을 하는 농촌 공동체를 기반으로 한 장원 제도로 이루어졌다. 장원 제도는 가옥과 토지를 소유할 수 있는 농노의 노동력을 기반으로 하였다.

오답풀이 ㄴ. 중국 주 왕조 시기의 봉건 제도에 대한 설명이다.
ㄹ. 로마의 라티푼디움이 노예의 노동력을 기반으로 하였다. 서양 중세의 농노는 노예와 다르게 가옥과 토지를 소유할 수 있었다.

07 정답 ④

해설 자료는 로마 교황 그레고리우스 7세가 신성 로마 제국의 황제 하인리히 4세를 파문하자 황제가 1077년 카노사에서 사죄하는 모습이다.

오답풀이 ① 예수회는 종교 개혁 이후에 조직되었다.
② 후스는 15세기에 처형당하였다.
③ 아비뇽 유수는 14세기의 일이다.
⑤ 726년 비잔티움 제국의 황제 레오 3세의 성상 숭배 금지령으로 그리스 정교와 로마 가톨릭이 분리되었다.

08 정답 ①

해설 비잔티움 제국에서 일어난 성상 파괴 운동에 관한 자료이다.
① 비잔티움 제국에서는 그리스어가 공용어로 사용되었다.

09 정답 ⑤

해설 자료는 십자군 전쟁에 대한 내용이다. 십자군 전쟁은 전개 과정에서 성격이 변질되어 비잔티움 제국의 수도인 콘스탄티노폴리스를 점령하여 라틴 제국을 건설하기도 하였다.

오답풀이 ① 십자군 전쟁은 셀주크 튀르크의 예루살렘 순례자 박해로 일어났다.
② 프랑크 제국의 피핀은 교황에게 영토를 기증하여 로마 가톨릭과의 제휴를 시도하였다.
③ 종교 개혁이 일어나자 로마 가톨릭은 16세기에 트리엔트 공의회를 통하여 교황의 권위와 로마 가톨릭의 교리를 재확인하였다.
④ 313년 콘스탄티누스 대제는 밀라노 칙령을 통하여 크리스트교를 공인하였다.

10 정답 ④

해설 (가)는 알프스 이북의 르네상스, (나)는 이탈리아의 르네상스이다. 알프스 이북의 르네상스는 이탈리아의 르네상스와 다르게 교회의 부패를 비판하여 종교 개혁에 영향을 주었다.

오답풀이 ㄱ. 알프스 이북의 르네상스는 신성 로마 제국 황제와 관계가 없다.
ㄷ. 에라스뮈스는 네덜란드 출신으로서 알프스 이북의 르네상스를 대표하는 인문주의자이다.

11 정답 ⑤

해설 (가)는 영국 국교회, (나)는 루터파, (다)는 칼뱅파의 종교 개혁이다.
⑤ 루터파는 아우크스부르크 화의(1555)를 통하여, 칼뱅파는 베스트팔렌 조약(1648)으로 공식 인정받았다.

오답풀이 ① 영국 국교회는 개신교의 교리와 로마 가톨릭교의 의식이 혼합되어 신교 중 로마 가톨릭교의 성격이 가장 강하다.
② 영국 국교회는 헨리 8세의 이혼을 교황이 허락하지 않아 발생했다.
③ 교황의 면벌부 판매가 원인이 되어 독일에서 루터의 종교 개혁이 시작되었다.
④ 칼뱅은 인간의 구원이 신에 의하여 결정되어 있다는 예정설을 주장하여 상공 시민 계층의 큰 호응을 받았다.

12 정답 ⑤

해설 ㄱ. 콜로나투스(콜로누스에 관한 제도)는 중세 농노제의 원형이다.
ㄴ. 대서양 무역 이후 이탈리아의 도시 국가들과 독일의 한자 동맹은 쇠퇴하였다.

13 정답 ①

해설 제시문은 왕권신수설로서 절대 왕정에 대한 문제이다. 절대 왕정은 중상주의 정책을 통해 상공업을 중시하고 국가의 보호 아래 국산품의 수출을 장려하여 국부의 증대를 꾀하였다. 이 절대 왕정은 관료제와 상비군을 토대로 실시되었다.

오답풀이 ㄷ. 애덤 스미스는 "국부론"을 통하여 자유방임주의를 주장하였다.
ㄹ. 16~17세기에 등장한 정치 형태이다.

14 정답 ③

해설 제시된 지도는 나폴레옹의 정복 활동이다. 나폴레옹은 국민 투표를 통해 황제가 되었으며 아우스터리츠 전투 이후 신성 로마 제국을 해체하였다.

오답풀이 ㄱ. 13세기 영국의 존 왕이다.
ㄹ. 루이 16세는 국민 공회 시기 처형되었다.

15 정답 ②

해설 (가)는 권리 청원으로서 청교도 혁명과 관련이 있다.
(나)는 권리 장전으로서 명예혁명과 관련이 있다.
청교도 혁명 이후 크롬웰의 독재 정치가 실시되었으며 명예혁명은 입헌 군주제의 토대를 마련하였다.

오답풀이 ㄴ. 제임스 1세와 찰스 1세의 전제 정치가 원인이 되어 청교도 혁명이 발생했으며, 찰스 2세와 제임스 2세의 전제 정치가 원인이 되어 명예혁명이 발생하였다.
ㄹ. 크롬웰 사후 찰스 2세가 즉위하여 전제 정치를 시도하자 의회는 심사법(비국교도의 공직 취임 금지)과 인신 보호법(자의적인 인신 구속 금지)을 제정하였다. 즉, 명예혁명 이전의 일이다.

16 정답 ③

해설 제시문은 산업 혁명이다. 영국의 산업 혁명은 명예혁명 이후에 발생하였다.

오답풀이 ①②④⑤ 산업 혁명 이후에 일어난 사실이다.

17 정답 ⑤

해설 (가)는 7월 혁명(1830), (나)는 2월 혁명(1848)이다.
⑤ 7월 혁명 결과 등장한 7월 왕정은 입헌 군주제였으며 2월 혁명으로 7월 왕정이 무너지고 제2공화정이 수립되었다.

오답풀이 ①② 7월 혁명의 영향을 받았다.
③④ 2월 혁명의 영향을 받았다.

18 정답 ②

ㄴ. 제1차 세계 대전 직후 독일에 대한 내용이다.
ㄹ. 에스파냐에 대한 내용이다.

19 정답 ①

해설 제시문은 제국주의와 관련된 자료이다.
① 1898년 미국과 에스파냐 간의 전쟁 결과 미국이 승리하여 필리핀을 차지하였다.

20 정답 ⑤

해설 ① 비스마르크의 철혈 정책 결과 오스트리아 · 프랑스와의 전쟁에서 승리할 수 있었다.

오답풀이 ②④ 이탈리아 통일 과정에 대한 내용이다.
③ 빈 체제는 1848년 2월 혁명의 영향을 받아 일어난 오스트리아 3월 혁명으로 붕괴되었다.
⑤ 독일의 빌헬름 1세는 프랑스 나폴레옹 3세의 군대를 격파하고 베르사유 궁전에서 독일 제국의 황제로 즉위하였다.

21 정답 ④

해설 ① 1938년
② 1931년
③ 1943년
⑤ 1940년 5월 10일

22 정답 ②

해설 트루먼 독트린으로 냉전이 심화되었으며 닉슨 독트린으로 미국이 베트남에서 철수하였다.

오답풀이 ㄴ. 먼로 선언은 고립주의 외교로서 닉슨 독트린과 유사하다.
ㄹ. 닉슨 독트린 이후 1979년 미국과 중국의 수교가 체결되었다.

23 정답 ①

해설 (가) 왕조는 상 왕조이다. 상 왕조는 청동기를 기반으로 하였다.

24 정답 ④

해설 ④ 오수전은 한 왕조의 화폐이다.

25 정답 ④

해설 진시황제에 대한 설명이다.

오답풀이 ① 북위의 효문제에 대한 내용이다.
② 당에 대한 내용이다.
③⑤ 한 왕조에 대한 내용이다.

26 정답 ②

해설 제시문은 사마천의 "사기"에서 사용한 기전체이다. 사마천은 한 무제 때 "사기"를 집필하였으며 한 무제는 소금과 철의 전매제를 실시하였다.

오답풀이 ① 명 왕조 영락제에 대한 내용이다.
③④⑤ 당 왕조에 대한 내용이다.

27 정답 ⑤

해설 자료는 위 · 진 · 남북조 시대 유행한 청담 사상이다. 이 시대에는 귀족 문화가 발달했다. 서민 문화는 송 왕조 이후에 발달했다.

28 정답 ②

해설 제시문은 안 · 사의 난 이후 실시된 양세법이다. 양세법은 대토지 소유를 인정하며 사람이 아닌 호구를 기준으로 재산의 차등에 따라 여름과 가을에 세금을 거두는 제도이다.

오답풀이 ① 당에 대한 내용이다.
③ "어린도책"은 명 왕조 시기의 토지 대장이다.
④ 청 왕조의 지정은제이다.
⑤ 명 왕조의 일조편법이다.

29 정답 ⑤

해설 자료는 송 왕조에 대한 자료이다. 송 왕조는 요와 서하의 군사적 위협으로 막대한 군사비를 지출하였다. 왕안석의 개혁이 실시되었으나 보수파 관료들의 반대로 실패하였다.

오답풀이 ㄱ. 수 문제가 과거제를 최초로 실시하였다.
ㄴ. 5대의 하나인 후진이 요에게 연운 16주를 바쳤다.

30 정답 ②

해설 (가)는 금 왕조, (나)는 후금(이후 청 왕조)이다.
② 후금이 국호를 청으로 바꾸었다.

오답풀이 ④ 명이 이자성의 반란군에게 멸망하자 청이 이를 진압하였다.
⑤ 금과 후금의 지배층은 모두 여진족이다.

31 정답 ④

해설 밑줄 친 '그들'은 몽골 제국이다.

오답풀이 ①② 당에 대한 내용이다.
③⑤ 명에 대한 내용이다.

32 정답 ③

해설 (가)는 청 왕조, (나)는 명 왕조이다.
ㄴ. 청 왕조는 만한 병용제를 실시하였다.
ㄷ. 명 왕조의 홍무제는 이갑제를 실시하여 향촌 사회를 통제하였으며 육유를 반포하여 유교 교육을 강화하였다.

오답풀이 ㄱ. 명 왕조가 일본 무로마치 막부와 감합 무역을 하였다.
ㄹ. 청 왕조의 강희제에 대한 설명이다.

33 정답 ①

해설 (가) 세력은 태평천국 운동 당시 태평천국군이다. 이들은 '멸만흥한'을 주장하며 토지 분배와 신분제 철폐를 주장하였다. 신사층이 조직한 향용과 외국 군대에 의하여 진압당하였다.
오답풀이 ㄷ. 의화단 운동에 대한 내용이다.
ㄹ. 의화단 운동 결과 체결된 신축 조약이다.

34 정답 ①
해설 (가)는 무로마치 막부, (나)는 가마쿠라 막부이다.
① 에도 막부에 대한 내용이다.

35 정답 ③
해설 (가)는 인도네시아이다.
ㄴ. 보로부드르 사원은 인도네시아의 대표적인 문화재이다.
ㄷ. 바닷길의 영향으로 국민 대다수가 이슬람교도이다.
오답풀이 ㄱ. 인도네시아는 네덜란드의 지배를 받았다.
ㄹ. 쩐 왕조는 베트남의 왕조이다.

36 정답 ②
해설 제시된 유물은 마우리아 왕조의 아소카 왕이 만든 석주이다.
오답풀이 ㄴ. 마우리아 왕조는 기원전 4세기 말 찬드라굽타 마우리아가 혼란을 수습하고 북인도를 통일하면서 건국되었다.
ㄷ. 알렉산드로스 대왕의 침입은 마우리아 왕조 이전의 일이다.

37 정답 ⑤
해설 카스트 제도는 기원전 1500년경 아리아인이 인도에 침략해와 원주민을 지배하면서 브라만교와 함께 성립되었다.

38 정답 ②
해설 1905년 영국이 벵골 분할령을 발표하자 인도 국민 회의가 1906년 영국 상품 배척, 자치 획득, 국산품 애용, 민족 교육 실시를 주장하는 4대 강령을 발표하였다. 이후 1911년 영국은 벵골 분할령을 취소하였다.
오답풀이 ① 세포이 항쟁은 1857년부터 1859년에 일어났다.
③ 간디의 사탸그라하 운동은 제1차 세계 대전 이후에 전개되었다.
④ 브라모(브라흐마) 사마지 운동은 인도 국민 회의 조직(1885) 이전인 1828년에 시작되었다.
⑤ 1919년의 일이다.

39 정답 ③
해설 (가) 왕조는 사산 왕조 페르시아로, 조로아스터교를 국교로 하였다.
오답풀이 ① 우마이야 왕조에 대한 내용이다.
② 아시리아에 대한 내용이다.
④ 사산 왕조 페르시아는 정통 칼리프 시대에 멸망하였다.
⑤ 파르티아에 대한 내용이다.

40 정답 ④
해설 제시된 지도에서 (가)는 투르·푸아티에 전투이고, (나)는 탈라스 전투이다.
우마이야 왕조는 서쪽으로 세력을 확장하여 북아프리카 일대, 이베리아 반도까지 진출하고 서유럽의 프랑크 왕국과 투르·푸아티에 전투를 치렀으나 패배하였다. 아바스 왕조는 당과의 탈라스 전투(751)에서 승리하고 동서 교역로를 장악하여 경제적으로 번영하였다.

④ 아바스 왕조가 당과 벌인 탈라스 전투에서 승리하면서 이때 포로로 잡힌 중국인들에 의하여 중국의 제지술이 이슬람 세계에 전파되었다.
오답풀이 ① 중국의 화약, 나침반은 송 왕조 시대에 실용화되었으며, 이후 몽골 제국 시기에 이슬람 세계를 거쳐 유럽에 전해지게 되었다.
② 카롤루스 마르텔이 프랑크 제국의 군대를 이끌었다.
③ 당 현종 때 고구려의 고선지 장군이 당 군대를 이끌었다.
⑤ (나) 전투만 해당된다. (가) 투르·푸아티에 전투에서 이슬람 세력은 프랑크 왕국에 패하였다.

41 정답 ④
해설 (가)는 5호 16국(전연, 전진 등), (나)는 동진, (다)는 수 왕조이다.
④ 백제의 무령왕은 양나라와 교류를 하였다. 양은 무령왕에게 영동대장군이라는 관직을 내렸다.
오답풀이 ① 전진의 부견은 고구려 소수림왕에게 순도를 파견하여 불교를 전파하였다.
② 고구려 고국원왕은 전연의 공격을 받아 잠시 수도를 점령당했다.
③ 동진은 백제 침류왕에게 마라난타를 파견하여 불교를 전파하였다.
⑤ 수는 고구려를 공격하였다.

42 정답 ③
제시된 자료의 (가) 국가는 아이티이다.
해설 ③ 아이티에서는 투생 루베르튀르를 중심으로 노예들이 혁명을 일으킨 뒤 1804년에 아이티 공화국이 수립되었는데, 이는 라틴 아메리카 최초의 독립국으로 인정받고 있다.
오답풀이 ① 탄지마트는 오스만 제국이 추진한 국가 주도의 근대적 개혁이다.
② 와하브(와하비) 운동은 아라비아 반도에서 일어난 민족 운동으로 압둘 와하브가 이슬람교 초기의 순수함을 되찾자고 주장한 데서 비롯되었다.
④ 이달고 신부는 멕시코에서 독립운동을 전개하였다.
⑤ 카티푸난은 필리핀의 독립 무장 단체이다.

43 정답 ⑤
해설 밑줄 친 '이 전쟁'은 러·일 전쟁(1904~1905)이다. 일본은 러·일 전쟁을 일으킨 후 한·일 의정서를 체결하여 울릉도에 무선 전신 시설과 망루를 설치하였다. 이어 독도의 전략적 가치를 인식한 일본은 독도가 주인 없는 땅이라고 억지를 부리며 1905년 시마네 현 고시를 통하여 독도를 일본 영토로 불법 편입하였다.
⑤ 러·일 전쟁 중 일본은 미국과 가쓰라·태프트 밀약을 맺고, 영국과 제2차 영·일 동맹을 체결하였다.
오답풀이 ① 만주국은 1931년 발발한 만주 사변의 결과 1932년에 수립되었다.
② 1870년대 메이지 정부는 청·일 두 나라에 종속(양속 관계)하던 류큐를 병합하고 오키나와 현을 설치하였다.
③ 시모노세키 조약은 청·일 전쟁(1894~1895)의 결과 1895년에 체결되었다.
④ 중국을 둘러싼 열강의 이해관계를 조정하고, 해군 군비를 축소하며, 일본의 팽창을 저지할 목적으로 1921년부터 1922년까지 개최된 워싱턴 회의 결과 영·일 동맹이 해체되었다.

44 정답 ②

해설 제시된 자료의 대표자와 활동 시기를 통하여 (가)는 일본의 이와쿠라 사절단(1871~1873), (나)는 조선의 제1차 수신사(1876)임을 알 수 있다.
② 메이지 정부는 1871년 이와쿠라 사절단을 파견하였다. 이들은 1873년 귀국한 후 철도 부설 등 근대 문물을 도입하는 데 노력하여 메이지 정부의 개화 정책을 뒷받침하였다.

오답풀이 ① 미·일 수호 통상 조약은 1858년 에도 막부 시기에 체결되었다.
③ 조선의 보빙사에 해당한다. 보빙사는 조·미 수호 통상 조약을 체결한 후 1883년 미국에 파견되었다.
④ 제2차 수신사 김홍집에 해당한다.
⑤ 이와쿠라 사절단에만 해당한다.

45 정답 ③

해설 제시된 자료의 (가) 인물은 러시아의 푸틴 대통령이다. 2018년 3월 18일, 러시아의 제7대 대통령 선거에서 푸틴은 76.7%의 압도적 지지를 얻어 4선에 성공, 제7대 대통령으로 선출되었다. 이로써 그는 총리 시절까지 포함해 사실상 24년간의 장기 집권이 가능하게 되었다.

오답풀이 ① 레닌에 대한 내용이다.
② 스탈린에 대한 내용이다.
④ 옐친에 대한 내용이다.
⑤ 고르바초프에 대한 내용이다.

46 정답 ⑤

해설 제시된 자료의 밑줄 친 '이 인물'은 중국의 시진핑이다. 시진핑은 2013년 중국의 제7대 국가 주석이 된 이래 현재까지 중국의 최고 지도자로 활동하고 있다.
⑤ 시진핑은 2017년 10월 그의 지도 이념을 '시진핑 새 시대 중국 특색 사회주의 사상'이라고 명명하여 당장(당헌)에 반영하였다.

오답풀이 ① 장쩌민에 대한 내용이다.
②④ 덩샤오핑에 대한 내용이다.
③ 마오쩌둥에 대한 내용이다.

47 정답 ②

해설 제시된 자료의 (가) 국가는 싱가포르이다.
ㄱ. 1967년 인도네시아, 타이, 말레이시아, 필리핀, 싱가포르 5개국이 동남아시아 국가 연합을 설립하였다. 이후 브루나이, 베트남, 라오스, 미얀마, 캄보디아가 가입하였다.
ㄷ. 영국은 1895년에 싱가포르를 거점으로 미얀마, 말레이 반도 남부 등을 점령하여 말레이 연방을 구성하였다. 말레이시아의 일부였던 싱가포르는 1965년 독립하였다.

오답풀이 ㄴ. 1955년 인도네시아의 반둥에서 열린 제1차 아시아·아프리카 회의(반둥 회의)는 29개 회원국이 참가한 가운데 평화 10원칙을 발표하고 반식민주의와 반인종주의를 표방하였다.
ㄹ. 2010년 통계에 따르면 불교 33.3%, 기독교 18.4%, 이슬람교 15%, 도교 10%이다. 싱가포르는 화교가 70% 이상을 차지하고 있다.

48 정답 ②

해설 제시된 자료의 밑줄 친 '이 나라'는 베트남이다. 남북 및 북·미 정상 회담을 계기로 북한 경제의 변화 가능성이 높아지면서 북한이 베트남식 개혁·개방 노선을 채택할 가능성이 제기되고 있다.
② 도이머이 정책은 1986년 12월에 베트남에서 발표된 경제 우선의 개혁·개방 정책으로 '쇄신하다'라는 의미를 가지고 있다.

오답풀이 ① 베트남은 프랑스의 식민 지배를 받았다.
③ 인도에 해당한다.
④⑤ 인도네시아에 해당한다.

49 정답 ②

해설 북예멘은 시아파 중심이며 남예멘은 수니파 중심이다. 이미 제1회 시험에서 지도로 제시된 적이 있다.

오답풀이 ①⑤ 북예멘은 오스만 제국의 지배를 받았다가 제1차 세계 대전에서 오스만 제국이 패배하여 1918년 독립하였다. 독립 이후 친서방적 정책을 폈다. 남예멘은 영국의 지배를 받다가 소련의 도움으로 1967년 독립하여 공산 국가가 되었다. 1990년 북예멘과 남예멘은 통일하였다. 2015년 이후 내전이 전개되고 있다.
③④ 사우디아라비아는 수니파 국가이기에 정부군을 지원하고 있으며 이란은 시아파 국가이기에 반군을 지원하고 있다.

참고 제1회 48번 문제 : (가)는 시아파, (나)는 수니파

19세기 후반의 서아시아

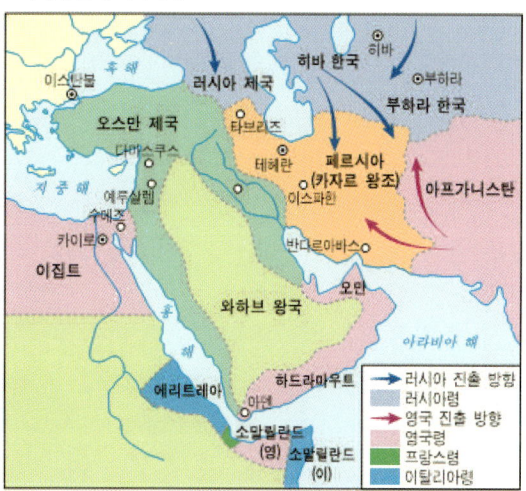

50 정답 ④

해설 제시된 자료에서 밑줄 친 '이 국가'는 이란이다. 2002년 이란의 반정부 단체가 우라늄 농축 시설이 있다고 폭로하였고, 2006년에는 이란이 저농축 우라늄 추출에 성공했다고 발표하였다. 2007년부터 2012년까지 유엔 안보리에서 6차례 제재 결의를 하였고, 2011년에는 IAEA가 이란 핵무기 개발 작업 의심 보고서를 공개하였다. 이어 2012년에 미국이 대이란 금융 거래 전면 중단 선언을 하였고, 2013년에 이란이 안보리 5개국과 독일과의 핵 협상을 시작하였다.
④ 터키의 무스타파 케말은 1923년 술탄제를 폐지하고 공화국을 선포하였다.

오답풀이 ① 이란의 국민 다수는 시아파이다.
② 이란의 팔레비 왕조는 1935년 국호를 이란으로 개칭하였다. 이란은 아리아인의 땅이라는 뜻이다.
③ 2015년에는 핵 협정(포괄적 공동 행동 계획)이 타결되었다. 오바마 대통령 시절인 2015년 7월 미국, 영국, 프랑스, 독일, 러시아, 중국 등 6개국과 이란 사이에 체결되었는데, 이 협정은 이란이 핵 개발을 포기하고 6개국은 이란에 대한 경제 제재를 해제하는 내용을 담고 있다. 하지만 2017년에 미국 대통령에 취임한 도널드 트럼프는 2018년 5월 8일 이란과 맺은 핵 협정 탈퇴를 발표하였다.
⑤ 1891년 영국의 식민 정책에 대항하여 담배 불매 운동을 전개하였다.

제5회 세계사능력검정시험

01	④	02	②	03	⑤	04	③	05	②
06	④	07	③	08	①	09	⑤	10	⑤
11	⑤	12	⑤	13	⑤	14	④	15	④
16	④	17	⑤	18	③	19	③	20	③
21	⑤	22	⑤	23	④	24	②	25	①
26	④	27	⑤	28	②	29	⑤	30	④
31	③	32	⑤	33	①	34	④	35	①
36	⑤	37	⑤	38	①	39	②	40	④
41	④	42	⑤	43	⑤	44	④	45	⑤
46	④	47	해설 참조	48	해설 참조	49	해설 참조	50	해설 참조

01 정답 ④
해설 쐐기 문자는 메소포타미아 문명의 특징이다.

02 정답 ②
해설 (가)는 클레이스테네스로, 도편 추방제를 시행하였다.

오답풀이 ① 로마의 콘스탄티누스 대제에 대한 내용이다.
③ 페리클레스에 대한 내용이다.
④ 알렉산드로스 제국에 대한 내용이다.
⑤ 솔론의 금권 정치에 대한 내용이다.

03 정답 ⑤
해설 밑줄 친 '그'는 옥타비아누스이다.

오답풀이 ① 카이사르에 대한 내용이다. 옥타비아누스는 제2차 삼두 정치를 이끌었다.
② 폼페이우스에 대한 내용이다.
③ 로마-카르타고 전쟁은 옥타비아누스 등장 이전의 일이다.
④ 옥타비아누스 사후 이후인 디오클레티아누스 황제 때의 일이다.

04 정답 ③
해설 카롤루스 대제에 대한 문제이다.

오답풀이 ① 카롤루스 대제 이후의 일이다.
② 카롤루스 대제 이전인 클로비스가 크리스트교로 개종하였다.
④ 중세에 대한 내용이다.
⑤ 중세의 영국에 해당된다.

05 정답 ②
해설 14세기 독일, 즉 신성 로마 제국은 7명의 선제후가 황제를 선출하여 중앙 집권 국가로 발전하지 못하였다.

오답풀이 ① 프랑스에 해당한다.
③ 위클리프는 영국인이다.
④ 아비뇽은 프랑스에 위치해 있다.
⑤ 에스파냐에 대한 설명이다.

06 정답 ④
해설 유스티니아누스 황제는 성 소피아 대성당을 건립하고 "로마법 대전"을 편찬하였다.

오답풀이 ① 콘스탄티누스 대제가 수도를 옮겼다.
② 오스만 제국은 13세기 말에 등장하였다. 유스티니아누스 황제는 신라 진흥왕이 활동했던 6세기의 인물이다.
③⑤ 유스티니아누스 황제 사후에 일어났다.

07 정답 ③
해설 (가) 민족은 노르만 족이다. 노르만 족의 이동으로 서유럽에 봉건 제도가 성립되었다.

오답풀이 ① 로마에 대한 내용이다.
② 게르만 족에 대한 내용이다.
④ 알렉산드로스 제국에 대한 내용이다.
⑤ 프랑크 제국에 대한 내용이다.

08 정답 ①
해설 인노켄티우스 3세는 1198년에 교황에 선출되었다.
① 16세기 종교 개혁에 대한 내용이다.

오답풀이 ②③ 11세기의 일이다.
④ 1122년의 일이다.
⑤ 레오 3세의 성상 파괴령(726)으로 크리스트교가 분열되었다.

09 정답 ⑤
해설 흑사병으로 유럽 인구가 감소하자 영주들은 농노들에게 봉건적 부담을 강요하였다. 이에 프랑스에서 자크리의 난(1358), 영국에서 와트 타일러의 난(1381)이 일어났다.

오답풀이 ㄱ. 중세 농노의 원형인 콜로나투스는 로마 제국 말기부터 등장하였다.
ㄴ. 길드는 시민 혁명으로 폐지되었다.

10 정답 ⑤
해설 에라스뮈스는 알프스 이북의 르네상스를 대표하는 인물이다.

오답풀이 ㄱ, ㄴ. 이탈리아 르네상스의 내용이다.

11 정답 ⑤
해설 제시문은 30년 전쟁(1618~1648)에 대한 내용이다.
⑤ 트리엔트 공의회는 1545년에 개회하여 1563년 폐회되었다. 트리엔트 공의회 이후 로마 가톨릭은 선교사를 아시아와 아프리카에 파견하였다. 아시아에 파견된 선교사로서 마테오 리치, 아담 샬이 있으며, 아담 샬은 병자호란(1636) 이후 청의 인질이 된 소현 세자에게 신문물을 소개하였다.

오답풀이 ① 후스는 30년 전쟁 이전인 1415년에 처형당하였다.
② 프랑스 앙리 4세가 1598년 낭트 칙령을 발표하였다.
③ 1555년 아우크스부르크 화의가 이루어졌다.
④ 헨리 8세의 수장법(1534), 엘리자베스 1세의 통일법(1559)으로 영국 국교회가 확립되었다.

12 정답 ⑤
해설 (가) 왕은 영국의 엘리자베스 1세이다. 그녀는 무적함대를 격파하고 북아메리카에 식민지를 건설하였으며 동인도 회사를 만들었다.

오답풀이 ①② 프랑스의 루이 14세와 관련 있다.
③ 프로이센의 프리드리히 대제와 관련 있다.
④ 차르는 러시아의 군주에 대한 칭호이다.

13 정답 ⑤
해설 제시문은 계몽사상이다. 계몽사상의 영향으로 프랑스 혁명이 전개되었다.

14 정답 ④
해설 제시문은 1776년 2월 발표된 미국 독립 선언서이다.
7년 전쟁으로 재정 악화 → 미국에 중상주의 정책 강화(인지세, 차세) → 보스턴 차 사건(1773) → 영국 정부의 탄압 → 대륙 회의 시작(1774) → 영국군과 식민지 민병대 충돌 → 독립 선언서 발표(1776) → 독립군의 영국군 격파(요크타운 전투) → 파리 조약으로 독립 승인 → 연방 헌법 제정(1787) → 아메리카 합중국 수립(1788)

15 정답 ④
해설 ④ 로베스피에르는 프랑스 혁명 시작 이후 조직된 국민 공회의 핵심 인물이다. 즉 빈 체제 이전의 인물이다.

오답풀이 ① 나폴레옹 몰락 후 등장한 빈 체제를 지탱하는 동맹은 신성 동맹과 4국 동맹이다.
② 빈 체제는 그리스 독립 전쟁(1821~1832)부터 붕괴 조짐을 보였다.
③ 7월 혁명은 1830년에 일어났으며 빈 체제는 1848년 2월 혁명으로 붕괴되었다.
⑤ 영국은 19세기 후반 빅토리아 여왕 때 곡물법과 항해법을 폐지하여 자유주의 경제 체제를 확립하였다.

16 정답 ④
해설 19세기 낭만주의 회화의 대표 인물은 들라크루아이다.

오답풀이 ① 밀로 섬에서 발견된 비너스는 헬레니즘 시대의 조각상이다.
② 모차르트는 18세기의 인물이다.
③ 셰익스피어는 16세기 말에서 17세기 초에 활동한 인물이다.
⑤ 헤밍웨이는 20세기의 인물이다.

17 정답 ⑤
해설 농노 해방령을 발표한 러시아의 국왕은 알렉산드르 2세(재위 1855~1881)이다. 그는 지방 의회를 구성하고 군사 제도의 개혁을 추진하였으나 효과가 없었다.

오답풀이 ① 1825년 자유주의의 영향을 받은 일부 청년 장교들이 데카브리스트의 난을 일으켰다.
② 15세기 이반 3세가 본격적으로 차르라는 칭호를 사용하였다.
③ 니콜라이 1세가 크림 전쟁(1853~1856)을 일으켰다.
④ 러시아는 이미 15세기에 킵차크 한국으로부터 독립하였다.

18 정답 ③
해설 제시문은 19세기 라틴 아메리카의 독립과 관련된 내용이다.

19 정답 ③

해설 지도의 국가들은 제1차 세계 대전 직후 독립하였다.
③ 전범 재판은 제2차 세계 대전 이후에 열렸다.

오답풀이 ①②④⑤ 제1차 세계 대전과 관련된 내용이다.

20 정답 ③

해설 1947년 트루먼 독트린으로 냉전이 심화되기 시작했다. 1955년 반둥 회의 이후 1961년 비동맹국 회의가 개최되어 제3세계가 형성되었다.

오답풀이 ①② 제2차 세계 대전 중 1941년 영국의 처칠과 미국의 루즈벨트가 전후의 세계 질서에 대한 대서양 헌장을 발표하였다. 이 대서양 헌장은 종전 직후 성립된 유엔의 탄생에 영향을 주었다.
④ 제2차 세계 대전 후 일본과의 강화 조약을 체결하기 위해 개최된 국제 회의(1951. 5. 4.~8.)이다.
⑤ 1955년 소련과 동구권의 공산 국가들이 창설하였다.

21 정답 ⑤

해설 유럽 경제 공동체(EEC, 1958)가 발전하여 1967년 결성된 유럽 공동체(EC)는 마스트리흐트 조약으로 유럽 연합(EU, 1993)으로 발전하였다.

22 정답 ③

해설 자료는 주 왕조의 봉건 제도이다. 주 왕조는 양쯔강 이남까지 영토를 확대하였으며 견융의 침입으로 수도를 호경에서 낙읍으로 이동하였다.

오답풀이 ㄱ. 북위와 관련 있다.
ㄹ. 주희는 남송 시대의 인물이다.

23 정답 ④

해설 제시문은 춘추·전국 시대의 유가와 법가이다. 이 시대에는 철제 농기구와 우경으로 농업 생산량이 향상되었다.

오답풀이 ①②③ 한 왕조 때의 일이다.
⑤ 진시황제(지금의 만리장성은 명 대에 완성) 때의 일이다.

24 정답 ②

해설 도연명은 동진 시대부터 남조의 송 왕조 시대까지 활동하였다. 즉 제시문은 위·진·남북조 시대의 문화를 묻는 문제이다.
② 고개지는 동진 시대에 활동하였다.

오답풀이 ①④ 이백과 공영달은 당 왕조 시기에 활동하였다.
③ 사마천은 한 왕조 시기에 활동하였다.
⑤ 마테오 리치는 명 왕조 시기에 활동하였다.

25 정답 ①

해설 자료는 수 왕조의 양제가 만든 대운하이다.
① 수 문제는 9품중정제를 폐지하고 과거제를 실시하였다.

오답풀이 ② 한 왕조(한 무제) 때의 일이다.
③ 남송 때의 일이다.
④ 당 때의 일이다.
⑤ 명 홍무제 때의 일이다.

26 정답 ⑤

해설 밑줄 친 '이 왕조'는 당 왕조이다.
⑤ 명 왕조의 일조편법이다.

오답풀이 ①②③④ 당 왕조 시기에 해당된다.

27 정답 ④

해설 밑줄 친 '이 제국'은 원 왕조이다.
원의 쿠빌라이 칸은 고려와 함께 일본을 침입하였다. 원 왕조 시기 교초가 널리 유통되었으며 파스파 문자가 사용되었다. 그리고 천호제라는 군사 조직이 있었다.
④ 당에 대한 설명이다.

28 정답 ②

해설 제시문은 명의 영락제에 대한 내용이다. 영락제가 정화의 대함대를 파견함으로써 동남아시아에 화교가 진출하게 되었다.

오답풀이 ④ 송 대의 일이다.
⑤ 시박사가 처음 설치된 시기는 당 왕조이다.

29 정답 ⑤

해설 지도는 명과 청 시대의 산업을 나타난 지도이다.

오답풀이 ㄱ. 송 왕조 시대이다.
ㄴ. 왕망이 세운 신 왕조는 토지 국유화와 노비 매매 금지를 시도하였다.

30 정답 ④

해설 (가)는 청의 강희제이다.

오답풀이 ① 명 왕조 때의 일이다.
② 명 왕조의 홍무제 때의 일이다.
③ 명 왕조의 영락제 때의 일이다.
⑤ 전시가 처음 도입된 시기는 당 왕조 때이나 전례화된 시기는 송 태조 때이다.

31 정답 ③

해설 제2차 아편 전쟁 결과 체결된 톈진 조약(1858)이다. 제2차 아편 전쟁은 태평천국 운동 시기(1851~1864)에 일어났다. 즉 홍수전의 봉기 시작과 태평천국의 수도 함락 사이이다.

32 정답 ⑤

해설 (가)는 쑨원, (나)는 장제스이다.
쑨원은 제1차 국·공 합작, 장제스는 제2차 국·공 합작에 가담하였다.

오답풀이 ① 장제스
② 마오쩌둥
③ 신사층(이홍장, 증국번)
④ 위안스카이

33 정답 ①

해설 "겐지 이야기"는 헤이안 시대(794~1185)의 작품이다. 이 시대에는 당 문화에서 벗어나 독자적인 국풍 문화가 발달하였다.

오답풀이 ② 701년
③ 645년

④ 가마쿠라 막부
⑤ 전국 시대

34 정답 ④

해설 (가) 왕조는 아유타야 왕조이다.

오답풀이 ㄱ. 타이 문자를 제정한 나라는 수코타이 왕조이다.
ㄷ. 영국과 불평등 조약을 체결한 나라는 짜끄리 왕조의 라마 4세이다.

35 정답 ①

해설 밑줄 친 '이 나라'는 필리핀이다.

오답풀이 ㄷ, ㄹ. 인도네시아에 대한 내용이다.

36 정답 ③

해설 9년간에 걸친 프랑스와의 전쟁은 1954년에 종결되었다.

오답풀이 ① 판 쩌우찐은 1907년 하노이에 통킹 의숙을 설립하였다.
② 동유 운동은 1905년에서 1909년까지 실시되었다.
④ 도이머이 정책은 1986년부터 시작되었다.
⑤ 호찌민이 1925년에 결성하였다.

37 정답 ③

해설 제시문은 무굴 제국에 대한 내용이다.
③ 무굴 제국 시기 타지마할 묘당이 건축되었다.

오답풀이 ①② 굽타 왕조에 해당된다.
④ 마우리아 왕조 이전에 해당된다.
⑤ 쿠샨 왕조 시기에 해당된다.

38 정답 ①

해설 ① 인도 국민 회의는 1885년에 결성되었다.

오답풀이 ② 네루의 부력 서양은 간디의 사탸그라하 운동(비폭력·불복종 운동) 이후이다.
③ 1919년 우리나라의 3·1 운동이 간디의 샤탸그라하 운동에 영향을 주었다.
④ 제1차 세계 대전은 1914년부터 1918년까지이다.
⑤ 롤럿법은 1919년에 제정되었다.

39 정답 ②

해설 (가) 왕국은 파르티아 제국이다.

오답풀이 ㄴ. 이슬람교는 파르티아 멸망 이후인 7세기 초 무함마드에 의해 창시되었다.
ㄹ. 파르티아는 사산 왕조 페르시아에 의해 멸망당했다.

40 정답 ④

해설 (가) 민족은 셀주크 튀르크 족이다. 이들이 예루살렘을 점령하여 십자군 전쟁이 시작되었다.

오답풀이 ① 아바스 왕조에 대한 내용이다.
② 우마이야 왕조에 대한 내용이다.
③ 정통 칼리프 시대에 대한 내용이다.
⑤ 사파비 왕조에 대한 내용이다.

41 정답 ④

해설 (가)는 일본의 나루히토 왕세자, (나)는 일본의 아키히토 일왕이다.
④ 2001년 12월 23일 아키히토 일왕은 68세 생일을 맞아 왕실에서 기자 회견을 하는 자리에서 "나 자신으로서는 간무 천황(제50대 천황, 737~806, 재위 781~806)의 생모(生母)가 (백제) 무령왕의 자손이라고 "속일본기(續日本紀)"에 기록되어 있어 한국과의 인연을 느끼고 있습니다."라고 말하였다.

오답풀이 ① 쇼와(히로히토) 일왕에 해당한다.
② 절대 군주가 아닌 상징적인 존재라는 현행 헌법 아래에서 첫 번째 일본 국왕은 제125대 아키히토 일왕이다.
③ 아키히토 일왕은 제124대 쇼와 일왕의 뒤를 이어 즉위하였다.
⑤ 일왕이 사망하지 않은 상태에서 중도 퇴위하는 것은 1817년 고카쿠[光格] 일왕 이후 202년 만이다.

더 알아보기 일왕 연호 : 메이지(1868), 다이쇼(1912), 쇼와(1926), 헤이세이(1989), 레이와(2019)

42 정답 ⑤

해설 밑줄 친 '이 나라'는 체코이다.
체코는 오스트리아-헝가리 제국의 지배를 받았다. 체코는 제1차 세계 대전 당시 오스트리아-헝가리 제국의 군대로 전쟁에 참전하였다. 이 중 일부 군대가 러시아에 투항하였는데 이들이 바로 체코 군단이다. 이들은 이후 러시아 군대에 편입되어 독일군과 전투를 벌였으며 제1차 세계 대전이 끝나고 고국으로 돌아가 독립 국가 설립에 참여하였다. 이들은 서쪽이 아닌 동쪽 블라디보스토크를 통해 귀국하였기에 우리의 독립군에게 무기를 매도할 수 있었다. 체코는 제1차 세계 대전이 끝나고 슬로바키아와 함께 '체코슬로바키아'라는 국가로 독립하였다. 1993년 '체코'와 '슬로바키아'로 분리되었다.
⑤ 1989년 체코슬로바키아에서는 하벨이 이끄는 대규모 반정부 시위를 통해 헌법이 개정되고 공산당 정권이 붕괴하였는데, 이를 벨벳 혁명이라고 한다.

오답풀이 ① 폴란드에 해당한다.
② 소련에 해당한다.
③ 루마니아에 해당한다.
④ 유고슬라비아에 해당한다.

43 정답 ⑤

해설 (가)는 터키, (나)는 사우디아라비아이다.
ㄷ. 오스만 제국(현재의 터키)과 사우디아라비아 모두 수니파가 다수를 차지하고 있다. 오스만 제국 시기에는 이슬람교의 성지인 메카와 메디나를 오스만 제국이 차지하여 수니파의 맹주를 자처하였다. 그러나 현재는 메카와 메디나가 사우디아라비아에 위치하고 있어 사우디아라비아가 수니파의 맹주를 자처하고 있다.
ㄹ. 2018년 언론인 자말 카슈끄지 살해 사건으로 갈등을 빚었는데 궁극적으로는 서로 수니파의 대표 국가가 되고 싶어 하는 갈등도 영향을 끼쳤다고 볼 수 있다.

오답풀이 ㄱ. 3,600만~4,500만 명으로 추산되는 쿠르드 족은 현재 터키, 이란, 이라크, 아르메니아, 시리아 등에 분포하고 있다. 이 중 1,500만여 명이 터키에 거주하고 있다.
ㄴ. 터키는 술탄 제가 폐지되고 공화국이 수립되었으나 사우디아라비아는 군주제이다.

참고 **오스만 제국**

현재의 서아시아

쿠르드 족 분포도

44 정답 ④

해설 밑줄 친 '이 기구'는 유니세프(United Nations Children's Fund, UNICEF)이다. 유엔 난민 기구(UN Refugee Agency)와 유니세프(UNICEF)는 별개의 단체이다. 유엔 난민 기구(UN Refugee Agency)는 유엔 난민 고등 판무관 사무소(United Nations High Commissioner for Refugees, UNHCR)가 공식 명칭이다. 유엔 난민 기구(UN Refugee Agency)는 각국 정부나 유엔의 요청에 의해 난민들을 보호하고 돕기 위해 1950년 12월 14일 스위스 제네바에서 설립되었다. 이 기구도 노벨 평화상을 수상하였다.

45 정답 ⑤

해설 (가) 국가는 스리랑카이다.
ㄱ. 무굴 제국은 스리랑카를 지배하지 못하였다.
ㄴ. 스리랑가는 영국의 식민지였다.

참고 **무굴 제국**

46 정답 ④

해설 지도의 (가)는 일본, (나)는 청이다.
④ 갑신정변(1884) 직후 맺어진 한성 조약(1885)으로 일본은 조선에 있는 공사관 신축 비용을 보상받았다.

오답풀이 ① 일본은 1941년 미국 하와이의 진주만을 기습하여 태평양 전쟁을 일으켰다.
② 일본은 러·일 전쟁(1904~1905)에서 승리하여 포츠머스 강화 조약을 체결하였다. 이 조약으로 북위 50도 이남의 사할린을 차지였다.
③ 일본은 청·일 전쟁(1894~1905)에 승리하여 시모노세키 조약으로 랴오둥 반도를 얻었지만 삼국(러시아, 프랑스, 독일)의 간섭으로 다시 청에 반환하였다.
⑤ 1894년 동학 농민 운동이 발생하자 청과 일본은 조선에 출병하여 청·일 전쟁이 일어났다.

47 〈예시 답안〉 (가) 요, (나) 금

채점 기준	배점(점)
(가) 요, (나) 금을 모두 서술한 경우 ※ '요', '금' 외에 '거란', '여진'도 맞는 것으로 하고, 채점 기준에 유사 정답으로 맞는 것으로 처리함.	2
두 가지 내용 중 한 가지 내용만 서술한 경우	1

48 〈예시 답안〉 (가), (나)와 같은 이원적 통치 체제는 자기 민족의 독자성을 유지하기 위한 방안이었으며, 자기 민족의 고유 문자를 만들어 사용하였다.

채점 기준	배점(점)
자기 민족의 독자성을 유지하기 위한 방안이었다는 것과 고유 문자를 만들어 사용하였다는 것을 모두 서술한 경우	2
두 가지 내용 중 한 가지 내용만 서술한 경우	1

49 〈예시 답안〉 (가) 콜럼버스, (나) 바스쿠 다 가마

채점 기준	배점(점)
(가) 콜럼버스, (나) 바스쿠 다 가마를 모두 서술한 경우 ※ 비슷한 발음으로 표기할 경우 맞는 것으로 채점함.	2
두 가지 내용 중 한 가지 내용만 서술한 경우	1

50 〈예시 답안〉 ① 신항로의 개척으로 유럽에는 동방으로부터 차와 면직물, 신대륙으로부터 담배, 감자, 코코아, 옥수수 등이 전래되었다. ② 신대륙으로부터 금과 은이 반입되어 유럽의 물가가 크게 올랐는데, 이를 가격 혁명이라고 한다. ③ 신항로의 개척으로 광대한 해외 시장이 개척되어 유럽의 상업이 양적·질적으로 비약적인 발전을 하게 되었는데, 이를 상업 혁명이라고 한다. ④ 유럽-아메리카-아프리카를 잇는 대서양 삼각 무역 체제가 성립하였다. ⑤ 무역의 중심지가 지중해에서 대서양으로 이동하게 되었다. ⑥ 아메리카 대륙의 금·은이 유럽으로 많이 유입되었다. ⑦ 지중해 주변 무역 국가들이 쇠퇴하고, 대서양 연안 국가들이 번영을 누렸다. ⑧ 금융 제도가 발달하면서 상인들은 원거리 교역 활동에 어음을 사용하기 시작하였다.

채점 기준	배점(점)
두 가지 내용을 정확하게 서술한 경우	2
두 가지 내용 중 한 가지 내용만 서술한 경우	1

제6회 세계사능력검정시험

01	②	02	②	03	②	04	③	05	⑤
06	①	07	②	08	②	09	⑤	10	②
11	⑤	12	①	13	④	14	①	15	⑤
16	②	17	③	18	④	19	②	20	①
21	⑤	22	②	23	①	24	④	25	③
26	④	27	②	28	②	29	④	30	②
31	⑤	32	②	33	⑤	34	⑤	35	②
36	④	37	①	38	②	39	①	40	②
41	⑤	42	①	43	③	44	④	45	②
46	④	47	해설 참조	48	해설 참조	49	해설 참조	50	해설 참조

01 정답 ②

해설 (가) 신석기 시대에 농경과 목축이 시작되어 정착 생활이 시작되었다.
(다) 신석기 시대에 애니미즘, 샤머니즘, 토테미즘 같은 원시 신앙이 발달하였다.

오답풀이 (나) 구석기 시대에는 주로 강가의 막집이나 동굴에 살았다. 신석기 시대에는 정착 생활이 시작되어 주로 강가나 바닷가에 움집에 살았다.
(라) 구석기 시대에 빌렌도르프의 비너스, 라스코·알타미라 동굴 벽화가 만들어졌다.

02 정답 ②

해설 (가) 문명은 잉카 문명으로, 에스파냐의 피사로에게 멸망당하였다.

오답풀이 ① 메소포타미아 문명에 대한 설명이다.
③ 철기 문화가 발달하지 않았다. 다른 문명은 청동기를 기반으로 발전하였지만, 아메리카는 에스파냐가 침입하기 전까지 거의 모든 지역이 석기 시대에 머물었다. 그리고 아메리카의 고대 문명은 금(gold)의 매장량이 많아 철보다는 금을 주로 사용하였다는 설이 있다.
④ 이집트 문명에 대한 설명이다.
⑤ 인더스 문명에 대한 설명이다.

03 정답 ②

해설 (가) 도시 국가는 아테네이다. 아테네는 델로스 동맹을 결성하고 페르시아 전쟁에서 승리하였다.

오답풀이 ① 스파르타에 대한 설명이다.
③ 게르만 족에 대한 설명이다.
④ 크레타 문명에 대한 설명이다.
⑤ 스파르타에 대한 설명이다.

04 정답 ③

해설 (가) 인물은 알렉산드로스 대왕이다.

오답풀이 ㄱ, ㄹ. 로마의 옥타비아누스에 대한 내용이다.

05 정답 ⑤

해설 밑줄 친 '시대'는 중세 시대이다. 중세 시대에 고딕 양식이 발달하였고 토마스 아퀴나스가 신앙과 이성의 조화를 추구하는 스콜라 철학을 정립하였다.

오답풀이 ①③ 헬레니즘 시대에 대한 내용이다.
②④ 고대 그리스에 대한 내용이다.

06 정답 ①

해설 ㄷ. 십자군 전쟁 이전의 일이다.
ㄹ. 신항로 개척 이후 새로운 작물인 담배, 감자, 옥수수, 고구마 등이 서유럽에 전파되었다.

07 정답 ②

해설 (가) 전쟁은 백년 전쟁이다. 프랑스 내의 영국령 문제, 플랑드르 지역에 대한 지배권 문제, 왕위 계승 문제로 백년 전쟁이 일어났다.

오답풀이 ① 베스트팔렌 조약으로 30년 전쟁이 종결되었다.
③ 영국의 종교 개혁에 대한 내용이다.
④ 신성 로마 제국에 대한 내용이다.
⑤ 15세기 이베리아 반도의 아라곤 왕국과 카스티야 왕국이 통일되어 에스파냐는 통일 국가를 이루었다.

08 정답 ②

해설 이탈리아에서 르네상스가 시작되었다.

오답풀이 ① 이탈리아에서는 종교 개혁이 일어나지 않았다.
③ 북독일에 대한 내용이다.
④ 포르투갈과 에스파냐에 대한 내용이다.
⑤ 영국에 대한 내용이다.

09 정답 ⑤

해설 에스파냐의 펠리페 2세에 대한 내용이다.

오답풀이 ① 프로이센의 프리드리히 대제에 대한 내용이다.
② 카를 5세에 대한 내용이다.
③ 러시아의 표트르 대제에 대한 내용이다.
④ 프랑스의 루이 14세에 대한 내용이다.

10 정답 ②

해설 제시문은 산업 혁명으로 일어난 문제점이다.

오답풀이 ㄴ. 중세 시대의 내용이다.
ㄹ. 산업 혁명 이전의 일이다.

11 정답 ⑤

해설 (가) 내전은 청교도 혁명 당시에 일어났던 왕당파와 의회파의 전쟁이다.
청교도 혁명 이후 크롬웰이 항해법을 제정하였으며 청교도 윤리에 입각한 금욕적인 독재 정치를 실시하였다.

오답풀이 ㄱ, ㄴ. 내전 이전의 일이다.

12 정답 ①

해설 신항로 개척 이후 삼각 무역에 대한 내용이다. 노예 무역으로 아프리카의 남녀 성비 불균형이 초래되었으며 막대한 은의 유입으로 유럽에서 상업 혁명과 가격 혁명이 일어났다.

오답풀이 ㄷ. 흑사병으로 유럽의 인구가 감소한 시기는 신항로 개척 이전의 일이다.
ㄹ. 대서양 무역이 발달하면서 상파뉴 지역의 중계 무역(북독일과 지중해의 상권을 연결)은 쇠퇴하기 시작하였다.

13 정답 ④

해설 ④는 (나) 이후의 일이다.
(가) 테니스 코트 서약(국민 의회 결성) → ③ 바스티유 감옥 습격 → ① 국민 의회의 인권 선언 발표 → ② 입헌 군주제를 규정한 헌법 제정(입법 의회) → 오스트리아 · 프랑스 등이 프랑스 압박 → ⑤ 입법 의회의 선전 포고, 혁명 전쟁 발발 → 물가 상승, 식량 부족 → (나) 제1공화정 수립

14 정답 ①

해설 가리발디는 시칠리아와 나폴리를 점령하고 이 점령지를 사르데냐 왕에게 헌납하였다.

오답풀이 ② 파리 코뮌에 대한 내용이다.
③ 프로이센의 수상 비스마르크에 대한 내용이다.
④ 1934년의 프로이센에 대한 내용이다.
⑤ 사르데냐의 수상 카보우르에 대한 내용이다.

15 정답 ③

해설 남북 전쟁 당시 북부와 남부의 차이를 나타낸 도표이다.
(가)는 북부이며, (나)는 남부이다.
북부는 연방제 유지, 노예제 확대 반대, 보호 무역을 주장하였으며 남부는 분리주의, 노예제 유지, 자유 무역을 주장하였다.

16 정답 ②

해설 빈 체제의 저항에 해당하는 데카브리스트의 난(1825)은 크림 전쟁(1853~1856) 이전의 일이다.
• 나폴레옹의 러시아 원정 : 1812년
• 빈 회의 개최 : 1814~1815년
• 크림 전쟁 : 1853~1856년
• 농노 해방령 : 1861년
• 러 · 일 전쟁 : 1904~1905년
• 러시아 혁명 : 1917년

17 정답 ③

해설 (가) 국가는 영국이다.

오답풀이 ①② 미국이다.
④⑤ 프랑스이다.

18 정답 ④

해설 제시된 지도는 소련의 영토이다.
소련의 초대 국가 원수는 레닌이다.
④ 스탈린에 대한 내용이다.

19 정답 ②

해설 독일의 프랑스 파리 점령과 드골 망명(1940) → 일본의 진주만

공격(1941) → (가) 스탈린그라드 전투(1942~1943) → 노르망디 상륙 작전(1944) → 독일의 항복(1945. 5.) → (나) 포츠담 회담(1945. 7.) → 일본의 무조건 항복(1945. 8.)

20 정답 ①

해설 제2차 세계 대전 이후 트루먼 독트린(1947)으로 냉전이 시작되었다.

오답풀이 ②③④⑤ 제2차 세계 대전 이전의 일이다.
바이마르 공화국은 제1차 세계 대전 이후 독일에서 등장하였다.
- 워싱턴 회의 : 1921년(열강 간의 해군력 축소 합의)
- 로카르노 조약 : 1925년(유럽 주요 국가들의 평화로운 국제 문제 해결 약속)
- 켈로그-브리앙 조약 : 1928년(전쟁을 하지 않기로 약속)

21 정답 ⑤

해설 (가)는 진시황제이며, (나)는 한 무제로, 두 인물 모두 군현제를 실시하였다.

오답풀이 ①② 한 무제에 대한 설명이다.
③ 진시황제에 대한 설명이다.
④ 명의 영락제에 대한 설명이다.

22 정답 ②

해설 ㄴ. 공영달은 당나라 때의 인물이다.
ㄹ. 마테오 리치는 명나라 때의 인물이다.

23 정답 ①

해설 (가)는 서하이다.

오답풀이 ㄷ. 요나라에 대한 설명이다.
ㄹ. 금나라에 대한 설명이다.

24 정답 ④

해설 원나라 때 마르코 폴로와 이븐 바투타가 중국을 다녀가 그 경험담을 책으로 남겼다.

오답풀이 ① 당(탈라스 전투) 시기에 있었던 일이다.
②③⑤ 명·청 시기에 있었던 일이다.

25 정답 ③

해설 명 태조 홍무제(주원장)는 농민을 이장호와 갑수호로 구분하여 조직하는 이갑제를 실시함으로써 효과적으로 지방을 통제하였다.

오답풀이 ① 명의 영락제
② 청의 옹정제
④ 한 무제와 명의 영락제
⑤ 명의 영락제 등(감합 무역은 영락제 때 시행된 이후 한동안 유지)

26 정답 ④

해설 1919년 상하이에서 대한민국 임시 정부가 수립되었다. 1932년 한인 애국단 윤봉길의 의거는 상하이 홍커우 공원에서 일어났다.

오답풀이 ① 홍무제는 남경(난징)에서 명을 건국하였다.
② 남송의 수도는 임안(항저우)이었다.
③ 1919년 상하이에서 수립된 대한민국 임시 정부는 1940년 충칭으로 이동하여 그곳에서 한국광복군을 창설하였다.
⑤ 난징이다.

27 정답 ②

해설 (가)는 양무운동, (나)는 변법자강 운동이다.

오답풀이 ㄴ. 태평천국 운동에 대한 내용이다.
ㄹ. 의화단 운동에 대한 내용이다.

28 정답 ⑤

해설 밑줄 친 '이 길'은 초원길이다.

오답풀이 ①②③ 사막길(비단길)에 대한 내용이다.
④ 바닷길에 대한 내용이다.

29 정답 ⑤

해설 에도 막부 시대에 가부키(전통 연극)와 우키요에(목판화) 같은 조닌(도시 상인) 문화가 발달하였다.

오답풀이 ①③ 야마토 정권에 대한 설명이다.
② 무로마치 막부에 대한 설명이다.
④ 나라 시대에 대한 설명이다.

30 정답 ⑤

해설 (가)는 미국과의 조약에 대한 내용이다.

오답풀이 ①②③④ 미국과의 조약 체결 이후의 일이다.

31 정답 ⑤

해설 밑줄 친 (가)는 지난 2018년에 내려진 한국 대법원의 강제 징용 피해자에 대한 배상 판결이다. 일제 강점기 당시 강제로 끌려가 노역을 하고 임금을 받지 못한 원고 4명은 신일본제철을 상대로 손해배상 청구 소송을 제기하였으며, 대법원은 일본 기업이 피해자들에게 1인당 1억원씩의 위자료를 배상해야 한다고 최종 확정 판결하였다.
밑줄 친 (나)는 1965년에 맺어진 한·일 청구권 협정이다.
⑤ 한·일 청구권 협정은 1965년 박정희 정부 당시에 체결된 것이다.

오답풀이 ① 일본 정부는 한·일 청구권 협정을 통해 강제 징용 배상 문제가 해결되었으며, 따라서 한국 대법원의 판결을 받아들일 수 없다는 입장이다.
② 징용 피해자들은 제2차 세계 대전이 한창이던 1943~1945년에 집중적으로 노역에 시달렸다.
③ 대법원 판결 이후 한국 정부가 중재위 구성에 응하지 않자, 일본은 한국을 화이트리스트(백색 국가)에서 제외하고 수출 규제를 강화하는 조치를 취하였다.
④ 대법원은 일본 기업의 불법 행위를 전제로 한 강제 동원 위자료 청구권은 1965년 한·일 청구권 협정 대상에 포함된다고 볼 수 없어 피해자들이 일본 기업을 상대로 위자료를 청구할 권리가 있다고 판단하였다.

32 정답 ①

해설 (가)는 베트남이다. 리 왕조 때 과거제가 도입되었으며 쩐 왕조 때 몽골의 침입을 격퇴하였다.

오답풀이 ㄷ. 사이렌드라 왕조는 인도네시아의 왕조이다.
ㄹ. 아유타야 왕조는 타이의 왕조이다.

33 정답 ⑤

해설 밑줄 친 '이 인물'은 아기날도이다.

오답풀이 ①② 베트남의 독립운동이다.
③ 인도네시아의 독립운동이다.
④ 중국에서 유교를 비판하고 민주주의와 과학을 도입하여 주체적 인간이 될 것을 지향한 운동이다.

34 정답 ⑤

해설 (가)는 인도네시아이다.

오답풀이 ① 베트남에 대한 내용이다.
② 일본에 대한 내용이다.
③ 메소포타미아 문명에 대한 내용이다.
④ 캄보디아에 대한 내용이다.

35 정답 ②

해설 (가)는 불교, (나)는 힌두교(마누 법전)에 대한 내용이다.

오답풀이 ㄴ. 이슬람교에 대한 내용이다.
ㄹ. 힌두교는 굽타 왕조 시기에 발달하였다.

36 정답 ⑤

해설 (가)는 무굴 제국이다.

오답풀이 ① 카니슈카 왕은 쿠샨 왕조의 왕이다.
② 아소카 왕은 마우리아 왕조의 왕이다.
③ 티무르는 티무르 제국을 건설한 왕이다.
④ 찬드라굽타 2세는 굽타 왕조의 왕이다.

37 정답 ①

해설 세포이 항쟁(1857~1859)으로 무굴 제국이 멸망(1858)하고 영국령 인도 제국이 수립되었다(1877).

오답풀이 ②③④⑤ 무굴 제국 멸망 이후의 일이다.

38 정답 ④

해설 제시문은 바빌로니아 왕국의 함무라비 법전이다.

오답풀이 ①⑤ 이집트 문명에 대한 설명이다.
② 히타이트에 대한 설명이다.
③ 상 왕조에 대한 설명이다.

39 정답 ①

해설 ① 오스만 제국 시기이다.

40 정답 ③

해설 탄지마트는 오스만 제국이 추진한 근대적 개혁 운동이다.
③ 이란의 레자 샤는 반영 운동을 전개하였으며 카자르 왕조를 무너뜨리고 팔레비 왕조를 세웠다.

오답풀이 ① 러시아는 크림 전쟁(1853)에서는 영국과 프랑스가 오스만 제국을 지원하여 패배하였지만 러시아·튀르크 전쟁(1877~1878)에서 승리하였다.
② 오스만 제국은 세금만 내면 민족 자치 공동체인 밀레트를 허용하였다.
④ 오스만 제국에서는 1908년 청년 튀르크당이 무력 혁명으로 정권을 장악하였다.
⑤ 오스만 제국은 크리스트교 소년들을 이슬람교로 개종시키고 술탄의 친위 부대인 예니체리에 편입시켰다.

41 정답 ⑤

해설 "반일 종족주의"란 서적의 내용을 비판하고 있다. 제시된 자료의 밑줄 친 '오류'는 "반일 종족주의"가 근거로 삼은 사료의 편파성과 일부 사료를 바탕으로 한 일반화에 해당한다. 이를 반박하기 위해서는 일제의 인적 수탈과 물적 수탈의 근거를 찾아야 한다.
⑤ 중·일 전쟁과 태평양 전쟁 당시 미국과 중국의 각종 국가 공식 문서에 나타난 일본군 '위안부'의 강제 연행과 일본 정부의 개입에 대한 정보를 공유하고 이를 제시할 필요가 있다. 이와 관련된 자료는 다음과 같다.

• **미국 자료** : 미국 전시 정보국이 1944년 버마(현 미얀마)에서 한국인 위안부 20명과 위안소 관리자 2명을 심문해 작성한 조서에는 1942년 5월경 일본업자들이 한국 위안부를 구하기 위해 한국으로 와, 병원 보조 업무 등 일반적인 병사 위로 업무를 암시하며 돈벌이나 새로운 기회 등의 유인책으로 위안부를 모집하였다는 기록이 있다.

• **중국 자료** : 중국 상하이 당안관이 소장하고 있는 '중국 위안소 상황에 대한 안건(R-3-134)'에 따르면 1937년 중국 상하이에 침입한 일본군이 중국 부녀 3명을 강제로 '위안부'로 삼았다는 내용이 있다. 또한 같은 기관에는 '시민(중국인) 양수이창[楊水長]이 푸상[浦上]으로 6번지에 개설한 위안소 상황에 대한 안건(R-3-134)'도 있는데, 이 자료는 1939년 2월 25일 상하이 경찰국장이 상하이 시장에 보고한 공문서이다. 여기에는 중국인 양수이창이 위안소 개설을 위해 당시 상하이를 점령한 일본군 헌병대와 육군 경비대에 행정 허가를 받았다는 사실이 기록되어 있다. 당시 양수이창이 개설한 이 위안소는 중국인이 드나들지 못하는 '일본군 전용'이었으며 통역과 15세 여성을 포함한 7명의 위안부를 고용해 운영되었다고 서술되어 있다. 이러한 문서는 일본군이 중국 괴뢰정부를 이용해 군 위안소를 개설하고 관리하는 제도를 만들어갔다는 것을 확인해 준 것이라고 할 수 있다. 또한 같은 기관에는 일본군이 직접 부녀자를 강제 연행하고 친일 중국인 업자를 이용해 위안소를 개설한 공문서도 있다.

※ 관련된 기사가 게재된 사이트는 다음과 같다.

• http://www.hani.co.kr/arti/international/japan/629660.html
• http://news.khan.co.kr/kh_news/khan_art_view.html?art_id=201208292213055
• http://www.1945815.or.kr/bbs/board.php?bo_table=pic&wr_id=1414&sca=%EB%AC%B8%EC%84%9C&page=7
• https://www.yna.co.kr/view/AKR20140208051500089

오답풀이 ① 1905년에 을사늑약을 통해 대한 제국의 외교권을 빼앗은 일본은 1909년에 청과 간도 협약을 체결하여 푸순 지방의 탄광 개발권과 만주 지역의 철도 부설권을 얻는 대가로 간도를 청의 영토로 인정하였다.
② 시모노세키 조약은 청·일 전쟁에서 승리한 일본과 청이 1895년에 체결한 조약이다.
③ 가쓰라·태프트 밀약(1905)은 러·일 전쟁 당시에 미국이 한반도에 대한 일본의 지배권을 인정한다는 것을 비밀리에 약속한 것이다.
④ 고종은 을사늑약의 부당함을 세계 각국에 알리기 위해 이상설, 이

준, 이위종 등을 만국 평화 회의가 열리는 네덜란드의 헤이그에 특사로 파견하였다(1907).

42 정답 ①

해설 최근 이슈가 되고 있는 미·중 무역 분쟁에 관한 기사이다.
① 1969년 닉슨 독트린이 발표되고, 1971년 중국이 유엔에 가입하였다. 그리고 1972년에는 닉슨이 중국에 방문하였다. 결국 1979년 미·중 수교가 이루어졌다.

오답풀이 ② 세계 무역 기구(WTO)는 전 세계적인 무역 자유화와 무역 분쟁을 해결하기 위한 목적으로 1995년에 설립되었다. 마셜 계획은 1947년에 미국이 서유럽 국가들에 대한 경제 지원을 선언한 것으로, 냉전 체제가 형성되는 데 영향을 끼쳤다.
③ 도널드 트럼프 미국 대통령은 2016년 대선에 공화당 후보로 출마하여 당선되었다.
④ 대약진 운동을 추진했던 인물은 마오쩌둥이다.
⑤ 아프리카의 남아프리카 공화국, 오세아니아의 오스트레일리아 등도 G20에 포함되어 있다.

43 정답 ③

해설 (가) 국가는 노르웨이이다. 문재인 대통령은 2019년 6월의 스칸디나비아 3국 순방에서 핀란드, 노르웨이, 스웨덴을 차례로 방문한 후 귀국하였다.
ㄴ. 칼마르 동맹은 1397년부터 1523년까지 유지되었던 덴마크·스웨덴·노르웨이 3국의 국가 연합체이다.
ㄷ. 독일은 제2차 세계 대전 발발 직후 폴란드 서부 지역을 차지한 뒤 덴마크와 노르웨이를 차례로 점령하였다.

오답풀이 ㄱ. 노르웨이는 유럽 연합(EU)에 가입하지 않았다. 1972년과 1994년에 유럽 연합 가입 총선거가 치러졌지만 두 번 모두 가입이 무산되었다.
ㄹ. 그린란드는 덴마크의 영토이다. 최근 트럼프 미국 대통령이 그린란드를 매입하려고 하였지만 덴마크 정부가 거절하였다.

참고 칼마르 동맹의 영토 현황

44 정답 ④

해설 (가) 지역은 홍콩이다. 홍콩 정부가 중국으로 범죄인을 인도할 수 있도록 법 개정을 추진하자 시민들이 지속적으로 이에 반대하는 시위를 벌였다.
ㄴ. 청은 제1차 아편 전쟁에서 영국에 패배하였으며, 결국 난징 조약(1842)을 통해 영국에 홍콩을 할양하였다.
ㄹ. 홍콩은 영국의 지배를 받다가 1997년에 중국에 반환되었다. 반환과 함께 중국은 홍콩을 특별 행정구로 지정하여 자치권을 부여하였으며, 최소 50년 동안 자본주의 경제 체제와 민주주의 정치 체제를 유지할 수 있도록 허가하였다. 일국양제(一國兩制)란 중화 인민 공화국이라는 하나의 국가 안에 사회주의와 자본주의라는 서로 다른 두 체제를 공존시키는 정책을 말하며, 중국의 홍콩 통치 원칙이 되고 있다.

오답풀이 ㄱ. 칭다오 지역에 대한 설명이다.
ㄷ. 홍콩은 1997년 마카오에 앞서 중국에 반환되었다. 홍콩 반환 이후인 1999년에 포르투갈령이던 마카오가 중국에 반환되었다.

45 정답 ②

해설 밑줄 친 '이 기구'는 유엔 난민 기구(UNHCR)이다. 정우성씨는 유엔 난민 기구의 공식 친선대사로 활동하면서 난민에 대한 관심과 도움을 호소하고 있으며, 로힝야 난민촌을 직접 방문하고 구호 활동을 펼치기도 하였다. 유엔 난민 기구는 1950년 유엔 총회의 산하 기관으로 설립되었으며 전 세계의 난민 문제를 지원하고 있다. 1954년과 1981년에는 두 차례 노벨 평화상을 수상하기도 하였다. 공식 명칭은 유엔 난민 고등 판무관 사무소(United Nations High Commissioner for Refugees)이다.
② 유엔 난민 기구의 본부는 스위스 제네바에 설립되었다.

46 정답 ④

해설 (가) 국가는 베네수엘라이다. 베네수엘라에서는 니콜라스 마두로 대통령에 반대하는 반정부 시위가 이어지고 있다. 마두로 대통령은 2013년에 베네수엘라의 대통령이 되었으며 2018년 5월 치러진 대통령 선거에서 재선에 성공하였다. 그러나 부정 선거 논란이 끊이지 않고 있으며, 후안 과이도 국회의장이 임시 대통령을 선언하는 등 정치적 혼란이 계속되는 중이다.
ㄴ. 베네수엘라에서는 극심한 경제난과 인플레이션이 지속되고 있다.
ㄹ. 베네수엘라는 16세기에 에스파냐의 식민지가 되었으며, 1811년에 독립을 선언하였다. '해방자'로 불리는 라틴 아메리카의 독립 영웅 시몬 볼리바르는 베네수엘라의 독립에 크게 공헌하였다.

오답풀이 ㄱ. 베네수엘라는 에스파냐의 식민 지배를 받았다.
ㄷ. 우고 차베스는 베네수엘라의 전 대통령으로, 1999년부터 2013년까지 장기 집권하였다.

47 〈예시 답안〉 (가) 당, (나) 균전제

채점 기준	배점(점)
(가) 당, (나) 균전제를 모두 서술한 경우 ※ '당'의 경우 '당나라', '당 왕조' 등도 유사정답으로 인정함.	2
두 가지 내용 중 한 가지 내용만 서술한 경우	1

48 〈예시 답안〉 조·용·조는 양세법으로 변화하였으며, 부병제는 모병제로 변화하였다.

채점 기준	배점(점)
양세법, 모병제로의 변화를 모두 서술한 경우 ※ 양세법, 모병제의 경우 제도의 내용을 정확하게 풀어 쓴 경우에도 정답으로 인정함.	2
두 가지 내용 중 한 가지 내용만 서술한 경우	1

49 〈예시 답안〉 (가) 콘스탄티누스, (나) 밀라노 칙령

채점 기준	배점(점)
(가) 콘스탄티누스, (나) 밀라노 칙령을 모두 서술한 경우 ※ 외래어의 경우 비슷한 발음으로 표기해도 맞는 것으로 채점함.	2
두 가지 내용 중 한 가지 내용만 서술한 경우	1

50 〈예시 답안〉 (가) 법은 2명의 집정관 중 1명을 평민 가운데서 선출한다는 내용이며, (나) 법은 원로원의 승인 없이도 평민회의 의결이 효력을 가진다는 내용이다.

채점 기준	배점(점)
(가), (나) 법의 내용을 모두 정확하게 서술한 경우 ※ 집정관을 '콘술', 평민을 '플레브스'와 같이 원어로 쓴 경우에도 정답으로 인정함. ※ 예시 답안의 내용 외에 해당 법의 다른 내용을 서술하였을 경우에도 그 내용이 맞다면 정답으로 인정함.	2
두 가지 내용 중 한 가지 내용만 정확하게 서술한 경우	1

이만적

약 력

고려대학교, 고려대학교 대학원 역사교육 전공
연세대학교 대학원 윤리교육 전공
현) 세계사능력검정시험 지정 강사(운영처 지정)
    인문학시험 지정 강사(운영처 지정)
    한국교총 원격연수원 한국사직무연수 지정 강사
    ST Unitas(공단기, 경단기, 법검단기) 한국사 강사
전) 중앙대학교 원격평생교육원 한국사 · 세계사지도사 강사
    이화여자대학교 원격평생교육원 역사논술지도사 강사
    한림대학교 평생교육원 한국사지도사 강사
    대덕대학교 군간부 · 공무원양성학과 한국사 강사

주요 저서

세계사능력검정시험(세계사능력검정시험 기출문제 독점 수록)
세계 시민을 위한 인문학(공저, 헤럴드경제 주최 인문학시험 공식 지정 교재)
철학과 역사의 만남(부록 : 성경과 역사의 만남)
눈이 뜨이는 세계사(동양사, 서양사)
눈이 뜨이는 한국사(공저)
중앙일보 plus 역사논술(한국사, 세계사)
이만적 한국사 대백과, 한국사능력검정시험 등

1판 1쇄 발 행	2018년 1월 8일
1판 3쇄 발 행	2021년 6월 30일
편 저 자	이만적
발 행 인	김지연
등 록	제319-2011-41호
발 행 처	(주)도서출판 지금
주 소	06924 서울특별시 동작구 장승배기로 128, 305호(노량진동, 동창빌딩)
교 재 공 급 처	(02)814-0022 FAX (02)872-1656
홈 페 이 지	http://www.papergold.net
I S B N	979-11-6018-071-8 13900

본서의 무단 인용·전재·복제를 금합니다. 이 책에 실려 있는 내용은 모두 저자에게 저작권이 있습니다. 저자의 서면 허락 없이 이 책의 내용의 일부 또는 전부를 무단 인용·전재·복제하면 저작권 침해로서 5년 이하의 징역 또는 5천만원 이하의 벌금에 처하거나 이를 병과할 수 있습니다.

저자와의 협의하에 인지를 생략합니다.

정가 **23,000**원